凤凰涅槃

刘纪鹏论国资改革

刘纪鹏 著

人民东方出版传媒
東方出版社

图书在版编目（CIP）数据

凤凰涅槃：刘纪鹏论国资改革 / 刘纪鹏 著. —北京：东方出版社，2015. 10
ISBN 978-7-5060-8672-1

Ⅰ. ①凤…　Ⅱ. ①刘…　Ⅲ. ①国有企业—国有资产—经济改革—研究—中国　Ⅳ. ①F279. 241

中国版本图书馆 CIP 数据核字（2015）第 253600 号

凤凰涅槃：刘纪鹏论国资改革
（FENGHUANG NIEPAN：LIUJIPENG LUN GUOZI GAIGE）

作　　者：刘纪鹏
责任编辑：袁　园
出　　版：东方出版社
发　　行：人民东方出版传媒有限公司
地　　址：北京市东城区东四十条 113 号
邮政编码：100007
印　　刷：三河市金泰源印务有限公司
版　　次：2016 年 3 月第 1 版
印　　次：2017 年 5 月第 2 次印刷
印　　数：5001—8000 册
开　　本：710 毫米×1000 毫米　1/16
印　　张：36. 25
字　　数：518 千字
书　　号：ISBN 978-7-5060-8672-1
定　　价：58. 00 元
发行电话：（010）85924663　85924644　85924641

序言

国企和国资改革要坚持中国道路

一

我曾在光大16年，后在中信11年，亲历了从中国改革开放伊始到现在的成长过程。这两家企业受益于中国体制改革的红利，与中国市场经济一同发展起来，期间屡经波折，但在摸爬滚打的实践中找到了与市场经济的契合点，并有了今天的规模和效益。它们的发展过程，可以说是摸着石头过河的一个典型，是中国一批国有企业发展的缩影，在一定程度上反映了中国改革开放的历程。

中国36年的改革开放无疑是成功的，而之所以能成功，关键之一就是改革理念的实践性强，它不是简单地照抄照搬，而是根据中国自己的实际来迈开步伐。这种改革理念在国企改革上，体现为我们摈弃了前苏联“全盘私有化”的激进式改革模式，启动时选取了“抓大放小”的渐进式改革模式，即先不改变所有权而是改革经营管理机制，使国有企业实现重生。到目前，国有企业集体性崛起已经是不争的事实，成为中国经济体制改革的显著成就。

然而，当前有些人仍试图以西方理论体系，比如美国模式指导中国改革，全然不顾中国国情。特别是对于国企改革，现在有一种“流行思维”：就是国企保守、腐败、垄断，只有私营经济是先进的，是代表人民的。事实上，这种理论从根本上是站不住脚的。国有企业的前身来自于中华人民共和国建设的积累，来自于20世纪50年代公私合营的改革，是国家经济的支撑和骨干，是遇到风浪时候的大锚。不管是过去中国崛起的过程，还是未来实现中国梦的战略布局，国企都是不可或缺的根本因素。我们的共识应是国有企业需要进一步的改革和发展，而绝不是彻底否定国企这支国家队的力量。

中国改革有其特有的路径和规律，只有真正具有实践性的理论，才适合中国。因此对中国走过的三十几年的改革开放历程一定要进行经验的总结，我相信这对下一个三十年或者说中国梦，或两个百年，都是特别重要的理论准备。

二

我与纪鹏教授相识时间并不长，纪鹏是中信改革发展研究基金会咨询委员会的委员，他非常认同中信基金会“坚持实事求是，践行中国道路，发展中国学派”的宗旨，并承接了中信基金会国资改革领域的课题任务。我曾和他畅谈过中国国资和国企改革历程，发现彼此对于中国改革方法论有诸多共识，是坚定的实事求是派和中国道路派。

纪鹏是一位实战型而非学院派的经济学家，早在20世纪80年代，他即已开始研究中国特色市场经济下的国资与国企改革，无论是对完善国资监管体制，还是建立国企现代公司治理机制，他都有精辟的见解。纪鹏的诸多理论创新是与他多年的实践分不开的。纪鹏是在1983年到社科院学习的，并师从著名经济学家蒋一苇。当时社科院由于马洪和蒋一苇的个人风格，特别注重实践，学术氛围也很浓厚，学生都会亲自到企业去调研，研究企业的公司组织架构和股份制设计。

1989年后，尽管中国的经济理论有过一段时间的沉寂，一批年轻人仍然充满改革激情，坚持搞中国的证券市场和股份制设计，纪鹏就是这批年轻人的代表之一。他在参与设计中国股票市场的同时，也积极参与我国企业法、国资法的修改和论证，探讨国有企业向股份制、现代公司法人制度和治理结构转型的健康发展路径。从20世纪90年代以来，刘纪鹏主持了国家电力公司、中国航空工业集团及中国铝业公司等多家央企的产业资本和金融资本相结合的组织战略、经营战略和股份制改革。

纪鹏坚信，从现代市场经济发展规律看，公司战胜独资，法人所有取代自然人所有，是必然的发展趋势。因此，以现代公司法人制度为方向，摸索公有制与市场经济的结合，是中国深化改革、实现制度创新和理论创新的关键。

三

纪鹏这本著作《凤凰涅槃》集结了其参与中国国资和国企改革三十多年来的成果，不仅是对中国国企改革理论和实践的一个总结，更是从国情出发为新一轮国资改革提供创新的思路。读完初稿后，我认为以下三个方面尤其值得关注。

首先，注重对中国模式的探讨。纪鹏提出，创新中国模式，一是以市场经济为宏观运营机制，二是在法人所有制基础上进行微观基础再造。而宏观运行机制下微观运行载体的创新，就是要探索国有资本和市场经济的对接，建立现代大公司制度，这既是中国模式的特色，也是中国道路的独特之处。中国模式下，改革不能破坏今天的举国生产力，而是要增强国家竞争力，改革不是跟在西方后面亦步亦趋，而是要走出自己独特的道路。

其次，强调对国资委的再定位。纪鹏指出，当务之急应建立经营性国有资本的统一监管，其中国资委的再定位是关键。当前，国资委在政府体制改革中承担着政治体制和经济体制改革结合部的重要角色，已然成为连接公有制与市场经济的桥梁。未来，国资委要将国有资本投资、运营公司纳入国资委系统，将出资人职责交给国有资本投资、运营公司，同时，国资委应走上监管的前台，履行对全国经营且营利性国有资本的统一战略规划布局、统一国资预算编制、统一监督管理与考核、统一国资基础管理等重要职能。

再次，提出国有资本投资、运营公司的组建方略。纪鹏强调，要顺利实现从管国企向管国资的跨越，国有资本投资、运营公司组建有两个关键点。其一，在国有资本运营公司的组建上，宜重组而非新设，即将集团母公司打造为国有资本运营公司，以资本运营公司为旗舰，通过“旗舰战略”打造国有资本控股的现代企业集团。其二，在管理模式上，国资委依法对国有资本运营公司董事会充分授权，并将主要精力放到国有资本运营公司董事会建设上来，让国有资本运营公司与实体企业形成“上边千条线，资本一线牵和董事一线牵”的新管理模式。

中国改革的成功与国企改革所选择的正确道路是分不开的，而国资改革的道路及其创新模式恰恰是有中国特色市场经济下中国道路、中国模式的最重要内涵。

总之，纪鹏这本书无论是从宏观角度对中国模式和中国道路的现实性、必要性和可行性，还是从国资改革的角度对国资委和所辖国企与国资的关系，国企现代公司治理结构和激励机制，以及党和现代股份公司的关系等一系列重大敏感问题都进行了阐述，是一本理论与实践结合、历史与未来融会贯通的不可多得的著作。我相信读者开卷有益，会得出与我一样的结论。

孔丹

二〇一五年十月

自序

中国模式的国资改革——凤凰涅槃

从1978年开始，中国改革开放已近40年，对于一个人来说，40岁当属“不惑之年”，而中国的经济改革思路也已经由惑到明，从“摸着石头过河”走出了一条“中国特色道路”。在改革开放的风雨历程中，中国的国资改革一直是其关键组成部分，而我也完整经历了中国国资改革这30多年的历史。这期间，我的研究主要集中在三个领域：国企和国资改革、资本市场探索及电力体制改革。从2009年起，我开始整理我的研究成果，其中《大道无形》、《路径选择》和《大船掉头》均已付梓，分别收录了我对公司法人制度、中国资本市场变迁、中国电力体制改革的研究成果，而这本《凤凰涅槃》则是我对中国模式下国资改革的研究成果之集结。

一、腾笼换鸟、凤凰涅槃

本书书名“凤凰涅槃”，是我在多年国企改革中的深切感受。2013年6月，我应国务院国有资产监督管理委员会（下文简称“国资委”）产权局之邀，参加《央企改革经典案例》一书修改稿的论坛，在这次论坛中，我对当时主持会议的邓世雄、谢军两位局长说，这次的改革意义巨大。发言中我提到“中国的国企改革是从中国国情出发的改革，其跳出了简单把国企分给私人、卖给私人的狭隘思路，走出了一条在法人所有权背景下，通过市场化改革和资本化重组打造现代公司制度的创新之路，并通过资本市场和公众公司的途径实现了中国国有企业的凤凰涅槃，让中国国企在市场化浴火中新生”，我甚至建议，该书的书名就应叫作《凤凰涅槃》。2014年3月，习主席在参加两会代表团审议时表示：“国有企业加强是在深化改革中通过自我完善，在凤凰涅槃中浴火重生，而不是抱残守缺、不思进取、不思改革。”

在中国国企改革中，要有利用资本市场按照现代公司制度实现国有企业改制和改组的坚定信念。近年来，无论在理论界还是在企业界，都有一些人试图从打破央企垄断、破除央企腐败出发，主张用分和卖的方式全面加速推进西方国家的私有化模式，更有一些激进的经济学家和外国投行的代言人把国企当作国家资本主义的典型代表进行声讨和批判，意图削弱中国的国有资本和国家竞争力。中国的国企，要全面深化改革、促进结构调整，这是一个“腾笼换鸟”的过程，“腾笼”不是“空笼”，要先立后破，研究“新鸟”进笼后“老鸟”去哪里；这是一个“凤凰涅槃”的过程，是着力推动产业优化升级，充分发挥创新驱动作用，攻坚克难之后，必然会实现“浴火重生”。

二、国企改革三阶段

中国的国有企业改革始于20世纪70年代末，至今已走过了30多年，在改革中，国企管理体制和经营机制发生了深刻变化，国有经济布局和结构调整取得了重大进展。我国的国企改革历经三个阶段，在三个阶段中国有企业在经营层面、产权层面以及国有资产管理方式层面历经了深刻的变革。

第一阶段，主要是国企经营层面的改革。以国家扩权让利为重点，实行企业利润留成制度，调整国家与企业之间的生产管理权限与利益分配关系。第二阶段，主要进行国企从经营权向所有权过渡的改革，以实行经营承包责任制为重点，逐步确立企业市场主体地位，到20世纪末，“产权清晰、权责明确、政企分开、管理科学”的现代企业制度初步确立。第三阶段，是国企改革的纵深推进。中共十六大之后，现代企业制度建设的继续深化、国有资产管理方式的变化和资本市场的改革使我国的国企改革进入了一个新的阶段。2003年，国务院成立了国有资产监督管理委员会，颁布了《企业国有资产监督管理暂行条例》，要求逐步建立起管资产与管人、管事相统一的国有资产出资人制度，国有产权转让由此逐步纳入了规范化轨道。

随着国资改革的进一步深化，国企改革面临着其新发展阶段的新要求——注重和推动资本在企业发展中的决定作用的发挥。随着股份制的积极推行，投资主体的多元化，混合所有制的发展，资本运作对企业发展的影响越来越大，国资监管的重点从管企业转变为管资产再到管资本，实现国有资本保值增值、以管资本为主加强国有资产监管成为监管者与实体企业关注的重点。

三、国资改革新趋势

（一）三中全会的国资改革新内涵

十八届三中全会对国资改革的整体思路设计可谓“大而全”，“以管资本为主加强国有资产监管”、“组建若干国有资本运营公司，支持有条件的国有企业改组为国有资本投资公司”、“使市场在资源配置中起决定性作用和更好发挥政府作用”……高度概括的语言下，涉及了国资改革的方方面面，总体而言，新形势下，国资改革的战略目标应该包括这两点，即一是坚持市场化的改革方向绝不动摇；二是建立法人所有制基础上的现代公司制度。

（二）实现从国企监管向国资监管跨越

在产权改革取得阶段性成功的现实背景下，国有企业在市场中已成为产权清晰、资产独立的平等诉讼主体，而国有股东已经成为法人所有制度背景下的股东，深化国资监管体制必须实现从管理“国企”向管理“国资”的实质性跨越。在管资本背景下，国资委对国有企业的管理从简单地对国有企业和国有资产实物形态的管理和产品生产经营的直接管理，调整为对国有资本的管理。国有资本出资人与现代股份公司的股东一样，退居幕后实行股权指挥，而在前台培训或者招聘一批优秀的职业经理人经营。在权利的行使方式上，国资委与国企关系转变为“股东”与“董事会”的关系，即通过国有资产投资运营公司向实体企业派驻董事，通过董事会履行职责，通过股份表决，实现股东的三项权利：重大经营决策权、人事任免权和按股分红的资本收益权。

（三）合理划分两类国企

从国有企业存在和发展的不同属性来说，中国特色市场经济模式下，中国国有企业应划分为以下两类：一类是公益性企业，其特点是采取国有独资形态，不以营利为目的，企业家是公务员；另一类是营利性企业，由于其与一般现代公司无异，其特点是采取国资控股或参股形态，以追求营利为目的，企业家来自职业经理人，绝大多数的国有企业都应当属于营利性国企的范畴。

在这两类国有企业中，其管理人员的来源、薪酬制度都是不同的。两类国企的划分至关重要，标志中国国资体制在财政部和国资委之间的划分。

四、国资委再定位——从所有者向监管者转型

十六大对国资委的定位是“国务院任命的非政府序列的特设机构”，当时没有《国资法》，所以也不能叫法定机构，因此今天的国资委始终没有一个法定的定位。现在国资委既是出资人，又是监管者，结果两件事都没做好。对 113 家央企的监管不到位，出资也不成功，所以要对国资委的职能定位进行变革，把它从“一身两任”变为“两身两任”，首先就是区分国资委与国资委系统。

“两身”是指监管者职能由国资委承担，出资人职能由国有资本投资运营公司承担，国有资本投资运营公司与国资委合起来称作“国资委系统”。如此一来，“监管层—出资层—运营层”的三层次架构也就形成了。在三层次架构中，权责明晰，国资战略规划与监管是监管层国资委去做，股权管理与资本运作是出资层国有资本投资运营公司去做，投资中心、利润中心、成本中心是运营层国家出资的实体企业去做。在这种“母子”管理体制下，国企一定会充分搞活。

所以，国资委的再定位就是转型为营利性国资的统一监管者、规划布局主导者、预算编制者、运营公司的管理者、国有资产安全的维护者。

五、出资人再造——国有资本运营公司组建

国资委履行监管者职责，出资人职责由国有资本投资运营公司履行。组建国有资本投资运营公司有两种形式：改组和新建。我主张以集团公司

改组为主，国有资本投资公司、经营公司改组为辅，避免叠床架屋，节省成本。国有资本投资运营公司有四大特点，一是国有独资形态；二是逐步演变为纯粹控股公司；三是绝不参与具体经营，只参股实体企业的董事会管理；四是要追求营利，资本要增值、有收益。

国有资本投资运营公司对实体企业的管理遵循“以董事会为核心，以资本为纽带”，其运行关键，是处理好“三对”职能部门的关系：一是战略规划与财务预算部门；二是产权管理与投资发展部门；三是人力资源与外派董事部门，通过外派董事深入实体企业，真正了解下属企业的情况。

六、实体企业——现代公司制度的形成

三层次架构下的实体企业之间只有国有资本多少的区别，其治理结构、运作体系都应按照美国、欧洲的现代化大公司的方式，建立现代公司制度，培养职业经理人队伍。

在企业法人所有权的基础上，股权高度分散，且股东退到幕后。传统理论在现代公司制度下被颠覆，过去总说资本压迫劳动，现在西方是高级劳动在领导分散的资本，甚至资本在寻求保护，当面对主人在外“保姆”当家的现实，完善的职业经理人制度、薪酬激励制度就更显得重要。在非上市企业中，用期权激励等制度，给保姆铐上一副“金手铐”，在其获得收益的同时能为所有者创造更多的收益。

结语

五千年前，我们的祖先“补天、理水、抟土、造字”，修补过往，变革当下。改革是流淌在我们血液里的精神，变则通，通则达。而“凤凰涅槃，浴火重生”，是中华民族梦想中的图腾与力量，国企与国资的深化改革与转型，是“中国梦”中国崛起的重要组成部分，是一个上下联动的过程，我们期待着国企的“中国梦”有优秀的梦者，有先进的体制，有良好的制度，一步步将梦想化为行动，让梦想照进现实。在中国国资改革的每一次浴火变革之舞中，我们都引颈眺望，渴望着一只涅槃的凤凰。

CONTENTS
目 录

第一章

国资改革方法论

一、中国改革经验总结与风险分析

(一) 中国改革的成功经验

迄今为止，中国改革已经走过 33 年的风雨历程。在这波澜壮阔的 33 年中，有得有失，有喜有悲。但总的说来，改革成就有目共睹，取得了举世公认的成功。但我始终认为，中国改革的成功只是阶段性成功，路漫漫其修远兮，很多艰难险阻仍在等待着我们战胜；如何在改革之路上继往开来、如何从阶段性的成功走向最终的胜利，是摆在我们面前最迫切、最重要的使命。

中国改革之路充满了坎坷和迷茫，前方没有先行者的足迹为我们指明方向。我们必须以自己为师，从自身的成功经验中去寻找未来改革的方向。因此，总结 30 年改革的成功经验，研究中国改革成功的方法论至关重要。

环视世界，我们会发现转型国家的改革与发展路径是如此多样。同样是市场化、民主化的改革方向，却出现了三种不同的路径选择：有在西方国家直接推动下的东欧、西亚、北非的“颜色革命”，也有由美国经济学家全面为俄罗斯改革制定的“休克疗法”式的系统改革方案，更有中国人自己主导的渐变、稳定、逐步推进的“渐进式”改革模式。事实证明，几乎所有发生“茉莉花革命”的国家都陷入动乱而不能自拔，而“休克疗法”更让俄罗斯尝尽苦果。只有中国，在稳定、繁荣的 30 年中逐渐崛起，享受着经济发展、社会进步带来的成果。而这一切，与邓小平“摸着石头过河”改革方法论指导下的强调稳定、尊重国情密不可分。

中国改革开放之初，邓小平同志提出两个著名的理论：“摸”论——摸着石头过河；“猫”论——不管白猫黑猫，只要捉住老鼠就是好猫。简单而实用的理论，却蕴含着巨大的观念更新、思想解放的哲理。就是这两个理论恰恰解决了中国的现实问题，中国经济改革就这样摸着石头走过了30年，取得了举世公认的成功。

中国改革成功之初绝不仅是市场化目标的确立，更重要的是在邓小平同志“摸着石头过河”精神的指导下，所遵循的“渐变稳定、逐步转轨”的成功方法论。在坚持市场化、民主化改革大方向的同时把正确的改革认识论和方法论相统一，既是中国改革实践最宝贵的经验总结，也是中国改革在未来所必须坚持的指导思想。

2008年，美国金融危机后，欧洲又进入财政危机，世界各国开始关注和比较中国模式，尽管中国的主流经济学家否认中国模式的存在。但我认为，30年来中国改革取得的成就证明，中国模式是客观存在的，尽管这一模式还在完善中。

（二）中国改革风险因素分析

1. 激进改革者是当前改革的最大风险

面对改革的路径选择，现阶段中国存在着各种人群和观点，有尊重国情、强调渐变稳定的稳健改革者，也有否定国情、简单照抄西方的激进改革者，还有一些崇尚空谈并无实际可行改革举措的假改革者，当然也有一些固守既得利益和腐败的不改革者。实际上，如果我们对中国的改革做一个阶段性风险分析，可以看出激进改革者是今天改革最大的危险。

目前，学界对于改革的讨论仍然十分热烈，激进的观点也屡见不鲜。经济学家吴敬琏在2002年《财经》杂志第15期的一篇名为《改革成就与经济学进展》的文章中开篇就说道：“‘摸着石头过河’常常被称作‘中国经济改革的成功战略’。以中国改革的实际来检验，我认为这个论断很值得怀疑……‘摸着石头过河’充其量是在改革初期改革的领导人和一般参与者普遍缺乏现代经济学知识的情况下的一种不得已的选择。”对此说法我是颇不认同的。

其实，邓小平提出“摸着石头过河”，讲的正是方法论。论资历，他是中国最大的“海归”，应该知道何为规范，何为不规范；论智慧，他的心里比谁都明白。可为什么还要提出“猫”论和“摸”论，“走一步看一步”呢？设想30年前就提出一个向市场经济迈进的全面系统的总体规划，明智吗？可能吗？

在中国的整个改革过程中，我们并没有制定一个像某些经济学家所希望的系统的总体改革方案。不是因为我们请不到一个美国的专家来制定一个系统的改革方案，而是在那个时候提出一个系统的总体改革方案是极不明智的。试想在20世纪70年代末，连麻酱、粉丝都要凭本供应的背景下，怎么可能制定一个很完整的系统改革方案？即使能制定那又是一个什么样的改革总体方案设计呢？若是全盘照抄美国和西方，一是能通过吗？二是适合中国吗？那么结果也必然难逃像俄罗斯那样的“休克疗法”的结局，在十几年动荡中把国家几十年积累的财富在并不公平的私有化中损失殆尽。

因此，我们必须清醒地认识到，激进改革者是今天改革最大的危险。他们总要将少数人的言论极端化，制造出反对改革者与特殊利益集团再大加挞伐。但是，几乎所有的中国人都享受了改革的成果，有谁还想退回到30年之前计划体制的老路上？又有谁想再次经历“文革”时代的动乱和不安？如果真按照激进改革者们的要求照搬西方国家所谓的普世价值，才会真的让中国陷入混乱。我们应当在确立正确的改革方向基础上，遵循中国改革成功的方法论，坚持稳定、渐变、尊重国情的改革思路，在执政党改革主导的原则下，尊重国情，稳步实现中国市场化、民主化的目标。

2. 保守和腐败的不改革者是激进革命的领路人

我强调激进改革的风险，绝不意味着可以容忍腐败和保守的不改革者致使改革停滞不前。改革的停滞会导致改革风险的转变。如果任由腐败和保守的不改革者一味地延误改革时机，他们自己最终将成为革命的对象，并取代激进改革派成为改革最大风险。改革的大势不可逆转，改革者必须要有推进改革的决心与自我革命的勇气，否则也只能是被动地接受外力推动的改革，直至引发激进革命。

我们强调稳定和注重国情的目的是坚持更快更平稳地推进改革，渐变稳定的改革方法论绝不应成为某些人和某些部门只“革别人的命”而不肯

“革自己的命”的口实。近年来，中国某些领域的改革特别是政府职能的转变进展缓慢，甚至出现倒退。这些人和部门在改别的部门和分拆垄断性国有企业时调门很高，但一涉及自身的权力和利益，就要么转移方向，要么“步步为营”，部门既得利益至上，没有在以党和国家、人民总体利益为重的战略高度上去考虑全局问题，这样做最终会使由执政党主导的改革陷入被动，丧失中国改革的主导权。

历史潮流，浩浩荡荡，顺之者昌，逆之者亡，这已经被转型国家的历史教训所证明。正如上文所述，目前我国的激进改革者们提出了一些较为极端的观点，令人忧心的是，这些极端观点总是能够得到一部分民众的呼应，甚至成为传媒中的主流声音。尽管这一现象成因众多，但不可否认的是，对于改革推进缓慢的失望情绪才是其形成的内在主因。如果不能改变改革停滞不前的现状，民众的负面情绪只会不断滋长，最后必将影响到社会的稳定与健康发展。

因此，从这个意义上说，尽管中国前30年的改革获得了重大的成功，但这充其量仅是阶段性的成功，未来的中国在通过政府职能转换这一关上，风险在呈加大的趋势。如果不能继续推进改革，只会导致改革主导权的丧失，带来激进革命风险，并可能引发社会动荡，令我国多年改革发展的成果毁于一旦。

二、苏联“休克疗法”的教训

俄新社2013年4月1日以《戈尔巴乔夫：苏联解体我没责任》为题报道了苏联首位总统也是苏联最后一位领导人戈尔巴乔夫在题为《人类改变历史还是历史改变人类》的一次公开讲座中，对于人们将苏联解体归咎于他的看法大呼冤枉。他表示将苏联解体一股脑归罪于他是十分不负责任也是毫无依据的，他认为改革中下放权力和“重建”是必需的，但他主张保留苏维埃联盟，他说：“苏联解体的责任应由俄罗斯联邦的第一任总统叶利钦负责，因为叶利钦所主张的改革方针是‘不负责任的’。”

但戈尔巴乔夫真如自己所说没有责任吗？他在1986年7月31日的一次讲话中就说过：“我要在改革和革命两个词之间画一个等号。”1987年1

月他在苏共中央全会报告中进一步说："改革就是指对社会进行真正的革命和全面的改造。" 正是他的这种 "改革就是革命" 的破坏性思维使其在 1989 年后苏联的党和国家领导制度的推进中完全模仿西方的普世价值，不讲改革方法论，导致在 "革命" 中全面失控。1991 年 3 月 27 日，戈尔巴乔夫在全苏进行了是否继续保留联盟的全民公投，78%的苏联公民赞同保留联盟。但戈尔巴乔夫并没有利用公投优势抵制联盟解体，反而站在叶利钦一方，导致苏联局势急转直下。直至同年 12 月戈尔巴乔夫宣布辞职，苏联正式解体，叶利钦成为首任俄罗斯总统。俄罗斯人认为戈尔巴乔夫和叶利钦一个是为苏联掘墓的，一个是给棺材盖上盖子的。二人在苏联解体上一脉相承。

20 世纪 90 年代，无论从 1700 多万平方公里的国土面积上还是从得天独厚的资源禀赋上，无论是从高素质的人口数量还是从当时的经济总量来看，苏联都可称是当之无愧的世界巨轮，但在面临改革的关键时刻，苏联选择的却是在政治、经济体制上的 "休克疗法"。迄今为止 20 多年过去了，俄罗斯仍未能重振雄风。从表面上看，苏联的改革与中国国资改革间似乎并无直接关联，但是，事实上无论中国的改革还是中国国资的改革都同样面临着改革方法与路径选择的关键问题。无论戈尔巴乔夫的改革新思维，还是中国前总理温家宝力推的改革党和国家领导制度的政治体制改革，尽管都充满了改革创新的激情，但如何控制改革进程中的风险并保持改革必备的社会稳定，做到在改革中不失控才是关键。从这个意义来说，苏联改革的教训极具现实借鉴意义。

（一）俄罗斯的 "休克疗法" 改革

1. 俄罗斯 "休克疗法" 回顾

1985 年 3 月，戈尔巴乔夫上台后就着手推行全面私有化，苏共和苏联政府相继制定了私有化纲领和法令。从 1987 年开始逐步取消了中央和地方政府的各职能部门，各级官员利用手中的行政权力建立起股份公司形式的康采恩[①]，股份则在各工业部门的领导人之间分配。到 1991 年戈尔巴乔夫

① 康采恩是德语 Konzern 的音译，是一种规模庞大而复杂的资本主义垄断组织形式。

作为首任也是最后一任苏联总统下台前，国家所有制已严重变形，管理人员变成了所有者。党、共青团和政府的官员及国有企业的厂长、经理成为20世纪90年代初最早的俄罗斯企业家和第一批亿万富翁。

1991年叶利钦成为俄罗斯总统，同年12月戈尔巴乔夫下台、苏联解体。当时，35岁的盖达尔被叶利钦破格提拔为俄罗斯政府总理，在美国经济学家杰弗里·萨克斯的点拨下，盖达尔炮制了一套激进的“休克疗法”经济改革方案，并在1992年年初在俄罗斯联邦全面铺开。

“休克疗法”的第一步是放开物价。头三个月，似乎立竿见影，收效明显，购物长队不见了，货架上的商品琳琅满目。可到了第四个月，消费品价格比1991年12月上涨65倍，同时由于燃料、原料价格过早放开，企业生产成本骤增，纷纷压缩生产，市场供求进入了死循环。

“休克疗法”的第二步是财政、货币“双紧”政策，以抑制通货膨胀。由于税负过重，企业生产进一步萎缩，失业人数激增，政府不得不加大救济补贴和直接投资，财政赤字不降反升。紧缩信贷造成企业流动资金严重短缺，企业间相互拖欠，三角债日益严重。政府被迫放松银根，1992年增发货币18万亿卢布，是1991年发行量的20倍。

“休克疗法”的第三步是大规模推行国有财产的私有化。盖达尔认为，改革险象环生，危机重重，主要在于国有企业不是市场主体，竞争机制不起作用，所以要动产权，把国有企业的资产私有化。当时的俄罗斯把企业分成小企业和大中型企业，小企业私有化方式是拍卖，大中型企业的私有化是股份化。但国有企业的股份用现金是买不到的，需要凭私有化证券才能买到。

当时评估俄罗斯的国有企业财产总值15万亿卢布，而其人口是1.5亿。童叟无欺，人人有份，每个俄罗斯人只要象征性地支付25卢布，即可领到一张面值1万卢布的私有化证券，可以凭此券购买企业股票或入股投资基金，也可有偿转让或出卖。

苏联解体后俄罗斯的通货膨胀十分严重，当时的1万卢布只够买一双高档皮鞋。广大民众迫于生计，纷纷出卖私有化证券。私人大亨和经理们乘机廉价收买，私有化证券集中到了私人手上。这些所谓的股份制企业实质上落入了富翁和经理们的手中。当时调查表明这些所谓的股份制企业中90%的小股东共持股不到10%，1%的大股东却持股85%以上。

需要指出的是，由于私有化中市场秩序混乱，政府管理部门失职，资产评估机构职能扭曲，股份制改造成了权势者瓜分国有资产的一次盛宴。政府在出售国有企业产权时，企业经理和部分地方官员或者其他暴发户通过钱权交易，按照大大低于实际价值的价格收购。在估价中，以俄罗斯各公司1992年7月的账面价值作为公司的基础价值，既未考虑无形资产的因素，也未根据通货膨胀对价值进行调整。所以，俄罗斯出售的12.5万家国有企业，平均售价仅为1300美元，其价格之低廉创世界纪录。例如，拥有34000多名职工的大型国有机器制造企业乌拉尔机械制造厂仅卖了372万美元，拥有10500多名职工的科夫罗夫军工厂只卖了270万美元，而欧洲国家一个中型面包厂价值就达200万美元。据统计，俄罗斯500家大型国有企业实际价值超过1万亿美元，但只卖了72亿美元，给国家造成的损失高达上万亿美元。私有化在1994年6月结束时，俄罗斯的工业总值已不到120亿美元。

2. 俄罗斯人谈“休克疗法”教训

俄罗斯专家尖锐指出：回过头看，俄罗斯人的悲剧在于，他们一夜间告别了过去，却不知道今后路在何方；他们向往西方，却不知道如何从此岸到达彼岸。当时代表社会主流的“改革派”认为，只要照搬西方的自由市场模式，就能够在短时间内（例如盖达尔的500天“休克疗法”计划），实现俄罗斯民族的快速振兴。他们认为，激进的改革虽然会带来经济下降，但下降将是短暂的，长痛不如短痛。结果，“休克疗法”把俄罗斯推向了经济没落的边缘。

休克疗法的始作俑者盖达尔承认，俄罗斯私有化是“权贵阶层将国家财产私有化”，是“权力转化为资本”，承认“播下龙种却收获跳蚤”。叶利钦也承认，改革使“大多数居民生活条件恶化”，发生“不公正的生活分化”，“发财的人往往是那些丧失了文明社会准则的人”。

普京总统取代叶利钦执政后明确指出，“‘休克疗法’的教训表明：将外国课本上的抽象模式和公式照搬到俄罗斯，不可能进行真正的改革”。

随后，俄罗斯在普京的领导下又开始将部分石油、资源类企业重新收归国有。由此可见，“休克疗法”在俄罗斯的失败已是不争的事实。它表明：脱离本国国情、盲目仿效西方的经济模式和理论是无法医治俄罗斯经济病症的，俄罗斯回过头来还得像中国一样走一条适合本国国情的改革之路。尽管普京的“回头”和专制并不招激进改革者和西方待见，但的确符合俄罗斯国家的利益也必然受到人民的支持。更重要的是无论在经济上还是政治上俄罗斯的大国地位正在恢复。

2013 年 3 月，中国国家主席习近平首次出访选择了俄罗斯，习近平和普京二人在改革和发展的问题上达成共识，双方坚定支持对方走符合本国国情的发展道路。

（二）中俄改革对比启示

尽管我们不能现在就下结论说中国的改革会永远比俄罗斯成功，但至少迄今为止，我们付出的代价比他们低，进步比他们大。当世界各国的学者专家在总结社会主义国家向市场经济过渡的进程时，人们无一例外的是把中国放在改革成功的首位。

近年来，普京总统重新国有化的政策和俄罗斯独特的石油、天然气资源禀赋使其经济开始复苏。但俄罗斯自 1990 年以来采用“休克疗法”的改革失误使其耽误了近 20 年的发展进程。即使在今天俄罗斯的 GDP 值也仅及中国的 1/4。这对 20 世纪 60 年代的“苏联老大哥”来说内心是何等痛楚和不平衡应是可想而知的。

从改革的方法与路径选择看，无论中国还是俄罗斯，人们选择的改革道路均没有重复性，但这并不妨碍我们做这样的一种推测和换位思考，即如果当年的中国没有按照邓小平“摸着石头过河”渐变、稳定的改革思路，而是采用俄罗斯“休克疗法”的模式，那今天的中国会是什么样？同样，如果当年的俄罗斯没有选择盖达尔和萨克斯的“休克疗法”，而是采用中国渐变、稳定基础上“摸着石头过河”的改革模式，又将会是什么样？值得深思。

俄罗斯中国问题专家德费利乌认为，中国的改革与俄罗斯相比，“成功的秘密在于机构和制度的稳定，没有机构的稳固和政治的稳定，任何重大的经济体制和政治体制改革都不可能获得成功”。对比中俄两国的改革思路与方法，主要有以下差异：

1. 国有资产上：俄罗斯分存量，中国扩增量

苏联和东欧国家对国有企业资产普遍采用分或卖存量的私有化方式，动国有资产的存量部分，实际上是重新分配产权。社会存量产权的分配就是革命，产权革命必须考虑财富分配的公平和社会的承受力。

对俄罗斯“休克疗法”式的存量产权私有化过程，我将其比喻为“砍掉老树重栽新树”。改革伊始，俄罗斯就选择了萨克斯给其开的“休克疗法”药方，把国有企业除掉，国有资产分掉。而砍掉老树十分痛苦，新树成长过程漫长，二者衔接不上就要产生社会动荡，并且这种盲从的休克还会引发诸多腐败、分配不公、两极分化的社会问题。

而中国在国企改革上则遵循“老树发新芽”的准则。国有企业产权存量不动，增量募集，让“老树营养滋润新枝”，以后再逐步扩大新枝比例，改革之初依靠老树，老树主导，最终老树退出历史舞台。

2. 改革顺序上：俄罗斯先难后易，中国先易后难

改革顺序上，中俄两国截然不同。俄罗斯是先从政治体制改革入手，改国家体制，国家消亡；改政党体制，共产党下野。在失控和混乱中，改革经济体制，一上来就从私有化入手分国有资产存量，直接导致腐败、不公和社会动荡。

而中国则是从经济入手，经济是从价格入手，再推进到企业的经营权和所有权，再从国有企业的所有者政府体制入手，转变政府职能，最后再改革与完善政党体制。显然，二者改革顺序截然不同，效果当然就不同。

3. 改革主导上：俄罗斯外部主体，中国内部主体

推动俄罗斯改革的主导力量是来自于俄罗斯共产党外部甚至是俄罗斯外部的西方国家，依靠西方国家的力量，从外部发起一场革命，把原执政党和政府权威都推倒重来。而中国改革的主导力量则是来自于中共和中国内部。“老树”掌握着改革的主导权。用老树的营养滋润着新芽，并在改革中不断地扩充“新芽”比例，最后老树再退出。这是两国改革的最重要差别。

三、国企改革切忌“休克疗法”

（一）重视改革方法论找准改革切入点①

党的十八大后，下一步改革从哪儿入手，以什么方式入手至关重要。从目前各界提出的改革思路看，主要有以下三种：第一，从政治体制入手，改革党和国家领导制度；第二，从经济体制入手，对以央企为代表的国企进行快速全面的私有化；第三，从政治体制和经济体制的结合部——政府体制入手，削弱发改委，实现与市场经济体制相适应的政府职能转变。对比这三种思路，我主张把第三种改革思路作为切入点。

从经济体制改革看，中国改革还要闯“三关”，即产权关、政府职能转变关、破除金融垄断关。这三者的结合部正是构造“市场经济裁判员”与“新型公有制教练员”各司其职的政府组织管理体制。

改革政府组织架构，实现职能转变已经触及改革者自身利益，需要改革者进行自我革命。然而，以发改委为代表的行政审批部门迟迟不能转变职能，使改革放缓甚至出现倒退。

我们的政府部门应该有大无畏的献身精神，完成这一改革过程的飞跃。建立新体制必须消除旧体制，这既是建立市场经济新秩序的需要，也是消除审批腐败的必然选择；既是经济体制改革的深化，又是政治体制改革的揭幕。抓住这个“牛鼻子”，实现十八大后改革的良好开局，至关重要。

（二）国企改革勿陷入“休克疗法”误区②

国资委于2013年年初开始着手制定《深化国有企业改革的指导意见》，就下一步国企改革方向和路径进行相关调研。据悉，下一步国企改

① 十八大后，我应邀写了三篇文章，本文是第一篇，发表于2013年2月18日《光明日报》、2013年2月22日《证券时报》以及2013年第2—3期《经济》；第二篇是《建立“监管统一、出资多元”国资管理新模式》发表在2013年2月19日《光明日报》、2013年2月21日《证券时报》；唯独第三篇《将发改委改为“国家改革与发展规划总署”的建议》至今未发表。

② 2013年年初，无论是在理论界还是在媒体界，不乏将国企分为公益性和竞争性两类的提法，鉴于国企分类事关国资委生死存亡，我写就本文发表于2013年3月29日和讯网。

革的一个重要方向是对国企进行战略性定位，一类是公益性国企，另一类是竞争性国企。

对于将国企区分为“公益性国企”和“竞争性国企”这个提法，我认为并不科学，因为公益性和营利性相对，竞争性与垄断性相对。简单把国企分为公益性和竞争性而没有厘清公益性国企该不该营利，现实中也很难界定像电网、铁路等自然垄断行业算不算公益性国企，因为它们显然不是竞争性国企，但它们又必须要营利。

对于当前有些人从打破垄断出发，提出用分和卖的方式把包括国家经济命脉的金融、石油、电网、铁路在内的国企快速私有化，如“在5~10年内把国有企业持股比例降到10%”的提法，我颇不赞同。这类主张私有化的人没有将国有企业的改制、改组和以股份制为代表的现代公司制度相连，而是简单地模仿俄罗斯“休克疗法”的模式，把这些领域的国有资本分卖给私人大亨。

在现代市场经济中，无论是中国的国有独资企业还是西方的私人独资企业都属“私公司”的范畴，而现代股份公司是公众公司，法人所有制是新型公有制，产权变革都得朝此迈进，事实上，中国国企正朝着现代股份制正确方向迈进并获得了公认成就，下一步的国企改革是进一步朝现代法人的股份公司的方向推进，而不是简单地照搬西方两百年前的老路和俄罗斯私有化，机械地把国有独资变成私人独资，那是一种无知和倒退。

我曾在《俄罗斯每人分一万卢布的教训和启示》一文里对俄罗斯当初激进的“休克疗法”进行了反思。俄罗斯人普遍对“休克疗法”的私有化政策提出了批评，说这是“为了私有化而私有化”，“完全不顾经济效果和社会后果”。一位没赶上十月革命的俄罗斯诗人曾说：“我不知道十月革命是不是剥夺过富人，但是如今的改革是在剥夺穷人，这是千真万确的。”主张私有化的人没有注意到国企正朝现代股份制的正确方向迈进这一点，而激进地要把正在健康运行的中国央企产权股份制改革进程打乱，快速分卖给私人大亨，重复美国百年前私有化老路和俄罗斯20年前“休克疗法”的失败旧辙，是不问国情、照搬照抄地添乱。

今天在举世公认中国改革获得相对成功的时候，切不可丢掉自己成功的经验，而把十几年前由美国人转给俄罗斯的在今天看来仍是懒婆娘的裹脚布当成华丽的围巾来戴，也不“漂洗”一下。中国和俄罗斯的改革实践都已证明，盲目照搬照抄将会付出沉重的代价。当改革推进到产权这一领域时，改革的最大风险将主要来自那些不考虑当代法人资本特征和国情的激进改革者。这一点已经被俄罗斯和一些东欧国家的改革教训所证明。

对于目前国企垄断受到的质疑，我认为这是一种误导，界定垄断企业的唯一标准就是它是否能在垄断价格基础上攫取垄断利润，而中国的垄断国企普遍没有定价权，价格是由发改委行政审批制定的，在中国真正造成垄断的是政府价格行政审批以及行业禁入审批。因此，国企的经济垄断是表象，发改委的行政垄断才是实质。所以很难称中国的国企是真正经济学定义上的垄断企业。

未来中国经济改革攻坚战要打破行政垄断就要瞄准政府职能转变这一关键，而不是简单地模仿俄罗斯“休克疗法”的国企快速私有化。

四、中国国企改革要坚持走自己的路①

（一）正确看待国企改革30年成就

从1979年到现在的30多年时间里，我们从一开始就紧紧抓住了搞活国有企业、改革经济体制的核心环节，国有企业也从当时的普遍亏损到当前的普遍盈利。经历了不断地创新和探索，中国摸索出一条具有中国特色的国企改革之路。

众所周知，国企改革最初是以经营为突破口，利用10年的时间探索国企的经营权改革，实行放权让利，扩大企业的经营自主权，随后衍生到承包租赁，但这条路并不太成功。直至20世纪90年代初期，我们终于开始研究国有企业的产权制度，研究所有制，提出了把股份制作为改革的方向。随着各项文件及配套措施的出台，中国的国企改革从此走上了正轨。

---

① 2012年5月31日上午，我就国企改革问题接受《上海国资》杂志社记者刘晓翠的电话专访，这次专访发表在《上海国资》2012年6月18日第6期，原名《中国国企改革要坚持走自己的路》，这部分内容在该采访稿基础上整理而成。

也正是在这样的背景下，国有企业一举扭亏，在2000年基本上完成了脱困。国有企业不仅在主业的经营上有了翻天覆地的变化，更是通过股份制的改造和资本的推动做大做强，2010年国有资产达到数万亿元的规模，10年间翻了几番。在30年的改革过程中，中国的国有企业正在逐步市场化。

可以说，中国经济的大发展以及特色社会主义市场经济的成功探索，为国企的改革提供了基石，而在国企改革的道路上，也可以看到中国改革成功的方法论。从经营权到所有权，我们回避简单的私有制问题，而是探索新型的公有制经济。在股份制的探索中，从定向职工募集股份，到定向法人募集股份，这些举措都迅速地推进了改革的发展，成功地回避了有关私有化和国有资产流失的不必要争论，目前中国的国企改革正在向着现代股份制推进。

所以说，中国改革的成功与国企改革所选择的正确道路是分不开的，而国企改革的道路恰恰是中国改革最独特的、最引人注目的、最有创新之处的，因为我们没有照着俄罗斯走过的道路，用“休克疗法”把国有资产变卖，或者全面拷贝美国两百年前走过的原始资本主义的道路。现在中国的GDP高达6.5万亿，而俄罗斯GDP还徘徊在1.5万亿；我们已经成为世界第二的大国，俄罗斯仍然一退再退。

应该说，中国这些年的改革是大有成就的，未来按照这条路走下去仍将大有希望。

（二）关于国资改革的争议

最近这些年，国企改革的速度大大降缓，并没有沿着原来大规模推进股份制改革的方向推进，为什么？从宏观上来看，国企改革动作不大，但是行政审批反而大大加强。我们的政府除了履行裁判员的职责，维护赛场的秩序，还有一个国家队教练员的功能，在履行这两种职能的过程中，政府一方面充当市场秩序的维护者和调控者，解决公平问题，另一方面是国有资产的实际控制人，而这两种身份在政府职能改革的时候界定不清。裁判员设定了过多的市场准入，这个民营队不能进，那个外资队不能进，这是政府的改革不到位所导致的，政府设立了过多的行政保护壁垒。

原因何在？因为他们留恋审批，这也是改革开放之后大家不满意的核心问题。而且这些部门越来越强大。你要说国有企业垄断，垄断什么？垄断价格还是资源？价格都是批出来的，国企既无法决定由谁进入，也无法决定价格，关键还是在于审批制。推进政治体制改革说了很多年，但是却从来没动过发改委，今天给中国经济带来阻碍的是以发改委和证监会为代表的审批部门，它们的一个指标就能决定谁能成为亿万富翁，所以地方政府跑“部”前进，审批部门门庭若市，因为批文决定着资源的分配。

在这种背景下，我们的国企改革已经深入到了企业的所有者，而所有者是政府，政府的职能不转变，行政审批不放弃，而把所有社会注意力的矛盾都转移到了国企身上。不管是国有企业家薪酬过高、贪污腐败，还是国有企业成了特殊利益集团，都在与社会的对立中体现。国家体改委的取消和发改委的强化是这些年我们在改革上最大的失误。今天如果要沿着正确的改革方向，必须推进到政府职能转变，削减审批部门的权力。所以，市场的准入不是国企设置的，也不是国资委，而是发改委，这个板子不能打到国企身上，这是体制造成的。

现在出现一些观点说，要消灭国企，从妖魔化国企演变到消灭国企，甚至要将央企的比例压到10%，并且不惜用美国和俄罗斯的分与卖，这样做的结果就是造就一个又一个的超级富豪。我是很反对这个观点的。回眸我们自己走过的道路，通过股份制，通过资本市场，通过阳光的证券化探讨国企的持股比例，这难道不是一条正确的道路吗？为什么要退回到私人独资和家族企业去呢？毫无道理！

在最近这些年的国企改革中，政府没有紧紧抓住政府职能转变，而是把很多应该由政府承担的责任转嫁到了企业头上，所以造成了社会的误解。另外，国资委没有对国企改革的发展进行及时的总结，对于这些妖魔化的舆论没有给予正面的回击，所以导致今天的被动。

我们需要的是按照30年来总结的经验，渐变稳定地进行改革，按照现代法人股份制和现代公司治理的结构深入下去，以取得能和海外跨国大公司竞争的核心力。

（三）国企分类与国资委定位

我把中国的国企明确分为两类，一类是从事公益事业的国企，这类企业是由国家公共预算支撑的，由财政部管，它们不以盈利为目的，企业家都是政府公务员，既可以以国有独资的形态存在，也可以以公司的形式存在；第二类是营利性的国企，这类企业的考核指标就是盈利，要按照现代公司法人的结构治理，走国有资本经营预算，它的资本监管是国资委，企业家是职业经理人。

以公用事业为例，会有三种情况存在，第一种情况是水电气热这种国民经济的基础产品，不能完全由市场决定价格，要保证人民喝得起用得上，可以把这些暂时放在财政部下面，这些企业的亏损由财政部兜底，亏钱不怕，价格锁定。第二种情况是市场化，国家通过税收或者财政补贴反哺人民，给消费者社会保障型补贴。这种情况可以定位为营利性的产品，完全靠市场竞争。第三种情况就是由国资系统营利性企业来做，但是销售的价格不能随行就市，要按公益的价格去卖，亏损的由财政补贴。

初级起步可从第三种做起，先锁定价格，由国资委的企业去做，亏损由财政部补贴，以后随着市场环境的完善，可以把越来越多的公共产品转化为竞争品。比如电，就可以分为发输配售四个环节，只把输电环节管住就行了，发电环节可以变成竞争环节，竞价上网降低电价，把这些垄断补贴的领域缩到最小。

未来的国企更多的是国资委管的营利性企业，财政部的公益企业要压缩，国有资本的改革要顺其自然地进行调整。

国资委应该管整个国有资本配置过程中的战略布局、国有资本经营预算和规则的统一监管，包括统计的统一口径，另外还要保护国有资产，避免流失，这些都是监管的基本职责，还有国有资本经营公司的人事。概括起来，国资委的四大职能包括规划、预算、人事和监管，规划把战略布局管住了，预算把钱管住了，让国有资产经营公司派人把人管住，监管则把统计和法规、国有资产管住。

关于国资委出资人身份和监管者身份是否会产生矛盾的问题，我认为国资委牢牢把握上述四大职责便可，让国资委下属的若干个“淡马锡”

（国有资产经营公司）履行出资人的职责，这样就能解决这个问题了。国有资产经营公司是国资委和企业之间的屏障，既能成为保护伞，也是储存国有企业上缴红利的蓄水池，国资委不能成为淡马锡，应该成为管理若干个淡马锡的监管部门。国资委管住淡马锡的人就行了，不要再管到下面的企业去，可是长期以来国资委一心想当股东，结果导致了今天的被动局面。所以解决问题的最好办法，就是从国资委的一身两任这种根本不可能统一的思路转移到构建国资委、国有资产经营公司，还有实体企业这三重系统上来。

国资委如果成为管辖企业的出资人，以后就无法再做统一的布局和规划监管，这意味着还需要建立数个国资委。文化产业、金融产业如果都由同一个国资委当股东，那就出现国资委的银行给国资委的企业贷款的现象，而这一现象是无论如何也解释不清楚的。

第二章

中国模式的国有资本特征

中国国资改革创新模式探索

背景介绍：2014 年 3 月，《经济导刊》季红和高梁两位主编希望我能够就中国制度、中国道路、中国模式的国资特征写一篇重头文章，为此我以 2013 年 2 月 21 日刊登于《证券时报》的《“监管统一、出资多元”的国资管理新模式》一文为基础，集 35 年中国国企与国资改革之经验，结合对西方现代公司制度的持续研究写就此文，刊登于 2014 年 5 月《经济导刊》。

同时，本文的主要内容还分别以《刘纪鹏：国资改革要走中国创新道路》、《中国经济要探索公有制与市场经济结合》为题刊登于 2014 年 4 月的《企业观察报》和 2014 年 8 月的《中国经济时报》。我的学生孙航、林蔚然亦有贡献。

一、中国经济体制改革的目标与方法

中国的市场化改革方向包括两点：一是建立市场经济运行的宏观机制；二是建立法人所有制基础上的现代公司法人制度的微观载体。对于一国而言，两者堪称现代市场经济的两条腿，缺一不可。

从宏观层面讲，市场竞争机制已经从实践和理论两个层面被证明是有效的资源配置手段。因为只有有活力的市场才能实现需求发掘、产品创新、价格发现等一系列职能，而置身其中的市场主体才会有正确的激励、真实的信息去制造产品，创造价值，最终实现有效的资源配置。中国的改革正是循着市场经济的轨迹一路走来，才有了35年的经济高速发展。

与此同时，有了市场竞争的大环境，微观主体的构造也必不可少。在现代企业制度的推进中，企业的产生从个人独资企业已经走到了以公众公司为主的法人所有制，成为现代市场经济的一大特征。法人所有制下，所有权与控制权相分离，且股东是高度分散的，股东通过董事会依照资本多数决的原则，来实现其意志并实现对管理层的监督。以美国微软公司为例，其创始人比尔·盖茨仅持有微软公司不足5%的股份，公司的具体运营也早就交予职业经理人。因此从现代市场经济发展规律看，公司战胜独资，法人所有取代自然人所有，是必然的发展趋势。以现代公司法人制度为方向，摸索公有制与市场经济的结合，是我们深化改革，实现制度创新和理论创新的关键。

30多年来，中国的人均GDP翻了100倍，财政收入也大为提高，中国经济体制改革获得了公认的成功，这一成功并不仅仅在于市场经济改革目标的确立，更在于摒弃照搬照抄，尊重国情、借鉴成功经验、摸着石头过河的成功改革方法论。但是，同样有人认为中国的经济改革并无出奇之处，并无所谓“中国模式”之说，更有甚者以中国经济改革不规范、不彻底为理由，怀疑中国经济模式的可持续性，质疑“摸着石头过河”理念的智慧。如此论调不仅经不住数据的拷问——相较于中国人均GDP的大幅增长，俄罗斯所谓规范化改革的一地鸡毛充满讽刺，也难以承受住理论的质疑。中国经济能够持续35年的7.5%的高增长，必然是有其独特之处的，中国模式，也称之无愧。

在中国模式下，中国人并没有简单重复美欧国家200年前、俄罗斯20多年前的私有化老路，而是跳出简单把国有独资企业变成私人独资企业的狭隘私有化思路，首先把国有独资变成国有控股的股份公司，再逐步调整国有控股的合适比例，最终建立与市场经济相适应的现代公司法人制度。通过国有独资—国有控股—现代股份公司有进有退的自然格局，通过资本市场和公众公司的途径，实现国有企业的“凤凰涅槃”和“浴火重生”。通过法人所有制探索新型公有制形态，进而实现与成熟市场经济运行机制相对接。

如何让市场在资源配置中发挥决定性作用，摸索并建立符合现代市场经济规律的微观运行载体是关键。

在我国国资体制改革进程中，既要打破传统的国有独资形态，也要避免简单走私人独资和家族企业私有化之路，而是通过规划和建立科学合理的国有资本产权制度和监管制度，建立现代公司法人制度，通过股权多元化和证券化，在国有控股公众公司探索并打造现代股份公司制度，是未来深化产权制度变革的重要创新。利用资本市场，按照现代公司制度实现国有企业的改制和改组，超越私人独资和家族企业的私有化过程，通过混合所有制，最终实现国有资本控股，外资、民营、私人资本共同参与的现代公司法人制度，形成中国经济的独特形式——宏观趋同，微观特色。

二、市场化改革中定位政府的双重职能

新形势下加快转变政府职能，深化行政体制改革，是党中央、国务院做出的重大决策。鉴于我国政府在市场经济中具有国有资本所有者的特殊身份，从所有者—政府层面研究国资改革，重塑政府在市场经济条件下的特殊定位至关重要。

深化经济体制改革，摸索有中国特色的市场经济模式，必须看到我国政府具备市场经济间接调控者和国有资本所有者（监管者）的双重职能这一重要特征。

政府间接调控者的职能是由市场经济运行机制的国际规范决定的，政府要维护市场秩序，在市场经济条件下负责制定市场运行规则，承担维护市场秩序、保证公平竞争，其职能相当于市场经济比赛场上的“裁判员”，如财政局、工商局、税务局等，而所有“参赛”企业都必须遵守“裁判员”制定的规则。

政府国有资本所有者（监管者）职能则是我国公有制市场经济中保留“国家队”体制所决定的，由国资委履行国有资产监管者职能，相当于赛场里国家队的“领队”，负责对国家队（国家出资的实体企业）及其“教练员”（国有资本运营公司）实施有效的监管，这一管理具有针对国家出资企业的特殊性。

中国政府的双重职能，如图 2-1 所示：

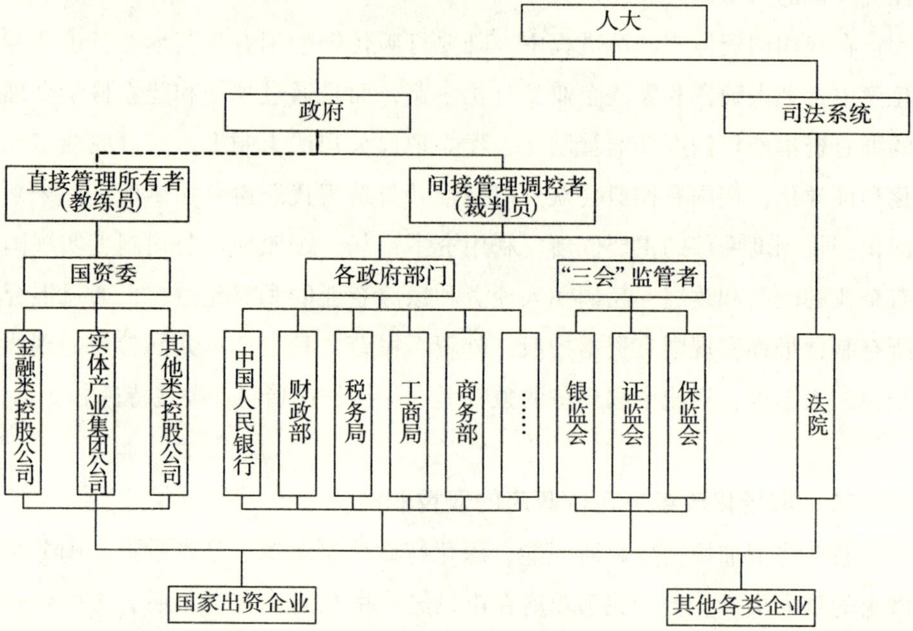

图 2-1　我国政府的双重职能

因此，政府体制改革既是经济体制改革的深化，也为政治体制改革揭幕，而在这一过程中，深化和完善国有资本监管体制和出资人体制，是正确处理政府间接调控者和国有资本所有者两种职能，完善政府体制改革的重要内容。

三、国资委是搭建公有制和市场经济的桥梁

发挥市场在资源配置中的决定性作用必然要求引入竞争，构造多元化的微观经济运行载体，而在中国市场经济公有制的背景下，国资委具有世界独一无二的特殊性。

我国现行的公有制模式归根到底还是政府所有制，从法律上看，中央政府是唯一的法律主体，代表全国管理国有资产，但按照市场经济运行规则，一个主体是无法构造出真正的市场经济的。现实中，各省、市、区、县政府层面客观存在地方国有资产，在法律上均不能得证，所以仅仅是中

央所有、地方分级管理的模式。面对数量众多的国有资本和国资企业这一格局在国有资产规划布局、防止国有资产流失等问题上，需要统一监管者，但是由履行“裁判者”职能的政府部门担任国有资本的监管者不合适，有必要通过组建特殊公法人机构，构造出统一代表国家履行出资人职责并管理国有资产的主体。

中国的国资委体制正是在这样的背景下诞生的。党的十六大提出在中央、省和市（地）三级地方政府设立国有资产管理机构，完善国有资产监督管理体制。根据《国务院关于机构设置的通知》［国发（2003）8号］规定，国务院国资委为国务院直属特设机构。中国的国资委的体制是世界上独一无二的，其确立是中国政治体制和经济体制领域改革的重大创举。

国资委的成立与发展具有长远的战略意义和深远的历史意义。发展市场经济需要多元化商品生产者和交换者的存在，不仅是在国有企业、私人企业和外资企业之间，更由于我国现有国有资本体量庞大，分布在众多领域，在特高压电网、高铁、航天航空等重点行业展现出了“举国体制”的强大优势，因此在国有资本内部也必须重新划分和梳理中央与地方的国有资产管理权限，实现多元化的国资管理新格局，逐步完善国有资产监督管理体制。

因此，必须正确认识国资委的责任与使命，这是深化改革的关键。国资委在政府体制改革中承担着政治体制和经济体制改革结合部的重要角色，已然成为连接公有制与市场经济的有力桥梁，实现了从1到300的飞跃。

四、走出将国企划分为公益性和竞争性的分类误区

如何界定不同国企的功能？如何对不同类型的国企采取不同的治理模式？这一直是国资改革中争论激烈的焦点问题。对国企进行科学分类是厘清市场与政府的关系，构建新型国资管理体制的前提和关键。

走出目前社会上将国企做公益性和竞争性划分的误区，此种分类在理论上不成立，在现实中不可行。

首先，在理论上公益与营利相对，竞争与垄断相对，二者不能混淆。

简单把国企划分为公益性和竞争性不仅没有解决公益性国企该不该营利的问题，而且现实中竞争性与垄断性界限模糊，自然垄断行业国企的类别归属难以界定。

其次，实践中竞争性国企提法的背后是国企全面退出。将国企划分为公益性与竞争性，公益性国企由财政部监管，竞争性国企由国资委监管，表面似乎合理。但在打破国企垄断呼声高涨的背景下，此种分类伴随的潜台词是“国有企业应从一切竞争性领域退出”。最终结果只能是国有经济全面退出，实质上是否认国有经济、否认公有制的主体地位，这与我国基本经济制度相背离，是对30多年改革成就的变相否定。

因此，我一贯主张在中国特色市场经济模式下，结合政府国有资本所有者职能与市场经济间接调控者（公共管理者）职能兼具但又有所区分的理论基础，对中国国企应进行营利性和公益性的科学分类（见表2-1）。①

表2-1 公益性国企与营利性国企对比表

特征类型	法律地位	组织形态	预　算	监管方	经营范围	治理结构
营利性国企	一般民商事法人	股份公司 独资公司	国有资本经营预算	国资委	一般领域	职业经理人
公益性国企	特殊公法人	国有独资	国家公共预算	财政部	特殊领域	公务员或职业经理人

第一类公益性国企，特点是采取国有独资形态，不以营利为目的，企业家是公务员。这类企业以提供公共物品和接受公共补贴的企业为主，主要履行社会公共服务职能，充当社会公共物品提供方的角色，在数量上应只占极少数。

第二类营利性国企，在生产运营方面与一般现代公司无异，特点是采

① 本部分内容与《中国国企分类与国资监管》一文合并。国企分类问题事关国资委的生存与发展，国家发改委“十二五”规划纲要及国研中心提出实行公益性和竞争性国有企业分类的标准不仅理论划分不合理，其要害更在于取消国资委。我在文中提出公益性和营利性的分类标准并发表于2013年第4期《经济》，我的学生赵晓丹对本文亦有贡献。

取国资控股或参股形式，以追求营利为目的，按照商业原则运营的公司，主要受民商事法律调整，企业家来自职业经理人。绝大多数国有企业都应属于营利性国企范畴。

在此分类基础上，政府两员职能得到协调，清晰划分，同时也为“监管统一、出资多元”的新型国资监管体制奠定理论基础。

一方面，财政部基于其履行社会公共管理职能，对公益性国企进行监管。从目前来看主要有以下几类：一是纯粹为提供公共产品而设立的企业，比如国防、城市道路和路灯等基础性设施的供应商；二是生产国家专营专卖产品的企业，这类企业由于其高度垄断的特征，不能由一般的私人提供，比如造币、烟草等领域；三是涉及邮政中普遍服务业务、铁道经营等改革过程中尚不能完全交由私人提供的行业，这些领域由于其业务的特殊性，也应当划入公益性国企的领域，交由公共财政进行管理。

另一方面，国资委作为国有资产所有者对营利性国企实行统一监管，具体包括产业类（如各国有资本经营公司）、金融类（如中投公司）和其他符合营利性条件的资本。大型商业银行、证券公司、保险公司、资产管理公司等在内的金融类国有企业，与普通市场主体无异，并且大部分已经在交易所挂牌上市。这些金融类国企应与其他从事石油、石化、电信产业的国有企业一样属于营利性国企，应当是在竞争性领域接受国资委监管的企业，不应将其划归其他机构独立监管。而如何实现营利性国企统一监管，深化国资监管体制是下文重点论述内容。

五、创新国资监管模式

（一）从国企监管向国资监管跨越

十八届三中全会以来，以发展混合所有制为主要思路的国资改革备受热议。混合所有制经济已成为当前及今后国资改革的“重头戏”。2014 年政府工作报告再次强调“增强各类所有制经济活力，优化国有经济布局和结构，加快发展混合所有制经济，建立健全现代企业制度和公司法人治理结构”。

发展混合所有制经济就是要加快推进国有企业特别是母公司层面的公司制、股份制改革，优化国企股权结构。鼓励民间投资主体积极参与国有企业改制重组和国有控股上市公司增资扩股，积极引入股权投资基金参与国有企业改制上市、重组整合、国际并购。其优势在于，一方面规范了企业的法人治理结构，通过股权多元化在一定程度上限制国有一股独大；另一方面通过引入民间资本活水，在风险控制、创新和治理决策方面将有利于决策质量和资本增长质量的提高。

因此在未来发展混合所有制、建立现代公司法人制度的进程中，国资委作为国有资本出资人，要逐渐退居幕后，在现代股份公司制度的基础上，成为与外资、民营无差异的股东主体之一。在企业整体股权中，国有资本只是其中一类，国资委履行应有的监管职能也只能是按照现代公司制度规范，对其中的国有资本进行监管，绝不能再简单地将企业整体都纳入监管统计口径。故，未来的国资委改革必须从国企监管向国资监管跨越。

（二）国资委应从央企出资人向国资监管者转型

1. 对营利性国资实行统一监管

组建监管统一的国资管理体系（见图 2-2），履行对各行业包括金融类、产业类、教育、文化、卫生等营利性国有资本的统筹监管，有利于实现国有资本的战略布局规划与结构调整，使国有资本成为我国特色市场经济的亮点。

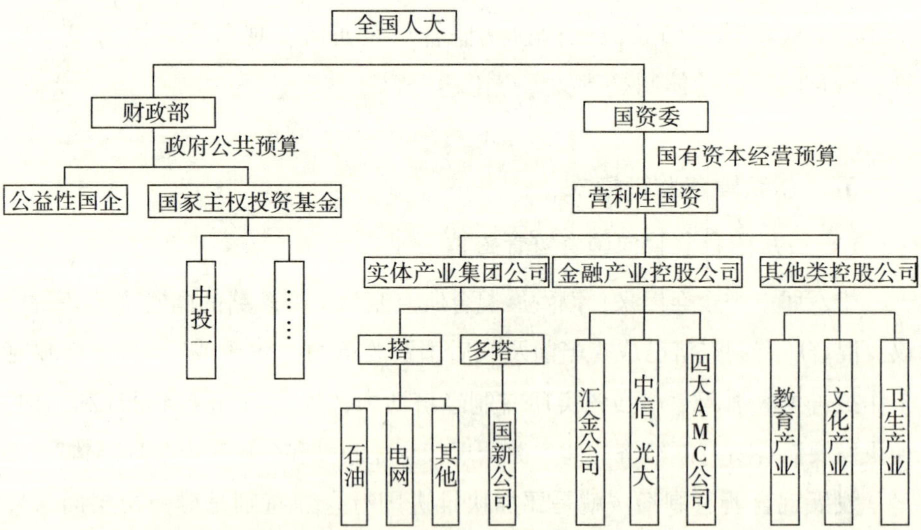

图 2-2　国资委统一监管体系

2. 国资委与国资委系统的异同与分工

目前国资委在工作中既承担着国有资产监管者的职责，同时又担任113家央企的出资人，在现实中存在以下几大障碍：首先，作为国有资产的统一监管者，国资委却种着“自留地”，客观上还无法履行对金融、教育、卫生、科技类国资的统一监管；其次，由于国资委履行对113家央企的出资人职责，从国际规范看，部分央企在参与国际竞争时就经常受到与其他央企之间存在关联交易等的责难。综上，国资委面临着作为监管者无法实现统一监管，作为出资人又管得过细的两难境地。因此，现行的国资管理体制必须改变，我们认为可行的思路即从国资委目前的双重职能出发，将国资委“一身两任”转变为通过组建国有资本运营公司，最终实现国资委系统内的“两身两任”。利用两类机构、两种身份、履行两种职能，将履行统一监管者职能的国资委和行使直接出资人权利的国有资本运营公司彻底区分，实现监管统一与出资人多元的并行不悖，构成国有资产管理的三个层次（见图2-3）。

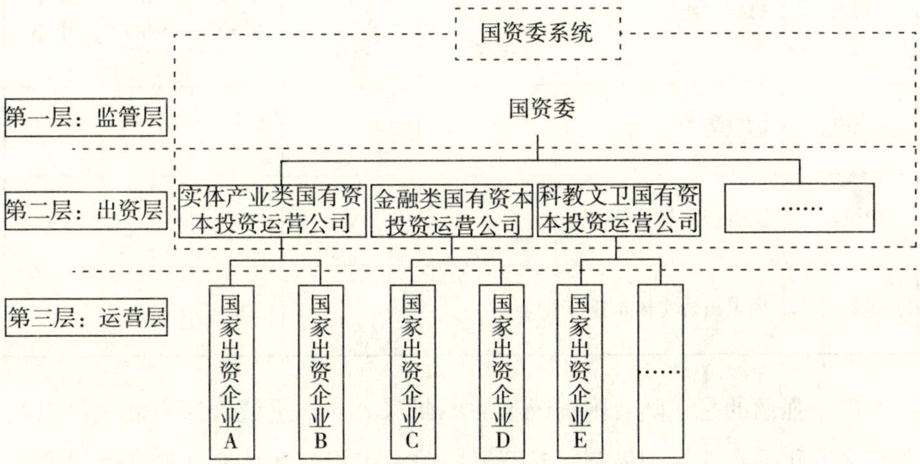

图2-3 国资监管三层次体系

具体而言，第一层是在国务院和各级人民政府之下设立的中央和地方国资委部门，政府授权国资委作为国有资产的终极出资人代表。国资委作为终极出资人代表，充当赛场上国家队的“领队”，制定国有资本整体战略布局规划，并据此编制国有资本经营预算，并对任命国有资本运营公司董事、制定章程、审批重大事项、收取与支出国有资产收益等事项拥有最终决定权。

第二层是国有资本投资运营公司，它作为国有资产的资本运营机构，是国资委制定的国有资本战略和国有资本经营预算的实施载体。主要负责国有资产的投资经营和存量资产的流动与重组，定位于国有资产的直接出资人代表，原则上保持国有独资形态，专门以股东身份从事国有资本的经营管理和运作，不从事具体的产品经营。通过资本层面的运作有效组合配置国有资产，充当赛场上的“教练员”。

第三层是享有企业法人财产权的国家出资实体企业（包括国有参股、控股企业），定位于国有资产的具体运营，通过国有资产的经营与管理，实现国有资产的保值增值，充当赛场上的“运动员”（见表2-2）。

表2-2　三层次国资管理体系职责分工表

层次	机构\类型	国资规划统计与监管	股权管理与资本运作	投资中心	利润中心	成本中心
监管层	国资委	√				
出资层	国有资本经营公司		√			
运营层	国家出资实体企业			√	√	√

需要强调的是，随着国资改革的不断深入，推进混合所有制经济以及股权多元化的企业管理体制，对第三层国家出资的实体企业应该有更宽泛的理解。事实上，在一个公司集团里面，不仅有集团公司、母公司、子公司的区分，还有子集团的概念，即第三层国家出资实体企业依然可以通过股权控制实现对四层、五层子公司的管控，从而形成整个公司集团系统的子集团。

3. 创新模式下国资委的职能机构设置

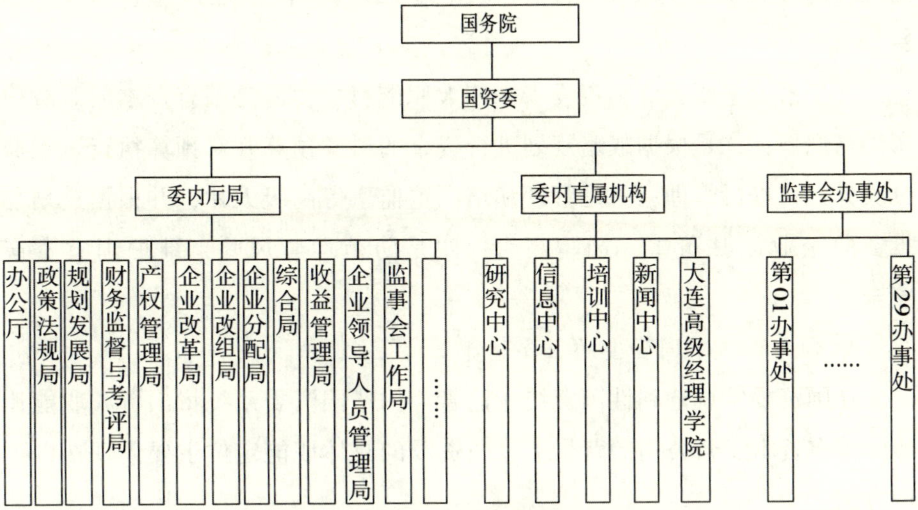

图 2-4　现存国资委职能机构设置

现行国务院国资委的职能机构共包括 23 个委内厅局、29 个监事会办事处及 5 个委内直属机构。图 2-4 省略党建工作局、宣传工作局、群众工作局、研究局、外事局、人事局、机关服务管理局、机关党委、纪委监察局、国资委巡视办 10 个机构，其中企业领导人管理局分为一局与二局。

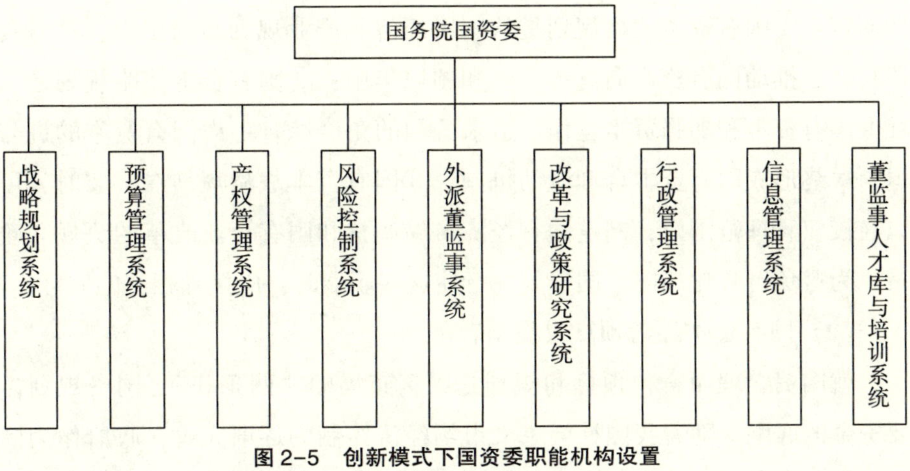

图 2-5　创新模式下国资委职能机构设置

根据我30多年国企改革经验，结合未来中国市场经济发展方向和对中国模式的理解对国资委职能机构做出初步设计，仅供批判性参考（见图2-5）。

九个系统主要适应国资委未来四大职能目标：一是国有资本宏观战略布局与规划；二是根据战略规划进行资金的科学预算并对预算执行过程通过决算方式进行管理；三是管理和培训董监事等高级人才，并根据规划与投资向企业派驻董事、选聘高管；四是防范运营风险，维护国有资产安全。

4. 创新模式中国资委的主要职责

在国资委实现营利性国资统一监管，构造国资委系统将出资人职能让渡给国有资本运营公司的背景下，国资委的具体职能定位主要体现在以下四方面：

（1）国有资本战略布局与规划主导者。

在国资改革领域，厘清政府和市场的关系突出表现在国资委从国企具体经营事务中脱离出来，转变为国有资本宏观战略布局和规划的主导者。

国资委制定的国有资本战略布局和规划并不直接干预企业的经营决策，而是以促进国民经济发展为出发点和落脚点，主要运用市场机制，由企业自主决定投资方向，使投资效益成为引导资源流向的决定性因素。具体而言：①国有资本战略规划是从国民经济和产业规划布局出发，进行资源整合，推动国有资产向优势产业和领域集中；②国有资本战略规划是从壮大国有资本和加强资本运作、追求盈利的角度综合考虑国有资本的进与退，最终形成国有资本合理流动机制；③国有资本战略规划在必要时，可以在授权管理范围内，制定国有经济布局调整和国有企业改革的法规和政策，为避免行政化趋向，国资委在行使这些职能时，应接受相应的监督。

（2）国有资本经营预算权编制者。

就国资管理而言，预算和规划是国资布局的“两条腿”，国资规划需要资金的匹配。随着我国社会主义市场经济体制的逐渐完善，政府作为国有资本所有者，应建立起独立于公共预算之外的国有资本经营预算，以全面掌握经营性国有资本的收支及资产负债情况，确保国有资本的保值增值。但是，在目前的体制下，国资委无支出权，极大地限制了国资委对于资金的使用，国有资本战略布局规划无法顺利实现。而且在实际工作中，由于国资委比财政部更加了解企业情况，目前清产核资和资产统计等大量基础属性工作其实都是国资委在负责，财政局编制国有资本经营预算最终还是要依赖国资委，这就导致了财政局与国资委之间出现“有权的人干不了，能干的人没有权力”的尴尬局面。

因此，国有资本经营预算的编制权应由国资委行使，这样不仅有助于将国有资本的运营从政府公共事务中剥离出来，实现政府国有资本出资人职能与政府公共管理职能的分离，而且有利于政企分开、政资分开，推动国有企业完善现代企业制度。

（3）国有资本运营公司管理者。

在新型国资管理体制下，国资委只需要在把握战略布局规划及国有资本经营预算的基础上，向国有资本运营公司派驻董事行使股东权利，即可实现对国有资本运营公司的管理。具体而言，国资委与国有资本运营公司两者之间应处理好以下两方面的关系：

一方面国资委对国有资本运营公司充分放权，赋予后者较大的经营决策自主权。国有资本运营公司原则上成立董事会，在董事会的指导下，以追求盈利为目标，并兼顾政府的产业政策，以自己的商业判断力和灵活性来进行投资和其他业务，有利于国有资产保值增值。

另一方面国资委对国有资本运营公司适当收权，包括部分人事任命权、重大事项决策权及财务审核权。首先，国资委负责组建中间层的董事会，董事会人员可以有来自国资委内部及其他政府部门的公务员、具有专业知识背景的独立董事以及具有丰富管理经验的执行董事等；其次，在股权并购和出售等重大事项及重大政策制定时，国有资本运营公司必须事先征求国资委意见；最后，国有资本运营公司每年定期报送经审计的财务报表供国资委审阅，使国资委随时了解其经营状况，有效防范失控风险。

（4）国有资本安全维护者。

股份制是深化国资改革的方向，发展混合所有制经济，使国有资本与非国有资本共融于同一企业，使国有企业产权主体多元化的广度和深度得以拓展，这对维护国有资本安全提出了新的更高要求。

从国有产权交易方面看，目前我国主要存在两个问题：一是在国有产权评估和定价问题上，企业账面评估价值普遍高于市场价格，在这种情况下进行国有产权交易，容易造成形式上的国有资产流失；二是交易不够市场化，存在着“内部人控制”和“自卖自买”现象，容易造成事实上的国有资产流失，直接影响到国有产权流动重组的质量和进程。

国资委作为国有资本安全的维护者应重点做好以下五方面工作：一是明晰产权关系，强化产权登记检查和日常管理；二是严把工作流程，依法规范产权交易；三是全面加强企业净资产核定和资产损失认定，规范资产评估程序和制度，公正地评估国有资产；四是通过推动国有资产进场（产权交易所）交易和竞价交易制度使国有资产转让在公平竞争中展开，使整个过程变得高度透明，避免暗箱操作；五是努力做好国有资产收益收缴工作，严格规范资产处置和担保行为，保障国有资产的安全与完整。

（三）出资人再造——国有资本运营公司的组建与组织

1. 国有资本运营公司的分类及特点

国有资本运营公司是在国资委和实体企业之间组建的国有独资的、专门从事国有资本经营的特殊形态的法人，是连接国有资产管理部门和国家出资企业桥梁。运营公司是统称，法律上并没有“运营公司”的提法，事实上分三类：国有资产投资公司、国有资本经营公司和大型企业的集团公司。具体而言，国有资本运营公司有以下三大特点：

第一，国有资本运营公司原则上保持国有独资形态，专门以股东身份从事国有资本的经营管理和运作，与股权多元化的实体企业相区别。其处于中间层，发挥承上启下的作用，既接受国资委的监督和管理，又发挥国有资产出资人的作用，例如通过向控、参股企业派驻董事行使重大人事任命权。

第二，国有资本运营公司是纯粹控股企业，专门以股东身份从事国有资本的经营管理和运作，不从事具体的产品经营。如中国汇金公司、新加坡的淡马锡公司。

第三，国有资本运营公司追求营利。

2. 组建国有资本运营公司有两种方式：改组和新建

国有资本运营公司的组建有两种方式，原则上应以改组为主，新建为辅；同时以集团公司改组为主，国有资本投资公司、经营公司改组为辅，避免叠床架屋，节省成本。这个过程将有力推动国有企业并购重组和产业整合，一些具有战略意义、符合产业导向、具有国际化经验的企业集团，如高端装备制造等领域，将成为组建国有资本运营公司的首选。任何抛开现有集团公司新设一批国有资本运营公司的做法绝不可取，画蛇添足只会造成委托代理链条的无意义扩展及国资监管成本的无谓增加，同时极有可能出现其与现有集团公司争地盘、争利益，与国资委撞车的混乱格局。

3. 完善国有资本运营公司的董事会制度

国有资本运营公司的董事又可分为执行董事与非执行董事两类，非执行董事又分为股东董事和独立董事。

（1）执行董事。

执行董事是指在公司高管层中担任执行职务的董事，是从社会公开招聘的职业经理人。执行董事本身是公司的经营管理层，其不同于作为出资人代表的股东董事，也不同于独立董事，执行董事是地地道道的职业经理人，彻底脱离公务员序列，享受完全市场化的薪酬待遇。由执行董事组成的执董会是国有资本运营公司的核心。

（2）非执行董事。

第一，具有公务员身份的股东非执行董事。股东非执行董事是指由出资人依法向企业派驻的，具有国家公务员身份，不在公司担任具体执行职务的董事。

与外部董事相比，股东董事的创造性之处在于其具有公务员身份。股东董事由国资委委派，从国资委各处室领导中选拔，不从国有资本运营公司取薪，而是领取公务员薪酬，以割断股东董事与公司之间的利益关系，保证公正性和中立性。

股东董事的考核由国资委实施，国资委对股东董事的考核指标应以管理绩效而不是财务绩效为主，管理绩效主要包括战略管理、发展创新、风险控制等指标。对股东董事应实行“经营优而升迁”的激励机制。

第二，由知名专家担任的独立非执行董事。独立非执行董事指由没有任何股东背景及与公司业务关联关系的社会知名专家担任的，独立于所受聘公司及其主要股东的非执行董事。

国有企业独立董事制度一旦施行，其需求量必然是巨大的，为了保证“有人可用、有人可选”，国资委应建立专门的独立董事人才库。人才库中主要是从社会公开选聘的具有会计、金融、法律知识背景的知名专家、学者，同时还可以适当吸收其他政府部门的人员进入，比如财政局、发改委等部门的工作人员。

进入人才库的人员需经过国资委统一培训考核，考核通过后由国资委颁发独立董事资格证书，派驻到企业的独立董事一律从具有资格证书的人员中选拔。

国有资本运营公司董事会人数宜限定在7~9名为宜，可考虑按照以下原则确定董事的合理比例：执行董事占1/3；非执行董事（股东董事、独立董事）占2/3。

由此，国有资本运营公司董事会由代表出资人的政府官员，代表经理层的企业领袖，以及代表社会力量的知名专家三方面共同组成。这种安排较好地体现了出资人、企业、民间三方面权利的均衡，广泛代表了各方利益。

（四）国有实体企业——建立现代公司法人制度

1. 构建现代公司治理结构，培养职业经理人

现代公司制度的建立与完善要求企业的股权结构和公司治理结构都必须合理科学。前者将随着混合所有制的推进逐步完善，后者则是目前现代公司制度建设无法真正推进的症结所在。其中，职业经理人队伍的培育是关键。

十八届三中全会《决定》在此已明确破题，在推动国有企业完善现代企业制度的过程中，“健全协调运转、有效制衡的公司法人治理结构。建立职业经理人制度，更好发挥企业家作用”，“建立长效激励约束机制，强化国有企业经营投资责任追究”，“国有企业要合理增加市场化选聘比例”等。

现实中，中组部和国资委对监管企业的人事任免存在问题，亟待完善。一方面，曾多次热衷于为央企集中招聘副总及其他高管职位；另一方面，在人事任免程序上存在中组部越过国资委、不经实体企业董事会而直接决策的不合理情况，引发部分央企上市公司信息披露遭到质疑。

因此，实体企业的人事聘任制度必须改革，在现代企业制度逐步完善的基础上，建议中组部可具体在国资委内设置机构，两块牌子一套人马，最终按照现代股份公司运行程序，通过国资委向国有资本运营公司推荐合适人选的科学程序，通过国资委系统内国有资本运营公司控制实体企业董事会进而实现大股东提名的方式，实现公司的人事任免程序。同时，实体企业董事会应对职业经理人进行完全市场化的选拔和录用，摆脱当前改革羁绊，培养出中国真正的企业家阶层，调动企业发展积极性，充分激发企业活力。与此同时应加强身份转换的信息披露。西方高盛领导可以当财长，也能当政府官员，哪个手里都有股票，关键还是披露。

2. 现代公司制度中“仆人”当家的现实

在法人所有权背景下，现代公司的股权结构普遍高度分散，难以找到真正的大股东，并且股东退居幕后难以有效对公司运作进行管理。在此情况下，公司的运作就交由职业经理人等高级打工者代为管理。可以说，没有“保姆”的家不是大家，没有“保姆”同时也管不好这个家，而当众多分散的股东面对少数“保姆”的时候，法律上的“仆人”就转变为现实中的“主人”，“保姆”当家的社会已然来临。

3. 薪酬激励制度市场化改革

传统的资本压迫劳动的理论在现代公司制度下被颠覆，西方现代公司制度运行过程中现存更多的是高级劳动在领导分散的资本，甚至是资本要寻求相应的保护，这已成为人类社会发展的必然趋势之一。随之而来的问题就是，我们应如何有效地制约“保姆”，同时如何对其进行合理的激励？

对于实体企业而言，最为有效和直接的激励制度改革就是推进职业经理人薪酬激励制度的市场化，既包括年薪也包括股权、期权，通过建立合理的奖惩制度，加强分类考核，调动职业经理人的工作主动性与积极性，在其获得收益的同时，也为其铸上一副“金手铐”。对于非上市企业而言，同样可对此制度进行探索和尝试，通过市场化薪酬激励机制，对人才进行辨别，最终推动实体企业的健康发展。

综上，一是通过混合所有制完善股权结构，二是通过培育职业经理人完善治理结构，这是决定中国国企能否凤凰涅槃、浴火重生的两大关键要素，缺一不可。

中国新一轮国资改革已经扬帆起航，正朝着实现市场经济与公有制的有效对接、通过法人所有权建立新型公有制实现形式的成功彼岸前行。相信只要坚持正确的方法和路径选择，中国国有企业一定能够通过现代公司法人制度实现凤凰涅槃、浴火重生。

中国国资改革总体方案设想

背景介绍：2015年国资改革是重头戏，从部门分工上看，国资委负责国资改革总体方案，发改委负责混合所有制改革方案，财政部负责国有资本投资运营公司方案设计。从进度上看，发改委和财政部的方案相继出台，并且在财政部的改革方案设计中，竟然将国资委变相取消了。而与此同时国资委负责的总体方案争论多，一直处于难产状态，延误了时间进度。为此，2015年3月我撰写此文，并通过中信改革发展研究基金会上报有关领导和部门。中国的国资改革既要遵守市场经济体制的一般规律，又要从中国国情出发，从中国的基本经济制度和经济安全出发，从大国崛起的中国梦出发，把国有资本和市场经济相结合，创新出中国模式。

一、中国市场经济模式的所有制特征

市场经济的运行机制包括宏观运行机制和微观运行主体，建立市场经济的宏观运行机制，让市场发挥决定性作用是中国经济体制改革不可动摇的方向。同时，建立法人所有制基础上的现代公司法人制度的微观运行主体是实现国有资本与市场经济对接的关键。

市场经济无法在一个所有者内部实现，因此需要微观主体的多元化。这一多元化过程不是简单通过外部私有化把国有独资变为私人独资的过程，而是要通过两个能够和市场经济柔性对接的方式探索新型的公有制：其一，从中国的国情出发实现公有制内部的多元化，即承认中央国有和地方国有的国有资本多元化形式，通过三级国资委的组建，实现从 1（中央一级所有）到 300（1 个中央，31 个省、自治区、直辖市和 270 个地区〈市〉）的飞跃；其二，充分认识到现代市场经济是建立在现代法人所有制基础上的现代股份公司制度，通过现代股份公司的组建实现法人所有权的确立，公司战胜独资，走出一条在法人所有权背景下，通过市场化改革和资本化重组，以公众公司、上市公司为母体的法人所有制形态，摸索出能够与市场经济相结合的新型公有制。

二、中国市场经济模式的政府特征

中国市场经济模式的所有制特征是实现了国有资本与市场经济对接，中国市场经济模式的另一特征是中国政府兼具“裁判员”与“教练员”的双重职能①。

需要说明的是，在西方市场经济国家中，由于只有“职业队”，没有“国家队”，政府仅履行维护市场经济正常秩序的“裁判员”职能；而中国则保留“国家队”体制，政府既承担着“裁判员”功能，也履行着“国家队教练员或领队”的国有资本出资人及监管职能，通过国有资本与市场经济的高效对接，实现举国优势，提升国家竞争力。

三、国资改革中政府部门的职能调整

基于中国政府兼备“国家队教练员”和“裁判员”双重职能，如何正确处理国资委、财政部、发改委三个部门之间的关系就成为国资改革及相关配套的政府体制改革的关键。

---

① 具体内容略，详见本书第二章中的《中国国资改革创新模式探索》一文（二、市场化改革中定位政府的双重职能）。

首先，发改委与国资委既不可兼得，又不可全废。市场经济体制与计划经济中的审批体制格格不入，发改委作为计划经济最后一座堡垒必须攻破，把发改委通过国家计划手段配置资源转化为国资委通过对大公司国有资本的控制来优化资源配置。因此，世界独一无二的国资委体制就成了中国市场经济模式的重要特征。

其次，国资监管部门究竟应由财政部承担？还是国资委承担？还是双重承担？依据国际惯例和市场经济准则，财政部是履行社会公共管理职能，进行公共产品预算的政府部门，它必须公平面对所有纳税人，而不该对某一类所有制性质的资本给予预算、补贴等特殊管理。因此，财政部无论是监管国有资本还是做国有企业的出资人都与市场经济体制相悖。

需要指出的是，财政部不能做营利性国企的出资人，并不意味着财政部不能管、办公益性国有企业。从国际经验看，几乎每个发达国家的财政部下都拥有公益性国企。因此，科学地把我国国有资本控制的企业划分为公益性国企和营利性国企至关重要。公益性国企是市场经济国家公共预算体制下普遍存在的国有企业类型，数量较少，可由从事公共预算与管理的财政部作为监管和出资部门。而保留大量营利性国企的国有资本是中国市场经济模式的重要经济特征，可由从事国有资本经营预算的政府特设部门——国资委——在国务院和大量各类国有资本投资运营公司之间作为统一监管部门履行相关职责。

四、中国国资改革的创新模式

中国国资改革必须实现从传统的国企改革向国资改革的跨越。国资改革的关键在于要做改革所有者和监管者管理体制的大手笔，而不应仅在国企薪酬考核等微观层面做小文章。因此，科学设计国资委（系统）的职能，找到国资委作为统一监管者与大量国有资本投资运营公司有效对接的管理模式十分重要。

（一）国资委系统概念的提出与国资管理的三层次构造

国资委系统由国资委和国有资本投资运营公司共同组成，由目前国资委“一身两任”（既当监管者又当出资人）转变为国资委系统内“两身两任”（即国资委履行对营利性国企的统一监管，国有资本投资运营公司承当对营利性国企的直接出资），最终实现营利性国企监管者统一与出资人多元并行不悖的新格局，同时，监管者、出资人与实体国资企业共同构成国资管理的三层次系统。①

（二）国资委的职责定位

国资委作为国资监管者的职能定位将主要体现在以下四个方面：第一，国资战略布局与规划的主导者；第二，国有资本经营预算的编制者；第三，国有资本运营公司的管理者；第四，国有资产安全的维护者。

（三）国有资本投资运营公司作为出资人

国有资本投资运营公司作为在国资委和实体企业之间组建的国有独资的、专门从事国有资本投资运营的法人，是连接国有资产管理部门和国家出资企业的纽带。国有资本投资运营公司对国资控股的实体企业进行股权管理，类似于新加坡的淡马锡公司，构建“上边千条线，董事一线牵”的管理体制，按照《公司法》和现代股份公司制度对实体企业进行规范化管理。

其具有三个基本特征：第一，国有独资的法律形态；第二，纯粹控股公司的组织形态；第三，以追求营利为目标。

国有资本投资运营公司的组建应以改组为主，新建为辅。在现有集团公司基础上改组而成，节省组建成本，避免叠床架屋。

（四）实体企业中建立现代公司法人制度

国有资本出资形成的营利性实体企业主要体现为国有控股和国有参股公司，这两类公司都必须在遵守《公司法》和企业法人所有权的基础上，建立规范的现代股份公司产权制度和治理结构。

其中，职业经理人的选聘制度尤为关键。如何把现有体制的党管干部与职业经理人市场化选聘相结合既是难点也是关键。企业领导人的选聘既可以来自市场对职业经理人的招聘，也可以由大股东向董事会推荐，并表

---

① 具体内容略，详见本书第二章中的《中国国资改革创新模式探索》一文［五、（二）国资委应从央企出资人向国资监管者转型］。

决通过。

因此，组织部任命国家出资企业的领导人可循着国资委和国有资本投资运营公司出资人这条主线，向战略性的国家出资实体企业派驻领导人，按照国有控股股份公司多数表决权原则，在遵守公司治理结构的科学流程基础上，实现企业领导人的任免，依法治企，创新实现党管干部的原则。

完善各类国有资产管理体制研究

背景介绍：2003年以来，国有资产管理体制改革取得了重大进展，国有资产监管得到切实加强：各类国有资产监管的主体基本确立，中央、省和市三级政府的国有资产管理组织架构已经形成，国有资产监管的法制建设得到加强，依法监管企业国有资产的探索取得了新的成功经验。但完善各类国有资产管理体制和制度的任务仍然十分繁重。

2012年年初，我受相关部门委托担任《完善各类国有资产管理体制研究》课题组负责人，对产业类国有资产、金融类国有资产、行政事业单位类国有资产以及自然资源类国有资产管理体制进行研究，并结合相关重大理论问题与国内外典型案例，研究国有资产管理体制的改革模式，提出完善各类国有资产管理体制的模式建议，也为后续的政府职能转变探索方向。同年2月27日，我赴该部门进行了课题相关内容的会谈就完善各类国有资产管理体制课题进行沟通，6月18日晚，我与该部门相关同志交谈了关于国有企业、国资改革的相关问题，以及各类国有资产管理体制研究课题的相关问题。11月中共十八大召开后，中国改革面临关键的十字路口，在中国以公有制为基础的市场经济背景下，国资管理体制的完善意义尤为重大，既是经济体制改革的深入，也是政治体制改革的揭幕。

本文正是基于此背景，由原课题研究摘录而成。我的博士研究生曾斌，硕士研究生李征、付宇、黄习文、沙玉兰、赵晓丹、岳芳旭等对本文亦有贡献。

一、对国有资产分类的说明

本文原计划对现有令人困扰的四大类国有资产，即经营类国有资产、金融类国有资产、行政单位国有资产和自然资源类国有资产管理体制进行研究，但事实上，金融类国有资产也属经营类国有资产，将其单列一类与经营类国有资产相对应，在理论上有相悖之处。无论是从现状的规范还是从未来的发展上看，我们都主张把经营性国有资产区分为产业类国有资产和金融类国有资产更为科学合理。因此，本文对研究对象作如下调整：将国有资产分为产业类国有资产、金融类国有资产、行政事业单位国有资产和自然资源类国有资产，并对其管理体制进行研究。

当然，产业类国有资产的概念也有不严谨之处，因为金融属于第三产业，金融类国有资产也应该属于产业类国有资产范畴，因此课题组曾考虑将经营性国有资产划分为实业类国有资产和金融类国有资产。鉴于该分类过于复杂，且不易被大家理解和接受，本文还是使用产业类国有资产和金融类国有资产作为经营性国有资产的分类方法。若在对本概念的讨论中，各方认为实业类国有资产的概念更为准确，课题组可再行调整。

二、本文的研究主线

公有制是我们建立和发展中国特色社会主义市场经济体制的基础，因此，政府便具有了间接管理所有市场主体的“裁判员”和直接管理国有资产的“教练员”两重身份。要推进国有资产管理体制的不断完善，就必须厘清市场经济中“裁判员”和“教练员”的关系。本文将紧抓“教练员”主线，重点研究国资委和财政部两个“教练员”的职能分配，抓住了国资委和财政部的关系，也就抓住了本文的关键和龙头。

上篇　完善国有资产管理体制的意义、现状及问题

第一部分　完善我国国有资产管理体制的重要意义

一、是深化改革、推进政府职能转变的必然选择

改革开放以来，中国经济保持高速增长，国内生产总值（GDP）已高居世界第二，人民生活水平也大幅提高，“人类市场经济奇迹”“危机中的绿洲”等都是西方给予我们的评价。相较于东欧、西亚、北非等地的经济衰退和动乱，中国渐变、稳定的改革之路无疑是非常成功的。但是，我们切不可掉以轻心，因为中国的改革只是阶段性的成功，改革还有“三关”要闯，即产权关、政府职能关、金融变革关，而这三者的结合部正是构造“裁判员”与“教练员”各司其职的政府体制。十八大后，中国改革将面临关键的十字路口，推进政府职能转变已成为必然选择，国资管理体制的完善和深化正是其中关键一环。

我国国有资产种类繁多、属性不一，我国现行的国资管理体制，存在诸如国有资产分类和命名不合理、对两类国企（公益性、营利性）缺乏合理划分、政府两种职能并未分开等一系列的问题。国资管理体制既是国家管理职能的有机组成部分，又是我国政府职能现状的缩影。在较为完善的国资管理体制中，“裁判员”和“教练员”应各司其职，共同承担国资分类管理的重任：对于不追求营利、侧重公益和社会效益的国有资产，应交由“裁判员”管理，不参与市场竞争，其资产的补充由财政公共预算完成；而对于追求营利的国有资产，则应交由“教练员”管理，并作为市场主体一方参与竞争，并纳入国有资本经营预算的体系中。

由于国资在我国的特殊地位，国有资产管理体制的完善尤其显得意义重大：这一过程既是建立新体制的过程，又是消除旧体制延续的过程；既是建立市场经济新秩序的需要，也是消除腐败加剧的必然选择；既是经济改革的深化，又是政治体制改革的揭幕；既是国有资产管理自身的完善，也是政府职能转变的破冰之旅。因此，国资管理体制的完善是深化改革、

推进政府职能转变的必然选择。

二、是实现公有制与市场经济对接的重要桥梁

中国经济体制改革的前20年重点解决了市场经济的发展方向以及市场经济的运行机制问题。但是，宏观市场环境具备后，微观经济的运行载体如何构造就成为关键。在一个以国有经济为主导、由政府履行出资人职能、集中国有经济产权的市场经济环境中，经济主体的关系只是一个所有者内部左兜与右兜的关系。然而，市场经济不可能在一个所有者内部完成交换，所以在国有企业与国有企业之间，在国有企业与政府之间，就出现了说不清的矛盾、理不顺的情结，我们始终被国有企业不能完成制度性脱困而困惑不已。因此，如何在坚定市场经济方向的前提下从产权上构造能够适应这个市场经济环境的运行载体就成为改革的关键，国有企业产权制度和管理制度的变革，决定着我国市场经济和商品生产者的地位能否真正形成。

在公有制的背景下完成中国市场经济载体的构造，这是中国的特殊国情。现行的公有制模式归根到底还是政府所有制，从法律上看，现有的政府所有制形态是中央政府为国有资产所有权的唯一法律主体，代表全国管理国有资产，但一个主体是不能构造出真正的市场经济。在这样的矛盾下，要发展市场经济，就面临一个选择：是一步到位搞国有经济的外部多元化，还是分步到位先搞公有制内部的多元化探索，然后逐步实现最终目标。

解决这一问题，一方面必须打破传统的公有制模式，另一方面，要在不从国外照搬照抄的情况下创新公有制模式，推进市场经济。因为我们不能简单重复西方100年前走过的所谓市场化、私有化、民主化的道路，更不可能去借鉴苏联和东欧国家“休克疗法”的改革，只能在综合考虑我们的经济发展速度、社会承受力度、社会安定程度的统一基础上，走一条有中国特色的市场化发展道路，通过创新赶超发达国家的市场经济。从我国市场经济中政府功能重新定位的角度上来说，新国资管理体系的建立使得“赛场的裁判员”功能和“国家队的教练员”功能既共存又逐步分离，在

行政主体与市场主体间制造法律和制度上的“防火墙”，既被市场经济规则所承认，又可通过“有形之手”和“无形之手”的有效结合迅速培育大公司，从而实现公有制与市场经济的对接，可谓是中国市场经济改革中的又一创举。

三、是推动国有经济布局优化的关键举措

回顾我国市场经济发展史，国有经济在国民经济和社会发展中的顶梁柱作用得到凸显。但是，我们应当看到，在复杂多变的国内外经济形势下，国有经济所承担的使命艰巨、责任重大，着眼于增强国有经济活力、控制力、影响力的国有经济布局亟待优化，有所为有所不为、有进有退、合理流动的国有经济战略调整机制，应该抓紧建立。而深化国资管理改革、完善国资管理体制正是实现这一目标的关键所在。

一方面，这是由国资管理的性质与方式决定的。国资管理是出资人对国有资本进行的管理，着眼于国资的整体布局和发展战略；而发改委等部门的规划则是项目导向。前者是向企业以股权投资形式注入资金，形成资本，具有鲜明的市场经济属性；后者是向项目以长期贷款或财政补贴等形式注入资金，形成负债，更接近传统的计划经济配置资源方式。国资管理部门制定的国有资本战略规划不直接干预企业的经营决策，其规划目标建立在对市场科学预测的基础之上；在发挥国有资本战略规划对资源配置的指导作用的同时，使市场对资源配置的基础性作用得以充分发挥，这与发改委借“规划”之名、行审批之实有着本质的区别。

国有资本战略布局和规划是从国民经济和产业规划布局出发，从国家整体战略一盘棋和壮大国有资本的角度，综合考虑国有资本在产业发展领域中的进与退。只要符合国家产业政策，有利于实现国有资本和资源优化配置，都可以进；凡是不利于产业结构和企业组织结构调整，不利于经济增长方式转变，都应该退。但是，这种“进退自如”的实现，必须要以完善的国资管理体制为基础，若缺少良好的管理和决策机制，一切的构想都只能是空谈。因此，完善国资管理体制是优化国资战略布局、充分发挥国有经济在经济社会发展中的引领和带动作用的先决条件。

另一方面，完善国资管理体制也有助于优化国企治理结构，从而成为优化国资战略布局的重要保障。近年来，我国国有企业的现代企业制度建设取得了重大进展，治理水平不断提升，但是与规范化的公司治理要求相比仍然有差距。同时，由于不同类型的国企职责不同，对应的管理模式和治理机构要求也略有差别。要想在提升治理水平的同时兼顾不同类型国企的特点，就必须有完善的国资管理体制做保障。

第二部分　产业类国有资产管理现状

一、产业类国有资产管理的概念

产业类国有资产是指国家在企业中的原始投资及从历年经营利润中提取形成的国家所有者权益。产业类国有资产在国有资产中占有重要地位，就其主体形式与其他类型国有资产相比来说，具有资本的增值属性，严格说，本文所说的“产业类国有资产”应为“产业类国有资本”。

需要强调的是，产业类国企既应包括按照国有资本经营预算平衡的盈利性国企，也应包括按公共预算平衡的公益性国企。营利性国企与一般民商法人没有差别，都属于市场平等竞争的主体，主要从企业的运营效益、企业的盈利能力以及资产是否实现了保值增值等方面对其进行绩效考核；而公益性国企则重在社会效益的实现，承担社会公益功能，不以营利为企业发展的主要目标。显然，这两类国有企业既有从事经营的共同属性，又有营利与否的本质差别，在我国社会主义市场经济的发展中，职责既不相同又不可或缺。而在管理上，也应进行分类管理。

二、产业类国有资产的主要企业形式

（一）国有独资企业

国有独资企业是由国家全额出资的法人企业，国家通过专门的法规和政策来规范，不受《公司法》调整。这类国有企业只有社会公益性目标，没有营利性目标，它们的作用是直接提供公共服务。例如，国防设施、城

市公交、城市绿化、水利等都属这类企业。这类企业需要由公共财政给予补贴来维持正常运行。

（二）国有独资公司

国有独资公司是由国家全额出资的一种特殊形式的有限责任公司，涉及自然垄断或者政策性垄断领域，受民商事法律规范调整。这类企业以社会公共目标为主，营利目标为辅，典型的是自然垄断企业和资源类企业，如航天、军工、铁路、自来水、天然气、电力等关系国家安全和社会稳定的特殊行业。这类企业由于行业本身的属性，不宜由私人经营或者私人参与经营，故采取国有独资的形式，由国家垄断经营有利于更好地提供公共服务，提高资源配置效率。

（三）国有控股公司

国有控股公司是由国家出资控股，投资主体多元化的股份有限公司。这类企业以营利目标为主，社会公共目标为辅，根据国有股本占企业总股本比例的不同，分为国有绝对控股公司和国有相对控股公司，绝对控股公司指国有股本占50%以上的公司，分布于竞争性垄断行业，如公共道路、城市环境、公立学校、医院、文化、邮电等提供公共产品和准公共产品的公益性行业和公用基础设施行业；相对控股公司是指股权比较分散，国有股比例一般占20%~50%，且该比例可根据需要随时调整的股份公司。

（四）国有参股公司

国有参股公司又称“国家参股公司”或“政府参股公司”，国家对这类公司通常是普通参股者，不占控股地位，对企业的生产经营没有控制力，参股形式也是多样，可以直接参股，也可以通过国有资产经营公司进行参股。这类企业是竞争性企业，以营利性目标为主。它们提供公共服务也是自觉履行社会责任的行为，应予以鼓励和支持。政府参股这类企业只是为壮大国有经济的实力，国有资本参股集中在加工业、建筑业、商业和服务业等一般竞争性行业的企业。

三、产业类国有资产管理体制沿革简述

改革开放后，我国相继进行了“放权让利”“两权分离”等一系列的

国企改革，力推国企向市场化方向转变。1988 年初国资局成立，其“三定”方案中对主要职责的表达是“对中华人民共和国境内和境外的全部国有资产行使管理职能，重点是管理国家投入各类企业的国有资产”。1998 年政府机构改革撤销了国资局，将其职能并入了财政部，使国有资产管理出现“五龙治水”的局面，所有者缺位等问题悬而未决。

2002 年 11 月，党的十六大提出“建立国有资产管理体制，中央政府和省市两级地方政府分别设立国有资产管理机构代表国家履行出资人职责”。2003 年，十六届三中全会重新确立了“中央和地方分别成立国资委，分别代表国家履行出资人职责，形成管资产与管人、管事相结合，责权利相统一”的新型国有资产监督和管理体制。2003 年 4 月，国务院国有资产监督管理委员会正式成立。2005 年，国资委先后授权国家开发投资公司（国投集团，1995 年成立）和中国诚通控股集团有限公司（诚通集团，1992 年成立）作为国有资产经营公司试点，承担部分产业类国资管理职能。2009 年 5 月 1 日，《中华人民共和国企业国有资产法》正式实施。2010 年 12 月 22 日，国资委旗下第三家国有资产经营管理公司——中国国新控股有限责任公司（国新公司）挂牌成立。

四、国有资本经营预算发展历程简述①

五、产业类国有资产现行管理体制

（一）中央层面——国务院国资委

截至 2011 年年底，国务院国有资产管理委员会负责监督管理 117 家中央国有企业，涉及行业主要有军工、石油石化、钢铁、电力、机械设备制造、通信、航空运输、水运、建筑施工、投资和商贸企业、生产经营型的科技型企业等。

虽然金融类国有资产暂时没有划入国务院国资委监管范围，但随着企业间相互参股带来的产权结构的多元化和多层级，以及混业经营和产融结

① 具体内容略，详见本书第四章中的《国有资本经营预算评价体系研究》一文。

合的需要，很多国务院国资委监管的企业开始大规模的投资经营金融业务。中石油、中石化、中海油和中国国际航空公司等中央国企在金融业已投下了大笔资金，中意人寿、海康人寿等这些合资保险公司拥有的国有股权，都被计入了国务院国资委的名下。

（二）地方层面——各地方国资委

《企业国有资产法》第十一条规定：“国务院国有资产监督管理机构和地方人民政府按照国务院的规定设立的国有资产监督管理机构，根据本级人民政府的授权，代表本级人民政府对国家出资企业履行出资人职责。国务院和地方人民政府根据需要，可以授权其他部门、机构代表本级人民政府对国家出资企业履行出资人职责。”地方国资委对国有企业的管理并不完全和中央垂直对接，某种程度上，其管理的国有资产范围更广。2009 年国务院国资委引发的《关于进一步加强地方国有资产监管工作的若干意见》中首次提出地方国资委可根据本级人民政府授权，逐步将地方金融国有资产、事业单位投资形成的经营性国有资产、非经营性转经营性国有资产一并纳入监管范围，使得目前各地国资委监管现状不尽相同。本文对北京、重庆和上海三地政府产业类国有资产管理体制现状做简要介绍。

1. 北京市产业类国有资产管理现状

2003 年 10 月，北京市国资委成立，目前直接监管企业 68 家，同时对 42 家央企驻京企业实行双管（“双管企业”指部分接受国务院国资委和北京市国资委的双重监管的央企驻京企业）。北京市产业类国有资产管理主要通过北京市国有资产经营有限责任公司（以下简称“北京国资公司”）和北京国有资本经营管理中心两个机构进行运营。

早在 2001 年，北京市政府将前身是北京市国有资产经营公司与原北京市境外融投资管理中心合并，改制成立北京国资公司，作为专门从事投资控股的大型国有独资公司，对北京市重要的国有资产进行经营和管理，对经营性、金融性和文化类等国有资产进行统一监管，目前下属 17 家（北京产权交易所、北奥集团等）国有独资或控股企业，17 家（北京银行、北京国际信托等）国有参股企业。该公司设立的主要目的是作为制造业、城市公用事业和社会事业的直接投资者，同时也是经营性国有资产的直接管理者，并非纯粹以经营股权、产权为主的国有资本运营公司。

2008 年 12 月，北京市国资委出资成立北京国有资本经营管理中心，将国有资本经营和国有股权管理作为重点，将其作为以国有资本证券化和价值最大化为目标的投融资平台，与上述提及的北京国资公司在定位上有所区别。从管理模式上，中心实行以管理委员会为决策层，经营层为执行层的管控模式。具体承担以下六个方面职责：一是实现市委市政府战略意图的产业投资平台；二是以市场方式进行资本运作的融资平台；三是推动国企改革重组、实现国有资本有序进退的产业整合平台；四是促进先导性产业发展和企业科技创新的创业投资平台；五是持有整体上市或主业上市企业的股权管理平台；六是企业实施债务重组以及解决历史遗留问题的服务平台。

2. 重庆市产业类国有资产管理现状

重庆市国资委实行工商产业、地方金融等产业类国有资产“一体化”管理。2012 年国资委直管 39 家集团，其中包括 15 家资产百亿集团、6 家五百亿级集团、3 家千亿集团，分重庆“八大投”、地方金融、工商产业三大板块，按 4：3：3 比例布局对国有企业进行管理。其中，“八大投”是重庆国资委采用授权经营方式组建的包括重庆城投公司、高发公司、高投公司、地产集团、建投公司、开投公司、水务控股和水投公司等八大投资公司，对基础设施建设、城市建设等公共领域项目进行管理。

3. 上海市产业类国有资产管理现状

上海市政府于 2003 年成立了上海市国资委，经过多年探索，形成了“两级管理、三个层次、三位一体”的产业类国资监管体制。“两级管理”是国资委向区县综合授权，实行市、区两级分层管理；“三个层次”指由市国资委、国有资产控股（集团）公司或国有资产经营有限公司及下属子公司三个层次构成的国有资产管理框架，原先的 19 个行政性企业主管局已改制为 31 家企业控股集团公司；“三位一体”是指在国有资产控股（集团）公司或国有资产经营有限公司的产权基础上，通过国资委的授权经营，形成了能够同时体现国有资产经营、国有资产调整和国有企业战略性重组的行为主体。目前上海市国资委有市管国有企业专职董事监事管理中心等 6 家与国有资产管理有关的直属事业单位，上海民政集团公司、上海市政实业等16家市国资委授权的集团控股公司和国有资产经营公司，上汽集团、锦江国际等42家市国资委作为出资人的集团公司。

六、产业类国有资产规模

据统计，截至2012年年底，全国共有11.4万家国家出资企业，总资产规模约64万亿元，净资产24万亿元。2012年中央国有企业总资产共27万亿元，净资产10.5万亿元，其中国务院国资委监管117家央企的经营性国有资产共13.8万亿元，净资产超过7万亿元。

第三部分　金融类国有资产管理现状

一、金融类国有资产管理的概念与分类

金融类国有资产即国家对金融类企业中的原始投资及从历年经营利润中提取形成的国家所有者权益。考虑到金融类国有资产具有特殊性，其经营范围和经营活动是需要国家特许的金融类活动，且金融类国有资产和产业类国有资产在现有管理体制上分别隶属财政部和国资委，今后是否应该管理上趋同也争议颇大，本文暂时把金融类国有资产单列一章，对其管理体制进行阐述。

从中央所属的国有金融企业的国资管理上看，主要是由财政部代表国家对国有控股或参股的金融企业行使监管权力。例如，财政部代表国家对中信集团和光大集团行使出资人权利，对中国投资有限公司，国有及国有控股的证券公司、基金管理公司、信托公司、保险公司、金融资产管理公司、信用担保公司以及中国人民银行总行下属企业等履行金融资产转让审批等权力。从行业上看，中央金融类国有资产跨五大行业，包括银行、证券、保险、信托和担保五类。

从地方所属国有金融企业看，各地监管情况并不统一，大体可分为三种情况：第一种是地方国资委履行监管职责，统一监管产业类和金融类国资，如北京；第二种是地方国资委与地方金融办分工，由地方金融办做地方金融国有资产出资人，履行监管职责，如成都；第三种为地方国资委与

地方财政局分工，即地方国资委监管产业类国资，地方财政局监管金融类国资，如大连。

二、中央金融类国有资产管理体制现状

从中央层面看，财政部对中央金融类国有资产的管理主要有以下两种形式。

（一）财政部直接作为出资人管理

财政部直接作为出资人控股或参股中央金融类企业国有资产的情况，如图 2-6 所示。

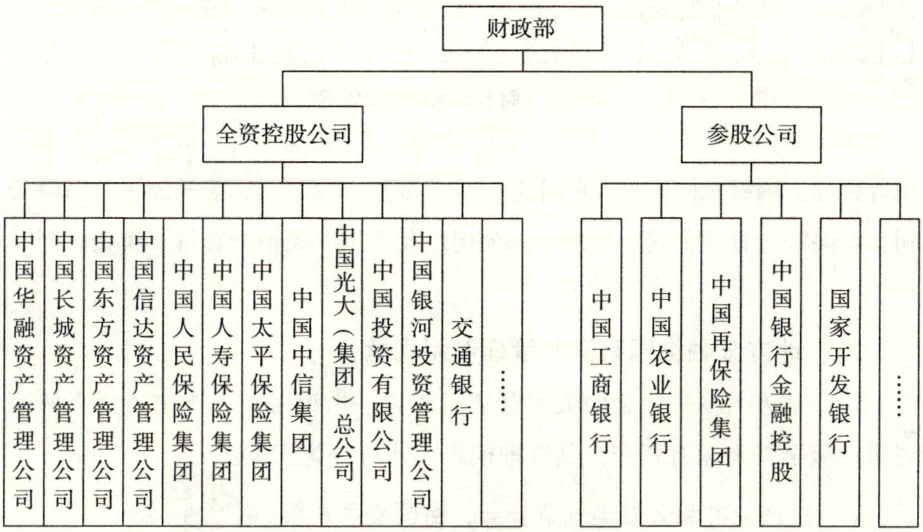

图 2-6　财政部直接持股情况

（二）财政部间接持股

财政部间接持有金融企业股权的方式主要是通过中投的全资子公司中央汇金公司以参股方式对包括工、农、中、建四大银行及其他证券公司、保险公司等 21 家金融机构行使股东管理职能，如图 2-7 所示。

此外，依据 2009 年财政部颁布的《金融企业国有资产转让管理办法》（财政部令第 54 号），财政部对以下几类国有金融企业履行金融资产转让审

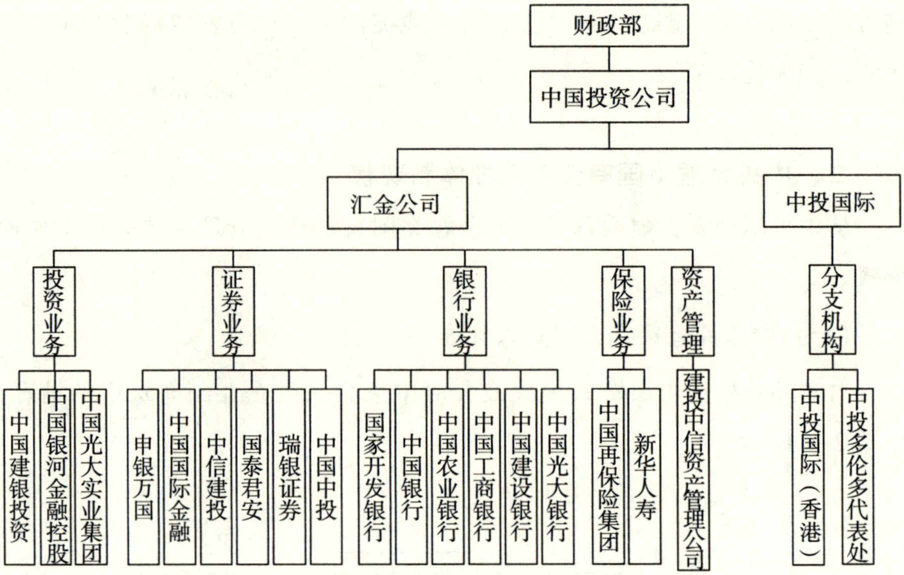

图 2-7 财政部间接持股情况

批等权力：国有及国有控股的证券公司、基金管理公司、信托公司、保险公司，金融资产管理公司、信用担保公司以及中国人民银行总行下属企业等。

三、地方金融类国有资产管理体制现状

由于地方县乡一级金融类国资数量较少、情况各异，本文将重点研究省市一级金融类国有资产，其管理模式大体可分为三类：

（一）产业类和金融类国资合一，由国资委统管

在此类模式中，金融类与产业类国资管理统一由地方国资委管理。现以北京为例对这种模式进行阐述，北京市国资委对金融国有资产的管理分为两个层次：

1. 市国资委直接管理

北京市国资委直接管理国有资产情况如图 2-8 所示。

2. 市国资委间接管理

通过北京市国有资产经营有限公司（简称北京国资公司）进行管理。北京国资公司是北京市国资委下属的全资子公司，承担了部分市属金融国

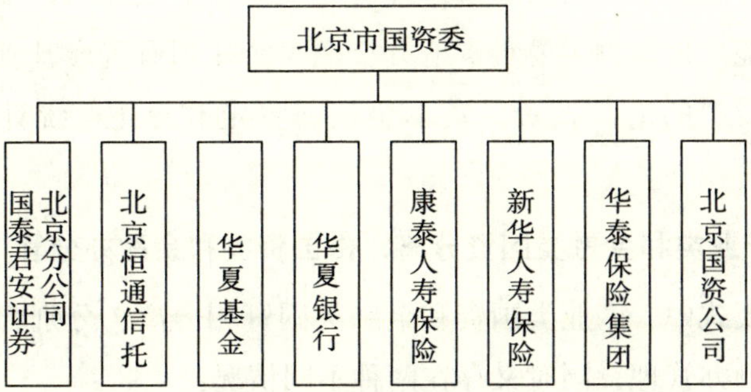

图 2-8　北京市国资委直接管理国有资产情况

有资产的管理职能，如图 2-9 所示：

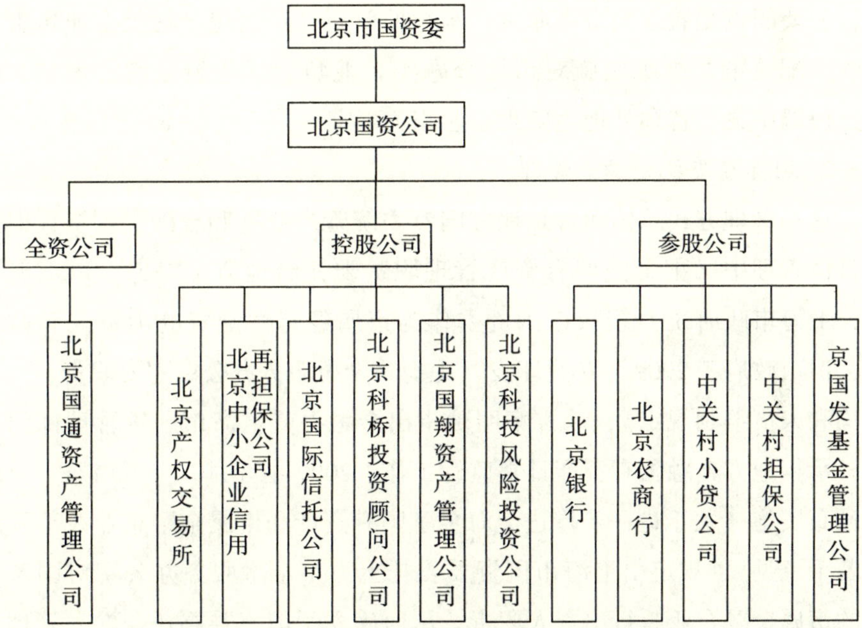

图 2-9　北京市国资委间接管理国有资产情况

（二）产业类和金融类国资分离，由国资委和财政局分管

在此类模式中，产业类国资和金融类国资相分离，分别归属地方国资委和地方财政局管理。现以大连为例对这种模式进行阐述：目前，大连国资委主要负责产业类国资的管理。而大连市财政局则主要负责金融类企业

的国有资产管理，具体由大连市财政局下设债务金融处承担市金融国有资产管理的职能。该机构主要负责地方金融类企业国有资产基础管理，金融类企业国有资产的清产核资，资本金权属界定和登记、统计、分析和评估等。

（三）产业类和金融类国资分离，由国资委和金融办分管

在此类模式中，产业类国资和金融类国资相分离，分别归属地方国资委和地方金融办管理，同时又存在两种不同情况：

1. 金融办直接管理

以成都为例，成都市委、市政府授权市金融办对市属金融类企业履行出资人和监管职责，范围包括市属金融类企业国有资产和市属金融类企业，主要职责是履行出资人职责、承担监管责任；制定金融类企业负责人收入分配政策并组织实施对市属金融类企业负责人进行任免、考核、奖惩；协调中央、省和外地金融类企业相关事宜。

2. 国资委委托金融办管理

这一管理方式总体而言是地方国资委统管产业类和金融类国资，但是在具体管理中又把金融国有资产管理职责委托给地方金融办。以上海为例，上海市政府统一授权市国资委作为市属经营性国资的出资人和监管人，但市政府于2009年7月印发《上海市金融服务办公室主要职责、内设机构和人员编制规定》，该方案明确指出金融办受上海市国资管理部门委托，承担地方金融国有资产日常监管工作。2009年8月，上海市委、市政府颁布实施《关于进一步推进上海金融国有资产和市属金融企业改革发展的若干意见》，规定由上海市国资委委托上海市金融服务办公室对国家出资的市属金融企业履行出资人职责，从而确立了国资委委托金融办管理地方金融国资的体制。

四、金融类国有资产规模

我国金融类国有资产规模巨大，银行业金融企业的国有资本占全部金融业国有资本的80%以上，财政部作为第一大股东控股的金融国企共有36家，2011年国有金融资本（所有者权益）约2.1万亿元。

第四部分　行政事业单位国有资产管理现状

行政事业单位国有资产可以分为行政单位国有资产和事业单位国有资产两大类。根据2011年3月颁布的《中共中央国务院关于分类推进事业单位改革的指导意见》(以下简称《指导意见》)第八条的规定，事业单位又可细分为承担行政职能的事业单位、从事公益服务的事业单位和从事生产经营活动的事业单位三类。

根据《指导意见》第九条的规定，根据职责任务、服务对象和资源配置方式等情况，从事公益服务的事业单位又可划分为公益一类和公益二类两大类：承担义务教育、基础性科研、公共文化、公共卫生及基层的基本医疗服务等基本公益服务，不能或不宜由市场配置资源的，划入公益一类；承担高等教育、非营利医疗等公益服务，可部分由市场配置资源的，划入公益二类。

本部分将根据上述分类分别阐述行政单位和几类不同事业单位国有资产管理体制现状。

一、行政单位国有资产管理现状

（一）行政单位国有资产概述

行政单位是国家权力机关、行政机关、司法机关、检察机关及实行预算管理的其他机关、政党组织等进行国家行政管理、组织经济建设和文化建设、维护社会公共秩序的单位。

行政单位国有资产是指由各级行政单位占有、使用，依法确认为国家所有，能以货币计量的各种经济资源的总称。

行政单位国有资产具有两个特征：

一是公共性，按照公共预算，管理、使用、拨付，归财政部门管理，包括利用国家财政性资金购置形成的资产、国家调拨形成的资产、按照国家政策规定组织收入形成的资产及接受捐赠等其他经法律确认为国家所有的资产。

二是非经营性，行政单位是公共部门，其目标是社会公共利益的最大化，行政单位国有资产主要为行政单位正常运转提供或创造客观条件，目的是为了保障行政单位顺利行使其公共管理、提供公共服务的职能，而非从事经营活动。

（二）“国家统一所有、政府分级监管”的管理体制

根据《行政单位国有资产管理暂行办法》的规定，我国行政单位国有资产实行国家统一所有，政府分级监管，单位占有、使用的管理体制。

在中央层面上，财政部是负责行政单位国有资产管理的职能部门，对行政单位国有资产实行综合管理。行政单位对本单位占有、使用的国有资产实施具体管理。财政部根据工作需要，可以将国有资产管理的部分工作交由有关单位完成。有关单位应当完成所交给的国有资产管理工作，向财政部负责，并报告工作的完成情况。2007 年《全国人大行政单位国有资产管理暂行实施办法》中规定了在全国人大行政单位国有资产的管理中，财政部负责对中央行政单位国有资产实行综合管理，全国人大常委会办公厅机关事务管理局根据有关规定负责人大机关国有资产管理的工作，形成了财政部、人大机关事务管理局监管，单位占有、使用的管理体制。此外《全国政协行政单位国有资产管理暂行实施办法》《中央垂直管理系统行政单位国有资产管理暂行实施办法》也都规定了对于行政单位国有资产实行财政部、主管部门监管，单位占有、使用的管理体制。具体到中央行政单位国有资产，主要的主管部门为国务院机关事务管理局，其主要负责中央行政事业单位国有资产管理工作，具体为制订相关具体制度和办法，承担产权界定、清查登记、资产处置工作，并负责中央国家机关公务用车的编制、配备、更新、处置工作。

在地方层面上，地方各级财政部门根据财政部制定的全国办法和上级财政部门有关国有资产管理的规定，制定本地区和本级单位的具体实施办法，对行政单位国有资产实施综合管理。经过探索改革，目前许多地方行政单位的国有资产管理已经形成了“财政部门主导、成立或委托专门机构（主管部门），实现资产集中管理，单位具体管理”的管理体制，如上海市财政局是负责市级行政单位国有资产管理的职能部门，对行政单位国有资产实行综合管理，市政府机关事务管理局是负责市级行政单位国有资产管理的具体职能部门，按规定承担市级行政单位国有资产管理工作，详见《上海市市级行政单位国有资产管理暂行办法》第七条。

从纵向上看，按照统一领导、分级管理的原则和我国政府行政管理体制、财政管理体制的级次划分，全国行政单位国有资产管理相应划分为中央、省、市、县、乡五个层次。从横向上看，每一层次均实行对行政单位国有资产的三级管理，如图 2-10 所示。

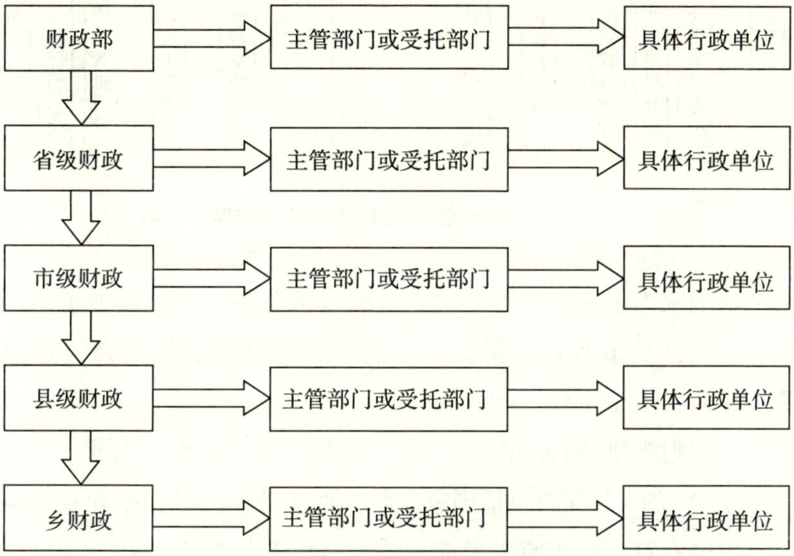

图 2-10　行政单位国有资产分级管理体制

(三) 行政单位国有资产的管理流程

行政单位国有资产管理包括资产配置、使用、处置、评估、产权界定、产权纠纷调处、产权登记、资产清查、资产统计报告和监督检查等环节。从具体管理环节看，各级财政部门都要针对行政单位国有资产管理的配置、使用、处置、评估、统计报告、特殊资产管理等六大环节制定相关管理办法，形成较为完整的行政单位国有资产管理操作规范体系，具体架构如图 2-11 所示。

二、事业单位国有资产管理概述

根据国务院 1998 年颁布的《事业单位登记管理暂行条例》规定："事

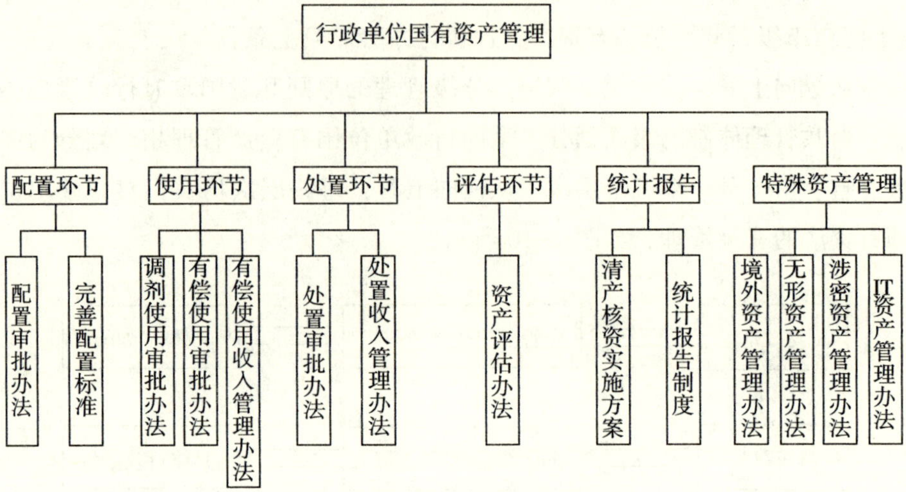

图 2-11　行政单位国有资产管理流程

业单位是指国家为了社会公益目的，由国家机关举办或者其他组织利用国有资产举办的，从事教育、科技、文化、卫生等活动的社会服务组织。”如证监会、公共卫生机构、高校等。

另外，据财政部 2006 年发布的《事业单位国有资产管理暂行办法》规定：“事业单位国有资产包括国家拨给事业单位的资产，事业单位按照国家规定运用国有资产组织收入形成的资产，以及接受捐赠和其他经法律确认为国家所有的资产，其表现形式为流动资产、固定资产、无形资产和对外投资等。”

与行政单位国有资产的管理体制相比较，事业单位国有资产的情况较为复杂。从总体上看，该类国有资产大体是由财政部统一管理，但事实上，由于事业单位涉及多个行业，很多其他行业管理部门如卫生部、教育部等也实际地参与到了事业单位国有资产的管理中，其中从事生产经营活动的事业单位国有资产尤为复杂。从事生产经营活动的事业单位国有资产又可分为两类，一类是由原事业单位转制而来，另一类是从事公益服务事业单位内部的营利性资产。其中，第一类国有资产的管理体制是关键。

（一）管理沿革

从新中国建立到社会主义制度建立之前，我国事业单位国有资产管理实行“国有固定资产投资计划实行统一领导、统一管理；事业单位资金统收统支，无偿使用；对事业单位所需主要物资实行统一调拨、统一分配”的管理制度。

改革开放之前，我国的事业单位国有资产权限经过“下放—上收—下放”的变动，最终确立了将各部绝大多数直属事业单位下放给地方管理，少数由中央和地方双重领导的制度。

改革开放后，我国开始对事业单位国有资产管理进行改革。预算上，将原全额管理的单位改为“预算包干、结余留用”；差额管理的单位改为“定收入、定支出、定补助、结余留用”。

2004 年，财政部在教科文司下设事业资产处，负责拟订事业单位通用的财务管理制度并承担事业单位国有资产管理的有关工作。

2006 年，财政部公布了《事业单位国有资产管理暂行办法》，明确规定我国事业单位国有资产实行国家统一所有，政府分级监管，单位占有、使用的管理体制。2011 年 3 月，中共中央、国务院发布了《关于分类推进事业单位改革的指导意见》，将事业单位分为承担行政职能、从事生产经营以及从事公益服务三类，并指出各类事业单位改革的方向。

（二）管理体制

我国目前事业单位国有资产管理体制已经形成横向“财政部门—主管部门—事业单位”、纵向“中央—省—市—县—乡”的基本框架。通过“财政部门—主管部门—事业单位”的三级管理平台，涵盖资产配置、使用、处置、收益、清查、统计、产权纠纷调处等各项管理内容。从宏观管理层面、次宏观管理层面、中观管理层面和微观管理层面构成事业单位资产监管体系，通过采取相关的监督管理手段和有效方式，赋予相应监管职能和权限，提高事业单位资产的监督管理效率，如图 2-12 所示。

（三）经费来源

事业单位的经费来源分为全额拨款、差额拨款、自收自支三种，分别对应于中共中央、国务院 2011 年 3 月出台的《关于分类推进事业单位改革的指导意见》不同类型的事业单位。

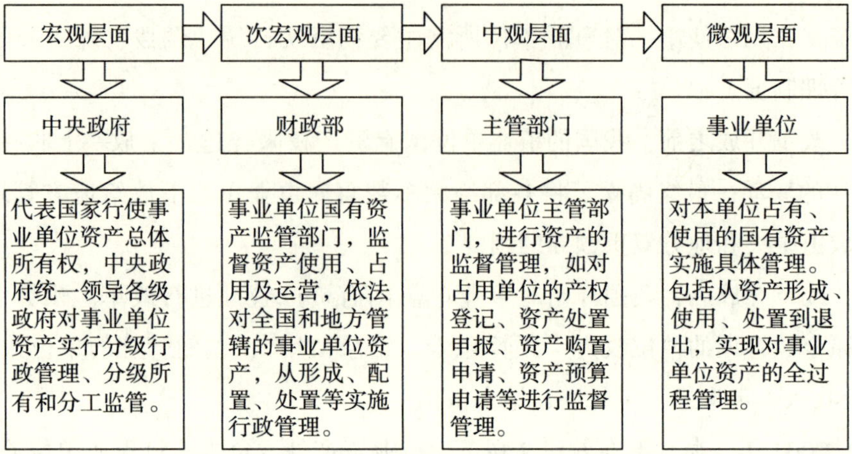

图 2-12　事业单位国有资产管理体制

具体来说，全额拨款事业单位又称为全供事业单位，是指没有稳定的经常性收入的事业单位，对应的是承担行政职能的和公益一类事业单位，如证监会、义务教育学校和基层医疗服务机构等。全额拨款事业单位实行“收支两条线”管理，履行职责依法取得的收入或基金要上缴国库或财政专户，缴库后，其相应的支出通过预算安排。财政部门根据单位年初部门预算编制情况和收入缴库进度，下达预算内可使用支出指标，由单位通过财政预算执行系统，以国库集中支付方式办理资金拨付手续。

差额拨款是指有一定数量的经常性收入，但不能解决自身的经常性支出，需要财政给予补助的事业单位，对应于公益二类事业单位，如公立医院、高校等。差额拨款单位的经费由财政拨款和自筹两部分组成，其中财政拨款部分实行“收支两条线”和“国库集中支付”管理，自筹部分的经费可以通过经营活动获得，但不可营利。

自收自支事业单位又称为自主事业单位，是指具有生产经营功能、稳定的经常性收入、可以抵补自身经常性支出的事业单位，对应于从事生产经营活动的事业单位，如出版社、报社等，该类事业单位的经费通过自身经营获得。

三、承担行政职能的事业单位国有资产管理现状

承担行政职能的事业单位是指依据法律、行政法规、地方性法规授权和党中央、国务院文件规定，承担行政决策、行政执行、行政监督等职能，行使行政许可、行政处罚、行政强制、行政裁决等职权的事业单位，如中国证监会、中国银监会、中国保监会、卫生执法总队、市政管理处等。

接下来将以中国证监会国有资产的管理体制为例，介绍该类事业单位国有资产管理现状：

（一）预算管理

证监会属于我国财政全额拨款的事业单位。目前，中国证监会的预算管理由其内部职能部门会计部（首席会计师办公室）负责，实行的是综合预算制度，即证监会经费收支全部纳入国家财政预算内管理。

2001 年《国务院办公厅转发财政部关于深化收支两条线改革进一步加强财政管理意见的通知》提出证监会的预算实行“收支两条线”管理，明确规定证监会的预算外资金（包括证券、期货市场监管费，报名考试费，证券、期货从业人员资格证书工本费）实行收支脱钩管理。其预算外收入缴入财政专户，财政部按核定的综合定额标准，统筹安排年度财政支出，编制综合财政预算。

（二）资产管理

2008 年 3 月，财政部公布了《中央级事业单位国有资产管理暂行办法》，规定中央级事业单位国有资产实行国家统一所有，财政部、中央级事业单位主管部门监管，单位占有、使用的管理体制。

财政部行政政法司主要负责制订行政性经费（包括行政、政法、外事经费）的财务管理制度；研究提出行政性经费开支标准和定额等工作；中国证监会行政中心是其直属事业单位，主要负责证监会国有资产的管理和经营，保证国有资产的合理配置和利用，保证经营性国有资产的保值和增值。

四、从事生产经营活动的事业单位国有资产管理现状

从事生产经营活动的事业单位国有资产主要是指从事生产经营活动且以营利为目的的事业单位经营或者拥有的资产。

这部分资产最大的特点是营利性，承担国有资产保值增值职能。相对于承担行政职能的事业单位和从事公益服务的事业单位提供的产品或服务来说，它可以通过市场进行资源的有效配置，并由市场机制实现价值补偿。

（一）分类

从事生产经营活动的事业单位国有资产大体可分两类：

一类是由原事业单位转制而来。从属性上看，这些单位在过去的改革中有些已经转为企业，但是从管理体制上，仍然是由原管事业单位的各个司局履行着国有资产出资人的职能。例如，中国动漫集团等文化产业集团，虽然在属性上已经成为营利性企业，但文化部仍然是其主管部门，财政部文资办也仅是名义上的文化类国有资产出资人，难以真正对这类资产进行管理。

另一类是从事公益服务事业单位内部的营利性资产。这部分资产虽具有营利性，但是从总体上看属于从事公益服务事业单位国有资产的一部分，统归财政部及其他相关部门管理。例如，从整体上看，北京大学属于从事公益服务的事业单位，但是其校办企业如北大青鸟、北大未名等却具有营利性。

其中，第一类资产的管理体制是关键。根据2011年3月，中共中央、国务院发布的《关于分类推进事业单位改革的指导意见》规定："从事生产经营活动的事业单位要逐步转为企业，今后不再批准设立从事生产经营活动的事业单位。"因此，对于这些已经转制成企业的事业单位国有资产，不宜再归属原事业单位主管部门管理；而对于公益性事业单位内部的营利性资产，可以保留其现有管理体制，但需要加强对这部分资产总量和盈利额的统计工作。

本文将以文化类国有资产为例，介绍从事生产经营活动事业单位国有资产的管理体制。

（二）文化类国有资产管理体制

我国文化事业产业化改革的进程中，除了图书馆、博物馆、文化馆、艺术院团、社会科研机构等单位的公益文化国有资产外，相当一批正在向产业化转型，成为进行工商登记和独立经济核算的文化类企业经营或者拥有的营利性国有文化资产，主要包括出版发行、新闻广播、影视媒体、广告旅游、网络服务等实业机构。

1. 资产规模

据不完全统计，截至2010年年底，我国国有文化企业资产已过万亿，中央文化企业资产近5000亿，全国共注销经营性文化事业单位4300多家，核销事业编制近18万个，通过文化体制改革，大量的文化事业单位转制为企业。

2. 管理现状

中国的文化企业都是从过去的事业单位转制形成的，例如中国出版集团就是由中国出版局转成，文化事业单位转企改制前是文化部直属事业单位，转企改制后成为营利性的集团、集团公司和企业。在中宣部推动下，2010年7月中央成立中央文化企业国有资产监督管理领导小组办公室（以下简称文资办），推进文化事业单位转制成企业集团，并作为中央国有文化资产的出资人，类似于文化央企国资局，将文化企业集团的资产纳入其管辖范围。

以文资办下属七大中央文化企业集团为例，管理体制如图2-13所示。

中央文化体制改革领导小组批准在财政部设立文资办，履行中央国有文化企业出资人的职责，实现对国有文化企业管人、管事、管导向的统一。职能主要是制定国有文化资产监管的法律规范和政策制度，对中央文化企业进行资产清查、产权管理、统计评价等监管工作，同时指导地方国有文化企业资产的管理工作。

文化部的文化产业司负责起草有关法规草案；扶持和促进文化产业建设与发展；推进文化产业信息化建设；指导文化产业基地和区域性特色文化产业群建设；督促重大文化产业项目实施，配合推进对外文化产业交流与合作；协调动漫、网络游戏产业规划、产业基地、项目建设、会展交

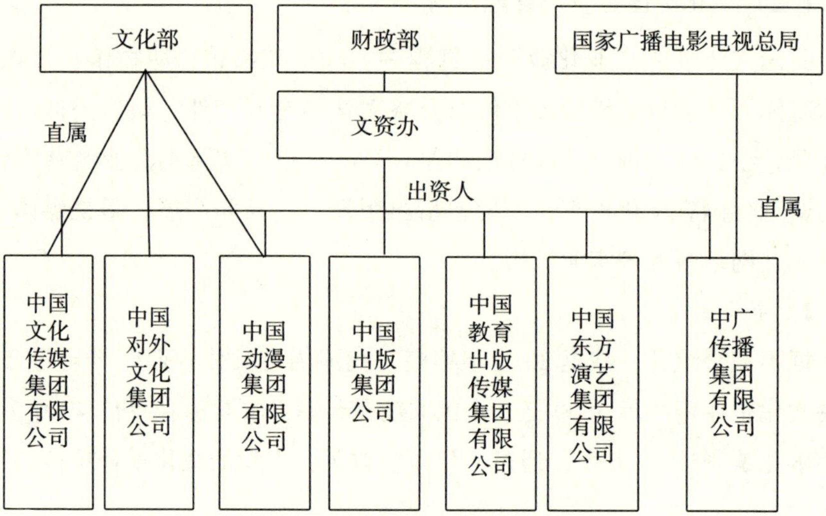

图 2-13　文资办下属七大中央文化企业管理体制

易，指导行业协会。

国家广播电影电视总局负责制订广播电影电视行业的管理规章和事业发展规划等，把握舆论导向；审批县级以上（含县级）广播电视播出机构和电影、广播电视节目、电视剧制作单位的建立和撤销；组织审查广播、电影、电视剧内容和质量；领导中央人民广播电台、中国国际广播电台和中央电视台综艺频道。

3. 地方文化类国有资产管理体制

地方文化类国有资产管理体制大致可分为两种模式：

第一种模式为财政部门和宣传部门主管，以重庆为主要代表。

重庆在整合国有文化资产的基础上，由市政府成立重庆市文化国有资产配置重组办公室，设在市委宣传部下，文化企业（集团）如需实行经营性国有资产授权经营，由市文化国有资产配置重组办公室提出方案，报经市政府批准授权。

2005 年 5 月，由市委宣传部主管、市财政局监管的重庆国有文化资产经营管理有限公司成立，代表市政府作为出资人，依法履行出资人职责，负责监管市级新闻出版、广播电视、文化系统的企事业单位占有、使用及运营的国有文化资产，目前已纳入管理范围的有重庆日报报业集团、重庆广电集团、重庆出版集团公司、重庆新华书店集团公司四大国有文化集团（见图 2-14）。

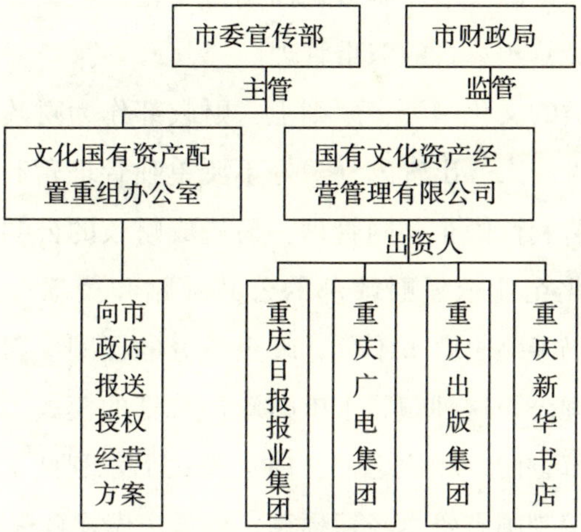

图 2-14　重庆市文化国有资产管理体制

第二种模式为地方国资委主管，以南京为主要代表。

南京根据现有文化产业发展的格局，为扩大各文化行业尤其是重点行业的发展规模，提高发展质量，推动集约化经营、集团化发展，在国有资产监管部门的授权下，遵照不同文化行业的特点，组建了广电、报业、出版、新华书店等若干个文化产业集团，南京市文化国有资产的监管模式如图 2-15 所示。

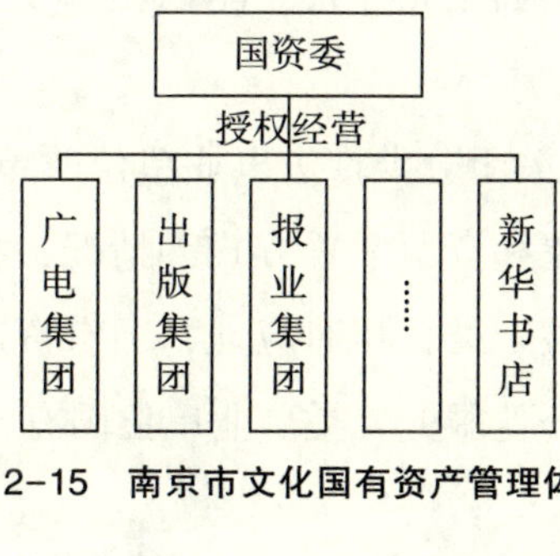

图 2-15　南京市文化国有资产管理体制

4. 小结

由于文化产业具有特殊的资本和意识形态双重属性，对于喉舌类的文化国资，对政治导向、舆论导向、党和国家喉舌的文化事业单位转成企业的，组织体制上保留因政治体制考虑而实行文化部行政事业单位式和文资办国有文化资本经营预算式的双重管理。

对于非喉舌类的文化国资，原则上，财政部作为财政公共预算部门和非营利性国资的管理人、出资人，最好不要单独管理营利性国资，将非营利的事业单位与营利性国企共同管理，易造成财政的公共预算与国资预算相混同，使得文化企业依靠财政部的公共补贴和拨款，不能实现独立经营、自负盈亏，仍未跳出政事不分、政企不分的怪圈。因此，重庆市国有文化资产经营管理公司这种归属于市财政局管辖的模式本文认为不符合今后文化国资的改革方向。相比之下，南京模式下营利性文化国有资产由国资委作为出资人编制国有资本经营预算，比重庆模式合理。

而对于从事一般行业的生产经营活动的事业单位，事实上顶着事业单位的牌子进行营利活动，本身违背了《中华人民共和国民法通则》中事业单位以公益服务为主要宗旨的规定，是旧的计划经济体制转向新的市场经济体制的中国特色的过渡性产物，最终需要全面取消，转企改制。

五、从事公益服务的事业单位国有资产管理现状①

从事公益服务的事业单位国有资产是指由从事公益服务的事业单位占有、使用的，依法确认为国家所有，能以货币计量的各种经济资源的总称。

根据 2011 年 3 月《关于分类推进事业单位改革的指导意见》的规定，按照职责任务、服务对象和资源配置方式等情况，将从事公益服务的事业单位分为公益一类和公益二类，相对应地，国有资产可以分为公益服务一类事业单位国有资产和公益服务二类事业单位国有资产。

---

① 原课题以义务教育类国有资产管理为例，对该类国有资产管理体制进行剖析。鉴于本书篇幅限制，该部分内容略。

（一）公益服务一类事业单位国有资产管理概况

公益服务一类事业单位是指涉及国家安全、公共安全、公共卫生、公共文化、经济社会秩序和公民基本权利，政府必须予以保障，不能或不宜由市场配置资源的事业单位，如乡镇诊所、义务教育学校、公共卫生机构等。

公益服务一类事业单位属于纯公益性的事业单位，主要为社会提供基本公益服务，不能或不宜由市场配置资源。《关于分类推进事业单位改革指导意见》已明确指出，“对公益一类，根据正常业务需要，财政给予经费保障”，即依靠财政的全额拨款来维持自身的正常运作。

（二）公益服务二类事业单位国有资产管理概况

相对于要承担国家指定性任务的公益一类事业单位，公益二类事业单位主要指面向社会提供普遍服务，多为国家允许、提倡和鼓励发展的公益事业，即准公益类事业单位。其提供的产品或服务从属性上讲多为准公共品，可部分由市场配置资源的，如高等教育、非营利医疗等公益服务，其经费由财政差额拨款，其余部分自筹。

第五部分　自然资源国有资产管理现状

一、自然资源国有资产概述

（一）自然资源国有资产的概念及分类

1. 自然资源的概念

自然资源是在一定技术条件下，自然界对人类有用的一切物质和能量的总和。如果一项自然资源的所有者是国家就被称为自然资源国有资产（简称资源国有资产）。

对自然资源国有资产的定义主要来源于《宪法》第9条规定：“矿产、水流、森林、山林、草原、荒地、滩涂等自然资源，都属于国家所有；法律规定属于集体所有的森林和山林、草原、荒地、滩涂除外。”和第19条规定：“城市的土地属于国家所有。农村和城市郊区的土地，除法律规定属于国家所有的以外，属于集体所有。”

2. 自然资源的分类

根据自然资源的实物形态，可将自然资源分为土地资源、矿产资源、海洋资源、森林资源、草原资源、水资源等。

本文将以矿产资源和土地资源为例研究自然资源国有资产管理过程中存在的问题，并提出相应的对策建议。

3. 自然资源国有资产管理研究范围

本文所称自然资源国有资产仅指已探明储量，但尚未出让的自然资源，自然资源类国有资产应从物权的角度加以理解，其针对的是具有明确实体的财产。

根据法学相关理论，所有权包括占有、使用、收益、处分四项权能。尽管由于法律规定的限制，土地、矿产等自然资源类资产不能实现所有权的移转，但是其使用权或开采权既是所有权权能的一部分，其移转也已使占有、使用、收益三项权能易主，实质在事实层面完成了物的转移。因此，虽然权利化后的自然资源类国有资产已不再保持实物形态，但对其的理解依然应属于物权范畴，针对的是具有指向性的具体财产。

下面两种状态的自然资源不属于本文的研究范围：

一是尚未探明储量的自然资源。这类自然资源尚处在未知状态，对其研究意义不大。

二是已经被出让的自然资源。自然资源一旦被出让就不能再称之为自然资源国有资产，其属性取决于所属单位的性质。这些资产应归入相应类别的国有资产管理体系中管理，不再由自然资源国有资产管理部门负责。

4. 自然资源国有资产管理研究的类型

自然资源类国有资产类型十分广泛，为使本文的研究更具有针对性，本文将自然资源类国有资产的类型范围划定为四类最具代表性的资产，即土地资源、矿产资源、森林资源和海洋资源。

自然资源类国有资产与其他资产不同，在自然资源完整的流转链条中，只有出售之前（包括勘探和原始资源性资产的出售环节本身）的管理环节范属自然资源类国有资产管理，这一前提必须明确。

（二）自然资源国有资产管理的内容和原则

1. 自然资源国有资产管理的内容

自然资源国有资产管理是指国家运用行政手段、法律手段和经济手段，对自然资源国有资产开发利用全过程进行的管理。

自然资源国有资产管理包括七方面的内容①：

①资源储量管理；②资源规划管理；③资源保护管理；④产权界定管理；⑤价值评估管理；⑥资源出让管理；⑦资源出让收益管理。

2. 自然资源国有资产管理的原则

（1）财权与事权分离原则

现有体制下，资源管理部门既负责资源储量、资源保护、资源规划、产权界定、价值评估、资源出让事项的管理（“管事”），又负责资源出让收益的管理（“管钱”），事权与财权归于一体，“钱事不分”。合理的自然资源管理体制应该将财权和事权分属不同部门。

（2）集中管理原则

自然资源系统是一个有机联系的整体，各种自然资源之间普遍具有共生性，这决定了自然资源的管理不能人为分割，只有将各类自然资源集中管理，才能使自然资源的综合效益得到最大程度的发挥。

（3）垂直管理原则

自然资源的系统性要求上级资源管理部门保持对下级资源管理部门的制约能力，避免地方“画地为牢”、各自为政，危害国家统一的自然资源管理政策。因此，中央到地方各级自然资源管理部门之间必须建立起垂直领导体制。

（三）我国自然资源国有资产管理体制

自然资源的管理体制有分散管理和集中管理两种。分散管理是将土地、矿产、海洋、森林、水等主要自然资源分别由中央政府的多个部门管理；集中管理模式是将土地、矿产、海洋、森林、水等主要自然资源由中

---

① 原课题对自然资源国有资产管理包括七方面的内容分别进行了阐释，鉴于本书篇幅限制，该部分内容略。

央政府的一个部门统一综合管理。

1. 我国自然资源管理体制的演进

（1）改革开放以前：单一资源分散管理

改革开放以前，不仅土地资源、矿产资源、海洋资源等几大类自然资源处于不同部门分散管理状态，并且单一的自然资源本身也是处于多部门分散管理状态。

1982年地质矿产部成立以前，我国没有对矿产资源实行统一管理的部门，国家对矿产资源的管理是分散的，按矿种或者按产品和生产技术等分设了不同的产业经济管理部门。有色、冶金、化工、建材、煤炭、石油等部门分别承担资源开发利用过程中的部分管理职能。

（2）社会主义市场经济初期：单一资源集中管理

社会主义市场经济初期（1979~1998年）是指从改革开放到国土资源部成立前，这段时期我们逐步实现了对单一自然资源的集中管理。

1993年法律明确了地质矿产部是国务院主管地质矿产资源、地质环境、地质勘探行业的职能部门和矿产开发监督、管理部门。这个时期矿业管理上从法律角度和行政角度上都按集中统一管理的要求做出了明确规定。

（3）全面建设小康社会时期：不同资源相对集中管理

全面建设小康社会时期（1998年至今），我国实现了对不同种类自然资源的相对集中管理。

1998年，在原地质矿产部、国家土地管理局、国家海洋局、国家测绘局的基础上组建了国土资源部。将土地、矿产、海洋资源都同归于国土资源部管理，对自然资源实现了相对统一集中的管理，改变了原来部门分割，分散管理的格局。

2. 我国自然资源国有资产管理体制现状

（1）国土资源部——土地、矿产、海洋

国土资源部依法负责对土地、矿产和海洋资源的规划、管理、保护与合理利用。国土资源部组织结构如图2-16所示。

（2）国家林业局——森林资源

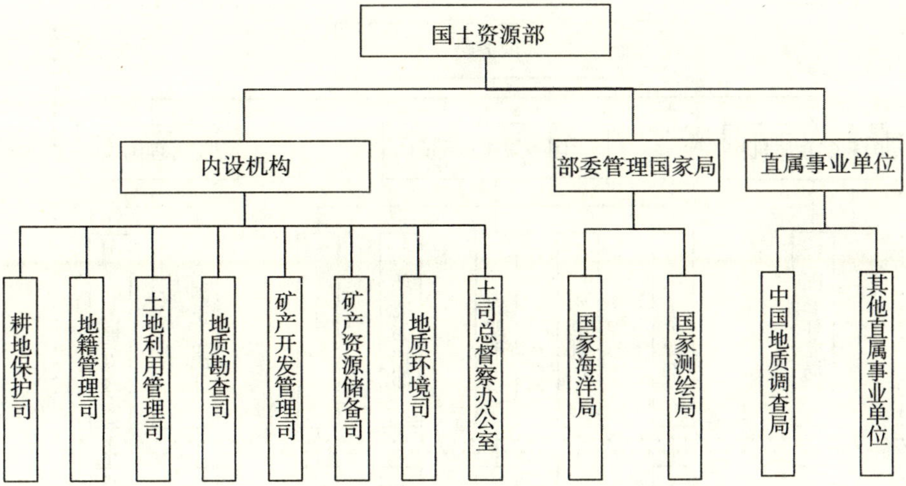

图 2-16 国土资源部组织结构图

森林资源的管理机构是政府林业主管部门，就中央而言是国家林业局。

国家林业局的职能主要有：负责全国林业及其生态建设的监督管理；组织、指导全国造林绿化、湿地保护和荒漠化防治；参与拟订林业及生态建设的财政、金融、价格、贸易等经济调节政策；组织指导林业及其生态建设的生态补偿制度的建立和实施等。

（3）水利部——水资源

我国对水资源管理实行流域管理与行政区域管理相结合的管理体制，水利部负责全国水资源的统一监管；水利部在重要江河、湖泊设立流域管理机构（如长江水利委员会）。

（4）农业部——草原资源及其他农业资源

农业部畜牧业司具体负责草原资源的监管，农业部门还承担着对其他农业自然资源特别是农业生物资源进行的监管职能。

（5）其他相关部门

除此之外，环境保护部、住建部、发改委能源局等部门也在各自的职责范围内履行着相关的自然资源管理职能。

中央层面自然资源管理机构及其职能如图 2-17 所示。

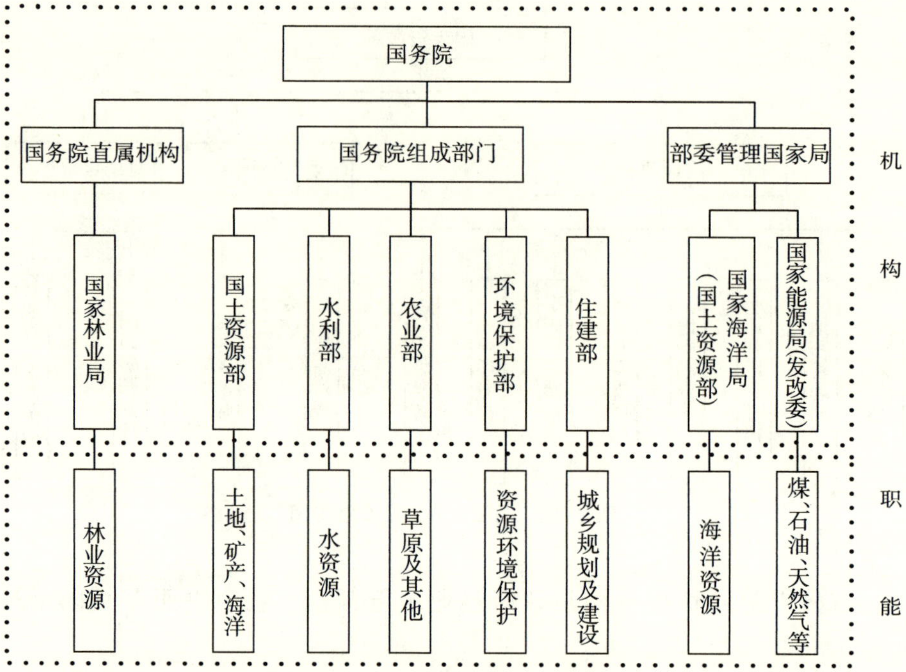

图 2-17 中央层面自然资源管理机构及其职能

（四）国外自然资源国有资产管理体制借鉴

1. 自然资源管理体制的国际经验

世界上大多数资源大国都已经实现了对主要自然资源的集中管理，其中以美国、加拿大、俄罗斯最为典型。

加拿大于 20 世纪 90 年代初，将原矿山、矿产和能源部与林业部合并成立自然资源部。俄罗斯 20 世纪 90 年代中期，在原俄罗斯联邦地质和矿产资源利用委员会和俄罗斯水利委员会基础上组建了自然资源部，2000 年又扩大该部的职责，将森林、野生动植物及生态保护工作交由其负责。

美国内政部（United States Department of the Interior，简称 DOI）作为联邦政府组成部门，承担着保护和管理联邦政府自然资源的职责，包括土地资源、矿产资源、能源、森林资源和水资源、野生动物资源等。①

① 原课题对美国内政部组织机构及职能分别进行了研究，由于本书篇幅限制，该部分内容略。

2. 集中管理是必然趋势

从理论上讲，生态系统是一个有机联系的整体，自然资源的相互依存和共生组合是普遍的自然规律。如森林生长在土地上，矿产埋藏在地下，森林的种植、采伐等管理活动离不开土地的管理，矿产的开发也以占有使用土地为前提。自然资源只有作为一个整体才能最大程度地发挥其生态、经济和社会效益。

从实践来看，无论是从我国自然资源管理体制的沿革历程，还是从美国、俄罗斯、加拿大等资源大国的国际经验来看，土地、矿产、海洋、森林、草原、水等主要自然资源的集中管理都是社会发展的必然趋势。

二、矿产资源国有资产管理

（一）矿产资源的概念和分类

矿产资源是指由地质作用形成的，具有利用价值的，呈固态、液态、气态的自然资源。矿产资源可分为能源矿产（如煤炭、石油、天然气、地热等）、金属矿产（如铁、铜、铝土矿等）、非金属矿产（如金刚石、钾盐等）和水汽矿产（如地下水、矿泉水、二氧化碳）四大类。

（二）矿产资源所有权与矿业权

1. 矿产资源所有权和矿业权的概念

矿产资源所有权，是指矿产资源的所有人对矿产资源享有的占有、使用、收益和处分的权利。按照我国《矿产资源法》的规定，矿产资源专属于国家所有，地表或地下的矿产资源的国家所有权，不因其所依附的土地所有权或者使用权的不同而改变。

矿业权是指矿产资源使用权，是对矿产资源不动产进行使用和收益的一种权利。矿业权包括探矿权和采矿权：探矿权是指依法勘查矿产资源的权利；采矿权是依法开采矿产资源并获得所开采的矿产品的权利。

2. 矿产资源所有权和矿业权的关系

(1) 矿业权来源于矿产资源所有权

从法律上讲，矿产资源所有权中本身就包含有矿业权内容，矿业权是从矿产资源所有权中分离出来的一种使用权。

（2）矿产资源所有权的实现依赖于矿业权

虽然矿产资源归国家所有，但国家是一个抽象的主体，不可能直接实施探矿、采矿行为，国家所有权实现的方式是出让矿业权并收取相关费用。矿业权人通过行使矿业权开采矿产资源，矿产资源一旦被开采出来，就成为矿产品，矿产品所有权属于采矿企业，而不再属于国家。

（三）矿产资源勘查管理

根据国家技术监督局1999年颁布的《固体矿产资源/储量分类》，按地质勘查精度由低到高，将地质勘查分为四个阶段，即预查、普查、详查、勘探。

前三个阶段的勘查活动勘查精度比较低、不确定性和风险性很强、商业开发价值不大，原则上属于国家公益性勘查管理范畴，由国家公益性事业单位承担，中央层面承担公益性地质勘查任务的是中国地质调查局。而精度较高的勘探阶段则划归商业性勘查，通过市场手段有偿出让探矿权，由获得探矿权的企业实施勘探行为。

（四）矿业权出让管理

1. 探矿权审批权限

根据《矿产资源勘查区块登记管理办法》第4条规定，探矿权审批权限划分为部、省两级，具体如图2-18所示。

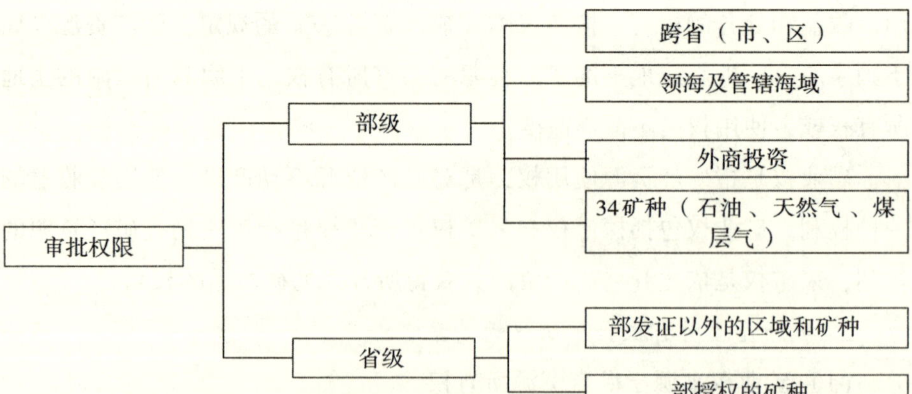

图2-18 探矿权审批权限

2. 采矿权审批权限

《矿产资源法》规定按矿床储量规模大小和重要矿区、矿种来划分国务院、省（区、市）和县级以上人民政府地质矿产主管部门采矿权审批权限，具体如图 2-19 所示。

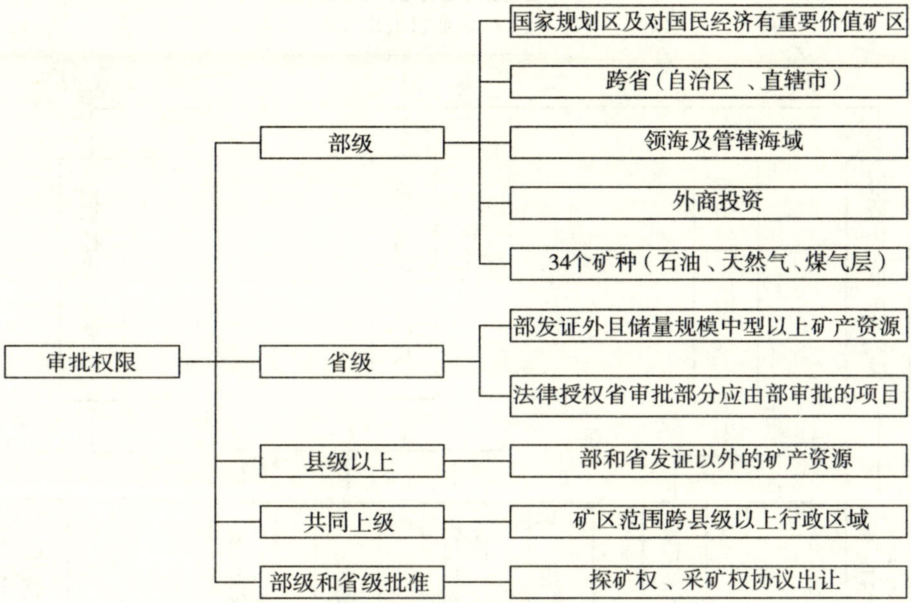

图 2-19 采矿权审批权限

3. 矿业权有偿出让

我国实行矿业权有偿出让制度，矿业权有偿出让分两种情况：

（1）只需缴纳矿业权使用费

使用费是探矿权、采矿权人向国家支付的准予使用的费用，是国家自然资源所有者权益的体现。探矿权、采矿权人必须依法按矿区面积逐年向国家缴纳探矿权、采矿权使用费。

（2）同时缴纳矿业权使用费和矿业权价款

如果申请一个已由国家出资勘查过的矿产地的探矿权、采矿权，则不仅需要缴纳探矿权、采矿权使用费，还要缴纳探矿权、采矿权价款，对国家勘查投资进行补偿。

4. 矿业权出让方式

目前矿业权出让有申请在先、协议、招标、拍卖、挂牌5种方式，国家可根据国民经济和地区经济发展的需要以及矿产资源存在形式的不同，采用不同的出让方式（见图2-20）。

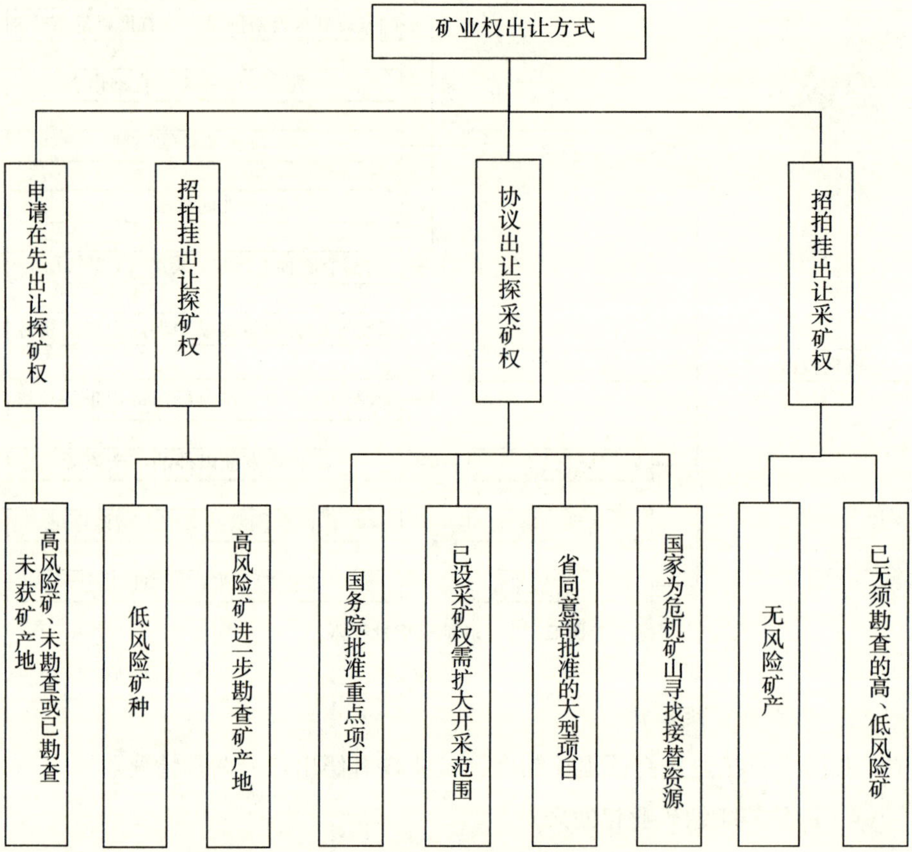

图2-20　矿业权出让方式

（五）矿产资源收费

截至2011年年底，我国矿产资源收费主要由矿产资源补偿费、矿业权使用费、矿业权价款组成（见表2-3）。

表 2-3 矿业资源收费性质、征收方式和收益分配情况

税费名称	性质	征收方式	征收主体	收益分配
矿产资源补偿费	补偿所有者权益	按照矿产品销售收入一定比例计征	矿区国土资源部门会同同级财政部门	中央与省分成比例 5∶5（广西、西藏、新疆、内蒙古、宁夏和青海为 4∶6）
矿业权使用费	补偿所有者权益	按面积逐年缴纳	登记机关（中央或地方国土资源部门）	
矿业权价款	对国家财政勘查投入的补偿	一次性缴纳确有困难的，经批准可分期缴纳	登记机关（中央或地方国土资源部门）	20%归中央，80%归地方。省、市、县分成比例由省确定

三、土地资源国有资产管理

（一）土地资源的概念和分类

土地资源指在现有技术、经济条件下可供农、林、牧业或其他各业利用的土地。土地资源一般可以分为农用地（耕地、林地、草地等）和建设用地（住宅用地、公共设施用地、工矿用地等）。

国有土地包括国有建设用地和国有农用地（主要指国有农场）两部分，国有土地的主体是国有建设用地。

（二）土地所有权

根据土地所有权性质，我国土地分为国有土地和集体土地。我国《宪法》规定："城市的土地属于国家所有，农村和城市郊区的土地，除由法律规定属于国家所有的以外，属于集体所有；宅基地和自留地、自留山，也属于集体所有。"

（三）土地出让与划拨

1. 土地使用权出让

土地使用权出让是指国家与土地使用者签订使用权出让合同，将土地使用权在一定年限内出让与土地使用者，土地使用者向国家支付土地使用

权出让金的行为。

国有土地使用权出让的方式主要有协议、招标、拍卖和挂牌四种。其中商业、旅游、娱乐和商品住宅等各类经营性用地必须以招标、拍卖、挂牌的竞争方式出让。

1994 年实行分税制以后，土地收益全留归地方。2011 年，全国土地出让收入 33477 亿元，占地方政府财政收入的比重达 63%，土地出让收入形成地方政府“第二财政”。

2. 土地使用权划拨

土地使用权划拨是指经县级以上人民政府批准，土地使用者无须缴纳土地使用权出让金，直接将国有土地使用权无偿交付给土地使用者使用的行为。

根据《土地管理法》和《城市房地产管理法》的规定，下列用地确属必要的，可以采取划拨方式提供土地使用权：①国家机关用地和军事用地；②城市基础设施用地和公益事业用地；③国家重点扶持的能源、交通、水利等项目用地；④法律、行政法规规定的其他用地。

（四）耕地保护管理

我国人多地少的基本国情决定了耕地保护是我国的一项基本国策，18 亿亩的耕地红线必须严防死守。我国的耕地保护政策主要体现在土地利用规划的编制以及对农用地转用限制。

1. 土地利用规划管理

土地利用总体规划是各级人民政府对辖区内全部土地的利用以及土地开发、整治、保护所做的综合部署和统筹安排。

《土地管理法》规定，国家编制土地利用总体规划，将土地分为农用地、建设用地和未利用地。严格限制农用地转为建设用地，控制建设用地总量，对耕地实施特殊保护。我国土地利用总体规划分为全国、省（自治区、直辖市）、市（地）、县（市）和乡（镇）五级。上下级规划必须紧密衔接，上一级规划是下级规划的依据，并指导下一级规划。

2. 农用地转用管理

农用地转用是指农用地按照土地利用总体规划和国家规定的批准权限

报批后转变为建设用地的行为。对农用地转用的严格控制是我国耕地保护政策的体现。我国对农用地转用为建设用地实行两级审批，即国务院和省级人民政府两级审批。考虑到我国的实际情况，乡村企业、农村公共设施和农民宅基地等占用农用地的，授权市级人民政府批准。

（五）土地征收管理

土地征收指的是国家为了社会公共利益的需要，将集体所有土地转变为国有土地的强制手段。征收土地实行国务院和省级人民政府两级审批。①国务院批准的情况：基本农田；基本农田以外的耕地超过 35 公顷的；其他土地超过 70 公顷的。②省级人民政府批准的情况：除国务院批准以外，均由省级人民政府批准，并报国务院备案。

第六部分　我国各类国有资产管理体制现存问题分析

一、我国国资管理体制存在的总体问题分析

（一）“资产”一词语意模糊

在目前的理论研究和实践中，“国有资产”已经成为了较为通行的用法，但事实上，“资产”一词的使用并不严谨。

一方面，不同类型的国有资产其属性有所不同，应加以区分。产业类国有资产、金融类国有资产和从事生产经营的事业单位国有资产均应从股权的角度加以理解，应称之为“国有资本”，而其他几类国有资产则应从物权的角度加以理解，适合被称为“国有资产”。笼统地使用“资产”一词对所有由国家投入行政的权益或财产进行概括，无法区分出“资产”与“资本”在属性上的根本区别，模糊不清。

另一方面，“资产”本身也是一个多义词。在现代企业的资产负债表中，既有总资产，也有净资产，还有固定资产净值。就一个企业的总资产来说，事实上是由两部分组成，即总资产=负债+所有者权益。这里的负债是指他人资产，而所有者权益是指企业的净资产或叫企业的自有资本。在现代企业中，一般企业的负债率都在 30%以上，金融企业的负债率则高达

70%~80%，其中商业银行的负债率普遍在90%以上。如我国四大国有银行2003年年底的总资产合计是15万亿元，而净资产只有1万亿元左右，显然二者的差别是非常大的。

因此，“国有资产”一词虽已约定俗成，但随着社会经济的不断发展，已经出现了较大的局限性，易于造成模糊。

（二）多头管理，职责不清

20世纪80年代末，中国组建最初的国资局，目的就是要取代当时旧体制下各行业主管部门管理国有企业“九龙治水”的局面。尽管由于种种原因这一战略目标在后来并未实现，但中共十六大后我国再次确立了新国资的管理模式，组建了统一的国资管理部门，终结了对国资和国企多头管理的局面。

然而从目前的现状看，国资委的组建并未真正实现国有资产的统一监管。经营性国有资产中的产业类国资和金融类国资依然分属国资委和财政部管理，事业单位国有资产的管理体制则更为混乱，多个部门职能交叉，权属模糊，国资管理中多头管理，职责不清的问题依然较为突出。

由于过于强调国资委出资人地位，导致现实中人们普遍认为如果统一由国资委作为我国产业领域和金融领域里的国有资本出资人体量过大，可能导致垄断、发生金融和产业间的系统性风险，因此提出从出资人角度，不应由一个机构来对全国国有资本履行所有者职责。但由于国资委监管者和所有者一身兼二任的定位，直接导致现实中在划分不同国有资本所有者的同时，把统一监管也割裂了。

未来的国资改革中，国资委应厘清自身的职能定位，将出资人代表职责赋予国有资本经营公司；同时财政部等其他部门也应将各自权属划分清楚，形成合理分工、相互配合的国有资本统一监管体制，发挥国资统一监管的优势，避免走回“九龙治水”的老路。

（三）《国资法》的局限

《企业国有资产法》（以下简称《国资法》）是我国国有资产管理的重要法律依据，但是其自身却存在局限性，主要表现在以下两点：

第一，法律名称存在局限性。《国资法》的调整对象主要是经营性国有资产，如果说经营性国有资产是针对国有企业的净资产而言，那么可以说，国有企业的净资产就是国有资本。以国有资本立法，不仅是一个名称的问题，也不仅仅是我们把立法的范围明确到了经营性国有资产的范围问题；更重要的是，若命名为《国有资本法》，则其调整的范围明确是国有资本，而资本的所有者即股东或出资人及其管理机构才是这部法律的主要约束对象。这就使我们从调整国有企业的行为提升到了调整国有企业的股东行为上来，也就把《国有资本法》和《公司法》区别开来。今后的国有企业大部分都是参与市场竞争的主体，他们的行为主要应受《公司法》约束，而《国有资本法》主要是约束代表三级出资人在企业中持股的国有股东及其管理机构。笼统地以国有资产作为法律名称，会使人们陷入其调整对象到底是国有独资企业还是国有控股企业，甚至是国家是第一大股东的企业的混乱认识误区中。

第二，法律规定弹性过大，影响统一监管。《国资法》第十一条规定："国务院国有资产监督管理机构和地方人民政府按照国务院的规定设立的国有资产监督管理机构，根据本级人民政府的授权，代表本级人民政府对国家出资企业履行出资人职责。国务院和地方人民政府根据需要，可以授权其他部门、机构代表本级人民政府对国家出资企业履行出资人职责。"该条款并未授权国资委成为明确的专职国资管理机构，这也就为现实中我国国资的多头出资人监管提供了法律依据，以至于引发了组建"金融国资委"、"卫生国资局"、"文化国资办"等一系列的争论，影响了国资统一监管格局的构建。

二、产业类国有资产管理体制存在问题分析

从目前的管理现状看，产业类国有资产监管体制存在以下问题：

（一）片面强调"淡马锡"模式，出资人与监管者混为一体

国资委是中国在社会主义公有制与市场经济对接过程中对国有资本实施统一监管的部门，近几年却更多地强调对所属企业的出资人地位，一味向新加坡"淡马锡式"的资产管理公司学习，忽视了对国有企业统一规划

布局的监管者身份，将上市公司出资人作为工作目标，热衷像中投公司那样做部分央企的股东，而无法履行对国有资本实施统一监管职能。2009年5月实施的《国资法》也赋予了多个部门行使国有资本出资人的职能，这些部门与国资委出资人地位相同。建立在分散产权主体基础上的多部门出资人监管，不利于中央政府和地方政府对本级政府国有资本总量、结构、变动情况加以掌握，此外更不利于全局的是：国有资本无法在国家范围内进行统一的战略规划布局、实施有进有退的结构调整。

中国庞大的国有经济及其在国民经济中的战略性地位，决定了国资委绝不能走新加坡淡马锡公司的国资经营模式，即便是中国的中投公司，也只能是理想状态下国务院国资委实施统一监管的对象，那把国资委简单定位为“中投二号”，只会对我国的产业类国有资产管理造成严重的不良影响。

（二）金融国资未纳入国资委管理范围，割裂统一监管

目前，国务院国资委的监管范围仅是117家中央企业，其他行业如金融业以及其他82个部委下属的6000多家营利性国家出资企业均不在其监管范围内。这种格局将金融类国有资本和产业类国有资本的管理截然分开，甚至在产业类国有资本内部也条块分割，各司其职，导致没有一个机构能够全面地履行监管职能，给国资监管一盘棋带来诸多不便。

由于过于强调国资委出资人地位，导致现实中人们普遍认为如果统一由国资委作为我国产业领域和金融领域里的国有资本出资人，这样的国资委显得体量过大，可能导致垄断、金融机构借贷双重身份容易引发金融和产业间的系统性风险。但由于国资委监管者和所有者一身兼二任的定位，直接导致现实中在划分不同国有资本所有者的同时，把统一监管也割裂了。

目前，国资监管机构主要负责非金融类企业国有资产的监管，财政部门主要负责金融类企业国有资产、行政事业单位国有资产的监管。尽管从所有者角度看，这种划分有一定道理，但从统一监管角度看，这样划分并不科学。西方国家没有统一的国资委体制，对于少量不以盈利为目的的国有资本，通常由财政部代为管理，但我国国有资本存量巨大，财政部作为公共管理部门，却去履行金融国有资本出资人的职责，也难以免除金融与公共混为一谈、界限不明之嫌。此外，无论从产业资本和金融资本相结合的趋势看，还是从金融企业混业经营、金融企业投资实体企业的特点看，金融资本与产业资本都无法严格分开，例如国家电网公司、宝钢公司投资参股建设银行，中投公司投资保利协鑫和海外石油项目，首钢集团控股华夏银行，等等。因此，国有资本的分部门监管难以适应产融结合的大趋势。

（三）过于强调央企整合数量与整体上市

国有资产管理必须从传统的管国有企业向管国有资本转型，从侧重实物形态的资产管理向侧重价值形态的资本管理升级。简单地用行政手段压缩层级和数量是沿用过去的手段，不适应管理国有资本的新挑战。不能采取一刀切方式减少央企数量、压缩层级，重组、并购、整合、拆分都应遵循市场规律，用市场手段来完成。

国资委成立以来，争当国有资本股东的情结过重，以至于在央企的重组中，片面强调央企的整体上市。事实上，整体上市的背后就是取消央企集团公司作为股东这个层次，由国资委做上市公司股东，这样容易导致三个问题：

首先，导致国有资产所有者和监管者混淆，国家队体育代表团团长取代所有运动队教练指挥。国资委作为国务院特设机构已遭国际指责，若国资委再直接当所有央企股东，都是关联交易，将爆发国际纷争。国资委直接持股，当上市公司的第一大股东，将使国资委成为民事诉讼对象，国资委本身难以应对，类似事件在资本市场上已经发生；国资委陷于繁杂股东事务中，如和股民一起开股东会；将弱化国资委作为统一监管者的身份和地位，如果国务院国资委当400多家上市公司股东，几乎横跨中国所有重要领域，无法真正实现对企业的治理。

其次，自工行、建行、中行、农行四大国有银行重组并整体上市以来，已在资本市场上出现了食大不化的问题，股价长期低迷，外国投行设计的整体上市模式需要反思，除了他们一次性地将资产打包上市获得了高佣金收入，我们获得了世界银行业“四大银行”以外，没有结合企业的自身特点、增长空间与资本市场周期综合考虑，导致银行资产的发行价格远低于前期在港上市的中资公司。四大银行始终处在价值洼地，巨大的股本使其在资本市场上难以腾挪。若石油石化航空电信电网都搞成一个行业一家或两家公司，将是中国股市的巨大灾难，今天中国资本市场大恐龙与小跳蚤并存，应考虑中国股市的橄榄形结构，吸取四大行教训，一步实现整体上市的模式应让位于分步实现整体上市，无论对融资还是治理结构，无论对股民还是对员工更佳。

最后，从融资额与后续增长能力上看，国资委提出鼓励中央企业整体上市，为了简化管控要求压缩层级，忽视了国有企业的差异性与历史问题。整体上市与分拆上市相比，前者不能通过优质资产先行上市获得单位高融资额，不能通过培育未成熟资产注入后获得增发的高溢价，不能充分地发挥企业的后续增长能力，最终无法实现国有资本的持续增值。

目前产业集团亦有步银行后尘的迹象，为符合国资委作直接出资人的利益，中央企业领导人往往以在任期内实现大而全的整体上市为目标，取消集团公司的同时也失去了后续资本运作的空间。如果中石油、国家电网这些行业巨头未来都采用一次整体上市的方式，而非分步实现整体上市，那么就会造成对本企业的资本运作和市值管理的不利，另一方面也将由于其巨大的融资需求给股市带来沉重压力。

（四）国有资本经营预算主体错位

在现有的国资管理体制中，财政部实际掌握着国有资本经营预算的主导权，但这样的做法却忽视了公共预算与国有资本经营预算的本质区别，在体制上难以理顺。

国资预算管理的对象是国有资本收益，而收益是出资人的三项基本权利之一，属于私权利；政府公共预算管理的对象是税收收入，是国家凭借行政权力征收的，属于公权力。私权利和公权力的法律属性存在根本性的不同，对应国资预算与政府公共预算的管理方式也应不同（见表2-4）。

表2-4　国资预算与公共预算比较一览表

	国资预算	公共预算
法理基础	国有资产的所有权及其派生出来的收益索取和支配权（私权利）	国家公共权力及其派生出来的对国民经济收入的分配权（公权力）

（续表）

	国资预算	公共预算
预算目标	实现国资战略布局，国有资本保值增值，解决国企改革发展过程中的体制性机制性问题（偏重效率）	满足社会公共需要，追求社会的福利目标（偏重公平）
收入来源	国有资本收益为主	税收为主
支出方向	以向国家出资企业注入资本金为主	以各类公共物品的提供为主
资金运行	筹资—投资—收益分配—再筹资（循环性和增值性）	收缴—运用—再收缴（一次性和无偿性）

国务院国资委作为出资人代表时，其对国家出资企业享有的权利与普通所有者对企业享有的权利性质上并无不同，都属于股东对企业享有的“权利”而非“权力”。国资预算作为私权利下的制度安排，应与公权力下的公共预算相区别。由于根本属性的不同，国资预算一旦归为财政部门统一管理，就出现从事公共预算的财政部仅为提供资本补充、法理不通的情况，也将在理论上引发今后民营资本和外资资本是否也应纳入公共预算下资本经营预算的问题，否则将导致公共政策目标的显著差异和政府专给国企补贴产生不平等竞争歧视等诸多问题，会给西方国家政府留有打压我国国有企业、不承认中国的完全市场经济地位留下口实。

综上所述，我们可以得出国资预算与公共预算间的关系：国资预算与公共预算形成的机理与目标不同，应将其分开由不同部门编制，保持二者相对独立。公共预算财政主体与国有资本经营主体之间存在着税收缴纳关系。应通过国有资本收益管理和国资预算的资本性支出，实现国有资本保值增值和国家出资企业做强做大，反过来通过增量税收为财政做贡献。因此，现行的这种由财政部主导国资预算的做法在体制上难以理顺，不具有市场经济体制的规范性，易于引发国际争端。

三、金融国有资产管理存在的问题分析

（一）金融类国资与产业类国资分开管理不合理

目前，财政部与国资委在国资管理上的分工主要是以行业为划分标

准，造成了金融类与产业类国资分开管理的格局，但事实上这种划分是不合理的。

不论中央还是地方，都存在国有产业集团投资金融企业形成金融国有资产的情况。比如建行的五个发起人股东中有三个都是产业类企业：宝钢集团、国家电网和长江电力；华夏银行的第一大股东是首钢公司；浦发银行的第一大股东为上海国际集团，上海银行第一大股东是上海联合投资。

显然，产业类国资投资于金融国资、“产融结合”已成为发展趋势，产业类国资与金融类国资难以区分。国资管理应从对具体企业的管理上升到对股东进行管理的层面，以公益性和营利性为标准重新划分国资类别，厘清财政部和国资委的监管范围。

就金融类国资而言，其与产业类国资均属营利性国资，应统一管理。目前这种分开管理的模式人为切断了两类国资的天然联系和资本纽带，不利于实现国有资本保值增值的目的，也与产融结合的大趋势相违背。

（二）财政部裁判员与教练员身份混同

在我国的市场化改革中，政府有裁判员与教练员两种身份①。一般而言，财政部是裁判员，行使公共管理职能，其管理侧重于社会目标、宏观调控目标和公益目标；由其来行使金融类国有资产的教练员职能会造成裁判员与教练员两种身份的混同，不但不能满足《企业国有资产法》关于出资人的社会公共职能与国有资产出资人职能分开的要求，而且易于引发对金融类国有企业独立性的质疑、造成法律纠纷，也不利于打破金融垄断。

（三）地方金融类国有资产由金融办管理体制不顺

正如上文所述，在目前的地方金融类国有资产监管中，存在着财政局或地方金融办履行监管职责的情况。财政局监管地方金融国资同样存在裁判员与教练员身份混同的问题，此处不再赘述；若由地方金融办监管地方金融类国资，则会遇到以下难题：

一方面，地方金融办本身地位尴尬。地方金融办是金融改革的产物，

---

① 详见本书第二章中的《中国国资改革创新模式探索》一文（二、市场化改革中定位政府的双重职能）。

设立之初仅作为议事协调机构，联系并配合“一行三会”开展工作。但由于“一行三会”的机构设置不能覆盖各级行政区域，为弥补地方金融监管空白，各地金融办逐渐承担了部分金融监管职能，特别是在小贷公司、农民互助合作社等中小金融机构的监管方面发挥了较为主要的作用。但是，金融办一般不在政府工作部门序列中，在中央也缺乏对应的主管部门，法律上也未明确赋予其相应的权力。在自身定位尚且不明的情况下，地方金融办实难有效地承担其地方金融类国资的监管职责。

另一方面，即便不考虑地位尴尬的问题，将地方金融类国资交由地方金融办管理，同样体制不顺。若将其视为承担国有资产监督管理职能的教练员，则与各地方国资委的职能重复，叠床架屋导致浪费。若将其视为承担金融行业监管职能的裁判员，则会遭遇与财政部门监管金融类国资同样的问题，出现两种身份的混同。

因此，地方金融办不宜作为地方金融类国资的监管主体，在今后的国资管理体制改革中应跳出以行业为标准划分国有资产的旧思路，厘清财政部与国资管理部门的职权范围，构建起从中央到地方自上而下的统一监管体制，改变地方金融类国资监管中各自为政、模式混乱的局面。

四、行政事业单位国有资产管理体制存在的问题

（一）行政单位国有资产管理体制现存问题分析

尽管我国已经初步构建起了较为完善的行政单位国有资产管理体制，但是依然存在着一系列的问题亟待解决：

1. 资产管理与财务管理脱节，账外资产大量存在

由于行政单位的资金来源基本上是靠财政拨付，收入来源较单一，部分行政单位利用闲置的国有资产对外出租、出借，且收入未按规定在管理部门登记，国有资产的财务会计报告对此毫无反映；同时，行政单位还存在着非转经形成、尚未与其脱钩的经济实体，所得收益也成为“自留地”，形成了大量的账外资产。此外，为了扩大经费来源、提高单位福利，部分行政单位通过虚列支出、擅自设立账目转移财政拨款、截留行政性罚款收费，挪用款项私存私放、上下级单位间互相转移资金等方式设立了“小金

库”，这部分资产由于操作隐秘无法被上级财政部门发现，形成了监管真空。

2. 资产管理与预算管理脱节，总量不明，家底不清

由于长期以来对行政单位的国有资产疏于管理，许多单位的资产处置、登记、清查等方面都无账可查，由此造成财政部门对各行政单位资产总量不明，信息严重不对称，对财政预算的管理造成困难，资产占用较多的单位，不仅不会因此而少安排预算，反而可以多申请维护费用，甚至可以将部分资产出租出借，收取费用，谋取私利，财政部门难以做到结合资产占用状况安排各单位预算支出，造成资产管理与预算管理相脱节。在没有严格规范约束的情况下，清产核资、界定产权的工作也受到某些行政单位的抵制，导致行政单位国有资产“总量不明、家底不清”。

3. 资产管理与价值管理不协调，资产定价有失公允

行政单位国有资产是由财政资金转化为实物形态形成的，资产管理就是对实物的管理，价值管理就是财政资金的管理，财政资金的分配离不开对行政单位存量资产的掌握，资产管理也离不开财政资金的支持。但我国行政单位国有资产的价值管理滞后于资产管理，二者存在着不协调。目前的价值管理方法采用国有资产的账面原始价值法，随着时间推移和经济发展，账面价值与实际价值间可能会发生较大的误差，使得采用单一的资产账面价值无法科学的反映国有资产的实际价值，增量资产与存量资产的价值管理也出现不一致，资产价定价失公允。

4. 中央对地方行政单位国有资产管理弱化

中央与地方行政单位现行的管理体制尚未理顺，中央对地方行政单位国有资产的管理薄弱，例如小金库泛滥；中央对地方资产配置不公平；资产使用缺乏评估和监督，甚至闲置浪费；现行财税管理体制实行收支两条线，导致地方财政收入上移而事权下移，地方行政单位仍承担着社会发展的重任，而资金上却受到上级政府和财政部门的限制，导致依靠大量出卖土地将收入归自己所有，形成了大量中央和地方财政预算外收入，甚至成为某些地方政府的“第二财政”，直接后果就是房价的居高不下。因此，中央对地方行政单位国有资产管理和规制的工作亟待加强。

5. 财政部门与主管部门共管不协调

目前从中央到地方总体上形成了财政部门与政府主管部门（如全国人大机关事务管理局、地方政府机关事务管理局）共管行政单位国有资产，这种体制的后果是直接导致两部门职能重复。例如，都有对行政单位资产出租、出借、资产处置和资产配置的审核及审批权，权属不明、职责不清，虽然规定主管部门要向财政部门报告资产的监管情况，但财政部门与主管部门都属于政府机构，地位平等，在向财政部门上报或上缴收入时，易发生截留资产，不及时上报、推诿扯皮的情况，使得财政部门对行政单位国有资产的监管效率不高、形同虚设。

（二）事业单位国有资产管理体制现存问题分析

1. 资产管理与预算管理、财务管理脱节

《事业单位国有资产管理暂行办法》提出了资产管理与预算管理、财务管理相结合，实行存量资产、增量资产和经费预算相结合的综合预算体系。但实际上，超标配置、重复配置、闲置浪费现象严重，资产管理与预算管理、财务管理脱节，财政资金使用效益低下。例如购置实物资产后，不及时办理财务手续和固定资产增加手续，对上级调拨或捐赠资产不及时进行账务处理，以致形成账外资产，资产管理与财务管理脱节，最终使得事业单位资产存量与增量管理的同步实现难以进行。

2. 事业单位资产配置不合理

虽然主管部门理论上对存量资产有调剂的权力，但是由于我国的事业单位国有资产在配置上缺乏严格科学的标准，导致资产被单位长期占用，从购建、使用到处置的权利实际上都掌握在各单位手中，使得在实际操作中要进行跨单位、部门的资产调剂极为困难，最后造成资金短缺与资产闲置浪费的现象。我国事业单位资金来源大都是财政拨款，核算实行收付实现制，对于财政资金需求无度，对于得到的资金如何使用，如何科学配置，缺乏统一的规划和有效管理。势必造成配置公平与效率的缺失。

3. 事业单位产权不明，所有者缺位

国有资产的所有权人应是国家，政府代表国家行使所有者权利。事业单位国有资产来源是财政拨款形成，因此对资产的形成与配置没有科学统一的标准，本来对资产只有使用权的部门职责不清，功能错位，一方面，部分事业单位往往运用国有资产参与市场经营，而这部分资产也包括在事业单位的资产范围内，对资产的任意的处置、改变资产用途，资产的占有者由法律上的使用者成了实际意义的所有者，国家没有行使所有者应有的权利，对资产使用和运行中的重大事项已经失去控制。另一方面，由于长期以来我国是企业办社会，大型国有企业内设政府职能机构（如公安、城管、街道办等），附属公共事业机构（如教育、卫生等）占用的资产等国有资产产权不明晰，管理不合理，极易造成所有者缺位的情况发生。

4. 经营性和非经营性界限不清，资产流失严重

长期以来事业单位国有资产被部门和单位实际占有，有些部门和单位擅自改变资产用途，将非经营性资产转变为经营性资产，用于谋取部门利益，将收取的收益用于本部门（单位）的福利，造成社会分配不公，国有资产的流失。经营性国有资产和非经营性国有资产搅在一起，相互占用，难以区分，不仅不利于政府职能的转换，也不利于市场经济体系和公共财政体系的建立。

五、自然资源国有资产管理问题分析

（一）“多头管理”仍然存在

目前我国国土资源部的集中管理仅限于矿产、土地、海洋三种自然资源，森林、草原、水等其他自然资源仍然各自归不同部门管理，“多头管理”体制人为地割裂了各类自然资源之间的联系，造成资源管理缺乏整体规划，管理效率低下等诸多问题。多头管理的弊端在环境保护方面尤为突出，土地、农牧、林业、海洋部门的第一职能并非保护生态环境，而是开发利用资源创造经济效益，这些非专业的环境保护监管机构把环保当作副业而怠于管理，使环境执法工作出现真空。

（二）财权与事权不分

在现有的管理体制下，资源管理部门既负责资源储量、资源保护、资源规划、产权界定、价值评估、资源出让等事项的管理（“管事”），又负

责资源出让收益的管理（“管钱”），事权与财权归于一体，“钱事不分”。

以国土资源部为例，根据《国务院关于机构设置的通知》（国发［2008］11号）国土资源部承担的“管钱”职能有：依法征收资源收益，规范、监督资金使用；依法组织土地、矿产资源专项收入的征管；参与管理土地、矿产等自然资源资产；参与管理国家出资形成的矿业权权益，负责有关资金、基金的预算和财务、资产管理与监督。

同一部门将财权与事权归于一体，两种职能相互混同和干扰，任何一种职能均无法有效运作。这种体制既难以保证资源管理从整体利益和长远利益出发，也很难保证资源管理过程中的公平和效率。

（三）“半垂直”管理体制对地方制约不足

现行的国土资源管理体制实质是一种“半垂直”管理体制，虽然省级以下国土资源管理部门（不包括省级）主要领导的人事任免权已经收归至上级国土资源管理部门，但是编制权和财权仍由各级地方政府掌握，地方国土资源管理部门与当地政府仍有着千丝万缕的利益关系，地方国土资源管理部门不得不服从于当地领导的意志，使得国土资源管理职能和国家统一的资源管理政策不能得到有效落实。

（四）“双轨制”滥用现象严重

我国虽然已经实行了自然资源有偿使用制度，但还存在着有偿取得与无偿取得并存的“双轨制”局面。我国法律在确立有偿使用制度的同时，往往都开了一道无偿使用的口子，例如基于公益目的的建设用地使用权可以通过无偿划拨方式取得。但由于对公共利益缺乏严格界定，这些例外条款往往被滥用，导致国有自然资产的大量流失。

自然资源的出让原则上应该采用招标、拍卖、挂牌等市场竞争方式，但某些情况下资源出让则可以采用行政方式，例如对某些高风险矿产的探矿权，由于缺乏商业竞争者，允许采用申请在先的行政方式出让。现实中，由于制度设计的漏洞及程序上把关不严，大量应采取“招拍挂”方式出让的自然资源被以申请在先或者协议方式出让，造成国有资产的流失。

（五）中央和地方产权界定不清

从法律上讲，我国自然资源所有权非常明确，实行“国家统一所有，地方分级管理”。但实际运行中，中央政府和地方政府之间产权界限模糊，中央政府作为所有者没有明确的人格化代表。当国家所有权受到尊重时，并未规定谁代表国家获得收益，当所有权受到侵犯时，也未规定谁代表国家接受赔偿，致使自然资源所有权被虚置起来。自然资源所有权实际上是被地方和部门所分割，自然资源收益被转化为地方和部门利益。事实上已经形成了“地方政府分级所有”的局面，国家统一所有开始出现虚化。

下篇　完善我国各类国有资产管理体制的模式设计

第七部分　完善各类国有资产管理体制的指导思想及理论基础

一、完善我国各类国有资产管理体制的指导思想

（一）坚持市场化的发展方向

坚持市场化的改革方向是完善各类国有资产管理体制的重要指导原则，也是中国国资三十年渐进式改革的成功经验。改革开放之初，放权让利就是要打破高度集权的国有、国营体制，赋予企业一定的自主权，建立现代企业制度，完善公司治理结构，更是从体制和机制上强化国有企业的市场主体地位，增强其市场化运作的自觉性。股份制的提出和试点的推进，进一步将国有企业引向了国际资本市场，企业的国际化运营能力也得到了进一步的提高，在全球配置资源和参与全球竞争的优势得到了进一步的增强。政策性关闭和破产的实行，进一步增强了国有企业优胜劣汰的意识，企业求生存、求发展的欲望就更加强烈。国有资产管理体制改革的推进，国有企业的出资人开始到位，国有企业向股东回报的意识得到进一步

的增强。

从三十年的改革实践来看，国有企业市场化的改革方向始终非常的明确，没有动摇。在改革的不同阶段，根据当时的改革氛围和市场的环境提出不同的改革措施，着力解决当时最突出的矛盾和问题，以渐进式的方式推进国资管理体制改革，由易到难，由点到面，比较好地把改革的深度、推进的力度和社会可承受的程度有机地结合起来，防止不必要的波动和阻力，使改革取得了较好的成绩。

因此，在对各类国有资产管理体制的完善过程中，我们依然要坚持市场化的发展方向不动摇，使国资管理成为国有资产与市场经济对接的桥梁。

（二）坚持“两个毫不动摇”的指导方针

“两个毫不动摇”是建设中国特色社会主义的一个重大方针，是我国基本经济制度的重要内容，即：毫不动摇地巩固和发展公有制经济，毫不动摇地鼓励、支持和引导非公有制经济发展。“两个毫不动摇”对于完善各类国有资产管理体制的设计具有重要的指导意义。

首先，我们必须科学认识国有企业在我国经济社会生活中的重要地位和主导作用。国有企业是公有制经济的重要组成部分和实现形式。巩固公有制经济，主要是加强国有经济对国家重要行业和关键领域的控制力；发展公有制经济，主要是发挥国有经济的主导作用。改革开放以来，国有企业实行的转换机制、抓大放小、改组改制、主辅分离、兼并重组、政策性破产以及政企分开、政资分开、建立现代企业制度等改革，都是坚持和完善基本经济制度的具体实践。

随着国有企业产权制度改革的深化和公司制股份制改革的推进，越来越多的优质资源进入股份公司、上市公司，国有控股上市公司已成为国有经济发展的中坚力量。截至 2011 年，中央企业及其所属子企业完成公司制股份制改革的已达 70%，中央企业控股上市公司达到 359 家，上市资产总额占全部中央企业资产总额的 54.1%。中央企业通过产权股份化、资本证券化丰富了公有制的实现形式，以混合所有制经济的方式带动民间资本共同发展，让全社会分享改革发展成果，践行了“两个毫不动摇”。

其次，要正确认识国有企业与民营企业的关系，明确二者间的良性互动。国有企业和民营企业都是国民经济的重要组成部分，两者之间并非相互对立、此消彼长的关系，而是相互促进、共同发展的关系。国有企业在资金、技术、规模上具有优势，民营企业在市场经营和运行机制上具有活力，两者完全可以取长补短、实现双赢。在国有企业改革历程中，曾通过突出主业、主辅分离、结构调整等方式，将一部分不具备优势或根据社会分工需要退出的成熟产业如纺织、服装、机械加工等让渡给民营企业，其中包括大量的熟练产业技术和操作人员，使民营企业得到了快速发展；同时，国有企业以公司制股份制改革为契机，优化资源配置，发挥自身优势，学习民营企业机制优势，为创造我国经济发展奇迹做出了重要贡献。国有经济和民间资本合作的混合所有制经济也可以充分发挥双方各自优势，实现优势互补、相辅相成。混合所有制经济是国有经济与市场经济结合的成功探索，是我国发展社会主义市场经济的重要创新。

（三）树立“出资多元、监管统一”的改革方向

首先，出资多元是市场经济下国家所有制改革的必然方向。统一监管基础下的出资多元，是实现公有制与市场经济对接的必然选择，必将成为中央和地方国有资产经营格局的发展方向。①

其次，监管统一是探索市场经济中新型公有制的必然要求。当前，探索公有制与社会主义市场经济相对接的过程中，我们必须保留对国资战略布局的统一监管，需要一个具有战略规划眼光，非公司股东层面的统一监管主体，来履行对全国营利性国有资本的统一战略规划布局、统一国资预算编制、统一产权管理与监督等重要职能。由于国资委监管者和所有者一身兼二任的定位，直接导致现实中在划分不同国有资本所有者的同时，把统一监管也割裂了，而统一监管恰恰是我们探索发展市场经济中新型公有制的必然要求。这种既源于国家所有制，但又不同于出资人治理的模式能否建立，是中国公有制能不能和市场经济对接的大问题。

---

① 详见本书第二章中的《中国国资改革创新模式探索》一文（一、中国经济体制改革的目标与方法）。

因此，我们必须树立出资多元、监管统一的国资改革方向，推进国资管理体系的改革与深化。

二、完善我国各类国有资产管理体制的理论基础

（一）从企业管理向资本管理跨越①

（二）两类国企的划分②

（三）厘清三种监管概念③

（四）区分政府两种职能④

第八部分　完善我国各类国有资产管理体制的模式设计

从现状来看，各类国有资产的管理依然处在以行业为主要划分标准、多头管理的格局之中。这样的做法看似合理，却割裂了不同行业国有资产之间的天然联系，而多个管理部门之间长期、稳定协调机制的缺失，也使得国有资产管理缺乏整体性，不利于国资战略布局规划的调整。也正是这种以行业为分类标准的管理思想，导致了“金融国资委”、“教育国资委”等问题的涌现，使得原本就十分复杂的国有资产管理体制“乱上加乱”。

因此，在国有资产管理的模式设计中，必须跳出以行业作为划分标准的旧思路，在对国有资产管理几个基础理论问题进行分析的基础上，打破

① 详见本书第二章中的《中国国资改革创新模式探索》一文（五、创新国资监管模式）。

② 详见本书第二章中的《中国国资改革创新模式探索》一文（四、走出将国企划分为公益性和竞争性的分类误区）。

③ 详见本书第三章中的《从“金融国资委”之争看构建大国资监管体系的必要性》一文［二、（二）把出资人治理与监管者监管混同的误区］。

④ 详见本书第二章中的《中国国资改革创新模式探索》一文（二、市场化改革中定位政府的双重职能）。

行业限制，根据资产属性将国有资产从整体上分为营利性和公益性两大类，同时行政事业单位类及自然资源类国有资产具有一定的特殊性，可以暂时将其作为单独的一类国有资产进行管理。

同时，鉴于当前中国处于深化市场经济体制改革阶段，营利性和公益性是个相对概念，尽管从理论上讲营利性国资应由国资委监管、公益性国资则应由财政部监管，这两类不同性质的国资应该分别进行探讨。但是，在当前国资改革转型现实中，公益性国资随时可能转化为营利性国资，二者属性在动态变化中，国资委和财政部对这两类国资的监管职责划分也处在动态变化中。

因此，本文把分别由财政部、国资委监管的公益性、营利性两类国资放在一起，统筹探讨其监管模式，同时把事业单位国资和自然资源国资作为另外两类分别探讨其监管模式，最后摸索出不同类型国资的不同监管模式。

需要强调的是，厘清公益性国资和营利性国资属性的不同，并在国资委和财政部之间合理划分两类不同的监管模式，是本文研究的重点。

一、公益性和营利性国有资产管理

在这一分类框架下，以营利性国企为代表的产业类国有资产、金融类国有资产及事业单位国有资产中的营利性部分，均需划入营利性国有资产的框架内；而剩余的行政单位国有资产及公益性国企等不具有营利性的国有资产，则统一划归公益性国有资产。

（一）公益性国有资产管理

1. 管理主体——财政部门

从管理现状和部门属性看，财政部门应成为公益性国有资产的管理主体。

一方面，目前非营利性的国有资产（主要包括行政单位国有资产和公益性企业）主要归属财政部管理，无论是从机构部门建设还是管理经验看，财政部门都较为适合继续承担这一部分国有资产的管理职责。如图2-21所示。

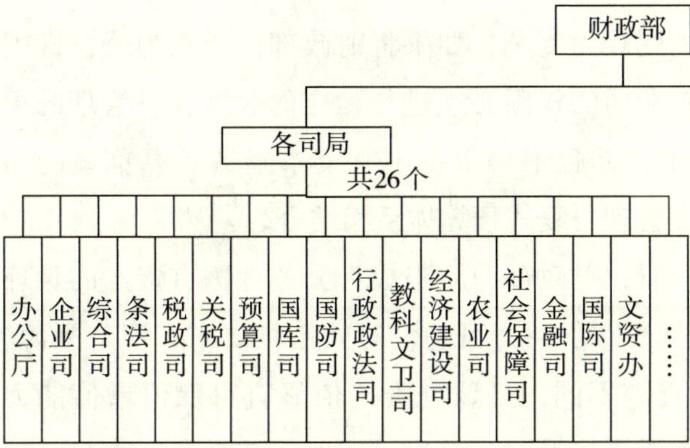

图 2-21 财政部现行机构设置

在财政部现行部门设置中，行政政法司、教科文卫司和企业司与公益性国有资产管理的关系最为密切：

（1）行政政法司：主要负责制订各类行政性经费（包括行政、政法、外事经费）的财务管理制度，并审核和批复分管部门（单位）的年度决算、研究制订行政单位国有资产管理政策。

（2）教科文卫司：主要负责研究制订事业单位通用的财务管理制度和国有资产管理政策，牵头制（修）订《事业单位财务规则》及事业单位国有资产管理办法，并对事业单位国有资产，尤其是科教文卫类事业单位国有资产进行监督管理。

（3）企业司：企业司则较为特殊，职权范围非常广泛：其负责参与研究国家产业政策和企业改革政策；负责牵头制（修）订并组织实施《企业财务通则》；提出国有资产预算编制草案；负责监管中央国有企业财务（金融、军工、粮食、铁路等企业除外）；负责拟订境外企业和外商投资企业财务管理制度；负责中央财政直接拨付中央企业的亏损补贴、税收返还等支出项目的管理；参与国有企业的租赁、拍卖、兼并、破产、重组等有关政策的研究制订和实施；参与组建企业集团、实行股份制改革等工作，并制订相应的财务管理制度；负责资产评估行业的行政管理，联系和指导中国资产评估协会的工作；指导地方企业财政财务管理工作，归口管理补助地方的专项经费等。

（4）职能调整：从目前的管理职权看，行政政法司和教科文卫司分工较为明确，但企业司的职责则较为复杂，如果将财政部门明确为公益性国有资产的管理单位，那么企业司的权限必须进行相应的收缩，将管理的主要目标集中到公益性国企上，并且不再负责国有资本经营预算草案的编制，真正实现国有资产分类管理与复式预算体系相结合。

另一方面，从部门属性看，财政部门应当成为公益性国有资产的管理机构。由于公益性国有资产不以营利为目的，对其考核要求、资产来源、管理方式都与营利性国有资产不同，且该类资产依靠自身保值增值能力弱，消耗性强，需要外部资金进行及时的补充。同时，该类资产中公益性国有企业并不纳入国有资本经营预算的范围，而是统一纳入财政预算中。因此，应当由财政部门对这部分国有资产进行管理。

2. 管理范围——公益性国有资产

从管理的范围看，公益性国有资产主要包括公益性国企与其他非营利性国有资产两大部分。

正如上文所述，公益性国企的产生主要是提供公共物品和接受公共补贴的企业，履行社会公共服务职能，充当社会公共物品提供方的角色。由于我国目前的铁路等行业依然全部由国家掌控，且尚处在基础设施提升和完善阶段，需要国家资金的大量投入，因此暂时来看，这些行业的国企还是要归入到公益性国企。但是这种分类不是一成不变的，如果铁路行业发展成熟，并允许其他类型的企业参与到市场竞争中，那么铁路行业的国企就应当成为营利性国企，作为市场主体之一公平地参与到市场竞争中。

而其他非营利性国有资产则主要包括行政单位国有资产和事业单位中的非营利性国有资产。这部分资产大多用于维持行政事业单位的正常运转，损耗性强，主要依靠外部补充。这部分资产同样处在财政部分的管理范围中。

3. 管理方式

（1）公益性国企管理——专设考核标准。

公益性国企虽然不以营利为目的却依然范属企业，需要对其进行绩效考核。但也正是由于其非营利的特性，决定了其考核标准与营利性国企有所不同。本文组提出四阶段多维度的动态评估理论框架，以此作为公益性国企考核指标选取和具体实施的理论基础。国有企业承载着国有资本保值增值和战略领域产业资本的控制，也肩负着我国在重要领域的国际竞争力和控制力，同时还需要承担一定的社会责任以回馈社会和民众。在设定考核指标的时候，我们要充分考虑到不同类型国企面对的不同时期的任务。

理论上，任何一个国有企业都要经历这四个阶段的发展，并对应不同的考核标准（见图 2-22）。但是在现阶段，营利性国企和公益性国企则分别对应不同的阶段，具有不同的考核指标。对公益性国企而言，利润分红和市值管理并不是其运营的主要目标，实现国民财富最大化、服务民生才是其应有的使命。因此，对公益性国企的考核目标应当主要集中在国民财富层面上。

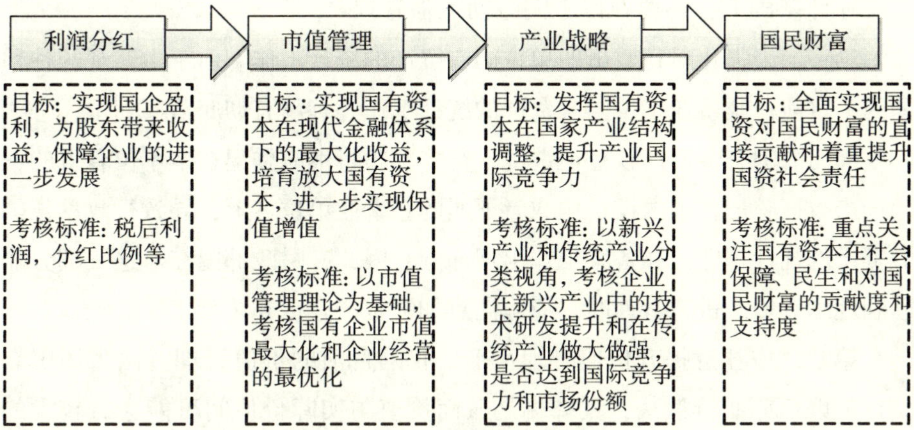

图 2-22　企业发展四阶段

同时在现阶段，一些重要的基础性行业国企依然暂时划归公益性国企，对这部分企业，还要进行产业战略层面的考核，对其是否贯彻了国家的产业战略规划、保持了国有资本对重要行业的控制力加以关注。

（2）其他非营利性国有资产——分级管理。

其他非营利性国有资产，主要是指行政单位国有资产及事业单位国有资产中的非营利部分。在其他非营利性国有资产的管理上，财政部门现有的管理体制已经较为成熟，总体上可以按照现行的分级管理体制进行管理，如图 2-23 所示。

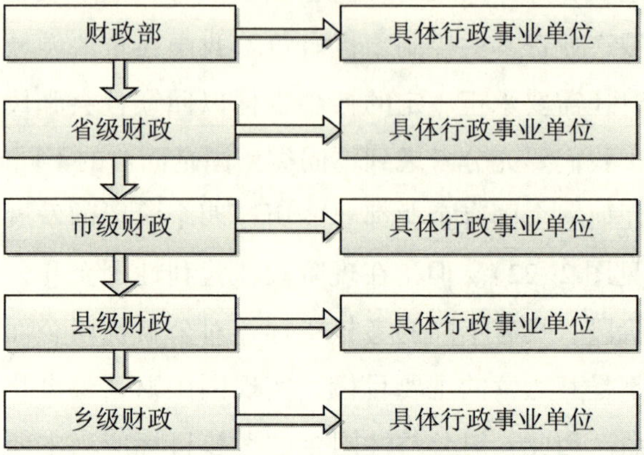

图 2-23　财政部现行分级管理体制

在此基础上，还要在以下两方面加强管理：

第一，应强化对行政事业单位国有资产的统计工作。由于主客观的种种原因，目前行政事业单位国有资产的统计工作一直没有彻底落实到位，一些行政部门的国有资产产权登记混乱，很多部门将本应登记在本单位名下的房地产产权证登记在了内设机构或者下属的企事业单位名下，导致行政单位国有资产的统计、登记和备案工作出现漏洞。因此，财政部门在对这一部分非营利性国有资产进行管理时，应当注意加强资产登记和统计工作。

第二，应注意提升价值管理水平。我国目前的价值管理方法采用国有资产的账面原始价值法，其弊端是账面价值与实际价值间可能会有较大的误差，这就使得采用单一的资产账面价值无法科学地反映国有资产的实际价值。例如：行政机关的房产通常均按建造或接收时的市场价格入账，且一般不需要经过资产评估部门的评估，反映在国有资产的账面上价值极低。但实际上，随着经济发展和房地产升值，这些房产的价值早已是账面价值的几十甚至几百倍。这样的行政单位国有资产从实物及管理的角度看管理水平尚可、保养得宜，但从价值管理的角度看，管理水平就十分落后和低下。对于房产、土地等市场价格大幅波动，行政单位国有资产仅采用单一的账面价值法进行价值管理显然是不足的，它无法反映这类资产在市场经济条件下的真实价值，也容易导致国有资产的隐性流失。因此，财政部门在对这类非经营国有资产进行管理时，应当注意提升价值管理水平，使价值管理与实物管理能够相互协调。

（二）营利性国有资产管理①

二、事业单位国有资产管理

正如上文所述，事业单位国有资产可依据其资产属性，分别划入营利性和公益性国有资产范围内进行管理。按照《关于分类推进事业单位改革的指导意见》的规定，我国的事业单位分为承担行政职能的、从事生产经营活动的以及从事公益服务的事业单位三类，从事公益服务的事业单位又划分为公益一类和公益二类。其中，承担行政职能的事业单位国有资产和公益一类事业单位国有资产可参照行政单位国有资产管理，统一划入公益类国有资产即可，其余两类事业单位国有资产管理具体模式设计如下：

（一）公益二类事业单位国有资产管理模式

公益二类国有资产具有公益性和经营性的双重属性，但并不追求营利，从资金来源看属于差额拨款类事业单位，其经营所得资金均用于维持自身的正常运转。因此，从总体上看，公益二类事业单位国有资产仍属于公益性国有资产，应划归财政部门管理；但财政部门应对公益二类的经营性资产进行摸底统计，并对每年的盈利额进行统筹，以此作为拨款差额确定的依据。

以高校国有资产管理为例：高校国有资产从总体上属公益性资产，校办产业只是其内部的盈利性创收，所得资金应用于高校自身的发展。因此，高校整体作为公益性国有资产归口财政部统一管理，由财政部确定教育类预算总额，拨付给教育部进行具体分配；校办产业创收作为财政拨款的补充，不将其单独剥离。同时，教育部发展中心对校办产业的设立进行审批，教育部财务司会同财政部教科文司对校办产业的规模和盈利额进行统计，如图 2-24 所示。

---

① 具体内容略，详见本书第二章中的《中国国资改革创新模式探索》一文（五、创新国资监管模式）。

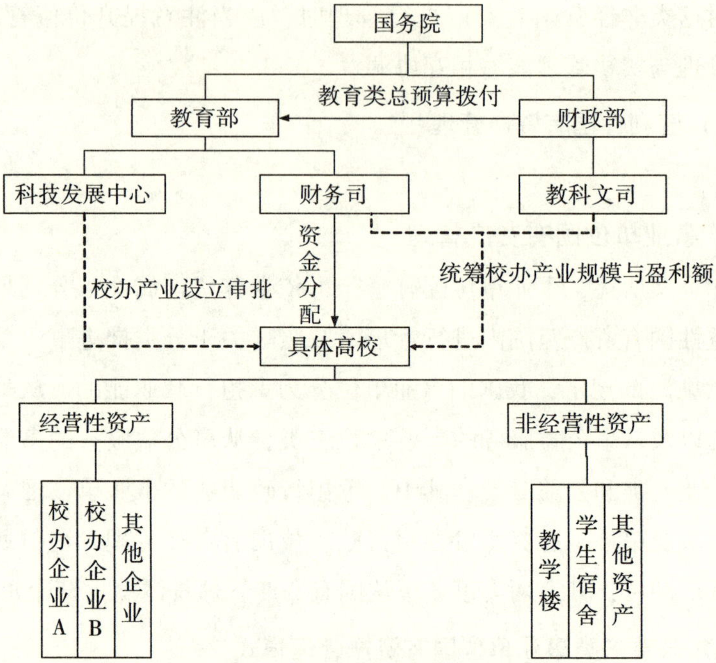

图 2-24　高校国有资产管理体系

（二）从事生产经营活动的事业单位国有资产

从事生产经营类事业单位虽有事业单位之名，却有企业之实。从理论上说，该类国有资产应转化为企业并划归营利性国有资产，由国资委进行统一管理，不再作为事业单位的组成部分。但是在现实中，很多该类资产均挂靠在国家公共部门或某事业单位之下。例如，文资办下属的各个文化类产业集团就是各类性质国有资产的综合体，集团内部既有从事公益性活动的事业单位，也有从事生产经营性事业单位。如果强行将其分割，可能会造成一系列的不稳定与破坏性效果，与我国渐变、稳定的改革方法论相悖。

为此本文提出过渡模式和目标模式两种模式：

1. 过渡模式——暂不剥离，内部分类

在该管理模式中，暂时不将从事生产经营活动的事业单位资产剥离出来，依然维持现有的管理体制，仅在内部对各类资产进行划分，暂分为营利性和非营利性资产分别管理，为下一步的彻底剥离做准备，如图 2-25 所示。

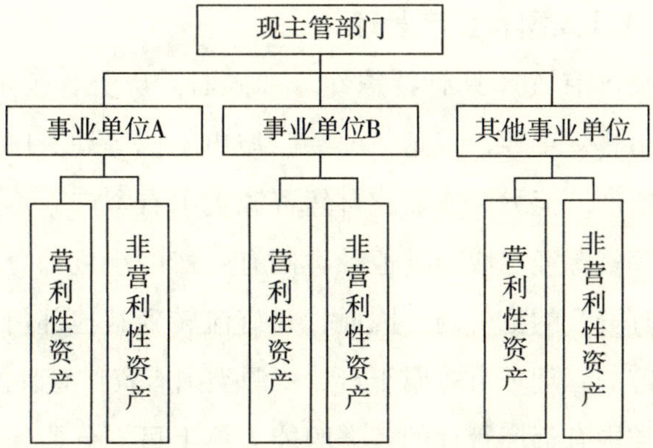

图 2-25 从事生产经营活动的事业单位国有资产管理过渡模式

2. 目标模式——资产剥离，分类管理

在集团内部资产分类管理较为成熟的基础上，将事业单位国有资产按照属性进行拆分：事业单位内仅保留从事行政或公益活动事业单位国有资产，并统一划归非营利性国有资产由财政部负责管理；具有营利性的事业单位国有资产划归营利性国有资产，不再作为事业单位国有资产组成部分，由国资委进行统一管理，如图 2-26 所示。

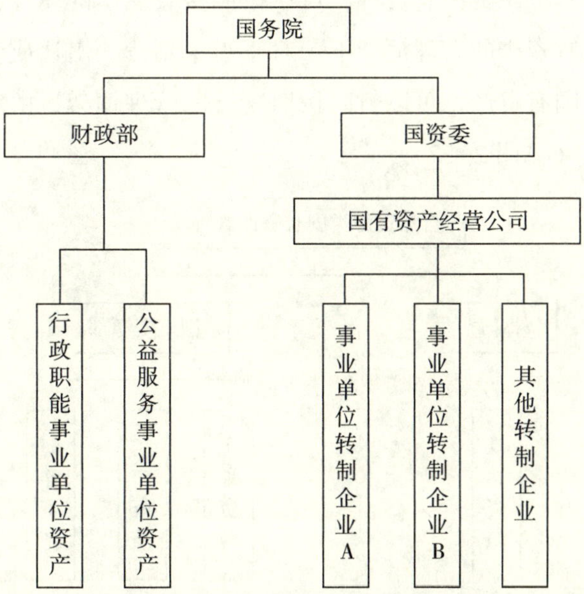

图 2-26 从事生产经营活动的事业单位国有资产管理目标模式

三、自然资源类国有资产管理

自然资源类国有资产具有特殊性。一方面，从所有权角度看，矿产、水流、森林、山林、草原、荒地、滩涂、城市土地等均为国家所有，广义上均范属国有资产。但另一方面，自然资源类国有资产并不具有完全的独立性，如土地等资源经常成为其他种类国有资产的组成部分，被纳入营利性或公益性国有资产的范围内。因此，只有流转到其他部门、转变为其他类国有资产之前的管理环节才属于自然资源类国有资产管理的范畴。

自然资源类国有资产管理的各类职能大体上可划分为保护职能和收益管理职能两大类。从理论上讲，这两类职能属性不同，应彻底分开；但由于目前的管理体制并未详细区分两种职能，若直接从机构层面进行拆分，操作难度较大。

因此，对于自然资源类国有资产的管理模式，本文提出过渡模式和目标模式两种模式：

（一）过渡模式——机构内部职能分化

在过渡模式中，对于已经划拨、出让或许可其他主体使用并作为资产组成部分的自然资源类国有资产，可以按照接收主体的属性，归属到公益性或营利性国有资产的管理框架下；对于尚未划拨、出让或许可他人使用的自然资源类国有资产，可以暂时按照现行的管理框架，由对应的机构和部门进行管理（见图2-27）。

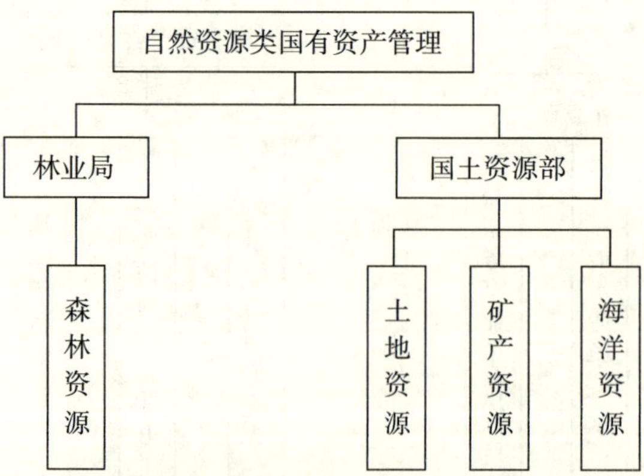

图2-27　自然资源类国有资产管理机构内部职能划分—过渡模式

但需要注意的是，在目前的管理体制中，各个资源管理部门并未对资源保护职能和资产运作职能进行区分。因此，如果对未划入其他类国有资产的自然资源类国有资产按上图所示进行管理，各个资源管理部门需在部门内部对机构职能进行划分，将两类不同性质的管理区分开。

（二）目标模式——机构职能分化

在目标模式下，资源类国有资产的管理将在整合后由两个部门共同完成。首先，将国土资源部、环保部、农业部、水利部等各个资源类管理部门职能进行拆分整合，成立环境资源部，并将除收益管理外的资源保护类职能全部并入环保部；在此基础上，将自然资源类国有资产的收益管理职能划归财政部，如图 2-28 所示。

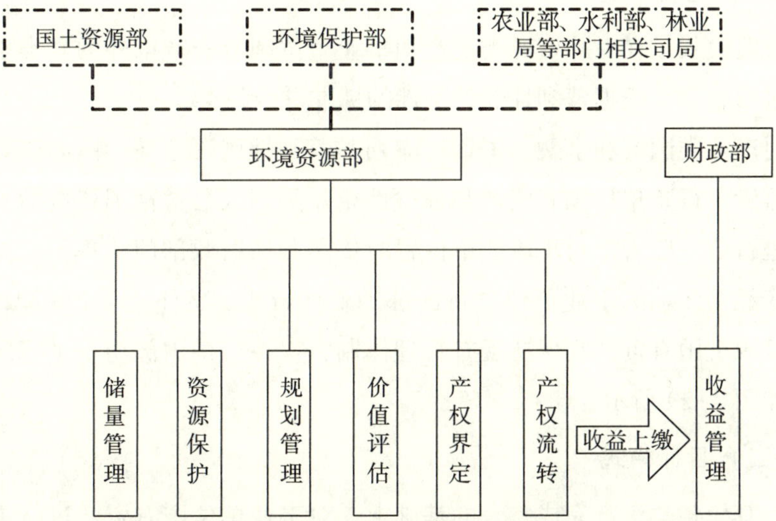

图 2-28　自然资源类国有资产管理机构内部职能划分—目标模式

同时，应注意加强对资源流转过程国有资产流失的防范。我国自然资源产权流转中有偿出让和无偿划拨并行的“双轨制”存在被滥用的情况，造成了我国自然资源国有资产的大量流失。为此，必须对无偿使用自然资源和非市场化出让自然资源的行为进行严格限制。

一方面，对于基于公益目的无偿使用自然资源的情况，必须通过法律对公共利益的外延予以严格限定，防止对公共利益的滥用；对于一些单位将无偿取得的自然资源私自有偿出让或者用作商业用途的行为，必须严厉打击，追究相关人员的责任；对于历史遗留的国有企业无偿占用自然资源的状况，应该要求国有企业补缴相关税费。另一方面，对非市场化方式出让自然资源要在程序上严格把关，要加强执法检查力度，对违规的非市场化出让行为，一旦发现，严肃处理。

四、各类国有资产管理体制的总体模式设计

通过对四大类国有资产管理体制的历史沿革、管理现状进行梳理，并分析现存问题，结合本研究报告提出的四点基本理论，对各类国资管理体制的改革，应分为以下两个步骤，分阶段完成：

（一）过渡模式

过渡模式重在对除资源类资产和事业单位国有资产以外的其类别国有资产进行整合，根据营利性和公益性的标准进行归类。

对产业类国资和金融类国资均应划归营利性国资范畴，由国资委进行统一监管；行政单位国有资产和公益性企业则划入公益性国资范畴，由财政部进行统一监管。对于事业单位暂时依然归属财政部门管理，只是对从事生产经营活动的事业单位进行内部的资产分类，为下一步改革做准备；自然资源类国有资产则保持现有管理体制，仅在机构内部初步进行职能划分，如图 2-29 所示。

（二）目标模式

在其他各类资产完成整合的基础上，对事业单位国有资产进行进一步划分，营利性资产全部转制为企业不再计入事业单位国有资产，划归营利性国资，由国资委统一管理；剩余非营利性资产划入公益性国资，由财政部统一管理。同时，在机构层面彻底将资源类国有资产管理的两种职能区隔开来，实现机构职能的专一化；财政部负责自然资源类国有资产收益管理，环境资源部仅负责自然资源类国有资产的其他管理工作，如图 2-30 所示。

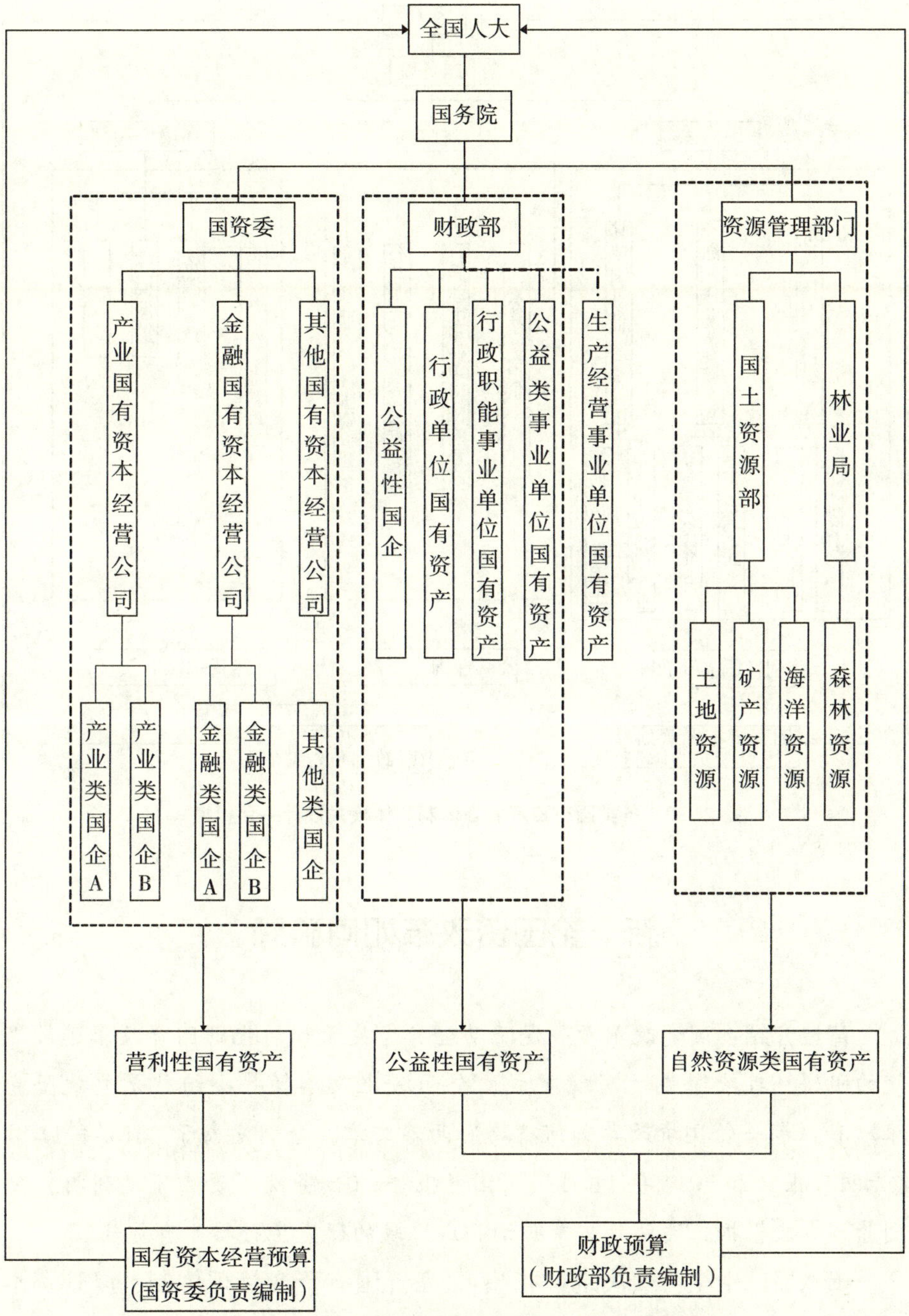

图 2-29　各类国有资产管理体制总体模式设计—过渡模式

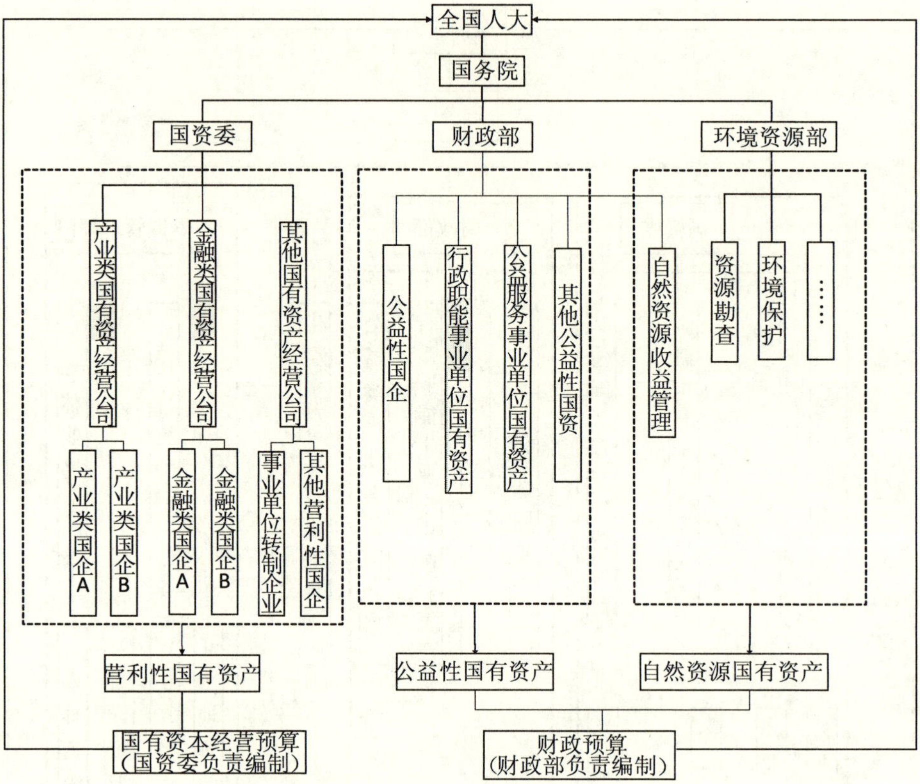

图 2-30　各类国有资产管理体制总体模式设计—目标模式

新一轮国资改革如何破局

背景介绍：国资改革牵一发而动全身，关于如何化解国资改革进展迟缓的阻碍，我应邀先后写就《成立全面深化改革领导小组就是要攻坚克难》和《新一轮国资改革如何破局》两篇文章，分别发表于 2013 年 11 月《光明日报》和 2014 年 11 月的《国资报告》(国务院国资委下属刊物) 创刊号。本文根据上述两篇文章归纳而成，我的研究生孙航亦有贡献。

十八届三中全会《决定》指出："完善国有资产管理体制，以管资本为主加强国有资产监管，改革国有资本授权经营体制，组建若干国有资本运营公司，支持有条件的国有企业改组为国有资本投资公司。"结合中央精神，如何加快从过去国企改革向"新常态"下国资改革的转变，已成为未来中国经济体制改革过程中必不可少的一环，探索中国国资改革新模式对坚持中国模式、走中国道路、实现中国梦具有重要意义。

新一轮国资改革目前面临哪些阻碍、陷入哪些误区、又应从哪些方面着手突破，本文将逐一进行分析。

一、国资改革顶层设计进展迟缓

中国国有企业量大面广，国有资本体量巨大，国有经济在国民经济中的主导作用不断凸显。中国国企的发展按照中央精神，在培育发展战略新兴产业、节约资源保护生态、促进科技进步、保障民生、维护国家安全等方面均肩负重要职责；而在西方国家，政府仅充当“看不见的手”，在市场失灵时弥补市场不足，双方存在着本质区别。

因此，中国国资改革能否成功，首先取决于能否坚持中国35年来正确的改革方法论，坚持内部改革主体论，尊重国情，借鉴国际规范，按照正确的改革顺序，在稳定基础上进行渐变式改革，体现历史承继性，盲目照搬照抄西方经验的做法绝不可取。

其次，国资改革必须尽快明确国资改革顶层设计，从宏观上统一整体思路，避免各地方盲目推进，消除潜在隐患。然而三中全会召开至今，陆续已有20余个省市先后出台了地方国资国企改革意见，但国资改革的顶层设计方案却迟迟没有正式出台，原因何在?

（一）国资监管深陷多头管理困境

首先，我国国资监管长期处于多头管理局面，产业类、金融类、文化类国有资本等分别对应由国资委、财政部、文资办等进行管理，其中，三级国资委系统企业的资产总额占全国国有企业的71%。

这种将金融类、文化类国有资本与产业类国有资本截然分开，各司其职的多头管理现状，导致没有一个机构能够全面地履行国有资本的监管职能，容易造成互相之间职责不清、缺乏统一监管评价标准等不良后果，给国资监管一盘棋造成了诸多不便。

（二）改革方案多部门主导，存在交叉，相互牵扯

根据十八届三中全会全面深化改革的指导思想，目前与国资改革相关

方案设计由国资委、财政部、发改委等部门分别负责牵头推进，但是，由于不同方案之间难免存在思路与内容的交叉，在一定程度上就造成了不同部门间分歧大、互相牵扯、改革推进缓慢的尴尬局面。

（三）建立大国资委对营利性国资的统一监管

基于以上分析，新一轮国资改革进程中，国资监管体制的完善是关键。坚持以管资本为主加强国有资产监管，通过国资管理体制的完善，从而推进并实现国企改革的深化。

结合中国国情和历史发展经验，首先，中国国有资本的整体战略布局规划事关大国崛起的国家战略，单一某个公司难以完成；其次，中国既有类似于西方财政部下面的公益性国有企业，还有众多以营利为目的的营利性国企（集团），这些公司的重大经营决策、人事任免、薪酬制度等均需通过科学合理的体制机制得以实现，因此需要一个专业的中间机构代表国务院依法履行相关职责，承担桥梁作用。

中国特色市场经济中，政府既承担着市场经济间接调控者的“裁判员”职能，又具有国有资本所有者（监管者）的“教练员”职能。为实现国有资本发展与市场经济的有效对接，走出一条符合中国国情、具有中国特色的市场经济道路，2003 年中国成立了世界独一无二的国资委体制。国资委作为非政府序列、国务院直属特设机构，国资委承担了政府作为国有资本所有者的重要职责，从而实现了与财政部履行市场经济间接调控者职能之间的理论划分。因此，新一轮国资改革必须从顶层设计的战略高度厘清两者的职责定位与权利边界，建立大国资委对金融类、产业类、教育、文化、卫生等各行业营利性国有资本的统一监管模式，落实三层次架构，国资委履行国有资本统一监管者及终极出资人职责，国有资本投资、运营公司履行直接出资人职责，两者共同构成在大国资委系统，缺一不可。

二、新一轮国资改革的突破口

（一）走出将国有资本与国有企业混淆的误区

切勿将国有资本与国有企业混淆，未来国资委必须实现从国企监管向国资监管的跨越。

在众多国家出资和控股企业的总体股份中，国有资本实质上只是其中一类，未来无论是国资委履行国资统一监管者职能，还是国有资本投资、运营公司履行对国有实体企业的直接出资人职责，都应当只针对国有或国控企业中的国有资本部分，绝不能再简单地将国有或国控企业的整体都纳入监管统计口径，为国资监管工作的有效开展理清思路。

（二）明确国资委的职能定位[①]

新一轮国资改革中，国资委作为国资监管的专业部门，监督与管理职责缺一不可，其四个职能定位必须明确，坚持依法合规，实现依法监管。

第一，国有资本战略布局与规划的主导者。第二，国有资本投资、运营公司的管理者。第三，国有资本经营预算的编制者。第四，国有资本安全的维护者。

（三）国资委对营利性国有资本统一监管

目前我国国资监管并不统一，国资委只对产业类国有资本实行监督管理职责，约占全国国有资产总额的71%。

要实现对国有资本战略布局的统一布局规划与结构调整，继续发挥举国战略的优势，就必须实现对各行业包括金融类、产业类、教育、文化、卫生等营利性国有资本的统一监管，使国有资本成为中国特色市场经济发展的独特亮点。同时，基于财政部履行社会公共管理职能的定位，可将以提供公共产品、接受公共补贴、履行社会公共服务职能、并不以营利为目的的公益性国有企业划归财政部统筹管理范围。

目前实践中尚存在着国有资本经营预算尚归财政部等历史遗留问题，在一定程度上造成了政府职能的混乱，影响了政府宏观调控与维护市场公平竞争的效果。因此基于上文分析，应实现政府公共预算与国有资本经营预算的合理分工：财政部负责公共预算，国资委收回国有资本经营预算，对应中国特色市场经济中政府的双重职能，分工协作更为专业明确。既有利于政府实施宏观调控、优化社会公共服务、保障和改善民生，又可以更

① 本部分内容略，详见本书第二章中的《中国国资改革创新模式探索》一文。

好地实现国有资本的保值增值。

（四）按照国际规范组建国有资本投资、运营公司，建立现代公司制度

国有资本投资、运营公司的组建必须按照国际规范，建立现代公司法人制度。要看到，国企改革的关键问题在于如何将国有独资按照现代股份公司制度构造，实现国家从管理国企向管理国资体系的转变，完善由职业经理人掌控的股份公司制度建设，完成现代化企业经营。国资委作为国有资本的统一监管者，逐渐退居幕后，行使终极出资人职责，同时以现有企业集团为基础，改组国有资本投资、运营公司，行使国有资本的直接出资人（股东）职责，避免叠床架屋，节省成本。

国有资本投资公司可主要投资于关系国家安全、事关国民经济命脉的重要行业和领域，以及新兴战略项目或企业，原则上保持国家控股，属于战略投资范畴；而国有资本运营公司则可在其他竞争领域通过财务投资，进行资本运作，提高国有资本投资回报率，实现国有资本的保值增值。

国有资本投资、运营公司对实体国有企业的控制主要体现在其成为与外资、私人、民企无差异的实体企业的股东主体后，通过董事会实现决策传递，形成“上面千条线，董事一线牵”科学的公司治理结构，并在国有实体企业建立专门的薪酬委员会，实现有效的薪酬激励。

三、当前国资改革热点问题分析

（一）理性辨析国企高管限薪限酬问题

新一轮国资改革已到深水区，应理性看到目前热议的国企高管限薪限酬问题的探讨仅是在各方分歧较大、改革难以推进窘境下所做的表面文章，其所揭示的国企分类的深层次问题才更应引起重视。

国企分类是国资监管体制改革的基础，应严格按照公益性与营利性对国企进行科学划分。公益类国企是不以营利为目的，承担公益产品的生产经营，保证国计民生，接受公共财政补贴，采取国有独资应由财政部归口管理的特殊公法人；营利类国企则是采取国资控股或参股形态，以追求营利为目的，企业家来自职业经理人，由国资委管理并纳入国有资本经营预算的一般民商事法人，与外资、私营企业的区别主要在于股东构成。

因此，对国企高管统一实行限薪限酬并无合理依据，应区别对待。公益类国企属于公法人，受国家行政法约束，其管理者应具有公务员身份，可实行限薪；而营利类国企是一般民商法人，以营利为目的，其高管是从市场招聘的职业经理人，因此薪酬待遇市场化，没有限薪限酬的必要。若毫无区分地推行国企高管限薪限酬，将会再次陷入政企不分、扰乱政府与市场关系的不利局面，并且在一定程度上会抑制营利性国企高管的工作积极性，不利于企业活力的提升与国有资产的保值增值。

（二）正确认识混合所有制改革

首先，要走出混合所有制就是私有化的误区，不能将混合所有制视为国有资产私分的盛宴。西方国家的改革是从国有独资变为私人独资，但中国的国资改革必须走出一条新路，不能仅跟在欧美等西方国家后面亦步亦趋地简单重复和盲目照搬，而是要批判地借鉴其改革经验，结合国情，通过与市场经济的对接，通过现代公司制度的建立与完善，建立国有资本发挥重要作用的中国特色社会主义新型公有制，到欧美国家发展的前方与他们实现对接。混合所有制改革的推进是要在“新常态”下，最终实现新业态的打造。

其次，混合所有制改革不宜单兵突进，不要为了混改而混改。国资改革是中国经济体制改革的核心环节，可谓牵一发而动全身，其中混合所有制改革与其紧密相关。目前由于混合所有制改革与国资改革总体方案牵头方不同，以至于在协调配合方面存在着混合所有制改革单兵突进的状况。并且在此国资改革整体方案尚未统一出台之际，应严防浑水摸鱼、以混合所有制改革为旗号盲目进行混改降低国有资本比例、私分国资等情况的出现，公益类国企并无混合所有制改革必要，营利性国企的混合所有制改革才是关键，各项改革应当协调配合，从而降低改革风险，确保改革稳步推进。

国资改革的取向是市场化而非私有化

背景介绍： 2013年10月国务院发展研究中心向社会公布“383”改革方案，对这一方案如何评价，《证券日报》记者对我进行了专访，并以《国资改革的取向是市场化而非私有化》为题发表于2013年10月29日的《证券日报》。同年11月，《经济》杂志发表我的《国资改革要坚定市场化方向》一文。本文由以上两篇文章归纳而成。

改革开放三十多年来，中国取得了举世瞩目的成就，而国企改革又是中国最独特、最引人注目、最具创新的改革。十年来，国资监管和国企改革取得了显著成效，进入新的历史时期，新一轮国资改革已经进入了关键时期。面临着新的机遇和挑战，如何做好顶层设计，国资国企改革应坚持什么样的道路，在未来发展路径上，需要怎样的监管体系等一系列问题亟待解决。

一、找准改革切入点，正确划分两类国企①

国企的分类事关我国基本经济制度的稳定与国资委的能否存续问题，深化国资国企改革，首先应从正确划分两类国企入手。然而，目前存在将国企分为公益性国企和竞争性国企两类的认识误区：

一方面，“竞争性国企”的提法并不科学。首先，在竞争性与垄断性界定上模糊不清。因为公益性和营利性相对，竞争性与垄断性相对，而在当前中国深化市场经济体制改革阶段，很多垄断行业将为大量民营和外资开放，中国垄断领域的边界是在动态变化的，使得在现实中很难区分竞争性国企和垄断性国企。其次，垄断性国企是否营利模糊不清。垄断本身没有好坏之分，确切地说自然垄断是好垄断，这些领域就是1大于2。比如电网、电信、铁路等自然垄断行业，它们虽受到社会公众及相关部门的价格管制，但这些企业一定是追求盈利的。因此，从某种意义上说，垄断性国企并不排斥营利属性。

① 本部分内容略，详见本书第二章中的《中国国资改革创新模式探索》一文。

另一方面，此种分类的要害在于消灭中国的国资委创新体制，否定中国三十年成功改革，必要给予高度警惕。按照竞争性与公益性的划分依据，公益性国企归财政部监管，竞争性国企归国资委监管，加之“国有企业退出竞争性领域”的呼声越来越高，竞争性国有企业面临全面退出的极大可能。如果竞争性国企不复存在，国资委这一具有中国特色、世界上独一无二的国资监管机构也终将彻底退出历史舞台。

从长期看，中国特色市场经济模式中国有企业应划分为两类：一类是由财政部门管理的公益性国企；另一类是国资部门管理的营利性国企。

二、国资改革应当坚持市场化取向

在坚持推进市场经济改革的方向上，建立新型的法人所有制基础上的现代公司制度将是我们改革的重要发展方向。不管是西方的私人独资，还是中国旧体制下的单一的国有独资都不能适应现代市场经济的要求，“公司战胜独资”即用现代的股份公司制度战胜独资的企业制度，通过股权多元化和资本化推行公有制多种实现形式。

现代股份公司具有“二个两权分离”、“三个独立”、“四个社会化”三大特征。首先，“二个两权分离”即第一公司出资人拥有的股权和法人所有权的分离，第二抽象的公司法人所有权和具体的企业经理人经营权的分离。前者决定了股东需要专业的经理人员替他们管理公司法人，形成职业经理人队伍。这实际上是建立在现代公司出资人拥有的股权和法人所有权分离的基础之上，实现了法人所有权与具体经理人经营权的二次分离。其次，以公司法人所有制为基础，实现财产独立、利益独立和责任独立“三个独立”：财产独立是指形成了法人的财产所有权，股东只是获得了股权，把所有权让渡给法人，法人拥有独立的财产权；利益独立则是任何股东主体和股份公司主体利益分开，不能再以任何借口和名义去侵犯股份公司的利益，占有股份公司的资金；责任独立是指法人的财产边界的清晰决定了它在经济上可以独担责任，当其由于经营不善发生亏损时以致破产时，只以其拥有的财产承担有限责任，并不连带股东、经营者或雇员。最后，以资本社会化为基础，而随之衍生出来生产经营的社会化、风险的社会化和经营人才的社会化，由此，公司法人真正实现了资本的灵魂与企业的躯体完美的结合，成为商品经济时代运行的主要载体。

因此，下一步的国企改革是进一步朝现代法人的股份公司的方向推进，利用股份制的方式和现代公司的治理结构，实现企业产权的多元化，而不是简单地模仿西方两百年前的老路和俄罗斯私有化失败的教训，机械地把国有独资变成私人独资。

三、下一步国资国企改革的四个思路

(一) 建立大国资监管体制

首先要解决国资委的定位问题，建立大国资监管体制。由于我国国有资本存量巨大，财政部作为公共管理部门去履行金融国有资本出资人的职责，在体制上不顺。此外，国有资本的分部门监管也难以适应产融结合的大趋势。下一步，应将国资委变成国资委和国有资本经营公司组成的国资委系统。国资委定位为经营性国有资产的统一监管者，履行对全国经营且营利性国有资本的统一战略规划布局、统一国资预算编制、统一监督管理与考核、统一国资基础管理等重要职能。国务院只能有一个国有资产监督管理委员会，在它下面，设立中石油、中石化、中投、汇金、烟草、铁道、电网等若干个代表国家管理国有资本的国有行业性的大的控股公司。

(二) 建立法人所有制基础上的现代公司制度

其次是建立法人所有制基础上的现代公司制度。通过股权多元化和资本化推行公有制多种实现形式，并全面构造职业管理人制度以及期权制度，只有这样，我们的现代公司制度才能完善起来，我们的国资改革才真正走出了中国市场经济的道路。

(三) 实现国企监管向国资监管的跨越

在未来的改革中，国有企业的管理，应从简单地对国有企业和国有资产实物形态的管理和产品生产经营的管理退到对国有资本的管理。因为无论从有国有资本在内的现代股份公司制度看，还是从创造“国企”参与国际竞争的有利条件看，改变对传统“国企”的认识势在必行。

从国内形势看，今天的国有企业是由政府授权运营的国有控股公司，而非传统意义上的国有企业。在产权改革取得阶段性成功的现实背景下，现在的国有企业在市场中已成为产权清晰、资产独立及市场经济中的平等诉讼主体，而国有股东已经成为法人所有制度背景下的股东。因为大部分国企都应建立法人所有制基础上的现代公司制度，并且在股份化之后实现上市，而当大部分国有企业已经不是国有独资而是现代股份公司的时候，当国有资本的出资人面临的管理制度应该按照现代股份公司的治理结构来实现的时候，当国有资本的出资人拥有的财产和法人的财产已经作为两个主体分开的时候，即把所有权让渡给企业法人，自己拿到股权的时候，这时我们的每一个出资人在法律形态上所面对管理的已经都不是一个完整的像过去那样的独资企业，而是一个只监管你拥有的这一部分股份，这部分股份所体现的你在企业中的权利，则按照股份公司制度来加以实现。同时，针对目前社会舆论对国企存在的诸多非议，实际上是将传统国企概念覆盖在今天这种企业身上，混淆了“国企”与“国资”的根本不同所导致的。因此，在下一步改革中，国有资本需要进一步融入到股权多元化的现代股份公司（企业不再是“国企”仅存有“国资”），实现与民营资本、外资资本共存的良好格局。

从国际形势看，国企在参与竞争过程中屡遭非议。在目前备受国内外关注的跨太平洋伙伴关系协议（Trans-Pacific Partnership，简称TPP）的谈判过程中，中国国企的竞争地位再次受到“责难”。国企要么被认为是政府的代理机构，要么被指责接受政府补贴、不是公平参与竞争，在参与国际贸易的过程中阻力重重。

在这样的背景下，深化国资监管体制必须实现从管理“国企”向管理“国资”的实质性跨越。国有资本出资人同现代股份公司制度中股东一样退居幕后实行股权指挥，而在前台培训或者招聘一批优秀的职业经理人，“保姆”来管家；国资委与国企的关系从“上级主管”与“所属企业”的关系转变为“股东”与“董事会”关系，即完全通过董事会履行责任。唯有如此，才能让我们中国的市场化改革在批评借鉴西方股份公司法人所有制走过的道路上形成中国特色，才能将中国的国企改革推向一个深度。

（四）通过国有资本经营公司来实现国有资产管理的优化

国有资本经营公司是“在国资委和实体企业之间组建的国有独资的、专门从事国有资本经营的特殊形态的法人”。国有资本经营公司作为连接国有资产管理部门和国家出资企业的中枢，在国有资产管理中处于一个承上启下的地位。一方面接受国有资产管理部门的委托保证国有资产的保值增值，另一方面作为参股企业国有股权的代表行使国有股东的权利。随着国资管理体系的深化改革，必然构建并将直接出资人职能逐步赋予国有资本经营公司这一中间层。

建立“只有国有资本，没有国有企业”的中国模式

背景介绍：中国的国资改革已到破冰的关键时刻，人社部出台了对国企高管限薪限酬的“一刀切”规定，同时对国企高管不加分类地由党的组织部门任命，直接导致国企在股份所有制的现代公司与法人制度下职业经理人队伍无法形成，现有的干部队伍也不稳定。

为此我无论是在凤凰卫视“一虎一席谈”，还是在各种学术讨论会上，都大声疾呼不要“自毁长城”。而要从根本上解决这些问题，就不能再把那些商业营利类的股份制公司再当传统的国企来对待去搞限薪限酬。即所谓建立“只有国有资本，不再有传统国有企业”的中国模式，在此基础上我写就此文。2015 年 4 月，本文作为内部研究报告呈送了有关领导部门。

35 年来，中国改革的实践经验要求我们不能照搬照抄西方的经济模式，而应遵循中国特有的社会主义市场经济规律，走出中国道路，建立中国模式。这既是中国时代发展的要求，也是实现中国梦的关键。

一、中国模式的基础是其经济特征[①]

市场经济的运行机制包括宏观运行机制和微观运行主体，建立市场经

① 具体内容略，详见本书第二章中的《中国国资改革创新模式探索》一文。

济的宏观运行机制，让市场发挥决定性作用是中国经济体制改革不可动摇的方向。同时，建立法人所有制基础上的现代公司法人制度的微观运行主体，是国有资本为主的大公司战略的重要体现。

二、“国有企业、国控企业”的概念不合时宜

尽管目前对中国国企改革的认识，已经推进到国资改革的所有者层面，并且提出了“以管资本为主加强国有资产监管”的改革思路。但是，顺利完成改革使命仍需认识到“国有企业、国控企业”等现有概念提法的弊端。

目前，大部分国企都已经完成股份制改造，成为公众公司，但是这些国有企业和国控企业依然沿袭旧的管理体制，在性质上与民营企业、外资企业对立，成为舆论批判垄断的众矢之的；在干部选用上多采取行政委任手段，要求国有企业高管人员具备符合市场经济要求的经营管理能力的同时，却以公务员标准限制职业经理人薪酬，国有企业的治理结构和人事制度不能向现代公司转化。

在现实中，这种笼统的提法无法区分公益性的国企与营利性的国企，经常遇到国有企业营利属性与社会责任承担的困惑。事实上，只有公益性国企才是真正的国企，几乎每个发达国家的财政部下都拥有公益性国企，由从事公共预算与管理的财政部作为监管和出资部门。这类国有企业主要存在于与国家战略发展相关的非盈利行业，以贯彻国家发展需求、履行社会公共责任为主要目标。企业家是公务员身份，接受政府的薪酬管制要求。而中国模式的经济改革重点应放在营利性国企，在市场经济中保留在营利性领域的有进有退的国有资本，是中国模式的特殊性所在。

国企的概念只应给采用财政部公共预算的公益性国企，而凡是营利性的国资委管理的企业可统称为“国资”，不再以国有企业、国控企业相称，无论是国有资本为主，还是私人资本和外资为主，都是以公司的形式表现。

三、“以管资本为主”和“以董事会为核心”两条主线构建中国模式

随着市场经济的深化，营利性领域里的国有资本会逐渐壮大，在营利性的经营领域只保留国有资本，摒弃大而不活的国有企业，是实现中国模式下国资改革的重要标志。

国有资本控制的都是现代公司而非国有企业，它们同民营企业、外资企业一样，参与市场公平竞争。只不过，这些现代大公司以国有资本参股控股为主，国家通过国有资本这条所有者主线在国家战略实施和重要产业布局规划中发挥作用。在此基础上形成治理结构的经营主线，即董事会，由董事会推荐和选聘职业经理人。通过“上面千条线，资本一线牵”和“上面千条线，董事一线牵”贯彻国有资本在现代大公司中的意志，承担举国战略中的资源配置和布局规划功能，形成强大有效的国际竞争力。

只有理顺国有企业与国有资本关系，才能实现理论自信；理论自信有利于实现国有资本与市场经济对接，才能实现制度自信；只有从理论及制度上正本清源，才能在现实中保持国资在特高压电网、高铁、航空航天等领域技术竞争优势，大胆参与国际竞争。如此一来，才能脱掉国有企业的壳，保留国有资本的瓤，同时为其披上现代公司制度的壳，实现现代化大公司中的国有资本运作。

四、中国特色的国资委体系必须保留

将国有企业与国有资本区分后，需要就国资管理进行探讨。中国模式下的统一布局、规划、监管的职能必须要求国务院和实体企业之间有一个角色，这个角色不能由财政部担任，必须由中国独一无二的国资委来担任，以实现国有资本与市场经济的对接。国资委可以通过组建国有资本投资、运营公司实现国有资本的投资与运营，形成数量众多的中国“淡马锡”，形成“统一监管、分散出资”的国资委体系，将国资委监管职能和出资职能划分，使国资委从现在饱受诟病的“一身二任”（既当监管者又当出资人）向“二身二任”（即国资委履行对营利性国企的统一监管，国有资本投资运营公司承当对营利性国企的直接出资）体制转变。国资委承

担的“管人、管事、管资产”三统一职能将逐步转化为“以管资本为主、管人、管事”的统一。国资委作为国资监管者的职能定位将主要体现在以下四个方面：第一，国资战略布局与规划的主导者；第二，国有资本经营预算的编制者；第三，国有资本运营公司的管理者；第四，国有资产安全的维护者。

国有资本投资运营公司并不参与实体企业具体经营管理活动，仅仅作为纯粹的控股公司，进行国有资本一线的管理和运作、承担国有资本保值增值的重任，国有资本投资运营公司的组建，初期可以在现有集团公司基础上改组而成；在国有资本投资、运营公司之下，再无“国企”，一律都是实行公司制度的现代化大公司，人事任命采用职业经理人选聘、薪酬市场化、按照市场经济准则运行。

如此一来，在“以管资本为主”的国资委体系下，就可以通过国有资本保值增值建立“蓄水池”，利用“蓄水池”统一规划布局，通过国资的经营和营利，使国资预算不再通过财政划拨。

五、财政部管国企、国资委管国资

在改革探讨上，应跳出在国企层面上研究限薪限酬将改革目标聚焦在国有资本上，探讨国有资本中央与地方关系、国有资本出资与监管的关系，财政部管理的国企和国资委管理的国资的关系。

随着市场经济的深化，营利性国资的规模将逐步壮大，在国企与国资的管理与监管上，应该构建财政部与国资委分类管理体制。对于承担国家战略发展目标的公益性国有企业由财政部管理，实行行政任命的干部选拔方式与限薪限酬制度；而对于不断壮大的经营性国资应由国资委管理。

国资委对资本的管理中，首先应明确资本的属性，在国有资本产权明晰、产权独有、产权流动的基础上进行资本管理。具体而言，国有资本产权明晰即明确法律关系与资本所有者；产权独立即坚持法人的独立所有权；同时，由于在资本运作中所有者不断变化，还应防止所有者转换中的国有资本流失。

结语

中国的国资改革，应该坚定不移地推进市场经济运行机制、构建现代法人制度为核心的微观运行载体，告别国有独资企业形态，将国有独资企业变成了由退居幕后的国有资本参股、控股的现代大公司，从而走出国有资本与现代公司治理和经营制度相对接的，“只有国有资本、没有国有企业”的中国国资改革模式。

第三章

国资委与国资监管体系构建

新国资管理体制下国资委如何定位

背景介绍：2013 年 11 月，中共十八届三中全会后，组建国有资本投资运营公司成为各方关注的焦点。但是，新国资监管体制下，国资委如何定位却较少有人提及。鉴于此，我写就此文，发表在 2013 年 12 月 25 日《证券时报》和 2013 年 12 月 28 日《21 世纪经济报道》。

十八届三中全会提出积极发展混合所有制经济，推动国有企业完善现代企业制度，同时《决定》明确指出“完善国有资产管理体制”，“组建若干国有资本投资运营公司，支持有条件的国有企业改组为国有资本投资公司”，这不仅为国资管理体制两层次架构和三层次架构的长久之争画下句点，也为实现国有资产统一监管奠定了基础，“统一监管、出资多元”的新型国资监管体制成为可能。

在此背景下，理清国有资产监管体制的脉络与走向，结合设立国资委的初始目的和新形势的要求，进一步明确和深化国资委的职能定位成为亟待解决的问题。我认为，在未来新型国资监管体制下，国资委职能定位应主要体现在以下四方面：①国资战略布局与规划主导者；②国有资本经营预算编制者；③国有资本投资运营公司管理者；④国有资产安全维护者。

一、国有资本战略布局与规划主导者

（一）政府职能转变是改革关键

十八届三中全会提出“加快转变政府职能”、“使市场在配置资源中起决

定性作用”，这意味着在市场经济条件下，政府应从对经济的直接干预转变为对经济的宏观调控，资源配置应主要由市场调节而非政府决定。从某种意义上说，政府职能能否发生与市场经济要求相一致的变革，是社会主义市场经济体制建立的关键。这涉及行政体制改革，改革的关键点就是要切断政府直接干预企业微观事务这只“手”。发改委作为政府的一只“有形之手”，集宏观和微观、规划和审批、发展和改革六种职能于一身；国资委作为政府的另外一只“手”在用市场手段调控着国有企业。在探索中国特色社会主义市场经济背景下，有形的政府之手和无形的企业之手应加以区分。

事实上，在贯彻政府意图、完成布局规划时，应从以发改委为主体、以行政审批手段配置资源，演变到以企业为主体、以市场化手段配置资源。国资委作为国有资产终极出资人代表，基于股东权利履行对企业的管理职能，符合政府职能转变的改革方向，应在新形势下积极释放国有企业活力。

（二）国资委运用市场机制主导国资布局和规划①

二、国有资本经营预算权编制者

（一）财政部门编制国资预算体制不顺

2008 年《企业国有资产法》的出台，导致国资委对国有资本经营预算主导权的丧失。国资委只是财政公共预算的一个预算单位，仅有提出预算草案建议的权力，而无最终的编制权，国有资本经营预算的编制主体是财政部。这种体制导致一系列问题：

首先，就国资管理而言，预算和规划是国资布局的“两条腿”，国资规划需要资金的匹配。但在目前的体制下，国资委无支出权，极大地限制了国资委对于资金的使用，国有资本战略布局规划无法顺利实现。

其次，在实际工作中，国资委比财政部更加了解企业情况。目前清产核资和资产统计等大量基础属性工作都是国资委在负责，财政局编制国有资本经营预算最终还是要依赖国资委，导致财政局与国资委之间出现“有

---

① 具体内容略，详见本书第二章中的《中国国资改革创新模式探索》一文［五、（二）4. 创新模式中国资委的主要职责］。

权的人干不了，能干的人没有权力”的尴尬局面。

（二）国资委应掌握国有资本经营预算

财政部门管理国资预算，国资委丧失国资预算主导权的认识根源则在于对国有资本经营预算和政府公共预算性质的混淆。

国有资本经营预算是国家凭借国有资本取得投资收益和资产转入收入，包括国家出资企业上缴的利润、国有股份红利收入、国有资本产权转让收入等，并按照市场经济的一般准则和根据国有经济结构战略性调整的控制力考虑，投向关系国家安全和国民经济命脉关键行业的资本经营性预算，追求盈利性，属于中国社会主义市场经济的特色功能，体现政府的国有资本所有者职能。

政府公共预算是国家以社会管理者身份向社会各经济主体征收的税款以取得收入，主要用于社会公共支出，不追求盈利性。其功能是由市场经济条件下政府的一般职能决定的，这与其他的市场经济国家一致，体现了政府的社会管理职能。

随着我国社会主义市场经济体制的逐渐完善，政府作为国有资本所有者，应建立起独立于公共预算之外的国有资本经营预算，以全面掌握经营性国有资本的收支及资产负债情况，确保国有资本的保值增值。国有资本经营预算的编制权应由国资委行使，这样不仅有助于将国有资本的运营从政府公共事务中剥离出来，实现政府国有资本出资人职能与政府公共管理职能的分离，而且有利于政企分开、政资分开，推动国有企业完善现代企业制度。

三、国有资本投资运营公司管理者

（一）国资委管理同级国有资本投资运营公司

国有资本投资运营公司这一中间层的产生，使国资委的权力及权力行使方式发生深刻变化：国资委应是同级国有资本投资运营公司的管理者，并通过国有资本投资运营公司持有国有实体企业股权并行使股东权利，国有实体企业从事具体生产经营活动。从某种意义上说，国资委与国有资本投资运营公司两者之间应处理好以下两方面的关系：

一方面，国资委对国有资本投资运营公司充分放权：赋予后者较大的经营决策自主权。国有资本投资运营公司原则上成立董事会，在董事会的指导下，其以追求盈利为目标，并兼顾政府的产业政策，以自己的商业判断力和灵活性来进行投资和其他业务。

另一方面，国资委对国有资本投资运营公司适当收权：包括部分人事任命权、重大事项决策权及财务审核权。首先，国资委负责组建中间层的董事会，董事会人员可以有来自国资委内部及其他政府部门的公务员、具有专业知识背景的独立董事以及具有丰富管理经验的执行董事等；其次，在股权并购和出售等重大事项及重大政策制定时，国有资本投资运营公司必须事先征求国资委意见；最后，国有资本投资运营公司每年定期报送经审计的财务报表供国资委审阅，使国资委随时了解其经营状况。

（二）对实体企业的管理通过国有资本投资运营公司实现

国有资本投资运营公司一方面接受国资委的委托从事国有资本的经营管理和运作，承担国有资产的保值增值的职责，另一方面参股企业中作为产权代表行使股东权利。

国有资本投资运营公司严格遵循《公司法》，按照市场经济规则，参与所投资的公司管理，加强实体企业董事会建设。它通过董事会发挥自身作用，但不参与实体企业的具体投资、商业和运营活动，这些具体的经营活动由实体企业经营层组织，并接受董事会监管。

因此，国有资本投资运营公司的主要工作是通过市场化的选聘机制给实体企业配备一支稳固、高素质、有国际化视野的管理团队。这样的制度安排使得国资委对实体企业的经营活动做到了监管但不干预，鼓励其自主经营但又可有效防范失控风险。

四、国有资本安全维护者①

综上所述，新国资背景下，通过明确和深化国资委职能定位，实现公

① 具体内容略，详见本书第二章中的《中国国资改革创新模式探索》一文［五、（二）4. 创新模式中国资委的主要职责］。

有制与市场经济的对接，既是世人总结“中国模式”成功的核心内容，又是“简政放权”新形势下坚定不移发展市场经济的方向所在。唯有如此，才能实现国有企业向现代公司过渡的历史使命，才能让我们中国的市场化改革能够在批评借鉴西方股份公司法人所有制走过的道路上形成中国特色，这无疑将把中国的国企改革推向一个深度。

从“金融国资委”之争看构建大国资监管体系的必要性

背景介绍：2011 年下半年，各界对于“金融国资委”讨论十分热烈，有些人和部门还提出了具体方案，似乎金融国资委呼之欲出。鉴于这一问题事关重大，受有关部门委托，写就此文，发表于 2012 年 3 月 28 日《财科所内参》，2012 年 4 月 12 日《证券时报》，2012 年第 4 期《国企》杂志。我的学生刘冰、周建军、曾斌、李征亦有贡献。

一、问题的提出：“金融国资委”之争

中共十六大以来，中国国有资产监管体制改革发展工作取得了显著成绩。但是，中国国有资产监督管理体制还很不健全，存在诸多监管漏洞和死角，离“全方位、全过程”的国资监管目标还有很大的差距。同时，在涉及中国国有资产管理体制的重大方向性和原则性问题上，还有不少分歧和争议。最近一段时间，围绕各类国有资产及监管机构设置的调研活动、政策建议、媒体报道甚至各种小道消息可谓沸沸扬扬。一些专家学者就公开呼吁，在现有国务院国资委之外增设“金融国资委”之类的金融国有资产监管机构，以代表国家统一行使出资人职责，监管金融国有资产。

必须指出的是，“金融国资委”之类的政策主张，涉及一系列需要认真探讨和澄清的重大原则性问题和矛盾，事关中国国有资产管理体制改革的方向和路径，事关中国国有资产管理体制改革的成败和未来，真可谓是牵一发而动全局、置一棋而定成败。因此，针对“金融国资委”之类的政策

主张，有必要充分讨论、征求各方建议，切忌草率行事、仓促上马。

（一）中国国资多头管理的现状与问题

根据现有国有资产分类，目前，除了国务院国资委监管的120余家中央国有企业之外，尚有中央行政事业单位80余个部门的6000余家国有企业、行政事业单位国有资产、自然资源类国有资产等游离于现行的国有资产管理体制之外。这些经营性国有资产，不但未列入国资委的监督与管理范畴，而且都开始探讨部门管理国有资产的模式，如财政部开始研究组建“金融国资委”，财政部下属成立了中央文化企业国有资产监督管理领导小组办公室（简称“文资办”），教育部也成立了相应的机构履行“教育部国资委”的职能，并开始研究国有资本经营预算。考虑到这部分国有资产的规模很庞大，而这些部门承担的主要是行政性工作，能否实现对上述国有企业和国有资产的监管覆盖考验着国有资产监管体系建设的整体成效。特别是，各部委部属经营性资产、行政事业单位下属经营性资产，以及非经营性资产转经营性资产，缺乏明确的监管部门，导致不能采用目前经过探索已相对成型的国资监管模式，也给国有资产的保值增值带来很大隐患。

如果“金融国资委”成立，那么可以预期，其他部委的国有资产也可能会设立对应的部属国资管理机构，未来可能会在文化、资源、教育等其他领域都设立对应的出资机构，出现如图3-1所示的情形。

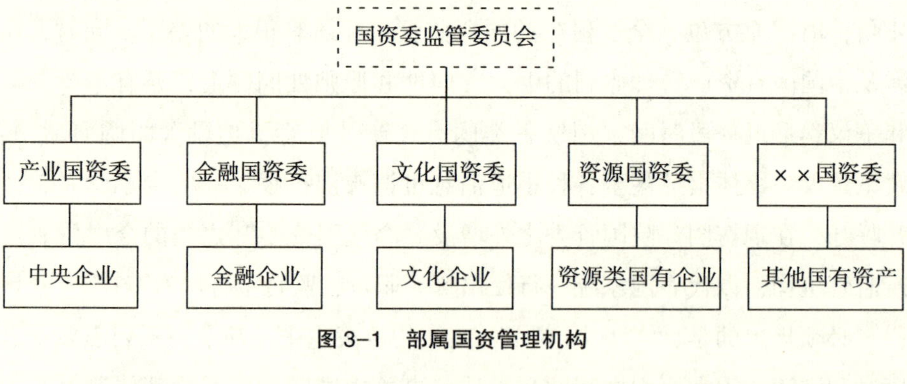

图3-1　部属国资管理机构

在这种国有资产管理模式下，在名义上虽然有众多的政府部门代表国家行使国有资产所有权，但由于各个政府部门的本职是行政管理而非国有资产管理，实际上存在严重的监管者缺位问题。在这一背景下，是否有必要在各个专业国资委之上，再设立一个监管“国资委”的国资监管机构？如果设立这样一个机构，那么就是在诸多国资委的基础上，又添设了一个监管国资委的国有资产委，无论是从监管效率、监管难度上，还是操作可行性上，都大大超出由现有国资委统一代管的效果。

“金融国资委”的提出，可能导致国资多头监管，而究其根源，在于《中华人民共和国企业国有资产法》（以下简称《国资法》）的先天不足。《国资法》第十一条规定：“国务院和地方人民政府根据需要，可以授权其他部门、机构代表本级人民政府对国家出资企业履行出资人职责。”国资委似乎与其他授权机构没有任何差别，这也就为现实中国资的多头监管似乎提供了法律依据。而这样发展下去，必定产生多个“国资委”的被动局面。因此，今天有必要把这一重大问题就其未来的发展趋势进行透彻的分析，寻找正确的对策。

（二）中国金融国资管理的现状及问题

中国现行的国有资产管理体制还存在着各种问题，包括金融国有资产管理体制的混乱和分散。这种金融国有资产管理体制的混乱，不仅表现为金融国有资产管理体制整体监管的缺位和监管漏洞的存在，而且表现为上至国务院下至中央各部委都在充当国有资产出资人角色的“多头管理”和“政出多门”。

具体而言，经营性国有资产中，120余家中央企业由国务院国资委负责监督管理；中央行政和中央事业单位下属的企业国有资产则由财政部行政政法司和教科文卫司分别管理；中央金融类国有资产分别由财政部、社保基金会、国家外汇管理局、国家邮政局等部委局办管理。

从当前的中央金融资产分布看，财政部以出资人身份对中国中信集团公司、中国光大（集团）总公司、中国光大集团有限公司，代表国家履行出资人职责。财政部还对国有及国有控股的证券公司、基金管理公司、资产管理公司、信托公司和保险资产公司，中国人民银行总行所属企业、中国投资有限责任公司、信用担保公司以及其他金融类企业、金融资产管理公司（中国华融资产管理公司、中国长城资产管理公司、中国东方资产管理公司、中国信达资产管理公司）进行管理。中央汇金投资有限责任公司，作为中国投资有限责任公司的全资子公司，根据国务院授权，对国有重点金融企业进行股权投资，代表国家履行出资人职责。中央汇金投资有限责任公司主要参股包括中国银行、中国工商银行、中国建设银行、中国农业银行在内的12家金融机构。

此外，中国对外文化集团公司、中国出版集团公司和中国烟草总公司由国务院作为出资人履行出资人职责，在财政部单列；中国邮政集团公司暂由财政部履行出资人职责。“政出多门”，“多头管理”，缺乏统一监管，是当前我国金融管理体制面临的主要问题。

（三）分散还是统一：中国国资监管路在何方？

1. 设立“金融国资委”将加剧中国国资监管的分散现状

“金融国资委”的政策建议，引出了中国国有资产监管体制改革领域最敏感、最重大的问题。一个我们逻辑上必须面对的问题是，如果成立针对金融国有资产监管的“金融国资委”，是否还要继续成立针对自然资源国有资产的“资源国资委”，以及针对文教类国有资产的“文教国资委”呢？同样重要的是，现有“金融国资委”重出资人职责而轻监管的思路，将引发监管体制的连锁矛盾。从某种意义上看，尽管“金融国资委”会采用出资人方式，但是这一“金融国资委”与国有资产监管一定是密不可分的。

中国国资监管的改革只有两种出路：一种是设置专门的国资监管机构；一种是变成“淡马锡”式的专业投资人。如果监管仅仅停留在股东和出资人治理层次，那就不如交给一个金融控股公司或资产管理公司（如淡马锡）来管理。假如真的构建了这种治理体制，今后由国务院来直接面对若干专业投资公司即可。如果采用第二种模式，则会产生两个问题：第一，从本质上看，这只是作为出资人的治理，而不是监督与管理。治理解决的是国有企业运营层面的问题，但是从国有资本的角度看，我们依然需要一个国资监管主体，以系统掌握国有资本的总量、结构、变动、收益情况，并据此确定国有资本战略布局和规划；第二，如果由财政部代表国务院履行出资人职责，直接对国有企业履行人、财、物的管理，将引发众多关于“政府补贴”和“不公平竞争”的国际纠纷。

2. 大国资监管模式符合中国国资监管的长远利益

解决上述问题的关键在于中国大国资监管体系的建立，搭建公有制和市场经济之间的桥梁。大国资监管体系的建立，既是一个大的理论挑战，也是一个大的实践挑战。大国资监管体系，要跳出出资人监管的范畴，在国有经济整体战略规划的前提下审视国有经济的布局。中国国资监管是中国特色的监督与管理（supervision and administration），不同于一般意义上的政府监管（regulation），也不是对所出资企业的治理（governance）。因此，国资监管机构的职能，既不同于政府的监管，也不同于大公司的治理。对这个机构的定性，我们只能沿着国资委是国务院任命的非政府序列直属特设机构的角度来探讨它对国有资本的监管定位和职能。一个统一的大国资监管体系，是中国基于本国国情，将市场经济与公有制相结合的伟大创举，符合中国国资监管和社会主义市场经济的长远利益。在这一意义上，国家发改委“将各级国有资产监督管理机构建设成为专业化的出资人代表机构”的政策建议就显得不合时宜。

二、组建“金融国资委”的认识误区

（一）金融国资和产业国资不能统一监管的误区

目前，国务院国资委的监管范围仅是120余家履行出资人职责的中央企业，而中央层面的其他行业如金融业以及其他80多个部委下属的6000余家经营性国有企业均未在其监管范围内，将金融类国有资本和产业类国有资本截然分开，甚至在产业类国有资本内部也条块分割，各司其职，导致没有一个机构能够全面地履行监管职能，给国资监管一盘棋带来诸多不便。首先，国有资产监管职能分散在多个部门，职责不清；其次，多头管理造成口径与数据不一致，使政府无法整体了解国有资产整体情况，同时可能给企业带来额外的负担；第三，各部门由于监管目标、监管手段不相同，缺乏对监管的统一评价标准，不利于掌握国有产权的相关情况，可能导致国有资产流失。

关于“金融国资委”的设想中还提到：在“金融国资委”成立之后，

该机构将整顿地方金融办及其相关的金融资产，从而建立垂直管理体系。实际上，将地方国资监管拆分成金融国资和产业国资分而治之这一做法同样是不可行的。在“金融国资委”构想的相关言论中，有一种思路是在地方上比照中央的监管模式，以地方金融国资委方式来监管地方金融资产。这种想法是不合理的，既没有考虑到地方金融资产的形成机制，也没有考虑到目前地方金融国资监管的实际情况。地方金融企业和中央金融企业的形成方式不同：国有银行等金融企业的资本金主要是国家直接出资形成的，以国有独资公司成立的金融企业，而地方金融企业的资本金主要是地方国有企业直接出资形成的、以有限责任和股份有限公司形式成立的金融企业。

与此同时，在产融结合已成为国际趋势的背景下，严格将金融与产业分开是不利于国有资本统一监管的。一方面，从资本内在属性上看，无法依据资本的所处行业对金融资本与产业资本进行严格分割，如果对其单独进行监管，无法系统掌握国有资本的总量、结构、变动情况，不能根据具体情况制定对应对策。另一方面，从当前中国国有资本的运营现状看，金融资本与产业资本的融合也已有诸多实践，例如国家电网公司、宝钢公司投资参股建设银行，中投公司投资保利协鑫和海外石油项目，首钢集团控股华夏银行，中国移动入股浦发银行等。因此，国有资本的分部门监管难以适应产融结合的大趋势。

综上所述，国资委应成为产业、金融等经营性国有资产的统一监管者，履行对各类国有资本的统筹监管。国务院只能有一个国有资产监督管理委员会，在它之下再设立中石油、中石化、中投、汇金、电网等若干个代表国家管理国有资本的国有行业性的大控股公司。国资委定位为经营且营利性国有资产的统一监管者，跳出小国资监管的局限，进入大国资监管的范畴。

小国资监管是以公司法人为基础的出资人代表监管，大国资监管则是跳出公司法人形态束缚，以国家所有者虚拟人格形态为基础的终极出资人监管。中国需要一个具有战略规划眼光，非公司股东层面的统一监管主体，来履行对全国经营且营利性国有资本的统一战略规划布局、统一国资预算编制、统一产权管理与监督等重要职能。

（二）把出资人治理与监管者监管混同的误区

当前“金融国资委”的几类筹建方案中，较具代表性的是：拟由国务院直属，中央汇金公司将脱离中投公司归属“金融国资委”；同时，财政部金融司也将被归并进来。这样，以前由中央汇金公司、财政部金融司以及银监会和央行等机构对于金融企业的管理权限将集中起来统一归并到“金融国资委”。“金融国资委”成立之后，该机构还将整顿地方金融办及其相关的金融资产，从而建立垂直管理体系。从目前的工作分工上，财政部金融司是政策制定者；中央汇金公司主要负责持有国有大型金融公司股权，可视为出资人；银监会与央行对金融机构履行特定的监管职能，可视为监管者。“金融国资委”要么将这数种职能混在一起，又重新进入同时担任裁判、教练、运动员的角色，要么只将出资人治理的相关职能拿过来，做“干净出资人”。由此来看，“金融国资委”的定位在逻辑上是混乱的。

无论是已经成立的国资委还是正在探讨的“金融国资委”，都主要是从出资人角度出发，探讨中国的国资监管改革。这种公司型国有资产管理模式是对现状的妥协，不应作为改革的依据。

现在有三种概念必须要厘清，分别是所有者治理（governance）、政府监管（regulation）与针对国有资本的监督与管理（supervision and administration）。所有者治理是出资人或股东从公司治理结构角度出发对公司的治理；政府监管是政府作为社会管理者，在平等竞争基础上进行的监管，这种监管是基于政府的经济调控职责而产生的；国有资本监督管理则跳出了单个股东出资人对其所属子公司的监管范畴，依托国家所有者身份对国有资本的战略规划布局、国资预算、人事委派等全局性问题进行统一管理，最终实现国有资本的保值增值和惠及于民。

由于对三类监管模式的混同，目前提出的“金融国资委”等方案都将国资监管视为股东自治的所有者治理，并据此将国有资本监管者职能按出资关系分散至各个公司出资人，这源于没有深刻理解国有资本监督管理的实质。我们将三类监管进行了比较，将其特点列于表 3-1。

表 3-1 三类监管比较表

类别	政府监管	所有者治理	国资监管
对象	行业	具有产权纽带的企业	国有资本
依据	公权力下的政府社会公共管理职能	私权利下的母子公司管控	公权力下的国家所有者职能
方式	行政	市场	社会主义市场经济特色
目标	经济健康发展	股东利益最大化	国家所有者利益最大化
重点	市场失灵	重大决策、选择管理者、资产收益	资本形成、增值、支配的全过程
例子	行政机构	集团管控	国资委

由此可见，国资监管与其他两类监管的区别是：第一，角度不同，国资监管不是站在某一个单一公司的角度，而是站在总体的，整体国有资本的角度谈监管问题；第二，对象不同，国资监管只监管国有资本的形成、经营、流动、分配，而非具体的企业或资产运营；第三，方式不同，国资监管注重战略规划布局、国有资本社会效益的特殊性和营利性相结合，使国有资本健康循环增长，并且完善收益分享机制。

如图 3-2 所示，根据监管对象梳理了国有资本管理的监管框架：最上层为国有资产监管部门，专司监管职能；中间为若干个资本经营公司，专司国有企业的资本运营；最下层为国有实体企业，从事具体经营管理、参与市场竞争。国有资本经营公司的存在能够在一定程度上割断政府（国有资产管理部门）与企业之间的政企关系。

（三）把分散监管作为国资改革方向的误区

20 世纪 80 年代末，中国组建最初的国资局，目的就是要取代当时旧体制下各行业主管部门管理国有企业“九龙治水”的局面。尽管由于种种原因这一战略目标在后来并未实现，但中共十六大后我国再次确立了新国资的管理模式，组建了统一的国资管理部门，终结了对国资和国企多头管理的局面。

当前探讨“金融国资委”，貌似只迈出了一步，但其后必将是文化、教育等多个国资委的涌现，会让国资委走回原先国资局的老路上，重新陷

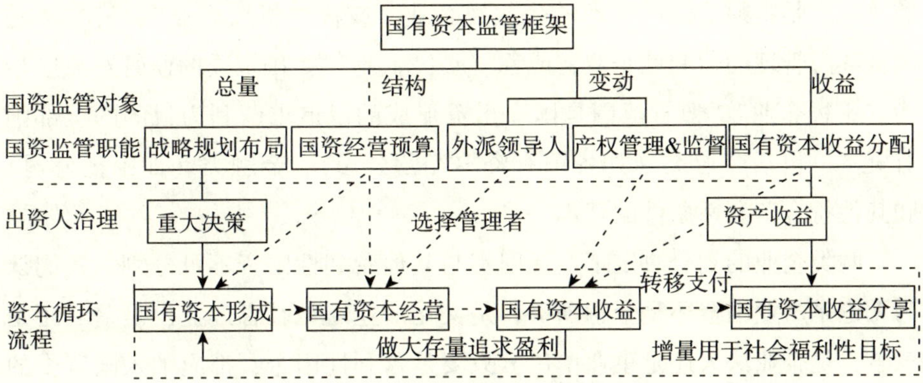

图 3-2　国有资本监管框架

入多头管理的窘境，最终使国资委模式遭到诟病，遭遇和国资局一样的结局。如果承认了金融国资委，就等于承认了我国国资改革多头管理的现状。这本是需要在国资改革的深化过程中加以解决的。国有资产多头管理使国有资产监督管理委员会名不符实，现实中其他部门不叫国资委却履行国资委职能。“有想做国资委的公司，也有想做公司的国资委”，最后使国资监管体制无法成为长久战略之举，而是权宜之计，最终“种了出资人的田，荒了监管者的地”。

目前对国资委做统一监管者存在质疑，主要是由于国资委尚未摆脱“婆婆+老板”的角色定位，正是源于国资委既当出资人，又当监管者，一身两任。由于过于强调国资委出资人地位，导致现实中人们普遍认为如果统一由国资委作为我国产业领域和金融领域里的国有资本出资人体量过大，可能导致垄断、发生金融和产业间的系统性风险。因此，提出从出资人角度，不应由一个机构来对全国国有资本履行所有者职责。但由于国资委监管者和所有者一身兼二任的定位，直接导致现实中在划分不同国有资本所有者的同时，把统一监管也割裂了。

未来的国资改革方向，国资委应厘清自身的职能定位，将出资人代表职责赋予国有资本经营公司，这样才能成为国有资本的统一监管者，发挥国资统一监管的优势，避免走回“九龙治水”的老路。

（四）把公益性国企和营利性国企混同监管的误区

从国有企业存在和发展的不同属性来说，中国的国有企业可分为两类，一类是由财政部门管理的公益类企业，或称“贵族企业”；另一类是国资部门管理的营利性企业，或称“平民企业”①。国资委的监管对象应当为“平民企业”，监管范围是国家出资形成的以追求营利为目的的全部国有资本，包括产业类（如各国有资本经营公司）、金融类（如中投公司）和其他符合营利性条件的资本。

两类企业的划分决定了金融国资与其他营利性国资不可分割。我们认为无论是产业国资还是金融国资，是文化产业还是教育产业，是垄断还是竞争，是企业法人还是事业单位，只要是营利性国企，都应纳入国资委的统一监管体系中，国务院只应有一个统一实施“全覆盖、全口径”统一监管的国资监管机构，而不能把金融国资分割出去。

从这两类企业的内部治理和外部管理来看，“贵族”和“平民”企业将长期并存，而且在发展方向上是把大部分国企都变成“平民”，建立现代企业制度。

两类企业划分有其重要意义：一方面，可以更好地划分政府和市场的边界。将营利性企业和公益性企业进行区分，使大量游离在国资委监管之外的营利性国企纳入到大国资监管框架内，可以更好地区分市场和政府的边界，明确国资在竞争性领域和其他市场主体的平等性。

另一方面，划分两类国企可减少国际纠纷和诉讼。长期以来，中国国有企业由于承担了许多政府公共职能，引发国际上对中国国企履行国家职能和获取政府补贴的怀疑。可以说，明晰两类国企的划分与国有资本经营预算的独立性，能合理的规避有关国外法律关于政府代理机构的规定，扫清国际贸易中的障碍。如果可以明晰营利性国企由国资委进行监管，并设立国有资本经营公司对监管权力和出资人权利进行隔断，则可以很好的阐明营利性国企作为一般市场经济主体的属性，从而摆脱政府代理机构的质疑。

综上所述，“平民”国企的资本管理方式是遵照资本的营利属性对其形成、经营、流动、收益进行系统管理，“贵族”国企的资本管理方式是通过财政部门的注资来满足政府和社会的公共需求，不以营利为目的。国有资

---

① 本部分内容略，详见本书第二章中的《中国国资改革创新模式探索》一文（四、走出将国企划分为公益性和竞争性的分类误区）。

本的监管对象应当包括全部营利性企业，没有理由将金融类国资独立于国资委监管系统之外。

三、国有资本统一监管体系的战略构想

在目前对国资改革的探讨中，不论是对现存国资委的争论还是对“金融国资委”的设想，都没有跳出从出资人角度谈改革的窠臼。在将国资委定位为中国“淡马锡”的前提下，所有的讨论都是由投资公司的法律属性和定位出发，或是将监管职能抛诸脑后，或是将出资人治理与国资监管混为一谈。这是对我国国资监管问题的严重误读，也是我们在推进国资改革中所必须纠正的认识偏差。

如果仅仅将国资委定位为出资人，那么无论是现有的国资委还是构想中的“金融国资委”，都依然需要一个上层监管机构。因此，监管是国资改革中不可回避的问题。以出资人模式构建的国资系统不能解决国资监管问题，必须要建立一个在单个出资人层面之上、国家所有者层面的以国资发展的战略布局和整体预算为出发点的统一监管机构。应将大国资监管体系的构建作为中国国资监管体制改革的目标，走出当前“淡马锡”式出资人监管的误区。

正如在大国资委的概念中所表述的，国资委对国资进行的监管，既不同于股东基于出资人地位进行的监管，也与行业性监管的性质不同，是从战略角度出发，基于对国资整体布局的全局性考量而进行的监管。同时，出资人职能将由国资委下设的国有资本经营公司来履行。两个层次、两种机构的有机结合，共同构成整个国资监管体系。

在此，我提出了“国资委系统”这一概念。① 国资委系统是由监管者和出资人共同构成的有机整体。在监管者层面，监管者要以特设机构的身份对所有经营性国有资本进行战略性、全局性监管。与此同时，由于整个国资监管系统职能的多层次性，我们还需要在政府与企业间构造出一个出

① 本部分内容略，具体详见本书第二章中的《中国国资改革创新模式探索》一文（五、创新国资监管模式）。

资主体，作为民事行为的终极代表，通过建立出资人制度将政府作为公共管理者的身份与国有资产所有者的身份分开。在此模式下，国资委定位为经营且营利性国有资产的统一监管者，跳出小国资委的局限，进入大国资委的范畴，履行对全国经营且营利性国有资本的统一战略规划布局、统一国资预算编制、统一监督管理与考核、统一国资基础管理（产权管理与统计评价）等重要职能。

在此基础上，为实现对经营性国有资本的统一监管，应有计划、分步骤地将各行业经营性国有资本统一纳入到国资委的监管体系中。具体而言，可以分为三步走：第一步，按照上述设想，构建三层次国资体系（见表 3-2），为经营性国有资本的统一监管奠定制度性基础；第二步，基于金融资本的特殊性，应对其率先进行整合，将国有金融资本统一纳入到国资委的监管体系中；第三步，在制度建设和金融资本纳入的基础上，将其他行业的经营性国有资本一同纳入国资监管体系中，最终实现经营性国有资本的统一监管。综上所述，中国应建立大国资委的监管框架，于国资委系统内实现出资与监管职能的分离与整合，并充分发挥国有资本经营预算的功能与作用。组建大国资委的监管体系有利于整体国有资本的保值增值、做大做强，实现国有资本的战略布局与结构调整，使国有资本成为我国特色社会主义市场经济的中坚力量和长久之计，最终惠及国民。新国资管理体系将成为中国特色社会主义市场经济制度中的一项创举，屹立于世界经济理论与实践的前沿。

表 3-2 三层次国资体系的权责分工

层次	机构 \ 类型	战略规划中心	股权管理与资本运作中心	投资中心	利润中心	成本中心
监管层	国资委	√				
出资层	国有资本经营公司		√			
经营层	国家出资实体企业			√	√	√

区分国资委与国资委系统的构想与战略意义

背景介绍：本文系统阐述了大国资体系的设想，全文分为三部分：一是组建国资监管体系是中国特色市场经济的伟大创新；二是国有资产管理体制探索中的四个认识误区；三是建立大国资委的战略构想。该文得到国务院领导的批示，并以《走出误区，组建大国资监管系统的战略构想》为题发表于2011年第1期《国有资产管理》，2011年第4期《上海国资》，2011年第9期《国企》，2011年3月15日《证券时报》，受到普遍好评。

一、组建国资监管体系是中国特色市场经济的伟大创新

在当今市场经济已成为世界经济主体运行模式的背景下，在中央和地方政府层面组建国资委以探索公有制和市场经济对接之桥梁的国家只有中国。而这一模式的路该如何走，其能否成功无疑是中国市场经济模式的最有挑战性和引人入胜之处。

从2003年3月国务院国资委成立至今已八年，尽管成绩斐然，但由于过于强调出资人身份而忽视了监管者地位，导致人们对下一步国资体制改革和发展的方向十分迷茫，在此，我提出组建大国资委的构想。

（一）国资监管体系的建立实现了公有制与市场经济的对接

中国改革开放三十年的成功经验证明，开放自由的市场经济体制是中国改革成功的基础。只有遵循市场经济规律，充分发挥市场经济实现资源优化配置的功能，才能实现中国经济的腾飞。同时也必须看到我国国有资产比重与西方国家相比要大得多，从中国发展中国家的现实背景出发，在这一时期继续保持较强大的国有资本在电网、铁路等重要领域的战略布局上也更具意义。因此，像某些学者主张地简单照搬西方模式把庞大优质的国有资本存量快速卖掉，推行全面私有化的政策不符合中国的现实国情。因此，无论从国际战略机遇期的国际竞争力还是从中国经济社会整体发展的稳定性出发，都应在一个较长时期继续保持国有资本在国民经济重要领域的控制力。

在这样的背景下，建立国资委是我们在探索中国特色社会主义和市场

经济的发展方向中的长期战略之举。党的"十六大"报告明确提出，要在中央政府和省、市（地）两级地方政府设立国有资产管理机构，就国有资产的出资人主体来说，这必将完成1到300的跨越。国资管理体系由国资委在不同层面作为终极出资人代表和国有资本监管者，在其之下分别成立若干家国有资本经营公司从事国有资本的具体管理和运作，从出资人的角度去和下属的国有独资、国有控股和国有参股的实体企业相对接，完成国有经济内部多元化的构造。归根到底，这一改革创举的目的是要在市场经济和创新的公有制模式之间搭建中国特色的国有资本经济桥梁，是战略之举而非一时之权宜之计。

通过建立国资管理体系实现公有制与市场经济的对接，既是国人在尊重国情基础上坚定不移发展市场经济的方向所在，又是世人总结"中国模式"成功的核心内容。尽管这一体制尚在摸索之中，但从总体方向上看，只能完善，不应改变。从2003年3月国务院国资委成立以来的实践看，建立这一体制是十分必要的。

（二）国资委组建八年来的回顾与反思

从2003年3月国务院国资委成立至今已八年，究竟在改革和发展上该如何评价这七年所走过的道路呢？

2010年8月24日，李荣融同志卸任国资委主任，在卸任讲话中，他回顾了国资委成立近8年来的工作，2002年到2009年期间，中央企业总数从2003年的196户，缩减为目前的123户；资产总额从7万亿元增加到21万亿元，增长近2倍，年均增长16.7%；净资产从3万亿元增加到8.4万亿元；营业收入从3.4万亿元增加到12.6万亿元，年均增长20.8%；实现利润从2405亿元增加到8151亿元，年均增长19%。中央企业上缴税金从2915亿元增加到11475亿元，年均增长21.6%，累计向国家上缴税金5.4万亿元。世界500强中的中央企业从只有6户增加到30户，成为国民经济增长和参与国际竞争的中坚力量。事实表明，我国国资委的组建是成功的。

八年间，李荣融主政下的国资委积极推动中央企业管理改革，比如董事会试点改革、总法律顾问制度、EVA考核等等，并且推动了主辅分离、结构调整和并购重组，世界500强中的中央企业从只有6户增加到30户，成为国民经济增长和参与国际竞争的中坚力量。

就国资委这一中国改革最伟大的创举来说，在这几年间国资委的路是越走越宽，还是越走越窄才是人们最关注的。

从2003年3月国务院国资委成立8年来尽管成绩斐然，从经济效益上，国资委的确取得了丰硕的成果。然而，在另一方面，我们也看到国资委的运行轨迹并未按着搭建公有制和市场经济桥梁的初衷前行。在2003年的国资委珠海论坛上，我们就指出通过建立国资管理体系实现公有制与市场经济的对接，将成为中国人结合国情探索的一条崭新发展模式的道路。以后在《企业国有资产法》的制定中，李铁映同志也明确指出："国有资本作为共产党的执政基础，应成为中国特色社会主义市场经济的长远之计，而非分光卖净就结束其使命。"国资委在统筹全国国有资本保值增值，履行监管者职能中应扮演重要角色。

然而，20世纪90年代组建的国资局由于无出资人地位而最终被撤销，使得近年来国务院国资委忽视全国国有资本统一监管者职责，要直接当100多家央企出资人和国有控股上市公司股东的情结过重，而这又和国资委履行对全国国有资本统一监管的地位不相容，顾此失彼，直接导致目前全国统一国有资产监管者主体缺位。一些学者甚至建议国资委改名（见李曙光《国资委应该改名》,《中国经济和信息化》2010年第20期），突出经营特色,"中投二号"的提法也十分盛行，只做"干净出资人"。这使当前国资委之路越走越窄，国资委内部也对国资委大旗还能打多久深表忧虑。

中国国情决定了现实中一个履行统一监管和基础管理的国资管理机构存在的合理性和必要性，即便现在的国资委更名为中投二号一类的企业集团公司，在其之上也仍然需要有一个机构履行对国有资本的统一监管职能。因此，在十二五规划的开局之年，亟待对国资委的定位、国有资本监管边界和方式、国资预算与公共预算的关系这些关乎国资改革方向、敏感又悬而未决的问题进行反思和探索。

二、国有资产管理体制探索中的四个认识误区

中国特色社会主义市场经济的竞争主体，就相当于国家队体制的运动队。当中国代表团出去竞争时，中国坚持国家队体制，因此需要一个领队，国资委作为国务院的特设机构，充当赛场上国家队的“领队”是名副其实的，定位于国有资产的监管者，制订规则并监管国家出资企业，通过规划布局和国有资本经营预算战略性地配置国有资本；在领队之下，国有资本经营公司作为国有资产的资本运营机构，充当赛场上的“教练员”。国家出资实体企业定位于国有资产的具体运营，通过国有资产的经营与管理，实现国有资产的保值增值，充当赛场上的“运动员”。

建设中国特色社会主义市场经济，一方面要构造市场竞争主体——国家队“运动员”，另一方面发挥国资监管机构——代表团团长和国有资本经营公司——教练员的作用，国资委的路关系到国资管理体制的全局。但现在看来，国资委自身的定位不清，将国资委的地位降为简单的出资人，等同于一般公司股东，并且还要成为上市公司的直接出资人，最终只“忙于种出资人的田，而荒了监管者的地”，使国资委这一新国资体系作为中国市场经济改革的长远之计的战略目标难以实现。究其原因，主要是因为存在以下五个认识误区：

（一）片面强调做“淡马锡”公司式出资人的误区

中国拥有庞大的国有资本和对市场经济体制的必然选择，决定了其不能没有国资委这样一个对国有资本实施统一监管的部门。然而，在近几年的改革历程中，无论是相关法律，还是国资委内部的文件与讲话精神，更多的是强调其对所属企业的出资人地位，一味向“淡马锡”公司式的资产管理公司学习，却忽视了全国一盘棋背景下统一规划布局的监管者身份。

发展中国特色的市场经济，必须考虑以下两个前提：

第一，中国不能没有国有资本，这是由政治经济基础决定的，是国家出资企业参与国内外竞争的做大做强要求决定的。

第二，如果中国有庞大的国有资本，就不能没有一个对国有资本实施统一布局和监管的部门。历史经验告诉我们，行业主管部门与企业工委的监管模式都不成功。前者是政企不分，后者是党企不分。所以中国的新国

资体制应沿着以国资委为统一监管者之路前行。

若将国资委当上市公司出资人，像中投公司那样做部分央企的股东，那么这样将无法履行对国有资本实施统一监管职能。中国庞大的国有经济及其在国民经济中的战略性地位决定了中国的国资委绝不能走新加坡淡马锡公司的国资经营模式，即便是中国的中投公司，也只能是理想状态下国务院国资委实施统一监管的对象，那种要把国资委简单定位为“中投二号”的提法更是本末倒置。

2009 年 5 月实施的《国资法》赋予了多个部门行使国有资本出资人的职能，这些部门与国资委出资人地位相同。如果国资委只做干净的出资人，很可能使其演变成一个事实上的企业集团，这不仅将导致国资委的路越走越窄，更严重的是我国通过构造新国资体系探索国有资本和市场经济相结合的方向和路径将出现重大偏差。

国资委热衷于与国有独资集团公司和国有资本经营公司争夺国有出资企业出资人地位，却使全国国有资本统一监管者的主体缺位，真的是“捡了芝麻，丢了西瓜”。建立在分散产权主体基础上的多部门出资人监管，不利于中央政府和地方政府对本级政府国有资本总量、结构、变动的掌握，更重要的是无法在国家范围内国有资本进行统一战略规划布局、实施有进有退的结构调整。

（二）走出金融国资和产业国资不能统一监管的误区

目前，国资委的监管范围仅是 100 余家其履行出资人职责的中央企业。而其他在中央层面的金融、铁路、邮政等垄断行业的公司以及其他 80 个部委下属的 5000 多家国家出资企业均未在其监管范围内，将金融类国有资本和产业类国有资本截然分开，甚至在产业类国有资本内部也条块分割，各司其职，导致没有一个机构能够全面地履行监管职能，给国资监管一盘棋带来诸多不便。

事实上，无论从国内外的产融结合趋势看，还是从经营性国有资本追求营利的内在属性上看，金融与产业都无法严格分开，如国家电网公司出资建设银行、中国人寿公司出资南方电网，都是企业在市场中的自发投资行为，有利于资源优化配置。在这一背景下，如果严格割裂金融与产业的关系，分类监管，会使国有资本的监管既缺乏统筹考虑，又政出多门，不利于全国国有资本的整体保值增值。

由于过于强调国资委出资人地位，导致现实中人们普遍认为如果统一由国资委作为我国产业领域和金融领域里的国有资本的出资人，体量庞大，可能导致垄断、发生金融和产业间的系统性风险。因此提出从出资人角度，不应由一个机构来对全国国有资本履行所有者职责，但由于国资委监管者和所有者一身兼二任的定位，直接导致现实中在划分不同国有资本所有者的同时，把统一监管也割裂了。

国资监管机构主要负责非金融类企业国有资产的监管，财政部门主要负责金融类企业国有资产、行政事业单位国有资产的监管。尽管从所有者角度有一定道理，但从统一监管角度这样划分并不科学，西方国家没有统一的国资委体制，对于少量不以盈利为目的的国有资本通常由财政部代行管理，但我国国有资本存量巨大，财政部作为公共管理部门，却去履行金融国有资本出资人的职责，在体制上不顺。首先，国资监管部门与财政部门之间的产权管理工作存在职责交叉，职责不清；其次，国有资产的管理工作被分散在多个部门，多头管理造成口径与数据不一致，使政府无法整体了解国有资产整体情况，同时可能给企业带来额外的负担；再次，各部门共同管理的部分，由于监管目标、监管手段不相同，缺乏对监管的整体效果评价，不利于掌握国有产权的相关情况，可能导致国有资产损失。最后，无论从国内外的产融结合趋势看，还是从经营性国有资本追求营利的内在属性上，金融与产业都无法严格分开，特别是中央与地方的金融企业产权形成来源不同，在实践中分部门监管给企业带来了诸多困惑和不便。

上述问题的实质是在国资监管工作中，日常工作只在出资人职责范围内进行，这样不利于建立全国统一的企业国有资产管理制度体系的要求。国有资产监督管理是国家作为企业国有资产出资人掌握必要信息、履行必要管理措施并实现国家出资人资本配置目标的系统工程，应当由国家授权的单一机构代表履行，以达到统筹考虑的效果。从政府出资人的角度，监督管理的边界与出资边界相等。但考虑到现实工作中各级政府通常将企业国有资产的监督管理授权给国资监管机构，可以认为国务院国资委监督管理的边界大于出资边界，而不应在中央部门间条块分割，画地为牢。

（三）简单强调央企整合数量与整体上市，直接做上市公司股东的误区

1. 简单强调央企整合数量与压缩层级

国资委自成立以来，大力推进企业重组合并，片面地强化减少企业数量，以行政力量去推动企业联合，并提出在2010年将央企整合到100家以内，并要求减少央企层级，这样做的问题有二：

首先，从管理对象上从管企业向管资本转型，随着我国资本市场股权分置的解决，一个股份可以全流通的时代已来临，因此，国资管理必须从传统的管国有企业向管国有资本转型，从侧重实物形态的资产管理向侧重价值形态的资本管理升级。在资本市场成为中央企业资源配置的主战场之后，国有资本都可以通过资本市场完成退出和注入，简单地用行政手段压缩层级和数量是沿用过去的手段，不适应管理国有资本的新挑战。每家企业都有自身的特点与核心能力，不能一概而论减少数量、压缩层级，重组、并购、整合、拆分都应遵循市场规律，应以企业为主体，用市场手段来完成，而不是由国资委简单地用行政手段拉郎配。

其次，从职能分工上国资委是领队而不是教练，在现代公司制度中，企业的所有者和企业是融为一体的，而且是主体，好比现代赛场中教练和运动队是统一整体而且教练是主体，国有资本的进退就好比运动队的换人，应由企业的所有者教练——资本经营公司直接行使这一权利。国资委作为领队仅需考核各个教练带队的能力，确定大政方针，将重点放在制定整体的国有资本战略规划布局和运用国有资本经营预算配置资源上，而不必硬性地规定央企的数量多寡和层级多少，具体操作由教练国资经营公司根据国有资本布局规划和市场情况进行。

2. 推行央企整体上市，国资委做股东

国资委自成立以来，由于争当国有资本出资人的情结过重，以至于在央企的重组中，片面强调央企的整体上市。整体上市的背后就是取消央企集团公司作为股东这个层次，由国资委做上市公司股东，这样做的问题有三：

首先，从推行后的影响看，一是导致国有资产所有者和监管者又成为一体，国资委与国资委下面若干家国有资产经营公司都可以持股，模糊了团长与教练的关系。二是国资委直接持股当央企股东，将使央企之间都是关联交易；同时，由于国资委特设机构的特点，也容易引发国际上认为国家操纵和政府补贴的嫌疑。国资委直接当上市公司股东，又易产生法律诉讼，使国资委成为民事诉讼对象，类似事件在资本市场上已经发生；三是国资委将自身陷于繁杂的股东事务之中，和股民一起开股东会，更加弱化了国资委作为国有资本统一监管者的身份和地位，从某种意义上说，这种“捡芝麻丢西瓜，图小利而失大义”的做法，是对我国建立新国资体系战略意义的弱视。

其次，从前期整体上市的案例看，自工行、建行、中行、农行四大国有银行重组并整体上市以来，已在资本市场上已经出现了食大不化的问题，股价长期低迷，外国投行设计的整体上市模式需要反思，除了他们一次性地将资产打包上市获得了高佣金收入，我们获得了世界银行业“四大银行”以外，没有结合企业的自身特点、增长空间与资本市场周期综合考虑，导致银行资产的发行价格远低于前期在港上市的中资公司。四大银行始终处在价值洼地，巨大的股本使其在资本市场上难以腾挪。

最后，从融资额与后续增长能力上看，国资委提出鼓励中央企业整体上市，为了简化管控要求压缩层级，忽视了国有企业的差异性与历史问题。整体上市与分拆上市相比，不能通过优质资产先行上市获得单位高融资额，不能培育未成熟资产注入后获得增发的高溢价，不能充分地发挥企业的后续增长能力，最终无法实现国有资本的持续增值。

目前产业集团亦有步银行后尘的迹象，为符合国资委做直接出资人的利益，中央企业领导人往往以在任期内实现大而全的整体上市为目标，取消集团公司的同时也失去了后续资本运作的空间，如果中石油、国家电网这些行业巨头未来都采用一次整体上市的方式，而非分步实现整体上市，一方面对本企业的资本运作和市值管理不利，另一方面也将由于巨大的融资需求给股市表现带来沉重压力。

综上所述，应尽快走出简单强调央企整合数量与整体上市的误区，用资本管理思维替代传统的企业管理思维，结合企业实际情况，因地制宜地进行国有资本管理。

（四）走出国资委不能主导国有资本经营预算的误区

国有资本战略布局和国有资本经营预算是国资管理的重要内容，将国资经营预算大权拿到手中，全国统一监管者的格局才能形成。然而在《国资法》制定期间，国资委忽视资本经营预算大权，应该有预算权但没有拿到，最终国资预算由财政部纳入政府公共预算统一向人大汇报，这引发了理论和实践中的众多问题。是国资管理的重大误区。国务院国资委守不住，导致地方国资委已经拿到的国有资本经营大权不得不退出。前期地方实践中，国有资本经营预算的编制权大多在国资部门，深圳、云南、北京等地方国资委的国资预算管理都形成了特色和成绩，《国资法》一出，不少地方的国资预算权要么被转交给财政部门，要么财政部门新设一套班子，两套班子做同一件事。

国资预算与公共预算的不同性质决定了二者应由不同部门单独编制，但目前我国国资预算的编制权划归给了财政部，国资委和烟草公司、中投公司同等成为一级预算单位，国资预算不能独立出来，而是完全并入财政系统，成为公共预算之下的一个子预算，这是这是值得商榷的。

国资预算是指国家凭借出资人地位取得投资收益和资产转入收益，包括国家出资企业上缴的利润、国有股份红利收益、国有资本产权转让收益等，并按照市场经济的一般准则和根据国有经济结构战略性调整的控制力考虑，投向关系国家安全和国民经济命脉关键行业的资本经营性预算，侧重营利性，通过筹资—投资—收益分配—再筹资的循环实现国有资本的保值增值。国资预算的法理基础是国有资产的所有权及其派生出来的收益索取和支配权（私权利），国资预算属于中国社会主义市场经济的特色，体现国家的国有资本所有者职能。

公共预算是指国家以社会管理者身份向社会各经济主体征收的税收取得收益，主要用于社会公共支出，侧重公益性，不以营利性为基础，通过收缴—运用—再收缴的循环满足社会公共需要，追求社会福利日标。公共预算的法理基础是国家公共权力及其派生出来的对国民经济收入的分配权

(公权力)，公共预算属于中国社会主义市场经济的底色，体现了政府的社会管理职能。

从公权和私权法理看公共预算与国资预算，公权力是指基于社会公众的意志而由国家机关具有和行使的强制力量，其本质是处于社会统治地位的公共意志的制度化和法律化。私权利是指公民、企业以及社会组织甚至国家，在自主、平等的社会生活、经济生活中所拥有的财产权和人身权。

国资预算管理的对象是国有资本收益，而收益是出资人的三项基本权利之一，属于私权利；政府公共预算管理的对象是税收收入，是国家凭借行政权力征收的，属于公权力。私权利和公权力的法律属性存在根本性的不同，对应国资预算与政府公共预算的管理方式也应不同。

国资委作为出资人代表时，其对国家出资企业享有的权利与普通所有者对企业享有的权利性质上并无不同，都属于股东对企业享有的“权利”而非“权力”。国资预算作为私权利下的制度安排，应与公权力下的公共预算相区别。由于根本属性的不同，国资预算一旦归为财政部门统一管理，会产生“公私不分”的问题。

财政部编制国资预算，与我国市场经济体制是不吻合的。实际上，如果由财政部编制国资预算，专门给国有企业编制资本经营预算，那么今后是否还应由其编制民营资本经营预算、外资资本经营预算？财政部是政府行政部门，不能有多重身份。公共预算政府财政是解决国民保障问题，不能与国资预算混淆。否则财政部就变成了集裁判员、教练员和运动员于一身的部门，进而可能引发国际舆论对我国国有企业政府补贴、不公平竞争和关联交易的质疑。

如果将国资预算和公共预算混淆，资金在几个预算中调剂，就不能避免国内外对国有企业获得财政部拨款的攻击。最后结果只能是财政部门放弃教练员的职责，卖掉运动员，彻头彻尾地变成西方模式。国资预算编制在体制上的不顺畅，最终结局很可能步入财政部门奉行西方市场经济国家所推崇的普世价值、“普世预算”，将国有企业一卖了之，国资预算随之消失。最终搭建国有资本和市场经济桥梁的构思仅仅成为一时之计，昙花一现。

独立于公共预算的国资预算有助于将国有资本的运营从政府社会经济运行的公共事务中剥离出来，实现政府国有资本出资人职能与政府公共管理职能的分离，有利于政企分开、政资分开。国资预算不能独立出来，就意味着中国的经济体制改革在对接公有制和市场经济方面无法取得成功。没有国资预算的权利在手，国资委就成了无源之水，无本之木，随时可能被取消。国资委演变成一个大型集团公司，监管者地位进一步虚化，新国资体系也难以生存。因此，国资预算权利花落谁手实际关系到中国改革是沿着搭建市场经济和公有制桥梁的长久之计，还是战略性重组完成和卖完国有资本后，国资委的使命也就结束的大问题。由此可见，独立的国有资本经营预算是国资管理体系的生命线。

综上所述，国有资本经营预算能否从财政部的公共预算中独立出来，国资管理体系中的核心国资委到底是过渡机构还是能够长期发挥战略作用的改革亮点，关键是在于国有资本预算体系能否真正从政府预算中独立出来、建立起来。

三、建立新国资体系的战略构想

（一）国资委应成为营利性国有资产的统一监管者[①]

国资委应从一身两任变成国资委和国有资本经营公司两身两任，即国资委作为统一监管者，国有资本经营公司作为履行对实体企业的直接出资人；前者只能有一个，后者可以有多个（见图 3-3）。

（二）区分“国资委”与“国资委系统”，实现两身两任

综合以上观点，有必要通过国资体系内部对出资人权利和监管权力的重新梳理，构建有效的国有资本经营与监督体系。

出资人概念与所有者概念内涵不同，因此，需要在政府与企业间构造出一个出资主体，作为民事行为的终极代表，通过建立出资人制度将政府

① 本部分内容略，详见本书第二章中的《中国国资改革创新模式探索》一文（五、创新国资监管模式）。

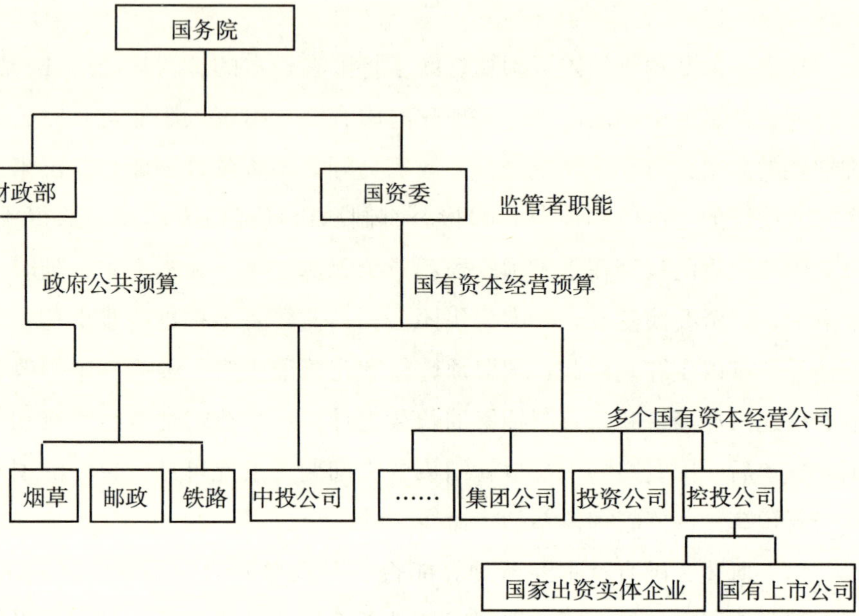

图 3-3　归属于两种预算的不同类型企业

作为公共管理者的身份与国有资产所有者的身份分开。在此结构下，由政府作为所有者，由这一机构作为政府的出资人代表，二者之间是授权与被授权的关系。

并且，我们提出国资委系统这一概念。在国资法框架范围内，最大程度地保证了国资委的监管连贯性。这就由现在的国资委一身二任，变成两身二任，适度分开，合理分工，同时出资人与监管者职能在国资委系统内实现统一。①

国有资本经营公司既可来自新设，也可从集团公司改造而来，对于集团公司改造而来的国有资本经营公司，要把现有大型企业集团公司的“皮”从国家出资实体企业上扯下来，贴到国资系统里来，使其成为代表国资委行使出资人权利，执行国资战略意图的纯粹控股公司法人。

在操作程序上，国资委可将其代表的同级人民政府的出资人职能，授

① 本部分内容略，详见本书第二章中的《中国国资改革创新模式探索》一文（五、创新国资监管模式）。

予具备条件的国有资本经营公司，使后者成为被授权企业，承担对其全资、控股、参股企业中的国有资产依法进行经营、管理的职责。这样名义上国资委仍然是出资人，但通过授权将监管职能与出资职能分开，理清了管理思路，明确了相互责任，国资部门要继续承担各项国资监管工作并不断加以改进完善，努力做到高效监管、科学监管。

因此，建议区分国资委与国资委系统，构造“代表团长—教练员—运动员”三位一体的管理体系。中国特色社会主义市场经济的竞争主体，就相当于国家队体制的运动队中国坚持国家代表队体制，国资委作为国务院的特设机构，充当赛场上中国体育代表团的“团长”，定位于国有资产的监管者，制订规则并监管国家出资企业，通过规划布局和国有资本经营预算战略性地配置国有资本，是名副其实的；在团长之下，国有资本经营公司作为国有资本运营机构，充当赛场上的“教练员”。国家出资的实体企业定位于国有资产的具体运营，通过国有资产的经营与管理，实现国有资产的保值增值，充当赛场上的“运动员”。

（三）大国资委体系下企业国有资产的监管模式设计

在中国拥有庞大的国有资本这一世界上独一无二的国情下，新国资体系是实现政府职能转变，保证市场经济自由、健康发展的重要举措。传统的国有资产管理的对象是国有企业的经济行为，侧重规范国有资产使用单位的生产经营活动，容易走回政企不分的老路。而当监管对象从国有资产变成了企业国有资产（国有资本），客观上也对国资监管机构的行为提出了新的要求，大国资委体系下企业国有资产监督管理的概念在这一背景下提出。

（1）监管对象的特定要求有一个机构统筹企业国有资产的监管工作。国资委的监管既应包括对其直接出资企业的内部监管，也包括对其他非直接出资企业国有资产的监管，如金融等。国资委经过国务院授权，以经营营利性国有资产终极所有人代表身份来行使监督管理职能。

（2）就国资系统所履行的国有资产终极所有人代表基础上的统一监管权来说，有以下两个要点：其一，这里是具有经营且营利性的企业国有资产的管辖范围，它不含非营利性国有资产；其二，不含不以企业形态存在的国有资产和价格由国家通过听证会等形式进行管制的自然垄断企业；

（3）要实现组建国资委系统这样一个目标，必须考虑以下两个环节和步骤：第一，作为国有资产统一监管主体的国资委，能否是同级政府下经营且营利类资产的统一监管者；第二，统一监管者的监管边界与其通过其系统内履行直接出资人的国有资本经营公司所管辖的产权边界是否应该统一的问题。

为此，我们提出以下两种模式：

第一，两步并一步模式，即在明确同级政府扩大的国资委监管边界的同时，也把所监管范围内履行国家出资企业直接出资人职能的国有资本经营公司（含大型企业的集团公司、金融控股公司以及国有投资公司）一并划入国资委系统，同时将补贴性非营利的经营性资产划归财政部门。

第二，两步走模式，第一步应先将同级政府的企业国有资产监管权赋予国资委，由其统一履行基础性监管；第二步待条件成熟时，再将所有被监管企业的国家出资人产权统一划入国资委系统，以使最终的监管边界和产权边界相统一，也使建立在终极出资人代表基础上的国资监管名副其实。

（四）国有资本经营预算和财政公共预算相对独立

考虑到国资预算与公共预算形成的机理与目标不同，应将其分开由不同部门编制，保持二者相对独立，国资预算的编制范围应涵盖全部经营且营利性的国有资本。建议在国资预算试运行期满后对部门分工进行调整，过渡模式下由国资委作为国资预算编制主体，负责预算收支的具体编制；财政部门作为国资预算监督主体，负责预算汇总与监督。目标模式下国资部门和财政部门分别向人大上报各自编制的预算，国资部门报送营利性的国资预算，财政部门报送公益性的公共预算。在此基础上，公共预算财政主体与国有资本经营主体之间存在着税收缴纳关系，应通过国有资本收益管理和国资预算的资本性支出，实现国有资本保值增值和国家出资企业做强做大，反过来通过增量税收为财政做贡献。

在此基础上，国资预算管理应进一步完善央企收益收取机制、资本性支出标准、战略布局与投资方向决策机制、绩效评价体系等。下面仅以过渡模式下的国资预算支出为例，描述国有资本经营预算编制的组织与流程（见图 3-4）：

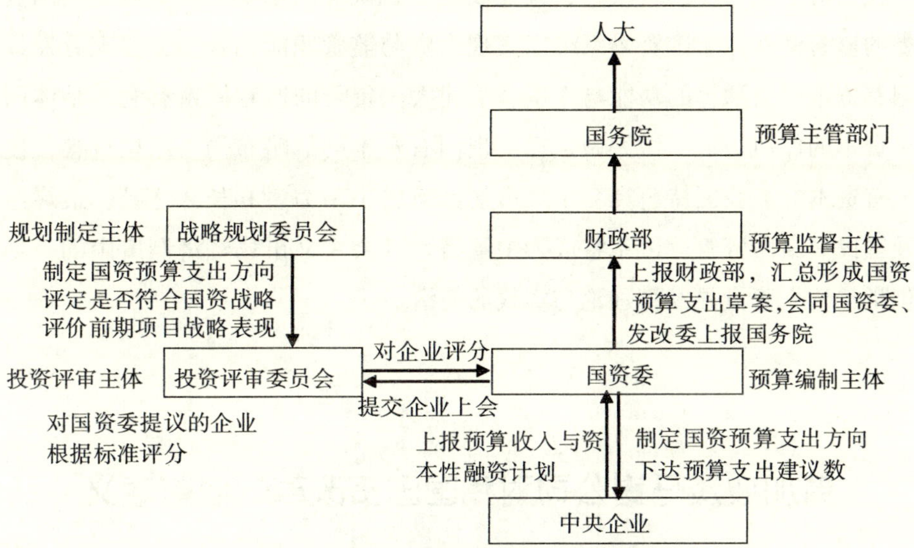

图 3-4　国有资本经营预算编制的组织与流程

相对独立的国资预算与国务院国资委制定的国有资本战略布局规划相配合，从国家整体战略一盘棋和壮大国有资本的角度，综合考虑国有资本在产业发展领域中的进与退，使国有资本战略布局和规划不是简单笼统一刀切式的退出，而是有进有退地实现结构调整。通过这一资源配置方式，能够解决国有企业面临的体制性机制性问题，加强国有企业的核心竞争力、抗风险能力和可持续发展能力，实现国有资本战略布局，大力增强国有经济的影响力、带动力和控制力，推动国民经济的可持续发展与结构调整。

结语

在当今市场经济已成为世界经济主体运行模式的背景下，在中央和地方政府层面组建国资委以探索公有制和市场经济对接之桥梁的国家只有中国。组建国资监管体系是中国特色市场经济的伟大创新。而这一模式的路该如何走，其能否成功无疑是中国市场经济模式的最有挑战性和引人入胜之处。

综上所述，正是由于存在认识上的误区，导致国资委之路越走越窄。因此，对于下一步国资改革，应在改变认识误区的基础上，应建立大国资委的监管框架，于国资委系统内实现出资与监管职能的合一，并充分发挥国有资本经营预算的功能与作用。组建大国资委的监管体系有利于整体国有资本的保值增值、做大做强，实现国有资本的战略布局与结构调整，使国有资本成为我国特色社会主义市场经济的中坚力量和长久之计，最终惠及国民。新国资管理体系将成为中国特色社会主义市场经济制度中的一项创举，屹立于世界经济理论与实践的前沿。

新加坡淡马锡公司对我国国资改革的借鉴意义

背景介绍：2003 年，中国建立了世界上第一个国资委，国资委组建后其模式向何处去成为大家关注的问题，当时的国资委主任李荣融提出了学习淡马锡的发展方向，为此，国务院国资委某局的一个课题中希望我对淡马锡进行研究，在此背景下，在该方案报告中写就此文，摘录如下。

一、概况

目前，新加坡主要的国有控股公司包括三个，即新加坡政府投资公司（Government of Singapore Investment Corp，以下简称 GIC 公司）、国家发展部投资控股的新加坡国家发展部控股有限公司和财政部投资控股的淡马锡控股公司。这些国有控股公司通过各自广泛的投资渠道，形成了自己的企业网络，几乎触及经济发展的各个行业。例如，淡马锡控制了新加坡的金融、航空、电力、电信、港口、海上工程等行业；国家发展部控股公司主管了城市建设、土地使用、环境治理等业务；GIC 公司则肩负着管理新加坡财政储备和外汇储备的使命，主要进行海外投资，保障政府获得持续的长远回报。

其中，淡马锡控股公司（Temasek Holdings）是新加坡最大的国有控股公司，成立于1974年，其主要任务是掌握新加坡政府对企业的投资，管理新加坡所有的政府关联企业（即Government-linked Company，简称GLC）。是一家私人豁免公司，隶属于新加坡财政部。在此特别指出的是，在淡马锡控股公司2014年年报中披露“淡马锡由新加坡财政部长全资拥有”，依据新加坡财政部长（成立）法（第183章）规定，财政部长为法人团体；同时，淡马锡高级董事总经理吴亦兵在2015年博鳌论坛上也说“淡马锡的唯一股东是财政部长”。淡马锡团队表述均为“淡马锡的股东是新加坡财政部长”，这是因为淡马锡控股公司是一家私人豁免公司，根据新加坡公司法第4（1）条的规定，私人豁免公司（Exempted Priavet Company，EPC）指股东人数少于20人，而且所有股东该为自然人的私人公司，或者新加坡总理经过刊宪认定为私人豁免公司的公司。因此，淡马锡控股公司的股东要为自然人，所以规定股东为新加坡财政部长。但由自然人作为股东存在较大风险，因此通过法律规定财政部长为法人团体，是一种法律拟制（将原本不符合某种规定的行为也按该规定处理）。实际上淡马锡就是隶属于新加坡财政部。

淡马锡控股公司投资行业包括金融服务，电信、媒体和科技，交通与工业，生命科学、消费与房地产，能源与资源。截至2014年3月31日，淡马锡控股公司总资产2411亿美元，负债997亿美元，净资产1416亿美元。销售收入613亿美元，税后净利润102亿美元。

淡马锡公司代表国家持有企业的股份，以商业原则运作，以最大限度地提高股东回报，1年期股东总回报率为1.5%股。优良的业绩证明了只要建立科学的管理体制和运营机制，国有企业同样可以发挥良好的资本效率。

二、淡马锡控股公司的组织体制与治理结构

淡马锡控股公司的运营完全遵照新加坡公司法以及其他所有适用于新加坡公司的法律和条例，其股东、董事会、管理层各司其职，相互监督制约，责权边界清晰（见图3-5）。

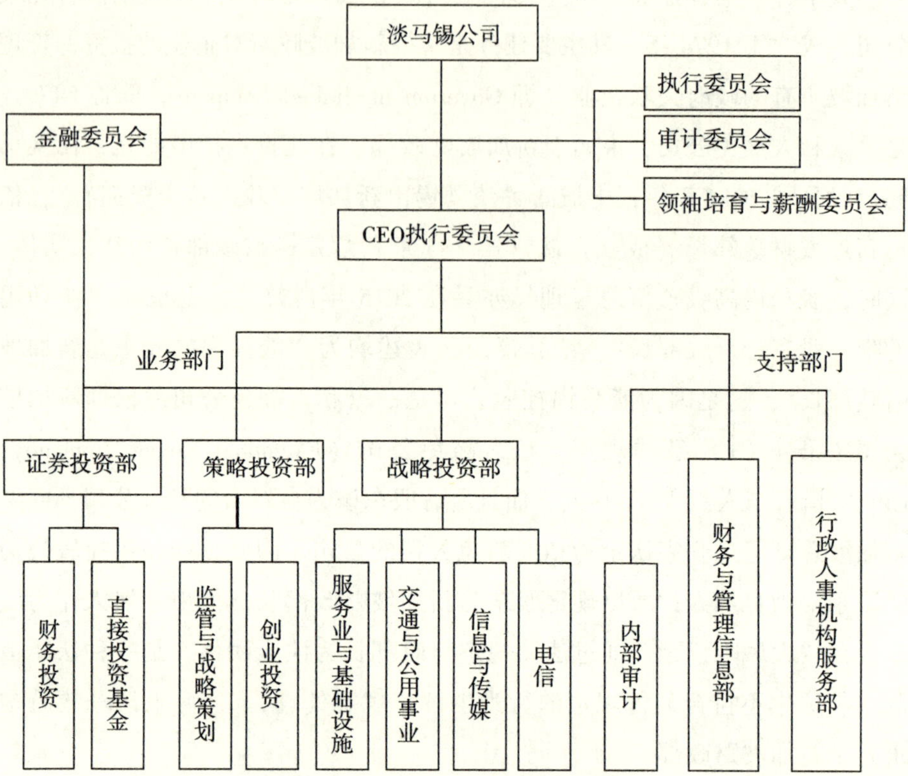

图 3-5 淡马锡公司组织结构图

注：2007 年是淡马锡最鼎盛时期。

（一）淡马锡控股公司与政府的关系

新加坡政府主要遵循市场经济原则，运用法律手段和经济手段对公司进行管理。政府一般不以行政手段干涉企业经营活动，而是依据产权关系，通过向淡马锡公司选派股权代表参加董事会体现国家利益和产权约束，董事会实际上成为连接政府与国有企业产权关系的中介。

根据国家财政状况和企业状况，淡马锡公司每年向财政部上缴一定的税后利润。这部分收入不用作经常预算开支，而专用于国家储备金统一使用。淡马锡控股公司隶属于财政部，但在投资决策、资金使用等方面享有完全的自主权，不受财政部的制约。公司每半年向财政部递交一份有关下属子公司经营状况分析的报告，财政部可以随时对任何国有企业进行不定期的审查和检查。

（二）董事与董事会及所属的委员会

截至2014年3月31日，淡马锡控股公司董事会共有成员13名，大部分是非执行独立董事，均是私企业商界领袖。这些董事，来自不同的商业领域，具备丰富的投资和管理经验。董事会向股东负责，负责制定整体指导方针和政策指引，确保每项投资是在公平市场价值的基础上进行交易。但董事会及管理层的决策独立于股东。董事会每季度最少召开一次会议，其职责包括：①提出总体方针和政策；②分配权力与任务；③监督管理层；④监管下属企业，资产增值，任免其董事和总裁，全球范围聘请精英；⑤经理人员任命，聘请及制定总裁奖励方案，挑选与委任管理层经理，对行政总裁业绩和接替计划给予评估；⑥报告的审核，向股东提交全年财务报告前，先交审计委员会审核，并经董事会批准。如2007年淡马锡组织体系见图3-6。

淡马锡董事会下设三个委员会，分别是执行委员会、审计委员会和领袖培育与薪酬委员会（见表3-3）。

表3-3 淡马锡董事会下三个专门委员会

委员会	职责
执行委员会	(1) 在规定限额之内批准新的投资与脱售决定。超过规定限额的交易则由董事会审议批准 (2) 需提供会议记录供董事会成员传阅
审计委员会	全部由独立董事组成 (1) 审查内控体系、财务报告流程、审计流程以及法律条例合规性的监控流程等，以协助董事会履行其监督职责 (2) 由公司内部审计部门支持，内部审计部门在职能上向审计委员会报告，在行政上则向CEO办公室报告 (3) 审核外部审计的范畴与结果，以及外部审计师的独立性
领袖培育与薪酬委员会	向董事会推荐董事会及管理层的领袖计划，包括董事会以及CEO的继任计划，以及提供有关业绩衡量与薪酬计划的指导方针与政策

这三个专门委员会的主席均由独立董事担任，其工作贯穿于整个运营过程，但又保持高度的独立性，确保了监督权与管理权的分离。外部独立董事在董事会中发挥出重要的作用，其专业素养与卓越能力保证了决策的科学有效。

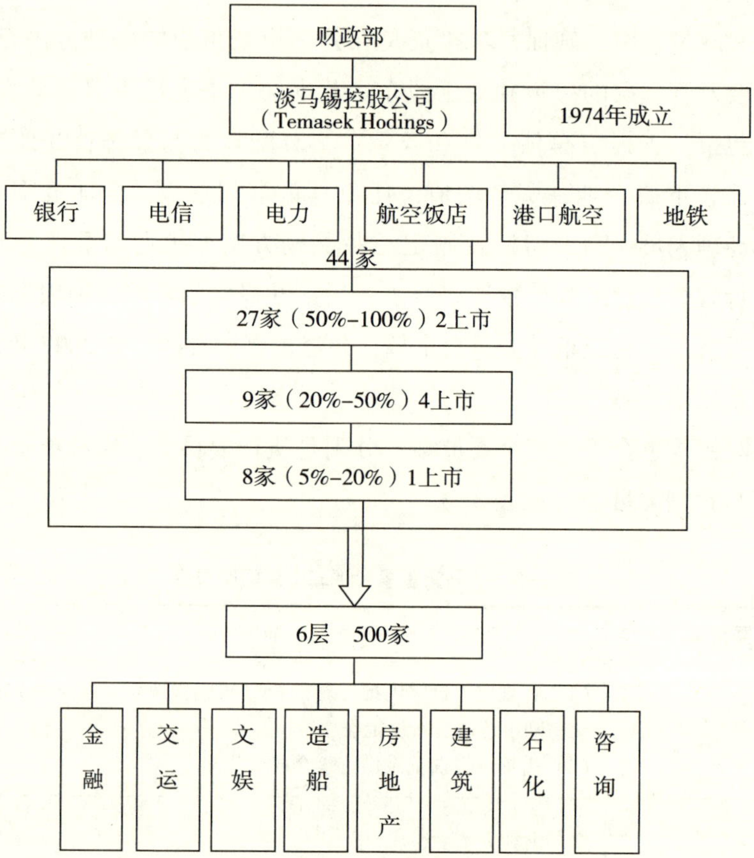

图 3–6　2007 年淡马锡组织体系

（三）以首席执行长为首的高管层

管理层执行董事会设定的战略与政策，在董事会授权范围内进行投资、脱售及其他运营事务。相应地，战略、投资组合及风险管理委员会；脱售和投资高级委员会；高级管理委员会负责协助首席执行长执行董事会批准的事项。

自2004年1月起，何晶上任淡马锡控股公司首席执行长。她另一个值得一提的身份是原新加坡内阁资政李光耀的儿媳、新加坡总理李显龙的妻子。淡马锡控股公司明确划分董事长与首席执行长的职责，确保两者之间的相互制衡，并强化董事会内部的问责制度。2008年受金融危机的影响，淡马锡海外投资亏损严重，面对公司内外问责，首席执行长何晶被迫提出辞呈。虽然，目前仍由何晶继续担任首席执行长，但此举却显示了淡马锡控股公司坚定执行问责制制度的决心。

三、淡马锡控股公司内部经营与管理

作为“积极股东”，淡马锡控股公司只作为普通的股东，与其他股东的权力完全相等，不干涉下属企业的具体经营管理。淡马锡所投资的公司由其各自的管理层自行经营管理，并接受其各自董事会的引导和监督，淡马锡也不插手下属企业的商业或运营决策，没有层层下指标以及对口管理，而是以变卖股权和更换董事来达到对下属企业的控制目的。同时，淡马锡在下属企业中推广完善的公司治理，通过支持组建由高素质、具有丰富商业经验及来自多元领域的人才所组成的董事会，以协助提升管理层的领导能力，并适时向各董事会推荐合适的人选。

截至2014年3月31日，淡马锡团队共有490名员工，来自全球49个国家。挑战性的薪酬制度是淡马锡吸引高级人才，将个人利益与股东利益相联系的重要手段。淡马锡员工的薪酬制度主要分为基本薪酬、年度现金奖金（短期激励机制）、财富增值奖金储备（中期激励机制）及共有长效奖励（长期激励机制）。财富增值奖金储备中，2/3（高级管理层）、1/2（中层管理人员）或1/3（后勤人员）部分奖金为取决于公司未来业绩的递延发放款项，并面临召回风险。长效激励机制中累积奖金可递延长达12年派发，目的是在市场周期内实现可持续的回报。

淡马锡控股公司为了有效地提升所属企业的经营业绩，全面采用经济增加值（EVA）的考核方法，并对公司员工采取市场化的薪酬，这有利于提高经营者对资本成本的认识和增强回报股东的意识，从而最终提高企业的经营业绩。

四、对我国国家出资企业管理的借鉴与启示

(一)国家出资企业中营利类国企应占多数，公益类企业应占少数

新加坡国有控股公司营利属性的前提是国有控股公司及其下属业务性公司的独立性，作为商业实体，完全根据商业原则管理其投资，不承担公众利益的政策制定者和市场监督者责任。国外建立国有控股公司的目的之一，就是缓冲政府对国有企业过多的行政干预，因为国有控股公司是独立的企业法人，所以在经过国家授权后，应独立享有国有资产，行使国有资产所有权，不应受到政府的任意干预。追求经济效益对我国国家出资企业具有极为重要的借鉴意义，应保证国家出资企业及其下属子公司的独立性，在此基础上，对于我国竞争性行业中的国家出资企业应以追求经济效益目标为主，重点追求国有资本的保值增值，而非其他社会福利目标。同时，只有在明确国家出资企业经济效益目的的基础上，才有可能强化其资本经营预算约束。

(二)政府对国有控股公司的管理应遵循市场经济原则

新加坡财政部对淡马锡公司的管理遵循市场经济原则，运用法律手段和经济手段。政府一般不以行政手段干涉企业经营活动，而是依据产权关系，以国有股权存在为边界，以国有资本收益最大化为目标，以逐级委托管理为主要方式。明确三大权利：重大决策、资本收益和经营者选用。通过向淡马锡公司选派股权代表参加董事会体现国家利益和产权约束，董事会实际上成为连接政府与国有企业产权关系的中介。

政府对国有控股公司的管理应该遵循市场经济原则，依据产权关系，通过选派股东代表/任命董事等形式参与董事会体现国家的战略意图，而不应通过行政手段干预国有控股公司在市场中的竞争地位。

(三)须加强“董事会”为核心的治理结构

新加坡财政部与淡马锡保持“一臂距离”，其精髓是以董事会领导为核心让企业市场中保持最强竞争力。国际经验表明，即便是西方资本主义国家，也常在政府全资设立的国有控股公司中安排政界人士，这甚至是一种通行的现象——由于国有独资公司没有股东大会，因此，由政府部门派

出的董事，实质上是一种行政委派。这就要求国资委等政府部门在委派国有控股公司董事时，一定要谨慎从事，从国有控股公司生死存亡的高度重视董事的委派问题，应效仿淡马锡公司，由政府官员和企业界人士等共同担任，前者代表政府出资的利益，更多考虑国家、社会的公正因素，而后者保证了企业在市场竞争中的运营高效率。同时也要注重引入独立董事制度，发挥独立董事监督、决策的功能。由于独立董事自身的独立性、外部性，因而有利于对经理层进行客观评价和进行监督，并有利于企业战略决策的科学化。

中国国家出资企业应借鉴新加坡“以董事会为中心”的模式，建立并完善中国国家出资企业的董事会制度。国家出资企业的管理主要应通过对下属企业董事会成员的人员管理来实现：通过向下属企业选派董事，由董事在企业董事会中参与决策，发挥作用，体现股东权利与对其约束。母公司的意图主要通过董事会决议在其下属企业日常经营活动中得到体现和贯彻；公司的经营方针和决策又通过董事会成员反映到政府部门，使董事会实际上成为连接母子公司产权关系的桥梁。

（四）应批判借鉴淡马锡模式

淡马锡公司成立之初投资组合净值仅有 16 亿元人民币，目前，投资组合净值为 1686 亿美元，约合 1 万亿元人民币。但是，中国国有企业量大面广，国有资本体量巨大。仅一个央企的资产就可能达两三万亿元，例如：截至 2011 年年底，中石油集团资产总额就已超过 3 万亿元。国资委所监管央企的资产近 40 万亿元，全国除金融国企之外的国有企业资产总额 100 万亿元，如此庞大的国有经济规模、如此多样性的国有企业结构，难以像新加坡那样仅靠淡马锡一家投资管理公司来管理，中国需要组建“无数个”淡马锡。

中国的国资改革既要遵守市场经济体制的一般规律，又要从中国国情出发，把国有资本和市场经济相结合，创新出中国模式：财政部履行社会公共管理职能，进行公共产品预算的政府部门，它必须公平面对所有纳税人，而不该对某一类所有制性质的资本给予预算、补贴等特殊管理。因此，公益类国企可由财政部作为监管和出资部门；保留大量营利性国企是中国市场经济模式的重要经济特征，可由从事国有资本经营预算的政府特设部门——国资委在国务院和大量各类国有资本投资运营公司之间作为统一监管部门履行相关职责。

央企整体上市后谁来做股东

——兼与邵宁同志商榷

背景介绍：2011 年 2 月 26 日，《21 世纪经济报道》刊登了一篇采访当时国资委副主任邵宁的文章——《央企将全部整体上市国资委拟设直属公司持股》，文中提及邵宁同志认为推动央企整体上市是国资委目前的一项核心工作，所有央企的上市工作一律按照整体上市的思路展开，整体上市是国有大企业与市场经济最终融合的具体方式。这再次引发了社会对央企整体上市的探讨，在此背景下，写就此文，并刊登于 2011 年 4 月 25 日《证券时报》，我的博士生刘冰对本文写作亦有贡献。

一、十二五开局之年，国资改革向何处去

中国三十年改革开放的成功经验证明，开放自由市场经济体制是中国改革成功的基础。遵循市场经济规律，充分发挥市场经济实现资源优化配置的功能，才能实现中国经济腾飞。同时也必须看到我国国有资产比重与西方国家相比要大得多，像某些学者主张的简单照搬西方模式把庞大优质的国有资本存量快速卖掉，推行全面私有化的政策不符合中国的现实国情。因此，无论从国际战略机遇期的国际竞争力还是从中国经济社会整体发展的稳定性出发，都应在一个较长时期继续保持国有资本在国民经济重要领域的控制力。

国资委是中国在探索市场经济和创新公有制模式之间搭建的一座有中国特色的桥梁，它是长远的战略之举而非一时之权宜之计。通过建立国资管理体系实现公有制与市场经济的对接，既是国人在尊重国情基础上坚定

不移发展市场经济的方向所在，又是世人总结“中国模式”成功的核心内容。从2003年3月国务院国资委成立至今已八年，尽管成绩斐然，然而，20世纪90年代组建的国资局由于无出资人地位而最终被撤销，使得近年来国务院国资委要直接当100多家央企出资人和国有控股上市公司股东的情结过重，而这又和国资委履行对全国国有资本统一监管的地位不相容，顾此失彼，直接导致目前全国统一国有资产监管者主体缺位。一些学者甚至建议国资委改名（见李曙光《国资委应该改名》,《中国经济和信息化》2010年第20期），突出经营特色，“中投二号”的提法也十分盛行，只做“干净出资人”。这使当前国资委之路越走越窄。国资委内部也对国资委大旗还能打多久深表忧虑。

国资委自成立以来，争当国有资本出资人的情结过重，以至于在央企的重组中，多次强调央企的整体上市。李荣融同志在2008~2010年的国资委工作会议中曾多次强调国资委将继续推动中央企业整体上市，同时积极探索国资委直接持有整体上市中央企业股权。国务院国资委副主任邵宁日前撰文指出，上市模式现在的方向是整体上市，至少要做到主营业务整体上市，主营业务整体上市的集团公司，逐步将存续企业消化之后再实现整体上市。竞争性国有大企业最终的体制模式很可能就是一个干干净净的上市公司，没有集团公司、不背存续企业，完全按照资本市场的要求运营。这种状态就彻底实现了国有资产的资本化，流动性非常好，随时可以调整、也很容易调整。

这样的言论值得商榷，建设中国特色社会主义市场经济，一方面要构造市场竞争主体——国家队“运动员”，另一方面发挥国资监管机构——代表团团长和国有资本经营公司——教练员的作用，国资委的路关系到国资管理体制的全局。但现在看来，国资委自身的定位不清，将国资委的地位降为简单的出资人，等同于一般公司股东，并且还要成为上市公司的直接出资人，最终只“忙于种出资人的田，而荒了监管者的地”，使国资委这一新国资体系作为中国市场经济改革的长远之计的战略目标难以实现。

中国国情决定了现实中一个履行统一监管和基础管理的国资管理机构存在的合理性和必要性，即便现在的国资委更名为中投二号一类的企业集团公司，在其之上也仍然需要有一个机构履行对国有资本的统一监管职能。因此，在十二五规划的开局之年，我们亟待对中央企业一刀切地进行整体上市和国资委定位等关乎国资改革方向的敏感又悬而未决的问题进行反思和探索。

二、推行央企整体上市，国资委做其股东的误区

当前，中央企业背后都有一个存续的集团公司，代表国家持有上市公司股份，而且下面有可能有多家上市公司，如果今后每个行业若干家上市公司，公司变成一家大的上市公司，集团公司变成上市公司之后，这家大的上市公司的股东是谁？整体上市背后的核心就是取消央企集团公司作为股东这个层次，由国资委直接做上市公司股东，但国资委是否能够直接做央企股东？这样做会引发以下问题：首先，导致国有资产所有者和监管者又成为一体，国资委直接渗透到整体上市公司做大股东，这是否是一种新的政企不分？国资委走回政企不分的老路，这是非常危险的倾向。早先的国资局被取消就是因为手伸得太长，胃口太大，最终导致被取消。国资委既不更名，又不改姓，还成为现有100多家央企及相关的800家国有控股和参股的上市公司的股东，最终会导致国资委变成了一个淡马锡式的控股公司，但一个企业能把中国央企所跨越的近七八十个行业的股东都当起来吗？这显然不是一个企业所能完成的。

其次，国资委直接持股当央企股东，将使央企之间都是关联交易；同时，由于国资委特设机构的特点，也容易引发国际上认为国家操纵和政府补贴的嫌疑。国资委直接当上市公司股东，又易产生法律诉讼，使国资委成为民事诉讼对象，类似事件在资本市场上已经发生。国资委将自身陷于繁杂的股东事务之中，和股民一起开股东会，更加弱化了国资委作为国有资本统一监管者的身份和地位。在中国探索国有体制的改革中，尽管不能将关系到国计民生的大型资源性产业全部私有化，从国家安全性角度也不能卖给外资，但是也不能一刀切地进行整体上市，但让国资委来做上市公司股东，和股民一起开董事会——他们能够保证中小股东利益，按现代公司方式去运作吗？

最后，国资委热衷于与国有独资集团公司和国有资本经营公司争夺国有出资企业出资人地位，却使全国国有资本统一监管者的主体缺位，真的是捡了芝麻，丢了西瓜。建立在分散产权主体基础上的多部门出资人监管，不利于中央政府和地方政府对本级政府国有资本总量、结构、变动的掌握，更重要的是无法在国家范围内对国有资本进行统一战略规划布局、实施有进有退的结构调整。

综上所述，在当前央企整体上市的国资改革中，我们在反右的同时也要反左，在防止激进的同时也要防止倒退，不能简单地把央企卖出，也不能退到国资委不企不政的部门重新回到一统天下，当然如果国资委更名为集团公司，变成企业法人控股，法律上即使顺了，也会使真正重要的国有资本监管工作无人顾及。应尽快走出简单强调央企整体上市的误区，用资本管理思维替代传统的企业管理思维，结合企业实际情况，因地制宜地进行国有资本管理。

三、推行央企整体上市，资本市场面临沉重压力

自工行、建行、中行、农行四大国有银行重组并整体上市以来，已在资本市场上已经出现了食大不化的问题，股价长期低迷，外国投行设计的整体上市模式需要反思，除了他们一次性地将资产打包上市获得了高佣金收入，我们获得了世界银行业“四大银行”以外，没有结合企业的自身特点、增长空间与资本市场周期综合考虑，导致银行资产的发行价格远低于前期在港上市的中资公司。四大银行始终处在价值洼地，巨大的股本使其在资本市场上难以腾挪。

目前，四大国有银行的总股本愈 1.1 亿股，其中工行和农行的股本平均 3300 亿，建行和中行的股本平均 2500 亿，不仅在体态上是世界最大，价格上也是世界最便宜，平均市盈率仅 9 倍，是世界资本市场上的价值洼地。一旦风吹草动，譬如再融资的消息，资本市场就震颤。如果将再融资比作上市公司的食物，那么四大国有银行就是足以咬断食物链的恐龙。

目前产业集团亦有步银行后尘的迹象，为符合国资委做直接出资人的利益，中央企业领导人往往以在任期内实现大而全的整体上市为目标，取

消集团公司的同时也失去了后续资本运作的空间，如果这些行业巨头未来都采用一次整体上市的方式，而非分步实现整体上市，一方面对本企业的资本运作和市值管理不利，另一方面也将由于巨大的融资需求给股市表现带来沉重压力。试想，一旦航空航天、石油石化、国家电网、铁路、电信，一个行业搞一个上市公司，体量都在1000亿以上，这样做对资本市场的影响是什么？失去市值增长的空间，一次又一次的巨额再融资严重地挤压资本市场上具有良好成长性的中小企业的融资空间，将是资本市场不能承受之重。

从融资额与后续增长能力上看，国资委提出鼓励中央企业整体上市，忽视了国有企业的差异性与历史问题。整体上市与分拆上市相比，不能通过优质资产先行上市获得单位高融资额，不能培育未成熟资产注入后获得增发的高溢价，不能充分地发挥企业的后续增长能力，最终无法实现国有资本的持续增值。形成一个大航母不如搞一个舰队，资产大小不是关键，资产的盈利与市值的增长才是要害。目前多家中央企业存在着多重上市现象，政策需要和中国国情结合起来。应将产品经营、资产经营与资本运作相结合，使国有资本耦合放大，并最终惠及国民。今天急急忙忙地要求它们都去整体上市，不符合改革的发展方向，和中国渐变稳定逐步推进的成功改革方法论是相悖的。

整体上市实际上也不符合现在市场经济中资本运作的技巧，资本运作和关联交易是资本经济的典型运作方式，大股东将资产培育成熟后注入上市公司是很常见的方式，关联交易是合法的，它只需要保证信息的公开透明，交易中不侵害其他股东的利益。从中国实情看，有一个集团公司和上市公司的配合无疑是资本运作中对投资人负责，不断培育好的成熟资产注入上市公司是一个最佳选择，如果没有这个集团公司，国资委直接做上市公司股东，也便失去资本运作的空间。

四、国有资本经营公司应成为国资体系中重要的中间层

2010年12月中国国新控股有限责任公司（以下简称国新公司）成立以来，承担和发挥的主要任务和作用是：持有国资委划入国新公司的有关

中央企业的国有产权并履行出资人职责，配合国资委推进中央企业重组；接收、整合中央企业整体上市后存续企业资产及其他非主业资产，配合中央企业提高主业竞争力。

我们应当看到，国新公司的发展模式不是简单地当一个后勤大院，承接整合中的困难企业和边角余料的企业，而是要成为一个重要的中间层——国有资本经营公司，既连接上面国资委，又连接下面实体企业的桥梁。国有资本经营公司不仅以新建模式构建，更重要的是由集团公司演化而来，从资本运作主体的角度上看，国新公司和中石化、华能、国家电网公司不应该有区别，我们希望国有资本经营公司作为一个层次出现在国资委系统中，今后应当把央企存续的集团公司都转化为国有资本经营公司，变成国资委之下的持股主体，作为上市公司股东。

综上所述，应当区分国资委与国资委系统，构造“代表团长—教练员—运动员”三位一体的管理体系。[①] 中国特色社会主义市场经济的竞争主体，就相当于国家队体制的运动队中国坚持国家代表队体制，国资委作为国务院的特设机构，充当赛场上中国体育代表团的“团长”，定位于国有资产的监管者，制订规则并监管国家出资企业，通过规划布局和国有资本经营预算战略性地配置国有资本，是名副其实的；在团长之下，国有资本经营公司作为国有资本运营机构，充当赛场上的“教练员”。国家出资的实体企业定位于国有资产的具体运营，通过国有资产的经营与管理，实现国有资产的保值增值，充当赛场上的“运动员”。

国资委作为统一监管者只有一个，国有资本经营公司作为履行对实体企业的直接出资人，可以有很多个。

结语

在当今市场经济已成为世界经济主体运行模式的背景下，在中央和地方政府层面组建国资委以探索公有制和市场经济对接之桥梁的国家只有中

---

① 具体内容略，详见本书第二章中的《中国国资改革创新模式探索》一文（五、创新国资监管模式）。

国。组建国资监管体系是中国特色市场经济的伟大创新。而这一模式的路该如何走，其能否成功无疑是中国市场经济模式的最有挑战性和引人入胜之处。

正是由于存在整体上市等认识上的误区，导致国资委之路越走越窄。因此，对于下一步国资改革，应在改变认识误区的基础上，建立大国资委的监管框架，于国资委系统内实现出资与监管职能的合一，并充分发挥国有资本经营预算的功能与作用，这样有利于整体国有资本的保值增值、做大做强，实现国有资本的战略布局与结构调整，使国有资本成为我国特色社会主义市场经济的中坚力量和长久之计，最终惠及国民。新国资管理体系将成为中国特色社会主义市场经济制度中的一项创举，屹立于世界经济理论与实践的前沿。

完善北京市国资监管模式的对策建议

背景介绍：2009年，我接受北京市国资委委托担任《国资法实施对国有资产监督机构的影响及对策研究》课题负责人，本文为该课题成果摘要，载于2010年04期《国有资产管理》。

北京市国资委成立以来，全面贯彻《公司法》和《企业国有资产监督管理暂行条例》(以下简称《条例》)等法律法规的规定，通过几年来的努力，北京国有经济保持了总量增长、质量提升、结构优化、功能增强的良好态势。2009年，监管企业资产总额13724.5亿元，比2003年的5932.8亿元增长1.3倍；归属母公司所有者权益3323亿元，比2003年的1660.3亿元增长1倍；营业收入5556亿元，比2003的2376.9亿元增长了1.3倍；利润总额259.3亿元，比2003年的76.06亿元增长了2.4倍；上缴税金316.3亿元，比2003年的129.7亿元增长了1.4倍。

当前，在贯彻实施《中华人民共和国企业国有资产法》(以下简称《国资法》)过程中，如何结合工作实际，进一步完善北京市国有资产监管模式，是需要研究解决的课题。

一、《国资法》对国资监管机构的主要规定

《国资法》分为总则、履行出资人职责的机构、国家出资企业等9章、77条，比《条例》法律层级更高，更具有权威性。《国资法》直接规范国资监管机构的条文达20多条，归纳起来，主要有以下六个方面：

（一）国资监管机构应把握的行权原则和职责边界

一是明确国有资产管理的行权原则；二是明确国资监管机构的权利；三是明确国资监管机构的责任。

（二）国资监管机构应完善对企业管理者的选择与考核

与《条例》相比，《国资法》进一步完善了国资监管机构对企业行使企业管理者的选择与考核的权利。一是明确了任免或者建议任免的企业管理者范围。针对国有独资、控股、参股企业的组织形式，规定了国资监管机构选择企业管理者不同的权限。二是加强对企业管理者兼职的管理。三是加强对企业管理者的考核管理。

（三）国资监管机构应加强对企业重大事项的监管

为防止国有资产流失，《国资法》对和出资人权益高度相关的重大事项进行了规定。一是加强对企业重大事项的决策监管；二是加强对企业改制的监管；三是加强对关联方交易的监管；四是加强对资产评估的监管；五是加强对国有资产转让的监管。

（四）国资监管机构应加强国有资本经营预算管理

《国资法》第一次以法律形式规定了国家以所有者身份取得国有资本收益。一是明确国有资本经营预算的收入范围和支出原则，二是明确国资经营预算草案编制的责任主体。

（五）国资监管机构应自觉接受监督

《国资法》根据国情，建立起人大、政府、审计、社会公众等全方位的监督体系。国资监管机构应接受以下四个方面的监督：一是配合政府接受人大监督；二是接受政府的监督；三是接受审计机关的监督；四是配合

政府接受社会公众监督。

（六）国资监管机构应接受法律问责

一是明确规定了国资监管机构不依法履行职责应承担的法律责任。二是明确规定了国资监管机构的工作人员的法律责任。三是明确了监管机构委派的股东代表的法律责任。

二、国资监管体系存在的问题

（一）履行国有资产出资人职责的机构多元，但国有资产监管机构的主体不够明确

《国资法》和《条例》都是国有资产监管的法律依据，但二者对国资监管机构主体的规定存在差异。《条例》强调履行国有资产出资人职责机构的唯一性，《国资法》强调履行出资人职责机构的多元化。《国资法》提出“国家建立健全国有资产基础管理制度”，但未能明确国有资产监督管理的统一主体。在实际操作中，履行出资人职责机构多元化，监督管理主体不明确会形成国资监管信息分散、监管制度不统一等问题，极易回归“九龙治水”的旧辙。

（二）国资监管机构与公共管理部门职责有待进一步衔接

国资监管机构与政府公共管理部门的行权界线不够清晰，《条例》规定国资监管机构不行使政府的社会公共管理职能，但在实践中总有部门把国资监管机构误认为“婆婆”，而现实中部分机构和部门在对企业行使国有资产出资人职责的同时却又承担着社会公共管理职责，这种与法律、行政法规相悖的现象，不仅导致政府公共管理部门与国资监管机构间衔接不利，而且必然导致国资监管机构的履职不畅。

（三）国资监管机构与出资企业间的责权边界有待进一步明确

《条例》要求国资监管机构指导和促进国有及国有控股企业建立现代企业制度，完善法人治理结构；同时规定，所出资企业投资设立的重要子企业的重大事项，需由所出资企业报国有资产监督管理机构批准。《国资法》规定，国资监管机构应当依照法律、行政法规以及章程履行出资人职责；国家出资企业对其所出资企业依法享有资产收益、参与重大决策和选择管理者等出资人权利。《国资法》和《条例》对国资监管机构和出资企业之间的权责关系界定的描述不尽相同，如果没有具体的管理办法跟上，无疑会在国资管理的实际操作层面带来困惑并造成一定程度的行为混乱。

（四）国资监管机构的履职方式有待改进

国资监管机构作为政府特设机构，代表政府行使国有资产出资人职责，负责监督管理国有资产，实现国有资产的保值增值。因此，国资监管机构必然应同时具备行政机构和资本运作的功能和特质。目前国资监管机构“发文、开会、检查、管干部”等行政性监管方式较多，资本运作的功能不强。对企业的发展战略和公司章程等关键领域和重要环节的监管有待增强。

三、深化北京市国有资产管理体制改革的对策

（一）建立统一的企业国有资产监管体系

推进政府出资人职能与公共管理职能的分开，构建统一的企业国有资产监管体系，促进政资分开、政企分开。可借鉴上海、天津等地的经验，将政府其他部门管理的经营性国有资产分离出来，交由市国资委统一管理；对于确需政府其他部门管理的经营性国有资产，可由市国资委采取委托代理方式进行管理。目前可以先通过派驻监事会的方式实现企业国有资产监管的全覆盖。

（二）完善国有资产出资人管理与政府社会公共管理职能的衔接机制

坚持社会公共管理职能与国有资产出资人职能分开的原则，进一步明确国有资产监管机构与政府公共管理部门的职责分工，建立分工明确、沟通顺畅、职能互补的衔接机制。

（三）清晰国资委与所出资企业责权边界，推动国有企业深化改革

国资委要通过制定企业国有资产战略发展规划以及监督管理的规章、制度，清晰与所出资企业的责权边界。一是制定国有经济战略发展规划；二是通过强化公司章程管理，明确市国资委与企业董事会、经理层、监事

会的职责边界；三是完善各项管理制度，加强对企业国有产权、国有资本经营预算、经营业绩考核与薪酬管理等的基础监管。

（四）探索建立完善的国资监管体系的有效途径

按照建立统一的国有资产监管体系的要求，建议北京市国有资产管理体制由市国资委、国有资本经营管理中心（公司）和实体企业三级架构组成：国资委主要负责国有资产监管与战略规划，制定国资监管规则，制定国有资本战略发展规划，并据此编制国有资本经营预算草案；向国有资本经营管理中心（公司）派出产权代表、制定章程、审批重大事项、考核经营管理者等。国有资本经营管理中心（公司）是国有资本战略和国有资本经营预算的实施载体，专门以股东身份通过资本层面的运作有效优化配置国有资产，从事国有资本的经营管理和运作，不从事具体的产品（生产）经营。国有资本经营管理中心（公司）可由若干国有资本经营平台、大型企业集团或专业功能平台组成。实体企业专门从事产品经营与生产经营，是国有资产保值增值的实施主体。

实现国有资产管理体制三级架构，可采取逐步过渡方式。首先，对市政公用行业企业实施统一监管。市国资委要对其管理层级进行压缩，以提高国资委对企业的管控能力。对该类企业重点考核其成本费用水平、公用产品质量与安全。其次，打造以国有资本经营管理中心（公司）为核心的营利性资产板块。将目前的一级企业根据资产与业务属性，或直接改组为国有资本经营管理中心（公司），或逐步置入各国有资本经营中心（公司）成为实体企业。最后，充分发挥国有资本调整三大平台功能，即以房地集团、外经贸控股公司、外企服务公司为依托，构建非经营性资产托管平台、不良资产处置平台和离退休人员管理平台，系统解决企业的历史遗留问题，提高国有资本的营利效率。

（五）建立健全四维管控流程，改进国资监管机构履职方式

建立健全规划、预算、人事、风险四维管控体系。一是建立健全规划管控体系。国资委根据全市战略导向和国有资本功能定位，负责制定市属国有经济整体发展战略，优化国有经济布局和结构调整。国有资本经营管理中心（公司）根据资本市场等情况，制定投融资战略，通过股权投资，增强国有流动资本的运行效率。实体企业结合企业发展方向，制定发展战略、业务战略和职能战略等。二是建立健全预算管控体系。国资委通过注入资本金等方式，加强对国有存量资产的整合、增量资产的创造，引导国有资本明晰发展方向。国有资本经营管理中心（公司）结合资金流、投资周期以及风险防控等因素，指导企业加强财务预算管理，提高国有资本的配置效率。国有资本经营预算收入中，债务融资收入除原有的委托贷款外，也可以用于配套国家出资企业的项目资本金和国资系统内股权投资；分红收入主要用于相对稳定的私募和证券发行市场资本支出；资本运作收入主要用于流动性较强的证券流通市场资本支出。三是建立健全人事管控体系。国资委制定企业负责人与外派董事任职标准与薪酬激励制度，选任国有资本经营管理中心（公司）的企业负责人与外派董事任职标准与薪酬激励制度，选任国有资本经营管理中心（公司）通过下属企业董事会任命企业领导人与外派董事，行使出资人知情权、重大决策和人事任免权利。四是建立健全风险管控体系。构建事前、事中、事后的管控闭环系统，国资委对出资企业的风险情况统一收集与集中管理，国有资本经营管理中心（公司）成立风险管理部门，对投资项目数据信息进行分析监控。实体企业通过企业内控体系，加强对企业经营、资本运营的风险控制。

国资监管体制的框架设计和完善路径

背景介绍：2011年5月，“十二五”规划出台，我受国务院国资委某局委托担任课题负责人，制定《“十二五”期间国资监管体制的框架设计和完善路径》课题。2014年，我受国务院国资委某局委托，担任《以管资本为主加强国有资产监管》负责人，讨论设计“管资本”背景下新一轮国资监管体制框架。由于上述两课题突出了同样的观点，即“一是国资监管重点应从资产管理过渡到资本管理；二是国资体系内部对出资人权利和监管权力的关系有待重新梳理，以构建有效的国有资本经营与监督体系”，因此将上述两课题方案合并为此文，我的研究生韩卓然、刘作琮等参与了此次研究。

本文抽出了方案中最重要的三个部分：一、国资监管体制设计的理论依据；二、国内外经验比较与借鉴；三、大国资监管框架设计和完善路径。

一、国资监管体制设计的理论依据

（一）产权理论与国资委体系

1. 产权理论概述

（1）产权的基本含义与分类。

产权的基本含义体现为三个方面：首先，产权是一种权利，具有排他性和可交易性，构成市场机制的基础和内容；其次，产权核心功能是使权利与责任对称，强调权利受到责任的严格约束；其三，产权是可以分解为多种权利并统一呈现的权利束，包括狭义所有权、占有权、支配权、使用权。

根据产权的归属主体不同，产权可以分为私有产权和共有产权。私有产权是指将权利分配给一个特定的自然人，共有产权是指将权利分配给共同体的所有成员，国有产权就是公有产权典型代表。国有产权是全体公民拥有对财产的所有权，通过国家或政府某些特定的部门代表公民行使所有者的基本权利，而任何个人不得对这些财产拥有任何形式的法律上的权利。

（2）国有产权概述。

国有产权的全称是国家财产所有权，是国家对全民所有的财产所享有的占有、使用、收益和处分的权利，也是一项确认和保护全民财产的法律制度，是全民所有制在法律上的表现。国有产权作为一项法律制度，对于保障社会主义公有制经济的巩固和发展，保护国家财产不受侵犯，促进社会主义经济建设的顺利进行都具有重要意义。

国有财产是国家在法律意义上拥有的财富和资源，其形成源于国家投资形成的报酬、资产使用带来的收益、馈赠所得，由全体中国公民共同拥有、共同享用、共同受益、共同支配，国有财产的经营和管理由国家代表人民掌握。目前国有财产中经营性财产和非经营性财产主要分布于国有企业和国家行政事业单位，国有财产中的资源性财产是指具有开发价值的自然资源，包括国家的土地资源、矿产资源、水资源、生物资源和海洋资源等。

2. 企业国有产权理论的基础

马克思产权理论、现代西方产权理论、公司治理理论是企业国有产权管理研究的理论基础。

（1）产权理论与企业国有产权。

产权是现代市场经济和现代企业制度的一般概念。首先，对于企业国有产权的管理，必须建立在明晰的产权及产权关系基础之上。只有产权和产权关系明晰，不同产权主体的权利与责任才能对称，才能建立起有效的激励与约束机制，才能进行有效率的管理；其次，按照产权理论，出资人所有权与企业法人财产权必须有效分离，出资人可以通过股东权利影响企业行为，但不能通过直接处置企业法人财产中属于自己的部分从而直接干预企业的经营活动。

（2）公司治理理论与企业国有产权管理。

公司治理是有关公司管理与控制的结构、过程和机制。通过使公司的管理者与公司股东的利益趋于一致，解决公司所有权（股东）与控制权（管理者）相分离产生的委托代理问题所引起的利益冲突。公司治理是企业国有产权管理的重要途径之一。分权与制衡的公司治理结构是保证公司治理效率的基础，实现利益相关者利益的有效融合，保障公司决策的稳定性和合理性，避免公司发展过程受个体因素的极端影响；在公司治理结构中，公司内部董事会、监事会是其重要组成部分。

（3）现代产权制度。

2003 年，党的十六届三中全会通过了《关于完善社会主义市场经济体制若干问题的决定》的报告，提出建立“归属清晰、权责明确、保护严格、流转顺畅”的现代产权制度，从而将对现代产权理论的认识上升到制度建设的新高度。

现代企业产权制度要实现和“两权分离”和“权责明确”。“两权”是指现代企业中的出资人所有权和企业法人财产权。出资人所有权在股份有限公司中就是股东的所有权，是企业的所有者对企业所拥有的收益权、决策权和选聘经营者的一系列权利；企业法人财产权是指经营者所拥有的对企业在经济上的占有权、使用权、处分权和收益权。

“两权分离”、“权责明确”是现代企业产权制度的重点内容。建立和规范产权市场，通过法律手段严格保护国有财产排他的使用权和收益权，通过产权市场优化资源的合理配置；国有产权的“流转顺畅”有赖于国有产权交易市场的建设和完善，通过市场实现产权的合理流动，实现企业经理人的市场化选择，实现国有企业员工和股东权益的市场保护机制。

3. 国资委体系下的国有产权管理模式

我国国资委体系下的国有产权管理模式可以通过以下几个层面来实现：

（1）国资委作为出资人层面。

设立国有产权管理的专职机构——国资委，国资委是依法设立，依法行权，是国有资产出资人的代表。社会主义市场经济是以生产资料公有制为基础，混合所有制企业与国有企业数量相对较多，我国有别于资本主义国家，在政府设立了国资委这一独立机构对国有资产进行专门管理。根据国务院授权，依照《中华人民共和国公司法》、《国资法》等法律和行政法规履行出资人职责，监管中央所属企业的国有资产，加强国有资产的管理工作。按照《公司法》、《国资法》和《监管条例》的要求，实现“三分开”，即政企分开、政资分开，所有权与经营权分离；“三结合”，即管资产与管人、管事相结合，“三统一”，权利和义务、责任相统一，从而实现管理身份、管理方式、管理对象、管理观念和管理目标的根本性转变。

（2）出资人与实体企业层面。

在国资委与实体企业之间，设立国有资产经营机构，即国有资本投资运营公司。由政府国有资产监督管理机构授权，代表国家行使产权管理职能。国有资本投资运营公司主要通过对公司的产权管理来实现资产的保值增值，在以管资本为主加强国资监管的背景下，国资委对企业的产权主要为出资资本的所有权，通过对国有资本保值增值的产权管理来实现国资监管。

(3) 实体企业层面。

公司治理是保证出资人到位和出资人权益的重要途径。国资委出资企业的法人治理结构的建立模式遵循规范的以股东代表大会、董事会、经理人和监事会共同组成的公司法人治理结构——即“三权四会”，实施对所出资企业国有产权权益的有效监管。“三权”即股东的所有权、董事会的决策权、管理者的经营权；“四会”是股东会、董事会、经理会、监事会。股东大会是公司的最高权力机构；董事会是公司的经营决策机构；公司的总经理负责公司的日常经营管理活动，对公司的生产经营活动进行全面领导；监事会是公司的监督机构。

(二) 委托代理理论与国资委体系

随着股份制企业的出现和发展，委托代理理论在企业中得以广泛的运用。在股份制形式下，企业资产所有权与经营权相分离，资产所有人拥有企业资产并承担经营风险却不实际经营企业，而是将企业经营权委托给职业经理人。经理人受资产所有人委托，代理经营企业，获取薪酬却不承担经营风险。

1. 国有资产的多层次委托代理

委托代理理论为正确理解我国国有资产多层次委托代理关系奠定了基础。从性质上看，国有资产是全国人民所有的资产，但每个公民不能都直接参与全民财产的经营和管理。因此，必然要求一个客观主体行使对这些财产的管理经营权，国家是充当这个客观主体的天然代表。然而，国家是一个抽象的范畴，任何一个国家的运行都是由其政府来承担的，政府成为全民所有制下全国人民所有的财产的代理人。由于政府是由不同的职能部门组成的，必然对国有资产的所有者权能继续进行委托。随着各级国资委的成立，我国组建了统一的国有资产监管部门——国资委，国有资产管理体制形成“统一所有，分级代表”的制度。而国有资产监管部门又通过国有资产经投资运营公司对国家出资企业实行委托经营。

因此，国有资产的营运采用多层次委托代理关系。这一多层次的委托代理关系具体表现为：①全国人民委托各级人民代表大会代理进行管理；②各级人民代表大会委托各级政府代理进行管理；③各级政府委托国有资产管理部门代理进行管理；④国有资产管理部门委托国有资本投资运营公司代理进行管理；⑤国有资本投资运营公司作为实体企业的股东通过参加股东大会委托所出资企业的董事会与经理层对实体企业进行管理。

2. 国资委体系中的委托代理关系

从五个层次的委托代理关系可以看出，委托代理关系的起点是全国人民对各级人大的委托，而委托代理关系的终点是国有资本投资运营公司对所出资企业董事会与经营层的委托。作为起点的全国人民是单一的委托人，作为终点的所出资企业董事会与经理是单一的代理人，而作为委托代理链条中间环节的各级人民代表大会、各级政府、各级国有资产管理部门和国有资本投资运营公司则具有双重身份。

其中，国资委在委托代理关系中扮演非常重要的角色，它既是初始委托人的代理人，又是最终代理人的委托人。它是国有资产的所有者——全国人民的代理人，行使的是委托代理的所有权。在国有产权制度下，除存在所有者与经营者之间的经营权委托代理关系外，还存在真正的所有者——全国人民与国资委之间的行使所有权的委托代理关系。

这种所有权的委托代理关系兼有行政性委托和资本性委托的特点，其中，各级政府对国有资产管理部门的委托与政府的组织制度和组织形式改革相关联，可称之为行政性质的委托。而国有资产管理部门对国有资本投资运营公司或国家出资企业的委托是出于履行出资人职能的考虑，以资本为纽带，可称之为资本性质的委托，在国资监管中，以资本为纽带的委托代理关系是国资监管中的根本依据，是国资委行使监管权能的理论起点。

二、国资监管的国内外相关经验比较与借鉴

下文重点研究新加坡淡马锡公司、意大利伊里公司（IRI）以及中央汇金公司这三家国有控股公司的历史背景和公司治理。

（一）新加坡的淡马锡模式①

（二）意大利的伊里模式

1. 概况

伊里集团是意大利三大国家参与制企业集团（伊里、埃尼和埃菲姆）中成立最早、规模最大的一家企业集团，作为意大利国有控股公司最具代表意义，下文将以伊里集团为主线对意大利的国有控股公司进行介绍。

在20世纪30年代政府大量收购了意大利商业银行、罗马银行和意大利信贷银行3家银行的股票，并接管了这些银行控制的许多工商业企业，组建了意大利工业复兴公司（简称伊里公司），于1937被改组成国家持股公司，并直接接受政府管理——这就是战后闻名于世的国家参与制的开端。鼎盛时期意大利伊里公司在大约500家公司中拥有自己的权益，经营领域涵盖银行业、钢铁业、能源业、宇航业、交通运输通信业、机械电子业、建筑业等。是整个西方国家经济中最为庞大的国有企业管理者。

在60年代和70年代，伊里公司被委派了两项非商业性任务：①挽救境况不佳的公司，尤其是那些深受石油危机之害的公司；②拿出其40%的投资开发意大利贫困的南部地区。70年代以来，伊里公司的管理层变得越来越政治化，管理层和董事会的任命、投资和重建战略都成为各政党争夺的目标。

进入80年代后，伊里公司连年亏损，财务困难，虽然政府支付给其下属亏损企业巨额补贴，但在国家参与制企业肩负多重社会福利目标的环境下，国家给予的财政补贴使企业竞争意识弱化，惰性增强，反过来进一步加重了国家的负担。伊里公司也通过欧洲投资银行和发行债券筹集资金。隐性的政府担保使伊里公司、次级控股公司和实体运营公司三个层面都能够筹集到资金。但伊里公司过度利用了该机制：1992年，当伊里公司改制为依据民法设立的财政部全资所有的股份公司时，政府担保的公开化要求伊里公司将次级控股公司和实体运营公司的债务控制在明确的担保范围

① 本部分略，详见本书第三章中的《新加坡淡马锡公司对我国国资改革的借鉴意义》一文。

内，这导致伊里公司的亏损从1991年的5.4亿美元增加至1993年的83亿美元，其合并债务在1992年达到583亿美元。伊里公司使政府耗竭了借款能力，直接导致当年里拉出现崩溃。同年，政府取消了内阁中的国家参与部，意大利开始实行各行业的私有化。1992~2000年间，为实现偿还债务的目标，伊里公司变卖了160份主要财产，在历时8年之后，公司最终于2000年被破产清算。

2. *政府对伊里公司的管理*

国家是伊里公司的唯一所有者，国会、政府对公司进行具体管理。

国会是伊里公司的最高决策机构。国会两院的常设委员会负责对公司的重大事项进行决策，其权限是：①批准公司的中期计划和政府向其提供的捐赠资金；②批准政府提交的对其董事长、副董事长的任命；③要求国家参与部提供有关公司经营的其他资料。

政府是对伊里公司进行直接管理的机构。政府部门中的国家参与部具有指导和监督伊里公司，保证其经营活动符合政府经济政策目标的权力，国家参与部具有如下权限：①牵头其他政府部门，成立部际经济计划委员会，制订公司中期计划；②发布部际经济计划委员会制定的一般性方针和指示，对方针的实施提供必要的指导，并监督其实施；③制定政府向伊里集团提供的捐赠基金的方案；④推荐公司董事长和副董事长，并聘请专家任公司董事等。

3. *伊里公司的内部管理*

伊里公司设董事会，含1名董事长和2名副董事长；在董事会下设执行委员会和审计委员会。伊里公司董事会12位董事中有9名来自政府各部门（包括国家参与部），其他3名是由国家参与部指定的外面的专家。审计委员会的5名成员也由国家参与部任命。伊里公司章程规定，总经理由国家参与部长根据董事长提出的方案任命。伊里公司总部有400多人，设有计划投资部、审计部、财务部、法律部、国际事务部、人事部、公共关系部等10个职能机构。

4. *伊里公司对子公司的管理*

伊里公司对其所属子公司（次级控股公司）和孙公司（实体运营公

司）采取了一种高度集中的管理体制。由集团总部的十个部门分别对下属次级控股公司和实体运营公司予以管理和控制。其主要表现有四个方面：①制订部门控股公司投资和生产计划的方针；②提供并分配必要的资金；③任命其下属公司的最高管理层和选择有效的组织机构和管理制度；④批准部门控股公司和直属企业的年度财务状况草案。伊里公司对下属公司的管理具体通过计划管理、收益分配和人事权来实现：

伊里公司通过严密的计划管理体系对次级控股公司实施强有力的控制。各次级控股公司每年须呈报 4 年滚动计划、下年度财务预算、上年度生产及财务目标的完成情况。而后，根据汇总的资料和政府的指导方针、产业政策，编制全系统的 4 年滚动计划和其他相关文件。计划确定后，各下属公司在其指导下独立经营。每年年底对计划执行情况进行全面检查，完成计划目标的给予奖励，完不成的酌情对领导者给予处分。

伊里公司对次级控股公司的财务控制主要通过确定利润目标和确定净利润分配比例来实现。伊里公司规定：年度净利润 20%用于普通公积金、15%作为特别基金、65%上缴。普通公积金用于弥补亏损，特别基金主要用于职工培训和职工福利。

伊里公司在资本控制的基础上实现对次级控股公司的人事控制，逐级任命下属公司的董事长、董事、总经理并派遣其他高级管理人员。通过人事控制，贯彻自己的方针政策，了解下属公司和企业的经营状况，检查有关计划目标的执行情况。

（三）中央汇金模式

1. 概况

2003 年 12 月，中央汇金投资有限责任公司（以下简称中央汇金公司，见图 3-7）是依据《中华人民共和国公司法》由国家出资成立的国有独资公司，代表国家依法行使对国有商业银行等重点金融企业出资人的权利和义务。2007 年 9 月，财政部发行特别国债，从中国人民银行购买中央汇金公司的全部股权，并将上述股权作为对中国投资有限责任公司（以下简称中投公司）出资的一部分，注入中投公司。中央汇金公司的重要股东职责由国务院行使。截至 2012 年年底，中央汇金公司投资收益达到 4000.44 亿元，同比增加17.45%；利润达到3983.96亿元人民币，同比增加609.17亿元，增幅为18%。其中，投资收益是汇金利润的主要来源。

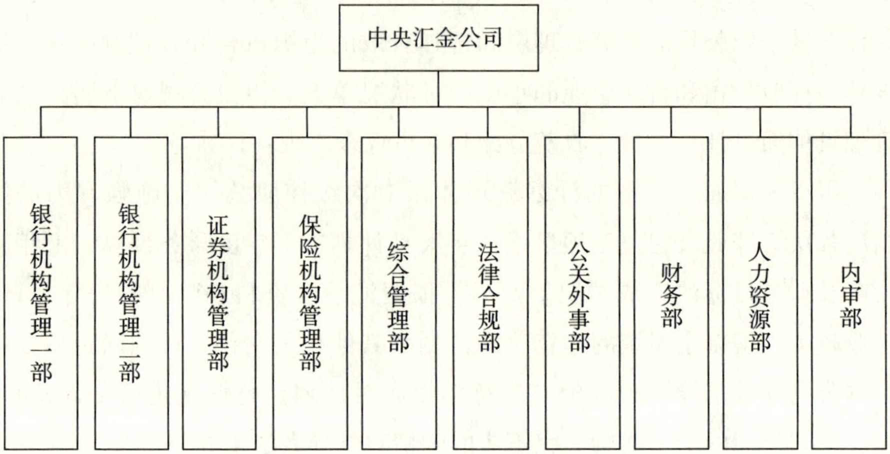

图3-7 中央汇金公司组织结构图

2. 政府对中央汇金公司的管理

中投公司下设中投国际有限责任公司（以下简称中投国际）和中央汇金投资有限责任公司（以下简称中央汇金）两个独立开展各自业务的全资子公司。如前文所述，中央汇金公司的重要股东职责由国务院行使。中央汇金公司董事会、监事会成员由国务院任命，对国务院负责。

3. 中央汇金公司的内部管理

汇金公司设董事会，含1名董事长、4名副董事长、1名执行董事和2名独立董事。中央汇金公司董事会、监事会成员由国务院任命。汇金公司设有银行机构管理一部、银行机构管理二部、证券机构管理部、保险机构管理部、综合管理部、法律合规部、公关外事部、财务部、人力资源部、内审部10个职能机构。

4. 中央汇金公司对子公司的管理

中央汇金公司根据国务院授权，对国有重点金融企业进行股权投资，以出资额为限代表国家依法对国有重点金融企业行使出资人权利和履行出资人义务，实现国有金融资产保值增值。中央汇金公司不开展其他任何商业性经营活动，不干预其控股的国有重点金融企业的日常经营活动。

截至 2013 年 12 月 31 日，中央汇金公司控股参股 19 家机构。详见图 3-8。

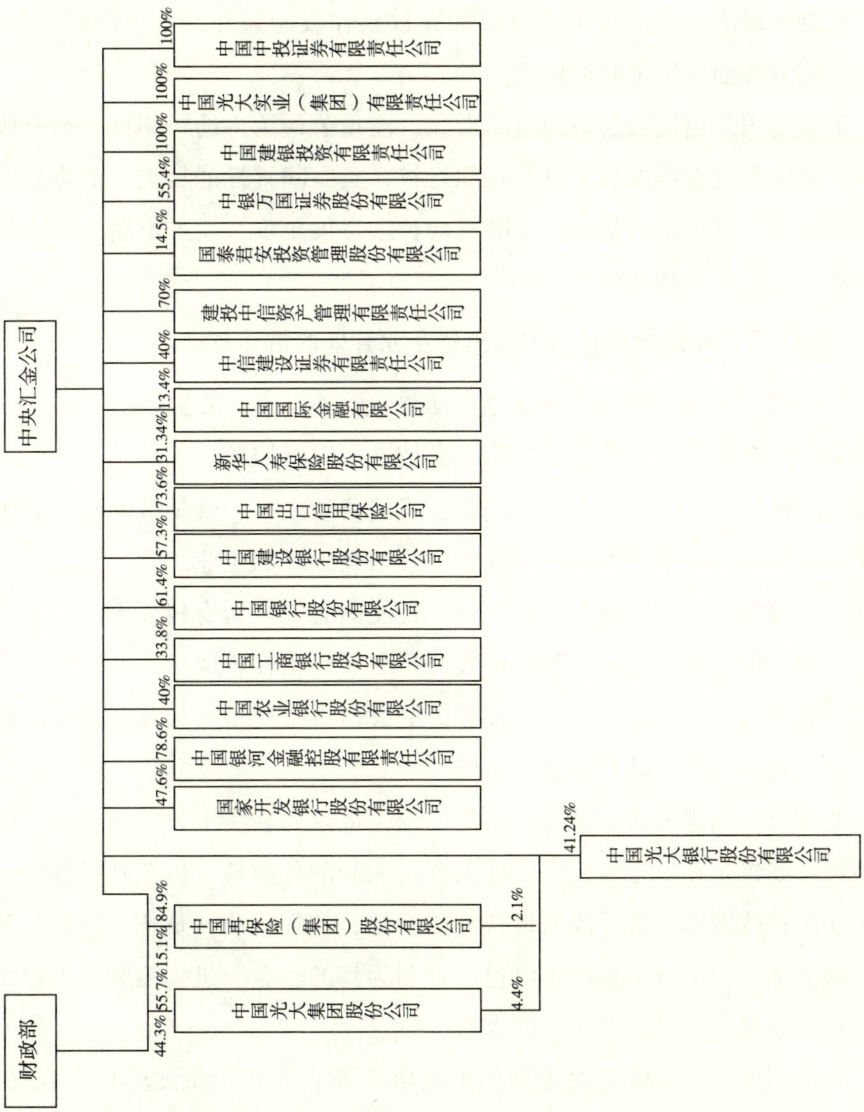

图3-8 中央汇金公司控股参股机构

汇金管理模式的核心是派出董事制度。汇金公司向控参股金融机构派出股权董事，派出董事全天候在控参股机构“坐班”，其组织、行政和工资关系都在汇金公司，由汇金公司进行业绩考核，在一个派驻机构任职最多不能超过6年。这种特殊的制度安排避免了利益冲突，初步解决了长期困扰国有金融机构的信息不对称、内部人控制等问题。同时，汇金公司派出董事的席位占比，意味着对于重大事项拥有否决权，是公司治理有效制衡的机制性保障。派出董事的反对和弃权票在收购兼并、固定资产购置、人员费用等方面发挥了制衡作用。

汇金公司采用控股公司的组织形式，注重公司治理的机制性，通过股东会、董事会议案审议表决方式履职行权，具有间接性的特点。汇金公司不发指令、不搞审批，从控、参股机构长远发展角度，通过市场化方式提出国有股东的意见和建议。

（四）国内外模式对我国国家出资企业管理的借鉴与启示

1. 国家出资企业中营利类国企应占多数，公益类企业应占少数

国外国有控股公司营利属性的前提是这些国有控股公司及其下属业务性公司的独立性。国外建立国有控股公司的目的之一，就是缓冲政府对国有企业过多的行政干预，因为国有控股公司是独立的企业法人，所以在经过国家授权后，应独立享有国有资产，行使国有资产所有权，不应受到政府的任意干预。有些国家的国有控股公司之所以运作不成功，就因为政府部门任意干预控股公司。比如意大利伊里公司将企业目标与社会目标混合在一起，最终导致了破产清算的结局。

通过对淡马锡公司和伊里公司的比较，从意大利伊里公司的例子可以清楚地看到将企业目标与社会目标混合在一起的危险性。虽然其在承担社会职能时，政府以经济手段的形式加以补偿，比如税收、贷款、担保等各方面给予优惠，但由于长期不以追求营利为目的，企业机构臃肿，人浮于事，负债累累，最终导致破产清算的结局。

我认为追求经济效益对中国国家出资企业具有极为重要的借鉴意义，应保证国家出资企业及其下属子公司的独立性，在此基础上，对于我国竞争性行业中的国家出资企业应以追求经济效益目标为主，重点追求国有资本的保值增值，而非其他社会福利目标。同时，只有在明确国家出资企业经济效益目的的基础上，才有可能强化其资本经营预算约束。

2. 政府对国有控股公司的管理应遵循市场经济原则

新加坡财政部对淡马锡公司的管理遵循市场经济原则，运用法律手段和经济手段。政府一般不以行政手段干涉企业经营活动，而是依据产权关系，通过向淡马锡公司选派股权代表参加董事会体现国家利益和产权约束，董事会实际上成为连接政府与国有企业产权关系的中介。

2009 年 3 月，财政部发布了《金融控股公司财务管理若干规定》，明确金融控股公司国有资本由财政部代表国家持有。而财政部不能直接参与金融机构的管理，需要一家新的金融控股公司代替财政部履行出资人角色。因此，于 2003 年 12 月 16 日注册成立的中央汇金公司在很大程度上借鉴了新加坡淡马锡控股公司，落实出资人责任。中央汇金公司是中投公司的全资子公司，中投公司是财政部通过发行特别国债的方式筹集 15500 亿元人民币，购买了相当于 2000 亿美元的外汇储备作为资本金注册成立的。中央汇金公司由国务院直接任命董事会、监事会成员。汇金公司采用控股公司的组织形式，通过股东会、董事会议案审议表决方式履职行权，通过市场化方式提出国有股东的意见和建议。

意大利国会是伊里公司最高决策机构，意大利政府对伊里公司进行直接管理。相对于新加坡政府对淡马锡公司管理的权限而言，意大利国会、政府具有更广泛的权力，不仅具有人事任命权，还决定公司的中期计划，发布方针、指示，制定政府向伊里公司捐赠基金的方案等。意大利政府给予的财政补贴使伊里公司在市场竞争中惰性增强，滥用国家信用，最终导致了破产。

由上述分析可以看出，政府对国有控股公司的管理也应该遵循市场经济原则，依据产权关系，通过选派股东代表/任命董事等形式参与董事会体现国家的战略意图，而不应通过行政手段干预国有控股公司在市场中的竞争地位，例如意大利政府对伊里公司的过于“爱护”，不仅没能实现国有资本的保值增值，反而将各行各业的企业推向了私有化的极端。

3. 须加强“董事会”为核心的治理结构

国际经验表明，即便是西方资本主义国家，也常在政府全资设立的国有控股公司中安排政界人士，这甚至是一种通行的现象——由于国有独资公司没有股东大会，因此，由政府部门派出的董事，实质上是一种行政委派。这就要求国资委等政府部门在委派国有控股公司董事时，一定要谨慎从事，从国有控股公司生死存亡的高度重视董事的委派问题：不应像伊里公司一样，董事来自政治斗争的妥协；而应效仿淡马锡公司，由政府官员和企业界人士等共同担任，前者代表政府出资的利益，更多考虑国家、社会的公正因素，而后者保证了企业在市场竞争中的运营高效率。同时也要注重引入独立董事制度，发挥独立董事监督、决策的功能。由于独立董事自身的独立性、外部性，因而有利于对经理层进行客观评价和进行监督，并有利于企业战略决策的科学化。

中国国家出资企业应借鉴新加坡"以董事会为中心"的模式和中央汇金公司不发指令、不搞审批的"派出董事"模式，建立并完善我国国家出资企业的董事会制度。国家出资企业的管理主要应通过对下属企业董事会成员的人员管理来实现：通过向下属企业选派董事，由董事在企业董事会中参与决策，发挥作用，体现股东权利与对其约束。母公司的意图主要通过董事会决议在其下属企业日常经营活动中得到体现和贯彻；公司的经营方针和决策又通过董事会成员反映到政府部门，使董事会实际上成为连接母子公司产权关系的桥梁。

4. 要防止层次过多、规模过大

规模庞大、层次过多是各国国有企业经营失败的教训之一。意大利伊里公司也存在多层次和规模过于庞大的问题，除本级和次级控股公司外，还有三级和四级公司。为了保证控制权，伊里公司采取了高度集中统一的管理方式，决策权集中，导致最高决策层远离经常多变的市场，其所做出的决策难免带有盲目性。意大利的企业与主管公有制企业的政府机构之间存在着多层次的问题，伊里公司庞大规模本身就产生了不必要的管理层，造成低效的官僚主义决策方式。其结果不但没有发挥对过多政治干预的缓冲作用，反而成为政治垄断、干预和控制的强有力的工具。根据现代企业理论，多层次管理必然发生代理成本过大的问题，而规模过大也必然出现多层次问题。因此，中国国家出资企业应摸索最合适的管理跨度和层次，单个国有资本投资运营公司的规模不宜过大，使国资经营管理体系高效运行。国有资本投资运营公司数量应相对增多，在实施步骤上应在试点基础上，再逐渐将有条件国有资本投资公司、国有资本运营公司转变为国有资本投资运营公司。

5. 国资改革走不通淡马锡模式和中央汇金模式

淡马锡公司成立之初投资组合净值仅有16亿元人民币，目前，投资组合净值为1686亿美元，约合1万亿元人民币。但是，中国国有企业量大面广，国有资本体量巨大。仅一个央企的资产就可能达2万亿~3万亿元，例如：截至2011年年底，中石油集团资产总额就已超过3万亿元。国资委所监管央企的资产近40万亿，全国除金融国企之外的国有企业资产总额100万亿，如此庞大的国有经济规模、如此多样性的国有企业结构，难以像新加坡那样仅靠淡马锡一家投资管理公司来管理。

汇金公司以我国的外汇储备为基础，实质上是一个金融系统国有资产的监管模式。这同国资委监管的实业国有资产有很大不同，所以也不可能采取同样的模式。

我认为中国的国资改革既要遵守市场经济体制的一般规律，又要从中国国情出发，把国有资本和市场经济相结合，创新出中国模式：财政部履行社会公共管理职能，进行公共产品预算的政府部门，它必须公平面对所有纳税人，而不该对某一类所有制性质的资本给予预算、补贴等特殊管理。因此，公益类国企可由财政部作为监管和出资部门；保留大量营利性的营利类国企是中国市场经济模式的重要经济特征，可由从事国有资本经营预算的政府特设部门——国资委在国务院和大量各类国有资本投资运营公司之间作为统一监管部门履行相关职责。

三、大国资监管体系框架设计和完善路径

（一）明确国资委定位，推动大国资监管体系①

1. 大国资监管内涵：三种监管概念的厘清

2. 大国资监管体系中的分工与定位

（二）国资委应成为营利性国有资产的统一监管者②

（三）大国资委监管体系下的三层次监管模式设计

在中国拥有庞大的国有资本的基本国情下，新国资体系是实现政府职能转变，保证市场经济自由、健康发展的重要举措。传统的国有资产管理的对象是国有企业的经济行为，侧重规范国有资产使用单位的生产经营活动，容易走回政企不分的老路。而当监管对象从国有资产变成了企业国有资产（国有资本），客观上也对国资监管机构的行为提出了新的要求，大国资委体系下企业国有资产监督管理的概念在这一背景下提出。

第一，监管方式：分为对国有资本经营公司的直接监管和对国家出资企业的基础性监管相结合。

第二，监管范围：就国资系统所履行的国有资产终极所有人代表基础上的统一监管权来说，有以下两个要点：其一，这里是具有经营且营利性的企业国有资产的管辖范围，它不含非营利性国有资产；其二，不含不以企业形态存在的国有资产和价格由国家通过听证会等形式进行管制的自然垄断企业；国资委的监管既应包括对其直接出资企业的内部监管，也包括对其他非直接出资企业国有资产的监管，如金融等。国资委经过国务院授权，以经营营利性国有资产终极所有人代表身份来行使监督管理职能。

第三，实施路径：要实现组建国资委系统这样一个目标，必须考虑以下两个环节和步骤：第一，作为国有资产统一监管主体的国资委，能否是同级政府下经营且营利类资产的统一监管者；第二，统一监管者的监管边

---

① 具体内容略，详见本书第三章中的《从“金融国资委”之争看构建大国资监管体系的必要性》一文。

② 具体内容略，详见本书第三章中的《区分国资委与国资委系统的构想与战略意义》一文［三、（一）国资委应成为营利性国有资产的统一监管者］。

界与其通过其系统内履行直接出资人的国有资本经营公司所管辖的产权边界是否应该统一的问题。

为此，我们提出以下两种模式：第一，两步并一步模式，即在明确同级政府扩大的国资委监管边界的同时，也把所监管范围内履行国家出资企业直接出资人职能的国有资本经营公司（含大型企业的集团公司、金融控股公司以及国有投资公司）一并划入国资委系统，同时将补贴性非营利的经营性资产划归财政部门。第二，两步走模式，第一步应先将同级政府的企业国有资产监管权赋予国资委，由其统一履行基础性监管；第二步待条件成熟时，再将所有被监管企业的国家出资人产权统一划入国资委系统，以使最终的监管边界和产权边界相统一，也使得建立在终极出资人代表基础上的国资监管名副其实。

说明：加强对非经营性国有资产转经营性国有资产的过程的监管。当前行政事业单位下属的国有资产，各部委监管的国有资产中有相当部分属于经营性国有资产，或正准备改制、重组为经营性国有资产。对于此类资产，要通过监管来系统掌握总量、结构、变动、收益的全面信息。

1. 企业国有资产监管的三层次框架

在“三层次”国有资产监管的基础上，应进一步使其与国家现有监管体系相结合，最终实现“人大—各级政府—各级国资委—国有资本经营公司—国家出资实体企业（包括国有全资、控股、参股企业）”的有效监管体系（见图3-9）。

国资监管共分为三个层次，即国资委、国有资本经营公司以及国有实体企业三个层次。监管主体是国资委，监管客体是国有资本经营公司以及国有实体企业。

2. 国资委对国有资本经营公司的直接监管

国资委对国有资本经营公司的监管主要体现在以下几方面：制定和修改后者的章程；为后者设定或审议批准其战略规划；设定后者的风险管理和内部控制制度；制定后者决策机构的议事规则与决策程序；设定统计评价与经营业绩考核制度；重大国有资产重组、改制的审批；对后者增加或者减少注册资本做出决议；对后者的合并、分立、解散、清算或者变更企业形式做出决议；决定后者的年度融资计划及投、融资项目；向后者外派董事并进行董事会建设。国资委向国有资本经营公司委派董事或产权代表，委托其行使一定权限范围内的出资人权利；决定后者的重大人事任免和薪酬制度；包括聘任或解聘后者的总经理、副总经理及其他高级管理人员，决定经营层人员的考核指标、薪酬和奖惩等；审批国有资本经营公司的财务预算，确保其符合国资委既定的战略规划；通过审计进行监督；审议批准后者总经理的年度工作报告；法律、法规规定的其他出资人权利。

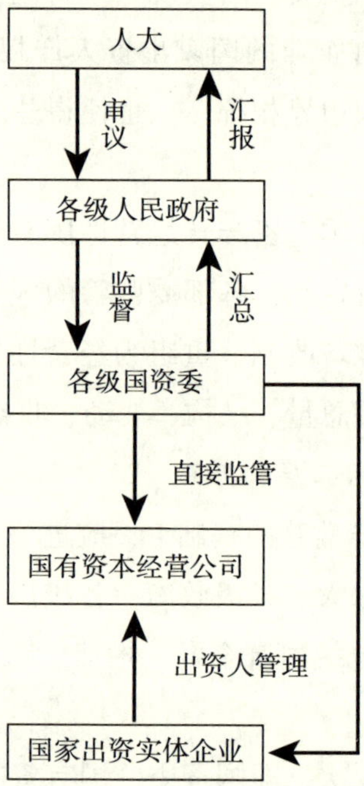

图 3-9 监管框架与流程图

3. 国资委对国家出资实体企业的基础性监管①

国资委对国有出资实体企业的监管主要体现在国资委在符合国家大政方针的前提下制定一系列政策性文件（包括薪酬激励政策、领导人考核任免政策、产权转让政策、国企改革政策等），对如境外投资并购、境外上

① 具体内容略，详见本书第六章中的《〈企业国有资产基础管理条例〉立法研究》一文。

市、产权转让、改制重组等行为，国资委可通过对企业具体行为的限制或审批来实现其对企业的监管，可通过相关规定界定政策红线，企业行为一旦碰触红线即需上报国资委审批，而不再由董事会层层批复。这一系列政策性文件，实质上是国资委对国家出资企业进行的基础性管理。

企业国有资产基础管理的概念正是在这一背景下提出的，在宏观上，能够通过基础管理为决策提供信息，更大程度地通过资本的流动来调整产业结构，体现产业政策，实施有进有退的战略；在微观上，对国家出资企业进行产权管理，确保国有资本保值增值，国有资本通过对外投资的乘数效应不断扩展，最终增强国有经济的活力、控制力、影响力。

4. 加强中央对地方国资监管机构指导和监督

通过加强中央与地方国资监管机构的沟通和协调，特别落实中央对地方的指导职能，更好地做到国有资本一盘棋的概念，能更好地在宏观上把握国有资本经营的方向和具体措施；同时，通过加强中央对地方国资监管机构的指导，能更好地推广学习各地区先进的国资管理经验。

5. 过渡模式下两层次与三层次国资监管的并行安排

从目前看，我国的国资监管体制主要是二层次结构，即在中央层面由国资委直接监管各中央企业，虽有集团公司这类的纯粹控股公司，但并无国有资本经营公司这一中间层。这种模式的缺点是会使国资委有可能陷入到企业的具体经营决策中去，而不能在行政与市场之间设立一个缓冲带，明确各自主体之间的定位与责权，在实际工作中国资委“婆婆加老板”的管理方式，容易引起欧美等发达国家关于不公平竞争和政府补贴的质疑。

但是，考虑到完全采用新设的模式，容易带来管理链条的延长与管理层级的增多，因此，可考虑将原有的中央企业集团公司逐步转化为国有资本经营公司，在转变完成之前，暂时保持两层次的监管模式，即过渡模式下两层次将与三层次国资监管体系并存。

在过渡模式下，应逐步加大对国有资本经营公司的试点，并适时推广这一模式，以便形成清晰的国有资本监管主体、国有资本运营主体、国有企业经营主体。最终转化为二层次的目标模式，以适应“十二五”期间强化国资监管的要求。

6. 完善大国资监管体系下国资监管的法律法规体系

近几年来，国务院国资委高度重视立法工作，近日制定出台的《中央企业境外国有资产监督管理暂行办法》和《中央企业境外国有产权管理暂行办法》及时填补了监管中的空白，目前正在抓紧起草《企业国有资产基础管理条例》，参与起草《国有资本经营预算条例》。这都对下一步的国资监管工作做出了积极的探索和铺垫。

在“十二五”期间进一步完善国有资产监管法律法规，在《企业国有资产法》规范框架内，完善国有资本经营预算、国有资产监管等规章条例的制定工作，进一步加强国资监管制度的规范性和系统性。本文所述的各项模式设计均需要通过法律框架来进行界定和约束。从工作重点看，“十二五”期间要出台对国有资本战略布局指导办法、对地市级国有资产监管办法、境外国有资产监管办法、董事会与职业董事制度、国有资本运营评价制度、国有资本经营预算管理制度等相关文件。

（四）大国资委监管体系下的四维度出资人管控模式设计

本报告所提出的四维管控模式是指在国资委系统内构成“三三四”体系，即：①国资委—国有资本经营公司—国家出资实体企业三类主体；②国资委对国有资本经营公司和国家出资实体企业的两类监管者监管（直接监管与基础性监管）和国有资本经营公司对国家出资实体企业的出资人管理共三层关系；③规划、预算、人事、风险四维管控。

战略规划、预算编制、人事任命和风险管理是出资人重要的四项职能，对应参与重大决策、资产收益、选择管理者和风险控制四项出资人权利，四项职能共同构成对出资企业的整体管控。在四项职能中，国资委应抓住战略规划和国资预算两大核心，通过人事任命及考核影响重大决策，通过编制预算来实现战略意图，通过风险控制实现国有资本保值增值。

值得说明的是，由于涉及三类主体三层关系，是国资委系统内部的系统管控问题，而不是一个企业法人主体内部管控，因此，系统内分工定位十分重要。在我们的模式设计里，国有资本战略规划和国有资本经营预算由国资委直接制定；对于人事管控，国资委负责国有资本经营公司的重大人事任免，通过国有资本经营公司在重要子公司董事会任命其企业领导人；对于风险管控，国资委更多地颁布风险管理指引与对内控进行监管，具体的风险控制职能交由国有资本经营公司和国家出资实体企业。值得说明的是，企业国有资产管控模式并不是一成不变的，会随着国资总体战略规划、不同的业务性质和股权比例而进行动态调整。

在我们提出的四维管控体系中，不同层级的管控权责也不相同，具体见图 3-10。

（五）大国资委监管体系下的五层次考核评价模式设计

任何国有企业在其发展之初，都要在生存阶段解决体制性机制性问题，在发展阶段追求利润分红最大化，这既是企业逐利性的本能表现，也是企业后续发展的基本保障。当经历了一定的发展之后，简单的分红已不能代表国有企业的全部价值，通过市值管理追求企业市值的增长，从而实现股东利益的最大化将成为这一阶段企业的需求，而“十二五”期间也是将国有企业运营理念转换成国有资本经营理念的关键时期。当国有企业进一步发展，如何实现战略性目标将成为其新的需求。最终，国有企业将成为国民财富的创造者，完成国有企业的自身价值实现。

从我国国有企业的改革进程看，改革开放以来，国有企业通过主辅分离、大中型合并与中小型改制，已初步解决了国企改革之初的体制性机制性问题，自 2007 年开始，进入了国有企业利润分红的阶段。当前阶段处在利润分红与市值管理的交接时期，部分国有资本增速较快的省市（如重庆）已开始启动境外收购与民生工程，即图 3-11 中的产业战略与国民财富层次。

从目标层次上看，随着时间的推移国有资本将不断进入更高的价值实现层次。从总量上来看，则是一个倒三角，即利润分红规模最小（百亿级），市值管理规模更高（万亿级），产业战略能够保证市值的可持续增长，而国民财富最终能够让国有企业的财富以税收、社保及其他形式让社会全体公民得到更大的福祉，见图 3-12。其中，产业战略与国民财富也是国有资本相较民营资本更高的价值诉求，需要通过国资委国有资本布局规划与预算编制来配置资源，并通过评价体系来完善这一系统循环。

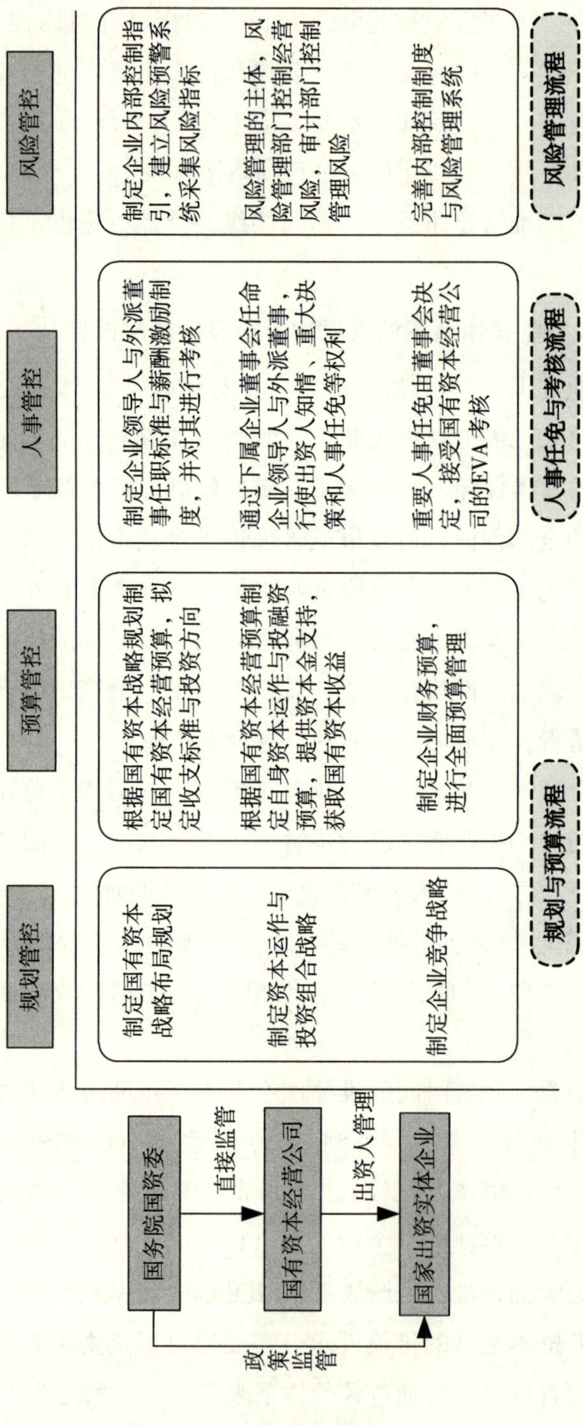

图3-10 国资委系统四维管控体系总图

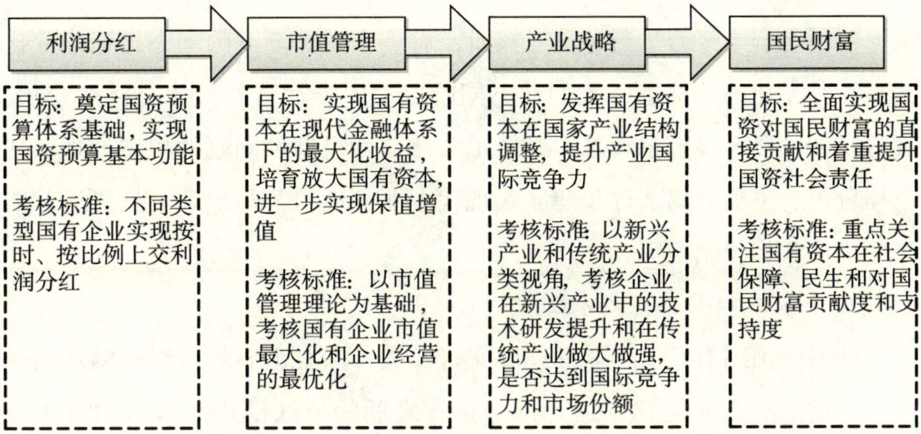

图 3-11　国有资本经营四阶段目标与考核标准

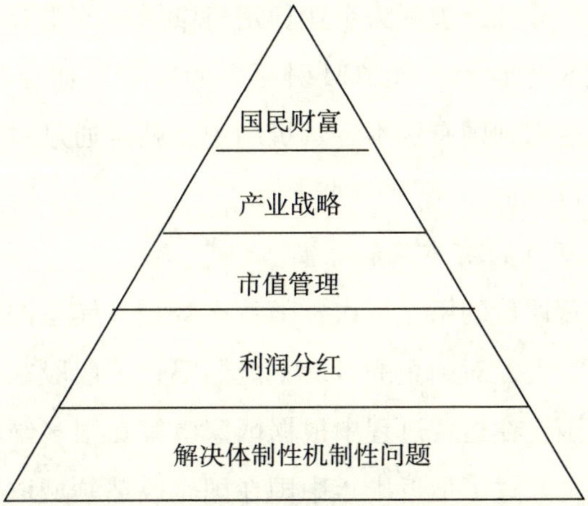

图 3-12　国有资本经营的五层次目标体系

在这一过程中，应充分认识到评价目标的系统性与阶段性。即良性的分红促进市值的整体增长，利用市值整合战略资源，或培育新兴产业，就进入了产业战略的维度，反过来保证市值的可持续增长，待到蛋糕做大，再考虑全民财富分配的问题，而不能在分红阶段的初期就考虑像北欧高福利国家或欧美市场经济国家进行公民分红，这是由中国的人口、国情和中央企业发展的历史阶段性决定的。

1. 层次一：解决体制性机制性问题

对国有资本经营进行评价考核时，有一个循序渐进的动态指标的变化过程，其变化的依据基于我们在不同阶段对国资运营的具体目标的变化，在最初的阶段，国有企业基本经历了对体制性机制性问题的集中处理，如下岗分流、主辅分离、逐步建立起现代企业制度，公司治理、投资运营的基本理念和相关制度等。

2. 层次二：企业利润分红最大化

随着中国国有经济体制的逐渐完善发展，国有企业的分红问题逐渐成为讨论的焦点，如何建立适合国有企业发展的分红模式是现行的重大课题。考察国有企业产生的收益，能否按时、按比例地以分红的方式进行回报，这是作为一般企业应当进行的股利回报的基本理念和制度。企业产生利润并对股东进行分红，被视为企业稳定持续增长的重要体现，能够给投资人以正向的成长性预期，能够吸引更多的融资从而更好获得企业的发展，将这个理念运用到国有资本运营机制中，就是通过对国企分红缴纳及时性和足额性进行评估。

3. 层次三：股东持有市值最大化

国有资本运营评价的第三层次，随着国资预算体系的不断完善，国有企业不断地发展壮大，对国企的考察不能局限在一般股东对所投资企业的考察角度，毕竟国企在运营过程中根据国家政策在很多领域获得了独有的市场地位，特别是经过了最近十年中国在国企改革领域取得的成绩，许多优质的企业纷纷在资本市场上获得融资，在交易所挂牌上市，进一步接受市场化的考核和检验，于是“市值管理”的考核标准，逐渐成为对国有企业的新规范。

4. 层次四：产业战略效益最大化

在国有资本运营评价的第四个层次，应将考核的重点定位在国有资本经营对国家产业结构调整、发挥国有企业在资源能源领域国际影响力和控制力的产业战略目标的实现。

二战后，德国与日本迅速进入全球经济的三甲，与本国大力推行的产业政策支持是分不开的。对中国来说，除了国家发改委和财政部的支持模式之外，应该具有国有资本的独特资源配置方式，即国有资本经营预算，更多侧重从股权融资角度解决企业发展的需求，并以股权融资打通优质企业进一步的债务融资空间。

随着中国经济结构调整的不断深化，国有资本对于产业结构的布局应当逐步提升到实质性阶段，在新兴产业领域，应当通过国有资本经营预算的资本性注入协助其不断提高综合实力、创新能力、服务能力，整合国内外资源聚集发展优势，不断增强自主创新能力，加快建立和完善技术创新体系，搭建支持优势产业发展的技术和产品研发平台；同时在传统产业领域，我们要择优注资，注重提高中央企业参与国际市场竞争的能力，积极培育具有核心竞争力的大公司大集团，调整产业空间布局，整合国内外资源聚集发展优势，不断提高工业的整体素质和国际竞争能力。

在整体布局方面，把考核的重心放在国有资本对实现转变经济增长方式，提高工业的运行质量和可持续发展能力，发展循环经济，实现工业发展的低消耗、低成本、高效率、高效益，构建起集约型、节约型和生态型发展模式，增强工业可持续发展能力等方面发挥的职能。

5. 层次五：国民财富存量最大化

国有资产的本质属性是归全体公民所有的财产，是中国社会主义公有制的重要体现，在实现国有资产保值增值的基础上，更好地利用国有资本对国民财富、社会保障进行回馈，是国有资本运营的最终目标。

国企所有者是全国人民，国企利润应当纳入国资预算体系并转化为社会福利。在教育、医疗、养老、农村建设等关系国计民生的领域急需资金的情况下，将国企收益主要用于这些公共领域更易赢得民心。国企分红用于公共事业、国民分红（如前述美国阿拉斯加通过石油开采权拍卖向居民分红）等社会福利，乃是国企分红的终极目的，它不仅充分体现了国企的内涵所在，也有利于推动公共事业的发展，减少民众因政府公共投入不足导致的被动支出，这有利于解除民众的后顾之忧，拉动消费和内需。

目前，国有资本对社会保障和民生的支持主要体现在上缴税收后由财政转移支付层面的，成熟期国有企业则在自身发展的同时，应更多地承担起对国民财富的直接支持。在这个阶段，对国有资本运营的评价应当逐步侧重对国资对国民财富和社会公平等目标。

6. 分类综合评价的基本思路

依据上章节中对国有资本经营目的的四个层次的分析，可以将中国目前的国有企业划分为以下三个类别：

战略控制行业：集中于能源、资源等领域以及形成自然垄断的行业，主要分布在第一产业与科技、媒体和通信（TMT）领域。对于这部分企业，国有资本运营的收益收取角度可比照国内外可比公司，或在港发行股份公司的分红情况制定相应标准；资本支出角度则在财务层面和战略层面的评价均至关重要，要均衡考察。

一般竞争行业：主要是成熟市场中具有一般竞争性质的企业，主要分布在二三产业。此类企业国有资本运营的收益收取应结合国内资本市场的行业平均收益率和民营收益率对标，确定区间；资本支出角度考核中重点评价财务指标（分红与市值、EVA 三个维度），尤其以 EVA 为基础的评价是关键所在。

新兴培育行业：集中于高新技术、新能源、创新产业和国家倡导的战略新兴行业等领域的企业。对于此类企业，在国有资本运营的收益收取角度，应结合企业实际情况与国际市场的回报周期制定，前几年可缓收，对于多元化经营的企业，可考虑以新兴部门的投资需求抵扣传统主业的分红规模。从资本支出角度，战略层次的考核首当其冲而财务层次的考核居于次位。

不同类别的行业，其国有资本运营评价的权重应有所差别，在此尝试建立简化的综合权数分配表，表 3-4 所列权重仅供参考，具体待讨论后进一步细化[①]：

---

① 从动态角度看，目前主要整体权重分配在财务层次，未来会逐步提升战略层次和社会层次的权重。

表 3-4 国有资本运营评价权重表

国有资本所属企业类型	财务层次①			战略层次			社会层次			综合评估
	分红能力	EVA	市值管理	资源控制力	国际竞争力	技术进步性	税收贡献	环境保护	社会福利	
战略控制型	20	10	20	10	10		15	5	10	100
一般竞争型	10	20	20		20	5	15	5	5	100
战略新兴型		10	30		30	20	5	5		100

（六）大国资委监管体系下的国有资本经营预算模式设计②

① 各指标均有类别之内的细分二级指标，如分红能力可细分为分红比例、规模与及时性；市值管理可分为与行业比较和增长幅度；社会福利可细分为向社保转移支付、就业等。

② 具体内容略，详见本书第三章中的《区分国资委与国资委系统的构想与战略意义》一文［二（四）、三（四）］。

第四章

国有资本经营预算与管理

国资预算管理应彻底打破现有格局

背景介绍：2006 年 7 月，受国资委产权局委托，我作为课题组负责人承担“国有资本经营预算体系的组织架构模式问题研究”，开题前我与郭建新局长就这一问题进行了会谈，并将本次会谈内容整理出一份纪要；此后，《中国经济时报》记者就国资预算的问题对我进行专访，本文是在上述会谈纪要及专访稿的基础上整理而成，发表于 2006 年 9 月 10 日《中国经济时报》。

一、三层架构——成立独立的预算执行机构

近日，有传闻称，经财政部、国资委协调后，国有资本经营预算将由国资委来做，但只限于 166 家中央企业，收上来的红利还是上缴财政。我认为，在明确了央企应上缴红利、国有资本预算转到国资委来做的基础之上，国有资本经营预算管理体系还应该有更大的突破，目前的关键在于机构的确立和职责划分。对此，我提出了搭建三层架构的新思路：

第一，国资委应该完全退出目前的出资人角色，只去充当国有资产的监管者。国资委作为一个主体同时承担监管者和出资人的双重角色，这无疑存在矛盾，必须由两个主体来分别承担这两种角色，从而改变国资委“既当运动员，又当裁判员”的现状。虽然国资委属于非政府序列，但是作为国务院的正部级直属特设机构，人们还是习惯地把它纳入政府序列，其负责人也是由政府任命的。这样，在国际交往中，国资委以“出资人”

的身份出现会被认为带有强烈的政府色彩，也很容易招致“政府补贴”、“关联交易”等类似的质疑。

第二，应当专门成立相对独立的中央国有资本经营预算执行机构。这个机构将具体负责国有资本经营预算的编制和执行，决定资金从哪里来、到哪里去，进行统筹分配，并对重要产业的战略布局进行规划。

第三，成立和培育国有资本经营公司来充当“出资人”的角色。这些国有资本经营公司可以由目前主要的央企集团公司直接演变而来。国有资本经营公司既是国有资本经营资金的“蓄水池”，也是为国资委遮风挡雨的“雨伞”，使国资委从繁杂的企业管理事务中解放出来，专心从事监管考核工作。

以上三层架构的建立，特别是国有资产经营公司的成立，不仅可以在下一步国企改革中承担起“主辅分离”、“剥离不良资产”的重任，彻底实现政资分离，而且可以通过国有资产经营公司的桥梁作用，落实国有经济的战略布局。

二、泾渭分明——政府和所有者序列分开

我不赞成红利上缴财政部的做法，财政的来源就应该是税收，企业的税后利润应该由所有者拥有。

目前，国内的国有资本经营预算是国家预算的组成部分，职能与公共预算混列，由财政部行使。因此，今后应该形成两个泾渭分明的序列：一个是政府序列；一个是国家所有者序列。国家对企业出资所获得的红利则应该偿付于国有资本经营公司（类似于汇金公司这样的），由中央国资预算执行机构来统筹分配，根据国家和中央的需要，进行国资的战略规划布局，而不应该直接上缴国库。比如，在海内外投资于关系到国家经济安全和战略的重要领域等。国有资本经营公司追求盈利属性，但强调营利服从战略。在预算的编制方面，财政部负责编制公共预算，含特殊公法人的非营利国企，国资委则负责编制国资预算，二者分别对国务院负责，经国务院认可后，财政部和国资委的负责人每年向全国人大汇报，加大全国人大对国有资本预算监督的力度。一般意义上，这两种预算不再交叉。至于国

家所有者序列如何与社保基金、公共财政衔接，则应该从更高的层面来考虑。

这些年中国改革之所以能取得巨大成功，新的国资体制与市场经济相结合是一大亮点。中国实行的社会主义市场经济是有“国家队”的，并不是完全模仿西方的“职业队”。十六大提出改革国有资产管理体制，由中央政府与地方政府分别代表国家履行出资人职责，建立专门的管理机构，实现管人、管事和管资产相结合，权利、职责和义务相统一，是有长远战略考虑的。现有的国资管理体系不是卖完了就解散，使命就结束，而是要稳步向前推进的。只要实现了政府和国家所有者两个序列的泾渭分明，国资管理以往所遇到的种种难题都会迎刃而解。

三、四水归堂——中央只能有一个国资委

留少数带有公共属性的企业，其他所有具有经营属性、追求盈利的国有企业，都应该纳入统一的国资管理体系。目前仅166家中央企业纳入了国资委的监管和以国资委为出资人的管理序列，在整个国有资本中只占较小的比例，这是远远不够的。

首先，国有资本经营管理不应仅限于产业资本，金融企业也应该纳入管理的范围。目前的401个金融机构，净资产高达1万亿，除了两家与汇金发生联系之外，其他都没有纳入国资委的监管和以国资委为出资人的管理序列。

其次，中央和国家机关86个部委下属的4000多家企业，净资产高达1万亿，也没有纳入国资委的监管和以国资委为出资人的管理序列。

那么，这些企业中将来哪些应该归口国资委，哪些应该归口财政部？对于那些具有特殊公法人地位、从事公共事业的，如财政部下属的中国印钞造币总公司、发改委下属的国家石油储备中心，以及烟草、邮政、铁道等，它们或不具有营利属性，或承担着国家的特殊任务，其负责人往往也是国家的公务员，这类企业应保留其特殊公法人地位，继续归口财政部，其经营收益也应纳入财政部的公共预算；而对于另外一大部分靠民商法调节的，按照市场经济规则与外资、民企平等竞争的一般企业法人，则应全

部纳入国资委的监管和以国资委为出资人的管理序列。

国资预算花落谁家事关重大

背景介绍：国资委作为国资监管者，没有预算大权，既无法实现统一全面监管，更无法主导国资战略布局与规划。对这一问题多年来一直存在激烈争论，本文发表于2015年第2期《国资报告》。我的研究生岳凯凯对本文亦有贡献。

2015年的经济改革中，国资改革是重头戏，而国资改革的核心在于理顺国资管理体制。国资管理体制的核心是国资委能否长期发挥战略作用，关键在于能否实现政府国有资本出资人职能与政府公共管理职能的分离，而要实现这一点则取决于“公私分离”的国资预算体制能否建立，作为国资改革关键的国资预算能否真正从政府公共预算中独立出来。

一、国资预算与公共预算“公私不分”

国资委作为中国国资改革的一大亮点，代表政府履行国有企业出资人职责，扮演国有资产监管者角色，搭建起连接公有制与市场经济的桥梁。国资委作为国资监管者的职能定位主要体现在以下四个方面：第一，国资战略布局与规划的主导者；第二，国有资本经营预算的编制者；第三，国有资本运营公司的管理者；第四，国有资产安全的维护者。某种程度上讲，第一个与第三个职能定位的实现与实施效果均取决于第二点，即国有资本经营预算的编制权。可以看出，国有资本经营预算是国资委国资管理的重要内容，只有将国资经营预算大权拿到手中，国资委能够独立决定国有资本的战略布局投向，国资统一监管的格局才能形成。

但事实上，在目前的体制下，国资委作为国家出资人连享有的收益权（私权利）都无法自主支配，应有的预算权没有拿到，最终国资预算是由财政部纳入政府公共预算统一向人大汇报。国资委作为国资监管者，“只忙着低头种自己的地，却忘了抬头看看自己的账”，没有预算大权，既无法实现统一全面监管，更无法主导国资战略布局与规划。

但是当前我国国资预算归财政部门统一管理的现状，极易产生“公私不分，体制不顺”的问题。具体体现如下：

其一，国资预算公私不分。国资预算仅和烟草公司、中投公司等一样，只是财政的一级预算单位，国资预算不能独立出来，而是完全并入财政系统，成为公共预算之下的一个子预算，归财政部门统一管理，这样就使得国资预算（私权利）与公共预算（公权力）混淆，产生“公私不分”的问题。

其二，国资预算体制不顺。财政部是政府行政部门，却有权力编制国有资本经营预算，集裁判员、教练员和运动员于一身，那么是否还可以编制民营资本经营预算和外资资本经营预算？国资预算编制在体制上的不顺畅，最终结局很可能是财政部门奉行西方市场经济国家所推崇的“普世预算”：将国有企业一卖了之，国资预算随之消失，最终搭建国有资本和市场经济桥梁的构思仅仅成为一时之计，昙花一现。

二、国资预算与公共预算的两大区别

出现如上问题的主要原因在于对于国资预算与公共预算区别的认知不清，理解错误。我认为，国资预算与公共预算有如下两大区别：

第一，国资预算与公共预算法理基础不同。从公权和私权的法理角度看公共预算与国资预算，公权力是指基于社会公众的意志而由国家机关具有和行使的强制力量，其本质是处于社会统治地位的公共意志的制度化和法律化。私权利是指公民、企业及社会组织甚至国家，在自主、平等的社会生活、经济生活中所拥有的财产权和人身权。而国资预算管理的对象是国有资本收益，收益则是出资人的三项基本权利之一。国资预算的法理基础是国有资产的所有权及其派生的收益索取和支配权（私权利），国资预算属于中国特色社会主义市场经济的特色，体现国家的国有资本所有者职能，属于政府作为出资人的私权利范畴。

相反，政府公共预算管理的对象是税收收入，是国家凭借行政权力征收的，其法理基础是国家公共权力及其派生出来的对国民经济收入的分配权（公权力），公共预算属于中国特色社会主义市场经济的底色，体现了政府的社会管理职能。

第二，国资预算与公共预算根本属性及目标不同。国资预算侧重营利性，主要以实现国有资产保值增值为目标。国资预算是指国家凭借出资人地位取得投资收益和资产转入收益，包括国家出资企业上缴的利润、国有股份分红收益、国有资本产权转让收益等，并按照市场经济的一般准则和根据国有经济结构战略性调整的控制力考虑，投向关系国家安全和国民经济命脉关键行业的资本经营性预算，侧重营利性，通过筹资—投资—收益分配—再筹资的循环实现国有资本的保值增值。

相对应下，公共预算侧重公益性，满足社会需要，追求社会福利。公共预算是指国家以社会管理者身份向社会各经济主体征收的税收取得收益，主要用于社会公共支出，侧重公益性，不以营利性为基础，通过收缴—运用—再收缴的循环满足社会公共需要，追求社会福利目标。

三、实现国资预算独立于财政预算的两大意义

建立“公私分离”的国资预算体制，全面掌握经营性国有资本的收支及资产负债情况，确保国有资本的保值增值，这有助于将国有资本的运营从政府社会经济运行的公共事务中剥离出来，实现政府国有资本出资人职能与政府公共管理职能的分离，有助于政企分开、政资分离。具体而言，有以下两点意义：

第一，完善社会主义市场经济，优化国有经济战略布局。建立“公私分离”的国资预算体制能完善社会主义市场经济，优化国有经济战略布局。一方面，有利于深化国企收入分配制度改革，增强政府宏观调控能力，合理配置国有资本，促进国企技术进步、提高国有企业核心竞争力，集中解决国企发展中的体制性、机制性问题，优化国有资产的规模、结构和运行状态，充分发挥国有经济对国民经济的主导作用和控制力与竞争力。另一方面，国有经济布局和国有资本的结构调整将围绕国资预算进行。有利于优化国有经济战略布局，在国民经济的关键和主导产业中，国

有资产要担负起产业领导的责任，实现“国有经济有进有退、有所为有所不为”，促进经济结构的合理调整和优化升级，增强国有企业竞争力。

第二，提高资源配置效率，实现国有资产保值增值。建立“公私分离”的国资预算制度，有利于增强国有企业竞争力，提高资源配置效率，实现国有资产保值增值。一方面在营利性领域，国有企业逐渐变成独立的市场主体，国有资本出资人对资产收益和产权变动等经营活动进行规范，建立现代企业制度，实行职业经理人专业化管理，并完善企业激励制度，增强企业活力，通过在行业内进行充分的市场竞争，提高资源配置效率，提高国有资产经济效益，有利于实现国有资产保值增值。另一方面公共财政体制也可以名正言顺地对社会保障、文化科技等公益性领域的国有企业补充资本金，提高公益性企业竞争力和影响力，实现社会效益最大化。

四、依据正确的国企分类思路建立国资预算体制

根据国际惯例和市场经济准则，对国有企业分类监管已成为趋势。因此，科学地将我国国有资本控制的企业划分为公益性国企和营利性国企至关重要。

营利性国企应由国资委监管。保留大量营利性国企的国有资本是中国市场经济模式的重要经济特征，因财政部是履行社会公共管理职能，进行公共产品预算的政府部门，它必须公平面对所有纳税人，而不该对某一类所有制性质的资本给予预算、补贴等特殊管理。因此，可由国资委在国务院和大量各类国有资本投资运营公司之间作为统一监管部门履行相关职责。而公益性国企是市场经济国家公共预算体制下普遍存在的国有企业类型，数量较少，可由从事公共预算与管理的财政部作为监管和出资部门。

如此，形成国资部门与财政部门分别向人大上报各自编制的预算的局面，其中国资部门报送营利性的国资预算，财政部门报送公益性的公共预算。在此基础上，公共预算财政主体与国有资本经营主体之间存在着税收缴纳关系，应通过国有资本收益管理和国资预算的资本性支出，实现国有资本保值增值和国家出资企业做大做强，反过来通过增量税收为财政做贡献。国资预算作为深化国资改革的关键所在，其归属问题事关重大。要明

白，我们的国资预算制度改革绝不是把国有投资变成私人投资，而是在国资监管大格局中坚持中国模式，让国资预算“花落”国资委，实现国资预算“公私分离”，才是适合中国发展的创新之路。

中央企业国有资本经营预算管理研究

背景介绍：国有资本经营预算是我国经济体制改革中独特的制度性创新，是深化国有资产体制改革、保证国有资产保值增值和加强战略领域国有资本配置的重要手段。因此，对国资预算的研究既有理论的前沿性，也有重大的现实意义。2010年应国务院国资委收益管理局邀请，我牵头针对国务院国资委对直属中央企业国资预算管理方式，进行了专项课题研究，通过对重大理论问题与实践中存在的问题进行研究，为《中央企业国有资本经营预算暂行条例》的推出提供理论与实务论证。我的研究生刘冰、王晶晶、马莎莎、周乾参加了本课题研究。

本文共由五部分组成：第一部分，国资预算管理体制建立的历史沿革；第二部分，描述了国有资本经营预算管理的现状及现存问题；第三部分，对国资预算管理体制的五大理论问题进行探索；第四部分，根据国际经验提出对我国国资预算的借鉴与启示；第五部分，根据国有资本经营预算现状及理论探讨，提出中央企业国有资本经营预算管理体制方案设计。其中，第三部分和第五部分是文章重点，对国资预算的理论问题进行了深入研究，并对实践方案进行了探讨。

第一部分 建立国有资本经营预算管理体制的历史沿革[①]

第二部分 国有资本经营预算管理的现状及存在的问题

截至2009年年底，我国的复式预算体系是由公共预算、国资预算、社保预算和政府性基金预算四部分组成。复式预算体系中，公共预算相对比较成熟，国资预算自2007年开始实施，逐步在探索中发展。目前，国资预算只包含中央企业国资预算、地方国资预算和其他部门（特指中国烟草总公司）的国资预算。国有金融企业等国家出资企业的国资预算暂未列入（见图4-1）。

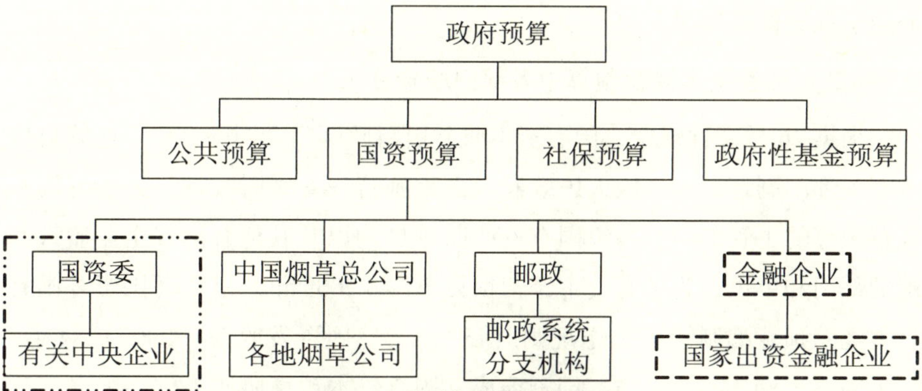

图4-1 我国复式预算体系图

注：本文研究对象仅为国务院国资委代表国家履行出资人职责的中央企业的国有资本经营预算。

一、国有资本经营预算的现状

（一）国有资本经营预算的主要收支内容

根据《国务院关于试行国有资本经营预算的意见》（国发［2007］26号，以下简称“26号文件”）规定，国有资本经营预算的收入是指各级

① 具体内容略，详见本书第四章中的《国有资本经营预算评价体系研究》一文。

人民政府及其部门、机构履行出资人职责的企业（即一级企业，下同）上缴的国有资本收益，主要包括：①国有独资企业按规定上缴国家的利润；②国有控股、参股企业国有股权（股份）获得的股利、股息；③企业国有产权（含国有股份）转让收入；④国有独资企业清算收入（扣除清算费用），以及国有控股、参股企业国有股权（股份）分享的公司清算收入（扣除清算费用）；⑤其他收入。

国有资本经营预算的支出主要包括：①资本性支出。根据产业发展规划、国有经济布局和结构调整、国有企业发展要求，以及国家战略、安全等需要，安排的资本性支出。②费用性支出。用于弥补国有企业改革成本等方面的费用性支出。③其他支出。具体支出范围依据国家宏观经济政策以及不同时期国有企业改革和发展的任务，统筹安排确定。必要时，可部分用于社会保障等项支出。

（二）国有资本经营预算中各部门职责分工

根据26号文件规定，国有资本收益由财政部门会同国有资产监管机构等有关部门制订，报本级人民政府批准后施行。各级财政部门为国有资本经营预算的主管部门。各级国有资产监管机构以及其他有国有企业监管职能的部门和单位，为国有资本经营预算单位。2009年，根据《国资委国有资本经营预算编制管理工作规则（试行）》（国资发收益［2009］84号，以下简称“84号文件”），国资委成立国有资本预算协调工作小组（简称协调小组）。国有资本经营预算编制过程中各部门分工如下：

各级人民政府的主要职责是在年度终了后批准本级财政部门编制的国有资本经营决算草案。

财政部门的主要职责是：负责制（修）订国有资本经营预算的各项管理制度、预算编制办法和预算收支科目；编制国有资本经营预算草案；编制国有资本经营预算收支月报，报告国有资本经营预算执行情况；汇总编报国有资本经营决算；会同有关部门制定企业国有资本收益收取办法；收取企业国有资本收益。财政部负责审核和汇总编制全国国有资本经营预、决算草案。

各预算单位的主要职责是：负责研究制订本单位国有经济布局和结构

调整的政策措施，参与制订国有资本经营预算有关管理制度；提出本单位年度国有资本经营预算建议草案；组织和监督本单位国有资本经营预算的执行；编报本单位年度国有资本经营决算草案；负责组织所监管（或所属）企业上缴国有资本收益。

根据《中央企业国有资本经营预算建议草案编报办法（试行）》(国资发产权［2008］46 号，以下简称“46 号文件”）规定，中央企业的主要职责包括：按规定应上缴的国有资本收益，应及时、足额直接上缴财政；根据国资委下达的下年度预算支出计划编制要求，申报本企业下年度预算支出计划，并按照内部决策程序，形成书面申请报告报国资委。

根据 84 号文件，协调小组的主要任务是审议年度资本预算支出方向和重点、资本预算支出建议、资本预算建议草案和资本预算支出调整事项等。

（三）国有资本经营预算收入管理

1. 中央企业国有资本经营预算收益收取标准

（1）国家独资企业

根据《中央企业国有资本收益收取管理暂行办法》(财企〔2007〕309 号，以下简称“309 号文件”）规定，国有独资企业上缴年度净利润的比例，区别不同行业，分为三类执行：第一类为烟草、石油石化、电力、电信、煤炭等具有资源型特征的企业，上缴比例为 10%；第二类为钢铁、运输、电子、贸易、施工等一般竞争性企业，上缴比例为 5%；第三类为军工企业、转制科研院所企业，暂缓三年上缴或免缴红利。

（2）国资委直接持股的国有控股、参股公司（多元化企业）

根据 309 号文件，国有控股、参股企业应付国有投资者的股利、股息，按照股东会或者股东大会决议通过的利润分配方案执行。国有控股、参股企业应当依法分配年度净利润。当年不予分配的，应当说明暂不分配的理由和依据，并出具股东会或者股东大会的决议。国资委通过股东代表表达其对分红比例的意见。与国有股份比例相对应的分红收入纳入国资预算。

2. 中央企业国有资本经营预算收益收取程序

根据 46 号文件以及 84 号文件，中央企业国有资本经营预算的收益收取程序如下：

①测算国资预算收入。每年5月上旬，国资委根据中央企业财务预算，结合宏观经济形势和企业生产经营发展状况，测算中央企业本年度预计可实现的国有资本收益，作为编制下年度预算建议草案的预算收入。

②组织上缴国有资本收益。国资委根据清算审核后的国有资本收益上缴额度，下达资本预算收入上缴通知。

③国资预算收入的上缴。国有资本经营预算收入由财政部门、国有资产监管机构收取、组织上缴。企业按规定应上缴的国有资本收益，应及时、足额直接上缴财政。

（四）国有资本经营预算支出管理

根据309号文件以及84号文件，国有资本经营预算支出程序如下：

①确定国资预算支出方向和重点。国资委根据国家宏观经济政策和国资委年度中心工作研究提出年度资本预算支出方向和重点建议。

②提出年度资本预算支出建议。国资委对国资预算支出事项进行评审，提出国资预算支出建议并审定。

③组织中央企业编报资本预算支出计划。每年5月下旬，国资委根据下年度预算收入和预算支出范围、重点，向有关中央企业提出下年度预算支出计划编制要求。

④国资预算支出的申请与实施。企业在经批准的预算范围内提出申请，报经财政部门审核后，按照财政国库管理制度的有关规定，直接拨付使用单位。使用单位应当按照规定用途使用、管理预算资金，并依法接受监督。

（五）中央企业国有资本经营预算编制流程

根据309号文件以及84号文件，在以上国资预算收入和支出管理的基础上，国资预算的编制流程如下：

①编报国资预算建议草案。每年7月下旬，有关中央企业根据国资委下达的下年度预算支出计划编制要求，申报本企业下年度预算支出计划，并按照内部决策程序，形成书面申请报告报国资委。企业申报的预算支出

包括资本性支出和费用性支出，其他支出由国资委直接提出。

②滚动管理项目库。国资委对有关中央企业报送的预算支出计划，建立项目库，实行滚动管理。

③国资委按照下年度预算收入编制预算建议草案。国资委对项目库中的预算支出项目统筹安排、综合平衡，于 10 月底前编制完成预算建议草案，报财政部审核。

（六）国有资本经营预算的执行、调整、监督和决算

根据 26 号文件规定，国资预算的执行、调整、监督和决算程序如下：

①下达国资预算。国资委在财政部批复中央企业国有资本经营预算之日起 15 个工作日内，批复有关中央企业。

②中央企业国有资本经营预算调整。由国资委于执行年度 9 月底前提出调整方案，报财政部批准后执行。

③监督国资预算执行。国资委负责组织和监督资本预算执行，对有关支出项目进行专项审计、绩效考评。

④批复国资决算。年度终了后，财政部门应当编制国有资本经营决算草案报本级人民政府批准。国资委根据当年资本预算收入清算结果，在对国资预算支出项目进行调整的基础上，负责批复中央企业年度国资决算。

截至 2009 年年底，国资委负责编制由其履行出资人职责的中央企业国资预算建议草案。其编制流程见图 4-2。

值得说明的是，在国资预算的实施过程中，财政部代编中国烟草总公司的国资预算，并将烟草收入的一部分越过国资委直接注入中央企业。

（七）中央企业国有资本经营预算试运行情况

中央企业国有资本经营预算自 2007 年开始试点，按 2006 年收益减半收取国有资本收益，2008 年开始，正式按 26 号文件与 309 号文件要求收取 2007 年国有资本收益。

在国资委和中国烟草总公司试行国资预算。目前，国资委及中国烟草总公司为预算单位，负责编制国资预算建议草案（中国烟草总公司的国资预算建议草案由财政部代编）；同时财政部作为预算主管部门，编制国资

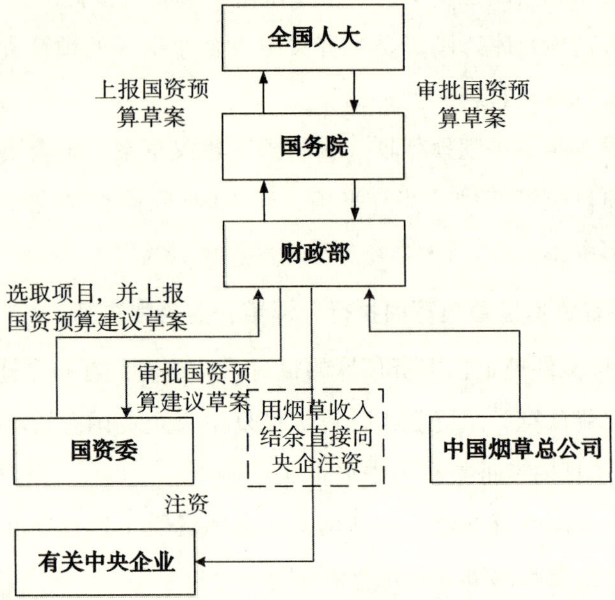

图 4-2 中央企业国资预算编制流程图

注：截至 2009 年年底，中国烟草总公司仅上缴国资预算收益，尚未接受注资。

预算草案报国务院审批，国务院报人大审批。

1. 2008 年和 2009 年中央企业国有资本经营预算收入和支出情况

其中，2008 年，中央企业国资预算收入 547.8 亿元，支出 547.8 亿元。2009 年，中央企业国资预算收入 873.6 亿元（其中含 600 亿元中国电信公司上缴的电信改革特别资金），支出总额 873.6 亿元（见表 4-1）。

表 4-1 2008~2009 年中央企业国资预算支出结构表

项目	2008 年支出额（单位：亿元）	占比	2009 年支出额（单位：亿元）	占比
用于关系国计民生和国家经济安全的重点中央企业补充国有资本的预算支出	270	49%	75	8.6%
用于支持南方雨雪、汶川地震受灾损失较重的中央企业灾后恢复重建的预算	196.3	36%	139.6	16%

（续表）

项　目	2008 年支出额（单位：亿元）	占比	2009 年支出额（单位：亿元）	占比
用于推进中央企业产业布局和结构调整等方面的预算支出	81.5	15%	59	6.7%
用于电信重组改革支出			600	68.7%
总计	547.8	100%	873.6	100%

2. 2010 年中央企业国有资本经营预算收入和支出情况

根据财政部 2010 年 3 月 25 日公布的《关于 2010 年中央国有资本经营预算的说明》，2010 年预计收取中央企业税后利润 420 亿元，加上股利、股息收入 1 亿元，2010 年中央国有资本经营预算收入合计 421 亿元。

同时，2010 年中央国有资本经营预算支出安排 440 亿元。其中，国有经济和产业结构调整支出 183 亿元，包括向新设企业注入国有资本 52.5 亿元、对实施联合重组的中央企业补充国有资本 130.5 亿元；中央企业改革脱困补助支出 120 亿元，包括企业产业和股权调整等支出 68 亿元、企业培育新兴产业支出 13 亿元、企业应对金融危机支出 30 亿元和困难企业改革补助支出等 9 亿元。此外，安排中央企业地震灾后恢复重建资金 20 亿元，中央企业重大技术创新项目支出 32 亿元，中央企业重大节能减排项目支出 30 亿元，中央企业境外投资支出 30 亿元，中央企业社会保障支出 5 亿元，调出资金 10 亿元纳入公共财政预算，同时预留资金 10 亿元。

二、国有资本经营预算试运行中存在的问题

（一）金融类等国有资本未纳入国有资本经营预算编制范围

根据《企业国有资产法》要求，国家出资企业都应该纳入国有资本预算范围，但目前我国国资预算的收支范围狭窄，仅有国资委履行出资人职责的中央企业和中国烟草总公司，其他国有金融、铁路、邮政等 80 个部委 5000 多家国家出资企业并未在征收之列。由于国资预算覆盖的范围不完善，在收支过程中存在一定的问题。

以未纳入国资预算口径的国有金融企业为例，作为国有企业的重要组

成部分，近年来金融企业在国家出资企业的总利润中贡献了丰厚利润，四大银行是国家出资企业中的利润大户，由于法律法规并没有对金融企业的国资预算实行特殊规定，因此，也应该纳入国资预算的范围。产融结合是未来企业发展的趋势之一，金融性国有资本和产业性国有资本很难严格分开，如国家电网公司出资建设银行、中国人寿公司出资南方电网。将国有金融企业纳入国资预算，也便于整体统筹考虑国有资本的战略布局与保值增值。

（二）对中央企业国资预算支出的重点和方向认识不统一

在中央企业国资预算运行的过程中，社会各方和政府各部门对中央企业国资预算支出的重点和方向认识不统一，有观点认为预算支出应用于平衡公共预算，有观点认为应用于补充社保基金，也有观点认为应用于扶持特定地区经济发展，还有观点认为应当将国有企业分红甚至变卖国有企业股权作为福利直接分给公民。这些观点虽然对国资预算支出方向看法不一致，但都折射出希望将中央企业国资预算收益配置到中央企业之外的领域。

将中央企业国资预算配置到其他领域的思路，存在两个认识上的局限性：

第一，未将政府的社会公共管理职能与国有资产出资人职能分开，将国有资产出资人身份依法享有的国有资本收益用于社会公共管理领域，沿用公共管理的思路看待和处理问题。

第二，未能充分考虑中央企业当前面临的改革任务、亟待解决的体制性机制性和国有资本的整体战略布局，片面强调公共事业、社保基金与民生工程，却对中央企业自身的可持续发展关注不够。

（三）对股权多元化中央企业资本性支出管理亟待完善

在当前国资委对多元化企业的预算支出管理中，注资方式存在问题。多元化企业的注资与国有独资公司相比，注资渠道不畅、手续较为复杂，时间较长，上市公司更需要执行证监会的相关规定，造成国有权益落实比较困难。由于各种原因，前期实践中部分中央企业采用了变通的形式保证资金的足额到位，比如，中央企业将国资预算注入资金以委托贷款的方式支持下属上市公司，或者注入资本金时不以增资扩股方式而是以增加资本公积的形式，这也造成国资预算资金注入的企业的国有权益比例并没有增加，在国有权益落实环节存在问题，预算资金的账务处理尚未体现国有资本权益。这类资本性支出安排没有充分体现国有权益的增加，单方注入变成国有资本公积金是国家出资人权益的损失，可能导致中央企业国有资本流失。

今后国资预算如何向多元化特别是上市公司注资亟待研究。国资委直接向集团公司注资则十分顺畅，国资委直接持有上市公司股份做出资人，对于国资预算资本性支出的操作有难度。如果开展此模式试点，对国资单方面的定向增发应加强研究，一方面，协调好与证监会等相关部门的关系，另一方面，定向增发是一项技术性较强，且需要紧密结合资本市场周期的操作，国资委应加强对整体上市中央企业定向增发方式的管理，确保国家出资人持股比例的相对合理。另外，在越来越普遍的跨国并购重组中，国资委不通过集团公司而直接对上市公司注资需要进行对应的信息披露，易引起国际舆论对政府支持的质疑，因此对整体上市这一问题应相对慎重，在政策上不要搞一刀切。

（四）各预算单位分别编制各自的预算建议草案与国资预算的内在统筹要求不相适应

根据《国务院关于试行国有资本经营预算的意见》，国有资本经营预算的编制分为两级，各级财政部门为国有资本经营预算的主管部门。各级国有资产监管机构以及其他有国有企业监管职能的部门和单位，为国有资本经营预算单位。

这种编制方式导致国有资本经营预算单位分别编制各自企业的国有资本经营预算，预算单位之间的预算支出缺乏统一协调的机制，不利于整体国有经济的结构调整与战略布局。将国资委视为预算单位，实际上是沿用公共财政预算的管理方式管理国资预算，而国资预算与公共预算不同的特点决定了管理方式不应相同，在实践中应探索更加合理的国资预算编制程序与部门分工。

另一方面，由于当前国资预算支出的对象主要是中央企业，预算主管部门和国有资本经营预算单位之间的权责划分并不清晰，会发生预算主管部门越过预算单位直接对中央企业安排支出的情况，多头管理使国资预算支出无法从整体进行统筹、各自支出绩效难以衡量。

（五）沿用项目管理思路进行资本性支出与资本管理的特点不相符合

目前国资预算管理方式仍然沿用项目管理的思路，企业需详细上报项目计划书，由国资委审查每笔资金用途。这样的管理方式不符合国资预算“资本”管理的本质。

事实上，国资委作为出资人向国家出资企业的注资不同于长期贷款和财政补贴，应有以下三个特点：①向企业注入（而非项目）；②以资本形式注入（而非贷款）；③以股权方式注入（而非补贴）。资本管理的重点是企业价值管理而非具体项目管理，公司价值的增长来自于企业良好的经营绩效和增长机会、合理的资本结构与风险控制能力，面对多变的市场，应当将具体的资源配置权利交给企业，出资人通过履行对应职责来实现资本的保值增值。

通过资本性支出来支持企业的投资行为，根据《企业国有资产法》中政府不干预企业依法自主经营的原则，应建立新型的以企业为对象的资本性支出方式，国资监管机构作为出资人，其重点是通过履行出资人依法享有的资产收益、参与重大决策和选择管理者三项权利，来监督资本性支出的实际绩效。综上所述，国资委不能沿用项目审批的旧体制，而是应该以资本注入方式投资企业法人，将企业国有资产保值增值的责任下放到企业，国资委用资本边际效益和EVA等方法对其进行考核。①

第三部分　国有资本经营预算管理体制的理论探讨

一、明晰国有资本经营预算与公共预算关系，二者相对独立

目前理论界存在可将国资预算支出用于民生工程，并将国资预算与公

① 具体参见理论探讨部分。

共预算相互调剂的观点，实质上模糊了两种预算的界限，不利于国资预算作用的发挥。因此应首先明晰两个预算间的关系。

（一）国有资本经营预算与公共预算的概念与内涵[①]

（二）从收益和税收属性看两种预算差异

1. 国有资本收益与税收的特点比较

国家公共预算收入的主要来源是税收，国资预算收入的主要来源是国有资本收益。相应地，国资预算是对国有资本经营所形成的收益进行再分配，公共预算是对国民收入所形成的税收等收入进行再分配。与税收的强制性、无偿性、普遍性、非营利性等特点相比，国有资本收益具有灵活性、波动性、非普遍性、营利性等特点（见表4-2）。

表4-2 国有资本收益与税收的比较

国有资本收益	税收
波动性	稳定性
灵活性	强制性
非普遍性	普遍性
营利性	非营利性
循环性	一次性

2. 从近年国有资本收益与税收情况看两种预算的关系

当前，社会上存在将“国资预算收入纳入公共预算，支持民生工程”的观点，我们认为，这是没有理解国资预算和公共预算的目标差异所致。

国资预算试运行以来，国资委管理的中央企业缴纳税金远远大于国资预算收益收取部分。中央企业已通过税收方式上缴国库由公共预算进行统筹安排，支持了公共事业。如果将国资预算收入也用于平衡公共预算，那么对中央企业来说缺乏资本金注入的机制，事实上使中央企业居于与其他民营、外资企业不平等的竞争地位，削弱了中央企业在市场经济中的竞争力，特别是在当前国有企业尚未发育壮大的情况下，这种行为无异于饮鸩

① 详见本书第三章中的《区分国资委与国资委系统的构想与战略意义》一文［二、（四）走出国资委不能主导国有资本经营预算的误区］。

止渴。

国资预算与公共预算形成的机理与目标不同，保持相对独立有助于两种预算更好地运转。我们建议，短期内国资预算以支持国有企业发展为主，必要时可参照《国务院关于试行社会保险基金预算的意见》国发〔2010〕2号文件中“社会保险基金不能用于平衡公共财政预算，公共财政预算可补助社会保险基金”的方式，保持国资预算相对独立，通过对国家出资企业的资本性支出，实现国有资本保值增值，国家出资企业做强做大，反过来通过增量税收为财政做贡献。

（三）从公权和私权法理看两种预算区别

公权力英文是Public power或State power，指基于社会公众的意志而由国家机关具有和行使的强制力量，其本质是处于社会统治地位的公共意志的制度化和法律化。它是国家权力或公共权力的总括，它可以具体分解为立法权、司法权、行政权、军事权、监督权等等。对于公权力而言，法无明文规定即禁止。享有公权力的主体一般限于国家机关。公权力受公法约束，其法理基础为公法，代表性法律为宪法、刑法、行政法等。

私权利英文是Private right，指公民、企业以及社会组织甚至国家，在自主、平等的社会生活、经济生活中所拥有的财产权和人身权。对于私权利而言，法无明文禁止即自由。享有私权利的主体范围广泛，包括自然人、法人、社会团体和特定情况下的国家，当国家以民事主体身份参加民事活动时，其享有的就是普通民事权利即私权。私权利受私法约束，其法理基础为私法，代表性法律为公司法、物权法等。

国资预算管理的对象是国有资本收益，而收益是出资人的三项基本权利之一，属于私权利；政府公共预算管理的对象是税收收入，是国家凭借行政权力征收的，属于公权力。私权利和公权力的法律属性存在根本性的不同，对应国资预算与政府公共预算的管理方式也应不同。

在社会主义市场经济条件下，国有资本的收益权是以产权关系为纽带而派生出来的，国资预算管理是出资人以国有资本所有者身份对取得的收益进行管理的活动，从法律上应当是民法调整的范围，不是政府的公共权力行为，应该在《公司法》等法律框架内由履行出资人职责的机构具体行使所有者职能。随着《公司法》、《企业国有资产法》等法律法规的陆续出台，从法律层面上明确了国资委代表本级政府对国家出资企业依法享有资产收益，以及依法行使股东、股东会职权审议或批准企业利润分配方案等出资人权利。

国务院国资委作为出资人代表时，其对国家出资企业享有的权利与普通所有者对企业享有的权利性质上并无不同，都属于股东对企业享有的“权利”而非“权力”。国资预算作为私权利下的制度安排，应与公权力下的公共预算相区别。由于根本属性的不同，国资预算一旦归为财政部门统一管理，在理论上会发生今后民营资本和外资资本是否也应纳入公共预算下资本经营预算的问题，否则将导致公共政策目标的显著差异和政府专给国企补贴产生不平等竞争歧视等诸多问题。

（四）结论：国有资本经营预算与公共预算应相对独立

国资预算与公共预算存在诸多不同，具体参见表 4-3。

表 4-3　国资预算与公共预算比较一览表

	国资预算	公共预算
法理基础	国有资产的所有权及其派生出来的收益索取和支配权（私权利）	国家公共权力及其派生出来的对国民经济收入的分配权（公权力）
预算目标	实现国资战略布局，国有资本保值增值，解决国企改革发展过程中的体制性机制性问题（偏重效率）	满足社会公共需要，追求社会的福利目标（偏重公平）
收入来源	国有资本收益为主	税收为主
支出方向	向国家出资企业注入资本金	各类公共物品的提供
资金运行	筹资—投资—收益分配—再筹资（循环性和增值性）	收缴—运用—再收缴（一次性和无偿性）

综上所述，我们可以得出国资预算与公共预算间的关系：国资预算与公共预算形成的机理与目标不同，应将其分开由不同部门编制，保持二者相对独立。公共预算财政主体与国有资本经营主体之间存在着税收缴纳关系。应通过国有资本收益管理和国资预算的资本性支出，实现国有资本保值增值和国家出资企业做强做大，反过来通过增量税收为财政做贡献。

二、探讨国有资本收益与国有资本经营预算管理的关系

近年来，国家出资企业利润的分配机制已逐步建立，但资本收益的分配问题尚未解决，收益管理制度有待完善。资本的天性在于流动和营利性，从国有资本收益管理的链条来看，收益分配是重要一环，只有合理的收益分配，才能实现资本的保值增值，进而在收益再收取阶段获取增量价值。如果割裂了收益收取与分配的关系，收益管理就不是完整意义上的管理循环，会带来实践中的问题。比如，国资委成为收益收取的执行机构，偏离了其负责国有资本保值增值的核心宗旨，不符合管理上“责权利”对等的要求。

这些问题的根源在于对国资收益和国资预算管理之间的关系认识不清，因此探讨这两个关系显得尤为重要。

（一）国有资本收益的概念

投资者向企业投入资本进行生产经营活动，其目的是为了获取利润。企业创造的利润在交纳所得税后，主要由两部分组成（见图 4-3）：一是以股利或其他分配利润的形式分配给投资者，二是以盈余公积金和未分配利润的形式留在企业发展生产，即为留存收益。二者都是属于所有者权益。国家出资企业以股利或其他分配利润形式分配给国家的部分，就形成国有资本经营预算收入（以下简称国资预算收入）。

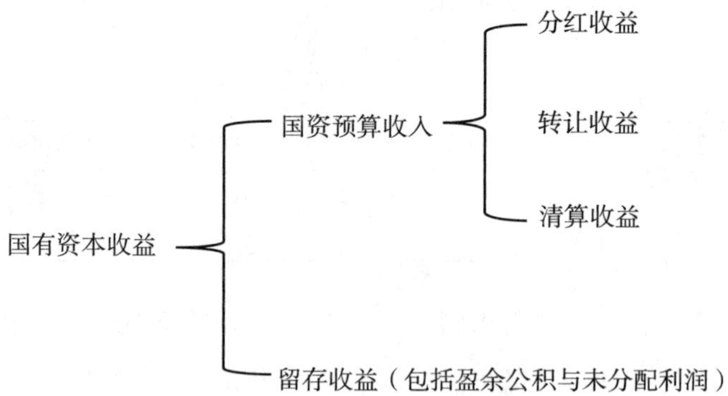

图 4-3　国有资本收益分解图

国资预算收入是指国家出资企业以股利或其他形式当期上缴给国家的

分红收益和国有资本转让及国家出资企业清算收益，具体包括：国有独资企业按规定上缴国家的利润；国有控股、参股企业取得的国有股股利、股息；国有产权、股权转让收入和国家出资企业清算收入。简言之，国资预算收入就是国家出资企业向出资人当期上缴的现金收益。

国有资本收益不仅包括国家出资企业的分红收益、转让收益和清算收益，还包含其留存收益①中当年可供分配但未分配的利润。简言之，国有资本收益既包括国家当期收取的现金收益，也包括当期留存收益中未分但仍属于国家的收益。国资预算收入的概念范畴小于国有资本收益的概念范畴，前者是国有资本收益中国家出资企业向出资人分配的部分。

（二）国有资本收益的分类管理

在国有资本收益的管理中，对于分红收益，国资预算收益管理应覆盖出资人职责，对注入资本金、收益收取、收益分配、监督评价全过程进行管理，并出台具体管理文件（详见第五章中的《中央企业国有资本经营预算管理研究》一文）。

对于转让及清算收益，国资部门应通过选择评估机构、规范转让程序，使转让及清算过程充分反映资产价格，最终实现资本的保值增值。

对于留存收益，国资部门应做好统计，并对国家出资企业对未分收益的处置拥有最终决定权，在日常管理中根据行业与投资额确定相应的报备与审批标准。

西方实证研究认为，企业筹资时，倾向于首先使用内部资金（如留存收益），如需要外部筹资，企业将优先选择债权筹资方式，其次才是股权筹资方式。留存收益是企业内部投资和扩大再生产的重要来源，随着国有资本收益管理的深入，应逐步将其纳入管理范畴。

基于此，对留存收益可以分类管理：

---

① 留存收益是公司在经营过程中所创造的，但由于公司经营发展的需要或由于法定的原因等，没有分配给所有者而留存在公司的盈利，包括企业的盈余公积和未分配利润两个部分，其中盈余公积是有特定用途的累积盈余，未分配利润是没有指定用途的累积盈余。

1. 对于一般竞争行业：适度管理

考虑到留存收益与收益收取性质还不完全一致，前者主要留存于企业用于其可持续发展，对其管理较国有资本收益收取更加宽松。采用企业自行决定，一定金额以上的投资（如达到合并净资产5%）须在履行出资人职能的机构备案，较大规模的投资（如达到合并净资产10%）须经履行出资人职能的机构审批。

2. 对于战略性行业：严格管理

战略性行业的主业核定清晰，面对较少的市场竞争，大规模多元化扩张会引发诸多问题。由于利用留存收益进行再投资具有一定隐蔽性，因此国资委需要加强对其投资方向的监督，确保中央企业运用留存收益再投资符合“突出主业，做强主业，促进企业持续发展”的方向。为了掌握企业留存收益的使用用途，各中央企业应向国资委报送年度留存收益使用预算。

（1）预算留存收益的计算

预算留存收益是指净利润减去弥补年初亏损和计提法定公积金（10%）后，再扣除国有资本收益上缴部分之后的留存部分。

（2）报送对象和报送内容

预算报送对象为该年度需上缴国资收益的中央企业，报送内容为集团留存收益使用预算和企业集团公司各独立核算企业留存收益使用预算，包括收益使用的项目、金额、时间、原因和预计回报等，企业可以文字或表格形式报送。企业集团需将属下各独立核算企业的情况汇总后报送。无论是国有资本收益还是国资预算收入概念，从收益管理的角度，资本收益管理都不应仅限于资本的收益收取管理，而是资本收支与监督的系统性制度安排。只要是投入资本创造的收入，其未来支用都应该纳入收益管理范围。国资预算收益管理应覆盖出资人投入资本金、收益收取、收益分配、监督评价全过程的管理。

（三）国资收益是国有资本经营预算管理的基础和依据

26号文件规定：国有资本经营预算是国家以所有者身份依法取得国有资本收益，并对所得收益进行分配而发生的各项收支预算，由此可见，所有者身份是政府收取国有资本收益的依据，而国有资本收益则是国资预算管理的基础。

《企业国有资产法》中四次提到"收益"这一概念，履行出资人职责的机构代表本级人民政府对国家出资企业依法享有资产收益、参与重大决策和选择管理者等出资人权利。资产收益权是《企业国有资产法》赋予出资人机构的核心权利，国资委是《企业国有资产法》中明确界定的履行国资监管机构职责的机构，与此对应，国资委具有资产收益权和对资产收益的处置权，即收益管理权。

从收益管理的主管部门来看，国资监管机构国资委承担着保值增值的任务，其对国家出资企业的收益分配应具有决定权。从国有资本收益管理的链条来看，收益分配是重要一环，只有合理的收益分配，才能实现资本的保值增值，进而在收益再收取阶段获取增量价值。国资预算收入主要的来源是国有资本收益，国资收益是国资预算管理的依据，没有国有资本收益，国资预算就是无源之水，无本之木。

（四）国有资本经营预算是国资收益管理的手段

从资本的属性角度深入理解收益的内涵，深入研究国有资本收益管理与国资预算的联系，国资预算实际上是国有资本收益管理的手段。国资预算是为实现出资人资产收益权设计的制度性安排，覆盖了资本收入、支出、监督、考核的全部环节，是国有资本收益的动态管理手段。通过国资预算的编制，组织收益收取与安排对应支出，实现国有资本的战略布局和结构调整。

因此，国资监管部门作为收益管理的主体，在下一步工作中应通过国资预算这一手段，有效提升对国有资本收益的配置效率。从资本收益的收支两头将收益管好，重点抓好收益分配的工作，并颁布编制国资预算收益收取与分配的管理办法，对不同企业管理的幅度、深度、角度予以界定。

三、明确公共权力部门与国资监管部门在国资预算中的职责分工

（一）从科学分工角度看，出资主体与编制主体应统一

公共管理职能和所有制职能相分开是政府改革进步、市场经济体制日

趋完善的重要标志，也是我国政府职能改革的路径。政府履行公共管理职能行使的是公共权力，政府公共预算的编制属公共权力范畴。国资委是国务院直属的正部级特设机构，代表国家履行出资人职能，行使着出资人的权利，包括收益权，国有资本经营预算编制、收取权是收益权的应有之义。不同部门履行不同职能，行使不同权力，相互间分工明确，减少交叉，权责明确，既是政府权力和职能划分越来越科学的表现，也是国家全面落实科学发展观的必然要求。

如果脱离现有的国资管理体制来设计以公共管理思路主导的国资预算管理体制，可能会对建立在履行出资人职责、享有出资人权益基础上的国有资产管理体制产生重大消极影响，如国有资产管理权利再次被分割，而“九龙治水”的国资管理模式已经被历史证明是不可行的，会导致没有一个机构在整体上统筹考虑国有资本的战略布局并为此负责。国有资产监督管理机构作为国家出资企业出资人，肩负着确保国有资产保值增值的使命，但现行制度并未赋予国资监管机构对国有资本收益进行统筹安排的权力，这直接影响到国资监管机构使命的实现。

（二）从国际规范看，应由履行出资人职能的机构负责编制国资预算

世贸组织的《补贴与反补贴措施协定》将政府补贴分为禁止性补贴（红灯补贴）、可申诉补贴（黄灯补贴）和不可申诉补贴（绿灯补贴）三种。其中，可申诉补贴通常是指由政府或公共机构为了实现某一目标而对本国的产业（包括公司和生产企业）提供的财政资助。由财政等公共权力部门编制国资预算，属于禁止性的“非法补贴”。如果授权编制公共预算的部门同时编制营利性的国资预算，会遭受国内外舆论关于政府补贴、不公平竞争的压力，特别是在国有企业国际化过程中易被理解为国家行为。

另一方面，公共权力部门将国资预算视为部门预算进行管理，混淆了国资监管机构本部门的预算和国资监管机构之下由各国家出资企业汇总的国资预算之间的差别。二者属性不同，前者是政府核定费用的部门办公经费，由国家财政支出[1]；后者是需要由承担国有资本保值增值责任的出资人机构进行统筹考虑的经营性预算，将二者混同，沿用同样的管理方式管理不同的对象，在实践中会带来问题。

综上所述，为避免国际贸易摩擦，合理化预算管理方式，建议将公共预算与国资预算分开。社会公共管理职能和国有资产出资人职能分开的实质是公共预算的编制主体和国有资产的资本经营预算的编制主体要分开，不能混为一体。鉴于此，建议在国资预算试运行期满后，国资监管机构作为国有资本保值增值的责任主体，应当成为国资预算草案的编制主体，对管理的国家出资企业资本性支出，应统一由国资监管机构安排。

（三）结论：应通过国资部门对中央企业国资预算进行注资和决算管理

实践中，公共权力部门越过国资监管机构直接要求中央管理企业编报国有资本决算；公共权力部门利用其他预算单位的收入向中央企业注资时，公共权力部门也不通过国资监管机构，直接向企业注资。这些问题的根本原因是公共权力部门作为预算主管部门，在相对模糊的框架内越级管理，为自己设置权力却不承担国有资本保值增值的相应责任。

国家出资企业在国资预算管理上属于二级预算单位，应由预算单位按照国资预算管理的相关制度、规范进行分级管理，不应由预算主管部门直接将其作为管理和规范的主体。

1. 公共权力部门不应该越过国资监管机构直接要求国家出资企业编制国有资本经营决算

公共权力部门规范的主体应当是预算单位，而不应将规范的主体扩大到国家出资企业。对国家出资企业的工作职责、工作程序和法律责任应当由国资监管机构统一制定，并以此强化主管部门与国家出资企业的直接关系，弱化预算单位的职责。相应地，国资预算管理制度制定的职责原则上应由各预算单位会同公共权力部门进行，不宜由公共权力部门单独制定。

---

① 事实上，国资委的定位是特设机构，其办公经费来源可做进一步探讨。如国有资本经营预算收入是否可用于国资委监督、管理国家出资企业的支出，此处暂不深入。

在实践中，公共权力部门存在越过预算单位对中央管理企业进行“遥控”的现象，在编报年度中央企业国有资本决算时，公共权力部门作为主管部门同时对国资监管机构和中央企业下文件[①]，越过了国资监管机构直接要求中央管理企业编报国有资本决算。

建议决算工作应当逐级上报，中央企业报送国资监管机构并由其编制预算单位决算草案，之后上报公共权力部门。公共权力部门不应越级直接要求中央企业上报决算收支情况。对于跨年度的大型项目，由国资监管机构在项目结项时进行项目决算。

2. 公共权力部门不应该越过国资监管机构直接向中央企业安排支出

当前，由国资监管机构编制中央企业国资预算已实现在中央企业系统内的平衡。但是，国资监管机构仅对履行出资人职责的中央企业上缴的收益部分进行支出，而烟草、邮政等的国有资本收益由财政部直接向国家出资企业注资，给注资工作、评价工作带来了混乱。

国资改革的发展方向是政企分开，让国家出资企业成为市场的主体。要真正实现市场化，就要避免非市场经济行为的做法。作为公共财政通过政策对所有减税等补贴特定企业，是市场经济各国都普遍存在的，但如果政府履行社会公共管理的部门直接给国家出资企业注资，就与成熟的市场规则相违背了。

另一方面，回顾历史我们可以发现，由财政部门直接向国家出资企业注资已经被历史证明是行不通的。从国企改革的实践看，改革前期国企处于难以持续经营的境地，其中一个重大原因就是税收和利润不分，表现为国企改革中不彻底的“利改税”改革。“利改税”在一定程度上促进了国企的发展，但其负面作用也不容忽视：第一，由于国企没有资金注入机制，其盈利上缴给财政而不是用于扩大再生产或者再投资，国企得不到发展所需要的资金，经营越来越困难；第二，实践中企业的利润和税收的性质有混同趋势，这种混同使财政部门一方面编制国家公共预算、履行国家公共职权，另一方面要兼顾国企的利润收益、行使出资人权利。履行国家

---

① 如《财政部关于编报2008年中央国有资本经营决算建议草案的通知》和《财政部关于编报2008年中央企业国有资本经营决算的通知》。

公权力和企业出资人的私权利是同一个主体，公私矛盾的不可调和性造成国企考核模糊、经营困难和政企之间割不断、理还乱，同时引发社会对政府补贴、不公平竞争的质疑。

如果社会公共管理部门不通过国资部门，而将资本金直接注入国家出资企业，表面上国家出资企业没有任何损失，但这种公权和私权不分的局面如果不改变，会再一次将国企拖入政企不分的处境。对于中央企业资本金的注入应统一由履行出资人职能的国资部门行使，既符合国资部门的定位，又能使得公权和私权分开行使，从根本上解决矛盾。建立国资部门资金注入机制在现实中具有紧迫性和可行性。

因此，应明确预算单位（国资监管机构）与预算主管部门（公共权力部门）之间的职责分工，确保实现在中央企业层面国资预算的统筹收支功能，由国资监管机构统一安排对中央企业的支出，由财政部视需要在不同预算单位的预算收入间进行调剂，中央国资预算整体收支平衡，但不是每个预算单位的建议草案收支平衡。

国资预算资本性支出流程见图 4-4。

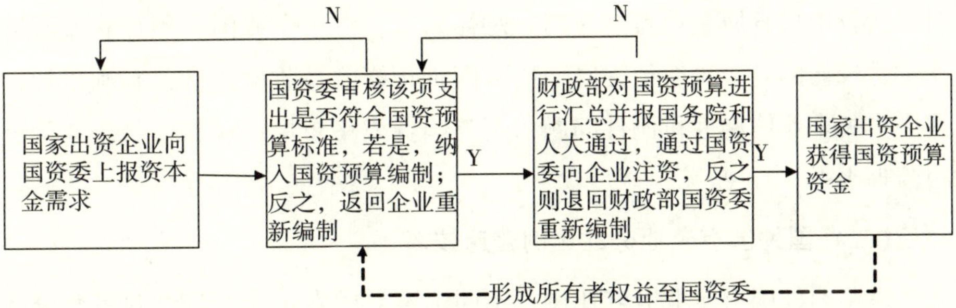

图 4-4　国资预算资本性支出流程图

注：国资预算支出统一上报至国资监管机构进行统筹安排，其他部委不可直接向国资监管机构所属中央企业注资。

四、中央企业国有资本经营预算收益收取比例亟待研究

（一）调整国有资本收益收取比例时机已逐步成熟

十六大之前，由于国有资产管理面临较多的体制性机制性问题，部分

国有企业效益不佳。十六大之后建立了新型国有资产管理体制，国有企业的历史负担得到逐步解决，2003年国资委成立后开展了多项工作，如推动股份制改造，完善公司治理，提升国有企业核心竞争力，进行高管选拔与业绩考核，对国有资本战略布局进行结构调整，加强国有资产基础管理等，国有企业效益普遍开始好转。

2007年3月，《中华人民共和国企业所得税法》颁布，于2008年1月1日起实行所得税调整，内资企业与外资企业所得税税率合一，国有企业的税赋由33%下降至25%。在这一背景下，有关部门确定了以“不增加企业负担，不影响企业发展”的思路。2007年以来，我国中央企业的经营逐渐好转，2009年进入《财富》的中央企业达到24家①，部分中央企业已成为各行业排头兵。经过前期国资预算的试点，我国的国有资本收益收取已相对完善。在这种背景下，考虑在2010年国资预算试运行3年期满时对收益收取比例进行调整是适时的。

参考同期的地方国资预算收益收取，前阶段各地方国资委实践中，国有资本收益基本上是按企业税后利润的20%～30%的比例征收，收益收取时比例较中央直属企业普遍更高。总体来看，中央企业国资预算收益收取比例是较低的，未来有待提高。提高国资预算收益收取比例，有利于加快解决中央企业体制性机制性问题，调整国资战略布局，提高中央企业的公司治理水平。

（二）国外国有企业分红比例普遍较高

借鉴国外国有企业分红比例，不同国家对国有企业的分红政策及分红比例差别很大，但从总体来看，分红比例较高。奥地利的OIAG基金、捷克的国家财产基金、新加坡的淡马锡等国有企业中，只有淡马锡是一家将红利和私有化收入用于再投资的自我持续发展的基金。② 即便如此，在过去的30多年里，淡马锡平均每年都要将其股票市值的7%作为红利支付给

---

① 《24家中央企业入选2009年〈财富〉世界500强》，国务院国资委网站，2009.7.9。

② 《世界银行：国有企业为何不向政府分红》Louis Kuijs、William Mako、张春霖，2006.3。

新加坡政府。奥地利 OIAG 基金将大部分分红收入及全部股权转让收入交给政府。多年来，捷克的国家财产基金上缴给各个政府部门以及分配给各种项目和补贴的资金几乎与该基金的利润收入和私有化收入相等。世界银行收集了 16 个发达经济体中 49 家有 2000~2008 年分红数据的国企数据。计算得出，每家国企 2000~2008 年的平均分红率为 33%，大部分公司的平均分红率在 20%~50%之间。

值得说明的是，对于处于不同阶段的公司，国有企业分红的支付比例差别很大。红利支付占利润收入的比率通常都反映了每家公司自身的增长前景。例如，当公司增长缓慢且前景不明朗的时候，公司的分红率通常为利润收入的 50%左右；高成长公司或高科技公司往往很少分红，或者根本不分红。

（三）结论：应探索适合我国国情的国有资本收益收取比例

从国际经验看，我国的国有资本收益比例似乎应当提高，但考虑到我国国情，还应当针对具体问题具体分析。

1. 我国的国家出资企业与发达国家的国有企业有一定差别。发达国家的国有企业大多在公共服务领域，具备竞争性的国有企业以主权基金或控股公司的形式为主，其特点是内生性增长机会不足，因此以较高比例派发红利。我国的国家出资企业大多面临着国际市场竞争的压力与自身发展的需要，具体包括：①面临我国内需增加的大好局面，为把握市场机会需要有效提升内部管理和服务水平、降本增效；②处于进入国际市场、开展国际竞争的初期，需要有充足的资本支持；③作为产业排头兵，中央企业承担着推动产业结构升级的责任，投入人力物力进行技术和产品的研发、固定资产的升级，有较大的资本开支需求。

以上三方面都需要资金支持，留存收益是企业内部投资和扩大再生产的重要来源，是企业筹资时优先于债务融资和股本融资的资金来源，因此，国资预算的收益收取比例与资本性支出都应成为优化企业资本结构、支持资本开支、促进中央企业可持续发展的重要手段。

2. 我国目前收益收取采用的计算口径是根据合并报表计算，而我国中央企业的核心资产大多下沉在二级企业以下，在实践中如果对一级企业收取比例，可能导致一级企业持有的上市公司分红也必须显著增加，甚至高于行业平均水平，这就可能会影响到国家出资企业的可持续发展。基于上述分析，我们建议，在调整国有资本收益收取比例时，应以发展国有经济，保持活力和竞争力，有利于国有企业做强做大为前提，参照国际上对国有企业分红收取比例的经验，结合国情综合考虑国有资产总体收益情况、行业利润率与企业发展阶段等因素，改进中央企业国有资本经营预算收益收取比例。在具体实施中，本文建议分为三个阶段：①2010 年年底之前依照 309 号文件分类比例继续收取国有资本收益；②2011 年起，逐步增加收益收取分类的类别，如按行业分类进行整理，选取中央企业所分布的重点行业，参照同行业可比上市公司分红比例为上限，由相关部门颁布对应收取比例；③待条件成熟时，逐步过渡到一对一谈判的方式，政府作为出资人与国家出资企业谈判，可以结合企业具体情况一事一议。

五、中央企业国有资本经营预算资本性支出的管理方式应以企业为对象

截至 2009 年年底，国资预算管理方式仍然沿用项目管理的思路，企业需详细上报项目计划书，并审查每笔资金用途。这样的管理方式不仅不符合国资预算“资本”管理的本质，而且国资委并没有相应的人力物力去监管企业项目的实施。

事实上，国资委作为出资人向国家出资企业的注资不同于长期贷款和财政补贴，应有以下三个特点：①向企业注入（而非项目）；②以资本形式注入（而非贷款）；③以股权方式注入（而非补贴）。

以企业为对象型管理指国资预算以企业的价值增值为目标的注资行为。它包括战略行业评估、战略行业选择、标杆企业选择、企业注资以及经济增加值（EVA）考核五个阶段。国资委监督到企业资本层面，而非具体项目的开支（见图 4-5）。

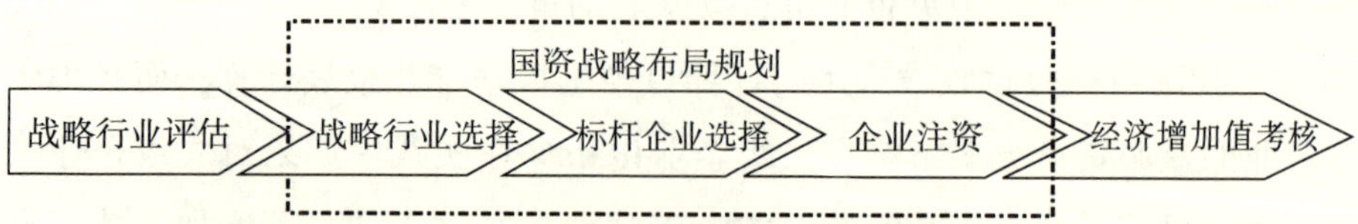

图 4-5　以企业为对象型管理的五个阶段

以项目为对象型管理指国资预算以项目的盈利性为目标的注资行为，根据国资战略规划对入库的项目进行评级，对符合投资方向的项目进行资本性支出。它包括项目信息采集、项目入库、项目动态管理、企业注资以及投资项目追踪五个阶段。国资委需要对项目进行及时跟踪，督导项目需要耗费较大人力物力（见图 4-6）。

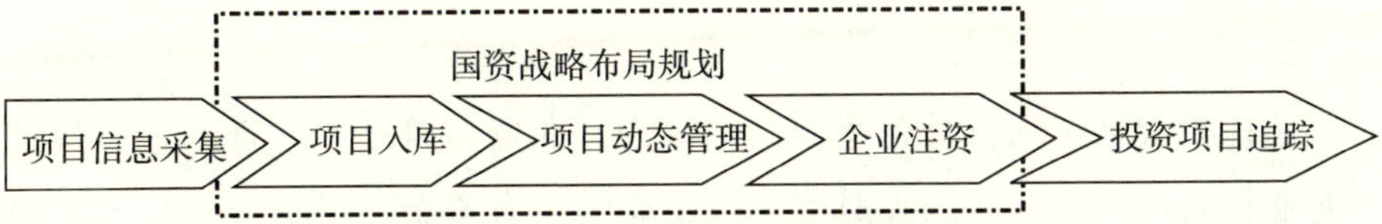

图 4-6　以项目为对象型管理的五个阶段

以项目为对象可细分为两类：涉及多个企业或部门关系到国计民生的重大项目和涉及单一企业的项目。对于涉及多个企业和部门且关系到国计民生的重大项目，应在发改委规划基础上由国资委统筹资金的具体安排。对于涉及单一企业的项目，国资委根据项目的经济或社会价值进行筛选，可委派审计机构或由政府审计部门监管资金的具体支出，国资委重点监管项目目标是否实现。

两类管理方式的比较见表 4-4。

表 4-4　企业对象型与项目对象型管理比较

	以企业为对象管理	以项目为对象管理
项目申请阶段	不需详细上报企业将要进行的项目情况	需详细上报项目计划
项目实施阶段	不需详细上报具体进度	需详细上报具体进度
注资效益	需要综合考虑企业的经济增加值	通过项目申请能界定项目收益率
监管效率	只监管到企业资本层面，效率较高	监管到项目需大量人力物力，效率偏低

由表 4-4 可见，从国资预算的管理角度看，以企业为对象管理较以项目为对象管理更加便捷，事实上，前者也更加符合国资监管的趋势，符合以下三方面要求：

1.《企业国有资产法》的要求

《企业国有资产法》要求：国务院和地方人民政府应当按照政企分开、社会公共管理职能与国有资产出资人职能分开、不干预企业依法自主经营的原则，依法履行出资人职责。这也给履行出资人代表职能的机构提出了监管上的要求，即国资委应当作为出资人管理国有资本，而不应陷入对企业具体事务的管理中去。

2. 资金管理的要求

选择投资某个项目是企业的自主行为，在资金管理上，资本金一旦进入企业，就形成企业的法人财产，与企业的自有资金、借贷资金是无法截然分开的。资金管理本身有统筹规划、高效配置的要求，如果出资人严格按项目区分投入资金与其他资金进行专户管理，则容易造成管理烦琐，干涉企业的自主经营权。

3. 监管方式的要求

按项目进度监管资本金的支用情况会显著增加监管部门的工作量，因此，应建立企业作为责任主体，出资人考核与监督国有资本保值增值情况。以项目为对象进行管理在实际操作中很难实现，比如，对预算资金的考核、评价、审计。如果置于项目中而非整体盘子中进行评价，难以衡量国有资本战略布局的效果，难以掌握国有资本保值增值的情况。综上所述，国资委不能沿用项目审批的旧体制，而是应该以资本注入方式投资企业法人，将企业国有资产保值增值的责任下放到企业，用资本边际效益和EVA等方法考核企业。国资委由企业法人管理具体项目，而不应管理到企业具体的生产经营环节。

第四部分 国有资产预算与国有资本分红的国际经验借鉴

一、国外国有资产预算管理经验比较与借鉴

从世界范围看，西方发达市场经济国家对国有资产进行预算管理呈现出不同的特点，大体分为国有资产完全纳入公共预算管理的美国模式，具

有独立的国有股权转让预算的法国模式和具有国有企业投融资计划的日本模式。在上述三种模式中，法国模式的国有经济成分占国民经济比重相对较高，在其政府预算体系中已出现了国有资本经营预算的雏形。下文将对这三种模式进行简要的介绍。

（一）国有资本完全纳入公共预算管理的美国模式

1. 美国联邦公司的国有资本分布情况

美国的联邦公司主要是政府为解决市场失灵问题而动用财政收入由政府直接投资和收购、接管私有企业形成的，这类实际上属于国有资产和国有企业性质的联邦公司具有典型的公共品性质，是政府的一种经济政策工具。美国的国有经济所占比重不高（联邦政府经营管理的企业 80 多个，产值在美国经济中仅占 1%）。美国政府介入国民经济和市场经济的程度主要取决于产业的性质，政府为了实现“促进公共安全，保证公平竞争”的目标，主要介入提供私营企业不愿意做或做不好的公共性事业领域。其中，邮电事业是美国最早的联邦企业。目前，美国联邦公司的业务活动主要分布在邮政和金融、保险、公用服务、通信卫星、交通运输和传播媒介等领域，如全国铁路旅客公司、商业信贷公司、通信卫星公司、公共广播公司、田纳西运河管理局等。这些都是在各个领域居于举足轻重地位的联邦公司。

综合来看，美国联邦公司国有资本的特点：一是比重低；二是主要存在于非竞争领域。

2. 美国对联邦公司国有资产管理的形式

（1）国会立法

美国的国会在管理联邦公司方面起着很大作用。美国每成立一个联邦公司都会由国会通过一个“单行法律”，并没有对联邦公司进行统一调整的类似于《公司法》的专门立法，几乎每个立法都是针对某一个联邦公司特别规定的。

（2）管理形式

1945 年在罗斯福新政期间制定了《联邦公司控制法》。该法涉及联邦政府对联邦公司的管理和监督，并将联邦公司分为联邦完全拥有和联邦与私人混合拥有两种类型。其中，联邦完全拥有型是指联邦公司的产权完全归国家所有；联邦与私人混合拥有型是指联邦公司由政府和私人或私人机构共同拥有，而公司的经营权主要掌握在私人或私人机构手中。

政府设立特别管理机构或部门，对联邦公司进行直接管理。除田纳西水利管理局、进出口银行、联邦存款保险公司、宾夕法尼亚道路发展公司直接对总统负责外，其他由有关部门，依国会各种决议设置的常设委员会管理。如原子能工业企业，由原子能委员会管，采煤企业由矿务局管。

政府相关主管部门通过行政指令，确定企业的投资指标和重大计划，同企业签订生产合同，利用价格、补贴、税收、工资等经济杠杆，调节企业经营活动。

对于政府完全拥有联邦公司，其大部分董事由总统任命，提请参议院批准；在混合拥有的联邦公司中，主要董事由总统和主管部长任命，其余由股东大会选出。

政府指定机构对国有企业进行财务审核，向国有企业派出监督员或督导团，对企业实行财务监督；政府选择合适的承包商，与之签订承包国有企业的合同，并监督其经营活动，收取租赁费，财务审计等。

（3）国有资本管理完全纳入在公共预算管理中

美国联邦政府实行“统一预算”（unified budget，也译为“综合预算”），这种预算从形式上看，与单式预算无异，但是，其财政支出已按经济性质进行了分类，也可以认为美国联邦政府仍然实行某种程度的复式预算。美国联邦财政预算支出主要包括全权预算支出（又称“自主拨款”，它是指拨款法案中提供的预算资源）和法定支出（又称“直接支出”或“强制性支出”，它是指除拨款法案之外的法律控制的支出以及食品券计划支出）两部分。

美国的预算由总统管辖下的行政管理与预算办公室（MBO）和财政部承担。这些部门之间无隶属关系，二者分工大体是：行政管理与预算办公室负责预算的编制；财政部负责收支概算和税收等日常事务。它们分别隶属于国会“两院”的预算委员会和国会预算办公室（CBO），前者负责预算的审议并向国会提交对联邦政府预算草案审议的意见；后者主要负责为两个预算委员会提供分析材料，进行中长期的预测。在预算编制的程序上，美国地方预算程序要经过四个阶段：编制预算草案并提出；审议预算草案和批准草案；预算的执行；对预算执行情况进行审核监督。

由于美国的国有资产比重较小，因此美国对国有资产没有形成单独预算，而是完全纳入到政府预算的编制中。

3. 金融危机背景下美国政府向重要企业的注资

（1）背景

2007 年美国的利率上升和住房市场持续降温直接引发了 2007 年至 2008 年由于次级抵押贷款机构破产而导致的投资基金关闭、股市剧烈震荡，并席卷全球经济的金融风暴。美国几大投行陆续宣布破产，银行宣布巨额亏损，大型企业经营受到严重威胁。

（2）主要注资情况

在这种背景下，美国政府发挥有形之手作用，财政部向特定金融机构以及大型企业采取政府资本性注资行为。例如，美国财政部出资 2500 亿美元认购金融机构发行的高级优先股和认股权证等有价证券。其中，向美国 AIG 等 9 家大型金融机构注资 1250 亿美元。

（3）注资效果与结论

美国政府的注资行为维持了市场稳定，避免了银行资本金不足引发金融机构系统性风险的爆发。在金融市场逐步恢复稳定秩序，国民经济回暖之后，2010 年 3 月 29 日，美国财政部宣布，计划 2010 年出售所持花旗集团的大约 77 亿股普通股。这部分股票是美国财政部 2009 年根据协议将持有的花旗集团优先股转换成的该集团的普通股。

总结美国政府注资的过程，其风险控制可分为三个阶段：注资初期，注资中期和注资末期。在注资初期考虑到被救助企业的巨大风险，政府采取优先股及认股权证的方式对企业进行注资，获得利润分红及剩余财产分配权利的优先权，降低政府注资风险；在注资中期，随着被救助企业经营及盈利水平的逐步恢复，政府通过协议将优先股转化为普通股，获得企业经营管理、重大决策等实际控制权；在注资末期，随着企业市值的逐步增长，政府将择机通过在资本市场抛售股票的形式退出注资行为。

这一过程表明：第一，在危机时期，政府的救市行为对整个金融系统的稳定以及国民经济的挽救是至关重要的；第二，美国政府的注资行为不是追求国有企业长期战略性发展，而是临时的“救市”行为。

（二）具有独立的国有股权转让预算的法国模式

1. 法国的国有资本分布情况

20世纪80年代初，法国四分之一的工业和90%的银行都在国家监督之下，国有大型企业集团的产值占到法国工业总产值的四分之一以上，是西方国有化程度最高的国家。1986年开始第一次国有股权转让运动后，到1990年，法国拥有国家直接控制的大型国有独资企业58家，国家控股的大型混合股份公司50家，包括由这些企业派生的子公司在内的国有企业共2268家。在全国企业中，其数量占24%，固定资产投资额占25%，职工占7.2%，工业产值占18%，利润占25%。

1993年、1998年法国又相继进行了更大规模的国有股权转让运动。目前，法国仍然拥有1600多家国有企业，主要隶属于70家国有大型企业集团，年营业额达2500亿欧元，分布在电力、煤气、核能、邮政、电信、航空、军工、加工工业、建筑业、商业和服务业等重点行业，并在这些行业中占据主导地位。例如法国电力公司（EDF）、法国电信公司、雷诺汽车公司等。与美国相比，法国国有资本比重较高且涉及领域众多，不仅分布在非竞争领域，也存在于竞争领域。

2. 法国的国有资产管理体制

（1）法国的国有企业类型

法国将国有企业分成三类：

①非法人的公用事业和从事工商活动、具有行政性质的公共事业机构，包括邮电局、国家印刷厂、存款银行以及与地方政府相联系的供水、住宅等管理机构，它们大多是从中央和地方政府行政机构中分离出来的。

②工商性质的公共事业机构和公营企业，具有法人地位，如法兰西银行、煤矿、森林、电力、化工等支柱行业的企业。

③在竞争性行业的国有混合股份公司，按股份法经营，政府管理一般仅限于对企业主要领导人的任命和对资产的流入与流出实行监督。

（2）法国国有资产管理体制的特点

法国处理国家和国有企业之间关系的基本原则是：既保证国家对企业的所有权和领导权，又要保证企业拥有一定的经营权，使大多数国有企业能够按照一般经济法则和市场规律。法国的国有资产管理体制的特点如下：

①对国有企业实行特有的“计划合同制”。

从 1982 年起法国对国有企业实行了特有的计划合同制，目的是通过政府对国有企业的指导与监督，确保国有企业的发展战略方针与国家总体目标协调一致。计划合同由工业研究部、经济与财政部、国家计划总署、其他行业主管部的代表同企业代表共同分析和预测企业经营的外部条件及其变化后签订。

②对国有企业实行分类管理。

法国政府根据企业是否具有竞争性，行业是否存在规模效益以及是否需要大量基础设施投资等三个标准，把国有企业分为垄断性国有企业和竞争性国有企业两种，采取不同的管理方式。法国的垄断性国有企业主要集中在能源、交通、邮电通信等基础产业和基础设施部门。对这些企业，政府控制程度较高，管理较为严格，企业的自主权相对较少。竞争性国有企业所处的行业主要是加工工业、建筑业、商业和服务业，这些行业中存在大量的私人企业，国内国外有众多的竞争对手。对竞争性国有企业，政府的管理仅限于任命企业的主要领导人和对资产的流入流出进行监督，而不是直接控制。企业拥有较大的经营自主权，基本与私人企业处于平等的竞争地位。

③对国有企业实行“三重监督”。

经济与财政部、行业主管部和国家审计法院三方面对国有企业分别实行监督。

经济与财政部的监督：向企业派驻国家监督员，经部长授权行使部长的部分权力，检查企业的经营活动和财务管理。

行业主管部（工业研究部、运输部、邮电部、国防部、国家计划总署）的监督：向企业派出国家稽查员或特派员，专门对企业的技术和投资进行过程监护和事后监督。

国家审计法院的监督：专有账目法庭的财务稽查员检查企业的会计账

目，审核财务收支是否符合国家规定和进行效益评估。

3. 独立于公共预算的国有股权转让预算

（1）法国的公共预算

法国没有独立的国有资本经营预算，关于国有资本经营的收支，除国有股权转让的收支单独预算外，其余均纳入公共预算中。

法国的财政体制分为中央、省、市镇三级结构。依照法国的预算法和财政法，其预算体系与公共行政机构相适应，按照中央公共行政机构、地方公共行政机构和社会保险机构三种类别，分为中央（或国家）预算、地方预算（包括省和市镇预算）和国家社会预算（单列，其收支由专门的社会保险机构负责管理）。法国的中央预算由一般预算、附属预算和国库特别账户构成。一般预算是中央预算的主体部分，其收入主要来自税收，其他为国有企业利润分红（上缴经济财政部的国库司）和国外收入等。凡涉及中央一级国有企业的投资计划、资本变动、股权安排、重大发行债券和股票的计划，都要报其财产隶属关系所在的经济财政部决策，重大问题还要由内阁会议决定。附属预算是专为政府经营的拥有财务自主权的非法人机构设立的法国特有的一种预算形式，中央一级公益服务性公营企业直属经济财政部的预算司。既要满足这些自给事业的财政需要，使其脱离政府部门和机关，实行经济独立核算，又不和一般预算完全断绝关系，以保证行政管理部门和立法机关能依靠一般预算来行使相当的控制。政府要求附属预算做到自行平衡，如有盈余便列入一般预算，如出现赤字则由一般预算给予补贴。

（2）法国的国有股权转让预算

①国家股权及转让委员会。

1986 年，法国议会通过立法成立了法国国家股权及转让委员会，专门负责监督国有企业的私有化进程。其机构级别上升至国家层面，系独立机关，不隶属于经济与财政部。该委员会不仅对转让价格下限有决定权，而且有单独立法权，并且“从财政部获得独立的预算”①。

②国有股权转让预算。

---

① 《瑞典、奥地利、法国国有资产管理体制的情况和启示》，《调查研究报告》，2003 年第 200 期。

国有股权转让预算从经济与财政部的公共预算中独立出来，由股权及转让委员会编制。转让收入要全部交到经济与财政部，由国家统一安排使用。

国有股权转让收入的用途包括：平衡公共预算，包括对社会保险、医疗保险等的投入；向国有企业追加资本。

(三) 具有国有企业财政投融资计划的日本模式

日本于20世纪90年代之前大力推行的财政投融资计划与本报告探讨的国有资本经营预算相同点在于都是国家在政府预算中对国有企业编制、列支和扶持的，不同点是我国的国有资本经营预算收入来源于国有资本收益，而日本的财政投融资计划其资金来源主要是债券、贷款等债务性融资。

1. 日本的国有资本分布情况

国有企业是战后日本国民经济的重要组成部分，1955年，日本国有企业占其GDP的24%，之后逐渐下降至近期的12%。日本国有企业主要集中在金融业等非生产领域，政府对金融类企业的投资占国有企业投资总额的72.9%，代表性企业为日本开发银行和日本进出口银行；在物质生产领域，国有企业包括造币、邮政、银行券印刷、国有林地、酒类专卖、自来水、汽车运输、地方铁路、供电、煤气等领域，代表性企业为国家烟草专卖公司。与美国相比，日本的国有资本比重较高且涉及领域众多。

日本的国有企业主要分为三种类型：直营事业、特殊法人和第三部门。

(1) 直营事业：是由中央政府或地方政府投资兴建并直接经营的国有企业，直属于中央或地方政府，不属于独立的经济实体，其设立、经营范围、投资规模及方向、目标计划、产品价格、工资制度等受政府和国会的严格控制，自主权十分有限。直营事业主要包括邮政、造币、银行券印刷、国有林地和酒类专卖等。

(2) 特殊法人：指根据国家特别企业法设立的法人经营的国有企业。特殊法人包括财团、公团、事业团、公库、基金会、公社、营团、政府金融机构以及其他特殊法人等11种。

(3) 第三部门：指由中央或地方政府等公共部门和私人机构或私人共同出资建立的法人企业，涉及领域众多，以公用事业为主。在日本私有化的过程中众多依据特殊法设立的特殊法人企业转变为根据商法设立的第三部门企业，如国家烟草专卖公司、日本国有铁道公司和日本电信电话公司，其前身都是作为特殊法人的公社。

2. 日本的国有资产管理模式

日本的国有企业多数根据特别事业法设立，对国有企业依法管理是日本国有资产管理的一个特色。日本围绕国有资产的管理、运营建立了以《国有财产法》为代表的比较完备的法律体系。立法规定了国有企业的经营范围、承担的义务和责任。在《国有财产法》中，日本将其国有财产分为行政财产与普通财产，由大藏大臣总辖国有财产。

日本在其大藏省理财局下设有国有资产总括课、国有资产审查课、国有资产第一、二课、国有资产鉴定课，专司国有资产所有权管理事宜，并按照不同类型的微观组织形式，对直营事业（是由政府地方公共团体投资兴建并直接经营的国有企业），特殊法人（是由国家投资，并由国家依照特别法律设立的特殊法人企业）和第三部门（由中央政府、地方公共团体、私人企业共同投资采取股份制形式经营的企业）的国有资产进行管理。

对于日本国有企业中的特殊法人，其领导干部任命由大藏省决定，并受国家公务员法的约束。如日本 99 个特殊法人中，85 家的总裁等领导成员由主管大臣任命，10 家需主管大臣批准，只有 4 家自主决定；尽管各个企业有独立核算的财务会计制度，但在财务处置上受到大藏省的严格控制和监督，尤其在企业预算的制定、执行、结转以及资金的筹措、使用等方面，均需得到大藏大臣的许可。企业利润部分需全部上缴国库。未经批准企业不得动用，亏损由政府弥补。

对于日本国有企业中的第三部门，以全球第三大烟草生产商日本烟草公司为例。1985 年日本烟草公司废除实行 80 多年的专卖制度，烟草专卖会社改组为日本烟草株式会社，基本上按照西方现代股份制公司的管理体制进行运作。

3. 相对独立于公共预算的财政投融资计划

（1）日本公共预算制度

日本的公共预算包括一般会计预算、特别会计预算、政府关联机构预算和财政投融资计划，其中，一般会计预算、特别会计预算、政府关联机构预算共同构成公共预算，与财政投融资计划之间互有资金往来，从资金运行上看，三种预算并不独立列收列支，既存在一般会计预算向特别会计预算和政府关联机构预算的资金转移，也存在特别会计预算和政府关联机构预算向一般会计预算的利润上缴。关于国有资本的预算安排在以上四种预算分类中都有体现，但日本的国有企业上缴利润和产权转让收入都列在公共预算的框架内。

①一般会计预算。管理中央政府的一般性财政收支，它以税收、国债收入、国有资产出售收入等为财源，为中央政府的行政管理、社会保障、教育、公共投资等活动提供财力保障。

②特别会计预算。主要包括对中央经营的企业、社会保险、公共工程以及政府行政干预所需的预算。特别会计可以分为5个种类，分别是事业特别会计、管理特别会计（如国债整理基金）、保险特别会计、融资特别会计和整理特别会计。

③政府关联机构预算。是对各政府关联机构的财务预算，政府关联机构是依据政府特殊法设立的、中央政府提供全部资本金的特殊公法人，是经营事业、特别是融资性业务的机构，将其与中央政府机构分开设置的目的是为了能灵活运用企业经营规则，以提高效率，但其预算与政府预算同样接受国会的监督。

（2）财政投融资计划

日本的财政投融资计划是由大藏省理财局组织实施的，包括“财政投融资资金计划”、“财政投融资原资推算”、“财政投融资用途分类”三部分内容。与民间金融机构的业务操作不同，日本财政投融资的资金筹措和资金运用是由不同的政府部门实施的，即筹资和融资责任分开，本金的筹措和管理主要依赖资金运用部资金、简易保险资金、产业投资特别会计、政府保证债和政府保证借款四部分；资金的运用则交由开发银行等政府专门金融机构实施（见表4-5）。

表 4-5 日本从事财政投融资的政府金融机构名称①

种类	名称
特别会计	都市开发资金融通、国立医院、特定国有财产整备、国立学校、国营土地改良事业、国有林业事业、邮政事业、机场整备、邮政储蓄
公社	日本国有铁道公社，日本电信电话公社，日本烟草专卖公社
公库	国民生活公库、中小企业公库、住宅金融公库、农林渔业公库、公营企业公库、冲绳振兴开发企业公库、日本开发银行、日本进出口银行
公团、事业团	住宅、都市整备公团、年金福利事业团、环境事业团、船舶整备公团、帝都高速交通营团、社会福利、医疗事业团、地域振兴整备事业团、日本私学振兴财团、日本育英会、中小企业事业团、农用地整备公团、森林开发公团、生物特定产业技术研究推进机构、日本道路公团、首都高速道路公团、阪神高速道路公团、本州四国联络桥公团、日本铁道建设公团、新东京国际空港公团、铁道整备基金、日本国有铁道清算事业团、水资源开发公团、信息处理振兴事业协会、基础技术研究促进中心、石油公团、海外经济协助基金、简易保险福利事业团
特殊公司	商工组合中央金库、东京湾横断道路股份公司、关西国际机场股份公司、民间都市开发推进机构、电力开发股份公司

①日本财政投融资计划的特点是：投融资计划的编制机构为大藏省理财局。

大藏省（相当于我国财政部）作为统一编制机构，编制预算草案报国会审批，经批准后形成预算。在大藏省内部，投融资计划由大藏省理财局专门负责投融资计划的编制，由大藏省主计局（相当于我国财政部预算司）负责编制一般会计预算，特别会计预算和政府关联机构预算统一，编制机构相对分开。

表 4-6 日本大藏省机构及职能

机构	主要职能
大藏省理财局	制订财政投资计划。管理国有财产 发行国债，管理国库及平衡国库收支 监管地方财政事务，发行和回收纸币，管理和运用国内资金

---

① 资料来源：中日两国财政投融资制度比较，杨栋梁。

（续表）

机构	主要职能
大藏省主计局	拟定和执行国家预算，管理国库储备 起草财会制度的法案、调查汇总国内财政执行情况 设定“特别职务的国家公务员”的薪金、津贴等

②投融资计划有别于公共预算。财政投融资有别于公共财政收支。财政资金的开支和收入项目之间未必是一种等量或近似等量的关系，多数情况下，如行政费、补助金等，一般是只支不收，而税收是财政部门凭借国家权力获取的单向财政收入。相比之下，财政投融资作为一种可回收的出资或有息贷款，其基本要求是在保证本金不致流失的前提下，尽可能实现贷出、回收资金的良性循环，日本通过投资、提供贷款支持国有企业发展，获得本金和利息的偿付，与财政意义上的支付行为形成了本质性的区别。

③投融资计划在关键领域实现国有资本的战略布局。20 世纪 40 年代末至 50 年代初，日本工业技术装备水平整体上落后于欧美先进国家 10 至 15 年，煤炭、钢铁、电力、造船等四大产业普遍资本收益率较低，又需要现代化设备，而民间无法承受巨大的投资规模和投资风险。在这一背景下，日本政府从经济发展的长期战略出发，率先为这些产业的重点企业提供财政投融资（以长期、低息的贷款为主），在 1947 至 1948 年间，财投资金在上述四大产业设备资金贷款总额中所占的比率甚至高达 98.1%、73.4%、92.9%和 84%。

50 年代前半期，财政投融资资金集中投向电力和海运业，使日本国有资本战略布局得以改变，国有企业的业绩在较短期间内大为改观。50 年代前期，财政投融资资金为造船业融资计划高达 50%债务融资的支持，使日本造船业迅速完成现代化技术改造和设备更新，并于 1956 年创造船舶下水量和出口量的两个世界第一。可以说，战后日本经济的恢复、复兴与高速增长是通过基干产业的复兴与发展启动的，而财政投融资正是使战略性产业得以率先复兴、发展的重要启动力。

④投融资计划以债务性投资为主。日本财政投融资计划主要利用产业投资特别会计科目对国有企业进行直接股权性投资，比如日本进出口银

行，其资金来源分为四个部分：出资部分，由日本政府产业投资特别会计部门全额出资；借款部分，由日本大藏省筹措，主要来源为邮政储蓄；债券部分，通过金融市场发行由政府担保的外汇债券；其他部分，通过经营收益留成的自有资金。这四项都是日本投融资计划编制中的组成部分，因此，日本的投融资计划具备国有资本经营预算的雏形。但是，日本的投融资计划虽然在政府规定以投资、融资和担保进行分类，在实际操作中主要采用债务性投资（如长期低息贷款）的方式来支持国有企业的发展，国有企业偿还的本金与利息在财政投融资计划中单列，不用于平衡公共预算，但国有企业的上缴利润与股权转让收入直接计入公共预算，因此，日本的投融资计划并未真正成为国有资本经营预算。

（四）美、法、日的国有资本管理预算模式比较

美、法、日国有资本管理预算模式比较如表 4-7 所示。

（五）对我国国有资本经营预算的启示

以美、法、日三国为代表的国有资本预算管理的三种模式可为我国相关改革所借鉴。综合来看，国有资本比重较高的法国模式和我国特点较为接近，但是，中国的现实情况又与这些国家存在着重大的差异，这又决定了我们在学习和借鉴国外的成功模式时，不能照搬照抄，而应以我国实际情况为体，以国外的管理经验为用，逐步探索出一套适应我国国情的行之有效的国有资本经营预算制度。总体上看，美、法、日三种模式对我国国资预算制度的建立有以下几点启示：

1. 建立国有资本经营预算具有重要意义

从美、法、日三国的国有资产管理和国有资本预算的一般实践来看，制定预算制度的目标主要是为了提高国有企业的运营效率。我国的国有经济是国民经济的主导力量，国有资产比重与西方资本主义国家相比，无论从规模、数量上，还是从营利能力上，都具有更重要的战略意义。

2. 应探索具有中国特色的国有资本经营预算体制

美、法、日的国有资产管理与预算体制不同，对我国的启示也不同，我国应辩证地借鉴各国模式的优点，探索具有中国特色的国有资本经营预算体制。

表 4-7　美、法、日国有资本管理预算模式比较

	美国	法国	日本
编制机构	行政管理与预算办公室（直接向总统负责，独立于财政部）	经济财政部、股权转让委员会	大藏省主计部、理财部
预算年度	10 月 1 日—次年 9 月 30 日（编制期：18 个月）	1 月 1 日—12 月 31 日（编制期：9 个月）	4 月 1 日—次年 3 月 31 日（编制期：10 个月）
审批程序	预算委员会—参众两院—国会	议会	国会
预算构成	统一预算	一般预算	一般会计预算
		附属预算	特别会计预算
		国库特别账户	政府关联机构预算
			财政投融资计划
执行机构	联邦和州财政部	经济与财政部	大藏省
监督机构	国会（下设预算、拨款和税收三个委员会具体负责预算审查监督职责）	议会（下设委员会、委托国家审计法院）	国会（委托会计检察院）

法国由于其历史形成的国有资本比重较高，对其国有资本收益分为分红收入和转让收入两部分来管理，对国有企业的分红收入统一由经济财政部管理，而对国有股权转让收入则由独立于经济财政部的法国国家股权及转让委员会统筹管理，由其专门负责监督国有企业的私有化进程。中国国有资产比重较高，在未来有结构调整与战略布局的任务，可借鉴法国对转让收入的重视，进一步探讨未来国资预算转让收入的管理。同时，国资改革并不是简单私有化的过程，而是有进有退的实现结构调整。因此，由一个独立于公共管理职能的机构来把握国有资本进退和结构调整是十分必要的。

美国的国有资产比例最低，由财政部统一管理。在金融危机期间，美国政府为了维护其金融市场的稳定，对市场中关系到国计民生、一旦破产会引发国内乃至国际重大影响的重要企业（如房地美、房利美、花旗银行）进行了救助。这类救助更多地是为了维护市场的稳定，充当“做市商”角色，而非通过投资追求营利性。中国应借鉴美国在危机情况下对企业的救助经验，充分发挥国有资本经营预算的主动性，在必要时对关系国计民生的企业进行救助，对关系经济命脉、处于关键领域的企业，当其资产负债率过高或接近破产边缘时，应及时出手实施救助，充实现金流、降低其资产负债率、解决企业历史遗留问题，最终实现资源的优化配置。

日本模式在其经济增长的黄金时期发挥了重要作用，这一阶段日本大藏省利用财政投融资计划充分发挥了国有经济的力量，带动了日本国民经济的发展。但日本的国有企业大多属于政府与市场之间的中间形态，体现为政府对市场的培育与间接补贴，并不直接参与市场竞争，其制度安排上也将收益用于平衡公共预算。中国应借鉴日本对不同行业战略布局的发展脉络，通过国资预算支持对国民经济具有重大作用的行业，扶持战略新兴行业，在动态中实现战略布局，拉动国民经济增长。

3. 国有资本经营预算应与政府公共预算相独立

在法国模式中，具有国有资本经营预算性质的国有股权转让预算已经从财政部中独立出来，这对于中国建立独立的国有资本经营预算制度具有极大的借鉴意义。国有资本经营预算应真正从政府预算中独立出来，真正与财政部的政府预算（含社会保障预算）体系相对分开，做到国有资本经营预算与政府预算分类管理。

随着中国社会主义市场经济体制的逐渐完善，政府作为国有资本所有者，应建立起独立于公共预算之外的国有资本经营预算，以全面掌握经营性国有资本的收支及资产负债情况，确保国有资本的保值增值，这样有助于将国有资本的运营从政府社会经济运行的公共事务中剥离出来，实现政府国有资本出资人职能与政府公共管理职能的分离，有利于政企分开、政资分开。

中国的国有经济是国民经济的重要支柱，是全面建设小康社会的重要力量。中央企业是中国国有经济的主体和国民经济的中坚，肩负着发展壮大国有经济的重任。中国在国有资产比重上较西方国家更高，也决定了对其的管理需要从组织体系、制度规范、战略布局上进行统筹考虑，这也是三十年改革中国资改革不断深化的原因，中国应结合国情借鉴海外的先进经验，使国资预算制度更好地配置经济资源，并推动国资管理系统不断完善，走出一条中国特色的国有资产管理道路。

二、国外国有资本分红比例实践的比较与借鉴

（一）国外国有资本分红比例的比较（见表4-8①）

（二）国际经验对我国国有资本收益收取的启示

（1）从分红比例上看，借鉴国外国有企业分红比例，不同国家对国有企业的分红政策及分红比例差别很大，但从总体来看，分红比例较高。根据世界银行对16个发达经济体中49家有分红数据的国企进行的统计，每家国企2000~2008年的平均分红率为33%，大部分公司的平均分红率在20%~50%之间。

① 资料来源：《国外国有企业分红政策实践总结与评述》汪平、李光贵、袁晨，北京市教委项目《基于价值管理的国有企业分红制度研究》。

表 4-8　国外国有资本分红比例的比较

类型	国家	分红比例制定	典型案例
发达国家（国资比重低）	英国	政府对国企实行一对一现金限额（Cash Limit）政策，超过限额部分作为国有企业红利上缴国库	英国邮政总局 1987~1998 年间向政府上缴盈利逾 17.5 亿英镑，相当于税后利润的 70%~80%
	美国	法律规定政府公司不纳税，不缴利润，每年政府公司采取自愿的办法要向所在地州政府交一部分钱，用于政府开支和居民福利	阿拉斯加州“资源永久基金”（源于该州 50%石油资源租赁及相关收入）自 1982 年起连续每年向在该州居住 6 个月以上的公民发放分红，每人每年几百至上千美元不等
发达国家（国资比重高）	法国	通常将净利润 10%以上分红，60%~70%用于再投资和弥补亏损，其余用于职工的奖励和福利	法国电信公司红利为净利润的 16%~43%；2007 年政府持股机构（APE）分红是企业净利润的 40.3%，2006 年为 37%
	意大利	通常将每年盈利的 65%上缴国库部，20%留存企业作为储备金，15%作为科研经费	伊里公司下属公司的利润分配原则与政府对伊里规定的分配原则大体相同，将盈利的 50%上交国库
发达国家（北欧高福利）	瑞典	按企业董事会决议执行，2005 年瑞典国有企业向瑞典财政部分红约占利润总额的 42.65%	SJ 铁路公司在净资产/资产达到 50%后，红利至少为净利润 1/3；Vattenfal 电力公司保持净利润 1/3 的红利政策。
	芬兰	股息多少根据国有企业利润情况而定，国有企业董事会往往设定多年度的分红目标。该国国企分红重视商业周期和投资需求	芬兰航空公司根据收益趋势和前景、财务状况及投资需要，在一个商业周期内至少支付平均相当于每股收益的 2/3；Outokumpu 公司一个商业周期内支付红利不少于集团利润的 1/3，同时要考虑投资和发展的需要
发展中国家	新西兰	国企董事会与政府协商后，根据资本结构、未来投资计划和盈利前景等因素制订分红计划	2008 年国企净利润的 70%（4.2 亿新西兰元）作为分红交给国家。分红率较高是由于一些企业经营亏损

（2）从国家类型上看，按照表格划分的四种类型对国有企业分红的管理方式也不相同，从整体上体现“国有资产比重越高，国有企业发展空间越大，分红设计越完善，企业留存比重越高”的特点。以英美为代表的国有资产比重较低的发达国家，国有企业分红大多用于社会福利目标；以法国、意大利为代表的国有资产比重较高的发达国家，国有企业分红比例相比英美较低，为国有企业发展留下了相对充足的发展资金；对于以瑞典、芬兰为代表的北欧高福利发达国家，对国有企业的分红通常在一个商业周期内进行整体考虑，各年份分红比例伴随周期景气程度高低不同，但总体达到一个平均水平；对于新西兰为代表的发展中国家，国有企业分红比例的制定还要考虑盈利前景、资本结构等因素，这也表现出其国有企业尚存在较多的脱困任务。

（3）从分红程序上看，由于国有资产比重普遍不高，政府为国企设定统一分红比例的做法并不常见。通常是国企董事会提出分红策略和分红比例，与政府相关机构进行讨论，最后达成一致。

（4）从管理方式上看，部分发展中国家和北欧高福利国家与我国社会主义市场经济的资源配置方式接近，这些国家在分红制定时，通常综合考虑盈利前景、资本结构、未来投资计划等因素，这种分红比例制定的方法可以为我国借鉴。

中国的国有资产比重远大于以上四类样本，因此在分红制定时既应借鉴国际先进经验，也应充分考虑中国国情，循序渐进，探索出适应我国实践需要的国资管理方式。比如逐步提高分红率向国际靠拢的过程中，应充分考虑到中央企业的发展需求和面临的体制性机制性问题等，制定符合现实情况的分红率。

第五部分　中央企业国有资本经营预算管理方式研究

在对上述理论问题进行探讨之后，我们对国资预算管理的内涵有了更加深刻的认识。本部分内容将对中央企业国资预算管理方式进行研究，首先提出了国资预算管理的原则和目标，在此基础上进行了模式选择的探讨，并根据国资预算的流程梳理了收益收取、资本性支出、费用性支出、考核与评价、决算与监督等环节的具体管理方式。

一、中央企业国有资本经营预算管理应遵循的原则

（一）实现国有经济战略布局的原则

随着国有经济的改革和发展，要从根本上解决当前国有经济结构不合理的状况，必须从战略高度审视国有资本的布局问题，与国有资本微观层面保值增值的作用及具体要求相比，国资预算在宏观层面应服务于构建和谐社会的目标，提升中央企业的控制力、带动力和影响力。

（二）有利于中央企业可持续发展的原则

在经济全球化背景下，国际间经济交往中跨国公司日益成为主角：一个国家拥有跨国企业的数量和水平，已经成为衡量该国经济实力和国际竞争力的重要标志。中国只有造就一批世界级大公司，才能在国际市场获得相应的大国地位和话语权。政府要大力培育本土优质企业，使它们实现经济转型，在国内和国际市场具有竞争力。

国有企业作为我国经济的主导力量，是带动经济增长和转型的主体，国资预算作为对国家出资企业进行制度安排的重要手段，应以壮大国有经济，促进国有企业改革与发展为目标。应通过中央企业国资预算管理提高中央企业经营效率，促进其可持续发展。

（三）预算支出以资本性支出为主的原则

中央企业国资预算支出应以资本性支出为主，通过资本金注入支持中央企业发展，明确国资委的出资人地位，履行相应权利。

值得说明的是，中央企业国资预算的本意就是通过建立资本金注入机制支持中央企业的发展。重组等费用性支出也可通过资本性支出注入企业，再由企业费用化处理。中央企业国资预算支出能够以资本金方式进行的，原则上应统一采用资本性支出方式安排。

（四）与其他预算相对独立的原则

在复式预算体系中，既应保持国有资本经营预算的完整性和相对独立

性，又要保持与政府公共预算的相互衔接。

二、中央企业国有资本经营预算管理的目标

中央企业国资预算有两个目标：一是完善国有资本战略布局，实现资源优化配置；二是解决中央企业改革中的体制性机制性问题。两个目标共同构成国资管理“发展与改革”的主题。在国有资产管理体制改革不断深化的背景下，通过中央企业国资预算的资源配置方式，解决中央企业面临的体制性机制性问题，加强中央企业的核心竞争力、抗风险能力和可持续发展能力，实现国有资本战略布局，大力增强国有经济的影响力、带动力和控制力，进而促进国民经济又好又快发展。

（一）实现国有资本的战略布局和规划

1. 国有资本战略布局和规划的指导思想

（1）国有资本战略布局和规划不是简单笼统一刀切式地退出，而是有进有退地实现结构调整。在退出过程中应遵守《企业国有资产法》相关规定，实行尊重市场交易规则的市场化退出，做到信息的公开透明，以国有资产保值增值为前提。

（2）国务院国资委制定的国有资本战略布局和规划是从国民经济和产业规划布局出发，从国家整体战略一盘棋和壮大国有资本的角度，综合考虑国有资本在产业发展领域中的进与退。只要符合国家产业政策，有利于实现国有资本和资源优化配置的，都可以进。凡是不利于产业结构和企业组织结构调整，不利于经济增长方式转变的，都应该退。

（3）国有资本战略布局和规划的支出重点是符合我国经济结构调整和可持续发展方向的产业，通过国有资本的投入获得长期战略价值，而短期投资效益并不是引导资源流向的决定性因素。国资委制定国有资本战略布局规划，调动资源“集中力量办大事”，具有长远的战略性和协同效应。

（4）国有资本战略布局和规划是为了实现经济结构调整。其中经济结构调整包含经济增长方式调整、产业结构调整、区域结构调整等若干层面的问题。对于经济增长方式，应当合理配置投资、出口与消费之间的比例，将国有资本配置在能够拉动内需的领域；对于产业结构调整，应通过

国有资本的进退实现传统产业的调整与新兴产业的先导；对于区域结构调整，应该结合区域规划，研究区域比较优势，通过国有资本带动区域经济发展。

2. 国有资本战略布局和规划与国有资本经营预算的关系

国有资本战略布局和规划具有以下三个特性：①整体目标性，指从国民经济而非单个企业出发，在不触动他方利益基础上提升自身实力，在现有国有资本系统内实现帕累托改进并最终达到整体帕累托最优；②政策引导性，指对于国民经济发展中存在的一些短期难以营利但又事关国民经济整体竞争力的产业，国有资本应该肩负重担支持其发展；③有进有退、优化布局，指国有资本应在营利基础上有进有退，形成良好的营业绩效，通过战略规划进行存量整合，优化布局。在战略布局和规划过程中，应对企业的主业有所界定，避免其由于多元化带来国有资本的损失，应鼓励其在主业范围内进行资源整合，提升核心竞争力。

国有资本战略布局和规划与国资预算是国务院国资委作为出资人代表进行国资管理的核心内容。国资战略布局和规划是纲，国资预算是目，规划侧重中长期，通常为3~5年，规划为预算界定投资方向，国资预算是国有资本战略布局和规划中短期（通常为一个会计年度）的数字化，二者不可分割。

在国资委制定战略布局和规划的基础上，通过预算编制与汇总、预算实施与监控、预算分析与调整、预算评价与考核等环节，中央企业国资预算将成为贯彻国有资本战略规划，形成战略布局的重要资源配置手段。

3. 中央企业国有资本经营预算支出的重点领域

中央企业国资预算支出应主要投向关系国家安全和国民经济命脉的重要行业及关键领域中保持绝对控制力和发挥重大作用的中央企业，以及符合未来可持续发展需要的战略新兴领域中的中央企业。为平衡各行业发展，调整国有经济战略布局，需要对不同产业确定不同的支出比例，对关系国计民生和国家经济安全的产业，必须予以重点支持，对提高中央企业核心竞争力的科研创新，也需要逐渐加大支持力度。

同时，战略布局也可通过战略性重组来实现，应对有利于产业升级，有利于经济结构调整，有利于加强国有经济的控制力、影响力、带动力的重组给予支持。对符合上述条件的企业，可以向其注入资本金，通过重组来实现资源整合和国有资本战略布局。特别值得提出的是，在国际化过程中，在大公司时代来临之际，国家之间的竞争往往通过大公司的竞争展开。而在打造国际大公司的过程中，我国中央企业实力较强，例如在2009年世界500强排名中，中石化跻身前十，国家电网排名第十五。中央企业在实现国家战略目标上更具优势，在世界范围内的影响力不断增强。

（二）解决中央企业改革中体制性机制性问题

所谓体制是指组织制度，而体制性问题指的是组织制度中存在的问题；所谓机制是指一个工作系统组织间相互作用的过程和方式，而机制性问题就是指在工作系统组织间相互作用的过程中存在的问题。

中央企业国资预算应解决的体制性机制性问题是国资体系内部组织制度以及中央企业之间相互作用过程中存在的问题。目前影响中央企业深化改革的深层次原因和难点在于中央企业缺乏利益主体或利益主体模糊，因此国资体系改革的关键就是要重塑利益主体，从产权关系、组织架构、管理方式和运行机制等方面进行具体功能定位和全方位战略重组。

1. 公司治理与董事会建设

完善的公司治理结构是建立现代企业制度的必要环节，是企业可持续发展的重要保证。近年来，国资委通过开展中央企业建立规范董事会试点工作，提升了中央企业公司治理水平，但距离现代企业制度的要求还有很大差距。公司治理水平的提高有赖于董事会真正发挥作用，目前国资委已制定一系列文件，包括对中央企业的董事会规范运作、外部董事履职行为、职工董事履职、高管人员薪酬等进行规范。

2. 关系国计民生行业的重组整合

针对中央企业行业分布过宽，部分企业主业过多、主业方向不明，资源配置不合理，资产运营效率不高等问题，国资委以核定主业和推进联合重组为主线，推进中央企业国有经济布局结构调整，形成一批具有自主知识产权和知名品牌、国际竞争力较强的大公司大集团。

从中央企业之间重组的类型看，目前主要有五种类型。一是科研院所进入产业集团；二是强强联合；三是“窗口”公司并入大型骨干企业；四是通过产业整合拓展和完善相关企业业务链；五是一批困难企业扭亏脱困，焕发新的生机。其中，一部分能够通过企业自身积累完成，对于一些体量较大、历史遗留问题较多，政策性负担较重的中央企业，在解决体制性机制性问题的过程中需要国资预算的支持，来补充资本金，减轻国企改革过程中相关成本的负担，如在主辅分离、改制分离过程中发生的各类成本，如人员安置费用、资产评估与审计过程中聘请中介机构支付的费用等。

三、中央企业国有资本经营预算管理模式的比较与选择

当前试运行的26号文件规定财政部为中央企业国资预算的编制主体，国务院国资委仅编制中央企业国资预算建议草案。随着国资改革的深化和复式预算体系的完善，中央企业国资预算有必要从现有模式向建议模式过渡，并最终实现目标模式。

（一）建议模式：参照社保基金预算单独编报的模式

《国务院关于试行社会保险基金预算的意见》(国发［2010］2号文件)中，在社会保险基金预算的指导思想和原则里提到：社保基金作为专项基金可以专款专用，在预算体系中，社会保险基金预算单独编报，与公共财政预算和国资预算相对独立、有机衔接。这可以成为中央企业国资预算的借鉴。

中央企业国资预算可实行收入全额上缴国库，先收后支，专款专用；单独编列，余额结转下年继续使用，不用于平衡公共预算。这样不仅突出了中央企业国资预算的独立性，而且在执行过程也有利于通过独立的执行机构进行具体运作。

值得说明的是，财政部的主要职责是对各预算单位进行预算汇总、预算合规性审核（是否符合国资预算的支出范围、标准），而不应该越过预算单位直接对其下属单位的预算、决算，这样可以实现责任主体的清晰和责权利对等。国务院国资委作为预算单位对编制中央企业国资预算负责，进行预算收支安排，公共权力部门不能越过国资委直接对中央企

业注资。

国务院可结合实际情况在国资预算、公共预算与社保预算之间调剂，但需建立在各预算相对独立的基础之上。

（二）目标模式：与公共预算平行国资委独立编制的模式

国资预算的本质决定了其与政府公共预算的不同，也决定了国资预算与政府公共预算管理方式的不同，最富有效率的管理方式是将国资预算从公共预算体系中完全独立出来，由国资委单独编制，使国资预算与公共预算平行，共同构成国家综合预算。在目标模式下，政府的公共管理职能与国有资本的运营职能彻底分开了，这不仅有利于政企分开，政资分离，免于国际舆论关于政府补贴、非市场化的压力，而且能显著提高国家对国有资本的运营效率，实现国民经济结构的优化与国有资本的战略布局，这是未来国资预算的发展趋势和目标模式。

在此模式下，国资委拥有独立账号进行预算收支，享有完全的国资预算编制权，并直接向同级人大汇报。同时，应逐步将中投公司及目前各部委下属经营性国家出资企业纳入中央企业国资预算中。

（三）现有模式与建议模式和目标模式的比较

表 4-9　国资预算两种模式与现有模式的比较

	现有模式	建议模式	目标模式
编制方式	国资委编制中央企业国资预算建议草案	国资预算单独编报，在各预算单位间统筹协调	国资委独立编制国资预算，与公共预算平行
预算收入范围	中央企业收入，不包括烟草收入等	中央企业收入，不包括烟草收入等	包括中央企业、烟草、邮政、金融等收入
预算支出范围	平衡对中央企业的收入和支出，不负责其他国资预算单位注入中央企业的资本金	统筹负责中央企业、烟草、邮政等国资预算单位注入中央企业的资本金	统筹中央企业、烟草、邮政、金融等各预算单位的支出
部门分工	国资委编制预算建议草案，向财政部汇报，财政部审批	财政部是汇总、监管主体；国资委是国资预算的编制主体	国资委直接向人大汇报

说明：下文中央企业国资预算管理方式设计中，在建议模式下讨论中

央企业国资预算的编制流程与分管部门在编制过程中的职责划分（见表4-9）。建议模式对现有模式的调整主要在于以下三方面：

1. 职能分工更加明确

国资委负责中央企业国有资本经营预算建议草案收支的具体编制，财政部作为国有资本经营预算监督主体，负责预算汇总与监督，后者依据支出标准对前者进行监督，而不能介入对中央企业的收入、支出管理。

2. 资本性支出管理更加规范

对于运用国资预算中烟草、邮政等部门的收入向中央企业注资，须统一由注资对象的出资人在中央企业范围内统筹考虑，中央企业的预算支出通过中央企业国资预算进行统一配置。

3. 管理流程更为清晰

关于中央企业的收支安排，由中央企业上报国资委，由国资委制定建议草案报送财政部，财政部审核是否符合预算支出标准，并做出汇总上报或要求国资委修改的决定。

4. 责权利相统一，更有利于预算考核

在建议模式下，国资委作为中央企业出资人，单独编制和管理中央企业国资预算，并对该预算的效率和效果承担责任。解决了现行模式下由于各部门在中央企业国资预算中的分工不明而导致的预算绩效无法准确考核的问题。

（四）结论：建议模式应成为近期完善国资预算管理体制的现实选择

考虑到国资管理现状，目标模式改革所涉及的主体较多，范围较大，考虑到国资管理渐进的改革思路，将建议模式定为近期的改革目标更具有可行性：

1. 国资委作为中央企业国有资本经营预算编制主体，负责预算收支的具体编制

国资委作为出资人代表，肩负着保值增值的任务，应作为中央企业国资预算建议草案的编制主体，负责其下属企业收益收取与收益分配的统筹安排。国资预算收入上缴之后，具体的支出应该由国资委来安排。具体来讲，财政部只提出产业发展的大方向，而涉及中央企业的发展战略与资本

性预算支出，包括从其他预算单位划拨的收入，应由国资委统筹考虑，并编制中央企业的国资预算支出。

2. 财政部作为国有资本经营预算监督主体，负责预算汇总与监督

财政部汇总、审批国资委编制的中央企业国资预算建议草案，将具体的战略规划布局、预算调整、考核评价权利交由国资委。财政部对国资预算各预算单位履行监管者职能，主要评价国资预算支出是否建立了相对完善的对应标准，中央企业国资预算的整体安排，而不涉及具体的支出对象。预算单位对国家出资企业的监督由各预算单位执行。

四、建议模式下中央企业国有资本经营预算的编制流程

在建议模式下，中央企业根据当年国资委的战略规划，上报本企业预算，国资委在中央企业国资预算层面总体平衡，并编制中央企业国资预算建议草案。财政部汇总国资预算各预算单位国资预算建议草案，形成国资预算草案，并最终编制到复式预算中。具体步骤如图 4-7 所示。

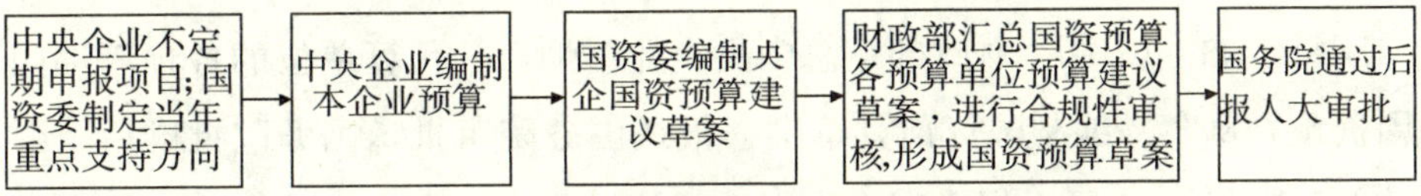

图 4-7　建议模式下中央企业国资预算编制流程

（一）编制前准备

国资委根据国务院相关政策下达下一年度预算草案的指示，制定下一预算年度编制国资预算草案的原则和要求，部署国资预算的具体事项，规定预算收支科目、报表格式、编报方法。

每一年度上半年国务院按照国有经济结构调整的合理布局制定国有资本战略布局规划与结构调整计划，拟定本年度国资预算支出的主要方向。期间各国家出资企业不定期上报资本性支出需求，进入国资预算项目库。国资委审核中央企业编制的预算建议数是否符合当年国资预算支出方向，对符合支出方向的项目要求企业提供详细的项目资料。

（二）中央企业编制本企业预算

由国资委下属中央企业自下而上向国资委上报编制预算建议数。中央企业结合自身预算年度工作计划、工作任务和收支增减因素，根据国资委规定的预算报表格式编制本企业预算，自下而上汇总后报送国资委。国资委根据企业预算情况，核定收益收取比例，并监督企业上缴国库。

（三）国资委编制国有资本经营预算建议草案

每年 8~9 月国资委根据中央企业的财务快报测算当年可实现的国有资本经营收益收取总额，对国资预算的支出规模进行估计。对于国资预算支出支持的企业或项目，国资委审核中央企业编制的预算建议数是否符合当年国资预算支出额度，国资委下属中央企业根据国资委下达的预算拨款指标，核实并调整企业各项收支。国资委根据下属中央企业上报的预算收支加以审核，按照预算编报的要求，正式编制中央企业国资预算建议草案，汇总到财政部。

（四）财政部编制汇总国有资本经营预算并上报国务院审批

每年 11~12 月，财政部汇总中央企业、烟草等预算单位的各预算部门国资预算草案，编制国资预算草案，报送国务院审批。国务院批准后，财政部于次年 1~2 月上报全国人大财政经济委员会。

（五）人大审批预算后财政部批复国资委，国资委分解下达给中央企业

次年 3 月人大及常务委员会对国资预算草案进行审议，提出修改意见。预算一经人大审议通过，就形成年度预算法案，成为各部门、单位必须依法严格执行的法律。审批通过后，财政部将批复各中央预算单位，国资委将预算指标分解并下达给国资委下属各中央企业。

五、完善中央企业国有资本经营预算收益收取方式的建议

现实中，中央企业国资预算收益收取的管理对象分为国家独资企业和多元化企业两类，我们根据管理对象与收入方式的不同，对收益收取方式提出以下建议：

（一）对国家独资企业分红收益收取的管理

国有独资企业分红收取比例由履行出资人职能的机构统一规定，国有独资企业（公司）国有资本收益按照集团应交合并利润基数乘以国家确定的上缴比例申报。应交利润基数为归属于母公司所有者的净利润扣除以前年度未弥补亏损和当年提取法定公积金的余额，有关数据应当以经审计的年度企业财务决算合并报表为基础。

1. 收益收取思路一：统一比例征收

由于我国不同行业的企业受不同条件因素影响，税后利润水平差异很大，短期内"一对一"的做法成本较高。对于中央企业的收益收取可在短期内保持目前分类，统一按比例收取分红，对于国家重点扶持的企业，可通过国资预算支出来扶持，使收益制度规范化、制度化、标准化，而不在收益收取环节就体现补贴。"先收上来，收支两条线"一是强化了整体国家出资企业国资预算的意识，二是收益收取的效率高。

分类按统一比例上缴的方式的考虑是：尽管行业不同、国家管制不同，但最终会形成平均收益率，对一个行业的扶持不是在所得环节扶持，而是在其他环节如流转环节扶持，对国有企业统一由红利收取之后在支出环节补偿。企业所得税统一给纳税管理和公平竞争带来良好的成效，统一分红率对国资委下属的中央国家出资企业是发展方向。今后对行业之间的调整，主要体现在公共财政在其他税收环节的调整和通过国有资本预算支出两方面。

2. 收益收取思路二：参照同行业上市公司平均分红率一户一议

考虑到中央企业分属不同行业，国资委作为出资人，可参考不同行业平均分红水平对各企业采用一户一议的收益收取方式。

国资委可参考不同行业中全球可比公司的平均分红率制订对应标准。如根据该行业平均分红率，若国内样本过窄，可参考全球其他相关企业。考虑到分红率的采集样本大多为上市公司，其分红率普遍高于所有公司的平均水平，国资委可将行业平均分红率作为上限，根据各企业实际情况，适度折扣。

部分专家认为，目前试行的分红政策的主要缺点是分红率的设定缺乏灵活性。政府设定的两个分红率几乎无法反映出企业在投资机会、创新潜力和发展前景上的差异性。① 因此建议，国家出资企业的分红由固定部分和可变部分组成，固定部分按国内外可比的同行业上市公司的历史分红来确定，可变部分。其相对权重应当考虑到行业特点，如周期性行业的收益变动性大，可变部分应当越高。这也是值得参考的思路。综上所述，由于我国不同行业企业由于受不同条件因素影响，税后利润水平差异很大，“一刀切”的做法和“一对一”的做法在短期内都难以实行。统一比例征收的方式操作简单，效率高，按行业平均分红率收取的方式操作复杂，不易建立客观的衡量标准。

建议循序渐进，逐步探索符合我国国资管理实际情况的分红收取比例，未来随着实践的深入，可以先对现有三类分类进行细化，条件具备时细分为5类、10类，逐渐过渡到按中央企业分布的行业划分，最终过渡到参考行业平均分红率一户一议收取。

（二）对股东多元化企业分红收益收取的管理

股东多元化企业的国有资本收益是公司应向国家分配的该年度股利、股息。国有控股公司申报该年度国有资本收益前，应当按照《公司法》和本公司章程的有关规定，由股东会对公司该年度利润分配方案进行表决并形成书面决议，国资委将作为国有资本出资人代表委派股东代表提出对公司的利润分配建议并行使相应的表决权。

对于国有控股企业，外部董事按上文国资委对分红收益制定的标准提出对公司的利润分配建议并行使相应的表决权；对于不具备控股权的企业，外部董事参考分红收益收取标准，选择接近的分红议案投票表决。

对于由国资委直接持有的股权多元化企业或上市公司，按照公司法相关规定，国资委与其他股东享有同股同权的权利，分红收入应当全额进入国有资本经营预算收入科目。

（三）对国有资本股权转让收益的管理

伴随着资本市场全流通和中央企业资产证券化比重的提高，国有股权

---

① 《国企分红下一步》，《中国改革》2010年第3期，张春霖，世界银行高级专家。

转让的收益将逐步成为收益来源的增长点，应对此部分收益加强管理。我国中央企业大多为三级架构，集团公司通常是国有独资形式，对于国有股权转让有两种情况：

（1）对于国资委直属一级中央企业的股权转让收益：通常是国资委主动进行结构调整获得，应在战略布局规划安排下年的结构调整，并预估收益，统一纳入次年的国资预算收入。

（2）对于国资委直属一级中央企业持有的下属子公司股权转让，特别是上市公司的股权转让：资本运作对时点要求较强，属于企业行为，国资委通过产权部门制定政策，施行报备管理，而不在战略布局规划中统一安排，在企业处置股权形成合并利润后，统一按该企业收益收取比例计入国资预算的收益收取。

值得说明的是，目前国资预算收益收取实践中，转让收入的范畴仅含第（1）类，第（2）类转让收入合并入分红收益统一收取。

对于第（2）类转让收入，企业利用股权转让形成的一次性或然收入通常要比从产业经营或产品经营的分红收益收益率高，与分红收益有所区别。待条件具备时，可探讨单独核算股权转让收入，并以一个较高的资本收益比例收取，纳入国资预算收入。

（四）对国有资本清算收益的管理

国资管理部门为实现国有资本战略性退出或在兼并重组过程中进行国有资本变现所取得的收益，也属于国资预算管理范畴之内，应统一按合并收益收取比例纳入国资预算，由国资委统筹规划。

对其管理方式分为两种方式：

（1）国资委对直属一级中央企业的清算收益全额收取；

（2）对一级中央企业的下属子公司，待清算收益形成合并利润后按比例计入国资预算的收益收取。

值得说明的是，由于清算收益与国有资本股权转让收益不同，通常是折价后获得的处置收益，该收益可由国资委结合企业自身情况和后续改革成本，酌情减收或免收。

六、中央企业国有资本经营预算资本性支出管理方式完善的建议

如前所述，由于以项目为对象型支出将管理延伸到企业内部，管理过于细致，不宜在国资预算资本性支出中大范围使用，国资预算未来发展应以企业为对象型资本性支出为主。国资委对中央企业实行国资预算管理，而不是企业内部运营管理，将具体的项目投资交由自主经营、自负盈亏的企业来完成。下文将重点研究以企业为对象型资本性支出的标准与组织设计。

（一）出资人导向资本性支出的五维度标准

国有资本收益管理是从国资委这一国有资本出资人的角度对中央企业国有资本运营效率的终端管理，它既是资本运营效果的体现，也是出资人对出资企业管理的重要手段。对于建立在出资人导向基础上的国资预算，其追求的是股东价值最大化，体现出资人意志。因此，出资人代表国资委应当将重点放在资本运营这一环节，强调国有资本的战略布局、解决体制性机制性问题，而不是对企业进行具体的资产管理与产品经营。

对于建立在出资人导向基础上的国资预算中的资本性支出，本报告建议应当重点考虑以下三个方面：①投资对象的战略方向是否符合国有资本战略规划；②投资对象的组织管控、销售能力与投资行为能否支撑其战略的实现并增强其核心竞争力；③投资对象的营利能力、成长性与资本结构能否使股东获得可持续的高于资本成本的价值回报，为出资人创造经济增加值。

罗伯特·卡普兰和大卫·诺顿的平衡计分卡理论被《哈佛商业评论》誉为75年来最伟大的管理工具，它不仅是一套考核标准，也是一套系统管理工具。平衡计分卡从整体而非局部解决管理问题，能够从财务、客户、内部业务流程、学习与成长四个维度针对关键指标量化，有效地化战略为行动，使企业行为可以被有效衡量（见图4-8）。

国资委作为出资人代表，其实质是对其持有国家出资企业的股权价值管理。国资预算又是国有资本收益的管理手段。我们认为，平衡计分卡可以作为国资预算收益的参考标准。在此，我们结合国情与国资管理的实践，对平衡计分卡进行了创新和改进，我们提出以企业为对象型资本性支

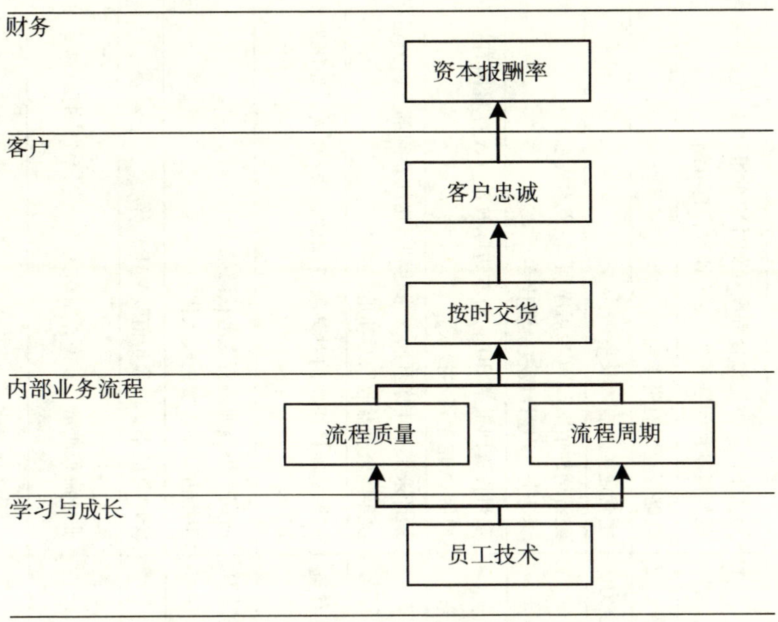

图 4-8 平衡计分卡简例：价值链形成的垂直向量

出的五维度标准，即国资战略（30%）、企业战略（10%）、财务表现（40%）、核心能力[①]（10%）与内部流程（10%）五个维度 10 个要素制订对应标准，对企业进行综合评估并依次选择投资对象。通过与其他企业比较，给出对应分数。按总分数排列当年投资的备选项目，并根据当年国资预算支出规模进行统筹安排。具体操作中，可结合实际情况调整科目与分数权重，如救助类资本性支出通常是对高资产负债率的中央企业进行注资，这种背景下，衡量指标的权重与判断方式都会发生变化。从整体上看权重最高的为战略维度，以突出国有资本战略布局的意图。详见表 4-10。

① 此处的核心能力对应平衡计分卡中的"学习与成长"指标。核心能力是企业在长期生产经营过程中知识和特殊技能的积累及相关资源组合成的一个综合体系，是企业独具的一种能力。

表 4-10　资本性支出的五维度标准

维度	内容	分数	选择标准	衡量指标
国资战略	国资战略协同	20	符合当年国资预算投资主题	与当年投资主题拟合程度（如并购重组/国际化/解决体制性机制性问题等）（专家评审，打分制）
	行业因素	10	行业布局符合国资预算投资条件	战略行业国有资本比重
企业战略	经营战略	10	清晰且利于增强主业的核心竞争力	主营业务复合增长率
财务表现	历史业绩	10	有效创造经济增加值； 具有较高的分红派现能力	经济增加值 EVA（税后净利润-资本成本） 累计分红/累计股权融资比率
	投资计划	20	该项投资效益好并能支撑战略实现	项目投资回报率 ROI，资本边际效益（Δ 存量国有资本增值/Δ 增量资本投入）
	财务预测	10	预期良好的成长性，且可以实现	预计未来三年净利润（未达到承诺的差额部分由公司在次年国资收益收取时补足）
核心能力	资源/技术能力	5	拥有可持续发展的资源，或具有竞争力的技术	与投资项目相关的对某项资源的投资/收入，如研发费用/收入
	经营/管理能力	5	治理结构完善，领导班子优秀，具有高效的经营与管理能力	前期中央企业负责人考核结果 市场占有率、费用收入比
内部流程	风险管理	5	风险点的识别与控制	资产负债率、风险价值（VAR）等
	内部控制	5	内控流程的建立，组织的健全与高效	业务流程质量、效率，组织完备，专家评审打分制
合计		100		

注：以项目为对象资本性支出也可借鉴五维度考核，仅需对考核重点进行调整权重即可，如提高对投资计划的分值。

（二）资本性支出评定标准的组织保障：设立两个委员会

为确保以企业为对象资本性支出五维度标准的科学实施，对国资战略的制定和对企业的评估过程都非常重要，因此，国资委有必要成立两个对应的专业机构作为评估程序的组织保证。

设立战略规划委员会，主要负责宏观的国资战略规划与评价工作；设立投资评审委员会，主要负责微观的以企业为对象资本性支出的选择评估工作。通过战略规划委员会制定方向，投资评审委员会评估选择，国资委具体编制执行，三者构成有机整体，管理边界和分工又相对明确，共同使国资预算的科学制定得到组织保障。

1. 成立战略规划委员会

（1）职责

国资战略规划委员会的主要职责为：

①结合国民经济发展整体规划、经济结构调整方向，根据国资预算收入预测制定3~5年国资战略布局规划，按行业提出当年国有资本重点支出方向；

②负责对五维度考核中的前两项评估，包括国资战略与企业战略，对国资委初步提出的中央企业打分评定是否符合国资战略规划，总计40分；

③接受国资委在预算编制过程中关于国资战略与企业战略标准的咨询；

④对前一年度通过评审并最终列入国资预算的企业后续发展是否符合国资战略进行综合评价，根据前期实践情况对国资战略规划进行调整。

（2）构成

战略规划委员会由9~11人组成，其中，主任委员1人。委员会成员由国资委，会商财政部、发改委等有关部门提出人选。委员会主任由国资委主任担任。国资战略规划委员会的专家主要由委外人士构成，主要分为三类，比重各1/3，具体包括：

①国资委领导。包括国资委内分管规划、收益、考核的相关领导；

②相关部门领导。包括财政部、发改委、中国人民银行等部委的领导；

③外部专家学者。包括宏观经济与金融、法律、产业等方面的专家。

2. 成立投资评审委员会

（1）职责

投资评审委员会的主要职责权限为：根据国有经济战略布局和发展要求对备选企业进行评审，专家评审委员会每年召开的定期会议应不少于两次，非定期会议若干次。

①在国资战略规划委员会对预算年度和未来3~5年的国资战略进行规划的基础上，选拔符合国资战略的中央企业进行国资预算资本性支出；

②对国资委初步提出的符合国资战略规划的中央企业打分评定，负责对五维度考核中后三项评估，包括财务表现、核心能力与业务流程，总计60分，其中财务表现是重点（占40分）；

③接受国资委在预算编制过程中关于财务表现、核心能力与内部流程标准的咨询。

（2）构成

投资评审委员会由9~11人组成，设主任委员1人，其成员以国资委内部人员为主，同时聘请权威中介机构专业人士（包括财务专家、评估专家、企业管理专家和技术专家等），该委员会享有对国资预算支出进行审核的权利，权重占五维度的60%。由于该委员会的成员以国资委内部人员为主，因此，国资委拥有对国有资本经营预算支出建议草案实质控制权。

投资评审委员会负责评估的部分分数占五维度的60%，该委员会人员以国资委内部人员为主，实践中国资委拥有对中央企业国资预算支出建议草案制定权。

3. 资本性支出的组织与流程设计思路

综上所述，我们对资本性支出的组织与流程进行了设计，在此框架下，资本性支出组织与流程详见图4-9。

（三）应加强对资本性支出的风险管理

对于国资预算资本性支出，国资委应加强对募投项目的审批及管理，并加强对于资本金注入的风险管理。国家出资企业是资本性支出的责任主体，对资金运用与国有资本保值增值负责，具体应关注以下要点：

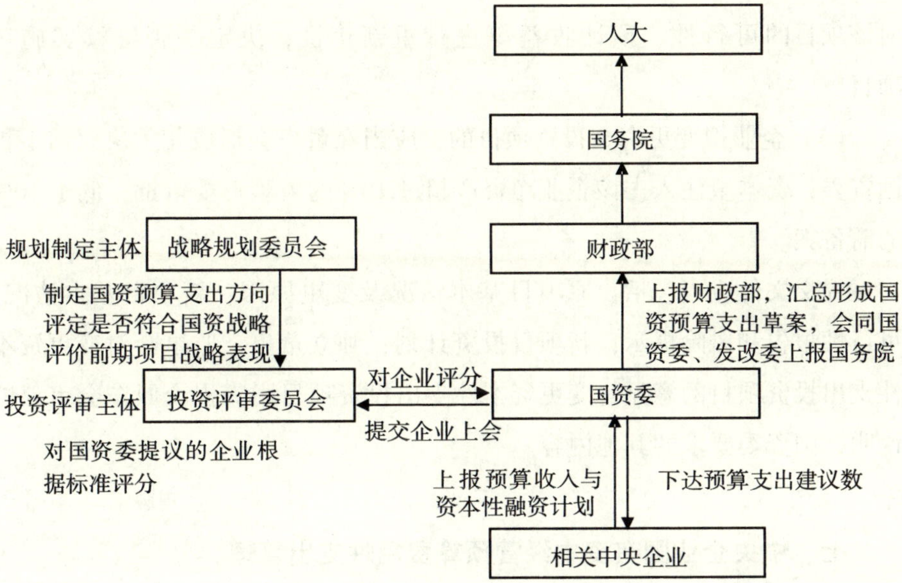

图 4-9 资本性支出组织与流程图

注：国资委根据战略规划委员会的布局方向与投资评审委员会的分数，排列拟投资企业的先后次序，在国资预算编制过程中统筹考虑。委内批准后上报财政部，由其汇总为国资预算后，会同国资委、发改委上报国务院和人大财经委。

（1）国资委结合国资战略布局规划、企业战略、企业基本财务状况、核心能力与内部流程标准，从中央企业项目库中筛选合适的企业，确定项目投资对象。国资委是监督管理部门，原则上注入资本金后，不干预企业的具体经营。

（2）中央企业是国资预算资本金使用的责任主体。公司如在资金使用、变更方向过程中带来国有资本损失，公司管理层与董事会相关人员须承担对应责任。

（3）资本性支出资金应当有明确的使用方向，原则上应当用于企业主业，不应用于金融投资性行为。资本性支出总额和投资项目应当与中央企业现有生产经营规模、财务状况、技术水平和管理能力等相适应；募集资本金数额不超过实际需要量。

（4）资本性支出投资项目涉及的市场环境发生重大变化、超过资金投资计划完成期限及资金实际使用额未达到计划使用金额50%的，企业应当对该项目的可行性、预计收益等进行重新论证，决定是否继续实施该项目。

（5）企业拟变更资金投资项目的，应当在董事会形成相关决议前上报国资委，资本金注入占该企业净资产超过10%的由国资委审批，低于10%的需备案。

提交文件应当包括：原项目基本情况及变更原因；新项目基本情况、可行性报告和风险提示；新项目投资计划；独立董事、监事会对变更资本性支出投资项目的意见；变更资本性支出投资项目尚需提交股东会审议的说明；国资委要求的其他内容。

七、中央企业国有资本经营预算费用性支出管理

（一）国有资本经营预算费用性支出的内涵

国资预算费用性支出是指国家出资企业在体制改革过程、在监督国家出资企业过程及公益活动中发生的可归属于费用的支出。包括弥补企业改革成本不足及历史遗留问题的支出，如在人员安置、再就业、主辅分离等方面发生的费用性支出；监督管理国家出资企业的特别支出，如外部董事的薪酬支出、托管企业的费用支出等。

国资改革过程中存在大量的体制性机制性问题，要解决这些存在于国家出资企业之中以及国家出资企业之间的各种问题，必须支付大量的改革成本。国资预算费用性支出为企业改制和监督支付成本有其客观必然性和可行性。国资预算是为国家出资企业的经营服务的，而在实践中国家出资企业存在大量问题。这些问题有的存在于单一国家出资企业之中，有的存在于多个国家出资企业之间。对于国家出资企业共性的体制性机制性问题，需通过国家统筹安排加以解决。

（二）国有资本经营预算费用性支出的方向

1. 为国家出资企业改革支付成本

为弥补企业改革成本不足及解决历史遗留问题，需通过费用性支出为

国家出资企业改制重组提供成本。国家出资企业改制重组成本包括国家出资企业改制重组过程中发生的职工解除劳动合同的经济补偿金、偿还职工债务和拖欠福利费、移交社保机构的职工社保费用以及其他亏损补贴支出、贴息支出等。

国资委需制定企业改制基本规划，明确改制总体时间表，测算总体改制成本支出量和阶段性改制成本支出量。对不能自费改制的企业，其改制成本不足部分由国资委从国资预算的支出项目中支出。所需资金缺口可由改制企业测算后报国资委审定。国企改制重组支出预算是在一个预算年度内根据总体改制重组情况做出的预先性安排。但在向改制企业支付时，不宜预先拨付，以防改制资金被挪用，而应在改制方案批准后，改制实施时由国资委即时拨付。可一次性拨付，也可根据改制阶段分批次拨付。①

为国家出资企业改革支付成本的另一种情况是对托管企业的费用支出，托管费用支出是指中央企业国资预算中安排的用于补偿托管企业为被托管企业所垫付改革重组成本的费用性支出。目前，国资委已成立多家资产经营公司，并托管了部分企业，对托管费用支出原则上以托管企业自筹为主，国资预算对缺口进行适当补偿，采用“先垫后补”的方式。

2. 支付国家出资企业监督管理的成本

国资预算费用性支出除了用于弥补企业改革成本不足以及解决历史遗留的问题，还用于支付国家出资企业监督管理过程中的部分费用性成本，具体包括聘请审计主体以及聘请外部董事等过程产生的成本。

国资委需制定具体解决监督主体丧失独立性问题的办法，测算所需支付的成本，所需资金按不同情况由国资预算支出项目中支出。以聘请外部董事为例，外部董事薪酬中的固定基础薪酬部分应由国资预算费用性支出进行支出，以防外部董事的独立性受到损害。

值得说明的是，在前期实践中，为国家出资企业监督管理的成本被纳入国资预算支出的其他费用。建议在未来的国资预算安排上，将其设置为专门科目，将例外管理常规化，更好地发挥监管职能。

---

① 《关于国有资本经营预算分配问题的研究》马玉珍、何成坤，《会计之友》2008 年 18 期。

3. 其他费用

其他费用包括难以在年度国资预算中提前预见并进行安排的偶发费用性支出，如自然灾害、政策性亏损、境外资源类并购机会等。因此，需建立完善的决策程序，避免“拍脑袋”决策，来完成对费用性支出项目的调整。同时，应当对国资预算费用性支出明细予以披露，加强公众监督。

4. 费用性支出分类与标准

费用性支出分类见表 4-11。

表 4-11　费用性支出的分类

分类	内容	主要成本	指导原则
企业重组/托管费用	破产改制	破产成本；职工安置成本；聘请中介机构成本	稳定过渡
	主辅分离	结构调整的摩擦成本；评估费用；职工安置成本	提高整体运行效率
	国有产权转让	评估费用；监管成本	保证国有资产不流失
企业合并费用	国资委主导的合并	行政性合并的效率损失；聘请中介机构成本	提高企业竞争力
监督管理费用	完善治理结构	支付外部董事薪酬	提升所监管企业绩效
	外部审计	出资人委派中介机构审计费用	保障被审计企业行为合法合规

以上所列的只是费用性支出的一部分，具体内容和标准在实践中进一步细化。对于企业重组、合并费用核定可借鉴财政部对华融、东方等资产管理公司的方式，根据总资产规模，在一定区间内乘以相应比例核定，先支后报。

八、中央企业国有资本经营预算收益与支出的绩效考核与评价

（一）中央企业国有资本经营预算收支的考核主体、客体及目的

1. 考核主体

理论上，对国资预算资本性支出进行考核的主体应当是国家；实践

中，应由国资委具体执行对所出资企业的考核。

国资预算收支的考核应作为一项考核内容，纳入对中央企业负责人整体的任期考核中。

2. 考核客体

中央企业国资预算收支的考核客体是中央企业。

3. 考核目的

国资委对中央企业国资预算支出考核的目的是通过预算收支安排实现国有资本战略布局合理化，促使体制性机制性问题得到解决，总体实现国有资本的保值增值，并增强中央企业的核心竞争力。

4. 考核范围

国资预算考核应该是整体国有资本收益，而非增量投入的国有资本收益，因为后者的考核难度过大。

（二）中央企业国有资本经营预算收益收取的绩效考核

国资委作为出资人代表，对中央企业国资预算收益收取的考核需要关注两点：①对于国有独资企业，中央企业是否按照收益收取标准，及时、足额地上缴了国资预算收益；②对于国有多元化企业，在履行出资人资产收益权利的过程中，是否遵守相应的管理程序。比如，由国资委委派的股东代表了出资人的权益，能够通过影响和投票实现符合国资委利益的公司分配方案。

（三）国有资本经营预算资本性支出的绩效考核

对国资预算资本性支出考核与上述五维度标准的衡量指标相关，从10方面考核注资的效果是否与预期相符。其中，国资委对中央企业考核的核心是两方面，第一，资本性支出后国资战略布局是否有效实现；第二，被注资企业的财务表现是否符合预期，实现了国有资本的保值增值。前者可考虑由国资战略规划委员会评估，下文重点描述国资委对被注资企业财务表现的考核。

（1）绝对值考核：EVA。

EVA（Economic Value Added），也称经济增加值，它等于净利润减去全部占用资本成本，是所有成本被扣除后的剩余收入。EVA是衡量企业价值和财富创造的度量标准，是对真正“经济利润”的评价，它代表企业历史上投入的所有资本所产生的回报率与这些资本的投资者要求的最低回报率之间的差额。

国资委对企业注资后，难以评价其注资部分所带来的价值增长，因此，应比较其注资前后的EVA值增长幅度及由于注资引起的资本结构变化对资本成本的影响，最终导致的EVA值的变化。

对EVA的衡量，核心在于资本成本的认定。建议国资委根据行业内可比公司的平均资本成本确定对应行业国家出资企业的资本成本，并结合其合并报表进行评估。要通过EVA考核来加强国家出资企业对资本成本的认识，使其理解国资预算资本性支出不同于公共财政的拨付，使用资本需要给出资人对应的回报。

国资委应对资本性支出效果进行考核评价，评估国资预算支出是否有效提升了企业的EVA，达到了预期。

（2）相对值考核：资本边际效益。

资本边际效益=［年末（或项目结项）存量国有资本收益增加值-资本性支出］÷资本性支出。采用资本边际效益来衡量注资效果，较单个项目的收益能更好衡量单个项目对存量国有资本收益的贡献，可以反映出战略性项目的重要性。

根据资本性支出的五维度考核体系，在两家企业历史财务表现不同的背景下，可以用预期资本边际效益来选择优先投资的企业。例如，一个企业财务状况优秀，一个企业财务状况平平，但投资50亿之后给后者最终带来的国有资本收益增加为200亿，而前者仅为100亿，则在此标准下应选择后者。因为该项资本支出边际效益高，可带来更多国有资本收益增加，实现国有资本的保值增值。

事实上，资本边际效益不仅是资本性支出的评价方法，也是考核方法。国资委通过考核企业是否已实现上报融资计划书中披露的预计资本边际效益，可以有效衡量前期的资本性支出是否达到了效果，中央企业在对资本性支出的运用是否实现了不低于资本边际效益的资本增值。因此，考核应成为衡量国有资本效益的重要指标。

（3）中央企业资本性支出效果的四级量表分析。

国资委在对中央企业资本性支出的表现得出考核客体评分后，可综合国资与企业战略、财务表现与其他因素（包括核心能力、内部流程）绘制四级量表分析（见表 4-12），对中央企业给出资本性支出综合评分。该项评分与收益收取、费用性支出合并，形成对中央企业预算收支的整体考核。对于资本性支出分数较高的企业，在中央企业领导人考核中予以加分。

表 4-12　中央企业资本性支出效果绩效表

等　级	A	B	C	D
标　准	优（超标突出）	良（优于标准）	中（达到标准）	差（低于标准）
分值范围	90~100	75~90	60~75	60 以下

（四）国有资本经营预算费用性支出的绩效考核

1. 对国有资本经营预算费用性支出的监控管理

依据国资预算费用性支出预算编制与执行的全过程分类，对国资预算费用性支出的监控可分为事前监控、事中监控和事后监控。事前监控是指人大、政府和其他相关部门对国资预算费用性支出预算的编制及编制基础进行监督；事中监控是指对国资预算费用性支出预算的执行过程的监督；事后监控是指对国资预算费用性支出预算的执行结果进行定期的检查和监督。

2. 对国有资本经营预算费用性支出的考核标准

国资预算费用性支出中为国企改革支付成本的部分，其考核标准是是否严格按费用核定标准进行、所投入资金的合法合规使用、企业重组与合并后的利润增长、现代企业制度是否有效发挥作用等改革效果。国资预算费用性支出中对支付国家出资企业监督管理成本部分，其考核标准是监管前后的业绩表现、监管前后的决策效率、监管前后的违规发生率和对重大风险的控制等。

（五）对中央企业国有资本经营预算收支的整体评价

国资预算的绩效评价理论上应由人大评价，这是因为国资预算与公共预算在复式预算框架下处于同一层级，其评价主体也应相同。由国资委对中央企业国资预算进行评价，由财政部对国资委的部门预算进行评价。国资预算的绩效评价应该遵循科学性、系统性、可操作性等原则。

综合上述观点，作者提出了国资委对中央企业的具体评价体系，具体见表 4-13。

表 4-13　中央企业国资预算绩效评价表

评价体系	评价指标	计算方法
国资预算收入绩效评价体系	国资预算收入增长率	（本年国资预算收入-上年国资预算收入）÷上年国资预算收入×100%
	国资预算收入收取效率	反映取得国资收入过程中，国家出资企业是否按时、足额地按照收益收取办法上缴收益
国资预算资本性支出绩效评价体系	资本性支出占国资预算支出的比率	资本性支出÷国资预算支出总额×100%
	国家出资企业平均净资产收益率	本年国家出资企业平均净利润÷本年国家出资企业平均净资产×100%
	特定行业国有资本比重年变化率	国家认定为某特定行业的国有资本额年变化额÷国有资本总额×100%
	国有资本在上市公司资本中的比重变化率	上市公司资本中的国有资本年变化额÷国有资本总额×100%
	资本性支出保值增值率	扣除客观因素影响后的期末国有资本÷期初国有资本×100%
	资本性支出边际效益	预期存量国有资本÷资本性支出×100%
	重要行业和关键领域满足总体需要的程度	通过衡量重要行业和关键领域满足总体需要的程度有助于衡量国资预算资本性支出是否有效

（续表）

评价体系	评价指标	计算方法
国资预算费用性支出绩效评价体系	费用性支出占国资预算支出的比率	用于弥补国家出资企业改革成本等方面的费用性支出÷国资预算支出总额×100%
	国家出资企业改革成效	这个指标关注国企职工安置状况以及主辅分离的情况等。对这些指标的衡量有利于分析国资预算费用性支出的效果
	费用超支比率	实际费用总额÷核定费用总额×100%

九、中央企业国有资本经营预算绩效的决算和监督

（一）完善中央企业国有资本经营决算的编制流程

决算即审计评估预算，是对预算执行情况的总结。根据前述我们对中央企业国资决算提出的问题，我们认为：决算工作应当逐级上报，中央企业报送国资委并由其编制预算单位决算草案，之后上报财政部门。财政部门不应越级直接要求中央企业上报决算收支情况。对于跨年度的大型项目，由国资委在项目结项时进行项目决算。具体流程如下：

（1）国资委在每一预算年度终了时，应当清理核实全年中央企业国资预算收入、支出数字和往来款项、做好对账工作。决算草案各项数字应当以经核实的会计数字为准，不得以估计数字代替，不得弄虚作假。

（2）国资委汇总编制中央企业国有资本经营决算草案，汇总至财政部于下一年度的一季度上报人大审查批准。

（3）国有资本经营决算草案被批准后，财政部、国资委应当自批准之日起 30 日内向国家出资企业批复决算。本阶段工作应在下一年度四月底之前完成。

（二）加强对国有资本经营预算执行的监督

依据对国资预算支出的监管体系构成分类，对国资预算的监督分为立

法机关监督、政府监督、审计部门监督、媒体和公众监督。在国资预算执行之后，理论上应由国资部门分别向财政部门和人大出具执行情况报告，以保障对于国资预算的监督得到落实。

立法机关监督指的是立法机关通过立法实施、审查批准政府预算等途径对国资预算费用性支出预算进行监督。

政府监督主要指国资委对于预算具体执行过程中的各种情况进行监督，保障国资预算的正确执行，这也是预算执行监督的核心。同时，财政部门对国资委编制中央企业国资预算的程序进行监督。

审计部门监督指的是审计部门通过审查和评价国资预算的活动，来确定预算是否有效执行。在国资预算支出的效益审计方面，要从国家产业布局的宏观效益和企业层次的微观效益两方面进行。重点审计企业收益的真实性、完整性、合规性和效益性。在审计中要关注以下问题，包括：国家出资企业利润的真实性；有无通过关联企业隐瞒、下沉或转移收益；是否存在虚增成本或费用的问题；国有独资企业按规定上缴国家的利润、国有产权（含国有股份）转让收益等是否做到了应收尽收；是否有违反“收支两条线”原则的坐支行为等。

媒体和公众监督指的是利用媒体和公众的力量对国资预算管理进行监督，他们对国资预算执行过程中的问题有提出建议和批评的权利。

国有资本经营预算评价体系研究

背景介绍：自2007年《国务院关于试行国有资本经营预算的意见（国发［2007］26号）》至2011年，国有资本经营预算已经试行四年，四年来国有资本经营预算的试行取得了积极效果，对我国深化国有资产管理体制改革、保证国有资产保值增值和加强战略领域国有资本资源配置起到了积极的作用。在此基础上，需要进一步对试行期间遇到的问题进行评估和调整，为今后国有资本经营预算体系制度的进一步完善推行奠定基础。

因此，2011年中国政法大学资本研究中心和国资委收益管理局联合组成的课题组，我是该课题组负责人和主要执笔人，主要以国务院国资委对国有资本经营预算的评价体系作为研究对象，通过对重大理论问题与国内外典型案例进行研究，为将推出的国有资本经营预算考核评价体系提供理论与实务论证。我的研究生刘冰、曾斌、李征、陈楠做出了重要贡献。

本文是在原课题研究摘录而成，由六部分组成：第一部分国有资本经营预算历史沿革、试运行三年来的现状分析及实施国有资本经营预算评价体系的重大意义；第二部分借鉴当前已相对成熟的政府公共预算绩效评价经验，重点研究了我国中央财政部门绩效评价、以广东省为代表的地方政府绩效评价和美国得克萨斯州政府绩效评价的内容；第三部分通过对国内外不同企业和法人的研究，引出了有关市值管理、产业结构等国资经营绩效的考核目标；第四部分创造性地提出了国有资本经营预算四维度评价理论，并阐述了其对构建国有资本经营预算评价体系的指导性意义；第五部分具体阐述了国有资本经营预算评价体系的内涵及外延、主体与客体及评价目标等基本问题；第六部分全面设计了国有资本经营预算评价体系的指标和流程，并阐述了评价结果的具体应用；第四部分和第六部分是本文的重点，从全新的角度分析了国有资本经营预算评价的目标与模式，并提出了配套的指标体系和评价流程。

第一部分　国有资本经营预算的历史沿革与现状

一、国有资本经营预算管理体制的历史沿革

为适应市场经济的发展，改变政企不分的局面，我国从改革开放之初就开始尝试从宏观层面建立国有资产管理的新体制，从微观层面在国有企业中建立现代企业制度。从国资预算管理体制的发展历史看，可分为以下五个阶段：

（一）1956~1983 年：政府公共管理职能与国有资产所有者职能合一，国企利润全额上缴

1956 年社会主义改造的完成标志着我国进入计划经济时代，国家对经济活动采取直接指令性行政管理，政府是经济运行中的核心主体，同时行使公共管理职能和国家财产所有者职能。国企作为国家的生产单位，一方面企业实现的利润全额上缴国家，亏损则由国家弥补，另一方面，维持简单生产和扩大再生产所需的资金由国家统一划拨，企业和国家之间主要是交拨款关系。

国企采用“利润上缴”的方法，把全部的收入上缴国家，而企业所需要的资金，则另由国家预算层层下拨。这种国企将利润上缴国家，国家通过财政统一支出的方式，因其在国家层面资源统一配置的特点，在新中国成立初期大大促进了我国的经济发展。但这种制度本身存在严重激励缺陷，企业没有经营自主权。国家对企业统得太死，以至于企业成了政府机构的附属物，而不是真正的商品生产者和经营者，在经济逐步发展过程中使企业和职工失去了发展生产、改善经营管理的积极性。

（二）1984~2003 年：政府公共管理职能与国有资产所有者职能相分开，国企利改税

改革开放之后，我国经济飞速发展，计划经济体制由于垄断经营、缺乏竞争、效率低下，逐渐变成了束缚我国经济进一步发展的桎梏。1984 年，党的十二届三中全会正式提出在公有制基础上发展社会主义商品经济。同时，我国也开始探讨政府公共管理职能与所有者职能相分开的国有资产管理体制，首先成立了专司国有资产所有者职能的国有资产管理局（以下简称“国资局”），之后在党的十四届三中全会上确立了“国家统一所有，政府分级管理，企业自主经营，部门分工监督”的国有资产管理体制，并建立了国有资产经营预算。

1. 探索政府公共管理职能与国有资产所有者职能分开，成立国资局

1984 年 10 月 20 日，党的十二届三中全会认真总结改革开放以来的经验，通过了《中共中央关于经济体制改革的决定》，明确指出：“过去国家

对企业管得太多太死的一个重要原因，就是把全民所有同国家机构直接经营企业混为一谈。根据马克思主义的理论和社会主义的实践，所有权同经营权是可以适当分开的。”首次突破了把全民所有制同国家机构直接经营混为一谈的传统观念。

为了从体制上建立国有资产管理的新模式，根据世行专家的建议报告，国务院于1988年5月批准成立国资局，作为“专司国有资产所有者职能”的国务院直属机构，归口财政部管理。1988年9月国家及各省市均成立了国资局。国资局的成立，标志着我国国有资产管理体制改革在将社会经济管理职能与国有资产管理职能分开方面迈出了重要的一步，在设立专司国有资产管理职能的机构方面开始实质性探索。

国务院确定国资局的主要任务是：对我国境内外的全部国有资产行使管理职能，重点是管理国家投入各类企业（包括中外合资、合作企业等）的国有资产；国资局以优化国有资产配置，保障国有资产的保值增值，维护国有资产使用单位（或人员）的合法权益，巩固和发展全民所有制经济的骨干作用，推动社会生产力和社会主义商品经济的不断发展为宗旨，逐步完善国有资产管理制度，促进国有资产使用单位有效地经营和使用国有资产，依法缴纳国家规定的各项税收和费用，依法向国家上缴利润和国有资产股权利益，实现资产增值；并按照“统一政策，分散管理”原则，逐步建立从中央到地方的国有资产管理体制，更好地为改革开放服务。

由此看来，设定国资局的初衷就是通过设立一个专门机构来更好地完善国有资产管理制度，优化国有资产配置，保障国有资产的保值增值。

2. 国企“利改税”

在政府公共管理职能与所有者职能分离的背景下，1983年国务院在北京召开全国工业交通会议，提出对国营企业推行以税代利的改革，促进企业的整顿和调整。1983年4月国务院发出通知，同意财政部报送的报告及国营企业“利改税”试行办法，自当年6月1日起，国营企业开始普遍推行“利改税”制度。

“利改税”的核心是把国营企业向国家上缴的“利润”改为缴纳“税金”，将所得税引入国营企业利润分配领域，税后利润全部留归企业，以使国营企业逐步走上自主经营、自负盈亏的道路，即由“全额交利”过渡到“以税代利”。

1994年3月《中华人民共和国预算法》(以下简称:《预算法》) 通过后，1994年9月，财政部、国资局、中国人民银行共同发布了《国有资产收益收取管理办法》，对国有资产收益进行了界定，包括：国有企业应上缴国家的利润；股份有限公司中国家股应分得的股利；有限责任公司中国家作为出资者按照出资比例应分取的红利；各级政府授权的投资部门或机构以国有资产投资形成的收益应上缴国家的部分；国有企业、股份公司、有限公司国家股股权转让收入等。然而虽然发布了相关办法，由于当时国有企业普遍承担着额外的社会福利目标，集团公司无力上缴，国有资产收益的收取一再搁置。

值得说明的是，在相关法律文件表述中，通常采用“收益收取”的概念，事实上，“收缴”更偏向政府征收赋税的“强制性”特点，而“收取”更为适合收益本身的民事股东行为的特点，特别是对于股权多元化的国家出资企业，通过董事会决议支付股东分红，用“收缴”并不恰当。这表明，虽然当时提出了国有资产收益，但事实上还未明确国有资产收益与税收的本质区别。即便至今，部分地方国资委还在沿用收益收缴的说法。

3. 国有资产经营预算的提出

1993年，十四届三中全会《中共中央关于建立社会主义市场经济体制若干问题的决定》提出，“改进和规范复式预算制度，建立政府公共预算和国有资产经营预算，并可根据需要建立社会保障预算和其他预算”。这是第一次明确提出国有资产经营预算，表明国家已经开始从政府职能的转变角度考虑设计预算，在预算安排上有了政企分开的设想。

1995年开始实施的《预算法》中规定，“中央预算和地方各级政府预算按照复式预算编制”，《预算法实施条例》进一步规定：“各级政府预算按照复式预算编制，分为政府公共预算、国有资产经营预算、社会保障预算和其他预算。复式预算的编制办法和实施步骤，由国务院另行规定。”这两条规定对改变以往实行的单式预算，确定国有资产经营预算地位具有重大意义。

按照政府预算框架建立的复式预算是由几个预算组成的预算体系。它将财政同一预算年度内的所有收支行为，按其不同的性质、来源和用途，分别汇编在一个预算统计表中，以特定用途的收入来源，保证特定用途的支出项目。几个预算的内容既相对独立、自成体系，又相互补充、相互关联，共同形成一个完整的复式预算体系。这种体系的好处在于，它可以在一定程度上避免各种财政支出互相挤占的情况。例如，社会保障预算的内容和资金来源是明确的，社会保障税和部分累进性税收要固定用于社会保障支出，政府不能将其随意挪用于行政管理费和基本建设支出。可见，这种预算体系对于避免对财政收入的滥用具有积极作用，它的建立将有利于我国财政收入分配职能的转型。①

在复式预算背景下，国有资产经营预算被设想作为复式预算制度下一个相对独立的子预算，与公共预算、社保预算与其他预算平行编制，实现国有资产的保值增值，对确定国有资产经营预算的地位有着重大的意义。

但是，当时国有企业正处于计划经济向市场经济转型时期，政府没有确立对企业的管理方式，虽然提出了政企分开，但政府没有建立出资人的观念，企业作为市场经济主体的地位也并未真正确立。出资人和收益权的概念缺乏，国有资产经营预算缺乏理论基础，另一方面，经济转轨时期国有企业负担沉重，国有资产经营预算在实践中也难以落实。国有资产经营预算未在复式预算下相对独立，仅在公共财政下设立了收入科目，列收列支的基本功能未能实现。

（三）2003~2007 年：新型国有资产管理体制确立与国资委成立

党的十四大报告中正式提出："我国经济体制改革的目标是建立社会主义市场经济体制。"为建成完善的社会主义市场经济体制和更具活力、更加开放的经济体系的战略部署，深化经济体制改革，促进经济社会全面发展，十六届三中全会通过了《关于进一步完善社会主义市场经济若干问题的决定》（以下简称《决定》），第一次提出大力发展混合所有制经济，实现投资主体多元化以及建立健全现代产权制度。

---

① 杨天宇"论我国财政收入分配职能的重新定位"《新华文摘》2000 年第 10 期。

国有企业股权多元化逐步推进，国有企业发展为混合所有，不再单一归属于国家。在这样的背景下，2003 年我国在十六届三中全会重新确立了“中央和地方分别成立国资委，分别代表国家履行出资人职责，形成管资产与管人、管事相结合，责权利相统一”的新型国资监管体制。在此提出的出资人的权益不同于所有者“占有、使用、收益、处分”的权利，而是等同于《公司法》中的股东权益，即“资产收益、参与重大决策和选择管理者”等权利。“国家出资企业”与“出资人”概念的提出，反映出随着产权改革的深入，政府逐渐由台前的所有者走向幕后的出资人，通过行使出资人权利，对国有资本进行管理。

为履行国家作为企业出资人对企业的出资权及其派生出来的收益管理权，2003 年在党的十六届三中全会上通过的《中共中央关于完善社会主义市场经济体制若干问题的决定》明确地提出“建立国有资本经营预算制度”。国有资本经营制度也是国有资产管理体制逐步深化、出资人职能逐步到位的一项成果，反过来又将推动国有资产管理体制的进一步改革与完善。

根据十届全国人大一次会议第三次会议通过的《国务院机构改革方案》，国务院国资委于 2003 年成立。当年举行的十六届三中全会通过《中共中央关于完善社会主义市场经济体制若干问题的决定》也进一步提出建立健全国有资产管理和监督体制。坚持政府公共管理职能和国有资产出资人职能分开，即“政资分开”，深化国有企业改革。

国务院在对国资委的三定方案的批复中将国资委定为“国务院直属的正部级特设机构”，其目的也是为了强调国资委作为特设机构区别于其他政府部门的定位，以推动政府的社会公共管理职能与国有资产出资人职能分开，即政资分开。

2003 年 5 月《企业国有资产监督管理暂行条例》(国务院令第 378 号)第六条提出：国务院，省、自治区、直辖市人民政府，设区的市、自治州级人民政府，分别设立国有资产监督管理机构。国有资产监督管理机构根据授权，依法履行出资人职责，依法对企业国有资产进行监督管理。第十二条提出“国务院国有资产监督管理机构是代表国务院履行出资人职责、负责监督管理企业国有资产的直属特设机构”。第七条提出，各级人民政府应当严格执行国有资产管理法律、法规，坚持政府的社会公共管理职能与国有资产出资人职能分开，坚持政企分开，实行所有权与经营权分离。国有资产监督管理机构不行使政府的社会公共管理职能，政府其他机构、部门不履行企业国有资产出资人职责。这三条明确了国资委作为出资人的法律地位，及其与政府序列机构的不同属性。

自2003年成立以来，国资委从战略规划布局、完善公司治理、产权转让监督、中央企业负责人考核与选聘等多方面进行国有资产管理，履行出资人职责，享有出资人权益，推动中央企业迅速做大做强。

（四）2007~2010年：国有资本经营预算四年试行时期，国企缴税交利

1. 国有资本经营预算试运行，国企缴税交利

国资委成立之后，为进一步落实体现出资人权利的收益权，在相关部门的研究和协商下，2007年9月，国务院发布了《国务院关于试行国有资本经营预算的意见》（国发26号文件），决定“中央本级国有资本经营预算从2008年开始实施，2008年收取实施范围内企业2007年实现的国有资本收益。2007年进行国有资本经营预算试点，收取部分企业2006年实现的国有资本收益”。该意见同时指出，建立国资预算制度，对增强政府的宏观调控能力，完善国有企业收入分配制度，推进国有经济布局和结构的战略性调整，集中解决国有企业发展中的体制性、机制性问题，具有重要意义。国务院决定试行国资预算，并将其目的界定为安排国有经济战略布局和解决体制性机制性问题，明确了国资预算支出应支持的方向。国资预算的试运行是国资改革深化的结果，它既完善了国有企业收入分配制度，又实现了出资人享有资产收益的基本权利。

至此，国有资产管理已从传统意义上对资产的管理思路转变到管理资本的国有资本经营预算的思路上来，国资管理改革进一步深化。具体说，过去的国有资产管理侧重于管企业和管资产，而规范的国有资本管理应侧重于管出资人和管股权；国有资产管理更多地依赖行政手段规范国有资产使用单位的生产经营活动，而国有资本管理则更多地采用经济手段，通过

资本和资产重组、兼并收购、债务重组、产权转让、参股控股等方法，使资本要素的配置不断优化，从而使国有资本不断增值。

2007年12月，财政部和国资委共同发布了《中央企业国有资本收益收取管理暂行办法》(财企［2007］309号)，2008年2月以及2009年2月，国资委又发布了《中央企业国有资本经营预算建议草案编报办法》以及《关于做好中央企业国有资本经营预算执行工作有关事项的通知》，国资预算体制在制度建设过程中不断走向完善。

2.《企业国有资产法》的实施

2009年5月1日,《中华人民共和国企业国有资产法》(以下简称《企业国有资产法》）的正式实施,《企业国有资产法》对国家出资企业的出资人做了进一步的明确。其中，第十一条规定“国务院国有资产监督管理机构和地方人民政府按照国务院规定设立的国有资产监督管理机构，根据本级人民政府的授权，代表本级人民政府对国家出资企业履行出资人职责”。这标志着国资监管机构作为出资人代表的地位的确立。

此外,《企业国有资产法》第十二条还规定“履行出资人职责的机构代表本级人民政府对国家出资企业依法享有资产收益、参与重大决策和选择管理者等出资人权利”。这表明国资委和其他政府授权部门作为出资人代表时，依法享有资本收益等权利，是国有资本收益的主体。

《企业国有资产法》的实施是对这一阶段国资管理改革的总结和深化：它将政府公共管理职能和出资人职能分离，实行落实出资人收益权，建立国有资本经营预算写入法律，自此我国国有资本经营管理迈入了有法可依的新时期。

（五）2010年至今：国有资本经营预算实施范围扩大时期

2010年12月，财政部发布了《关于完善中央国有资本经营预算有关事项的通知》(财企［2010］392号)，适当提高中央企业国有资本收益收取比例方案，扩大中央国有资本的经营预算实施范围，2007年中央国有资本经营预算试点仅包含国资委监管企业和中国烟草专卖局，2009年增加了中国邮政集团。从2011年起，将教育部、中国国际贸易促进委员会所属企业，国家广播电影电视总局直属中国电影集团公司，文化部直属中国东方演艺集团公司、中国文化传媒集团公司、中国动漫集团公司，农业部直属黑龙江北大荒农垦集团公司、广东省农垦集团公司，以及中国出版集团公司和中国对外文化集团公司纳入中央国有资本经营预算实施范围。

该通知同时规定，从2011年起，适当提高中央企业国有资本收益收取比例，具体收取比例分15%、10%、5%和免交四类执行。随着体制性问题的逐步解决与国有资本经营预算收入规模的合理增长，国有资本经营预算对于推进国有资产管理体制改革、促进国民经济发展的积极作用将得到进一步的发挥。

二、国有资本经营预算试行四年的现状

（一）国有资本经营预算试行时期收入分析

1. 国有资本经营预算收入的主要来源

2007年12月，财政部和国资委联合印发了《中央企业国有资本收益收取管理暂行办法》规定：国有资本收益是指国家以所有者身份依法取得的国有资本投资收益，具体包括：①应交利润，即国有独资企业按规定应当上缴国家的利润；②国有股股利、股息，即国有控股、参股企业国有股权（股份）获得的股利、股息收入；③国有产权转让收入，即转让国有产权、股权（股份）获得的收入；④企业清算收入，即国有独资企业清算收入（扣除清算费用），国有控股、参股企业国有股权（股份）分享的公司清算收入（扣除清算费用）；⑤其他国有资本收益。

2. 央企国有资本收益收取比例

2010年12月，财政部出台《关于完善中央国有资本经营预算有关事项的通知》(财企［2010］392号)，上调了央企国有资本收取比例。经过调整后，央企上缴红利仍分为四个等级，除了中国储备粮总公司、中国储备棉总公司两户政策性企业免交红利之外，其他均上调了5个百分点。具体如表4-14所示。

表 4-14　中央企业国有资本收益收取比例分类表

类别	企业类型	收取比例
第一类	烟草、石油石化、电信、煤炭、电网和部分电力央企	15%
第二类	钢铁、有色、运输、航空、汽车、房地产和部分电力央企	10%
第三类	军工、科研院所和部属央企	5%
第四类	中国储备粮总公司、中国储备棉总公司等政策性公司	0%

3. 2007~2010 年国有资本经营预算具体收入情况

根据《国务院关于试行国有资本经营预算的意见》(国发［2007］26号)，2007 年开始试点收取部分企业 2006 年实现的国有资本收益，2008 年起正式实施中央本级国有资本经营预算。

中央国有资本经营预算收入主要来源于试行范围内的中央企业上缴的税后利润（见表 4-15）。2007~2010 年，共收取中央企业国有资本收益约 1783 亿元，其中 2007 年 139. 9 亿元，2008 年 443. 6 亿元，2009 年 873. 6 亿元，2010 年 326 亿元。

表 4-15　2010 年中央企业经营预算收入表

项目	金额（亿元）	收入占比
一、利润收入	325	99. 7%
石油石化、电信、煤炭、电网和部分电力央企	231	70. 9%
钢铁、有色、运输、航空、汽车、房地产央企	75	23%
其他国有资本经营预算企业利润收入	19	5. 8%
二、股利、股息收入	1	0. 3%
三、产权转让收入		
四、清算收入		

中央国有资本经营预算工作的顺利推进，也带动了地方国有资本经营预算工作。截至 2009 年年底，全国 37 个省份和计划单列市中，大部分省

市出台了试行国有资本经营预算的实施意见、制度办法。2008 年到 2010 年年底，地方国有资本经营预算收入历年累计 468 亿元，地方国有资本经营预算支出历年累计 468 亿元。

（二）国有资本经营预算试行时期支出分析

1. 国有资本经营预算支出类别

根据《中央国有资本经营预算编报试行办法》（财企［2007］304 号）和国资委《中央企业国资预算编报办法》（国资法产权［2008］46 号）规定，国有资本经营预算支出类别按资金使用性质主要划分为费用性支出和资本性支出两大类。其中，资本性支出主要是根据国家产业发展规划，国有经济布局和结构调整规划，用于支持国有企业改制、重组，自主创新，提高企业核心竞争力；而费用性支出则主要用于弥补国有企业改革成本，解决历史遗留问题。

2. 2007~2010 年国资支出预算情况

中央国有资本经营预算支出 2008~2009 年达 1553.3 亿元，经国务院批准，主要用于国有经济和产业结构调整、中央企业灾后恢复生产重建、中央企业重大技术创新、节能减排、境外矿产资源权益投资以及改革重组补助支出等（见表 4-16）。

表 4-16　2008~2009 年中央企业国有资本经营预算支出结构表

（单位：亿元）

项　目	2008 年	占比	2009 年	占比
用于关系国计民生和国家经济安全的重点中央企业补充国有资本的预算支出	270	49%	75	8.6%
用于支持南方雨雪、汶川地震受灾损失较重的中央企业灾后恢复重建的预算	196.3	36%	139.6	16.0%
用于推进中央企业产业布局和结构调整等方面的预算支出	81.5	15%	59	6.7%
用于电信重组改革支出			600	68.7%
总　计	547.8	100%	873.6	100%

2010 年中央国有资本经营预算支出安排 440 亿元（见表 4-17）。按支

出功能分类：农林水事务 5.57 亿元，交通运输 39.7 亿元，资源勘探电力信息等事务 295.52 亿元，商业服务业等事务 69.21 亿元，地震灾后恢复重建支出 20 亿元，转移性支出 10 亿元。

表 4-17　2010 年中央企业国有资本经营预算支出结构表

（单位：亿元）

项目		2010 年支出总额
国有经济和产业结构调整	向新设企业注入国有资本	52.5
	对实施联合重组的中央企业补充国有资本	130.5
中央企业改革脱困补助支出	企业产业和股权调整等支出	68
	企业培育新兴产业支出	13
	企业应对金融危机支出	30
	困难企业改革补助支出	9
中央企业地震灾后恢复重建资金		20
央企重大技术创新项目资金支出		32
央企重大节能减排项目支出		30
央企境外投资支出		30
央企社会保障支出		5
公共财政		10
资金预留		10
总　计		440

（三）现有评价考核中可供参考的机制

中央层面尚未建立专门针对国有资本经营预算的考核评价体系，但中央国资相关部门及地方国资部门已有关于中央企业运行绩效的评价考核的试行办法。

绩效评价是针对国有资本运营质量进行监控的综合评价体系。原由财政部评价处开发，国资委成立之后负责此项工作。其是国资委对企业财务状况评价的重要依据，并构成中央企业领导班子考核的重要指标之一。

在中央层面上，关于评价工作相关的主要文件是《中央企业综合绩效评价管理暂行办法》。其主要从评价分类，评价内容与评价指标，评价标准与评价方法，评价工作组织，评价结果与评价报告以及工作责任等六个方面构建出综合评价的基本制度。该评价按企业负责人任职期间和会计年度分别展开，中央企业由国务院国资委监管，金融企业由财政部门监管；针对国资委负责履行出资人职责的企业和企业集团（总）公司负责其控股的子企业，进行财务绩效定量评价和管理绩效定型评价。国资委每年四月发布一套企业经营预算绩效评价标准，该标准体系为社会各界广泛运用，目前是各大银行进行客户资信评级的参照标准。

在地方层面上，进行综合评价的过程中，各地国资委依据国务院国资委的相关法律法规，结合自身特点，制定更为细化的规范制度，但基本没有创新突破。评价工作情况与中央国资委的基本相同。但也有两类较有特色的代表，一是重庆市国资委自 2008 年以来对 28 户市属工商企业和 8 户市属金融企业的年度经营绩效进行了定量评价，建立了国资委评价市属企业和区县评价下属企业的两级国有资本经营预算绩效评价体系；二是北京市国资委评价工作分为经济绩效基本评价，该方法是进行财务决算后用软件自动生成与选择重点企业进行综合绩效评价，这里包括定量和定性。

目前，重点企业的考核评价和保值增值这两项指标在企业负责人任期考核之中运用，权重分别占考分的 20%和 25%；并且目前绩效考核评价已经纳入国有企业领导班子和企业负责人综合考核体系之中，占 20%。

三、国有资本经营预算试行四年的总体评价

通过本章的回顾与分析可以看出，我国的国有资本经营预算体系已经初步形成，国有资本经营预算的制度框架已经初步建立。经过了四年的试行，我国的国有资本经营预算稳步实施并取得了阶段性成果，主要体现在以下三个方面：

首先，试行范围逐步扩大。2007 年中央国有资本经营预算试点范围仅为国资委监管企业和中国烟草专卖局，2009 年中国邮政集团公司纳入试行范围。从 2011 年起，将教育部、中国国际贸易促进委员会所属企业，国家广播电影电视总局直属中国电影集团公司，文化部直属中国东方演艺集团公司、中国文化传媒集团公司、中国动漫集团公司，农业部直属黑龙江北

大荒农垦集团公司、广东省农垦集团公司，以及中国出版集团公司和中国对外文化集团公司纳入中央国有资本经营预算实施范围，逐步建立全覆盖的国有资本经营预算制度。

其次，国有资本收益稳步增长。据财政部统计，2007~2009 年，我国共收取中央企业国有资本收益 1572.2 亿元。同时，根据最新出台的收取办法，调整后央企上缴红利仍分为四个等级，除了中国储备粮总公司、中国储备棉总公司两户政策性企业免交红利外，其余等级较原先上调了 5 个百分点。

再次，国有资本经营预算管理工作已由前端的收益收取，开始向编制、考核、评价等后端链条延伸，反映出管理系统的不断完善与管理能力的不断深化。尽管已经取得了丰硕的阶段性成果，但对于还处在成长探索期的国有资本经营预算制度，还有很多值得商榷和探讨的地方：

第一，国有资本经营预算的评价标准和支出逻辑有待完善。例如，用于解决改革重组中企业问题的资金虽然归属资本性支出，但却更具费用性支出的特点，保值作用更强，增值作用不足。可以预期，随着中央企业的整体经营向好，未来真正基于营利性乃至战略性的评价标准亟待建立，以便能够在未来能够更有效地追踪、评价支出的结构、用途、效果，优化国有资本的结构布局。

第二，国有资本经营预算的目标有待明晰：目前，国有资本经营预算的目标尚不够明晰，对各行业国企的责任分配及国有资本经营预算的整体调配都应当进一步明确化、系统化。否则预算的支出科目在不同年度间差异较大，也缺乏解释，难以在中长期准确地衡量国有资本经营预算达到的目标。我们认为，企业亦有其不同阶段的价值诉求，应在更宽广的理论和实践框架内探讨国有资本与民营资本的使命、差异与共性。并将其归纳为合规性、效益性、战略性和社会性四个维度，这点在第四章中会详细论述。

第三，战略性支出中关于新兴产业培育方面的支出有待增加。从支出比例上看，战略性支出在国有资本经营预算支出中所占比较高，可以说是国有资本经营预算的重中之重；但是在战略性支出的具体支出结构，绝大多数资金均用于解决旧有体制性问题或国企重组问题，培育新型产业的资金投入比例非常小。“十二五”规划提出的电动汽车、新能源、生物、新一代信息技术等七大战略新兴产业是我国有可能在新一轮国际竞争中取得比较优势的新型产业，新兴产业的培育对我国未来的产业结构合理化、寻找新兴增长方式意义深远，在评价目标中应增加对战略新兴产业培育的相关类别，为其发展预留接口。

另一方面，科技研发投入力度有待加强。对于正处于经济转型期的我国而言，科技水平进步的意义十分深重；而科技研发和生产技术转化耗资大，收效慢，需要国家的有力支持。因此，在科技研发方面，国有资本经营预算的进一步支持必不可少。①

第二部分　政府公共预算绩效评价经验借鉴

尽管国有资本经营预算绩效评价属于新生事物，但政府预算的绩效评价体系却早已在国内外实行多年，积累了丰富的经验。本章以我国财政部推行的预算绩效评价工作、广东省财政支出绩效评价工作及美国得克萨斯州的政府预算绩效评价工作为例，介绍当前有关政府预算绩效评价的有关情况，以期为国有资产经营预算评价提供有益的借鉴。

一、财政部推行的预算绩效评价工作

（一）财政部推行的预算绩效评价工作概况

为贯彻中央十六届三中全会有关指示，财政部自 2003 年起积极推行预算绩效评价工作，以正式实行或试行的方式出台了《中央级教科文部门项目绩效考评管理试行办法》(2003)、《中央级行政经费项目支出绩效考评管理办法（试行）》(2003)、《财政部关于开展中央政府投资项目预算绩效评价工作的指导意见》(2004)、《中央级教科文部门项目绩效考评管理办法》

① 值得说明的是，不同产业的科技投入比重不同，国家应结合行业属性，在支出时将研发投入作为一个考核子项，而不应类比财政及发改委的投资方式，在支出大类中设置过于细化（如节能减排）的类别。

(2005)、《中央部门预算支出绩效考评管理办法（试行）》(2005)、《财政支出绩效评价管理暂行办法》(2009)、《卫生部、财政部关于加强基本公共卫生服务项目绩效考核的指导意见》(2010) 等多份规范性文件，为政府预算绩效评价工作奠定了一定基础。

2011 年 4 月，财政部修订了《财政支出绩效评价管理暂行办法》(2011)，该办法是财政部在前期实践基础上总结出的一个较为完善的管理办法，内容涵盖了财政支出绩效评价的各个环节，是目前财政支出绩效评价的重要指导文件。

（二）财政部出台的预算绩效评价文件内容

在财政部绩效评价文件中,《中央部门预算支出绩效考评管理办法（试行）》(财预［2005］86 号)、《财政支出绩效评价管理暂行办法》(财预［2009］76 号）以及《财政支出绩效评价管理暂行办法（修订）》(财预［2011］285 号）是三部较为综合、代表性强的文件，体现了财政部预算评价工作的主要特点及发展趋势。本文限于篇幅，仅以此三份文件为例进行分析，以期得出国有资本经营预算可以借鉴之处（见表 4-18、表 4-19、表 4-20）。

1.《中央部门预算支出绩效考评管理办法（试行）》(2005)

表 4-18 中央部门预算支出绩效考评管理办法（2005）概览

	具体规定
考评对象	可以以包括基本支出和项目支出在内的部门预算支出为对象实施部门预算绩效考评，也可以以项目支出为对象实施项目支出预算绩效考评。绩效考评项目应以行政事业类项目或其他类项目为主，包括重大项目和一般项目
考评内容	1. 绩效目标的完成情况；2. 为完成绩效目标安排的预算资金的使用情况和财务管理状况；3. 部门为完成绩效目标采取的加强管理的制度、措施等；4. 部门根据实际情况确定的其他考核内容
考评周期	以预算年度为周期实施年度考评，其中重大跨年度支出项目，可以根据完成情况实施阶段性考评

（续表）

	具体规定
考评方法	主要包括比较法、因素分析法、公众评价法、成本效益分析法等
指标体系	共性指标：绩效目标完成程度、预算执行情况、财务管理状况、经济和社会效益、资产的配置和使用情况等；个性考评：针对部门和行业特点确定的适用于不同中央部门的绩效考评指标，由中央部门和财政部根据被考评对象的绩效目标制定
组织实施	由财政部统一领导，中央各部委具体组织实施，财政部负责制定统一的绩效考评规章制度，指导、监督、检查中央部门的绩效考评工作，并视情况对中央部门的绩效考评结果进行检查。中央部门负责组织实施本部门的绩效考评工作
工作程序	1. 准备阶段，包括确定考评对象和下达考评通知、拟定考评工作方案两个程序；2. 实施阶段，包括形式审查、现场和非现场考评、综合评价三个程序；3. 撰写和提交绩效考评报告
结果应用	1. 中央部门根据部门的绩效目标和绩效考评结果，及时调整和优化本部门以后年度预算支出的方向和结构，合理配置资源，提高资金的使用效益和效率；2. 财政部根据绩效考评中发现的问题及时提出改进意见并督促落实；3. 绩效考评结果应作为以后年度编制和安排预算的重要参考依据并在一定范围内公布

2.《财政支出绩效评价管理暂行办法》(2009)

表 4-19　财政支出绩效评价管理暂行办法（2009）概览

	具体规定
考评对象	绩效评价的对象包括部门（单位）预算管理的财政性资金和上级政府对下级政府的转移支付资金
考评内容	1. 财政资金使用情况、财务管理状况和资产配置、使用、处置及其收益管理情况；2. 为加强管理所制定的相关制度、采取的措施等；3. 绩效目标的实现程度，包括是否达到预定产出和效果等；4. 需要评价的其他内容

（续表）

	具体规定
考评周期	绩效评价一般以预算年度为周期，对跨年度的重大（重点）项目可根据项目或支出完成情况实施阶段性评价
考评方法	1. 成本效益分析法；2. 比较法；3. 因素分析法；4. 最低成本法；5. 公众评判法；6. 其他评价方法
指标体系	共性指标是适用于所有部门的指标，主要包括预算执行、财务管理、资产配置、使用、处置及其收益管理情况以及社会效益、经济效益等衡量绩效目标完成程度的指标；个性指标是针对部门和行业特点确定的适用于不同部门的指标
组织实施	财政部门负责制定绩效评价规章制度，指导、检查各部门（单位）的绩效评价工作，并根据需要对部门（单位）支出绩效实施评价和再评价；部门（单位）负责组织实施本部门（单位）的绩效评价工作；根据需要，绩效评价可聘请专家或中介机构进行
工作程序	设定绩效目标—确定被评价的部门（单位）或项目—撰写绩效报告—完成绩效评价—绩效评价结果反馈和应用
结果应用	财政部门和预算部门（单位）应当及时整理、归纳、分析绩效评价结果，将评价结果及时反馈被评价部门（单位），作为改进预算管理和安排以后年度预算的重要依据。评价结果较好的，可采取适当方式在一定范围内予以表扬，评价结果未达到规定标准的，可在一定范围内予以通报并责令其限期整改，也可相应减少其以后年度预算

3.《财政支出绩效评价管理暂行办法（修订）》(2011)

表 4-20 财政支出绩效评价管理暂行办法（修订）（2011）概览

	具体规定
考评对象	绩效评价对象包括纳入政府预算管理的资金和纳入部门预算管理的资金。按照预算级次，分为本级部门预算管理资金和上级政府对下级政府的转移支付资金
考评内容	1. 绩效目标的设定情况；2. 资金投入和使用情况；3. 为实现绩效目标制定的制度、采取的措施等；4. 绩效目标实现的程度及效果；5. 其他内容
考评周期	绩效评价一般以预算年度为周期，对跨年度的重大（重点）项目可根据项目或支出完成情况实施阶段性评价

（续表）

	具体规定
考评方法	1. 成本效益分析法；2. 比较法；3. 因素分析法；4. 最低成本法；5. 公众评判法；6. 其他评价方法
指标体系	共性指标是适用于所有评价对象的指标，主要包括预算执行情况、财务管理状况、资产配置、使用、处置及其收益管理情况以及社会效益、经济效益等衡量绩效目标完成程度的指标；个性指标是针对预算部门或项目特点设定的，适用于不同预算部门或项目的业绩评价指标 共性指标由财政部门统一制定，个性指标由财政部门会同预算部门制定
组织实施	财政部门负责拟定绩效评价规章制度和相应的技术规范，组织、指导本级预算部门、下级财政部门的绩效评价工作；根据需要对本级预算部门、下级财政部门支出实施绩效评价或再评价；提出改进预算支出管理意见并督促落实 预算部门负责制定本部门绩效评价规章制度；具体组织实施本部门绩效评价工作；向同级财政部门报送绩效报告和绩效评价报告；落实财政部门整改意见；根据绩效评价结果改进预算支出管理 根据需要，绩效评价工作可委托专家、中介机构等第三方实施。财政部门应当对第三方组织参与绩效评价的工作进行规范，并指导其开展工作
工作程序	确定绩效评价对象—下达绩效评价通知—确定绩效评价人员—制定绩效评价工作方案—收集绩效评价相关资料—对资料进行审查核实—综合分析并形成评价结论—撰写与提交评价报告—建立绩效评价档案
结果应用	财政部门和预算部门应当及时整理、归纳、分析、反馈绩效评价结果，并将其作为改进预算管理和安排以后年度预算的重要依据 对绩效评价结果较好的，财政部门和预算部门可予以表扬或继续支持 对绩效评价发现问题、达不到绩效目标或评价结果较差的，财政部门和预算部门可予以通报批评，并责令其限期整改。不进行整改或整改不到位的，应当根据情况调整项目或相应调减项目预算，直至取消该项国有资本经营预算

（三）财政部绩效评价中的可借鉴之处

从对财政绩效评价文件的分析、比较中不难看出，财政部绩效评估中的一些做法值得国有资本经营预算评价工作借鉴。

1. 区分项目绩效考评和部门绩效考评

财政部推行的绩效考评工作首先是以支出项目绩效考评为突破口。在不断探索、总结和推进项目绩效评价工作的同时，逐步将绩效评价的理念与部门预算改革相结合，在项目绩效考评的基础上，对部门预算进行绩效考评，以期进一步深化预算管理体制，完善部门预算，加强财政支出管理，改变预算资金安排中“重分配，轻管理”的现象。

2. 推进工作先易后难，逐步推进

中央财政部推行的绩效考评工作首先是以支出项目绩效考评为突破口。在试点部门中选择一些具有代表性、影响力较大且可比性较强的项目进行试点，先易后难，积累经验，再逐步推进。

3. 对绩效目标的确立加以规范

绩效目标的确立可以说是绩效考评的核心环节之一，如果没有一个准确恰当的目标，绩效考评势必将难以真正的发挥作用。在《财政支出绩效评价管理暂行办法（修订）》(2011）的第三章中，财政部门以整张的篇幅对绩效目标的相关内容做了细致规定，使得绩效目标的确立有据可依，便于考核和管理；而这样的规制方式是值得国有资本经营预算绩效评价积极借鉴的。

4. 建立详细的评价指标体系

在考评指标方面，各件文件几乎都建立了较为详细的绩效指标体系。这些指标涵盖了定性指标和定量指标、共性指标与个性指标，为绩效评价的科学性、合理性提供了保障。

5. 对考评结果的运用做出详细规定

在考评的结果运用方面，各文件毫无例外地做了详细规定，以确保绩效考评的结果能运用到实际工作上。具体来说，对结果运用的规定可归纳为以下方面：提高管理水平和资金使用效益，改进和加强项目后续实施过程的管理，提出改进和加强项目支出预算管理的意见并督促落实，作为今后年度预算安排和资金拨付的重要参考。

二、地方政府经验借鉴——以广东省财政支出绩效评价为例

（一）广东省财政支出绩效评价工作概况

与财政部推行绩效评价工作相适应，地方各省、自治区、直辖市也纷纷开展了地方绩效评价工作。比较有代表性的有北京（2003）、上海（2003）、广东（2003）、浙江（2005）、安徽（2005）、广西（2005）、辽宁（2005）等。其中广东省的地方政府绩效评价工作走在全国前列。

2003 年 8 月，广东省在全国率先开展绩效预算改革工作，开展财政支出绩效评价试点工作。2003 年 8 月至 2005 年 12 月，经历了试点、总结规范、全面推开三个阶段，开展了 13 个项目的绩效评价试点工作，建立专门的绩效评价机构，建立财政支出绩效评价制度规范，使绩效评价工作纳入制度化、规范化和程序化的轨道。

2005 年印发《广东省财政支出绩效评价试行方案》，开展“十五”期间高校基本建设财政贴息贷款资金、省商业集团工作启动债务重组财政资金借款、省旅游扶贫专项资金三个重点项目绩效评价。并且全面开展 500 万元以上和跨年度财政支出项目自我绩效评价，115 个省一级预算单位中有 42 个单位报送了 177 个项目的评价结果。审核结论作为 2006 年部门预算编制的重要依据。

在财政支持绩效评价改革的带动下，广东省科学技术厅、卫生厅、经济和信息化委员会、农业厅、中小企业局、发展和改革委员会、教育厅、住房和城乡建设厅、国土资源厅、人事厅等部门纷纷出台对于自己职权范围内工作任务进行绩效评价的规范性文件，形成了广东省政府绩效评价的蔚然之风。

（二）广东省财政支出绩效评价工作主要内容

1. 绩效评价的原则

广东省财政支出绩效评价工作的原则，主要有以下三点：经济性、效率性、有效性原则。把财政支出行为及其过程的实际情况，通过对其经济性、效率性、有效性的比较和评价分析，判断支出的行为过程和执行的业绩、效果优劣。

2. 绩效评价的组织管理

财政支出绩效评价工作由财政部门统一组织管理，财政主管部门、项目单位分级实施。财政部门作为财政预算的分配主体，负责安排各项财政支出并对财政资金的使用进行监督，是财政支出绩效评价的主管部门，负责研究制定财政支出绩效评价体系、评价标准，统一规划评价工作并组织实施，指导各地、各部门开展财政支出绩效评价工作。各主管部门、支出项目单位是财政支出评价工作的具体组织者，负责本部门、本项目财政支出绩效评价工作。

3. 绩效评价方法

广东省开展财政支出绩效评价工作的具体方法可以说是多种多样的，具体而言，主要有几下几种：

（1）成本——效益比较法；

（2）目标预定与实施效果比较法；

（3）摊提计算法；

（4）最低成本法；

（5）因素分析法；

（6）历史动态比较法；

（7）横向比较法；

（8）专家评议与问卷调查法（公众评判法）；

（9）财政部、省财政部门制订的其他方法。

（三）广东省财政支出绩效评价指标体系

广东省财政支出绩效评价指标可以大体分为定量指标与定性指标两大类，而在定量指标中又可以划分出两小类：一类是基本指标，一类是个性指标。基本指标包括基本财务指标、国家（国际）通行指标、公众关注指标等被普遍应用在公共支出项目绩效评价的指标。个性指标是指确定具体评价对象后，根据具体情况选取的指标，主要包括绩效指标和修正指标。整个指标体系详见图 4-10。

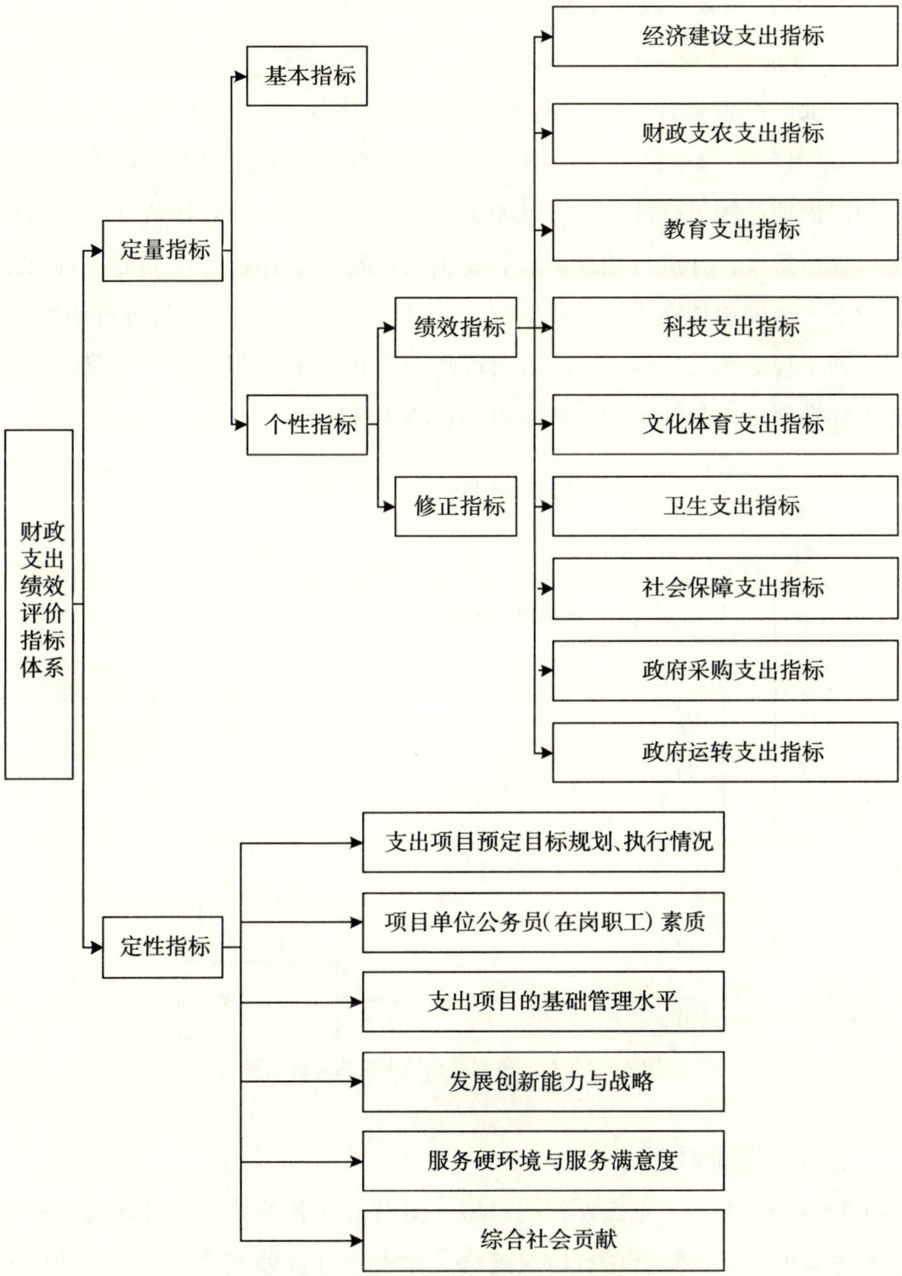

图 4-10　广东省财政支出绩效评价指标体系

（四）广东省财政支出两大绩效评价制度与结果运用

1. 预算单位自评制度

根据广东省财政厅的有关规定，凡跨年度项目，项目资金 500 万元（含 500 万元）以上的，均应进行自评价。自评价的过程中，自评价单位必须提供项目的可行性方案，且明确绩效评价目标。绩效评价处将对自评报告进行备案，并进行抽查。预算支出处室将绩效评价处反馈的评价结果作为下一年度预算安排的重要依据，对以后年度预算资金安排进行调整。

为了规范相关工作，广东省财政厅对自评价的流程、报告书范式等均做了详细规定。自评价的流程示意详见图 4-11。

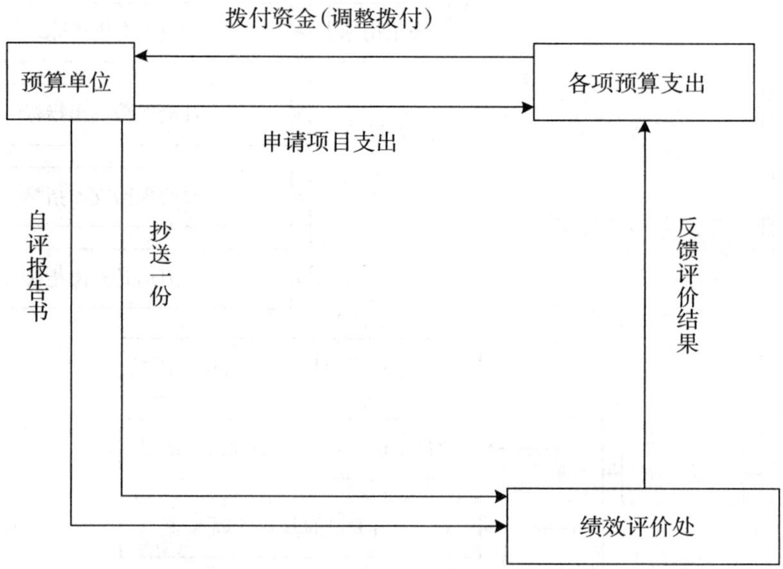

图 4-11 广东省财政绩效评价自评价流程

2. 重点评价制度

与自评价不同，重点评价的对象，由财政厅各预算支出管理处室根据试行方案的要求，结合项目情况确定。在支出管理处室确定后，由绩效评价处负责组织。绩效评价处在确定了相关的重要评价项目后，一方面要了解项目的全过程，制定绩效评价工作方案；另一方面要搜集相关资料，为评价工作的展开做准备。在此基础上，通过与各处室沟通，最终确定评价工作方案，下发绩效评价通知书。

为规范重点评价制度，广东省财政厅对重点评价的流程等同样做了详细规定，具体见图 4-12。

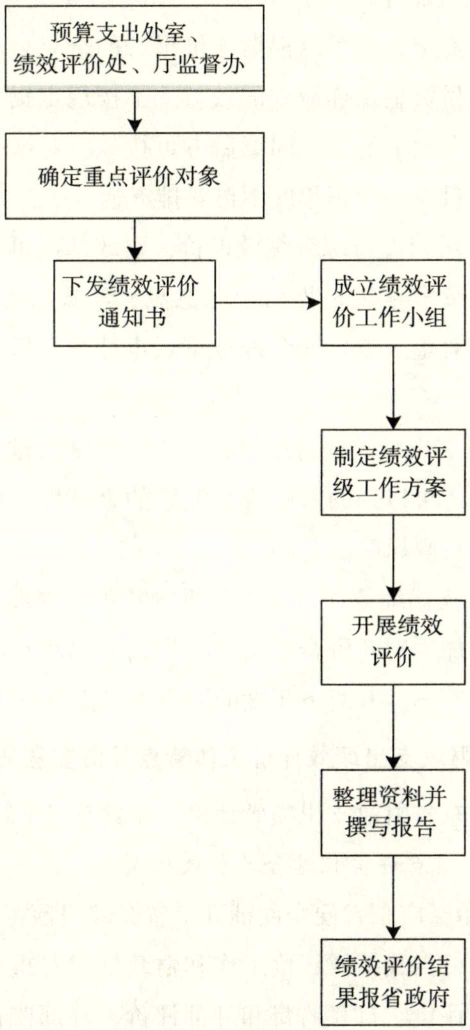

图 4-12　广东省财政绩效评价重点评价流程

3. 评价结果应用

广东省对于财政支出绩效评价结果的应用有着较为详细的规定；总的来说，评价结果主要在以下五个方面加以应用：

（1）对项目支出资金使用单位报送备案的绩效自评报告进行核实和抽查。逾期不报送项目资金绩效自评报告的，视同项目支出绩效目标没有达到。

（2）对跨年度实施中期评价的项目支出，在提交年度评价报告之前，财政部门不再拨付资金，并可以根据评价报告的结果，对长期项目资金做中期调整，以使项目资金发挥最大的效益。不按规定提交评价报告的，必须向本级政府提出书面申请，经同意后方可拨款。对绩效差劣的项目要进行通报，对同类项目下一预算年度不再安排资金。

（3）重点支出项目经过综合绩效评价，财政部门可根据评价结果向本级政府报告，对后续资金拨付提出处理意见，经政府批准调整支出预算。同时提请有关部门对重点项目资金进行重点审计和事后审计，加强对重点项目的监督。

（4）财政项目支出绩效评价结果将作为下年度安排部门预算的重要依据。综合评价结果还可以判断财政资金配置的合理性，准确把握财政决策和政策效应，控制财政风险。

（5）根据财政支出绩效评价结果分析诊断单位内部的管理问题和部门的主要政绩水平，加强财政资金的监控，提高支出项目的管理水平。对绩效良好的项目通报表扬，并对下年度的同类项目优先安排。

（五）广东省财政支出绩效评价工作特点及借鉴意义

总体而言，广东省财政支出绩效评价工作具有以下特点：

1. 建立自评、重点评价相结合的长效机制

从 2005 年开始，广东省便全面铺开了省级部门预算单位对财政支出项目资金使用情况进行自我绩效评价工作和财政部门对重大项目的综合评价工作，形成了自我评价、自我监督和外部评价、外部监督两个层次相结合的评价监管体系。这种多层次的评价体系建构，值得我们在构建国有资本经营预算评价体系的过程中学习和借鉴。

2. 开展信息化建设，提高评价工作效率

广东省在评价工作中开发了财政支出项目数据库，实行项目信息化管理，大大提高了工作效率。国有资本经营预算的评价工作也需要信息化建

设的支持，我们必须关注这一问题，积极推进国有资本经营预算评价体系的信息化。

3. 建立组织机构、提高评价人员业务水平

财政支出绩效评价工作政策性强，专业性突出，必须要有机构和人员做保证。广东省财政厅2004年在全国率先成立了省级的绩效评价职能处室，并加强业务学习培训，提高评价队伍的业务素质。在开展国有资本经营预算评价工作的过程中，如何提高评价人员的业务水平同样是一个非常重要的问题，广东的做法具有一定的借鉴意义。

4. 实行财政支出绩效评价分类管理

广东省对于不同类型评价的分类化管理非常细致。正如上面我们所介绍的，日常绩效评价，由省财政厅组织实施；省委、省政府制定的重要项目已由省委、省政府指定的牵头单位或由省财政厅、审计厅、监察厅共同组织实施；对省直部门或一级预算单位的整体支出绩效评价，由省人事厅、财政厅会同审计、监察部门组织实施。进行绩效评价必要时可以邀请各级人大专门委员会、人大代表、政协委员等参加。在建构国有资本经营预算评价体系的过程中，我们同样可以借鉴这样的思路，充分发挥各机构的工作潜能，高质量地完成国有资本经营预算的评价工作。

5. 聘请中介机构参与评价

在对财政支出进行绩效评价的过程中，由于不同企业和项目涉及的专业领域不同，对具体问题进行分析时难免遇到专业性的困难，此时可以发挥中介机构的作用。根据《广东省财政支出绩效评价试行方案》第六条的规定，财政部门组织评价可以委托具有资质的社会中介机构实施评价，具体办法由广东省财政厅另行制定。在实践中，珠海市财政局参考广东省财政厅的有关规定，率先制定了《中介机构参与珠海市财政支出绩效评价工作管理办法（试行）》（珠财评［2005］2号），本着信誉优先、资质认定、公开选聘、业务跟踪、评价业绩建档考核的原则，公开选聘中介机构参与绩效评价，取得了良好的效果。

在推进国有资本经营预算评价工作的过程中，如果对某些专业性强的企业开展评价工作时遇到专业性障碍，聘请中介机构相关人员参与评价不

失为一种可行的解决方法。当然，对于外聘人员如何参与到评价工作中来，还需要更加细致的规定，并在实践中根据实际情况不断地加以改善。

三、国际经验借鉴——得克萨斯州财政预算绩效评价案例

在美国各州中，得克萨斯州的绩效评价工作走在前列。1974 年以来，该州一直致力于推动绩效评价工作的开展。2006 年 8 月，得克萨斯州审计局修订了《得克萨斯州绩效评价管理指南》，奠定了该州绩效评价的基本框架。本部分通过介绍得克萨斯州的相关实践，总结其对我国国有资本经营预算的借鉴意义。

（一）得克萨斯州绩效评价简介

得克萨斯州的绩效评价系统由战略规划、绩效预算（包括绩效预算编制和绩效实施）和绩效监控三个主要部分组成。得克萨斯州的绩效评价就是对该系统运作的评价工作，目的在于优化该系统的设计结构，保证该系统的运作效率。二者关系如表 4-21 所示。

（二）得克萨斯州绩效评价体系设计

得克萨斯州绩效评价虽然并非独立运作的系统，但在长期实践中却形成了一套由目标、类型、方法、流程及结果应用所组成的独立体系。简要介绍如下：

1. 绩效评价的目标

得州绩效评价关注六个目标，依次是：

（1）使拨款过程更关注结果，体现政府活动的绩效导向；

（2）使州长及议会及时了解预算及绩效情况，加强对预算及绩效的监控；

（3）推动建立标准化的单位成本测算方法，加强绩效管理的科学化；

（4）优化预算流程，简化预算程序；

（5）对合格单位与不合格单位予以奖惩，为政府活动提供激励机制；

（6）便于审计机关进行审计。

表 4-21 得克萨斯州战略规划和绩效预算系统及绩效评价关系表

阶段名称	活动内容	绩效评价
战略规划	各政府机构制定含有绩效评价标准的五年战略规划。这些规划包含了由 LBB[①] 和 GOBPP[②] 批准通过的，由目的、目标和战略所构成的战略预算框架。这些预算框架将会成为各政府机构战略规划的重要组成部分，同时也会成为决定机构拨款水平的依据	1. 各政府机构对它们的战略规划和预算要素提出修改建议；2. GOBPP 和 LBB 对修改建议进行审查，然后做出接受修改建议或者提出替代方案的决定，并与各机构就修改的内容进行协商；3. 在各政府机构提交拨款申请之前，GOBPP 和 LBB 需要批准通过协商之后的预算框架修改方案和有关绩效评价标准、评价定义的修改方案；4. 在战略规划阶段，其他的机构也可能会出于特定的目的而进行规定之外的绩效评价活动
预算编制	GOBPP 和 LBB 一起为准备拨款申请的政府机构制定指导说明。各政府机构会准备它们的拨款申请，并在申请中列明申请的资金数额和详细描述该机构的目的、目标和战略规划，并在申请中提供绩效评价所需要的绩效信息。GOBPP 和 LBB 负责受理各政府机构的拨款申请，并在公众听证之后做出拨款建议。与此同时，LBB 会准备一个拨款草案。该草案包括了建议的拨款金额，依据相应的绩效目标制定的关键绩效评价标准和拨款草案附文。州议会对拨款进行适当的修改，并向州长提交最终草案。在经过公共审计长的核查程序和州长的签署之后，拨款法案正式生效	1. 各政府机构制订各自的绩效计划，并将该绩效计划作为它们两年期拨款申请的一部分；2. GOBPP 和 LBB 会依据绩效评价信息提出资金管理建议，并提交给州议会和州长；3. 州议会决定常规拨款法案中的关键评价标准和绩效目标

（续表）

阶段名称	活动内容	绩效评价
预算实施	GOBPP、LBB 与州审计局一起回应由州议会制定的预算框架变更方案。各政府机构着手准备各自的运营预算并建立收集支出信息和绩效数据的系统	1. 各政府机构在编制运营运算时，制定它们的年度绩效的关键评价指标和非关键评价指标；2. 各政府机构对自身的绩效进行评价和监控
绩效监控	各政府机构会提供最终的相关信息给各自的理事会和其他的监管机构。GOBPP、LBB 会对各政府机构的支出和实际绩效进行监控，并将它们与拨款金额、绩效目标进行比较。LBB 会为州议会和州长准备信息摘要。而州审计局则会对报告的绩效信息进行审计，以确保信息的准确性	1. 各政府机构向 GOBPP 和 LBB 提供季度的和年度的绩效信息；然后向州议会报告评估结果；2. 各政府机构在绩效监控阶段可能会准备单独的绩效跟踪报告；3. 州审计局通过审计绩效数据来核查数据的准确性，并决定该机构应该如何去运用绩效信息来取得预期的结果。此外，州审计局还会向州议会和州长报告绩效信息的准确性；4. 州议会中的相关委员会（众议院拨款委员会和参议院财政委员会）举行听证会来调查绩效或者支出的差异。

注：①州议会预算委员会 Legislative Budget Board，简称 LBB。

②州长预算、规划与政策办公室 Governor's Office of Budget，Planning and Policy，简称 GOBPP。

2. 绩效评价的类型

得克萨斯州绩效评价系统依其评价侧重点的不同分为四种类型，详情如表 4-22 所示。

表 4-22 得克萨斯州绩效评价内容

评价类型	评价内容	指标建立	评价目的
结果评价	测量机构活动产生的实际影响或取得的社会效益	对公众或顾客的实际收益进行测量的量化指标	用来评价一个机构在服务关键顾客和达成机构使命方面的有效性。结果评价也用于制定实现资源最优配置的战略
产出评价	测量机构提供的产品或服务数量	对政府机构提供的产品或服务数量进行测量的量化指标	评价机构工作量和为满足顾客需求所做的努力
效率评价	测量与既定结果或产出相关的成本、单位成本或生产率	用单位成本、单位时间或其他比例单位来表示的量化生产率指标；	用来评价机构的成本效益、生产率和工作时效性
投入评价	测量产品、服务的投入和影响机构绩效的因素	对投入要素、政府机构资源和收到申请等影响政府机构绩效的因素进行测量的量化指标	用来确定机构的运营环境和解释会对绩效评价产生影响的相关因素

3. 绩效评价的方法及数据来源

得克萨斯州绩效评价的评价方法通常为成本—收益分析法、最低成本法、因素分析法、动态比较法、横向比较法、标杆法等通用方法。

数据来源包括：

（1）政府机构所保存的以往数据；

（2）国家、地区或行业的绩效平均数据；

（3）来自其他州在同类型项目或者服务中的成功案例的数据；

（4）采用试点或模拟检验方法获得的数据。

4. 绩效评价的流程

得克萨斯州的绩效评价流程根据奇数年和偶数年而有所不同（见表 4-23 和表 4-24）。

表 4-23　奇数年绩效评价流程

月份	活动	月份	活动	月份	活动
1	GOBPP 和 LBB 向州议会递交预算建议；各政府机构向 LBB 递交第一季度绩效报告	5	通过预算	10	各政府机构向 LBB 递交第四季度绩效报告
2	对预算的最后审定	6	州长签署预算法案；审计官核查预算	11	递交各政府机构的运营预算
3	对预算的最后审定	7	各政府机构向 LBB 递交第三季度绩效报告	12	LBB 发布年度绩效评价报告
4	对预算终审；各政府机构向 LBB 递交二季度绩效报告	9	GOBPP 和 LBB 发布政府机构运营预算指导说明		

表 4-24　偶数年绩效评价流程

月份	活动	月份	活动	月份	活动
1	GOBPP 和 LBB 建立整个州的绩效目标；发布战略规划指导说明；各政府机构向 LBB 递交一季度绩效报告	6	GOBPP 和 LBB 批准对预算框架进行更改；递交机构战略规划	9	GOBPP 和 LBB 举行预算听证会
3	各政府机构提出更改预算框架和绩效评价标准的申请	7	各政府机构向 LBB 递交第三季度绩效报告	10	各政府机构向 LBB 递交第四季度绩效报告
4	发布预算申请指导说明；各政府机构向 LBB 递交二季度绩效报告	8	各机构向 GOBPP 和 LBB 递交预算申请；GOBPP 和 LBB 举行预算听证会	12	GOBPP 和 LBB 提出预算建议；LBB 发布年度预算评价报告

5. 绩效评价结果的应用

根据得克萨斯州议会颁布的常规拨款法案的有关规定，允许 LBB 和州长采用包含以下一项或几项措施的预算执行程序：

A. 正向的激励或奖赏：

增加资金；免除报告的责任；增加资金的可转移性；

给予正式的承认或表扬；

给予荣誉或奖金；

增加机构职能；

扩大授权范围。

B. 负向的激励或惩罚：

削减资金；

取消资金；

限制资金；

拒绝支付资金；

减少资金的可转移性；

将功能性职能转移到其他机构；

对管理层进行审计；

实施其他纠正性行动计划。

此外还有关于被评为“出色”的机构为其员工加薪的相关规定。

（三）得克萨斯州绩效评价机制的借鉴意义

从得克萨斯州绩效评价工作来看，我们认为有以下值得借鉴之处：

1. 设立科学的评价目标

目标是评价体系的灵魂。得克萨斯州绩效评价体系提出了绩效评价的六项目标，其中第一个目标是绩效评价的最终目标，其他五个目标可视为对该目标的分解，从不同角度保证最终目标的实现，体现了从监管的角度进行绩效评价的思路。这种“一主多辅”的目标设计在扩大目标涵盖面的基础上突出了最终目标的重要性，值得借鉴。

2. 设立严密的评价体系

良好的评价体系要求对宏观结论和微观结论、论证结果和论证过程均有清晰的把握。得克萨斯州绩效评价体系是得克萨斯州战略规划和绩效预算系统的重要组成部分，它紧扣该系统的各个环节，针对每个环节进行投入、产出、效率、结果四方面的评估，把庞大的政府战略规划分解为目的明确、简单易行的评价对象，分别进行评价，最终得出对于政府预算的综合性评价结果，达到了“见树又见林”的效果，保证了结论的可信度，是一种比较严谨的体系设计。

3. 设立灵活的评价流程

作为一项复杂的系统工程，绩效评价所面临着较高的信息成本、协调成本和执行成本。为解决这一难题，得克萨斯州绩效评价体系采用了独特的“两年期”评价流程，把复杂的评价工作分摊在连续的两年中，既减轻了每一年的工作压力，赋予绩效评价工作以充足的时间和资源，有利于绩效评价工作程序清晰、内容充实，同时也保证了政府预算在一定时间段内的稳定性。这是一种有益的尝试。在国有资本经营预算评价体系的设计中，应当着眼于工作的实际需要，灵活设计评价流程，实现成本—收益上的合理性。

4. 设立多种形式的结果应用

得克萨斯州绩效评价体系提出了一套完整的结果应用方案，该方案不仅仅局限于将评价结果与未来资金使用相挂钩，还提出了诸如扩大授权、增加职能、奖励员工等途径，形成了奖惩制度上的多样性。我们认为，要使绩效评价切实起作用，使评价结果的应用能够落到实处，有必要创新结果应用形式，强化结果应用的效果。

第三部分　国有资本经营预算评价体系案例启示

案例一：日本特殊法人——以政府引导产业为配置资源重心

（一）背景介绍：特殊法人的发展与分布情况

所谓特殊法人，指的是根据国家特别企业法设立的法人经营的国有企业。特殊法人包括财团、公团、事业团、公库、基金会、公社、营团、政府金融机构以及其他特殊法人等 11 种，其主要经营的是政策业务和公共产品的提供。每一个特殊法人的背后都有一个与之相对应的特别法。

特殊法人行业性的集中在两个时间段内表现的最为明显：第一个阶段是从 1941~1955 年间集中成立了一批金融行业的特殊法人；第二个阶

段是从1966~1974年间道路交通行业特殊法人的批量成立；而资源能源、教育、科研、社会福祉等行业的特殊法人则贯穿始终，在各个年段中均匀分布（见图4-13）。从总体上看，日本政府在特殊法人问题上的投资策略是：金融奠定基础、支持重点行业、培育新兴科技、兼顾社会福祉。

特殊法人在1956~1975年间迎来了发展的黄金时期。1986年开始特殊法人数量虽有所回升，但是从80年代起日本开始对特殊法人进行改革，很多特殊法人是在原法人的基础上拆分或改造而成的，因此，虽然这段时间的成立量看似很大，但并不能体现特殊法人的发展状况。因此，我们可以概括性的得出结论：日本特殊法人于20世纪30年代起步，在六七十年代蓬勃发展，从80年代开始衰落。这恰与日本经济的起落轨迹不谋而合，令人深思。

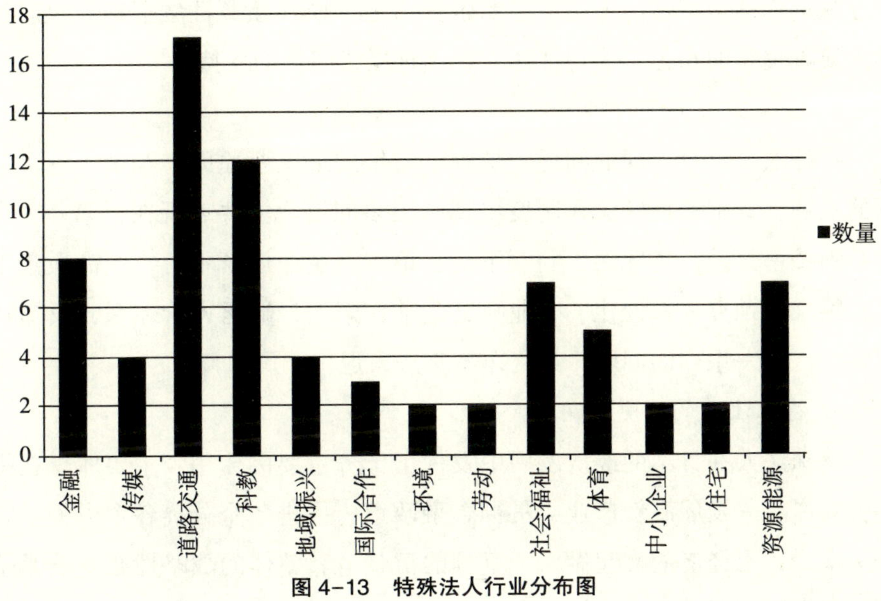

图4-13 特殊法人行业分布图

（二）特殊法人的后续改革

如上所述，特殊法人在经历了20世纪30年代的起步和70年代的黄金发展期后，出现了很多问题，也引发了日本政府对特殊法人的进一步改革。

2001年6月,《特殊法人等改革基本法》颁布，日本对特殊法人进行了一系列的调整和改革，具体而言：有8家特殊法人已经通过修改法律被废止，有16家已经通过修改法律被民营化等，30家转为独立行政法人，21家特殊法人的改革预定今后实施，1家特殊法人即日本放送协会(NHK)维持现状。

（三）特殊法人的融资特点与历史评价

1. 特殊法人的融资特点

特殊法人融资的重要特点是债务占融资比例较高，且以长期债务为主。同时，为鼓励法人进行债务融资，政府也采取了一些措施，比如：允许对特殊法人进行利息补贴；允许发行特例债券等。

从这里我们不难看出，虽然政府对特殊法人有的直接财政投入，但是债务融资仍然是特殊法人的最主要融资渠道，而在债务性融资中，政府依然扮演着重要的角色，为特殊法人提供直接或间接的支持。

2. 特殊法人出现的问题

特殊法人自身出现的问题，是改革发生的最主要原因。经历了一个长期的发展，日本的特殊法人制度出现了很多问题，主要表现在：第一，自然垄断壁垒打破，特殊法人利润下滑；第二，企业经营不善，产品质量下滑；第三，预算呆板僵化，企业缺乏激励；第四，缺乏评价体系，反馈机制缺失。这一系列的问题，最终令特殊法人退出了历史舞台。

3. 特殊法人的历史作用

特殊法人在日本的经济发展中发挥了十分重要的作用，主要体现在提供公共产品、发展高新产业、贯彻金融政策、推进政企分离各个方面。特殊法人为日本经济的崛起做出了卓越的贡献，其整体的战略性布局也是值得我们学习和研究的。具体而言，主要表现在以下几个方面：

(1) 提供公共产品，解决市场失灵。

如上文所述，特殊法人的出现本身就具有极强的政策导向意味，因此由其来承担提供公共产品的重任也就顺理成章。事实上，日本的特殊法人也的确起到了这样的作用，很多道路等基础设施的建立和完善都是由特殊法人来完成的。

(2) 巩固科研力量，培植高新产业。

很多特殊法人承担了科研的重任。由于研发高新技术存在着投资风险大、回报周期长的特点，很多民间资本不愿或者难以承担这样的重任，而特殊法人承担了这样的重任。

(3) 保障资金融通，执行金融政策。

日本的特殊法人有许多的政策性金融机构，这些机构的存在对日本经济的发展也起到了非常巨大的作用，政府的很多金融政策要靠这些机构才能够有效执行。同时，政府要促进产业型特殊法人的发展，也需要这些金融机构提供资金保障。因此，特殊法人在保障资金融通，执行金融政策方面也发挥了巨大的作用。

(4) 初步政企分离，发挥市场优势。

特殊法人的特殊之处就体现在其介于政府直营和私营之间的身份。特殊法人本身虽然与政府密不可分，但是其毕竟是以法人的身份和结构进行运营，与政府的直营有着本质的区别。可以说，借助特殊法人制度，日本初步实现了在政策性产业中的政企分离，充分发挥了市场配置资源的优势，起到了较为良好的效果。

(四) 启示：优化资本配置短看盈利，长看布局，评价应长短结合

日本特殊法人经历了数十年的起落，这其中的成败得失对我国国有资本经营预算的体系构架和评价机制设立都有着很大的启发：

第一，日本特殊法人制度完善的产业布局值得学习（见图 4-14）。正如我们在案例背景介绍中所分析的，日本特殊法人制度发端于金融业；政府组建金融性特殊法人，为其他行业特殊法人的发展奠定基础；金融特殊法人执行政府财政政策，并以认购债券等方式支持其他行业特殊法人发展。另一方面，支援科研和能源研究特殊法人，帮助政府在科研和能源资源产业部署力量，催生新兴产业发展壮大，补充经济发展能量，同时，政府发展社会保障类特殊法人；而国家因社会经济发展得到更强的财政支出能力，再以更大的力度支持基础设计、科研、能源资源、社会保障等各个行业的特殊法人发展。

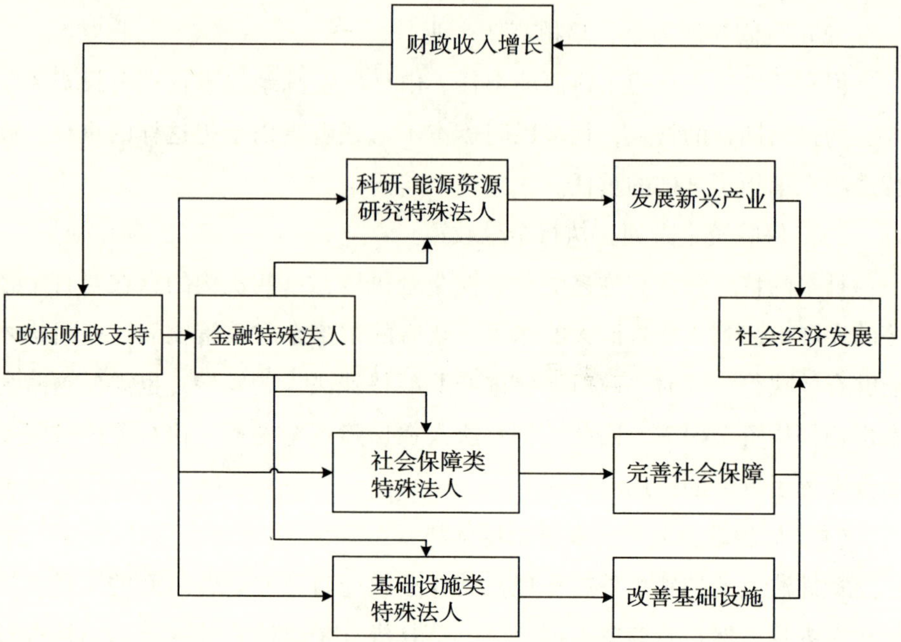

图 4-14　特殊法人产业布局结构

日本依靠特殊法人制度完成了产业孕育和国资布局完善，当我国也面临同样问题的时候，就要依靠国有资本经营预算来解决。因此，我们就应用更具产业战略性的眼光分配国有资本、制定预算，并在对国有资本经营预算进行考核时，从整个产业布局的角度设定一些指标，以便对企业的贡献度作出恰如其分的评价。

第二，企业盈利必须得到保证。日本的特殊法人最终走向没落，一个非常重要的原因就是不能保证盈利，令企业失去了生存发展的根本。国有资本经营预算中囊括的企业本质上还是营利性法人，利润是保证其生存的基础。因此，在制定国有资本经营预算和对其进行评价时，必须认识到企业法人营利性的根本特征，而不能盲目地要求企业过分关注社会责任，本末倒置。

综上所述，建立我国国有资本经营预算的评价体系，应综合统筹长期的产业效益与短期的企业效益，国有资本经营预算支出的投资方向不应该完全以回报率为导向，必须符合国有经济布局调整的总体思路和方向。

案例二：中铝收购力拓——产业升级和国际竞争力的多维评价

（一）背景介绍：中铝集团与力拓集团简介

1. 中铝集团简介

中铝公司是中国唯一的氧化铝生产商，同时也是中国规模最大的原铝生产商和全球大型的氧化铝和原铝生产商之一。中铝公司 2001 年成立后，通过并购方式快速成长，快速完成了境内资源整合，成为国内铝工业整合者。

2. 力拓集团简介

力拓集团（Rio Tinto Group），1873 年成立于西班牙。Rio Tinto 是西班牙文，意为黄色的河流。1954 年，公司出售了大部分西班牙业务。1962 年至 1997 年，该公司兼并了数家全球有影响力的矿业公司，并在 2000 年成功收购了澳大利亚北方矿业公司，成为在勘探、开采和加工矿产资源方面的全球佼佼者。被称为铁矿石三巨头之一。力拓集团总部在英国，澳洲总部在墨尔本。

（二）中铝的收购行动

1. 闪电收购股份，阻击“两拓”合并

2008 年 2 月 1 日，中国铝业公司对外宣布，其通过旗下 Shining Prospect Pte. Ltd（下称 SPPL）公司购买力拓（Rio Tinto plc）12%股份（折合集团总股本约 9%），交易总对价约 140. 5 亿美元。2007 年 11 月初，必和必拓曾提议以 3 股换力拓 1 股进行并购。但由于力拓董事会认为必和必拓的报价太低予以拒绝。中铝成为力拓股东之后，令必和必拓收购力拓成功前景更加充满不确定性；最终，2008 年 11 月 25 日，必和必拓公司正式撤回了对力拓公司的并购。

2. 尝试注资增持，最终功败垂成

2009 年 2 月 12 日，中国铝业公司与力拓集团通过伦敦证券交易所和澳大利亚证券交易所发布联合公告，中铝公司与力拓集团签署战略合作协议，创中企海外投资纪录。中铝公司本次与力拓集团合作共投入 195 亿美元，其中约 72 亿美元用于认购力拓集团发行的可转债，债券的票面净利率为9%。中铝公司可在转股期限内的任何时候选择转股。转股后，中铝公司在力拓集团整体持股比例将由目前的9.3%增至约18%，其中持有力拓英国公司的股份增至19%，持有力拓澳大利亚公司股份的14.9%。2009年2月16日，据外媒报道，力拓部分机构投资者向必和必拓表示，如果必和必拓发起新一轮对力拓的收购，他们将提供融资。2009年3月17日，中铝195亿美元注资力拓的交易再生波澜：澳大利亚外国投资审查委员会（FIRB）16日在澳洲证券交易所发布公告，称将延长对中铝与力拓195亿美元交易的审查时间，在原定的30天审查期基础上，再增加90天。最终，2009年6月5日电，中国铝业公司确认，力拓集团董事会已撤销对2009年2月12日宣布的双方战略合作交易的推荐，并将依据双方签署的合作与执行协议向中铝公司支付1.95亿美元的分手费。中铝对力拓再次注资的尝试只能遗憾地以失败告终。

虽然增持未能成功，但在本次的并购交易方案中，最大的亮点在于，中铝公司不仅在母公司层面寻求进一步增值力拓上市公司股权，更重要的是在事业部层面，中铝提出与力拓进行深入战略合作，成立架构于力拓铜、铝、铁矿石三大事业部之上的三大子公司，中方派驻董事。这反映出中铝公司在进行资本投资时考察的角度是战略资源的控制，而非短期的财务收益。

（三）启示：战略控制行业应关注国际竞争力等战略性评价目标

虽然中铝收购力拓是企业层面的投资行为，与制定国有资本经营预算有很大的不同，但是该案例仍然给我们很多启示：

1. 大型国企发展应放眼国际竞争，捍卫国家利益

必和必拓公司若成功并购力拓公司，在世界焦煤、铁矿石、铜、氧化铝、铀及镍的市场份额将分别达到21.3%、30%、14%、19%、21%和14%。“两拓合并”的综合性高度垄断趋势大大加强。中铝公司并购力拓公司成功阻击了“两拓合并”，打破了国际矿业巨头的垄断，保护了我国铝、铜、钢铁等重要支柱型产业的国家利益。

从铝产业看，中铝公司阻击两拓合并防止了必和必拓公司并购力拓公司后对氧化铝价格的进一步操纵，维持了铝产业链的价值分布格局，保护

了国内电解铝企业的利润空间。从钢铁产业来看，我国是世界上最大的铁矿石消费国，而中国从必和必拓公司和力拓公司进口的铁矿石占进口总量的40%以上。因此，中铝公司并购力拓公司，阻止了铁矿石供应商的进一步集中，为我国改变铁矿石谈判中的被动地位迈出了重要一步，保护了我国钢铁产业的国家利益。

在资源能源类行业，我国有许多竞争力较强的大型国企；身处资源能源问题日益升温的今天，这些国家重点打造的大型资源类国企有责任也有能力更多的参与国际竞争，打破国际垄断势力对我国的钳制；在捍卫国家利益的同时，也提升了自身的发展空间，达到了国家战略与企业战略的双赢。

2. 参与国际竞争应争取股权优势，掌控话语权

目前国际上几大矿业巨头已基本完成对矿产资源的瓜分，购买成熟公司股权则可规避买矿开采建厂的风险和建成后一系列的管理成本过高的问题，而且通过资本经营与管理独特的杠杆效应以小博大。中铝公司在2008年以9%的股权成为力拓公司单一第一大股东，是一种非常有益的尝试，因为收购国际矿业巨头的股权可由此获得定价话语权和垄断收益权，从而摆脱国际垄断势力在资源定价问题上对中国的钳制。

鼓励大型国企积极参与国际竞争，并不是要求企业盲目急进，我们需要研究和制定适合我国国企参与国际竞争的模式，才能达到最好的效果。争夺股权优势，掌控话语权正是这样一种适合我国国情的参与模式，值得推广。

3. 对外投资应转换投资思路，开辟战略性投资路径

“如何化解过高的外汇储备风险，实施央企的国际化战略”是当前的一个热门话题，在这样的背景下，目前有两种截然不同的思路：其一是以中投公司为代表去收购美国金融公司的股权，其二是以大型央企为代表在海外进行战略资源投资。像中投这样的公司属于金融投资者，像中铝公司等央企是战略投资者。相比战略投资，金融投资风险更高，考虑到我国目前人才、技术、制度环境，当前金融投资并不是性价比最高的投资方式。因此，应积极推动国有资本经营预算结构调整，提升产业战略性投资的比

重，将资本注入大型央企，由其作为载体去实施走出去和能源资源安全的国家战略。

同时，从投资对象上看，投资金融机构的股权与投资资源类国际跨国公司的股权有显著区别，前者以虚拟经济为主，是高端人才的技术创新，虚拟成分甚重；而后者，是以实实在在的资源作为基础，不会因为金融危机的发生、泡沫的破灭而消失。对于具备国际竞争力的央企，国家应该通过国有资本经营预算与外汇支持，增强企业的资金实力，鼓励其在国外并购更多的实业公司股权、资源开采权，从而提高国家战略资源储备。购买战略性资源，如石油、矿石等，为中国日后的高速发展、能源消耗与消费升级提供充足的资源。

4. 考察评价企业应分析企业需求层次，制定最优考评标准

企业法人同自然人一样有自身的需求层次划分（详见本文第三部分）。以上文讨论的中铝公司为例：在实现国内资源整合与企业自身良性发展的基础上，中铝开始从产业安全和国家战略的角度考量企业的发展方向，致力于沿全球产业链获得资源储备，提升核心竞争力。因此，在考察中铝公司投资和发展措施的成败得失时，就应当运用符合其需求层次的考评标准来衡量，而不能使用低层次需求的指标来进行评判。

如果用低维度的标准衡量高维度的企业，必然难以得到客观可信的结果。无论是在制定国有资本经营预算还是在对预算执行进行考评时，我们都应当注意区分不同企业的不同需求层次，并根据不同的需求层次选取不同的考评指标，以便真正反映企业的作用与价值，而这也正是我们从中铝收购力拓的案例中所获得的最宝贵的启示。

案例三：联想集团——运营市值管理理念考核企业价值

（一）背景介绍：联想集团简介

联想控股有限公司

截至2005年年底，联想控股总资产622亿元人民币、营业额1081亿元人民币、利润总额20.51亿元人民币。联想集团采用母子公司治理结构，涉足IT、投资、地产等三大行业，其中，联想控股公司是一个纯粹控股公

司，为各专业子公司提供资金、品牌、管理、文化等支持。联想集团组织结构见图4-15。

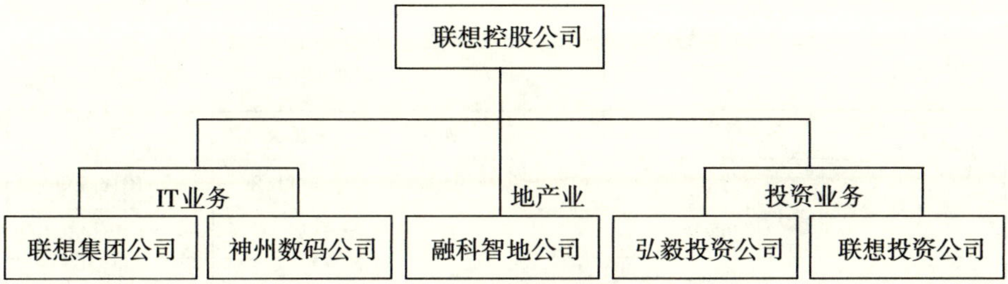

图4-15　联想集团组织结构

图中联想控股公司的业务分为三大板块，分别是IT、地产和投资业务。其中，IT是主业，但利润较低，地产业务和投资业务是为了追求较高的利润率涉足的领域。近期，联想集团又开始在移动互联网等新兴领域布局，追求未来的新赢利点。①

1. 联想集团公司和神州数码公司从事IT业务

联想集团公司主要从事个人电脑业务（硬件），神州数码主要提供电子商务基础建设产品、解决方案和服务（软件）务。

2. 融科智地公司从事房地产业务

融科智地公司是专事房地产业务的子公司，从事物业和住宅开发。

3. 联想投资公司和弘毅投资公司从事投资业务

联想投资公司是联想控股旗下专事风险投资业务的子公司。目前管理的基金规模接近3亿美元，重点投资于国内具有高成长潜力的中小创业企业。

弘毅投资公司是联想控股旗下专事并购投资管理的子公司，主要投资于成熟行业的企业（国有企业）。公司目前直接管理和运作的资金超过10亿人民币，投资者除联想控股以外，还包括美国高盛公司、新加坡淡马锡公司和香港新鸿基公司等国际知名金融财团和产业集团。

① 联想控股近年新的战略布局增加了现代服务业、化工以及包括白酒在内的现代农业。

（二）联想集团财务状况

联想集团业务板块的财务情况如表4-25所示。

表4-25 联想控股财务情况简表（截至2009年12月31日）

（单位：亿元）

		2007	2008	2009
联想集团	营业收入	950.5	1111.8	1013.2
	净利润	11.0	32.9	-15.4
神州数码	营业收入	22.4	310.1	347.1
	净利润	1.82	3.52	4.99
融科置地	营业收入	26.9	23.9	27.3
	净利润	3.0	2.6	3.1
弘毅投资	营业收入			9
	净利润			约6

注：弘毅投资的管理资金规模为200亿，管理费按2%计算收入4亿，前期退出收益按浮动增值10%的20%提取，为5亿，合计9亿。

从表4-25可以看出联想集团传统主营业务（联想集团与神州数码）平均利润率为1%，新兴业务（融科置地与弘毅投资）的平均利润率17%，2009年联想集团传统主营业务和新兴业务的总收入为1360亿元，利润总额之和为-10.4亿元。而同期新兴业务总收入虽然只有传统业务的27%，但利润却高达9亿。新兴业务的投资回报明显高于传统主营业务。

（三）启示：一般竞争行业应包含市值管理目标评价

1. 联想集团的战略选择

联想集团的主营业务为IT制造业，作为传统竞争性产业，其竞争主要依靠削减成本来完成，各企业的利润空间极为有限，面临着严峻的竞争压力。为突破发展上的瓶颈，联想集团采取了“两条腿走路”的经营策略，一方面提高传统主营业务的生产质量，改进生产技术、降低生产成本，通过收购ThinkPad品牌，着力打造全球销售网络；另一方面利用传统产业沉淀的资金，通过多元化的投资策略，积极投资于地产、私募股权投资、移动互联网等新兴业务领域，建立了自己的产业链条，进而以传统主营业务为平台，实现了相关产业间的协同效应，提高了利润总额，降低了生产成本，提升了品牌价值，拓展了盈利渠道，从而成为一般竞争性产业中为数不多的具有强大竞争力的企业。

2. 联想集团的成功经验

联想集团的成功经验可以概括如下：

（1）设置投资主体，实现产融结合。

联想集团组建了联想控股公司作为其纯粹控股公司，一方面引导集团的投资方向，处理集团内外部的资源协同等问题；另一方面避免了对集团各公司业务上的干扰，避免了集团公司与旗下公司争利的局面，有助于发挥旗下公司的积极性和主动性。

（2）新老业务结合，实现资本的有效运作。

联想通过传统业务与新兴业务之间的互动，辅以有效资本运作取得了高速增长。联想集团通过传统主营业务所创造的收入培育新兴业务、开拓多元市场，当新兴业务有了稳定的现金流收入后，再以此现金流通过投资业务向新兴产业扩展，并拓展移动互联网等延伸产业链，提升主营传统业务的结构升级。实现了传统主营业务和新兴业务之间的良性循环。

（3）实施多元化战略，发挥集团平台的协同效应。

多元化战略可以使得企业集团在税收、资金成本、资金来源和商业机会的广泛性等方面都具有优势。这样的优势使得企业集团可以在各种业务组合之间保持平衡和协调。联想集团通过投资多媒体网络科技、电子通信等新兴市场，实现了新兴业务与传统主营业务的对接，拓展了主营业务的影响范围，把传统优势延伸到广阔的战略空间。

（4）运用市值管理理念指导企业发展。

联想集团正在考虑通过板块业务的不断做强，最终实现联想控股整体上市。联想控股公司是主业资本经营的纯粹控股公司，具有产业投资、资产培育、战略协同、资本运作等功能，既是联想产业投资平台，产业项目的孵化器，通过整合形成具有规模的实业；又是财务投资平台，获取财务收益，同时发现与主业具有协同性的领域，延伸产业链，为联想集团提供新的业务增长点和较高的投资收益。

3. 借鉴联想集团的评价方式

在国有资本经营预算评价工作中，可以借鉴联想集团的内部资本投资的评价机制。联想集团的评价机制分为对传统主营业务的评价和对新兴业务的评价。对于传统主营业务的评价的着眼点主要为具有长期战略性质的指标，例如市场占有率、品牌美誉度、产业链的完整程度、抵御风险的能力、行业控制力等。对新兴业务进行评价的着眼点又可以分为两类，一类为与联想集团传统主营业务存在密切相关性的业务，对这一类业务关注其成长性指标；另一类为与联想集团传统主营业务存在较低相关性的业务，其主要评价指标应为财务性指标。

联想控股目前有着明确的上市预期，因此整个集团的评价以财务指标为主。然而，对实施多元化战略的企业或企业集团进行绩效评价时也需要格外谨慎，避免评价体系因过于关注短期财务指标而忽视长期战略目标。因此，对实施多元化战略企业或企业集团的绩效评价体系需要进行权衡处理，以求构造一个能够反映现金流期限配置的、更具有综合性的公平系统。

案例四：教育部经营性国有资产管理——以培育新兴产业为目标

（一）背景简介：教育部科技发展中心及相关机构的定位分工

1. 教育部科技发展中心概况介绍

教育部科技发展中心（以下简称发展中心）是主要承担高校有关科研基金、科研成果、科技开发、成果转化与推广、科技产业等方面的管理工作，并为教育部在高等学校科技政策方面提供咨询和建议。发展中心的主要职责是指导全国高校科技产业工作，监督管理教育部直属高校企业和经营性资产（直接监管资产1700亿元人民币，教育部控股上市公司33家）。

2. 高校科技产业化促进中心有限公司概况简介

高校科技产业化促进中心有限公司（以下称CUTID）成立于2002年，由教育部科技发展中心与北京大学、清华大学、复旦大学、南开大学、四川大学等五家校企机构共同出资发起设立，教育部科技发展中心为其上级主管单位。

CUTID 为高校科技成果转化和产业化，提供从成果推广转化服务、创业服务、创业投资、成长性投资，到并购重组、海内外上市、投资退出等全程配套服务，努力实现社会资源与高校科技、教育资源的无缝隙对接。

（二）教育部国有资本经营管理特色

教育部科技发展中心下设 13 个基本机构，除办公室作为综合基础行政中心以外，剩下的 12 个机构都各有职能划分。发展中心根据自身的性质和条件创新性地构筑了三维度管理构架，利用直接下属机构——产学研合作处和高校科技产业处以及直接管理的 CUTID，分别从针对高校的科研项目的培育、针对渠道的投产渠道的提供、针对企业的国资营运的监管三个紧密关联的维度进行管理，把国有资本经营在教育领域发挥推动新兴产业培育的功能发挥到最大值，走出一条全方位管理的道路。

1. 以小博大，以基础科研建设为支点——针对高校的管理

发展中心作为提高基础科研水平、促进高新技术开发的专业政策性机构，其基金处拥有着组织各种学术类奖项评选和科技成果鉴定、登记的工作。因此，发展中心成为科研基金配置的把关部门。发展中心通过自身的作用良好地促进了基础科学研究的进步，为后续高新技术转化投产创造了丰富的资源，是以有限的科研基金博得丰厚的产业回报的支撑着力点。

2. 点石成金，推动科技投产创造价值——针对渠道的管理

高校创造的丰富的基础科学研究成果想要进入真正的经济领域，中间的路途还相当的遥远。一项科研成果想要投入到生产经营领域总是会面临着众多的困境：如何根据一项基础科研成果去设计具体投产的产品？如果将成果投产，如何对未来市场进行分析预测？如何去联络潜在的投资者、如何推介自己的技术？这些都是单纯依赖进行技术开发的高校科研中心难以完成的部分。发展中心此时通过有效的将科技成果推向市场，成功地扮演了点石成金的角色，为高校的产业孵化做出了巨大的贡献。

3. 国资监管，确保战略新兴产业发展——针对企业的管理

发展中心的管理从高校、渠道逐步延伸到链条的终端——高校校办企业，把好最后一道关。对于企业内国有资本运营的监管，发展中心表现为一般监管者的角色。监管不是面面抓，必须有所侧重。发展中心本着促进

高校科技发展、为经济建设服务的基本理念，国有资本在高校校办企业中需要实现的不仅仅是保值增值的目标，而更多的是把最先进的技术从纸面上搬到机器里，实现高新技术顺利地转化投产创造利润。如果校办企业在经营过程中，将国有资本单纯运用在利润追逐和短期财务数据的美化上，拒绝对新技术投资，发展中心则有权利进行正确的引导，发挥国有资本在教育科研领域扶持战略新兴产业的作用。

4. 三位一体，全方位助力高新技术产业的腾飞

高校是高新技术基础研究的培养基，渠道是搭载高新技术走向投产的列车，而企业则是高新技术转化为实际产品的绿地。有效地管理好高校的科研，发展中心为国有资本提供了丰富的技术先进、前景光明的项目；有效地管理好投产的渠道，发展中心为国有资本进入高新技术产业清扫了投资的障碍；那么最终有效地管理好企业的运作，则是发展中心为国有资本经营把好的最后一道关。

（三）启示：战略新兴行业应包含产业培育度等评价目标

1. 分阶段、多平台打造战略新兴产业

教育部的国有资产经营管理实际是一个分阶段、多平台的复合管理模式，其中，教育部发展研究中心作为政策服务性机构，通过自身的引导，分别从高校科研项目培育、科研成果投产渠道提供、校办企业国资监管三个维度施力推动，从政策上、服务上、监督上为战略新兴产业创造了巨大的成长空间。同时，CUTID 则扮演着出资人的角色，遵循着发展中心颁布的政策、利用发展中心提供的服务、接受发展中心实施的监督，依据产业生命周期的规律创造了三个投资平台，为国有资本进入战略新兴行业发挥培育作用创造了入口、流转渠道和出口，实现了国有资本在不断创新的科技中实现保值增值的良性内循环。具体如图 4-16 所示。

“优秀高校企业上市计划”“战略性新兴产业优秀高校企业培育计划”和“蓝火计划”是 CUTID 配合发展中心发起的三大高校科技产业计划，是把泛化的产业扶持活动转化为具有明确目标的发展计划，是为三大平台打造具有针对性的辅助工程。在掌握了高校科技资源、高校科技产业资源以后，通过三大产业计划的开展，把战略新兴产业的扶持上升到具体而明晰

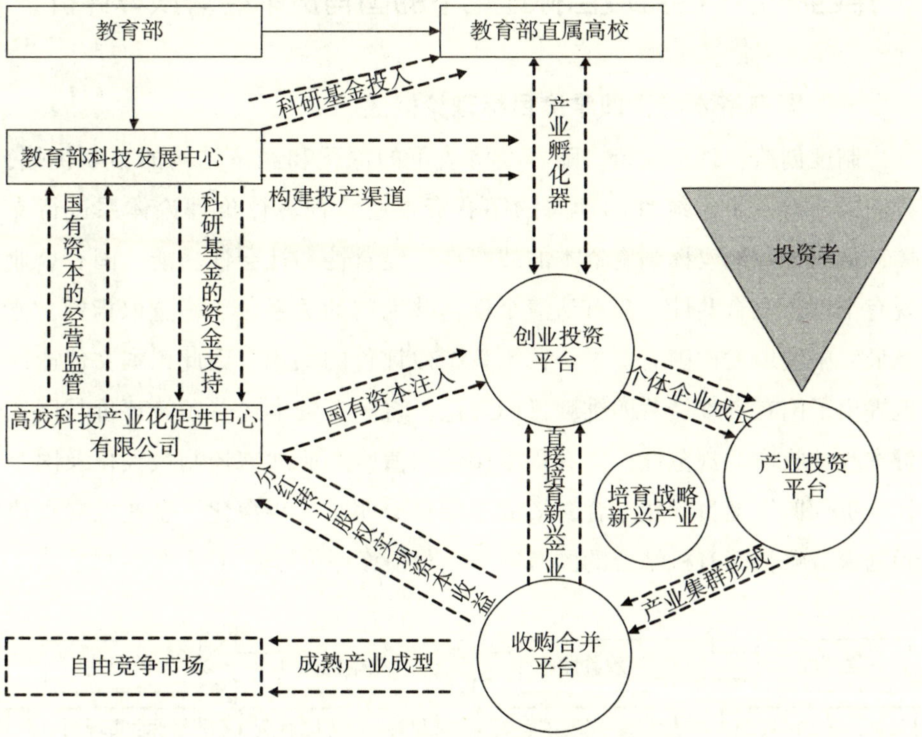

图 4-16　教育部国有资产管理示意图

的水平。

2. 国有资本经营评价的多维角度

国有资本经营我们一贯倡导的基本要求是实现保值增值，也就是在财务数据上希望稳中有增。但是，国有资本所承担的责任远远大于简单的追逐增长，即使一个企业在现阶段是不盈利的，但是如果这个行业对整个国民经济发展有着长远利益，国有资本应该有计划地进入该行业，为国家培育未来具有高增长点和战略意义的产业，同时待行业走向成熟时可以实现保值增值，为下一步的循环积累能量。所以，教育部的国资管理也为整个国家的国资经营管理提供了思路，以战略性眼光纵览全局，把国资经营评价从财务数据的单一体系的局限中解放出来，赋予国有资本经营更丰富的内涵。

第四部分　四维度目标理论下的国有资本经营预算评价

一、国有资本经营四维度目标理论概述

制度创造，理论先行。随着经济改革的深化和经济结构的不断挑战，我们需要有一个系统性的动态的国有资本经营预算评价理论体系进行支撑，从而更好地发挥国有资本的战略性、经营性和社会性功能。国有企业既有个性，也有共性，只有认清个性与共性间的关系，正确选取指标，方能最大限度地发挥国有资本经营预算绩效评价的功用。因此，本文创造性地提出了国有资本经营四维度目标理论，将国有资本经营预算评价与国有资本收益收取的规范性、国有资本保值增值、产业战略控制最大化及国企社会责任四维度目标相结合，形成了层次分明、逐级深化、企业发展规律和国家战略目标有机结合的国有资本经营预算评价体系（见图 4-17）。

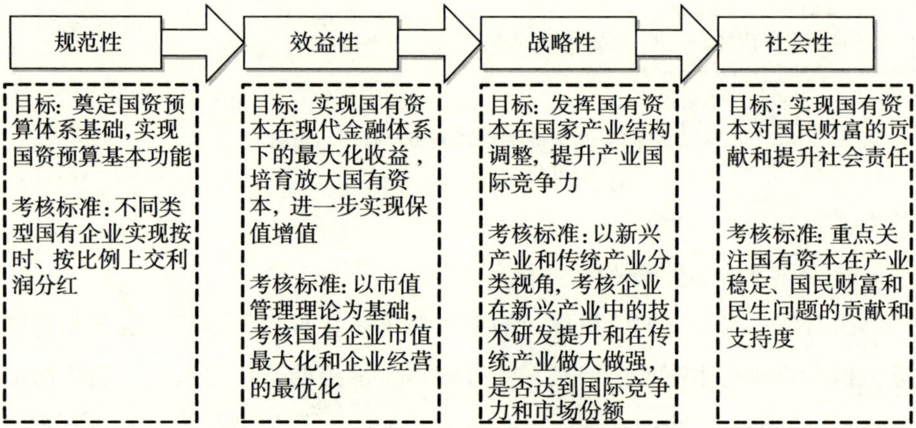

图 4-17　四维度评价目标概览

二、维度一：合规性——规范国有资本收益收取

（一）国有资本收益收取的合规性概述

国有资本收益收取是国有资本经营预算的核心环节，也是其能够正常运转、发挥作用的前提和基础。因此，在国有资本经营预算评价体系中，国有资本收益收取是不可或缺的重要一环。国有资本收益收取本身也是一个较为复杂的问题，可以进行考核评价的角度很多；在国有资本经营预算评价体系

中，主要是对国有资本收益收取的及时性和规范性等方面进行评价。

（二）具体评价角度

1. 合规性

依法取得国有资本收益，是国家作为国有资本投资者应当享有的权利，也是建立国有资本经营预算的基础。国有资本收益主要包括：国有独资企业按规定上缴国家的利润，国有控股、参股企业取得的国有股股利、股息，国有产权、股权转让收入和国有企业清算收入；其中，国有企业上缴的税后利润是国有资本收益的主要形式。

2. 及时性

国有资本收益收取的及时性也是一个重要的考核角度，可以从两方面加以理解。一方面，国有资本收益收取单位应及时地开展工作，编制收取工作计划，确定不同种类企业的收益收取比例，保障收益收取工作的顺利展开；另一方面，收益上缴单位也应该积极配合有关部门的工作，及时、足额地上缴应收取的国资收益。从本文研究的重点来看，主要集中考核的是收益上缴单位即中央企业在进行国有资本经营收益上缴过程中的及时性。

三、维度二：效益性——追求国有资本保值增值

（一）国有资本保值增值综述

国有资本保值增值是国有资本经营的重要目标，也是国有资本经营预算评价体系中的重要维度之一。

从整体上看，只有实现了国有资本的保值增值，国有企业才能够拥有进一步发展的基础，也只有实现了国有资本的保值增值，国有资本的其他功能才能够实现。因此，虽然国有企业在所有权性质上与私企并不完全相同，但是对营利性的要求是一致的，国有资本的保值增值也是必不可少的考评环节。

从具体项目考评的角度看，国有资本能否实现保值增值是衡量很多项目是否达到考评要求的重要标准。在具体的项目评价中，国有资本的保值增值情况依然十分重要；除少数特殊情况外，国有资本经营预算评价体系

进行评价的项目大多对营利性或国有资本的回收有一定的要求。如果一味地追求其他功能而忽视了保值增值的基础功能，无异于将国有资本置于无本之木、无源之水的境地。因此，根据不同项目的不同性质，在很多情况下，国有资本保值增值依然是当仁不让的重要考评目标。

（二）国有资本保值增值考评工具介绍

要衡量国有资本保值增值的情况，主要应从财务上进行考核，相关的考评工具和模型也很多。本文主要介绍公司价值管理模型（VBM）、平衡计分卡（EVA）和我国的市值管理模型，以供参考。

1. 麦肯锡的公司价值管理模型（VBM）

从具体的价值管理工具上，麦肯锡的公司价值管理模型（VBM）和国内咨询机构运用于资本市场的市值管理模型较有代表性。VBM 模型是以价值评估为基础，价值增长为目标的一种综合管理模式。企业价值管理最早由麦肯锡公司于 20 世纪 70 年代提出，通过创造价值、管理价值与衡量价值，最终实现股东价值最大化，其基本理念如图 4-18。

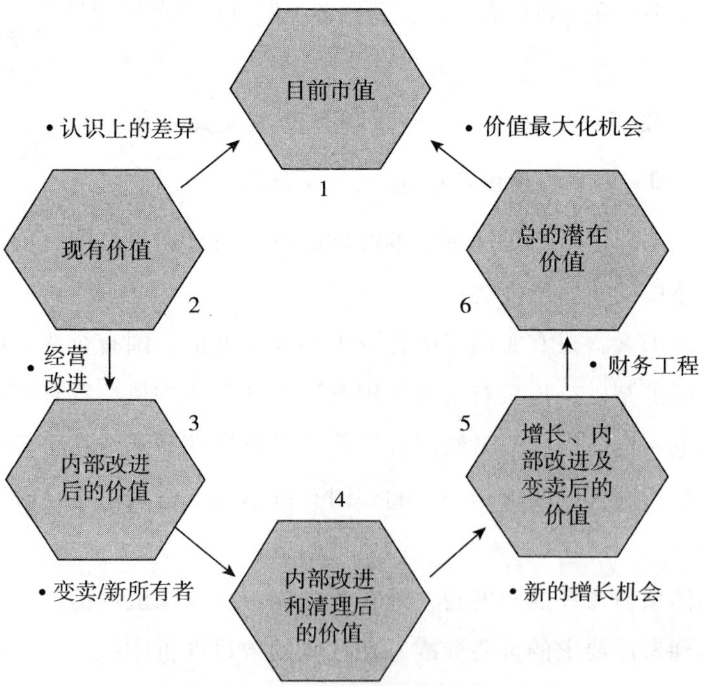

图 4-18　公司市值管理理念图

2. 哈佛商业评论的平衡计分卡

平衡计分卡（The Balanced Score Card，简称 BSC），是绩效评价管理中的一种新思路。平衡计分卡于 20 世纪 90 年代初由哈佛商学院的罗伯特·卡普兰（Robert Kaplan）和诺朗诺顿研究所所长、美国复兴全球战略集团创始人兼总裁戴维·诺顿（David Norton）所从事的“未来组织绩效衡量方法”一种绩效评价体系。当时该计划的目的，在于找出超越传统以财务量度为主的绩效评价模式，以使组织的“策略”能够转变为“行动”而发展出来的一种全新的组织绩效管理方法。平衡计分卡自创立以来，在国际上，特别是在美国和欧洲，很快引起了理论界和客户界的浓厚兴趣与反响。

平衡记分卡方法的引入改变了企业以往只关注财务指标的考核体系的缺陷，仅关注财务指标会使企业过分关注一些短期行为而牺牲一些长期利益，比如员工的培养和开发，客户关系的开拓和维护等。平衡记分卡最大的优点在于，它从企业的四个方面来建立起衡量体系：财务、客户、业务管理和人员的培养和开发。这四个方面是相互联系、相互影响的，其他三类指标的实现，最终保证了财务指标的实现。同时平衡记分卡方法下设立的考核指标既包括了对过去业绩的考核，也包括了对未来业绩的考核。平衡计分卡理论经过不断演进，最后形成战略中心型组织系统及对应的职能分解，具体见图 4-19。

3. 中国本土的市值管理模型

麦肯锡的健康度指标和平衡计分卡《战略地图》中对无形资产的量化在企业价值的评价中较有代表性。前者沿循企业价值—业绩驱动因素—健康度的逻辑框架，认为短期业绩管理是由中长期企业健康度保障；后者沿循财务—客户—内部流程—学习与成长来衡量企业绩效，最终达到提升价值的目标。但二者都存在一定局限性，可以说，麦肯锡的模型是为财务总监服务的，平衡计分卡是为人力资源总监服务的，二者在实践中在职能范围内自成体系，但缺乏从产业入手的战略鸟瞰和深入本土企业生态的本位思考。

市值管理是我们在 VBM 的基础上，结合上市公司市值增长提出的新

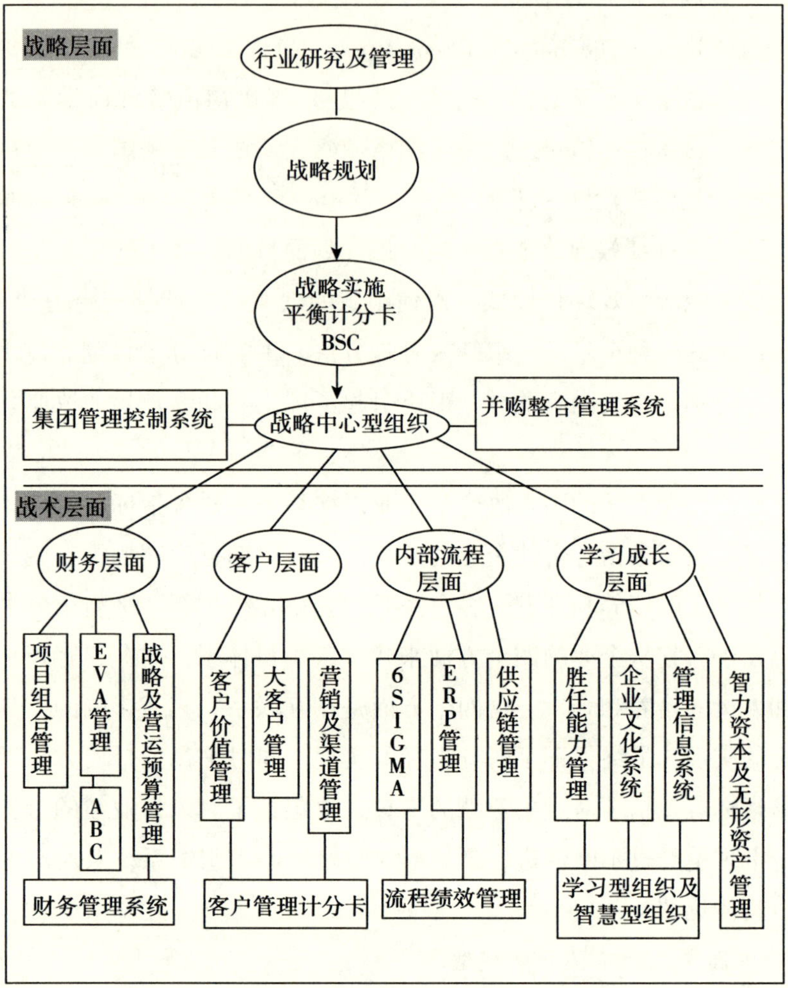

图 4-19 平衡计分卡示意图

理论，将商业部门与金融部门分析整合，以产融结合角度创造价值；该模型认为如果仅从资本管理角度入手，则抓住易于量化的部分作为重点即可，最直接在中短期影响企业价值的是三个维度，五个核心要素，即产品经营维度（管理流程包含商业模式、产品经营融资、组织管控三个要素），资产管理维度（管理流程包含资产投资、组织管控、资产经营融资三个要素）和资本运营维度（管理流程包含发展战略、股权投资、组织管控三个要素），在发展战略确定的背景下实现自下而上的价值创造，先解决业绩成长问题（产品经营解决方案，侧重损益表管理），进而解决运营效率问题（资产管理解决方案，侧重资产负债表管理），最终解决价值提升（资本运营解决方案，侧重现金流量表管理），然后启动新一轮价值创造，形成正反馈。具体见图 4-20。

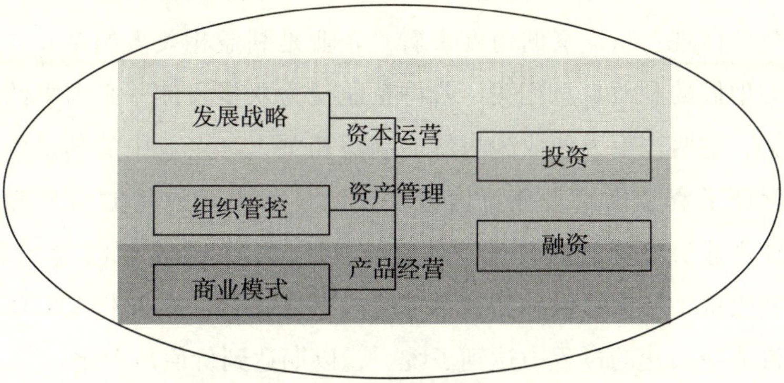

图 4-20 企业价值三层次理论示意图

图 4-20 中方圆结合，方是价值管理的核心模块，圆是企业价值，只有产品经营、资产管理和资本运营三个维度都协同一致，才能创造股东价值最大化。换言之，当前国有资本经营预算的分红只是从产品经营的角度考虑问题，还可以通过国有资本战略布局和转让、投资来实现国有资本的市值增长。

四、维度三：战略性——打造产业核心竞争力

在国资经营理论的第三个维度中，我们将考核的重点定位在国有资本经营预算对国家产业结构调整、发挥国有企业在资源能源领域国际影响力和控制力的产业战略目标的实现。

二战后，德国与日本迅速进入全球经济的三甲，与本国大力推行的产业政策支持是分不开的。对于我国来说，发改委和财政部的支持模式之外，应该具有国有资本的独特资源配置方式，即国有资本经营预算，更多侧重从股权融资解决企业发展的需求，并以股权融资打通优质企业进一步的债务融资空间。

五、维度四：社会性——履行企业社会责任

虽然国有企业具有一定的特殊性，但是国企社会责任依然是国有资本经营预算考评的重要维度之一。

从企业的共性角度看，企业是债权人和股东所有，他们为企业提供运营资本，作为一个整体获得企业的剩余收益，企业的价值是他们剩余索取权益的最佳体现；从广义的角度来看，企业是利益相关人的企业，企业价值同样和他们的利益息息相关。若将企业视为众多主体一系列契约的集合体，那么，这些当事人便成为当然的利益相关人。企业中的剩余索取的顺序安排保证了资金供给者在价值最大化的过程中兼顾其他相关群体的利益。为使企业最终价值最大化，企业股东还会牺牲企业暂时的经营利润，进行研发投资、环保建设和公益事业投资等。这样，企业相关群体的利益在企业价值最大化的过程中达到了统一，以期达到价值最大化。

从国有资本的特殊性看，国有资产的本质属性是归全体公民所有的财产，是我国社会主义公有制的重要体现，在实现国有资本保值增值的基础上，更好地利用国有资本对社会民生、社会保障进行回馈，是国有资本运营的最终目标。

但是，国企履行社会责任并不是简单地将国有资本收益投入社保预算或直接提供资金援助，而是通过多层次、多种途径共同实现。近年来，央企在积极推行企业社会责任方面的实践，国家电网、中移动、中铝、宝钢等多家央企都编写了各自的《企业社会责任报告》，这是有益的探索。

综上，国企社会责任的履行是国有资本经营预算评价体系中的重要一环，应从全方位、多层次的角度对国企社会责任进行认识，避免考评标准出现偏差。综上所述，国有资本经营预算的评价目标包含合规性、战略性、效益性与社会性四个维度，不同层次的国有资本蕴含的维度权重不同。初期主要从合规性和效益性角度考核，待发展到一定阶段，应逐步侧重战略性，而成熟期企业则开始在上述指标基础上兼顾社会性，参与到履行社会责任中去。

第五部分　国有资本经营预算评价体系的目标与标准

一、国有资本经营预算评价体系的内涵和外延

（一）国有资本经营预算评价体系的内涵

所谓国有资本经营预算评价体系，是指国有资产监管机构运用科学规范的评价标准、方法和程序，对一定时期国有资本经营预算的完成情况所进行的客观公正、系统全面的分析和评价，并据以分析国有资本经营预算的编制水平、为以后的国有资本经营预算编制提供参考的一系列活动及其规则系统。

国有资本经营预算评价体系有广义和狭义之分。广义的国有资本经营预算评价体系是一种信息反馈系统。狭义的国有资本经营预算评价体系仅指对国有资本经营预算支出后搜集的数据进行分析、评判并形成书面报告的过程。

国有资本经营预算评价体系也有动态和静态之分。动态的国有资本经营预算评价体系是指有关机关运用科学规范的评价标准、方法和程序对国有资本经营预算编制及其完成情况进行分析和评价的活动。而静态的国有资本经营预算评价体系则是指用于评价国有资本经营预算编制及完成情况的一整套目标、原则、方法、标准、指标所组成的系统。

（二）国有资本经营预算评价体系的外延

国有资本经营预算评价体系的外延也有广义和狭义之分。

广义的外延包括对国有资本经营预算编制的评价、对国有资本经营预算执行的评价、对国有资本经营预算监督的评价三个部分。

狭义的外延仅指对国有资本经营预算执行情况的评价，主要是从国资收益收取合规性、国有资本保值增值、产业战略控制和国企社会责任四个维度出发进行考评。

本文中国有资本经营预算评价体系的外延采用的是狭义外延。

二、国有资本经营预算评价主体和客体

（一）国有资本经营预算评价的主体

国有资本经营预算评价主体可以分为宏观主体和微观主体。

1. 国有资本经营预算评价宏观主体应为国有资产监督管理机构

从必要性上讲，根据《企业国有资产监督管理暂行条例》的规定，国有资产监督管理机构是我国国有资本的监管者；而根据《企业国有资产法》的规定，国有资产监督管理机构代表政府履行出资人职能。长远来看，国有资本经营预算评价作为国有资本经营预算制度的重要组成部分，其主体应当由国有资产监督管理机构担任。

从可行性上讲，十二五期间国资委的重要方向是建立对经营性国有资本的大国资监管体系。国有资产监督管理机构作为国有资本的监管者和出资职能的履行者，具有与国有资本利益上的相关性，对国有资本的经营运作和基础管理工作有较为完备的管理流程，在国有资本经营数据的采集和分析上具有相对优势，适于承担国有资本经营预算评价体系高度技术化的设计和执行工作。

因此我们建议将国有资产监督管理机构作为国有资本经营预算评价的主体。国资委作为国有资产主要的监督管理机构，对国有资本经营预算的评价工作负指导、监督责任。

2. 国有资本经营预算评价微观主体应为国有资本经营机构

国有资本经营机构是指国家单独出资设立，经国务院或省级人民政府批准和授权，以持股方式从事国有资产经营活动的公司法人，是国有资本的投资主体、经营主体，也是国有资本保值增值的责任主体。这些资产经营公司从事国有资本的管理和运作，从出资人代表的角度去和下属的国有独资、国有控股和国有参股的实体企业相对接，是国有经济内部多元化的重要组成部分。

不难看出，国有资本经营机构作为连接国有资本监督管理机构和国家出资实体企业之间的桥梁，担负着国有股权管理与资本运作的重要职能，既要落实国有资本监督管理机构所制定的战略规划，也要督促国家出资实体企业的妥善经营；既对国资战略布局的宏观思路有充分了解，也对其出

资实体企业的具体情况较为熟悉。由它充当国有资本经营预算的微观评价主体，有利于整个评价体系的衔接和运作，提高信息反馈的效率。

（二）国有资本经营预算评价的客体

国有资本经营预算评价的主要目的是要对一定时期国有资本经营预算的落实情况进行搜集、核查、分析、测评，以帮助国有资本监督管理机构及时了解国有资本经营预算执行中的成绩与不足，从而总结经验、改进执行。因此，与之相对应的评价客体是国家出资企业对国有资本经营预算的执行情况。对国有资本经营预算的执行情况进行评价，可以从两方面入手：

一方面，从预算项目入手，对国有资本经营预算的执行情况进行评价。对预算项目完成情况的考评是国有资本经营预算评价的主要方式，也是考评工作的重点内容。是否完成了预算项目的既定目标、实现了项目目的，是对国有资本经营预算进行考评的天然标准。

另一方面，在项目考评不便开展之时，可以通过对企业整体运营情况进行考核，开展国有资本经营预算评价工作。在某些情况下，个别项目所获得的收益难以清晰界定，使得对项目考评不具有可操作性；此时，可以通过对企业整体运营情况进行考评，间接地对国有资本经营预算进行评价。国家出资企业是国有资本经营预算的直接执行者和受益者，直接体现国有资本经营预算的完成情况和编制效果，通过对国家出资企业成长性、竞争性、财务指标、组织结构、产品结构的评价，可以了解国有资本经营预算的执行情况，判断国有资本经营预算对国家出资企业的影响，从而为国有资本经营预算的评价工作提供依据，推动其在未来加以改革。

三、国有资本经营预算评价目标

（一）国有资本经营预算评价目标

国有资本经营预算评价的目标与国有资本经营预算的目标紧密相连。

一般认为，国有资本经营预算的目标在于三个方面：

第一方面，通过有计划地组织政府资本性投资，加强对国有资本的整体规划和布局，推动国有资本优化配置，实现对国民经济结构的战略性调整，解决国有企业长期以来的体制性、机制性问题，支持国企改革，服务于经济战略布局的总体目标。

第二方面，通过预算的形式，实现国有资本的保值增值，管理控制和业绩评价，反映和监督国有资本管理机构履行出资人职责的活动，促进国有资本收益分配管理程序的完善，进一步规范国有资本管理、监督和营运主体之间的关系，维护国有资本出资人的合法权益，服务于出资人收益最大化的总体目标。

第三方面，在增加国有资本收益的基础上，通过税收等形式给予社会、民生问题以适当的支持，促进社会的全面健康发展，服务于社会和谐、稳定的总体目标。简而言之，国有资本经营预算编制的目标可以分为三类，一是战略目标，二是效益目标，三是社会目标，核心在于追求出资人——国家利益的最大化。

国有资本经营预算评价体系的目标服务于国有资本经营预算的目标，旨在以国有资本经营预算方案为依据，对国有资本经营预算的执行情况进行评价、报告和引导，从而完善国有资本营运机制、促进国有资本战略布局合理化、解决国有企业存在的体制性机制性问题、实现国有资本的保值增值，确保国有资本经营预算目标的实现。具体来讲，国有资本经营预算考核评价的目标有以下几点：

1. 通过国有资本经营预算的考核评价，监督国有资本经营预算的执行情况，掌握国有资本的经营状况和经营质量，发现预算执行和管理过程中的问题，提出改进建议。

2. 通过国有资本经营预算的考核评价，判断国有资本经营预算目标和资本运营指标是否完成，国有资本经营预算资金的运营是否有序高效，以促进国有资本战略性调整、结构布局和国有资本保值增值目标的实现，从而优化国有资本存量调整和增量投入，强化国有资本整体运营质量，提高全社会资源配置效率。

3. 通过国有资本经营预算的考核评价，为量化各级政府、各级国资委工作业绩和国有资本营运公司（机构）经营业绩、制定对国资委有关领导和国有企业经营者公平合理的奖惩办法提供依据。

4. 通过国有资本经营预算的考核评价，形成历史相关资料。可以作为下一年度国资委编制国有资本经营预算以及人大审核和批准国有资本经营预算提供参考和依据。有一种观点认为，国有企业应当成为社会责任的承担者，由于国有资本收益主要来源于国有企业，因此国有资本应成为解决社会问题的主要资金来源之一，应用于平衡公共预算、补充社保基金、扶持特定地区经济发展，甚至认为应当将国有企业分红甚至变卖国有企业股权作为福利直接分给公民。我们不赞同这种观点，理由有五点：

（1）国有企业是具有特殊功能的经济主体，承担着国家经济宏观战略职能，担负着保障国家经济安全和关键核心技术的研发重任，对促进国民经济的快速、健康发展，解决就业问题，增强我国综合国力和国际竞争力有着不可替代的作用。因此，尽管国有企业创造的收入在性质上确属全民所有，然而在使用上却需要统一调配，确保长期性、战略性目标的实现，以实现国家的稳定和人民的富足。这就决定了国有企业惠及民众的方式具有间接性的特点。认为国有企业收入应当直接用于解决民生问题的观点没有充分理解国有企业的特殊性质，容易导致战略上的短视。

（2）根据《国务院关于试行国有资本经营预算的意见》的规定，中央企业国有资本经营预算主要用于推进中央企业布局和结构的战略性调整，集中解决国有企业发展中的体制性、机制性问题。其目的在于促进国有资本的合理配置，推动国有企业的改革发展，增强政府的宏观调控能力。认为国有资本应当用于解决社会问题的观点显然没有准确把握当前我国中央企业整体发展所处的阶段和国有资本经营预算自身的目标，沿用公共管理的思路看待和处理国有资本经营预算问题，对国有企业自身的可持续发展关注不够。

（3）资本的根本属性在于逐利性，企业的根本属性在于其营利性，国有性质不能改变此二者的根本属性，保值增值仍然是国有资本经营的首要目的。解决社会问题的支出通常是无偿的，与出资人追求回报的目的不相吻合。

（4）国有资本经营预算实施四年来，国有资本收益规模有限。金融危机后，世界经济格局进入调整期。国有企业迫切需要国家在技术创新和“走出去”战略等诸多方面的投入，以增强核心竞争力和参与国际竞争。

同时，部分国有企业历史上资本金注入不足、社会负担沉重、结构不合理的问题仍然十分严重。随着国有企业产业布局和结构战略性调整的进一步深化，国有企业国有资本经营预算的资金需求量较大，收支矛盾较为突出。不适宜对资金再做分流。

(5) 社会问题通常牵涉面广、影响深远，解决社会问题的价值难以准确计算。如果把解决社会问题作为国有资本评价的主要方向之一，不仅会产生评价目标上的冲突，更会给评价带来巨大的技术困难。

所以我认为，国有资本不应直接用于解决社会问题，应当通过其对财政税收的积极贡献和对宏观经济的调控作用，间接作用于各类社会问题，以促进各类社会问题的解决。

(二) 评价目标的考核角度

从以上观点出发，我们认为，可以从以下四个角度来评价国有资本经营预算的效果：

(1) 是否有助于国有企业做好主业、增强竞争力，防止国有资本流失，实现国有资本的保值增值，实现国家作为国企出资人的利益最大化；

(2) 是否有助于实现国家经济结构的战略性调整，解决我国国民经济长期存在的体制性、机制性问题，转变经济增长方式，支持国企改革，实现国民经济的稳定发展；

(3) 是否有助于扶持战略新兴行业，增强我国经济未来的国际竞争力；

(4) 有利于促进政府财政改革到位，进一步完善国家预算体系。

第六部分　国有资本经营预算评价体系的指标和评估流程

一、国有资本经营预算评价体系的评价层次

(一) 合规性层次

在国有资本经营预算评价体系中，主要是对国有资本收益收取的合规

性、及时性和灵活性等方面进行评价。

国有资本收益收取的合规性主要分为两方面：①评定国有资本收益上缴过程是否履行了《公司法》《证券法》等法律的相关规定；②国有资本收益收取必须符合国资委、财政部等相关部门对收益收取比例的规定。从目前来看，《关于完善中央国有资本经营预算有关事项的通知》（财企［2010］392号）规定了四类不同企业的收益收取比例，在国有资本收益收取时应符合该文件的要求，保证国有资本收益收取的合规性。

中央企业是否积极配合国资委的工作，编制工作计划及时开展收益上缴工作，及时、足额地上缴应收取的国资收益。具体可以以到位率（实际到位/计划到位×100%）与到位时效（资金是否及时到位；若未及时到位，是否影响项目进度）来衡量。

考虑到今后对于国有资本收益收取的比例可能进一步与行业均值比对，并且考虑到部分周期性行业的特殊性，应对部分企业的实际情况进行灵活安排，具体办法由国资监管部门根据实际情况酌情考虑。

（二）财务性层次

财务层次的指标相对完备，但是考虑到评价目标和所需拓展的维度不尽相同，如此复杂的财务指标体系并不能完全照搬纳入国有资本经营预算评价体系。

在国有资本经营预算评价体系中的财务指标可以借鉴选取的指标可以从三个板块去考虑，一是从盈利能力上去看，资本的基本属性之一是追求增值，因此国有企业的资本在经济效益上的追求也是和普通企业一致的，因此，国有资本的经营预算评价体系可以将边际利润率、投资回报率等指标作为盈利能力指标。二是目前国有资本经营预算中，不得不考虑的是国有资本所依托的国有企业的股东所获得投资回报的实现程度，最直接的方式就是股利发放，国有企业虽然具有一定的特殊性，但是也必须遵循市场规则，正常的股利分配和发放不该显著异于其他同类型非国有企业，因此可以将股利分配率纳入体系。三是从企业整体价值角度看，国有资本所依托的国有企业，必须从总量上将整体价值做大，才能实现国有资本本身保值增值，为分红提供经济基础，为战略规划和实现公民财富的高级目标提供坚实的物质条件。

在这三个板块之外的指标亦可选用一些辅助性的作为参考，考虑到核心应关注国有资本管理而非国有企业的日常经营，因此企业的营运指标基本上可以不纳入参考。

（三）战略性层次

1. 资源控制性指标

国有企业在关系国际民生的领域发挥控制作用的关键之一就是要良好地控制重要资源。国有资本在资源控制方面的主要分为两类。一个是常规战略资源，一个是战略物资储备。前者是指国民经济正常运转所依赖的重要基础资源，如矿产、能源、非石化资源等；而后者是国计民生领域的底线，指国家和军队直接掌管的，同国计民生和国防安全有重大关系的生活资料、生产资料与武器装备的储备，包括原材料、燃料、设备、粮食、军械物资等。

2. 技术进步性指标

国有企业要在关系国际民生的行业发挥主导作用不仅仅是掌握资源，更要承担推动技术进步的重大责任。技术进步是推动产业升级的关键，也是改变我国目前所处产业链低端局面的方式。国有企业的技术开发，不仅能带来企业的效益增长和市场拓展，还能有显著的外部经济，如员工知识技能的进步、创新理念的推广、新兴产业的培育等等。如果要转化为更为直观的指标，则有很强的行业性，相对来说全行业适用的指标微观上有含高科技和技术密集型产品的产值率、节能节材产品产值率、自主研发新产品产值率等；宏观上是有专利申报数量、投产数量、科研投入资金比率等。在这些指标之外还可以引入专业人士评估，如评估单项技术与国际先进水平之间的差距等。值得注意的是，国有大型企业往往在新兴产业培育上有着显著的投入，因此应将对新兴产业培育扶持也纳入考核范围，以投入高新产业资金规模、高新技术产业子公司的经营业绩等指标作为参考标准。

3. 国际竞争力指标

国际竞争力宏观上是一个国家在世界经济的大环境下，各国的竞争力相比较，其创造增加值和惠及社会民生的能力。国际竞争终究是经济实力的比拼，国有企业在拉动国际竞争力上升、提高我国国际战略地位等方面责任重大。因此，国有企业的日常运营，必须把提高自身国际竞争力、推动我国综合实力作为重大的战略目标。而国有资本经营预算的评价体系中也必须将这一环节纳入考量。

国际竞争力相对来说是一个宏观性的概念，具体的衡量有一定的难度。从我国目前的情况来看，国有资本经营预算的评价在考核国际竞争力这一层面上主要可以考虑两个具体板块：一是从国际市场渗透率与各国市场份额增长率角度，从贸易层次考虑以进出口数据为主要依据；二是从品牌营销层次考虑以品牌价值相关内容为主要依据。具体的已成型指标偏重于产业层面和度量和进出口的有出口强度、贸易平衡指数、进口渗透率等、产品定价议价能力等，同时基于非生产层面的指标也可以考虑品牌价值、分销渠道、全球合作伙伴关系等相对抽象的概念。在评价体系中考虑到国际竞争力指标，是切实评估国有资本战略意义的重要组成部分。

（四）社会性层次

1. 税收贡献性指标

国有资本在经营领域创造出的经济价值通过税收方式充实国家财政，为政府履行公共职能提供经济保障，因此从社会效益角度看，国有企业通过纳税的方式履行社会责任，也应纳入国有资本经营预算评价体系中，作为衡量社会效益的一个因素。由于各行业的税率差距较大、税收政策各不相同、企业规模和区域经济发展不同步等因素，税收贡献性指标本身有一定局限，应根据实际情况斟酌使用。

2. 社会福利贡献性指标

国有企业作为社会经济中独立运行的个体所承担的社会责任还体现在对国民财富的拉动和就业的投入。将社保贡献性指标也可以划分为三个板块，一是通过战略控制产业，为社会以相对合理的价格提供必要的能源、资源，最终惠及国民；二是就业贡献度；三是相关利益者满意度方面，从社会效益的量化考核上来看可以通过对国民收入的拉动效应、员工数量、重大社会事件捐赠额、企业形象综合指数、相关利益者满意度等方面来衡量。

3. 环境保护性指标

国有资本经营也一样存在外部性，对于环境因素就是外部性的一大考量内容。国有企业若不考虑推动环境保护，以牺牲环境和高耗能源为代价换取经济利益，是不符合国有资本利用的使命的。

因此，可考虑将环境保护性的指标纳入考量范围。在这方面需要考虑的内容又是分两个板块的，一个是对环境的保护：企业环保资金投入、管理、使用情况和环保政策落实、环保目标实现情况，企业对生态环境治理提供的服务和捐赠等；第二个是对能源的利用：企业对土地、矿产、森林、海洋等重要资源保护与开发利用情况，是否存在企业追求经济利益而破坏、浪费资源，导致国有资源收益流失、危害资源安全等问题，企业减少稀有资源耗用方面的情况，企业执行国家节能减排相关政策及采取具体措施情况。具体指标可以划分为两个等级：一个等级是合规性指标，是国家命令规定的一些排放标准，治污要求等企业是否达到标准；另一个等级是贡献度指标，是在合规的基础上，企业实现的更高水平的环保和节能成效。

二、国有资本经营预算评价体系基本原则

（一）指标筛选原则

上一章节中涉及的各项指标数目相对来说非常庞大，涉及面和层次很复杂，如果不加筛选地应用，将会造成主次不分，层次不明，使得评价工作量极大，给整体的评价工作造成沉重的负担和混乱的口径。因此，根据特定的评价需求，对各项指标进行综合对比筛选、降低评价体系的复杂程度是非常必要的。不同的指标在具体评估的时候有着自己的优势和劣势，根据这样的优劣，可以对指标进行一个综合评估，最后选取最优的若干评估指标，作为评价体系的主线，而剩余的指标则根据自身的特性作为辅助参考指标。指标的筛选总体要参考以下六大原则：全面适用原则、行业相关原则、灵活扩展原则、可对比性原则、可协调性原则和成本效益原则。

这六大基本原则是评价我们所选择的指标的重要标准，也是建立完整的评价体系必须遵循的基本要求。具体阐述如下：

1. 全面适用原则

在选择评价指标的时候，应切实考虑该指标行业覆盖面：能否在全行业或者大多数行业具有高度适用性。过于狭隘的指标不能方便评估者灵活进行行业间比较，也就在一定程度上不具有广泛的使用基础。同时要考虑能否准确地根据历史统计数据经验，评判当前业绩并具有一定的前瞻效果。

2. 行业相关原则

尽管能够覆盖全行业的指标是优先选择，但是这一类的指标本身并不多，而同时由于行业划分很细，不同行业的行业特性差别较大，一味只强调全行业通用的指标，则会忽略了行业的个性，使得评价体系泛化，无法深入各个行业内部进行具体的评价。因此，在指标的筛选上，要适当地照顾一定的行业相关度，对市场进行行业大类划分以后，保留一定的具有行业特性的评价指标是必需的。比如对于运输行业要添加燃料消耗指标、时间利用指标等，而建筑行业则要添加公开中标率等指标。

3. 灵活拓展原则

任何所选指标都必须具有灵活性，当企业的经营环境、治理结构、管理理念、业务范围等各种因素发生一定程度的变化时，该指标能够灵活地根据实际情况进行调整和拓展。过于僵化的指标设定，无法根据企业自身的特性进行灵活的评价，而企业在这样的刚性的评价体系中也会丧失一定的发展空间。比如利用传统的杜邦分析法，根据实际的具体需要将财务指标进行不同层次的拆分细化，更好地满足所评价客体的特殊性；而战略层次、社会层次的评价指标本身就可以根据具体行业进行进一步细化。

4. 可对比性原则

指标的作用不仅仅局限于对单独企业或项目在独立期间中进行评价，更多的是需要跟本企业的其他项日，同行业的其他企业或者其他行业进行交叉对比，以反映经营业绩的水平。所以，一定要注意指标的口径、方法的历史动态以及空间范围（区域间，国家间）内具有高度的可比性。在一个完整的评价体系内，同类型的数据应尽量采取统一口径；尽可能地选取比率指标，如流动比率、利润率、资本充足率等，较少使用类似资源储备吨数这样的有具体单位限制的指标。

5. 可协调性原则

一系列的指标之间可能覆盖范围是有所交叉的，又有着不同的侧重面，同时计算方式和口径也各有差异，因此，在指标的筛选过程中尽量在一个评价体系里选择不易相互冲突的指标；如果两个可能互相发生冲突的指标对于业绩评价都很重要，则要配套设计好重要性排序，或者是建立协调机制和标明辅助解释。比如当内部收益率和净现值之间是可能发生冲突的，则可以只选用一个作为评价指标；而当在特定情况下必须同时采用时又出现了两者相互矛盾的情况，则以净现值为主。而根据具体企业所属类型，如果财务层面、战略层面、社会层面的三维评价并不统一时，则完全可以根据具体情况进行重要性排序依次解释。

6. 成本效益原则

评价体系的建立是一个复杂的过程，涉及的层次和内容极其庞杂，获取计算指标的数据也是需要投入成本的。对于一个数据，可以比较该数据的获得成本占总评价成本比重和对评价质量的贡献率，如果前者大于后者且该数据并没有特殊的解释效果，则可以考虑放弃。比如，一个企业的流动比率已知，但存货波动较大导致速动比率很难核算，则可以考虑仅以流动比率来作为流动性指标。

（二）区间划分原则

确认评价所需要的指标后，需要正式利用所筛选的指标对评价客体进行评价。指标一般是数据型的表达，而数据的孰优孰劣，需要一个最佳水平来作为评定标准。然而，最佳水平的确定涉及的因素也是庞杂的，最佳水平往往也是一个区间，而非一个数字。因此，指标的评定标准如何确立，也有着如下五种参考因素：总体均衡原则、稳定一致原则、行业均值原则、预算实现原则、重大事项原则。

以上五条是一般评价体系下设定最适区间的基本指导思想，侧重面各有不同，也反映了不同的价值观念，具体阐述如下：

1. 总体均衡原则

在针对一个指标设定最适区间作为评定标准时，首先应考虑的是总体均衡原则，这是最具有广泛性的指导理念，具体就是该数值的最适区间的设定不仅仅要考虑该指标的个体因素，还要系统性地考虑该指标的最适区间数值是否符合企业的总体均衡目标，更要考虑整个市场普遍的经验性数据作为参考。例如，在资本市场形势良好时，企业在资本市场上的操作往往会获得较高的投资收益，这会提高企业的整体利润水平，对股东是有利的。但是，在投资收益占利润总额的比率最适区间设定上，并不能一味鼓励多多益善，因为投资收益的稳定性较低，和资本市场的形式密切相关，单纯鼓励扩大投资收益，会导致主营业务资金短缺，发展停滞，失去企业价值增长的长期动力。因此，保持单项指标最适区间符合企业或项目总体均衡的原则是基础要求。

2. 稳定一致原则

稳定一致原则是针对评价客体的历史数据的，具有较强的个体特殊性。在设定指标数据的最适区间时，除了考虑总体均衡性之外，还要结合该指标的历史数据，如果历史数据稳定连贯，则该数值对于最适区间的设定有着重要的指导效果。刻意偏离历史数据去设定最适区间，会导致企业不得不做出重要的调整，不利于企业整体运营的稳定性。例如，部分企业的债务平均偿还年限的历史数据一贯高于市场均值水平，可以适当考虑调高对这部分企业的债务平均偿还年限要求，而不是按市场水平一刀切，保护企业在资本结构的选择上的个性，丰富市场上企业运营的多样性。

3. 行业均值原则

行业均值原则是最重要的指导思想。行业内部的企业相似度高，因此参考行业均值水平来确定指标的最适区间是高效的。基本上任何指标的确立都会把行业均值作为重要的参考依据，过分偏离行业均值的数据除非有特殊解释，否则都可能是比较危险的信号。行业均值也是有层次区别的，企业可以考虑行业内的数家旗舰企业的均值水平作为最优水平，以行业内较为落后的企业作为最低忍受水平，以整个行业均值水平作为中间值参考。部分行业还拥有自己的标准指标。以行业均值作为参考设定最适区间，有利于保持企业在行业内部的同步性。

4. 预算实现原则

对于有着完整预算体系的企业，预算标准往往是预设的目标值。按预算的标准来确定指标的最适区间，可以良好地评估企业的计划和控制的管理能力。与预算标准对比，可以发现实际业绩和目标业绩之间的差距，反映企业实现生产管理任务的能力和水平。而按照预算的标准来确定指标的最适区间也是最适合配套设计激励机制的方式。如按照预算的销售成本和销售收入计算出的理想的毛利率作为基准，以基准值上下浮动一定比例的范围作为毛利率指标的最适区间。

5. 重大事项原则

企业的发展不仅是保守地维持稳定持续经营，还要应对竞争对手的挑战，实现在市场竞争中胜出，会经常面临一些重大的经营决策事项，这样的重大事项会对企业正常运营时的各项指标数据都产生较为明显的影响。因此，根据企业的战略规划的特殊要求，可以适当调整一部分指标的最适区间的设定要求。这一点一般是对最适区间设定过程中的特殊补充说明。例如，企业在本年度有着重要的市场拓展项目，需要投入较高的资金成本，需要发行较多的公司债，则公司的财务杠杆的最适区间可以规定得更加宽泛一点；经历兼并的公司在兼并后第一年需要消化兼并产生的成本，可以适当降低分红要求；为挽留能力卓著的高管群体，公司的薪酬体系的相关指标标准也可以提高弹性。

三、综合评价体系的建立

（一）国有企业类型的划分

国有资本经营预算的评价体系需要建立一套完整的指标系统，依据这个系统，才能对不同行业、不同区域、不同规模的国有企业内的国有资本的运营绩效进行统一综合的评价。从最新颁布的国有资本经营预算管理的分红比例评定上看，国有企业可以被划分为四个层次，其中中国储备棉管理公司和储备粮管理公司暂时无须缴纳分红，因此这两个公司主要的职责相对其他国有企业来说差别较大，国有资本在战略储备领域必须适当放弃盈利性指标，而将资源控制性目标放在首位作为主要考量，因此除去这两家职责特殊的企业之外，剩余的国有企业都必须按一定的比例分红，分别适应缴纳比例5%、10%和15%。分红比例并非参照行业利润水平进行划分，而是从企业自身的性质、职责、地位等多方面进行考虑。依据上章节中对国有资本经营目的的四个层次的分析，可以将我国目前的国有企业划分为以下三个类型：

战略控制行业：集中于能源、资源等领域以及形成自然垄断的行业，主要分布在第一产业与TMT领域。

一般竞争行业：主要是成熟市场中具有一般竞争性质的企业，主要分布在二三产业。

新兴培育行业：集中于高新技术、新能源、创新产业和国家倡导的战略新兴行业等领域的企业。

以上划分方式和已成型的分红缴纳等级的划分略有出入，但又大体思路一致。

（1）对于战略控制的行业，多半集中在能源、通信、资源等领域以及一些形成自然垄断的行业，这些行业内的企业对于国家的战略规划有着重要的意义，基本上须上缴分红15%的企业皆是战略控制的行业，且包括一些适用10%缴纳比例的非垄断性的资源领域的企业。对于这部分企业，收益收取角度可比照国内外可比公司，或在港发行股份公司的分红情况制定相应标准；资本支出角度则在财务层面（分红维度）和战略层面的评价均至关重要，要均衡考察。

（2）一般竞争行业是非国家战略规划重点控制的企业，所涵盖行业基本处于一般竞争、垄断竞争领域，或者处于产业生命周期中的成熟期。此类企业的国有资本经营的主要目标是以实现盈利和市值管理为主，基本属于前期国资委制定的适用于10%缴纳比例行列。此类企业的收益收取应结合国内资本市场的行业平均收益率和民营收益率对标，确定区间；资本支出角度考核中重点评价财务指标（分红与市值、EVA三个维度），尤其以

EVA 为基础的评价是关键所在。

（3）新兴培育行业则主要集中于高新技术、新能源技术密集型与国家“十二五”规划中的战略新兴产业，目前基本属于缴纳比例 5%的企业行列，还处于产业生命周期的初始阶段，盈利能力相对较弱，但是战略意义重大。对于此类企业，在收益收取角度，应结合企业实际情况与国际市场的回报周期制定，前几年可缓收，对于多元化经营的企业，可考虑以新兴部门的投资需求抵扣传统主业的分红规模。从资本支出角度，战略层次的考核首当其冲，而财务层次的考核居于次位。根据上述的分类，国有资本经营预算评价体系的框架基本清晰，根据不同企业的不同分类，在各项指标的权重分配上有所侧重，最终综合评估。

（二）综合评价的基本思路

在此尝试建立简化的综合权数分配表，表 4-26 所列权重仅供参考：

表 4-26　国有资本经营预算评价权重表

国有资本所属企业类型	合规与财务层次			战略层次			社会层次			综合评估
	分红合规	EVA	保值增值	资源控制力	国际竞争力	技术进步性	税收贡献	环境保护	社会福利	
战略控制型	20	10	20	10	10	5	15	5	5	100
一般竞争型	10	20	20		20	5	15	5	5	100
战略新兴型	5	10	25		30	20	5	5		100

由于在实践中，国有资本经营预算支出通常是项目驱动，而非完全按企业类型建立评价系统，因此我们可以将国有资本经营预算的评价与项目结合，形成类似表 4-27 的结构。

值得说明的是，在表 4-27 中评价指标的重点是项目绩效（占 60%权重），其中的项目效果权重可结合表 4-26 对三种不同类型的国有企业对应进行相对灵活的权重调整。

表 4-27 国有资本经营预算支出绩效评价指标体系（参考样表）

一级指标	分值	二级指标	分值	三级指标	分值	指标解释	评价标准
项目决策	20	项目目标	6	目标内容	6	目标是否明确、细化、量化；合规目标、财务绩效目标、战略绩效目标、社会绩效目标是否完备	目标明确（1 分），目标细化与量化（1 分），合规目标（1 分）；财务绩效目标（1 分）、战略绩效目标（1 分）、社会绩效目标（1 分）
		决策过程	7	决策依据	3	项目是否符合国有资本战略布局规划和企业年度工作计划；是否根据需要制定中长期实施规划	项目符合国有资本战略布局规划和企业年度工作计划（2 分），根据需要制定中长期实施规划（2 分）
				决策程序	3	项目是否符合申报条件；申报、批复程序是否符合相关管理办法；项目调整是否履行相应手续	项目符合申报条件（1 分），申报、批复程序符合相关管理办法（1 分），项目实施调整履行相应手续（1 分）
		资金分配	7	分配办法	2	是否根据需要制定相关资金管理办法，并在管理办法中明确资金分配办法；资金分配因素是否全面、合理	办法健全、规范（1 分），因素选择全面、合理（1 分）
				分配结果	4	资金分配是否符合相关管理办法；分配结果是否合理	项目符合相关分配办法（2 分），资金分配合理（3 分）

（续表）

一级指标	分值	二级指标	分值	三级指标	分值	指标解释	评价标准
项目管理	20	资金到位	5	到位率	3	实际到位/计划到位×100%	根据项目实际到位资金占计划的比重计算得分（3分）
				到位时效	2	资金是否及时到位；若未及时到位，是否影响项目进度	及时到位（2分），未及时到位但未影响项目进度（1.5分），未及时到位并影响项目进度（0–1分）
		资金管理	10	资金使用	7	是否存在支出依据不合规、虚列项目支出的情况；是否存在截留、挤占、挪用项目资金情况；是否存在超标准开支情况	虚列（套取）扣4–7分，支出依据不合规扣1分，截留、挤占、挪用扣3–6分，超标准开支扣2–5分
				财务管理	3	资金管理、费用支出等制度是否健全，是否严格执行；会计核算是否规范	财务制度健全（1分），严格执行制度（1分），会计核算规范（1分）
		组织实施	5	组织机构	1	机构是否健全、分工是否明确	机构健全、分工明确（1分）
				管理制度	4	是否建立健全项目管理制度；是否严格执行相关项目管理制度	建立健全项目管理制度（2分）；严格执行相关项目管理制度（2分）

（续表）

一级指标	分值	二级指标	分值	三级指标	分值	指标解释	评价标准
项目绩效	60	项目产出	20	产出数量	5	项目产出数量是否达到绩效目标	对照绩效目标评价产出数量（5分）
				产出质量	5	项目产出质量是否达到绩效目标	对照绩效目标评价产出质量（5分）
				产出时效	5	项目产出时效是否达到绩效目标	对照绩效目标评价产出时效（5分）
				产出成本	5	项目产出成本是否按绩效目标控制	对照绩效目标评价产出成本（5分）
		项目效果	40	经济效益	15	项目实施是否产生直接或间接经济效益	分红合规、EVA、保值增值各5分
				战略效益	15	项目实施是否增强了企业的核心竞争力	资源控制力、国际竞争力、技术进步性各5分
				社会效益	5	项目实施是否产生社会综合效益	税收贡献（3分）；社会福利（2分）
				环境效益与可持续影响	5	项目实施对人、自然、资源是否带来可持续影响	环境保护（3分）；可持续影响（2分）
总分	100		100		100		

四、国有资本经营预算评价的流程

制定科学合理的评价流程，对高效有序地完成国有资本经营预算评价工作来说至关重要。一个科学、严谨、透明的评价程序应包括三个阶段，具体情况如图 4-21 所示。

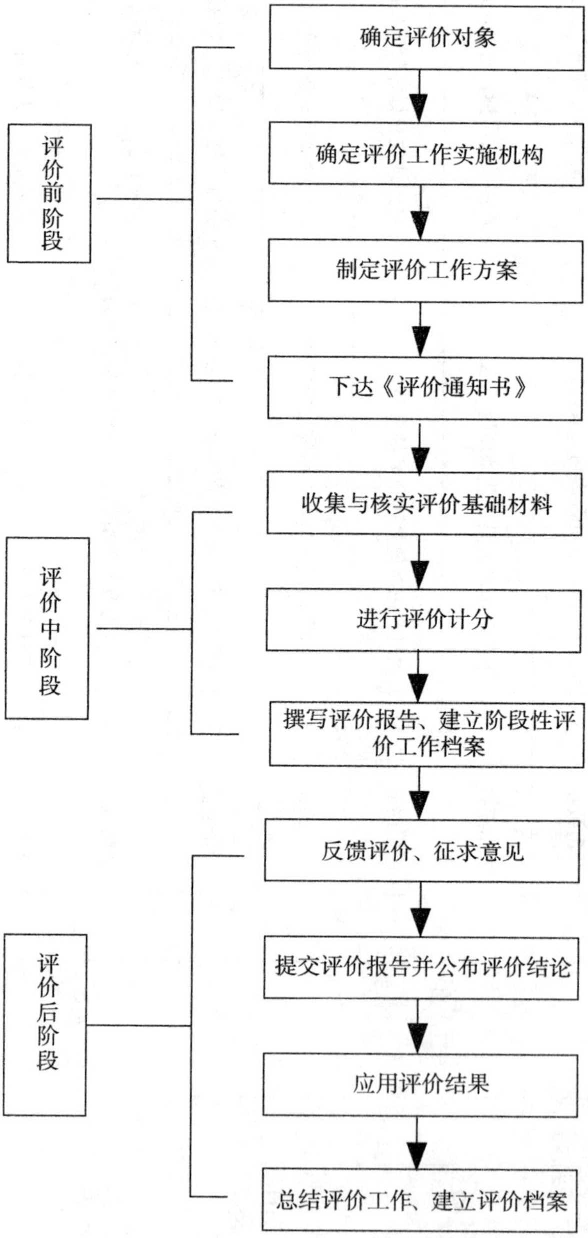

图 4-21　国有资本经营预算评价流程图

国有资本经营预算评价程序详解如下：

（一）评价前阶段

1. 确定评价对象

确定评价对象是绩效评价工作的起点，在国有资本经营预算绩效评价工作中，可能存在项目评价和企业评价两种不同的评价对象，其评价主体、评价标准和评价方式存在一定的差异，需要在评价工作之初予以确定。

2. 确定评价工作实施机构

评价机构由评价主体根据评价对象的具体情况予以确定。

（1）评价主体直接组织实施评价的，由评价主体负责确定评价工作人员；成立评价工作组，并根据评价工作需要选聘有关咨询专家，成立专家咨询组。专家咨询组的工作任务和工作要求由评价组织机构明确。

（2）如果聘请社会中介机构协助实施评价；首先要选定中介机构，并签订聘请书，然后由中介机构确定评价工作人员，组织成立评价工作组（项目小组），并根据需要成立专家咨询组。

（3）评价工作组人员应当具备与评价相关的专业技能、工作经验，具备良好的工作作风；需要聘请咨询专家的，咨询专家可以从有关政府部门、研究机构、院校、行业协会、银行等多个方面邀请。

3. 制定评价工作方案

国有资本经营预算评价工作一般包括以下几个内容：

（1）确定评价的具体对象；

（2）确定评价目的；

（3）确定评价依据；

（4）选用评价的标准；

（5）拟采用的评价方法；

（6）确定评价负责人和评价工作人员；

（7）工作进度和时间安排；

（8）确定是否需要聘请专家；

（9）确定聘请哪些方面的专家及其他工作要求。

4. 下达《评价通知书》

在评价实施前，由评价主体向评价对象下达《评价通知书》。《评价通知书》中应当明确：评价的目的、用途、对象、评价经营年度、被评价对象应准备的有关基础资料及其对所提供评价基础资料应负的责任，以及其他需在《评价通知书》中明确的事项。

（二）评价中阶段

1. 收集与核实评价基础资料

根据《评价工作方案》收集整理评价基础数据和基础资料，并根据评价计分的需要和评价主体的要求，做好有关评价基础数据的核实与确认工作。

这一环节的具体工作内容有：

（1）依据评价年度收集企业评价基础数据和评议指标基础资料。

（2）核实评价基础数据资料的真实性与客观性。

（3）在收集资料的基础上，国有资本经营预算评价工作人员应当对有关资料进行整理、归纳。

2. 进行评价计分

在评价基础数据核实无误后，运用国有资本经营预算评价计分方法计算评价指标的分数。

（1）定量指标评价计分。

根据已核实确认后的评价基础数据计算计量指标的实际值，并选择合适的行业、规模评价标准值，计算生成《企业效绩基本指标计分表》和《企业效绩修正指标计分表》。

（2）评议指标计分。

如果需要进一步深入分析企业经营效绩，可以通过评议指标评议，对企业经营效绩进行定性评判，即由评价人员通过阅读评价基础资料、深入现场调查，听取企业情况介绍等方式深入了解企业的经营管理情况，打分制成《企业效绩评议指标计分汇总表》。

3. 撰写评价报告，建立阶段性评价工作档案

应及时根据评价的结果和评价工作基本情况撰写评价报告，并进行全

面的工作总结，将工作背景、报告认定结果、工作建议等书面总结材料，连同相关工作底稿，建立阶段性评价档案。阶段性评价工作档案由国有资本经营预算评价的组织管理机构保管和留存，以便以后查阅。同时，国有资本经营预算评价报告应反馈到被评价单位征求意见。

（三）评价后阶段

1. 反馈评价、征求意见

评价报告提出后，要反馈给企业并征求意见。如果企业对评价结果提出异议，可提请国资委进行裁决。

2. 提交评价报告并公布评价结论

评价工作组修改完成评价报告后，经评价项目负责人签字，报送各级政府、国资委和各级人大审核确认。审核确认完毕后，公布国有资本经营预算评价结论。

3. 应用评价结果

各级人大、政府和国资委根据审核确认的国有资本经营预算评价结果决定对国有资本经营预算的责任部门、责任单位、责任人员进行奖励或惩罚。

4. 进行评价工作总结，建立评价最终档案

评价项目完成后，评价工作组要进行评价工作总结，将实施过程、存在的问题和建议等形成书面材料，报送各级政府、国资委和各级人大，同时建立好本期评价工作的最终档案。

五、国有资本经营预算评价信息系统

（一）国有资本经营预算评价信息系统的含义

国有资本经营预算评价信息系统是借助发达的计算机网络与信息技术，搭建而成的国资监管信息平台。该信息系统通过 ERP、SCM 等技术的应用，将国资委管理下的央企、地方各级国资管理部门与国资委连接在一起，形成完整而流畅的信息通道，保证了国有资本经营预算评价信息的准确传递，有效提高国资监管的信息准确度与及时性。

(二)完善国有资本经营预算评价信息系统的具体要求

1. 整合更新现有设备,构建现代信息平台

各级国资委应整合统一现有的国资监管网络平台,推进信息平台的更新和深化发展,充分利用各级国资委的现有网络资源,强化各级国资委之间、国资委与所监管企业之间的信息交流。对于部分技术相对落后的设备,应进行及时的更新,保证信息技术的前沿性和安全性,打造出现代化、科技化、安全化、快捷化的全新国资信息平台,为国有资本经营预算评价工作的展开奠定坚实的基础。

2. 建立完善数据仓库,提高信息应用水平

在构建国有资本经营预算评价信息系统的过程中,最为关键的便是数据仓库的简历。各级国资管理部门应编制国资监管工作信息资源目录体系和信息资源交换体系,建立各类国资监管信息资源库和信息采集系统,最终形成一个分类清晰、内容翔实、更新迅速的国资管理数据仓库。

3. 加强安全体系建设,建立相关应急机制

在构建国有资本经营预算评价信息系统的过程中,信息的安全性非常重要,必须要得到彻底的保障。各级国资管理部门应根据国家标准,结合国资监管工作实际,建立统一的国资监管信息安全标准,将相关信息的编码标准化,合理运用加密技术,建立科学的密钥管理体系和身份认证与授权体系,确保国资监管信息系统稳定运行和重要数据安全保密。

六、国有资本经营预算评价结果应用

(一)国有资本经营预算评价结果应用的概念

所谓国有资本经营预算评价结果应用,是指国有资产监督管理机构以国有资本经营预算评价结果为依据,确定国有资本投资方向、提高国有资本经营预算编制水平、增进国有资本使用单位效率并对国有资本经营责任人进行问责的一系列活动的总称。

由上述定义可知,国有资本经营预算评价结果的应用包含四个部分:确定未来国有资本的投向、改进国有资本经营预算编制水平、提高国有资

本使用单位效率、对国有资本经营责任人进行问责。

（二）国有资本经营预算评价结果的具体应用

1. 确定国有资本投资方向

（1）评价结果是确定国有资本投资方向的依据。

在国有资本经营预算编制过程中，对国有资本投资效果进行实事求是的科学预测是必不可少的内容之一。

（2）通过评价结果加强国有资本投资方向监控。

从国有资本投向控制来看，在掌握国有资本投资频率、规模和速度过程中，评价结果起着有效的控制作用。

2. 提高国有资本经营预算编制水平

国有资本经营预算编制是国有资本使用的总体规划，国有资本经营预算编制水平关系着国有资本的整体经营运作效率。评价国有资本经营预算的编制水平，需要通过国有资本经营预算评价结果，对以国家出资企业的经营状况及其股东回报率进行对比和分析，从中找出规律、分析原因，总结经验、吸取教训。从而不断完善国有资本经营预算编制制度，提高国有资本经营预算编制水平。

具体而言，以下几个方面应当被考虑在内：

（1）评价方法是否正确；

（2）评价指标是否科学；

（3）投资结构是否合理；

（4）投资规模是否适当；

（5）投资时机与经济周期的配合程度；

（6）投资预算的风险控制能力。

3. 提高国有资本使用效率

（1）评价结果反映国有资本的使用效率。

国有资本经营预算评价从不同层面对国有资本使用单位进行统计和分析，从总体上将各单位的经营状况统一在一个可量化的尺度中，直观地反映出各单位使用国有资本的效率，有助于国有资产监督管理机构对国有资本的使用状况做完整、清晰的了解，加强对国有资本经营效率的监督。

（2）通过评价结果分析、诊断国有资本使用单位内部的管理问题。

评价结果能够在一定程度上反映国有资本使用单位内部的管理情况。国有资产监督管理机构和资金使用单位可以充分利用评价结果对经营管理中存在的问题进行科学的诊断，及时采取切实可行的措施提高国有资本的经营运作水平，进一步推动国有资本使用效率的提高。

（3）评价结果是考核单位领导人的参考依据。

对国有资本经营预算执行情况进行科学的评价，把国有资本使用的评价结果作为考核单位领导人的参考依据，能够增强干部任免的公正性和透明度，有利于消除干部任免中的暗箱操作带来的腐败行为，提高国有资本使用单位领导人执行国有资本经营预算的积极性从而改进国有资本经营预算的落实情况，并为选拔德才兼备的领导者提供客观公正的依据。

4. 对国有资本经营责任人进行问责

所谓对国有资本经营责任人进行问责，是指对国有资本经营责任人进行绩效水平考察，对未达到绩效目标的责任人追究相应的责任。它是实现国有资本经营预算目标的制度保障，也是国有资本经营预算管理的重要手段，在国有资本经营预算评价体系中占据重要地位。

建立我国国有资本经营责任人进行问责制度，需要做到以下方面：

（1）划分企业和个人的职责。

由于国有资本的使用者是单位而非责任人个人，个人在国有资本经营中的角色和影响力受到单位的限制和影响，可能出现单位和个人间责任转移的情况，因此清晰界定在企业职责和个人职责是实现国有资本经营责任人进行问责制度的基础。

（2）建立和完善问责制度体系。

追究责任是一种强制性活动，需要法律的明确授权。目前我国尚缺乏以绩效评价为导向的问责制度，问责标准长期停留在对“重大事故”或“重大过失”的判断上，不足以调动国有资本使用单位及负责人的积极性，以适应国有资本保值增值的目的。因此，有必要建立一套以绩效评价为导向的问责体系。

（3）协调多元问责主体的关系。

对国有资本经营责任人享有问责权的，除了国有资本经营预算评价主体，还包括国有资本使用单位的主管机关及其他国家机关。保证问责的不重不漏，需要协调多元问责主体间的关系。

（4）建立并完善问责制度的支撑系统。

问责制的良好运转需要一个完善的支撑系统提供支持。包括：问责的功能建立在准确的绩效信息的基础上，这要求不断完善预算评价制度，以提供准确的绩效信息；问责建立在预算透明的基础上，这要求完善预算报告制度，是被问责人了解全面、真实的绩效状况；问责要发挥公众和传媒的监督作用，因此需要对评价结果和问责结果进行公开等等。从问责内容来看，以下内容应当被考虑在内：

（1）是否依法使用国有资本；

（2）是否制定了合理的预算执行目标和计划；

（3）是否实际完成了预算目标；

（4）使用国有资本的方式是否高效；

（5）为完成绩效目标采取的管理制度、措施效果如何；

（6）是否按时进行自我评价并提交评价报告等。被追究责任人认为自己不应承担该责任的，可以通过申诉途径向国有资产监督管理机构寻求救济。

（三）评价结果及应对措施

评价结果是对国有资本经营预算编制和执行情况的综合评述。依据评价结果，可以将国有资本经营预算的编制和执行情况划分等级，分别采取不同的应对措施。

依据评价结果，可以将国有资本经营预算的执行情况划分为“优秀、良好、合格、不合格”四等级，作为编制国有资本经营预算的重要参考依据。

1. 优秀（总分高于85分）

对评价结果优秀，绩效突出的单位，在编制国有资本经营预算时从优考虑。一是对连续投资计划，在安排单位下一年度资金时给予优先考虑；二是对分期实施的投资计划，在安排后续资金时予以充分保障；三是对一次性安排的投资计划，在安排该单位的其他项目时给予必要的资金倾斜。

2. 良好（总分75~85分）

对评价结果良好，但在资金使用效果方面还存在一些问题的单位，在单位对存在的问题进行整改后，按从宽的原则编制国有资本经营预算、安排投资。

3. 合格（总分60~75分）

对评价结果合格，但在资金使用效果方面存在较多问题的单位，在要求纠正存在问题的同时，安排对该项目单位投资时可从紧考虑。可根据整改情况，从紧安排下一年度（或下一期）投资，并在编制国有资本经营预算、安排投资时，从紧考虑。

4. 不合格（总分低于60分）

对于评价结果不合格的单位，在安排该单位新增投资时，从严考虑，并加强前期论证和综合分析，以确保国有资本使用的安全高效。

对不按规定进行自评或不配合有权部门评价，致使评价工作无法正常进行的单位，视为评价不合格单位，对该单位的投资应从严审核或不予投资。

附：中央企业国有资本经营预算绩效评价管理暂行办法（建议稿）

第一章　总　则

第一条　为加强国有资本经营预算支出管理，强化支出责任，建立科学、合理的国有资本经营预算绩效评价管理体系，提高国有资本经营预算资金使用效益，根据《中华人民共和国企业国有资产法》、《关于试行国有资本经营预算的意见》等国家有关规定，制定本办法。

第二条　中央企业国有资本经营预算绩效评价（以下简称绩效评价）是指国有资产监督管理部门根据设定的绩效目标，运用科学、合理的绩效评价指标、评价标准和评价方法，对国有资本经营预算支出的合规性、效率性、战略性、社会性进行客观、公正的评价。

第三条　各级国有资产监督管理部门是绩效评价的主体。

中央企业是指国有资产监督管理机构监管范围内的国家出资企业。

第四条　中央企业国有资本经营预算支出与执行的绩效评价及相关管理活动适用本办法。

第五条　绩效评价应当遵循以下基本原则：

（一）科学规范原则。绩效评价应当严格执行规定的程序，按照科学可行的要求，采用定量与定性分析相结合的方法。

（二）保值增值原则。绩效评价应以企业国有资本的保值增值为基本要求，并在此基础上结合实际开展具体评价工作。

（三）公正公开原则。绩效评价应当符合真实、客观、公正的要求，依法公开并接受监督。

（四）绩效相关原则。绩效评价应当针对具体支出及其产出绩效进行，评价结果应当清晰反映支出和产出绩效之间的紧密对应关系。

第六条　绩效评价的主要依据：

（一）国家相关法律、法规和规章制度；

（二）国资监管机构制定的国有资本战略规划布局相关政策；

（三）国资监管机构制定的国有资本经营预算支出管理规定；

（四）预算管理制度、资金及财务管理办法、财务会计资料；

（五）中央企业中长期发展规划及年度工作计划；

（六）相关行业政策、行业标准及专业技术规范；

（七）申请预算时提出的绩效目标、可行性报告及其他相关材料，国有资产监督管理部门预算批复及预算执行情况；

（八）人大审查结果报告、审计报告及决定、财政监督检查报告；

（九）其他相关资料。

第二章　国有资本经营预算绩效评价的对象和内容

第七条　绩效评价的对象包括对中央企业的资本性支出和费用性支出。

第八条　预算支出绩效评价包括企业支出绩效评价和项目支出绩效评价。

绩效评价应当以项目支出为重点，重点评价一定金额以上、与本企业密切相关、具有明显经济效益和社会效益的项目。

第九条 国有资本经营预算支出一般包括资本性支出和费用性支出。对不同类别的支出，应根据企业和项目的实际情况进行对应的具体绩效评价，相关分类标准和评价指标等由国有资产监督管理部门制定。

第十条 绩效评价的基本内容：

（一）绩效目标的设定情况；

（二）国有资本收益收支的合规性、效益性、战略性、社会性；

（三）项目资金投入和使用情况，以及投入资金的引导性和带动性情况；

（四）为实现绩效目标制定的制度、采取的措施等；

（五）绩效目标的实现程度及效果，包括项目决策、项目管理、项目绩效等；

（六）绩效评价的其他内容。

第十一条 绩效评价一般以预算年度为周期，对跨年度的重大（重点）项目可根据项目或支出完成情况实施阶段性评价。

第三章 国有资本经营预算绩效目标

第十二条 绩效目标是绩效评价的对象计划在一定期限内达到的产出和效果，由企业在申报预算时填报。企业年初申报预算时，应当按照本办法规定的要求将绩效目标编入年度预算；执行中申请调整预算的，应当随调整预算一并上报绩效目标。

第十三条 绩效目标应当包括以下主要内容：

（一）国资保值增值和国资战略布局优化；

（二）企业竞争力、技术先进性、环境保护与可持续影响；

（三）项目预期目标完成度（包括企业财务绩效目标、战略绩效目标、社会绩效目标、可持续影响目标等）；

（四）达到预期目标所需成本；

（五）其他。

第十四条 绩效目标应当符合以下要求：

（一）指向明确。绩效目标要符合中央企业布局和结构的战略性调整，并与相应的国有资本经营预算范围、方向、效果紧密相关。

（二）具体细化。绩效目标应当从数量、质量、成本和时效等方面进行细化，尽量进行定量表述，不能以量化形式表述的，可以采用定性的分级分档形式表述。

（三）合理可行。制定绩效目标时要经过调查研究和科学论证，目标要符合客观实际。

第十五条　绩效目标一经确定一般不予调整。确需调整的，应当根据绩效目标管理的要求和审核流程，按照规定程序重新报批。

第四章　国有资本经营预算绩效评价指标、评价标准和方法

第十六条　绩效评价指标是指衡量绩效目标实现程度的考核工具。绩效评价指标的确定应当遵循以下原则：

（一）全面系统原则。

在选择评价指标的时候，应切实考虑该指标行业覆盖面，同时要考虑能否准确地根据历史统计数据经验，评判当前业绩并具有一定的前瞻效果。

（二）行业相关原则。

在指标的筛选上，要适当地照顾一定的行业相关度，对市场进行行业大类划分以后，保留一定的具有行业特性的评价指标。

（三）灵活拓展原则。

任何所选指标都必须具有灵活性，当企业的经营环境、治理结构、管理理念、业务范围等各种因素发生一定程度的变化时，该指标能够灵活地根据实际情况进行调整和拓展。

（四）可对比性原则。

指标的口径、方法的历史动态以及空间范围（区域间，国家间）内具有高度的可比性。在一个完整的评价体系内，同类型的数据应尽量采取统一口径。

（五）可协调性原则。

指标的筛选过程中，尽量在一个评价体系里选择不易相互冲突的指标；如果两个可能互相发生冲突的指标对于业绩评价都很重要，则要配套设计好重要性排序，或者是建立协调机制和标明辅助解释。

（六）成本效益原则。

在不丧失精确性的范围内，指标选择应尽量简化评价过程，使得评价过程的成本/效益的值最小化。

第十七条　绩效评价指标分为共性指标和个性指标。

（一）共性指标是适用于所有评价对象的指标。主要包括预算编制和执行情况、预算资金使用情况及企业的经济效益和社会效益等。

（二）个性指标是针对企业或项目特点设定的，适用于不同企业或项目的业绩评价指标。

第十八条　绩效评价标准是指衡量国有资本经营预算绩效目标完成程度的具体评判标准。绩效评价标准具体包括：

（一）效益标准。是指以预先制定的目标、预算、效益等数据作为评价的标准。

（二）行业标准。是指参照可比境内外相关行业上市公司的行业指标数据制定的评价标准。

（三）历史标准。是指参照同类指标的历史数据制定的评价标准。

（四）其他经国有资产监督管理部门确认的标准。

第十九条　绩效评价方法主要采用成本效益分析法、比较法、因素分析法、经济增加值分析法（EVA）、专家评判法等。

（一）成本效益分析法。是指将一定时期内的支出与效益进行对比分析，以评价绩效目标实现程度。

（二）比较法。是指通过对绩效目标与实施效果、历史与当期情况、不同部门和地区同类支出的比较，综合分析绩效目标实现程度。

（三）因素分析法。是指通过综合分析影响绩效目标实现、实施效果的内外因素，评价绩效目标实现程度。

（四）经济增加值分析法（EVA）。是指用调整后的税后净营业利润（NOPAT）扣除公司现有资产经济价值的机会成本后的余额，衡量企业真实经济价值的增长，弥补和协调其他一些财务指标的缺陷和冲突。

（五）专家评判法。是指通过专家评估、公众问卷及抽样调查等对国有资本经营预算效果进行评判，评价绩效目标实现程度。

（六）其他评价方法。

第二十条　绩效评价方法的选用应当坚持简便有效的原则。

根据评价对象的具体情况，可采用一种或多种方法进行绩效评价。

第五章　国有资本经营预算绩效评价的组织管理和工作程序

第二十一条　国有资产监督管理部门负责拟定绩效评价规章制度和相应的技术规范，组织、指导工作；根据需要对本级预算部门实施绩效评价、对下级国有资产监督管理部门进行指导、监督；提出改进预算支出管理意见并督促落实。

第二十二条　国有资产监督管理部门比照《国有资本金效绩评价规则》的有关规定，制定《评价工作方案》，确定国有资本经营预算评价对象，部署国有资本经营预算评价任务。

第二十三条　根据需要，绩效评价工作可委托专家、中介机构等第三方实施。国有资产监督管理部门应当对第三方组织参与绩效评价的工作进行规范，并指导其开展工作。

第二十四条　绩效评价工作一般按照以下程序进行：

（一）确定评价工作实施机构；

（二）制定评价工作方案；

（三）下达《评价通知书》；

（四）收集与核实评价基础资料；

（五）进行评价计分；

（六）撰写评价报告，建立评价工作档案；

（七）反馈给企业征求意见；

（八）提交评价报告并公布评价结论；

（九）应用评价结果；

（十）进行评价工作总结。

第六章　国有资本经营预算绩效报告

第二十五条　预算资金具体使用单位应当按照本办法的规定提交绩效报告，绩效报告应当包括以下主要内容：

（一）基本概况，包括中央企业职能、经营范围、事业发展规划、预决算情况、项目立项依据等；

（二）绩效目标及其设立依据和调整情况；

（三）管理措施及组织实施情况；

（四）总结分析绩效目标完成情况；

（五）说明未完成绩效目标及其原因；

（六）下一步改进工作的意见及建议。

第二十六条　国务院国资委和中央企业开展绩效评价并撰写绩效评价报告，绩效评价报告应当包括以下主要内容：

（一）基本概况；

（二）绩效评价的组织实施情况；

（三）绩效评价指标体系、评价标准和评价方法；

（四）绩效目标的实现程度；

（五）存在问题及原因分析；

（六）评价结论及建议；

（七）其他需要说明的问题。

第二十七条　绩效报告和绩效评价报告应当依据充分、真实完整、数据准确、分析透彻、逻辑清晰、客观公正。

中央企业应当对绩效评价报告涉及基础资料的真实性、合法性、完整性负责。

国务院国资委应当对中央企业提交的绩效评价报告进行复核，提出审核意见。

第二十八条　绩效报告和绩效评价报告的具体格式由国务院国资委统一制定。

第七章　国有资本经营预算绩效评价结果及其应用

第二十九条　绩效评价结果应当采取评分与评级相结合的形式，具体分值和等级可根据不同评价内容设定。

第三十条　国务院国资委应当及时整理、归纳、分析、反馈绩效评价结果，并将其作为改进预算管理和安排以后年度预算的重要依据。

对绩效评价结果较好的，国务院国资委可予以表扬或继续支持。

对绩效评价发现问题、达不到绩效目标或评价结果较差的，国务院国资委可予以通报批评，并责令其限期整改。不进行整改或整改不到位的，应当根据情况调整项目或相应调减项目预算，直至取消该企业或项目后续的国有资本经营预算支出。

第三十一条　绩效评价结果应当按照政府信息公开有关规定在一定范围内公开。

第三十二条　在国有资本经营预算绩效评价工作中发现的违法行为，依照国家有关规定追究责任。

第八章　附　则

第三十三条　各地区、各预算部门可结合实际制定具体的管理办法和实施细则。

第三十四条　本办法自发布之日起施行。其他有关规定与本办法不一致的，以本办法为准。

第五章

混合所有制与企业重组

从管理资产到经营资本的跨越

背景介绍：2002年11月中共十六大召开，确立建立国有资产的管理体系，同年12月我应国家经贸委邀请赴珠海参加“国有资产管理珠海论坛”并做发言。在这次发言纪要基础上写就此文并发表于2002年12月3日《中国证券报》、2002年12月14日《中国经济时报》。

一、国企改革是经济体制改革中心环节

十六大报告明确提出要建立国有资产的管理体系，表明在中国的产权改革中，产权问题是中国下一步推进经济改革的关键。这一思路明确表明我们在大力培育民营经济的同时，近期内不应放弃以国有经济为主导的战略思想。但如何理解国有经济为主导，使之和社会主义市场经济相衔接，就需要国有资产体系完成自身的变革和完善。因此，这次国有资产管理体系的建立，对中国经济改革来说是一次历史性的跨越。它表明我国经济体制改革，在宏观上从总量调控为主转变为以结构调整为主，在微观上企业的改革从强调国有企业管理为主，推进到国有企业产权制度重建的重大飞跃。改革深处是产权，我国产权制度的变革包括民营产权的保护和国有产权的清晰，二者同等重要。国有产权组织体系的建立，既事关企业制度的重建，也涉及政府管理体制改革，是我国综合体制改革的重要环节。

我国20年经济体制改革的一贯指导思想，是遵守实事求是、渐变稳定逐步发展的改革方法论。在大力发展民营经济的同时，坚持国有经济为主

导。因此，今后相当长的时期，国有经济仍是我国的主体形态。

发展公有制基础上的社会主义市场经济，核心是在解决市场经济运行机制后，完成经济运行载体的制度性构造。因此，国有企业改革始终是我国经济体制改革的中心环节。

十六大报告关于建立国有资产体系的理论，是把握中国改革全局、建立国有企业现代产权制度理论的重要内容。这一理论的建立可追溯到党的十四届三中全会报告，文件明确了在国有企业的改革中，要建立现代企业法人财产权。1998 年，当对国有企业的改革进行是强调管理问题还是产权问题的理论探讨时，现实中发生了国有企业的“婆婆”被取消后，又陷入“内部人”控制的困惑，江泽民同志为此先后在五大区召开国企改革座谈会，明确提出要建立现代企业法人治理结构。显然，这次十六大报告提出的建立国有资产经营管理组织体系的思想，实际上是和近年来党中央对于国企改革的大思路一脉相承的。

国有产权制度改革既涉及所有者，也涉及经营者的利益问题。如果国有企业的所有者主体总是不明确，国有企业产权不清晰，而只简单地在两权分离上做文章，只会越分离越像一个人的“头”和“身子”，分得越远，越不像一个完整的法人。

二、建立三级出资人、三结合制度及三级架构

理解十六大报告中关于建立国有资产体系的精神，主要包括以下三个方面：

（一）产权上三级出资人制度的突破

报告明确提出，要在中央和地方省市两级政府形成分别代表国家的三级出资人职能。从法律上看，出资人的职能包含三个方面：重大人事任免权、重大决策权、资产处置权。显然，出资人的三项权利已十分接近所有权。这无疑将形成中央国有和地方国有的公有制结构，突破现有的国家所有权由中央一级所有的模式。我国的产权制度变革不仅要大力推进民营经济的发展，更重要的是完善现有国家所有制的组织形式，实现公有制内部的多元化。这将是继社会主义市场经济运行机制明确之后，实现公有制和

市场经济对接的又一重大突破。市场经济的实质是实现在不同的商品生产者和经营者之间的交换，市场经济是无法在一个所有者内部实现的。

因此，能不能在公有制内部实现多元化，实现国家所有由中央所有和地方所有多级构成，就成为关键。实事求是，尊重国情，同时明确市场经济改革的大方向，搭建社会主义市场经济和公有制之间的桥梁，均取决于国有资产体系的建立。

在三级政府之间划分国有资产的产权归属时，必须处理好以下关系：经济发达省份和落后省份的产权比例平衡问题；在追求国有资本运营效率时，兼顾公平；在推出三级出资人所有的国有资产管理模式时，中央掌握全国国有资产的终级所有权，这在改革初期是非常重要的。

（二）管理上三结合制度的形成

目前对国有企业的管理体制，实际上是多头分散的管理模式，报告中明确要在国有企业的管理上实现人权、事权、财权三结合，把分散、多头的国有资产管理体制改为统一、归口的国有资产管理体制。目前国有资产管理的特点是：企业工委管人，经贸委管事，财政部管财，人权、事权、财权并不统一，这在实际中就出现了所有者缺位导致的低效率，国有企业处于要么被管死，要么就失控，且无人负责的局面。三结合的目标就是要统一归口到国有资产管理机构之下，实现国有资产管理中的责、权、利相一致原则。

（三）经营上三级架构的组建

首先，构建国有资本经营公司这一中间层。从同级国有资产管理机构的纵向看，需要在政府管理国有资产的部门和国有实体企业之间构造一个中间环节，这个环节事实上是连接政府国资部门和实体国有企业之间的资本纽带。它是从事价值形态的资本运营的主体，也是社会主义市场经济中从事国有资本运营和管理的国有独资控股公司。其代表国有资产管理部门从事国有资本的运营管理，它是未来国有资产管理体系的重要组成部分。从与现实国有资产管理体系的对接角度看，这类控股公司应主要由 4 类公司组成：国有投资公司，管国有资产重大项目的增量投资；国有资产经营公司，管目前预算内七万多亿的国有存量资本的经营和运作；大型企业集团的集团公司，主要承担我国基础行业实体企业的股权管理；金融控股公司，金融是我国社会主义资本经济中的核心部分，它是在我国经济改革中保持中央有效控制的命脉。因此，金融控股公司的组建对上可连接国资部门，对下则管理各大商业银行和非银行金融机构在股份化推进中的国有股权。

其次，资本运营公司的上层架构是各级政府的国有资产管理机构，即各级国资委，其对国有企业的监管通过国有资本经营公司这一中间层实现。

再次，在国有资产的运营中，国有实体企业从事具体的产品经营和资产经营。

最后，由于这类国有资产运营公司主要从事的是国有资本的经营，因此，把从事国有资本管理的虚拟经济和从事实体经营的国有大中型企业相连接，也充分体现了其在落实十六大报告中提出的虚拟经济和实体经营结合的使命。

（四）三层次主体监管“以董事会为核心”

在三级架构中，国资委对资本运营公司，资本运营公司对实体企业的管理和控制主要通过“以董事会为核心”的现代企业制度进行。资本运营公司对实体企业参股控股，国资委通过国有资本这条所有者主线在国家战略实施和重要产业布局规划中发挥作用。在此基础上形成治理结构的经营主线，即董事会，具体来说，资本运营公司中的股东非执行董事由出资人即国资委派驻，由国资委实施考核、发放薪酬；另外资本运营公司中的独立董事可由社会知名专家担任，国资委可依需求建立专业的“独董人才库”，进入人才库的人员需经过国资委统一培训考核，考核通过后由国资委颁发独立董事资格证书，派驻到企业的独立董事一律从具有资格证书的人员中选拔。由此，国有资本运营公司董事会由代表出资人的政府官员，代表经理层的企业领袖，以及代表社会力量的知名专家三方面共同组成，较好地体现了出资人、企业、社会力量三方面权利的均衡，广泛代表了各方利益。

此外，在董事会制度下完善和发展职业经理人制度，实体企业中的董事及管理人员，可由资本运营公司根据其出资比例派驻和选聘，以此对国家出资企业进行监管及引导。按照国有控股股份公司多数表决权原则，在遵守公司治理结构的科学流程基础上，实现企业领导人的任免和依法治企。由此，便可实现三层次架构中，各主体之间通过“上面千条线，资本一线牵”和“上面千条线，董事一线牵”两条主线，贯彻国有资本在国有企业中的意志。

三、国有资产体系将综合体制改革引向深入

综上所述，国有资产体系的建立将把我国的综合体制改革引向深入。首先，国有企业从一个过去靠国家行政法调节的特殊法人，转化为一个与民营和外资企业同样靠民商法来调节的一般法人，在市场经济中平等竞争，顺利实现了与市场经济运行相一致的经济运行载体。从这个意义上说，国有资产体系的建立，是十六大“三个代表”学说的重要组成部分。

其次，是对政府管理体制改革的极大推进。随着三级出资人地位的确立，今后公有制条件下的各级政府，将明确地履行两重职能：一是一般市场经济调控者的职能，这是市场经济决定的。它表明我们的政府在市场经济中要发挥“裁判员”的作用，其收益主要靠税收来保证；二是所有者的职能，这是社会主义公有制决定的。它起着国家队“教练员”的作用，其收益将由投资利润来体现。因此，在未来政府的改革中，政府的双重职能又直接导致了双重收益，即来自一般经济调控者的税收收益和来自国有资本所有者的利润收益。它将直接与各级政府的财政收入挂钩。

国民共进，公平竞争

背景介绍：2010 年 5 月为鼓励民营企业发展而颁布的“新 36 条”[①] 并未达到预期效果。为了进一步加大实施力度，2012 年密集出台了与其相关的一系列实施细则，如《关于国有企业改制重组中积极引入民间投资的指导意见》。为此《中国企业报》记者对我进行了专访，并以《按照现代公司股权结构实现“国民共进”》为题于 2012 年 6 月 18 日刊登，本文根据该文与文章《让国资与民资公平竞争》(载于 2014 年 4 月《经济》杂志)两文合并整理而成。

一、国资委“教练员”角色决定“新 36 条”细则内涵

近日，各部门文件密集出台，其中国务院国资委发布了《关于国有企业改制重组中积极引入民间投资的指导意见》，与其他部门的同类文件相比，国资委的“新 36 条”实施细则的内容和内涵由国资委的“教练员”角色决定。其他各个部门的同类文件，大都是针对行业准入问题而言的，不管是证监会、银监会还是铁道部，基本上都是从行业的角度出发。它们主要是要解决行业进入过程中的公平问题，这个里面最具代表性的是发改委。一个大的行业能否进入、如何进入，这些是国家政府部门来确定的，国有企业说不让别的民营企业进入是不存在的。

在贯彻“新 36 条”的过程中，国资委和其他部门一个是“教练员”，一个是“裁判员”，国资委是为了更好地“打赢比赛”，其他部门是为了建立统一公平的规则，角度不一样。所以，如果把国家的市场经济比作是一个赛场的话，“国家代表队”和民营、外资的“代表队”能不能公平竞争，这是裁判的职责。这些履行“裁判员”职责的管理部门，他们要打破这种行业进入，要让各种性质的“运动队”能够公平地在赛场上比赛。

---

① 是指“非公经济 36 条”颁布 5 年之后，国务院于 2010 年 5 月 13 日再次发布的“国务院关于鼓励和引导民间投资健康发展的若干意见”。由于该意见中共计有 36 条，为了与“非公经济 36 条”相区别，故被简称为“新 36 条”。

二、坚持市场经济的改革方向，走符合国情的独特创新之路

现在有些学者和经济学家，对中国的市场经济的改革方向和央企的作用提出质疑，他们没有认识到，中国在市场经济的改革方向上，走出了符合国情和独特创新的道路。这个国情就是，我们要稳定地、逐步地运用股份制的方式，结合中国探讨的公有制和市场经济相结合的独特模式来完成。这个过程一开始就通过资本市场、股票融资上市，就在迎接民间资本、外资资本。所以从这个意义讲，有些人认为中国好像不改革，这是非常错误的。中国没有按照美国经济学家开的药方，也没有采用俄罗斯的"休克疗法"，去重复俄罗斯20年前的道路以及美国200年前的道路。

事实表明中国的改革是成功的。中国实现了三个"最"：社会最稳定、发展最迅速、规模最壮大。今天的中国已经以6.5万亿美金的GDP值名列世界第二，而当年的苏联老大哥，现在徘徊在1.5万亿美金，连我们的1/4都不到。这在20年以前是不敢想象的。苏联当时是世界第二大强国，他们是老大哥，我们只能是小兄弟。面对这样世界公认的事实，为什么还要对我们的改革说三道四？对中国这30年发挥了巨大作用的央企、国企，对这些国家上税交利大户的现代股份公司进行说三道四？

三、国有产权变革要坚持方向，保持主动和公平公正

改革开放以来，特别是最近15年，股份制的推出已经使中国的国有企业发生巨大的变化，正是我们国家经济转型的关键时期。我们没有简单用卖或者分的方式卖给私人，而是通过资本市场或现代公司减少国有资产的持股比例，这个比例目前正在探讨中。下一步我们希望公平公正地在资本市场上，通过股份制进一步吸引外资和民间资本，继续搞混合所有制。在这个探索的过程中，建立现代公司制度绝不是回到私人独资。俄罗斯的教训证明，中国的成功经验也表明，我们没有必要把今天成功的经验倒退回去，再把央企都卖给私人。以为这些就是支持民营企业，或者是支持私人资本，那是一条不归路。

可能现在有那么一两个经济学家，动不动就妖魔化国企，提出消灭国企，说国有企业已经成了制约中国经济发展的最主要障碍之一。面对这样

的形势，我们在这场国有资本、国有产权的改革当中，第一，要坚定不移地迎接私人资本。第二，要坚决掌握主动权。国有资本在企业中的比例如何调整，是30%还是20%，如何体现公有制为主和市场经济多种形式并存，这个可以逐步的探讨，但是不要按照别人的说法去下达一个指令性指标。第三，在调整的过程中要公平。最公平的办法是到资本市场以证券的形式完成民营化，而不是搞暗箱操作，偷偷地把这些大央企或大央行卖掉，像俄罗斯那样卖给私人。虽然那样做才最快，但是威胁最大，效果并不好。这就是国有产权变革中应该注意的问题。

四、"新36条"实施细则的实际效果要看落实程度

从目前来看，2010年5月颁布实施的"新36条"推行的效果并不理想，实施受阻的主要原因是由于政府部门的落实不力。现在是政府部门在管着所有产品的价格，中国最大的问题是行政垄断，任何一个大企业，如果说它搞了垄断却垄断不了价格，没有价格垄断，它何来垄断利润？垄断的是什么？垄断者的目的并不是简单地在成本中给工人加点工资。因此从这个意义上来说，中国的垄断核心问题是以发改委为代表的政府部门，把住行政审批不放，搞行政性垄断。不能把这些全打到央企上去，那就本末倒置了。"新36条"落实不到位的核心问题，是政府部门改革不到位，是政府职能、部门职能转变不到位。不能把责任推到国有企业身上去，最后说是国有企业搞垄断造成的，要把国有企业私有化。

所以我们今天的改革方向应该是政府职能的改革，像铁道部、发改委、卫生部等，应该取消那些市场进入限制在产权上探讨多种所有制形式并存，并且在未来一二十年内，中国还要坚持以国有资本、多种民营资本共进的产权制度，中国的改革从来都没有说要消灭民营资本、消灭外资。只是有些政府部门职能不转变，形成了行政性垄断，才制约了"新36条"的落实，而不是由于国有企业的约束。

"新36条"实施细则公布后，重在落实，不要走形式。在这个过程中，要让以上各个部门在行动上适当降低国有股的比例。现在我们说以公有制为主，不见得国有资本持股都是51%以上，可以降到45%甚至降到

35%，当然，这是一个循序渐进的过程，在过程中重要的不是说大话、说虚话，领导布置了就要根据形势发个文，重要的是哪怕每次说的话小一点，但是落实要到位。

五、中国国企改革的关键在于治理结构问题

现在各大媒体都在呼吁国企、民企携手共进，这是一个很好的趋势。中国国企的改革绝不是把国有企业都变成私人家族企业，把国有独资变成私人独资，这不是改革的方向。我们的改革方向，是利用股份制的方式和现代公司的治理结构，形成国有资本、民营资本、外资资本共同为中国和平崛起做贡献的事实和趋势。

首先在理论上，要以正视听。决不能把我们成功的经验抛弃，引导社会舆论“心往一处想”和“劲往一处使”是最重要的。第二点，要特别注意，中国今天经济垄断的实质，是以发改委为代表的行政性垄断。因此，在这个过程中，不要被有些所谓的经济学家误导，把央企当成一个特殊的利益集团，把国企的雇员当成一个特殊的利益阶层，舆论一边倒，形成国企与社会的对立，给国企带来巨大的人心流失和实质上损失。

中国的改革不是谁消灭谁的问题，而是大家携手共进。在这个共进的过程中，严格说，不是国资委或者是国有企业，而是我们的政府部门要按照现代公司的治理结构公平办事。现代股份公司遵循《公司法》，上市公司遵循法律与公司章程，所有股东一视同仁，大家的股份有大小之分，但是权利没有不平等之分。

最后，最重要的一点，就是国有企业改革中的治理层面，国企的领导人一定要坚持从市场中招聘，形成职业经理人队伍，不要仅仅依靠组织部门向央企派驻。这个问题，实际上是今天中国国企改革最严重的问题。中国国企改革的关键，绝不是在所有者层面，也绝不是国有股份的私有化问题，而是国有企业、央企的治理结构问题。在这个环节上要大胆地从市场上招聘人才，形成职业经理人、企业家队伍，而这个过程也恰恰是我们在国有、民营、外资共进当中，共同探讨一个好的经营治理结构的契机。

六、国资与民资公平竞争有赖于打破垄断

（一）打破垄断核心在于助力民资进入垄断性行业

长期以来，国企掌握着关系国计民生的垄断性行业的重要领域，其资本运作和利益分配等信息不够公开透明，这不仅使民资进入艰难局面，而且容易滋生国企内部腐败，无法构建公平的资本市场。

在“国民共进”过程中，就是要致力于打破垄断，以实现国资与民资在市场竞争中的相对公平。首先，国企盘踞的垄断行业产业链较长，其中的竞争性领域应当进一步开放，加大民资进入力度；其次，民营企业力量薄弱，进入垄断性领域过程中政策助力很重要。一是在部分垄断性行业应允许民资特许经营，分批向符合条件的民营企业颁发特许经营的执照；二是政府工作报告中提出“在金融、石油、电力、铁路、电信、资源开发、公用事业等领域，向非国有资本推出一批投资项目”，因此，应该从国有企业划拨一些项目交给民资经营。

（二）实现公平应借助细则性政策的出台

国企改革过去曾被利益集团所利用，上演了一出利益分肥的戏码。目前，发展混合所有制经济的基本政策已经明确，关键是细则的出台。此外，涉及国企股权改革的法律法规，应尽快修订完善。比如，应明确发展混合所有制的实施程序、违规操作的处罚规则及国企资产的评估标准等。只有完善的法律法规和健全的配套机制做保障，才能彰显公平，既不必害怕“国资流失”，亦不必担心民企“羊入虎口”。混合所有制意味着打破垄断，从外部来说是允许民资进入垄断性的行业；从企业内部治理结构来说，在于建立现代企业法人制度，保障企业运行效率。

我们的国企改革不能像俄罗斯那样直接将国有垄断企业卖给私人大亨，即绝不能简单地从国有独资向私人独资迈进。首先在民营企业的发展上，应该扩大“民营”概念，将非国有独资企业、国有参股控股企业都应纳入民营企业范畴。其区别只在于民资比例的不同，从根本上走出民营等于私有或者民营不是公有的误区，建立一种新型公有的概念。其次，采用现代职业经理人制度，从市场中选聘国有控股公司管理者。采用市场化薪

酬，将国有控股公司的经营者区别于国家公务员。从国际经验来看，“国民共进”的混合所有制是现代市场经济发展的一种必然趋势。我国的国企改革正是终结了国有“一统天下”的局面，回归多种所有制经济共同发展的历史真实，这也正是历史发展的大方向。

实现国有经济战略性重组的思考

背景介绍：2000 年 11 月应邀参加北京国企改革发展论坛，并就“国有企业改革现状分析与趋势展望”发表主题演讲；2000 年 1 月华融资产管理公司邀请我就“债转股”问题授课。本文根据这两次演讲整理而成，并刊登于 2000 年第 1 期《经济导刊》。

党的十五届四中全会明确指出：在国有经济战略性重组的过程中应坚持“有进有退，有所为有所不为”，这就为我国经济体制改革实现进一步的结构调整，建立与市场经济相适应的现代企业制度明确了基本思路。

从某种意义上说，国有经济的战略性重组，必须依托企业股权的转让，即通过调整国有企业资本结构的比例来实现。也就是说，国有经济的战略性调整必须在国有企业产权清晰化的基础上，以实现流动性为手段。这一过程中，国有经济在企业所有权和股权上的逐步淡出，企业资产在使用价值形态和价值形态上实现相互转换是最有意义的。

一、启动民间投资，使国有经济在增量上不进则退

随着国民经济发展和产业结构调整，国有经济的战略性布局和产业政策的制定上，应以知识经济和社会主义资本经济为基础，根据人民日益增长的物质和文化需要，大力发展高科技产业，扩大第三产业的内涵，通过启动积淀甚多的民间资金，拓展新的产业领域，寻找国民经济新的增长点。

首先，应将大量的服务业，如旅游业、娱乐业、餐饮业及逐步出现的

高档消费领域中的国有经济成分全面向民间资本转让，并日益加大民间投资力度；同时，将为数众多的传统上具有政府补贴性质的事业领域如教育、文化、体育、卫生、医疗等事业逐步向民间投资开放。这一方面可降低国家财政的补贴额，减少财政支出；另一方面通过民间投资兴办公司，顺利实现这些领域的产业化，并向满足人们日益增长的物质文化需要的高利润产业转化，最终实现国有经济有所为有所不为的战略目标。

其次，通过民间投资发展高科技产业，培植民营中小高科技企业，逐步从政府财政补贴支撑高新技术开发过渡到利用民间投资发展高科技的市场经济思路上来。在这一转化中，应以税收优惠等手段大力扶持民间资金创办的公司企业。

再次，在相当一批城市基础设施和农业领域中，都应允许和鼓励民间资本以现代公司的形式进行投资，如农业的产业化，建立在农业基础上的高附加值的加工业，农村电网改造，等等。

在一定意义上，启动民间投资，开拓上述产业领域，完全具备现实可行性。目前，仅城乡居民储蓄就已近 6 万亿元，加上预计人们手中近万亿元的游资，大约有 7 万亿之巨，如果将这些资金中的 1/10 用于上述投资，那就会对国民经济发展起到巨大的推动作用。

同时，资本市场的发展和日益完善，将出现越来越多如基金、保险等非银行金融机构，这些机构能够吸收大量民间资金，然后再以各种形式投资到上述领域。

在这一过程中，政府应发挥其产业政策的指导作用，正确引导民间资本和法人资本参与和创办具有竞争性的产业领域，并在这些领域充当主力军。如此一来，随着民间资本和法人资本在众多产业领域中的实力不断扩大和加强，而国有经济仍相对稳定，因此，实质上不进则退，就是说，在国民经济总量的动态发展中实现了国有经济有所为而有所不为，适时适度地逐步退出竞争性产业领域的战略构想。

二、利用股转债，降低存量资产的国有比重

尽管国有经济战略性重组的主体思路是逐步降低国有经济在日益增多

的竞争性领域中的比重，但在现实中，国有企业三年脱困的微观对策却是采用债转股这种与上述宏观思路恰恰相反的方式。

债转股的基本做法是将国家银行对国有企业的债权转为国有独资的资产经营公司对国有企业的股权，其结果是加大国有经济成分在企业所有权上的比重，使国有投资二次进入企业股权之中。债转股的实施十分简单，可以在一夜之间完成成百上千家企业的债转股，这一方式无疑会使负债率较高的国有企业一下减少大量利息支出，降低成本开支，从而产生减亏甚至变为盈利，但这种做法无异于变魔术。债转股之后，一种可能是把企业的困境转嫁为银行和其他债权人的困境，另一种可能则是企业的现代企业制度不能真正建立起来，管理上不能发生实质性变化，在“脱困”昙花一现之后，其表面的功效很快消失，二三年后又会陷入新的困境。显然这场轰轰烈烈拯救国企运动的决定性战役绝不在于债转股的形式，而在于债转股之后制度建设和科学的管理，这无异于背水一战，其结果人们正拭目以待。

由于国企改革的宏观思路与微观对策的背离，债转股方式充满风险。如果微利和亏损国有企业债转股后发生不理想的结局，银行势必以此为由要求国家财政冲减其资本金，最终导致国家财政对国有企业的直接补贴变为间接贴补。

综合上述对债转股政策和实际运作的分析，一个重要结论是：对亏损企业实施债转股政策的最大风险是国家财政的进一步支出，因此，为确保国家的财政收入，我们必须同时对效益好的国有企业实施“股转债”。

所谓“股转债”，简言之就是在企业存量股本不扩大的基础上，变国企“靓女”为“大众情人”，即对效益好的国有企业的净资产实施存量转让，转让的主体是国家财政或国有资产管理机构，转让的对象是社会法人股东、社会公众和基金公司等非银行金融机构。

股权转让的收益在法律上直接归到国家财政名下，使国家收入从单一的税收进项转变成税收收益和产权收益双重渠道。在具体做法上，应以各类国有资产经营公司、投资公司作为中介，这样，在对亏损国企实施债转股可能造成未来财政补贴的同时，通过对效益好国企的股转债可即刻得到一笔财政收入，实现国家财政在国企改革攻坚战中始终具有雄厚的财政储备。

当然，考虑到国家立刻把转让收入拿走，可能既不利于激发国有企业进行股转债的动力，也不利于投资人参与股转债改革的积极性，因此，转股收入应以债权方式再投入该企业，这一债权不要以商业贷款方式出现，而要具有长期优惠性，如可以是无息或贴息贷款，可以从第三年开始偿还，再过三至五年后全部还清等。

股转债完成后，多元股东的引入使该企业自然变成一家股份公司，在法人所有和治理结构得以实现后，最终可以将其推上证券市场。

显然，在股转债的过程中，国有经济顺利实现了退出且得到了比抽象的所有权更具体、更有刚性的债权期望，这样的“靓女”股转债和“丑女”债转股就可以相得益彰，使债转股可能发生的财政损失通过股转债得到补偿。

三、依托资本市场，回购上市公司中的国有股权

近年来，我国政府为解决国有企业问题，在资本市场上推出了一系列扶持政策，包括提供资金，为股份制改组和上市创造条件，等等，使国有企业成为正在发展和完善中的资本市场上的主力军。在我国近 1000 家上市公司中，国家控股和国有企业控股的上市公司约占全部上市公司的 80%，而资本市场的高速成长，不仅为国有企业的融资、转制提供可能，而且将在贯彻十五届四中全会关于国有企业“有所为有所不为”战略方针中发挥重要作用。

据不完全统计，深沪股市约 930 家上市公司的总股本约为 2900 亿股，其中不能流动的国家股和国有法人股约 1870 亿股，占 64%，在不能流动的股份中，国家股为 732 亿股，占 25%。这种状况不仅导致上市公司在资本市场上的行为极不规范，如同股不同权、同股不同价的现象普遍存在，而且使国有企业很难在资本市场上进行战略性重组，从而实现较大范围内国有经济和国家产业布局的优化配置。

国家股和国有法人股不能流动，既有观念的原因，也有现实的原因。

在观念上，人们习惯于把国有股的流动与流失等同起来；在现实中，国有股属于长期性的遗留问题，其流动必将导致资本市场容量的迅速扩大，股民难以接受，市场难以容纳，会给我国股市造成极大波动。

但是，这一问题迟早要解决，拖得越久，问题越大，风险也越大。这不仅是股份公司和股票市场规范发展和运作的要求，更是国有经济在资本市场上进行战略重组的需要。解决上市公司国家股和国有法人股退出和逐步缩小不流动股份比例的现实选择有股份回购、国有股配售、可转换债等多种形式。

（一）国有股回购

国有股回购是上市公司用自有资金向其国有大股东赎买该公司股份并冲销该公司股本同时缩减该公司不能流动的国有股的一种方式。按上周深沪股市约29000亿元的总市值和2900亿股的总股本计算，每只股票的平均价格为10元，而初步估算的上市公司的平均每股净资产只有2~2.5元。假设按照高于公司平均净资产但低于平均市价一半的价格回购国家股的50%，即以每股4~5元的价格回购400亿股，国家股的退出金额可达1600亿~2000亿元，从宏观上看，这是一笔可观的收入，对于国家财政能力的加强大有益处，但对证券市场和上市公司来说还是不小的压力。不过，这种探索仍然具有较大意义：

（1）上市公司回购国有股股权可以使国有经济成分逐步退出上市公司，实现国有经济战略性重组的目标，有利于建立现代企业制度；

（2）让上市公司臃肿的股本“减肥”，增大流通股比例，逐步达到股份全部流通的目标；

（3）国家财政将在回购中获得现金收入，能极大地支撑非上市公司的债转股试验；

（4）回购中代表国家实行资产经营的部门会得到明确，资产经营和投资管理体制会得到完善，政府的所有者职能和一般经济调控者职能会进一步分离，实现政府机构的职能转换，有利于推进政府机构改革。

在具体的回购方式下，代表国家的国家股股东和代表集团公司的法人股股东在回购中将得到的现金收入可考虑以下两种出路：

第一，国家一次性拿走。这种情况下，回购的价格应低一些，尽量接近每股净资产；

第二，代表国家的法人机构拿到这笔现金后，应从该上市公司的长期发展出发，将这笔收入以长期优惠的债权方式（亦可视为股转债方式）继续留在上市公司，并在一个较长时间里逐步回收，避免上市公司一下失血过多。

二者对比，后者明显有利于上市公司的良性循环，避免其他投资人的恐慌。如采用股转债方式，可考虑回购价格高一些，以后国家再逐步回收。

鉴于国有企业上市中的很多不规范行为，如股改不彻底，非经营性资产未剥离，不良资产大量存在等，还应在一部分有条件的企业中，选择利用国家所有资金购买上市公司的不良资产和非经营性资产，此时回购价格可定得更高一些。

回购模式具有如下特点：

（1）可减少国有股在上市公司中的比例，以适当价格消化大量不流动的国有股，顺利完成国有资产的现金回收。

（2）不会给资本市场带来冲击，有利于上市公司臃肿的股本“减肥”，回购方式既可用于研究国有经济的战略性退出，又可消除我国资本市场发展中国有股和法人股不能流动的障碍。一石二鸟，实现双赢。

（二）国有股配售

国有股配售方式，即把目前不能流动的国有股以较低的价格配售给该上市公司的公众股东。这样，国家股以优惠价格转让给社会法人和个人，缩小了国有股比例，完成了战略退出并获得了资金。但是，上市公司的总股本并没有减少，流通量扩大，是一种变相扩容。有关部门考虑到这种影响，今年将国有股配售试点限制在两家共 5 个亿，这对于 800 亿股的国家股存量来说微不足道，对国有经济的战略性退出只能是杯水车薪。因此，这种方式远远赶不上公司上市的速度，局限性很大。

（三）可转换债券

国有经济实现在上市公司中的退出，应允许符合条件的企业先向社会公众发行可转换债券，一定时期后，再分期分批用一定比例兑换成国有股股份，使不能流动的单一性质的国有股转化为可以流动的社会公众和法人股。我认为，上述三种模式中回购方式最佳，这种方式社会公众较易接受，不致引起恐慌，上市公司可以较低成本减少股本，把不能流动的国家股消化在市场之外，可以从根本上减轻国家股上市对资本市场的压力，国家资本得以套现，能快速、全面推进国有经济退出竞争性领域的进程，达到国有经济依托资本市场完成战略性重组的目标。

四、利用通货紧缩环境，果断关停并转低效国有企业

只有在紧缩条件下，劣势企业陷入困境，才使得优势企业并购劣势企业，提高自身的市场占有率成为可能。事实上，企业组织结构调整这一难题必须依据市场经济规律，以企业为主体，以市场为手段，在紧缩环境下得以顺利完成。对于那些失去生命力的国有企业，应果断关停并转，实行破产清算，“资产变现，关门走人”。

五、配套政策

当前，国有经济实现战略性重组急需研究配套政策，解决实际问题。

（一）给民间投资大开方便之门

目前，办一个公司需要 10 万甚至 50 万元资金，这就堵死了民间办公司的思路，建议应像发达国家一样允许一块钱办公司。现实中企业间、企业与金融机构间发生的正常经营往来，应从简单地看企业的营业执照调整到以审查企业的资产负债表为主。因此，国家工商局首当其冲，要率先转变观念和思路。

（二）构造国有资产经营公司和投资公司

目前，国有股回购的主要困难是国有股的收益权归属不清。公有制多层次，有中央国有和各级地方国有。建议在以中央为主体所有和地方多元经营的层次上，构造国有资产经营公司和投资公司，在经营上给他们充分权利，使回购具有可操作性。

国资改革必须慎用 MBO

背景介绍：2003 年 3 月，财政部在给国家经贸委企业司《关于国有企业改革有关问题的复函》中提出了暂停 MBO 审批的建议；本文根据同年 4 月中央电视台记者和 9 月《中外管理》杂志记者的采访整理而成，并刊登于 2004 年第 9 期《上海国资》。

摘要：

20 世纪 90 年代初，俄罗斯在私有化改革中盲目借鉴 MBO 方式操作国有资产退出，以致尺度失衡，造成了国有资产大量流失，政府也失去了对金融、能源等重要行业的控制。

不可否认，MBO 确实是国有产权制度改革与创新的一种有效探索，但目前我国在 MBO 的运用上并不妥当：一方面，MBO 操作并不规范，“中国式 MBO”引发诸多遗留问题；另一方面，MBO 运用的前提不明，必须明确，只有在一般竞争性领域发展的国有企业才可考虑实施 MBO，而自然垄断行业、重要竞争领域里的重要行业、支柱骨干行业的大型国企这些国有经济不能退出的行业坚决不能实施 MBO。我认为，在当前国资监管体系尚不完善、信息披露制度还不健全的背景下，大规模运用 MBO 的时机并不成熟，尤其是重要领域的国企及上市公司，必须慎用 MBO，以防国有资产流失或影响中小股东的利益。就目前来说，MBO 可考虑在非上市、非关键领域的全民和集体企业试点运用，以作为国企产权改革的方式之一深入探讨。MBO 即“管理层收购”，本意是指目标公司的管理层利用借贷融资购买本公司的股份，从而改变本公司股权结构，进而达到重组本公司的目的并获得预期收益的一种并购行为。MBO 在国外是企业并购的一种特殊方式；而在我国却是伴随着国有经济战略性重组的推进过程中出现的关于产权制度改革的一种探索。我国的 MBO 主要涉及国有股权，而国有资产的保护问题事实上已经成为 MBO 的敏感问题，并且在当前又引发了激烈的争论。因此，对 MBO 和我国产权制度改革问题进行探讨具有非常重要的意义。

一、目前我国 MBO 在操作过程尚存在严重问题

2003 年 3 月，财政部暂停对 MBO 的审批，这主要是因为以 MBO 方式操作国有资产退出过程中存在以下两个问题。

（一）国有股权的出售价格不合理

现阶段 MBO 实施过程中最大的问题就是低价购买国有股，然后高价套现的情况。中国 MBO 的对象多为上市公司今后必然要流通的非流通股，价格由经营者与政府围绕每股净资产以协议方式来确定的。这导致一些人利用国有资产产权关系不明确以及对金融创新的工具没有相应的对应政策这样一个机遇，想获得流通跟非流通的差价。中国股民希望国家能够按净资产价格转让国家股，但这个目标他们追求了几年没有得到，而被这些实施 MBO 的经营者轻易地得到了。这里面就存在一个不公正。如果 MBO 的对象只是私人公司，采用目前的定价模式，一个愿买，一个愿卖，就不会损害别人的利益。但现在 MBO 的对象是上市公司，利用了中国非流通股份 2/3 可能流动的现实。而流通性是有价值的，MBO 收购的非流通股在将来流通后必然要损害流通股股东利益。因此，MBO 不能简单地以协议或一对一的方式完成，而应该在市场上有公开透明的信息披露，价格公正合理。

（二）经营者融资渠道有限

西方国家 MBO 资金来源广泛，银行、基金、保险公司、风险投资机构都可提供资金，MBO 企业还可能发行高收益债券，向中小投资者融资。而中国 MBO 融资渠道单一，融资限制多。根据《关于规范国有企业改制的意见》，经营者筹集收购国有产权的资金，要执行《贷款通则》的有关规定，不得向包括本企业在内的国有及国有控股企业贷款；不得以这些企业的国有产权或实物资产作标的物为融资提供保证、抵押、质押、贴现等；从金融机构取得的贷款，“不得用于股本效益性投资”。

从实际操作来看，中国 MBO 的方案也无非有几种类型：第一种是国外的投资银行给管理层拆借、融资；第二种是国内的商业银行给管理层贷款来融资，管理层今后用分红的利息来还贷款的利息，创造的利润来还贷

款的本钱；第三种就是利用信托的方式，由信托公司帮助筹集资金；第四种就是 MBO 之后先不给原来的政府和产权主体现金，先挂账，挂在应收款上，你先给我股份，我先不给你钱，然后拿股份转变机制创造的利润逐步给付。但由于我国目前关于融资的法规和政策的限制，经营者通过上述方式融到的资金也非常有限，且存在较大的金融风险。在已经完成的 MBO 交易中，经营者对其收购资金来源也是避而不谈。

（三）出现国有资产流失状况

由于不规范，有些 MBO 已经成为变相侵吞国有资产的行为，比如有的上市公司高管人员利用职权，可以获取打着改善公司治理结构的旗号，创造个人敛财的资本神话，不仅能以净资产价受让国家股，控制一个上市公司，更重要的是可以获得一旦非流通股转为可流通股时的巨大差价；一些地方政府则“乘乱”处理国有资产，无节制地实行“国进民退”，比如江苏的一个钢厂实施的 MBO，凭 600 万元就能占到 12.4 亿净资产的 7.9%。尽管目前国家有关部门已叫停了 MBO 这种私人受让国家股的方式，但各种 MBO 的变形方式仍暗潮涌动，不仅没有停止，而且有加速的趋势。20 世纪 90 年代初，俄罗斯与东欧等转轨经济国家私有化运动中大量借鉴 MBO 方式操作国有资产退出，曾经造成国有资产大量流失。据统计，俄罗斯的 500 家大型国企实际价值超过 1 万亿美元，但只以 72 亿美元的价格出售。俄罗斯的经验教训应当引起我们的注意。

二、MBO 是国有产权制度改革与创新的有效探索

从现实中看，中国 MBO 的对象主要有两类：一类是上市公司中的非流通股。流通股与非流通股并存是中国股票市场特殊历史条件下的产物，全流通是必然趋势。非流通股的价值在全流通后可能呈几何层数增长，经营者以 MBO 方式收购非流通股也主要是考虑到这个巨大的增值空间。另一类是地方国有企业的产权。十五大以后，地方中小国企的产权制度改革发展很快，在操作实践中也多采取 MBO 或准 MBO 的做法，改革的结果是经营者持大股。

不管是经营者，还是地方政府，对上述两类 MBO 都表示出极大的热

情和期待。对经营者来说，他们期望其过去的贡献和人力资本的价值得到体现，他们是 MBO 的主要推动者。对地方政府来说，企业亏损破产会带来稳定和就业的双重压力，他们急于扭转企业的亏损状态，时间拖得越长改制成本越大。同时，当企业处于盈利状态时出售还可以卖个好价钱并获得一定财政收入。因此，地方政府对 MBO 多持鼓励和支持的态度。

中国推动国有产权的变革，一方面要建立国有资产管理体系，明确国有资产的组织运营模式，实现国有资产有人代表；另一方面在存量上要调动和承认经营者的积极性，在股份上可能有相当一部分要量化给经营者。在量化的过程中如何解决经营者的资金问题，而不是简单的、无偿的量化。给企业的高级管理人员融资并使其回购股份，国家在股份出让中能够得到一笔收入，对国有资产的保值和改革过程中的增值是有好处的。对经营者来说，由于背负了一笔巨债融资来购买国有的股份，因此也会形成强有力的风险和激励机制，会努力还清他的融资成本并创造出良好业绩。因此 MBO 从总体上来看，至少是国有企业下一步改革的目标和方向之一，值得深入探讨。

三、在国有产权制度改革中实施 MBO 的基本思路

新的国有资产管理体制下，中央、省、地区三级政府具备双重职能，必然产生双重预算体系和收益体系：公共管理职能带来税收，所有制职能则产生资产收益，并直接与地方财政收入挂钩。双重预算和双重收益决定了政府的社会经济调控者的职能获得税收，支付在公共预算体系下的各项公共开支；政府的所有者职能获得投资收益，根据资本预算体系可能用于政府产业政策指导下的建设发展。可见，资本形态的国有资产不是包袱。它不但可以创造利润，而且可以按照市场规则，在中国市场经济中，特别是关系国计民生行业的发挥稳定器的作用，调节供求关系。如果某一地方政府没有国有资本，国有（资本）经营公司无产可营，就会变成“瘸腿”政府。因此，必须清楚地认识到通过新国资体系的建立和国有企业的战略性重组，国有资本根据市场变化和市场化的原则实现对实体企业股权“有进有退”的整合，保持其行业的重要性和隶属性，从而实现战略“退出”，

这绝不是简单的“一退了之”。在国有产权制度改革中引入 MBO 并不等于以 MBO 方式卖出所有国企或所有竞争性领域的国企，MBO 只适用于部分国企，尤其是中小国企。

在国有产权制度改革中实施 MBO 必须遵循以下思路：

（一）国有经济不能退出的行业坚决不能实施 MBO

国有经济不能退出的行业包括自然垄断行业以及重要竞争领域里的重要行业、支柱骨干行业的大型国企，主要有两个方面：一个是自然垄断的水、电、气等行业；另外就是每个地区在稳定和市场手段调节过程结合自身财政状况确定的行业。在制权统一、产权多元化的原则下，这两类领域要通过增量方式并保持国有出资人控股有利的条件下实现公司制发展。对垄断行业如电网、石油、石化行业的企业改制及增量扩股，在坚持以国有为主发展的前提下可以引进其他投资者，但不能搞 MBO。对重要竞争性领域，如上海的汽车、北京的房地产、广西的制糖，都是当地国民经济的重要行业和支柱产业，国有资本不仅不能言退，而且还要用市场的手段在市场当中发挥作用，也不能搞 MBO。

从俄罗斯的经验教训中可以看出，俄罗斯大亨的形成，正是由于在盲目私有化和市场化背景下，把握不住尺度。俄罗斯以 MBO 处理国有产权制度改革的结果是在重要的行业形成寡头，比如金融，能源等，政府对此反而没有了控制力。有三分之二的大亨都是原政府官员或原国企的厂长，其中切尔诺梅尔金是原化工部长，霍多尔科夫斯基是地区的团委书记出身。所以在政治体制改革和产权变革中，这些人才是真正有实力的人。俄罗斯的经验教训值得我们高度警惕。

（二）国有经济要退出的行业可考虑实施 MBO

国有经济要退出的行业主要是指在一般竞争性领域发展的国有企业，主要是指中小国企。在竞争性领域发展不理想的国有企业，一般经济效益不佳或出现严重亏损，其资产不能带来收益，国有资本要坚决退出，以避免企业效益呈下降趋势，又没有更好的收入来源而政府背负沉重的包袱。考虑到经营者的历史贡献，MBO 方式在这种情况下是值得提倡的。在竞争性领域暂时具有较好收益的国有企业，在时机成熟时结合对经营者过去的贡献和人力资本的价值可考虑实施 MBO。

四、结合我国资本市场现状对 MBO 的考虑

在 MBO 过程中，要把中国国有企业中上市和非上市的 MBO 模式分开，目前中国的上市公司暂不适宜搞 MBO，非上市公司可以推行 MBO。

（一）MBO 目前不适合我国的上市公司

在目前仍是股权分置的状况下，上市公司搞 MBO 本身有很多新的挑战，可能会给下一步非流通股流通、结构调整增加难度，可能会为明天的改革设置新的障碍和不确定的变数。第一是因为上市公司是公众的，涉及流通股股东的利益，流通股股东是因为原来不流通所以出高价购买的；第二就是上市公司本身规模比较大，股份处于流通与非流通之间。因此几个简单的经营者个人很难承担这样的风险，也就是他们得到的权利、利益和责任是不对称的；第三就是 MBO 的价格由谁来确定。现在没有谁代表国家，所以经营者、MBO 的主体既代表了卖方又代表了买方，于是就产生了很多不规范的行为。

在目前并不具备大规模对上市公司国有股以 MBO 的方式向经营者转让的时机和土壤，只有等到国有资产体系真正建立起来，信息披露和监管手段能够跟上，同时我们对于非流通股的可流通有一个基本的预期的条件下，时机才算成熟。

（二）在非上市公司中可以推行 MBO

MBO 的起源是小型企业，一般是针对中小企业，很少针对大型企业。MBO 针对非上市公司更好一些，这样不涉及公众利益。中国现在有 1000 万家企业，其中有 150 万家左右的全民企业，有 600 多万家是集体企业，而中国的上市公司只有 1200 家，在产权量化上，这些企业和上市公司相比是万分之一，所以 MBO 非常适合于非上市的全民和集体企业。但是股份最好能够量化到一个持股公司或公司的骨干队伍或经营者个人头上，主要经营者应该持大股，比如说董事长和总经理。股份比例也可以相对

悬殊，不必过分平均，这种股份必须要和全员持股制分开，也要和期权分开。

国有股划拨社保基金商榷

背景介绍：2012年11月，时任证监会主席郭树清提出“要划拨更多的国有资产到社保基金，比例大概在30%到50%之间，目的是改善公司治理、实现国有资本保值增值”的建议，引发了对国有股划拨社保基金的广泛讨论。同年12月《国企》杂志就这一问题对我进行专访，并刊登于2013年1月30日和讯网。

国有股划拨社保基金已被讨论已久，近日要求付诸行动的呼声愈发强烈。先是郭主席提出“政府部门不应该拥有过多以企业形态存在的资产，并建议划拨30%到50%的国有资产到社保基金”。再有全国社保基金理事会戴会长提出“以三种方式加大国有股划拨力度充实社保基金，为实现社会养老保障收支长期平衡，甚至可将超过51%的国有股划拨全国社保基金”。此举意在弥补养老经费收不抵支的缺口，但我认为，将国有股划拨到社保基金治标恐难治本，能否解决社保基金当下困境仍有待商榷。

首先，国有股划拨的对象是社保基金理事会而非社保基金。随着人口老龄化的加剧，大家关注的焦点都集中在“养老钱”上，然而鲜有人知的是，我们通常所称的社保基金实际上有两个：一个是目前正面作战、承担全国社保任务的各地方的社会保障基金，这部分基金每年支撑着社保医疗、养老等各种需要；另一个则是全国社保基金理事会（以下简称理事会），这几年以来讨论的要把国有股划到“社保基金”都是指划到该理事会。如果将30%到50%甚至51%以上的国有股划到该理事会，只能先作为全国社保的储备基金，但为谁储备的、谁能用、什么情况下能用却仍未明确。此外，社保基金理事会的性质为何，是否有完善的监督机制对其约束也未可知。目前，全国各地经济发展水平和历史欠账不一，各地养老金收支不平衡，如果该储备基金用于填补各省市社保的缺口，即哪个省市有缺口就往哪个省堵，那会不会还是“会哭的孩子有奶吃”，分配不公已然被预见。如此该理事会的基金定位就是错的，充其量就是财政部的小金库，甚至成为某些领导干部的“自留地”。现在这个全国社保基金理事会已经遭到很多非议，体制本身不顺，我个人认为，在中国没有必要搞一个全国社保基金理事会，应该把这些资金储备分散到各省，各省社保基金承担正面支付之余必须有一定数量的储备基金，做到盈亏自负、责任分明。

其次，国有资产的30%到50%甚至51%以上划到社保基金欠妥。前有郭主席称国有股划拨到社保基金能够提高国有企业公司治理的水平，后有戴会长认为划拨更高比例的国有资产能够保证社保基金的长期收支平衡。社保基金作为全国人民的保命钱、养老钱，是民生之基，不能在资本市场中承担任何风险，其唯一的目的就是盈利，如同后宫家眷不能承担正面御敌任务一样，资本市场的任何风吹草动都不能指望让社保基金来稳定，遇到异常就应立刻出逃。而国有企业目前存在一股独大等诸多问题，资本市场正面临大小非、大小限减持全流通的压力，如果这些股份全部出卖，资本市场就彻底垮了，作为占据主导地位的国有股，应承担着稳定市场的重任，无论如何也不能轻易撤出。故而从国有资本稳定市场的角度来看，将其大量划拨到以追求“安全”为首要目的社保基金中和现在中国资本市场需要国有股“御敌救市”的基本要求不相吻合。因此，国有资本在国资委、汇金公司等专门的国有资本监管和运营机构管理是非常合理的。

再次，国有资本划拨到社保基金未必能实现保值增值。如果政府部门不应该有那么多以企业形态存在的资产，划拨到社保后从公司治理方面能保证企业的质量，实现国资的保值增值，言外之意便是只要国有资产脱离了政府部门的管理，无论由谁管理都能提高企业的质量，实现国资的保值增值，这一结论难免武断。中国特色的市场经济环境中，政府承担着裁判员和教练员的双重职能：裁判员发挥间接调控市场经济的作用，如财政、工商、税务等，教练员则直接参与比赛，在市场经济中与民营资本实现共生。回顾改革开放三十余年，国有企业从过去简单的国营企业转化成国有企业，在《国资法》之后又变为国家出资企业，已经获得巨大进步，应该继续沿着这个方向坚定地走下去。我们现在真正研究的是国资管理体制的改革，对国企的管理已经退到了国有资本管理的层面，只要我们国有资本退到幕后做股东，今后企业按照现代公司治理结构和产权结构的模式打造，职业经理人登上舞台，那么国有企业的管理水平就没有必要再受质疑。国有资产分给社保基金虽然不同于私有化，但前提都是在说国有企业管理水平不高，这种提法有点太勉强，无论从会计、资本运作还是公司治理的角度把这些资产划到社保基金理事会也未必会提高治理水平，因为其自身的约束和治理结构尚且不健全，划拨过去后哪一部分在保值增值都不清楚，反而引发更大的管理混乱。因此，国有资本应长期存在，妄下结论甚至将国企私有化为时尚早。

最后，对社保基金注资应拨付现金而非划拨国有股权。社保基金从属性上看实际上是一种公共财政的转移支付，而国有股要实现的是资本的运作收益。鉴于社保基金理事会至今还没有明确的考核机制，这种情况下武断地将国有股权一刀切地划拨给它，今后如果股价跌了其就会声称是划拨过去的股质量不好，而涨了就是它运作的好，反而增加了监管和考核的难度。现在我国正面临人口老龄化的困境，国有资本向社保领域倾斜，乃至大幅度注资势在必行，但要由国家统一安排，国有资本每年的收益上缴到财政部后，再按照一定比例划拨到社保基金，这里要注意三点：一是要通过国有资本经营预算转移支付的方式来实现，主体锁定在国资委、财政部和社保基金三者之间；二是每年规定一个固定划拨比例，但只能以现金的方式拨付，这样国资委、汇金管理的国有股划给社保基金多少钱一清二楚，经过管理运作，是否增值，指标清晰，有利于国家进行统一的管理考核；三是做这一切之前需要预设一个大前提，即全国社保基金理事会必须向全国公布资产负债和发展情况。国有资本划拨到社保基金究竟能否解决当下的“养老钱”之困，能否实现国有资本的保值增值，众贤之论俱在。然而无论是如此比例的国有资产还是社保基金本身，都关乎国计民生，每一个举动都将对今后较长一段时间内国内经济、民生的发展产生巨大的影响，当谨慎为之。

如何看待国有股减持挤压股市泡沫

背景介绍：2007年10月《财经》杂志发表了一篇题为《恢复国有股转持提上议事日程》的报道，引发了市场对可能启动国有股减持挤压股市泡沫的忧虑，股市也应声出现了大幅震荡。为此接受了《深圳商报》采访，根据纪要整理成文并刊登于2007年10月15日《证券时报》及2007年第11期《经济》杂志。

目前A股上证综指已逾6000点，点位已高，究竟该以何种方式让“快牛”变“慢牛”，是当前投资人普遍关注的热点。近期，市场传闻由于股指过高，监管部门将启动国有股减持来挤压股市泡沫。由于监管部门尚未发布正式消息，一时间市场对于国有股减持众说纷纭，莫衷一是，造成了众多猜想和怀疑。对此，我认为，国有股减持不应也不会再次成为挤压股市泡沫的行政手段。

一、恢复国有股减持并向社保基金划转确有其事

（一）恢复国有股减持的内容

随着股权分置改革的成功，中国资本市场的走好，近期，国家有关部门和全国社保基金理事会的确在探讨恢复执行于2001年5月颁布实施、2002年6月暂停的《减持国有股筹集社会保障基金管理暂行办法》。相关部门计划将未来上市和增发国有股中的10%充实全国社保基金，并对“新老划断”后，首发或增发的国有上市公司进行追溯划转。尤其引人注目的是，社保基金此番提出的是划转股份而不是减持国有股的资金，是从“减持要钱”到“转持要股”。

据统计，2006年6月新老划断后首发或增发含国有股上市公司159家，可划转的国有股数约71亿，净资产约219亿元，按发行价计算为404亿元。从追述划转看，一是数量不大，二是这一行为仅是国有大股东之间的存量划分，三是社保基金未来处置这部分股份时未必直接抛售，而有可能采用将按规则在场外协议打包转让的方式，因而对市场影响有限。从未来首发或增发看，今后国有上市公司IPO资金中90%从社会募集，只有

10%由发起人大股东的存量股份中直接划转给社保基金，因而对市场也不会有过大影响。

（二）市场上流传的版本及简单评述

版本之一，是政府部门根据现有对国有上市公司“锁一爬二”的规定，只要一达到12个月，由政府或者监管部门协商，就将把可流动的5%的股份全部卖到市场上来，抑止过度上涨的股市，国家也从中套现一部分资金。

版本之二，是除了股权分置改革“锁一爬二”到期的大非之外，政府部门可以做一个特别的规定，将未到期的国有非流通股也抛向市场，抑止股市泡沫，并认为国有股是特别股份，国家有关部门可以在认为股市上涨过高时对它进行特别减持和特别安排。

事实上这两种传闻都是子虚乌有的，国资委已于2007年7月份出台的《国有股东转让所持上市公司股份管理暂行办法》中就国有大股东减持其上市公司的股份作出了限制性规定，今后国有控股股东在连续3个会计年度内通过证券交易系统累计净转让股份的比例超过上市公司总股本的5%，或不超过5%但会造成上市公司控制权转移的，需报经国有资产监督管理机构审核批准后实施。

以5%的股份转让为界，反映了国资委从国有经济战略的考虑出发，并不倡导国有企业不顾自己的基业，从资本运作中渔利。因此，是否减持股份、在市场上抛售应完全由企业根据自身战略规划实行，国有上市公司的大股东在政策范围内转让其上市公司股权完全是股东的法人行为，而不是国家的统一安排。

传闻之二更是不可能的，2001年将国有股作为公共产品可以特别减持的提法，正是造成市场动荡的主要原因。国有股不应享有超出民营、外资和私人股份之上的特权，不能在股市低迷时就让国有资金去救市，在股市高涨时就靠国有股的减持来打压市场。认为国家股可以超出股权分置改革的规定，超越其他股份进行特别减持，并将其作为挤压泡沫的手段，不符合管理层近年来通过市场手段解决市场问题的思路，也不可能在相关部门中获得一致通过。

二、投资者对恢复国有股减持产生恐惧是可以理解的

（一）2001 年国有股减持历史回顾

市场对于国有股减持传闻的恐慌是可以理解的：正是因为 2001 年 5 月国有股减持，筹集社保基金的办法导致了中国资本市场走上长达 5 年的漫漫“熊”途，形成了一场大股灾。

中国上市公司在中国资本市场股市建立之初，其存量股份由于当时特定的政治和经济的原因没有流动，而同时期的上市公司也都提到存量股份暂不流通，这就使股民在购买股票时，对于供求关系的认识、存量非流通股不流通以及给沪指造成的影响都是在该基础判断上形成，因此一旦自然并轨，必须要考虑流通股东的利益。

2000 年以后，宏观经济环境良好，社会政治局面稳定，但资本市场却掉头向下，掉入了“休克疗法”的误区，其中一个重要的分歧就是国有股按市价减持之后，存量的 3200 亿股份今后是否也将随后按市价自然并轨，而当时中国 1200 多家上市公司中，流通股只有 1500 多亿，庞大的 3200 亿非流通股是流通股的 2 倍之多，当时流通股股价平均在 12 块钱左右，而非流通股场外协议转让只有一两块钱，这种自然并轨对在 IPO 和二级市场高价入市的股民来说是非常恐惧的。

对于市价减持国有股，当时人们把增量减持筹集社保基金比作一颗小地雷，但它下面还挂着一颗高达 3200 亿非流通股的大地雷，它将以什么身份进入市场影响着人们对市场的信心。在短短几个月间，股市从 2200 点下跌到 1500 点，中央才把这个减持办法叫停。正是这样一对悬而未决的子母雷，导致中国股市发生从 2001 年到 2005 年年底的长达 5 年的持续下跌，它给证券行业和几千万投资人带来了影响，对中国证券市场的被边缘化，对中国银行业由于资本市场的不支撑，而被迫选择海外上市都产生了不可估量的损失，这是当时的历史背景。究竟是要承认这段历史，给我们的投资人以一个对价的补偿或考虑，还是不承认这段历史，就硬性地自然并轨，这是 5 年来中国资本市场巨大的路径之争。

（二）市价变对价，中国资本市场焕发青春

在持续长达 5 年的僵持之后，随着 2004 年国务院发布《国务院关于推

进资本市场改革开放和稳定发展的若干意见》(《国九条》)，以及2005年4月29日，证监会《关于上市公司股权分置改革试点有关问题的通知》的颁布，在反思了市价减持带来的巨大损失和教训后，正确的方法论使我们越过了这道曾经绕不过的坎，终于推出了用对价改革取代市价减持，中国的资本市场也恢复了青春和活力，投资人才能分享中国经济发展的成果。

历史上在国有股减持筹集社保基金这一问题上，时有舆论认为不会对股市有任何影响，但事实证明影响巨大。所以，今天重提恢复国家股减持，特别是在这样一个股指屡创新高的敏感时期，由于缺乏对这一段历史进行的反思和总结，又重新提出恢复减持，给市场带来各种各样的恐慌和臆想，是可以理解的。

三、行政挤压泡沫是不可取的

（一）2001年的国有股减持与今天的市场环境已截然不同

当前恢复国有股减持筹集社保基金的历史背景已经和2001年截然不同了。5年前还没有推进股权分置改革，是不给股民对价补偿的一种硬性解决。市价12块和非流通股一两块自然并轨会带给投资者巨大损失。而今天恢复它已是在股权分置改革基本完成的局面下，非流通股股东为了获得股份的流通权，已向流通股股东以送股等股权分置改革方式支付了对价。市场已在股权分置的历史问题上形成了一个共识：今天恢复将IPO和公开增发中的10%存量减持给社保基金，已经不存在存量非流通股股东这颗大地雷，是一个市场的正常选择，并没有构成任何改革前那样的历史特定环境，所以二者之间是不可比的。

（二）监管者日益成熟，会尊重市场规律

股权分置改革后，监管者、投资人，各证券中介机构都已深切认识到：资本市场要遵守市场经济的自然发展规律，过多的行政干预和建立在人为主观判断基础上去打压股市的做法将带来恶果。

针对目前中国股市高启的特点，几乎所有人都承认股价过高、涨得过快的现实，但究竟该用什么方式让快牛变慢牛，政府部门都已经看到了行

政打压市场的副作用，近一段时间以来，投资人对监管者的成熟给予了越来越多的表扬，尽管市场存在着巨大的风险，监管者始终坚持不懈地进行着投资者风险教育，并运用市场经济手段从供给面上平衡股市，比如在公司债的推出、H股的回归，在过去的一个月里融资额达到1900亿，超过以往任何一个年份。用这样的思路来平抑股市既能达到效果又与国际规范靠拢，是尊重市场规律的表现。

因此，无限的夸大其词，把这次恢复国有股减持充实社保基金说得和2001年一样严重是不符合事实，也不符合史实的。国有股减持不应也不会再次成为挤压股市的行政手段。

四、走出对全国社保基金认识的几个误区

我国现有的社会保障体系包含两个部分：一部分是社会保险基金，主要用于满足当前社会保障支出的需要，社会保险基金由企业和个人缴费形成，主要包括基本养老、失业、医疗、工伤和生育保险基金，由税务机关或社会保险经办机构征收，纳入社会保障基金财政专户管理，实行收支两条线。这是正在运行的制度，我们不妨将其称为主力军。

另一部分是全国社会保障基金，是由全国社保基金理事会受国务院委托管理，作为国家重要的战略储备，主要用于解决今后人口高龄化高峰时期的社会保障问题。全国社会保障基金仅仅是社会保险基金的储备机构，它是主力军之外的预备队。

在恢复国有股减持中，全国社保基金作为一种储备和预备队，我认为有以下问题需要明确界定：

（一）全国社保基金的运作方式

全国社保基金将自身界定为国家重要的战略储备，主要用于解决今后人口高龄化高峰时期的社会保障问题，但没有明确界定与社会保险基金之间的给付机制，预备队和主力军该如何衔接，在什么情况下发挥作用应该事先作出明确规定而不是任其发展。另外，未来发生给付时，全国社保基金向各省的支付机制也应完备，避免出现“会哭的孩子有糖吃”等现象。

（二）全国社保基金的最优规模

现在社保基金已发展到4000亿的规模，其规模多大才是最合适的，应该有一个较为清晰的界定。根据现有的缺口，只要在一定收益率下能满足每年的增量需求即可，而不应被无限扩大。

（三）对于央企和地方企业：应当区别对待还是统一划转全国社保基金

在国家股减持中既有中央企业也有地方企业，是笼统地将所有股份都划到全国社保基金理事会还是央企的股份先划过来，是值得商榷的。地方国有企业减持的股份应该优先考虑补充地方正在运转的基金，这样一方面扩充了各地社保的实力，另一方面也明确了各地的责任。

（四）社保基金的缺口：是针对社保系统还是全国社保基金

现在针对我国社保基金亏空的统计口径不一，高的有9万亿，也有的认为在2万亿~3万亿之间，且不论这些测算的科学合理性，即便承认这一亏空，也是针对当前运转的社会保险基金这个主力军，而非全国社保基金这个预备队。相关部门也应考虑向目前正在运转的，正承担着社会保障使命的基金里划转部分资金，以真正坐实个人账户，而不是全部划转到预备基金。

（五）向社保基金的支付方式：划转股权还是给予现金

划拨资金更有利于明确社保基金接收了国家多少资金、自身增值了多少的业绩考核。如果划拨股份，一旦市场发生变化，特别是资本市场发生较大波动时，划拨全国社保基金的股票如果发生账面亏损，到底是给的股不好，还是社保基金运作不好，容易造成职责不清。综上所述，由于历史上减持国有股充实社保基金这种的痛苦经历，所以我认为在今天继续恢复减持国有股充实社保基金的过程中，应该对全国社保基金进行科学合理的限制性规定，让全国人民都知道全国社保基金作为战略储备基金，在什么情况下才能和我们的社会保障息息相关，才能派上用场，研究与现在正在运行的全国劳动与社会保障部下的社保系统的对接关系，是应该作为一个重要的课题提出来的。

五、对国有股减持历史的澄清与提示股市风险并行不悖

现在股市点位上涨过快，蕴含风险较大，投资者应时刻有风险意识。人们习惯于将市场的调整归结于某些传闻，但从某种意义上说，即便没有行政手段挤压，市场自发调整也迫在眉睫，其自身风险也很大，我在此希望投资人无论如何都要关注这一点。愿今天对国有股减持历史的澄清和我们提示中国股市目前投资的风险并行不悖。

打造房地产“旗舰”，实现北京国资整合的有益探索

背景介绍：2002 年应北京天鸿集团邀请，为其制作“以‘旗舰战略’带动国有资产整合”的方案设计。2005 年北京城开集团与天鸿集团合并成首开集团，其在组织形态上就采用我所提出的“旗舰战略”。这次重组不仅使首开集团成为北京最大的房地产开发集团，“旗舰战略”的采用更是为北京市乃至全国范围正在兴起的国有企业产权和组织的整合提供了范例。为此我应北京首开集团之邀写就此文，并刊登在 2005 年 12 月 14 日《中华工商时报》及 2005 年第 12 期《上海国资》。

北京城市开发集团和天鸿集团是北京市属最大的两家房地产公司，此次在北京市国资委的主导下实现“强强合并”重组形成的“北京首都房地产开发控股（集团）有限公司”（简称首开集团）总资产规模将近 500 亿，不仅成为北京最大的房地产开发集团，也成为全国范围内较大的国有房地产企业。首开集团的组建无论是对北京市房地产业的整合，还是对全国范围内正在兴起的国有企业产权和组织的整合都将产生较大的影响。

一、组建首开集团的背景和意义

（一）从 2003 年开始，中央推出的地产新政及宏观调控力度的加大

国务院 18 号令明确指出：“支持只有资信和品牌优势的房地产企业通过兼并、收购和重组，形成大型企业和企业集团。”上至中央企业的房地

产重组，下至全国各地国有、民营、外资企业间的并购，日趋活跃，已经拉开了全国房地产行业重组的序幕。这要求房地产行业必须从目前相对分散和粗放的状态向加快房地产业行业集中度、缔造大型房地产企业的组织形态过渡。新一轮房地产企业优胜劣汰的并购高潮即将到来，优势企业必须做大做强。如何化挑战为机遇，是北京市大型国有房地产企业的历史使命。

（二）北京作为全国的政治、经济与文化中心，在发展中承担大量的公益性项目建设任务

国有房地产企业无疑是完成这些任务的主力军。因此，有效整合北京房地产业既存国有经济资源，打造国资“旗舰”，形成行业主导力量，无论对优质完成政策性项目建设任务，还是对市政府进行房地产市场的有效调控，推动北京经济、社会环境的健康发展，无疑重任在肩。同时，房地产业是北京国民经济的新兴产业和基础产业之一，地位十分重要；因此，从政府调控市场和推动该行业良性有序发展的角度看，在行业内保留国有经济力量，依靠并扶持大型国有企业做大做强，发挥国有经济特有的经济效益和社会效益的双重功能，也是必然的选择。

（三）随着中央国资管理步伐的加快，北京房地产业国企与国资管理模式的变革成为必然

北京房地产国资总量较大，但又相当分散，行业竞争力日趋弱化，如何有效整合国有资产，形成较强的行业竞争力，从而实现国有资产保值增值，已成为北京房地产新国资管理迫在眉睫、必须解决的重大课题。在新国有资产管理体制背景下，如何完成政府国资管理与国有企业发展的双向对接，构建高效运行的国有资本运营机构，做大做强国有经济，亟须进行新的探索与实践。国有经济是否应从竞争性领域完全退出。从总的趋势看，国有经济的确应当向事关国民经济命脉、事关国家安全和自然垄断行业集中，以加强对这些行业的控制力，但这种集中并不意味着对竞争性领域的完全放弃。在竞争性领域，国有经济也应当有进有退，在注重提高国有企业经营效率的同时，还要保持职工队伍的稳定。

显然，在北京房地产国资管理改革中，依据国有企业管理应向国有资本运营转化的思路，以一些大型国有房地产企业集团为基础，实施“旗舰”战略，组建带有行业特点的“旗舰”式国有资产控股经营公司，通过产权纽带组合成有机整体，形成群体优势，发挥规模效益，是实现北京市国有资产保值增值并推动北京房地产行业健康发展的现实可行的改革方略。

二、城开、天鸿两大集团“强强合并”的优势

城开集团和天鸿集团作为市国资委所属的大型国有企业集团，都属于同一地域、同一出资人、同一企业性质，经营范围基本相同，从事相同的房地产开发行业，事实上存在着不必要的内部同业竞争。同时，两家企业的总资产规模相当，企业管理规范化程度相似，历史上两个企业间也曾有密切的关系。诸多方面的同构性，使得两个集团合并重组、强强合并势在必行。

两个集团之间除有同构性，在业务上还有互补性。在竞争日益激烈的北京房地产市场，通过合并重组两个集团可以取长补短，拓展企业市场份额，提高对北京房地产市场资源的支配力度，真正起到 1 加 1 大于 2 的作用，实现国有企业之间的优势互补，放大国有资本的功能。

纵观我国国有企业组织整合的历史，以行政手段居多。从 20 世纪 60 年代的工业托拉斯，70 年代的行政性公司，80 年代的行政性企业集团，90 年代的捆绑上市，虽然改革者——政府部门领导人的初衷是好的，但效果却往往不佳，它们要么是“梳辫子装口袋”，连体而不连心，貌合神离，流于形式，要么是不顾实情，摆不平各方利益，硬性合并，结果亏的没扭亏，赢利的反倒被拖垮了。究其原因是在于用计划手段取代了市场手段，用政府主体取代了企业主体，用行政纽带取代了资本纽带，导致这种行政性重组的成活率和成功率并不高。而这次城开和天鸿两大集团的重组恰恰是在北京市国资委这一国有资本出资人的指导下，充分尊重两大集团自主合并的意愿，并以两大集团企业为主体，在尊重市场规律和法律准则的前提下，以资产、财务整合为基础，以资本为纽带，并在此基础上形成规范的首开集团法人治理结构。

同时，在企业组织形态上，也明确提出了要搞建立在母子公司和母子集团体制下的“旗舰”模式，而不是搞单一法人的“航母”模式。这也对正确处理母子公司的集分权关系，在集团公司、子公司和孙公司等多层面上充分调动各方积极性奠定了组织基础。这无疑为首开集团组建后提供了成功发展的组织战略和制度保证。

三、“旗舰战略”的特点及优势

（一）“旗舰战略”的特点

1. “旗舰”主导性。“旗舰战略”的核心是在行业内确立一家或几家大型企业集团的“旗舰”地位，以之为龙头，通过产权纽带和集团章程，来主导和带动舰队的其他成员企业，按照统一的发展规划进行生产、经营，从而带动国有经济的整体发展。

2. 整体性。“旗舰”战略是以行业内国资的整体为对象，根据整体发展需要制定的，追求的是行业内国资发展的总体目标和利益，而不仅仅是考虑局部或某一企业的目标和利益，是全局性、综合性的规划，因而具有突出的整体性特点。

3. 行业整合性。“旗舰战略”的根本任务，就是按照集中力量、加强重点的原则，对行业内零星、分散的国有企业和国有资产，进行重新分类整合并有效集中，从而做大做强，形成群体竞争力。

4. 资本经营性。“旗舰战略”的“旗舰”企业，是由新组建的行业国有资产经营公司或企业集团公司改组而成的，其对行业内国资的整合、主导和影响，与原来的政府部门管理、指挥企业的方式决然不同，主要是通过产权纽带、以资本经营的方式来实现的。

5. 产业资本和金融资本相结合的优势。由于“旗舰战略”的集团化，可根据国家政策组建财务公司，为“旗舰”舰队的发展提供强大的金融支撑，发挥综合优势。

（二）推行“旗舰战略”的优势

“旗舰战略”所具有的上述特点，使它对于现阶段我国某些重要行业国有资产有效整合，能发挥特殊的重要作用。具体而言，当前推行和实施“旗舰战略”具有如下几方面的重要意义：

首先，在国资新模式的确立和发展过程中，推行和实施“旗舰战略”，赋予“旗舰”企业国有资产经营权，能充分利用行业内已经形成的国有企业集团的经营优势和行业影响力，有效担当起行业国资整合和资本经营的职任，以保证实现国有资产的保值增值。

其次，随着“旗舰战略”的推行，“旗舰”企业的实力会在市场经济的竞争环境中不断增强，将逐渐涌现出规模较大、有较强竞争力的行业国资龙头，这对于维护市场经济的良性竞争环境，对于真正提高国企的市场竞争能力，无疑具有特殊的重要意义。同时，只有依靠市场竞争而不是行政手段组合所形成的国资龙头，才能有效应对“入世”后日益激烈的国内外市场竞争，做大做强国有经济，进而充分发挥国有经济有效贯彻国家的产业政策，有力地带动和促进该行业的快速、健康发展的重要作用。

最后，“旗舰战略”的资本经营性特点，要求以产权清晰化和资本流动性作为前提，因而推行和实施“旗舰战略”，必然带动相关国有企业的改组改制，这将为国有企业建立和完善现代企业制度，促使其稳定、健康的可持续发展，奠定良好的基础。同时，通过“旗舰”的资本经营功能，利用股份化和公司制等形式，将进一步带动和影响非国有资本，对于推动国民经济的快速、健康发展，也会起到十分重要的作用。

四、打造好“旗舰”是实施“旗舰战略”的重点

国有经济的战略性调整和国有企业产权制度的深化改革是当今国资管理的核心内容。随着新国有资产管理体制建立，“三层架构”的新体制已经在央企改革和地方国资改革中得到实践，从事国有资产经营管理和资本运作功能的控股公司的作用和功能日益得到重视。因此，如何选择和定位中间层成为连接国资委和大型国有企业（集团）的桥梁，是这一改革的关键点。推行和实施“旗舰战略”，通过存量资产的优化配置，依靠市场竞争形成的国资龙头，赋予集团控股公司这一“旗舰”的国有资产经营权，充分利用国有企业集团的经营优势和行业影响力，使其有效担当起行业国资

整合和资本经营的重任。对“上”国资委保持国有独资的产权结构，对“下”所属各子公司的产权结构则多元化、股份化，保持对实体企业的控制力，是实施建立在以产权清晰化和资本流动性为前提的资本运营和管理为特征的“旗舰战略”的重要内容。

第六章

国有资本法律与基础管理

为国资委转变监管思路，维护股市稳定叫好

——参加国资委上市公司国有股东三个规范文件论证会发言

背景介绍：国家股减持对资本市场影响重大，从2009年年初开始，应国务院国资委产权局邀请，多次参加《上市公司国有股东三个规范文件》的论证，对最终这三个文件的形成发挥了重要作用。2009年7月国资委出台了《关于规范上市公司国有股东行为的若干意见》《关于规范国有股东与上市公司进行资产重组有关事项的通知》和《关于规范上市公司国有股东发行可交换公司债券及国有控股上市公司发行证券有关事项的通知》三个文件。体现了国资委开始从片面地强调国有资产的保值增值，向维护资本市场稳定，保护全体股东利益的重大转变。这三个文件的出台，不仅未带来资本市场的恐慌，在某种意义上还构成了利好。我的学生何旭将我在几次论证会上的发言归纳为此文，发表于2009年第8期《国企》杂志。

一、国资委出台文件的四个重要背景

对国资委三个文件的理解，应首先注意其出台的四个背景。

第一，中国的国资改革和资本市场之间的关系越来越密切，在某种意义上，资本市场是我们未来国资改革的生命线和主战场。

党的十六大之后，提出了国有资产的战略重组，进一步建立现代企业制度，从而成立了新的国资委（1986年曾有过一个国资局，成立十年以后取消了），这是在中国奔向市场经济发展中的一个战略性创举。在这个背

景下，新的国资体制如何发展？从2002年以来的发展实践看，必须依托资本市场来完善新国资体系，这一点也已经越来越被理论界和中国改革的决策监管部门看重。

资本市场是中国国资体制在市场经济条件下探索新型法人公有形态的主战场，正是这个主战场使得传统的国有企业在最近5、6年的发展中焕发青春。从融资体制上看，这几年资本市场为国有企业注入新的资金，为国企脱困成长壮大创造了条件；同时，现代股份公司的治理结构也在资本市场上得到了完善。资本市场为国资在改革发展中的创新和壮大，提供了一条国际生命线，没有资本市场，就没有新的国资体系形态的产生。

这5年的历史已经充分表明资本市场是中国未来国资改革的生命线和主战场，而这个大背景已经越来越被国资委以及各界的国有企业领导干部所看到。

第二，中国的国有控股上市公司众多，国有资本是资本市场发展的最大受益者。

中国上市公司的一个特点是1600家上市公司中有880家左右是国有控股的上市公司，其中中央国资委管的上市公司有240家左右。如果再包括财政部管的各类金融企业，其数量接近900家。从数量上看，国有控股的上市公司在中国资本市场占了60%以上；从股本总数上看，在18000多亿股中，国有股占到80%以上，接近85%。所以，我们探讨中国资本市场的结构和特色，就必须要根据国情来研究我们在转轨时期遇到的一系列有中国特色的问题。

股权分置改革后，股市迅速地上涨，扭转了被推倒重来的格局，国有资本是最大的受益者。股市涨到4000、5000点以上，国有资本在融资上受益匪浅，几大金融机构，包括建行、工行都纷纷从海外回归国内。这与在股市被推倒的时候，作为国有资产支柱的金融企业背水一战、被迫出走海外形成鲜明对比。因此，只有股市发展了，我们才能把这些关乎中国经济命脉的金融企业迎接回来。

股市处在健康良好状态的时候，不仅仅实现了增量资金向国有企业的注入，而且存量的国有资产随着股权分置改革都已经盘活。国有资产不仅实现保值增值，且实现了转机转值，所以整个市场格局在走活，中国的国有体制在走向新生。

证监会管上市公司，国资委不能直接作用于上市公司，但是国资委却可以直接作用于上市公司的大股东。而要解决股权分置中大小非、大小限这些压抑中国资本市场的问题，恰恰是要通过加强对中国股市一股独大背景下大股东的约束实现。所以面对全流通后的压力，早在2007年7月，国资委就出台了对市场产生重大影响的第19号令《国有股东转让所持上市公司股份管理暂行办法》，规范国有股东的减持行为，这跟证监会是呼应的。

第三，当前我们面临国际金融危机冲击的情况下，中央的扩大内需政策。

中国政府领导人向全世界宣布要争取成为第一个走出危机的国家，中国扩大内需的政策能不能成功，60年大庆能不能以一个健康向上的股市来迎接国庆，都决定了资本市场的发展。所以中央一系列的政策都是合乎资本市场健康向上发展的要求，国资委也不例外。也正是在这种背景下，面临大小非的减持压力，国资委从过去简单强调国有资产保值增值到现在提出要维护资本市场的稳定健康发展，要履行央企的社会责任，保值增值国有资产的同时还要保护全体股东的利益。

第四，国资委文件是在证监会已有具体股改政策的情况下出台的，不能与证监会股改政策相冲突。

直观来看国资委的三个文件，规定并不具体，比如再锁几年，再控制多少比例都没有明确。但这是在证监会已经规定了明确的股改政策这一大背景下考虑的，国资委不能再搞一次股权分置，而只能尽量从市场、股东的角度出台一系列文件，如果再限制，就会跟证监会现有一些股改政策相冲突，比如这三个文件可能想做出进一步限制性的规定，但是不能够跟证监会锁一爬二，送股模式的股改相冲突。

但在这种背景下，国资委出台的三个文件还是做出了不少实质性规定，比如《若干意见》的第7条规定国资委今后将对重要的或有必要的国有上市公司重新做出持股比例的规定。也就是在不考虑大小非、大小限的情况下，仍然要对有些重要行业和上市公司企业国有股的持股比例做出规定。同时，第9条提到要加强对国有上市公司大股东股票账户的管理，同时要强化对国有上市公司股票标识的管理。今后在证券登记公司和交易所里，凡是国有上市公司都有特殊的标志，一看就知道是国有股。这样国有股东股票买卖可以实行动态跟踪，甚至对开户都要做规定。因此，三个文件虽然在“锁多少年，多少比例”上不能再跟证监会的规定冲突，但是可以在具体的信息披露，账号监管，以及对一些重要上市公司的国有股东的持股比例做出新的规定。这也体现了国资委在处理其他股东和国有大股东利益时，是能够站在承担社会责任的角度上考虑问题的。

二、维护股市稳定是国资委出台三个文件的重要前提

三个文件的出台是国资委以出资人的身份对所辖的上市公司进行约束，体现了国资委思路的重大转变，即从片面地强调国有资产的保值增值，转变为维护资本市场稳定，保护全体股东利益，强调国企的社会责任。

中国资本市场发展的一大特色是，中国对资本市场的维稳措施，既有来自于裁判员，像证监会的政策规定；也有来自于教练员，就是国资委维护赛场公平规则；并且还有为赛场秩序健康稳定而进行的文件规定。国资委能够和证监会一起发一个文件，也就是教练员和裁判员发了一个文件，这是中国的特色。但是在股权分置改革之前，我们教练员往往强调本队的利益很多，也就是强调国家队的利益，比如当时有些海外顾问提出的用市价减持国家股，挤压股市泡沫，以保证国有资产增值，筹集社保基金。尽管这是海外人提的，但是恰恰忽视了资本市场是一个公平比赛的场所，不仅要保护国有股东的利益，还要保护全体股东的利益，这样比赛才能公正进行。

十年以前，资本市场曾被当成国企脱困的场所，大家应该都记得当时的上市指标叫“捆绑上市”，就是一个好国企要搭配一个差的，一帮一、一对红，就是为国企脱困服务；到了2001年国企又要为保障职工利益服务。所以资本市场始终就没有被摆正位置，在这个过程中中国股民承担了

帮国企脱困的社会责任，但他们还要不断地被进行投资者教育，他们还成了被教育者，这是理论上的一个颠倒。

因此国资委从维护资本市场稳定的角度出发提出这三个文件，是国资委思路的重大转变。实际上从2007年7月的19号令开始他们的思想就在转变，不再片面地强调国有资产的保值增值，而为国有职工下岗筹集社保资金服务。2007年7月的19号令规定“总股本不超过10亿股的上市公司，国有控股股东在连续三个会计年度内累计净转让股份的比例达到上市公司总股本的5%及以上；总股本超过10亿股的上市公司，国有控股股东在连续三个会计年度内累计净转让股份的数量达到5000万股或累计净转让股份的比例达到上市公司总股本的3%，应将转让方案逐级报国务院国有资产监督管理机构审核批准后实施。”

今天到了真正要解禁的年份，国资委再次站出来要细化这个文件。在一股独大特点的中国资本市场中，国资委作为大股东，有能力在这次出台的文件中，再次对大小非、大小限做出限制性规定。同时，财政部也参照国资委颁布的文件，规定所有国有控股的金融类上市公司减1股也要事先批准；对参股企业，1个会计年度内，如果想卖出超过5%的股份也要由财政部把关。这对解决大小非、大小限的问题很有帮助，使股改的不完善之处得到了完善。所以，今天国资委和财政部对中国特有的国有上市公司做的这些补充规定，既是部门思维方式的转变，也是市场的一个利好。因为他们已经开始看到没有资本市场就没有国资企业的新生，只有资本市场的繁荣，才有国有资产的不断壮大。所以他们开始从维护资本市场稳定，保护全体股东利益，强调国企的社会责任出发来出台三个文件，约束上市公司大股东转让国有股。

三、文件中对重组预批制度的规定意义重大

大小非、大小限解禁之后，在全流通背景下，并购重组将是下半年资本市场色彩纷呈的亮点。国资委在这种背景下，提出这样一个资产重组的通知性文件意义非常重大，优化了战略性重组的审批环节。这个文件里最大的特点，就是提出国资委要进行预审、预批的制度。

以前的重组审批制度是董事会通过资产重组方案后，报到国资委，但是在报送国资委的时候，股东大会已经开始审议，市场也已基本知道，因此国资委很被动。比如作为国有股东代表的董事长领导的董事会同意上报了资产重组文件，国有资产审批部门却发现战略布局规划有问题，告诉董事长不能通过，于是到了股东会，董事长又得带头投反对票。而且市场上一有重组传言股价就上涨，这就使得国资委面临窘境，甚至不能不批。

而《关于规范国有股东与上市公司进行资产重组有关事项的通知》提出国资委预批的制度，即并购重组在上董事会之前，大股东就应该先报国资委，作为股东的国资委同意了，再上董事会。为了规避国资委提前得到重组消息，进行内部交易的风险，文件规定：只要文件往国资委一报，就要求相关企业停牌。如果国资委没批准，股价不会有大起大落；如果国资委批准了，一批准就对外公开披露，然后再上董事会、上股东会。

国资委出台这三个文件，已经向证券监管部门提出了严峻的话题：民营企业的一股独大谁来解决？大股东利用一股独大进行高抛低吸的资本运作是继大小非、大小限之后中国资本市场的第三道难题。民营企业利用一股独大进行家族统治，管理团队、董事会都是大股东指派，什么时候出消息，如何处理利润，都由大股东决定，大股东可以利用这种信息不对称进行高抛低吸的资本运作。而这个过程中又没有像国企那样的国资委约束、党委约束、外派董事约束。比如1毛钱1股的紫金矿业，在今年如此紧张，各部门都贯彻党中央维稳政策的背景下，能套现30亿。1毛钱的股票跟1块钱的股票在一起就是披着羊皮的狼，现在有一只股票套现了30亿，如果再有几十只、几百只套现，将会对中国资本市场造成怎样的伤害？因此中国证监会也应从这个文件里吸收合理的部分，解决现在民营企业一股独大的问题，从上市环节到监管环节都给予重视。

四、与国资委三文件相比，国有股转持对资本市场意义不大

与国资委出台的三个文件相比，最近的国有股转持对资本市场的意义不大。社保基金是中国资本市场发展被推倒重来第一次决战的始作俑者。2006年1月就是因为错误地筹备社保基金这个神圣的目标市价减持国家

股，5 个月以后被中央叫停。但是股市被推倒重来，由于国有股的问题被引出来了，用什么价格解决非流通股的流通一直压抑了股市四年之久，这段历史也是今天要探讨社保基金接受国有股转持的深刻背景。这四年期间还有人提到用社保基金取代国资委，国资委把大部分股份转给社保基金。

要看到中国推进的市场经济改革中，国有企业、国有资本不是短期之内才存在，可能要在一个较长的时间存在，它肩负的不仅是经济还有政治上的任务。国资委在和金融企业的主管部门承担着资本和国资运作的任务，这是在正面作战。

而现在的社保是两条线，一条线是正在现实中发挥作用的，全国社会保障部、各地保障局正在给每个人交纳的钱，这也是今后发挥社保作用的钱。另一条线就是我们反复提到的全国社保基金，它只是一个储备基金，这个储备基金现在有将近 6000 亿，但这个基金现在并没有发挥作用，只是一支预备队。中国未来可能会有老龄社会，会有职工欠账的问题，可是要分清预备队和正在正面打仗的正规军的关系。预备队什么时候能用，怎么用，性质上怎么界定都不清楚，所以这两个系统要分开。

而且，如果全国只搞一家预备队，哪个省市有问题就去堵，今后哪些省市经营不好就去花预备队的钱，就成了“会哭的孩子有奶吃”。为什么不能把储备基金分到各省去，为什么不能省里面搞一家，中央搞一家呢？既然现在是以省来承担任务，为什么不能把国有股转给地方呢？这是体制上要探讨的。

同时，社保基金不能成为定海神针，而是人民的后院，是维持家眷开销的钱。国资委从 2007 年的 19 号令就做出规定，大小非解禁之后仍然对国有股东限制，现在又颁布三个文件，规范国有股东减持，这些社保基金能做到吗？

所以，这次对社保基金转持新上市股份额度的 10%，虽然不是利空（因为过去是卖了钱给社保基金，冲击了市场；这次是给了股，稳定了二级市场），但也仅此而已，与这次出台的三个文件相比，其对资本市场的意义不大。有些高级智囊人物，甚至包括资本市场的重要人物，认为国资委要把国有资本搬到资本市场去，这是混淆性质。

国资委“老板+婆婆”解析

背景介绍：2009年9月19日国务院国资委下发了《关于进一步加强地方国有资产监管工作的若干意见》，该《意见》中重点有二，一是提出对地方性国有资产实行统一监管，二是提出国资委直接持股的问题。这两点对于国资改革影响重大。必须一分为二、实事求是地分析利弊。为此，我写就此文并发表于2009年第11期《国企》。

一、建议国资委对国有资产监管实行统一监管

（一）国资委对国有资产实行统一监管政策的背景

《国资法》明确规定国资委作为国家出资企业出资人的同时，没有明确规定国资委是否具有监管职权。值得指出的是，《国资法》同时也没有对国资委对国家出资企业行使监管权做出否认。

在出资人地位方面，《意见》中对于国资委作为国家出资企业的出资人地位给予了更加详尽的规定。规定地方国资委应根据授权对地方金融企业履行国有资产出资人职责，同时规定建立健全公用事业企业国有资产出资人制度。

而对于国资委的监管权方面，《意见》明确要求积极探索经营性国有资产集中统一监管的方式和途径，规定地方国资委可根据本级人民政府授权，逐步将地方金融企业国有资产、事业单位投资形成的经营性国有资产、非经营性转经营性国有资产一并纳入监管范围。

这两方面的规定充分反映了国资委在改革过程中“走小步，走一步看一步”的方法论，在抓牢出资人地位的同时并不放弃监管的权力。这些规定在战略上是成功的，而在战术上却存在一定的不足。

（二）国资委应积极完成从“一身两任”到“两身两任”的过渡

一直以来对于国资委的定位有两种不同的观点，一种观点认为国资委应该作为干净的出资人，不能既是国家出资企业的出资人同时又是监管者；另一种观点认为国资委应该既是国家出资企业的出资人，同时也应该

是其监管者。这两种观点上的根本差异最终导致在如何认定国资委地位以及国资委机构如何设置这些问题上存在极大分歧。故首先要解决国资委的定位问题，这样才能对国资委的监管问题做出准确的分析。

国资委首先应该是国家出资企业的监管者，其次是国家出资企业的出资人。首先从国有资产监督管理委员会的名称中，我们有理由相信在设立国资委之初，国资委职能设置就应包含对国有资产的监管；其次中国的国情与西方国家不同，美英等资本主义国家对国有资产管理较为松散，而中国作为社会主义国家，国资委作为其国有资产监管者对国有资产的监管必然建立在对国有资产一定的控制基础上。

国资委既是出资人又是监管者的情形容易引起对国资委变为“婆婆+老板”的“一身两任”的质疑。为此笔者创造性地提出“国资委系统”的概念以“两身两任”的方式解决此问题。① 国资委首先应该是国家出资企业的监管者，同时国资委下设立国有资本投资运营公司，国资委授权其作为国资委的出资代表，行使国家出资企业的出资人权利。行使国有资产监管权的国资委以及行使国家出资企业出资人权利的国有资本经营公司两者构成国资委系统。目前，还有一种观点认为需要成立多个国资委而不是一个国资委，该观点认为国资委作为国家出资企业的出资人应该按照企业以及行业的不同特点设立不同的国资委，如金融国资委、公共事业国资委等，该观点主要依据在于行业以及企业的差异性使得差异化的监管成为必须，而“两身两任”的设计可以在一个国资委的前提下设立多个国有资本经营公司，解决不同企业不同行业之间的监管差异化问题，从而成立多个国资委的要求就变得不那么迫切和必须了。

“两身两任”的设计是具有前瞻性和独创性的，正如小平同志所说的，“不论黑猫白猫，抓到老鼠的就是好猫”。在《国资法》没有否认国资委具有监管职权的前提下，应该积极探讨“两身两任”的可行性，从而更深入探讨国资委作为国家出资企业监管者和出资人的合理性和可行性。

---

① 具体内容略，详见本书第二章中的《中国国资改革创新模式探索》一文（五、创新国资监管模式）。

（三）国资委应积极完成从分散监管到统一监管的过渡

在解决了国资委作为国家出资企业的监管者和出资人的合理性和可行性前提下，作为国有出资企业的监管者的国资委对国有资产进行分类监管将会更有效率。

《意见》要求探索将经营性国有资产集中统一监管的方式和途径。在现实中经营性国有资产中包含有大量的不以盈利为目的的国有资产，其中就以财政补贴的公交、地铁等关系到人民生活的重要的基础设施为代表。这些财产既是经营性国有资产，但同时也是不以盈利为目的的。这部分资产是否应该纳入国资委监管范围值得商榷。

对于《意见》中提及的各类经营性国有资产可进一步细分为营利性国有资产和非营利性国有资产。其中各类经营性国有资产中以盈利为目的的资产统称为营利性国有资产，其余不以盈利为目的的资产统称为非营利性国有资产。

营利性国有资产应由国资委统一监管。从地方到中央逐渐实现营利性国有资产纳入国资委统一监管，这是一个重大战略举措。对各类营利性国有资产实行集中统一监管，有利于调整优化地方国有经济布局结构，提高企业国有资产配置效率。从早期的分散监管到现在的统一监管，实践不断证明统一监管的优越性，这是一种“摸着石头过河”的稳健方法论的反映，我们必须予以肯定。

非营利性国有资产尽管也属于国有资产，但由于其特殊性，国资委不应将其纳入监管范围，建议应由财政独立支持。非营利性国有资产的非营利性以及大部分属于公共事业资产的属性，决定了其应由国家财政支持，这是法律规定的国家财政的义务；同时由于国有资本经营预算和国家财政的公共预算如若分开则将更合理更有效率，故此非营利性国有资产的预算由公共财政管理更为合适。

从效率方面而言，一方面国资委对营利性国有资产进行监管能使国资委可以集中全力完成国有资产增值保值的使命，而如果国资委需要同时监管非营利性国有资产，其监管的效率必然降低；另一方面，国资委通过经营国有资产而取得收益，这部分收益通过税收形式流向财政，从而财政能补贴非营利性国有资产运营中的资金缺口，提高资金的获得与运用效率。

从考核方面而言，对国资委工作的考核标准是国有资产的保值增值，而对财政的考核标准主要是确保公共预算能获得有效执行。若非营利性国有资产由国资委监管，这些资产的非营利属性与国有资产保值增值的目标是不相符的，从而对国资委工作的考核也造成一定困难；而把非营利性国有资产归由财政管理，既符合财政的职能，同时也满足对财政的考核范围，提高了对这部分资产考核的效率。

二、建议国资委从直接持股过渡到间接持股

（一）国资委直接持股政策的背景

《意见》提出“地方国资委要积极探索直接持股方式”。从字面意思理解国资委对于直接持股的态度似乎只停留在“探索”阶段。但《意见》中更进一步规定应“依法通过股东代表参加企业股东（大）会反映出资人意志”，借此可以判断出国资委对于直接持股的迫切追求。这种直接持股的模式是否是一只“好猫”，我认为不然。《意见》中探讨的直接持股问题存在两大不足。

一是国资委直接持股会使国资委从此局限于出资人的地位而丧失了作为监管者的权力。二是国资委直接持股使多个国资委存在成为必然。

（二）建议国资委由直接持股转变为间接持股

国资委在持股问题上可采取间接持股模式，该模式使得国资委能规避“婆婆+老板”问题的产生。通过国有资本经营公司而非国资委对国家出资企业进行直接持股，从而国资委实现对国家出资企业的间接持股。通过国有资本经营公司间接持股的国资委明确了其间接出资人地位的同时，也能实现对于国家出资企业的监管。国资委对国家出资企业间接持股是具有合理性的。

同时，间接持股模式也规避了潜在的问题，更值得指出的是这种方式能解决好实践中有关国资委监管的问题，国资委应积极探讨对国家出资企业通过国有资本经营公司实现间接持股的道路。以上是我关于《意见》提

出的两条建议，当前是国资管理体系发展成熟的关键时期，在这一时期解决国资委定位问题是非常必要的。通过国资委的分类监管和间接持股，可以有效解决国资委定位及监管中的具体问题，随着这些制度性问题的完善，我相信在新国资系统的运行下，国资管理将更加规范和有效率。

“窝里斗”：中国国企国际化的隐忧

背景介绍： 2015年是中国全面深化改革的关键时期，也是中国实施“走出去”战略的重要机遇期，然而中国企业国际化的过程中，国企之间的恶性竞争案例层出不穷，严重影响中国整体竞争力。此文以《法大智库建议》上报国务院国资委、国家发改委和商务部，国务委员王勇同志批示。该文还以《国家应当建立国资统一监管体制》为题，发表在中国经济时报（2015年4月17日），中国政法大学武长海副教授、岳凯凯、刘彪、刘志强均有贡献。

随着中国崛起和“走出去”战略的实施，中国国企国际化已经成为不可阻挡的时代趋势，然而，中国国企国际化的过程充满曲折，企业之间恶性竞争案例层出不穷。其深层次原因是目前国资监管处于九龙治水的混乱局面，国企山头主义横行。因此，要从根本上杜绝窝里斗，防止一哄而起、恶性竞争，应由国资委对国企“走出去”进行统筹谋划，以管资本为主加强国有资产管理，建立以国资委为核心的国资统一监管体制。

一、外资进入以股权换市场时代

中国是世界上最大的发展中国家市场，国外跨国公司纷纷瞄准中国，不管是特斯拉电动汽车、苹果手机都不惜一切代价希望占领中国市场，然而随着中国崛起，已不再满足于成为世界工厂，而是要向世界创造转型，打造自主品牌，拥有自主知识产权，同时，斯诺登“棱镜门”事件后，基于国家信息安全的大背景，涉及信息安全设备生产的外资企业也受到中国政府政策限制。这种情况下，外国公司希望通过引入中国股东的方式，摇身一变成为国有控股公司，可以说，在今天以市场经济为主导的中国，正经历着一场外资企业从最初“以产品占市场”“以技术换市场”到“以股权换市场”的大变革。

二、惠普出售“新华三”的中国企业之争

近期，基于中国信息安全政策日益严苛的背景下，惠普响应中国信息产业政策，决定向中国投资者公开招标，出售“新华三”51%的控股权，以实现通过老股转让获取现金套利，同时又“戴上红帽子”，名正言顺地继续占领中国网络信息通信市场，尤其是国有企业客户的目标市场。

“新华三”是中国第一、世界第二大的网络设备提供商，拥有完整的企业网数据业务产品线，并且是国内信息通信领域为数不多的众多核心技术知识产权在中国的外资公司。因此，这个项目引起诸如清华紫光、中国电子集团公司、中国华信邮电经济开发中心等大型国企的拉锯战，令人惊讶的是，目前清华紫光胜出了专注通信行业的大型国企，赢得了惠普的青睐。

正如紫光集团董事长赵伟国所言：“只有芯片是主业，其余的都是生意。”“财大气粗”的清华紫光通过高报价与“囊中羞涩”的惠普一拍即合，主打“芯片”与“新华三”的业务耦合度最低的清华紫光最终笑傲群雄。然而清华紫光并非利用自有资金完成豪购，据报道这一切将是赵伟国通过紫光集团控制紫光股份进行资本运作，在目前火热的 A 股市场融资圈钱，借助 A 股与海外市场估值的套利差，实现个人财务回报。因此，清华紫光并不介意这点“小钱”，也不会在乎“新华三”的控制权和管理权，同样不可能抛弃“芯片”主业，更不会从中国网络信息通信产业的角度和国家信息安全的角度进行战略布局。因此，清华紫光正是靠着这种“窝里斗”的狠劲鸠占鹊巢，使业务和发展战略与“新华三”更为契合的其他大型国企望而却步，中国国企没能抓住这次千载难逢的机遇，实现中国网络设备技术的升级，反而让惠普坐山观虎斗，成为最大赢家。

三、清华紫光曾先斩后奏，发改委“形同虚设”

当前，对国企境外投资没有统筹协调机构，清华紫光正是看到了这个巨大的“监管真空”地带，才敢先斩后奏，视国家政策法规及发改委为无物。例如在去年，清华紫光在没有向国家发改委提交“项目报告”取得核准的情况下，擅自与锐迪科微电子公司董事会签署约束性并购协议，并承诺4.5亿美元的分手费向发改委施压，从而最终以高出另外一家国有企业浦东科投20%的价格完成交易，让外资股东华平基金成为最终赢家。在此项目中，发改委“形同虚设”，虽明知清华紫光擅自违规操作，但却有心无力，无有效办法及时有效采取监管措施制止这种损害国家利益的行为。长此以往，在清华紫光等胆大妄为的大国企眼中，国家发改委将权威尽失，中国境外投资相关法律将成一纸空文。

四、国资监管九龙治水，国有资产流失严重

中国国资监管九龙治水，漏洞百出，这是中国国企走出去窝里斗的根本原因。此次参与竞标惠普“新华三”项目的几家国有企业隶属于不同的国有资产管理部门，中国电子和中国华信受国资委监管，而清华紫光的大股东是清华控股公司，隶属于教育部监管，但其产权管理却归财政部。在国资委统一监管体制尚未建立的背景下，发改委、商务部有心无力，没有权威也没用能力去监管“隶属于教育部的清华紫光，产权管理却在财政部”高校国资，凸显出中国校办企业产权管理存在巨大漏洞的问题。

同时，主导本次并购的不是紫光股份公司的董事会，而是并未在紫光股份中任职的赵伟国，截至目前的公开资料中，他只是通过紫光集团间接持股清华紫光股份公司。这说明校办企业的产权管理和公司治理结构极不规范，高校作为大股东不管不问，不参与校办企业经营决策，任由私人老板实质控制校办企业，将高校国资视为小金库，打着大学的名义进行资本套利，不惜牺牲国资利益，而为个人进行财务套利，从而导致校办企业成为国有资产流失黑洞，北大方正的事件已经暴露出相关监管的漏洞和问题。

五、国企走出去窝里斗引发的几点启示

第一，中国企业国际化要反“窝里斗”。不管是清华紫光竞争收购“新华三”案还是泰国克拉运河项目中铁十三局盲目竞争，都告诉我们合则两利，斗则两败。应坚决杜绝在走出去背景下中国企业的“窝里斗”。对于事关国家战略走出去或者引进来的产业布局，以及事关国家经济安全的高精尖端产业，需要国家的统筹协调，不能因小失大，不能仅仅为了个别国有企业利益甚至是背后个人股东财务套利的一己之私而置国家利益于不顾。中国国企之间，国企与民企之间要形成一致对外默契的合力，应从国家产业规划以及企业发展战略角度出发，牢牢抓住核心技术和控制权，抓住外资“以股权换市场”的机遇，真正实现中国企业快速走出去。

第二，厘清商务部、发改委和国资委在境外投资监管中的关系。每一次国有企业对外打乱仗，都少不了国有企业内部乱打仗。目前，发改委无法有效统筹隶属于不同系统的国资，像泰国克拉运河项目和“新华三”项目等国有企业窝里斗的案例层出不穷，南北车原本也如此，但在国资委的统筹下得到完美解决，因此亟待厘清商务部、发改委和国资委在境外投资监管中的关系，明确统筹协调主体。

应意识到中国还有世界上独有的国资委体系，能把发改委通过国家计划手段配置资源转化为国资委通过对大公司国有资本的控制来优化资源配置。在国有企业走出去开展竞争业务时，可先通过国资委统筹协调国有股东内部意见，突出市场运作，以企业为主导，最终通过现代法人公司股东会去行使投票权。当然，在事关国家经济安全利益时，也需要商务部从国家安全利益大局出发，对国企对外投资进行监管。由此，既能在国企国际化过程中避免窝里斗，又可实现协同合作、优势互补，提高整体国际竞争力。

第三，以管资本为主，建立以国资委为核心国资统一监管体制。为从根本上解决目前国资九龙治水导致国企走出去窝里斗的问题，应在正确区分公益性国企和营利性国资的基础上，将包括校办企业在内的经营性国资纳入国资委监管，以管资本为主，建立以国资委为核心的国资统一监管体制。

国资委通过组建众多“淡马锡”式的国有资本投资运营公司，形成“统一监管、分散出资”的国资委体系，使国资委从现在饱受诟病的“一身二任”（既当监管者又当出资人）向“两身两任”（即国资委履行对营利性国企的统一监管，国有资本投资运营公司承当对营利性国企的直接出资）体制转变。

国资委承担的“管人、管事、管导向”职能逐步转化为“以管资本为主、管人、管事”的统一，通过“以管资本为主”和“以董事会为核心”两条主线，贯彻国有资本在大公司中的意志，从举国战略中的资源配置和布局规划角度出发，统筹协调国企境外投资，构建国企产业战略联盟，积极推进国企走出去，实现大国崛起和中国梦的战略目标。

从“希腊船方诉中国案”看国资改革

背景介绍：2011 年 6 月，应邀参加福建马尾船案中国公司法专家会议，这是一个典型的美国诉中国国企的案例，由于一位中方律师出具了不利的做证，美国要追索马尾造船公司外的中国境外国有资产补偿。希望我作为中方专家做证中国国有企业都是独立法人的法律特征。此案例对反思我国国有企业制定和国资监管体制意义重大。为此与我的博士生曾斌一起写就此文并载于 2012 年 04 期《中国政法大学学报》。

2009 年，两家由福建省船舶工业集团控股的中国造船企业双双被希腊船方诉至美国地方法院，并均将中华人民共和国列为被告。如何防止诉讼中国的案件再次出现，是必须要面对和解决的难题。为此，必须理清中国现阶段国资改革中的两大误区：一是国资委片面强调当“干净出资人”的误区；二是国资委无法主导国有资本经营预算的误区。必须明确国资改革方向，坚持“三层次”新国资体系，实现“大国资”监管构想，同时坚持国资委主导独立编制国资预算，为国有企业参与国际化竞争奠定良好的制度基础，从而减少国际贸易过程中的纠纷和摩擦。

自2001年加入WTO起，中国在经济领域开始与世界有了更深层次的交往，国有企业也以更加开放的姿态开启国际化进程。但是，囿于历史与体制的种种原因，国企在商业贸易中仍然要面对各种各样的国际规范。2009年，两家由福建省船舶工业集团控股的中国造船企业双双被希腊船方诉至美国地方法院，并均将中华人民共和国列为被告。对这两起案件的深入解读，不仅仅是对国家利益的维护，更引发了对我国当前国资体系改革的深层次思考。

一、“希腊船方诉中国案”案情概述

（一）厦船重工案

2003年，厦门船舶重工股份有限公司（厦船重工）与希腊RESTIS集团所属的先锋投资公司等4家公司（希腊方）发生建造合同纠纷。经伦敦仲裁，仲裁庭做出裁决，判定双方互不承担责任，厦船重工承担60%仲裁费用，希腊方承担40%仲裁费用。双方先后将裁决分别向厦门海事法院申请承认执行，厦门海事法院裁定该裁决在中国境内发生法律效力。

但在此期间，希腊方向英国高等法院上诉。英国法院于2005年12月~2006年3月先后三次下发判令，认定厦船重工应赔偿希腊方损失，承担100%仲裁费用，并要求仲裁庭修改判决。随后，仲裁庭按照英国法院判令签发了第二次裁决，裁决厦船重工应赔偿希腊方损失并承担100%仲裁费，厦船重工赔偿1994万美元及利息。

2007年3月和7月，希腊方向厦门海事法院申请承认第二次裁决，并申请撤销承认第一次仲裁裁决的裁定，厦门海事法院未受理。

2009年10月，希腊方向美国新奥尔良的路易斯安那州东区法院提交《确认仲裁裁决申请书》等材料，要求承认厦船案第二次裁决，同时将中华人民共和国列为被告。

（二）福建马尾案

福建省马尾造船股份有限公司、福建省船舶工业集团与希腊船东FIC公司发生造船合同纠纷。经伦敦仲裁，2006年6月19日，仲裁庭做出终局裁决，要求马尾造船公司、福建船舶集团赔偿2640万美元，并支付年利息为4.5%的利息。

2006年8月，FIC向中国厦门海事法院申请承认与执行该仲裁裁决，厦门海事法院裁定拒接承认执行。

2009年6月FIC向美国新奥尔良的路易斯安那州东区法院提交《确认仲裁裁决申请书》等材料，要求承认马尾选择船案仲裁裁决，FIC同时将中华人民共和国列为被告。

二、案件争点与分析

这是两起主体相似、案情相似、争点相似的案件，在案件被美国法院受理后，双方就案件的有关情况发生了激烈的争辩，而其中最核心的问题就是涉案的福建省船舶工业集团、厦门重工和福建马尾造船公司是否是政府的"代理机构或工具"，这也是中华人民共和国被希腊方列为被告的原因。而争议的产生则与这些公司的持股结构密不可分。

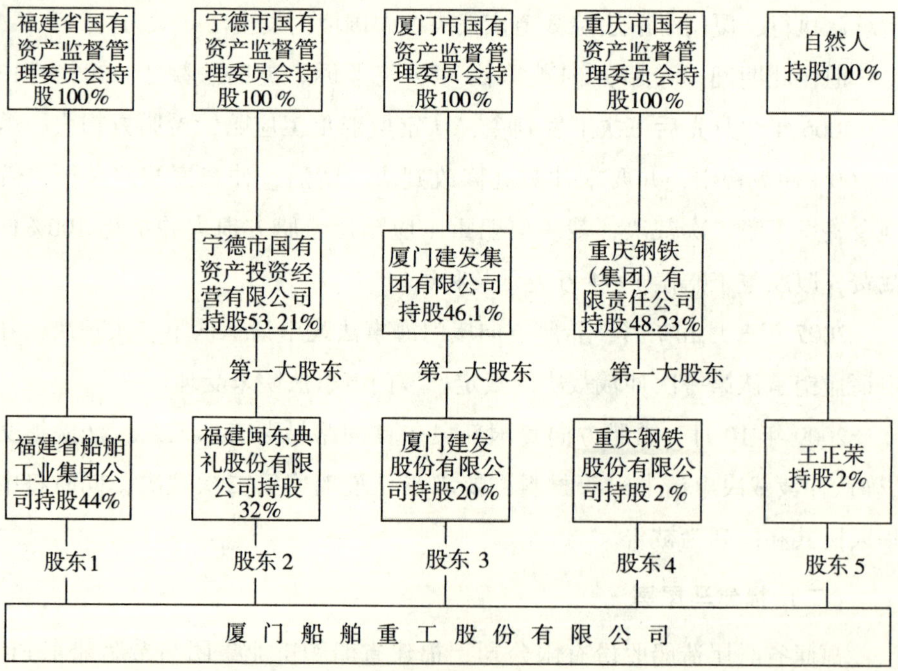

图6-1　厦船重工持股结构图

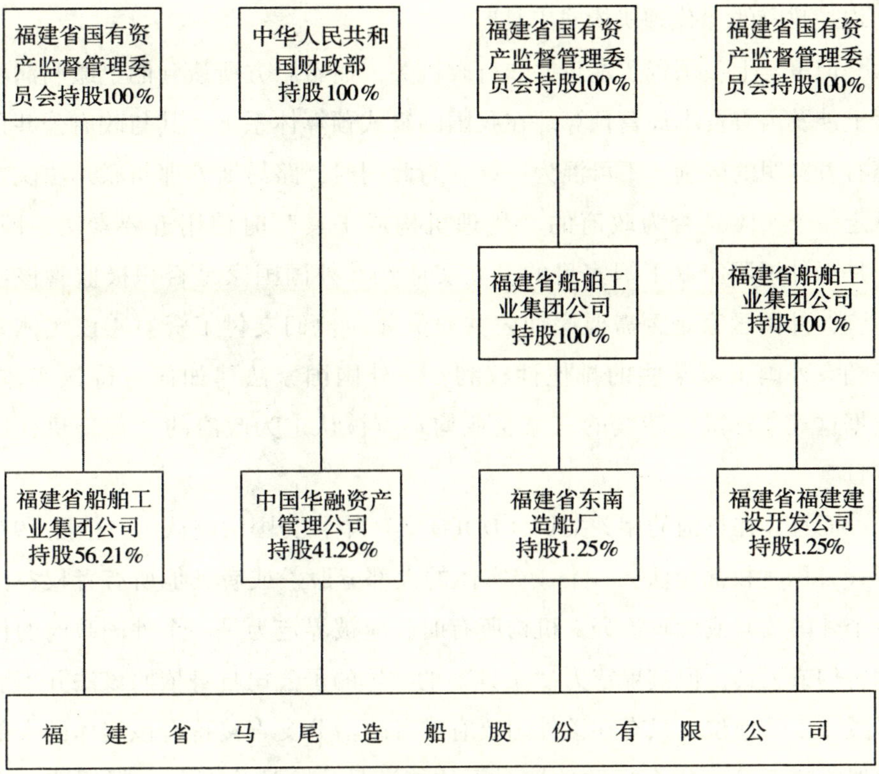

图 6-2　福建马尾公司持股结构图

正如图 6-1 和图 6-2 所示，由福建省国资委 100%持股的福建省船舶工业集团是厦门重工和福建马尾造船厂的第一大股东，而福建省国资委又有着浓重的政府色彩。美国《外国主权豁免法》第 1603 条（b）规定："外国国家代理机构或工具"是指任何实体（1）该实体是一独立法人、公司或别的组织；以及（2）该实体是外国国家或其政治分支机构的机关/机构，或者其多数股份或其他所有者权益为外国国家或政治分支机构所拥有；以及（3）该实体不是本章第 1332（c）及（e）界定的美国州公民，也不是依据第三国法律设立。正是由于有如上的法律规定，希腊方才主张涉诉的三家公司是政府的"代理机构或工具"，并将中华人民共和国拉上被告席。

与此同时，希腊方提出，涉案的三家公司均无法从其经营行为中获得收益，而是将利润上缴国家，并将这一点作为补充论据，坚持认为三家公司均是政府的“代理机构或工具”。

但事实上，国资委本身并非行政机关，而希腊方所谈到的上缴利润实际上涉及国有资本经营预算。在我国的复式预算体系下，其与政府公共预算有着鲜明的区别，不可混为一谈。与此同时，路易斯安那州联邦法院在认定一个实体是否为政府的“代理机构或工具”时使用五要素法，即：①是否外国国家基于国家目的设立实体？②外国国家是否积极监管该实体？③外国国家是否需要雇佣公共雇员并向他们支付工资？④该实体是否拥有外国国家某些的排他性权利？⑤外国国家法律如何对待该实体？根据这五条标准，涉案的三家企业均不应被认定为政府的“代理机构或工具”。

而且，在早前的相关案例“DOLO 案”中，美国法院认为，依照 1976 年《外国主权豁免法》，当一个实体的大部分股份或者其他所有者权益由一个外国政府或者政治分支机构所有时，应被界定为是一个外国政府的代理机构或工具，但被界定为“工具”的实体的子公司自身依照该法并不能被授予工具地位；只有在该外国政府或者政治分支直接持有该实体的大部分股份或者其他所有权益的情况下才能满足这一法定条件。根据这一规定，即便福建省船舶工业集团被认定为政府的“代理机构或工具”，厦门重工和福建马尾公司也不当然地被认定为同样的实体。因此，从事实与法律规定两方面分析，涉案的三家企业都不应被认定为政府的“代理机构或工具”，中华人民共和国也显然不应被列为被告。

三、对中国国资改革的反思

尽管在该案件中，能够找出充足的理由支持我方胜诉，但该案中暴露出的问题却值得更加深入的思考。市场经济中的很多制度设计都有其他国家的经验可以借鉴，但国资委体系却是中国独有的。如何在坚持具有中国特色发展道路的同时借鉴国际规范，防止诉讼中国的案件再次出现，是国资改革中的一个关键点，也是必须要面对和解决的问题。而要解决好这一问题，就必须理清中国现阶段国资改革中的两大现实问题，并及时做出调整。

（一）国资委片面强调当“干净出资人”，易走“政企不分”的老路

首先，国资委直接成为国企股东，将导致国有资产所有者和监管者成为一体，国资委直接渗透到相关企业担任大股东。这既是一种新的政企不分的表现，也不具有可操作性。

其次，国资委直接持股当央企股东，一方面会使央企之间形成关联交易；另一方面，由于国资委特设机构的特点，也容易引发国际上认为履行国家职能和获取政府补贴的嫌疑。如本文案例的法律诉讼，使中国政府或国资委直接成为诉讼对象，使我国的国有控股和参股公司在国际贸易中面临不必要的麻烦和困难。

最后，国资委热衷于与国有独资集团公司和国有资本经营公司争夺国有出资企业出资人地位，却使全国国有资本统一监管者的主体缺位。建立在分散产权主体基础上的多部门出资人监管，不利于中央政府和地方政府对本级政府国有资本总量、结构、变动的掌握，更重要的是无法在国家范围内国有资本进行统一战略规划布局、实施有进有退的结构调整。

综上所述，在当前央企整体上市的国资改革中，在反右的同时也要反左，不能简单把央企卖掉，要通过构建国有资本经营公司为直接出资人的中间层，实现“国资委—国有资本经营公司—国家出资企业”三位一体的新国资管理体系，厘清政府与企业之间的关系，为国资体系改革和央企国际化创造良好的制度环境。

（二）国资委无法主导国有资本经营预算，与政府公共预算职能混淆

四、明确国资改革方向，为化解国企涉外纠纷奠定基础[①]

（一）坚持“三层次”新国资体系，实现“大国资”监管构想[②]

---

① 具体内容略，详见本书第二章中的《完善各类国有资产管理体制研究》一文［第六部分二、（四）国有资本经营预算主体错位］。

② 具体内容略，详见本书第三章中的《从“金融国资委”之争看构建大国资监管体系的必要性》一文（三、国有资本统一监管体系的战略构想）。

（二）坚持国资委主导独立编制国资预算，实现与政府公共管理职能的分离①

总而言之，两例涉外诉讼案件的背后是关乎当前国资改革方向的重大命题，应当引起相关部门的高度关注，通过构建新国资体系为国有企业参与国际化竞争奠定良好的制度基础，从而减少国际贸易过程中的纠纷和摩擦。

国企高管限薪不应“一刀切”

背景介绍：十八届三中全会后，央企高管薪酬制度改革启动，对此举措，有人称赞，有人质疑，认为用行政手段降薪会流失人才，背离改革方向难以落到实处。在此背景下，2014 年 9 月 22 日我应邀参加凤凰卫视《一虎一席谈》谈话节目，该文根据节目文字实录整理而成。

作为十八届三中全会之后国企改革的重要组成部分，央企高管薪酬制度改革一直是舆论热议的对象。2014 年 7 月，国资委宣布启动“四项改革”试点，在包括中国医药集团总公司在内的 4 家国企中开展高级管理人员选聘、业绩考核和薪酬管理职权试点，董事会行使薪酬管理职责，高管薪酬与业绩挂钩。同年 8 月，中央审议通过《中央管理企业负责人薪酬制度改革方案》，明确要求对不合理的高收入进行调整，并严格规范央企负责人履职待遇与业务支出，72 家央企高管首试薪酬改革，覆盖石油、金融、电信等垄断行业，地方国企负责人薪酬改革也在推进。

一、盲目限薪等于自毁长城，危及国企队伍稳定

对于中央对国企高管薪酬制度的改革，各地方政府纷纷出台措施，以

① 具体内容略，详见本书第二章中的《中国国资改革创新模式探索》一文（五、（二）4. 创新模式中国资委的主要职责）。

“降薪限薪”来规范国企高管薪酬，媒体上有关央企高管限薪的呼声也极大。限薪令一出，立刻掀起了有关国企“离职潮”的争论，原因是这种“一刀切”的国企高管限薪措施，让很多高管“待”不下去了。从银行来说，中国上市银行之中薪资最高的高管——中国银行信贷风险总监詹伟坚离职、苏州分行行长朱韬跳槽至华瑞银行任行长等，再看其他一些金融机构、国企、交易所，也出现了很多高管离职的现象。

高管离职其实在意料之中，因为2015年年初开始实行限薪后，五大中国国有银行高管的最高年薪调降至人民币60万元左右，银行高管月薪降至约5000~6000元，限薪同样适用于这些银行的董事长、总裁、副总裁、监事会主席等。以工商银行来说，姜建清行长在限薪后年薪为60万，而他的秘书年薪100多万，作为世界第一大行的行长，其工资不到秘书的2/3，这是一种极不正常的现象。而年薪高达850万的中国银行信贷风险总监詹伟坚，是中国上市银行之中薪酬最高的高管，他本人是外籍人士，其职位非政府委任，不会直接受到限薪政策的影响，但其他高管降薪却让他难以留在中国银行工作。交易所高管也在受限之列，证监会所属股票交易所总经理，2015年3~5月份，每月拿到的工资竟然不足200元，沦为笑谈。原因是60万年薪分三部分发放，其中有20万3年后兑现、20万年底兑现、余下20万由于2015年1、2月份工资较高，结果到3、4、5月份只能发不到200元，从6月份开始每月薪酬不足6000元。

这种没有科学依据的薪资水平设定，以及不加区分的“一刀切”限薪薪酬，对于国企和国家机构来说，可谓弊大于利，不仅不利于预防腐败、保障公平，更是很大程度上造成了国企的人才流失，危及国企队伍稳定，可谓自毁长城，长此以往，何来国企竞争力可谈？

二、国企长期依靠垄断利润，制度滞后亟须改革

改革开放之后，中国的经济实力不断增强，进入世界500强的中国企业也越来越多，排位也是越来越靠前。但是，真正具有全球范围的品牌影响力和核心竞争力的中国企业，却屈指可数。甚至在世界500强前列的中国企业，没有一家真正具有国际竞争力的品牌与技术。

这些在世界排行中处前列位置的企业，完全依靠国企的规模和利润，而利润的来源，则靠的是垄断和对资源的过度占用，及垄断格局下的市场控制和价格控制。就银行、石油、电力来说，没有哪家企业真正拥有与国际知名企业叫板的品牌和技术，也没有哪个企业拥有在国际市场的话语权。

事实上，依靠对市场、资源的垄断获得规模扩张和利润增长的中国国企，已经越来越明显地表现出其制度和机制的滞后，以及因制度落后对企业创造力、竞争力的扼杀与限制，以及对人才的严重浪费和损耗。国企僵化的管理体制和运行机制以及完全行政化的人才选拔和任用机制，根本不能让人才具有危机感和竞争意识。

三、限薪限酬应区分对待，科学划分两类国企高管

我认为，对央企高管薪酬制度的改革，应当建立在对国企科学分类的基础上，区分行政任命的“公务员”型高管和市场选聘的“企业家”型高管，而不应不加区分，盲目实行“一刀切”式的限薪降薪。若以行政手段干预本应市场化的薪酬水平，将背离国企改革的初衷。

具体来说，国有企业按其性质可以划分为公益性和营利性两类。公益性国企涉及关系国家战略发展的行业，以贯彻国家发展需求、履行社会公共责任为主要目标，因而由财政部监管，走公共预算。这类央企的高管是公务员身份，从而可推行限薪限酬制度。

而营利性国企大都已完成股改成为现代股份公司，其参与市场公平竞争，实行现代公司制度。这类国企高管的薪酬应由市场决定，由公司董事会根据其对经营者的考核指标体系确定。无论是外企、民企还是国企，只要是追求营利的现代公司，都要遵守聘请人才的一般标准，而不能简单地把他们当作公务员或者蓝领，在这类国企中必须推行一流的薪酬激励制度，吸引最优秀的人才，避免行政手段干预。

四、推进营利性国企市场选任，完善国企职业经理人制度

对国企进行科学划分后，营利性国企的高管将不再由政府任命，董事

会也就不再是一种摆设，以监事会为主的监督管理体系将进一步健全与完善，如此一来，企业竞争力就会逐渐增强。

其次，在营利性国企中推进高管市场化的选聘制度，可以倒逼国企加快改革步伐。国企不进行市场化的制度改革，就不能成为真正的市场主体，也就不可能通过“优胜劣汰”的市场竞争不断提高企业的核心竞争力与品牌影响力。在营利性的国企中首先推进职业经理人选聘制度，按市场化的薪酬水平，对国企员工以绩效考核为基础实行薪酬激励，可避免国企出现“人才危机”，从而推动企业加快改革步伐，建立真正符合市场经济要求的现代企业制度。

而对于整个市场来说，职业经理人制度可促进人才在企业间流动。国企摆脱了通过低效率和高福利吸引人才的形象和“优势”，不再是人才流动的“死海”，市场的竞争环境得以净化和优化，有助于全社会范围内健康、有序的人才流动格局的形成。

再次，有的学者认为在国企中推行市场化的职业经理人选聘，不利于“党管干部”的实现。其实不然，“党管干部”可以通过现代股份公司制度中的董事会去完成。企业的职业经理人来源有二：一是社会招聘；二是大股东推荐。国资委通过国有资本投资运营公司成为营利性国企实际上的大股东，其可通过国有资本投资运营公司派驻董事到实体企业，实现“上面千条线，董事一线牵”，从而在实体企业中行使大股东的意志，将政府决策和市场调控有效结合起来。

结语

国有企业要实现控制力和主导力，就必须构建和完善包括薪酬激励制度在内的现代公司制度，从而融入市场经济，与外资企业、民营企业一起参与市场竞争。而只有对国企科学分类，在两类国企中分别采取不同的高管薪酬制度，才能一方面防止国企高管薪酬水平过高滋生腐败；另一方面保持国企活力，实现与市场经济的对接。

《企业国有资产基础管理条例》立法研究

背景介绍：2010年应国资委法规局邀请，我牵头针对《企业国有资产基础管理条例》的立法问题开展专题研究，为《企业国有资产基础管理条例》的制定奠定了扎实的理论基础。在课题研究基础上，我将课题主要观点及内容抽取整理形成本文。我的研究生刘冰、周乾、喻强、陈楠、朱晶等参加了本课题研究。

一、企业国有资产基础管理的相关概念及理论

（一）企业国有资产基础管理的内涵

1. 企业国有资产的含义

国有资产是指属于国家所有的一切财产和财产权利，即国家以各种形式进行的投资及其收益、拨款、接收的馈赠、凭借国家权力取得或者依据法律认定的各种类型的财产和财产权利。前期关于国有资产的研究通常将国有资产分为三大类：经营性国有资产、行政事业单位国有资产和资源性国有资产。

经营性国有资产是指从事产品生产、流通、经营等服务活动，以营利为目的，依法经营和使用的，产权属于国家所有的一切财产。行政事业单位国有资产是指由行政事业单位占有、使用的，依法确认为国家所有，能以货币计量的各种经济资源的总称。资源性国有资产是指在人们现有的知识、科技水平条件下，通过开发使用能带来一定经济价值的国有自然资源。

在这三类国有资产中，经营性国有资产是国有资产中最重要、最活跃的部分，是国有资产收益不断增长的源泉，是国有资产增量不断扩大的基础，也是国有资产管理的重点对象。

2003年国务院颁布的《企业国有资产监督管理暂行条例》中，首次提出了企业国有资产这一概念，它是指“国家对企业各种形式的投资和投资所形成的权益，以及依法认定为国家所有的其他权益”。在2008年颁布的《企业国有资产法》中，进一步将其定义为国家对企业各种形式的出资所

形成的权益。企业国有资产是指国家对出资企业的所有者权益，实质上是经营性国有资产（或称国有资本），企业国有资产概念的提出，更能强调对价值形态管理的特性，突出国家享有对国家出资企业的所有者权益并对其管理的权利。

2. 企业国有资产基础管理概念的提出

传统的国有资产管理的对象相对广泛，涵盖了经营性国有资产、行政事业单位国有资产和资源性国有资产，而企业国有资产基础管理的对象是经营性国有资产（国有资本），要求更多地采用经济手段，辅以行政手段，通过产权管理和统计评价等基础职能，为国有资本的结构调整与战略布局提供信息支持和管理手段，从而使国有资本不断增值，符合政资分开、资企合一的国资改革发展方向。

企业国有资产基础管理的提出，在宏观上，能够通过基础管理为决策提供信息，更大程度地通过资本的流动来调整产业结构，体现产业政策，实施有进有退的战略；在微观上，对国家出资企业进行产权管理和统计评价等相关管理，确保国有资本保值增值，国有资本通过对外投资的乘数效应不断扩展，最终增强国有经济的活力、控制力、影响力。

企业国有资产基础管理的功能是通过对国有资本形成与流转过程的监督管理，来保证出资人三项权利的到位，和最终国有资本保值增值目标的实现。

3. 企业国有资产基础管理法律制度

企业国有资产基础管理法律制度主要是指企业国有资产的产权管理（如产权界定、产权登记、产权评估、产权转让）和统计评价（如清产核资、资产统计、综合评价）等活动中的制度规范的总体，是构建我国国有资产管理体制、国有资产监管机构进行国有资产管理的基础。

（二）企业国有资产基础管理的外延

《企业国有资产监督管理暂行条例》第三十条规定：国有资产监督管理机构依照国家有关规定，负责企业国有资产的产权界定、产权登记、资产评估监管、清产核资、资产统计、综合评价等基础管理工作。可见，企业国有资产基础管理的外延主要包括产权界定、产权登记、非上市企业国有产权转让、上市公司国有股权管理、资产评估、清产核资、资产统计和综合评价等八方面内容。

1. 产权界定

产权界定是指国家依法划分财产所有权和经营权、使用权等产权归属，明确各类产权主体行使权利的财产范围及管理权限的一种法律行为。国有资产产权界定是对国有资产的所有权以及经营权、使用权等产权的归属进行确认的一种法律行为。

国有资产产权界定包括两方面内容：一是国有资产所有权的界定，即界定清楚哪些资产归国家所有；二是与国有资产所有权相关的、由国有资产所有权权能分离后产生的其他产权的界定，即界定国有资产各类经营、使用、管辖主体行使资产占有、使用和收益权及依法处分权的界限、范围和关系。

2. 产权登记

产权登记是指国有资产监督管理部门代表政府对占有国有资产的各类企业的资产、负债、所有者权益等产权状况进行登记，依法确认产权归属关系的行为。产权登记是一种法律行为，不是简单地将国有资产记录在册，更重要的是记录在册后，要依法确认产权归属关系，国有资产管理部门将向企业核发国有资产产权登记表证，作为企业资信证明文件。

国有资产产权登记有利于维护国有资产的合法权益，防止国有资产损失；有利于考核、评价企业和行政事业单位国有资产经营效益和使用效益；有利于国有资产占有单位开展经营活动；同时可以为准确填报国有资产汇总报表奠定基础。

3. 非上市企业国有产权转让

非上市企业国有产权转让是指国有资产监督管理机构、持有国有资本的非上市企业将国家对企业以各种形式投入形成的权益、国有及国有控股企业各种投资所形成的应享有的权益，以及依法认定为国家所有的其他权益转移给境内外法人、自然人或者其他组织的活动。[①] 它包括通过产权交

---

① 此概念依据《企业国有产权转让管理暂行办法》第二条的规定。

易机构进行转让、协议转让和无偿划转三种转让方式。

在传统法学理论上，转让是一种有对价的交易方式，按照这个观点，无偿划转不能作为非上市企业国有产权转让的形式，《企业国有产权转让管理暂行办法》也没有包含无偿划转的方式。但从《企业国有产权转让管理暂行办法》所定义的方式来看，“转移”二字并未包含有偿的含义，因此此含义可以包含无偿划转。

根据《国有资产产权界定和产权纠纷处理暂行办法》规定，企业国有产权的转让包括财产所有权的转让以及与财产所有权有关的经营权、使用权、股权等财产权的转让，但不包括对债权的转让。

4. 上市公司国有股权管理

上市公司国有股权管理是指国资监管机构基于出资人身份，为了解、监督国有资产状况的需要，对于上市公司国有股权变动情况的监管，其对象包括上市公司国有股权的发行、转让、质押、配股、增发、转持国有股充社保基金、标识管理、国有单位受让上市公司股份、国有股东与上市公司资产重组、上市公司国有股东发行可交换公司债券及其他引起上市公司国有股权变动的行为。

对上市公司国有股权管理的含义的理解大体上有两类观点，一种是“大管理说”①，其涵盖了国有股权管理从主体到制度到运行过程的各项内容，范围广，涉及多个监管主体，适合作为理论研究概念而不适合作为法律规定。

另一种观点则关注上市公司国有股权的变动，把上市公司国有股权理解为②“国家以国有资产所有者即国有资本出资人的身份，并以上市公司国有产权为基础、以实现股东财富最大化为目标所进行的国有股权的构造、运作和监督的总称”。这一概括既强调了上市公司国有股权管理的目标，也强调了上市公司国有股权管理的动态性。具有一定的合理意义。

我国的立法体现了对上市公司国有股权管理含义理解上的变化。财政

---

① 限于本书篇幅有限，具体内容略。

② 陈跃进，《我国上市公司国有股权管理问题研究》，厦门大学财政学博士论文，2006年。

部于2000年发布了《关于股份有限公司国有股权管理工作有关问题的通知》，把国有股权管理的内容限制在了股票的发行、配股、转让、划转、因司法冻结担保等引起的股权变动及或有变动、国有股变现筹资、股票期权激励机制试点等内容上。更加明确地体现了对国有股权变动的管理。这反映了我上市公司股权管理从静态走向动态、从“大管理”走向“变动管理”的趋势。

综上所述，有关上市公司国有股权管理的认识经历了从内容宽泛到相对集中，从关注静态管理到关注动态管理的过程。我认为主要原因有两个：一是有关上市公司国有股权管理静态管理方面的规范性文件不断出台，已经形成了比较独立完整的体系，无须再为上市公司国有股权管理所强调；二是上市公司股权多元化逐步深入，国有股权流动性日益增强，重要性日益增加，需要对相关行为进行规范和强调。

5. 资产评估

资产评估是对资产某一时点的价格进行评定估算。由于国有资产评估工作涉及国家及社会各有关方面的经济利益，是一项政策性很强的工作，在工作中应坚持下列三项基本原则[①]：①真实性原则；②科学性原则；③可行性原则。

6. 清产核资

清产核资是指国有资产监督管理机构根据国家专项工作要求或者企业特定经济行为需要，按照规定的工作程序、方法和政策，组织企业进行账务清理、财产清查，并依法认定企业的各项资产损益，从而真实反映企业的资产价值和重新核定企业国有资本金的活动。清产核资是国有资产管理的一项基础性职能。[②] 清产是核资的基础，核资是清产的继续；清产要彻底，核资要合理；清产要经常进行，核资要定期进行。通过清产核资，可摸清“家底”，总结财务管理的经验和存在的问题，改善经营管理。

7. 资产统计[③]

资产统计是指企业按照国家财务会计制度规定，根据统一的报告格式

---

① 原课题对各原则进行了分别阐述，限于本书篇幅有限，该部分内容略。

② 毛程连主编：《国有资产管理学》，复旦大学出版社，2005年版，第165页。

③ 国有资产统计，建立国有资产统计报告制度的作用限于本书篇幅限制，略。

和填报要求，编制文件上报反映企业年度会计期间资产质量、财务状况、经营成果等企业国有资产营运的基本情况。其内容大体可分为两个层次：一是资产经营者对所有权管理机构的报告，以全面反映国有资产经营状况，称为国有资产经营报告。二是所有权管理者向国家权力机关和社会公众提供的报告，综合反映所管理的国有资产保值增值状况和经营状况，接受全民监督，称为国有资产所有权管理报告。

8. 综合评价

综合评价是指以投入产出分析为基本方法，通过建立综合评价指标体系，对照相应行业评价标准，对企业特定经营期间的盈利能力、资产质量、债务风险、经营增长以及管理状况等进行的综合评判。

企业生产经营活动的特征需要用多个指标来反映，即构成指标体系。不仅要能够从总体上对企业生产经营活动做出明确的定量评价，而且要能够通过企业生产经营状况的纵向对比和横向对比，促使企业迅速提高自己的核心竞争力。同时为宏观管理部门、行业管理部门考核、评价、比较、掌握企业全面生产经营状况提供科学的依据。①

（三）企业国有资产基础管理各项职能的协同

随着企业价值形态的变化，《企业国有资产监督管理暂行条例》界定的国有资产基础管理职能逐步深入，原有的规定已不能完全适应经济的发展，在新的形势下审视企业国有资产基础管理的发展趋势，需要将其作为一个系统来进行整体管理，为实现企业国有资产的保值增值目标服务。

清产核资、资产评估、产权界定、产权登记和产权管理是企业国有资产基础管理的重要环节，五者的有机结合可以使国有资产的管理形成闭合的链条，是加强企业国有资产监管，维护企业国有资产安全和实现国有资产保值增值的需要，可以视为国有资产基础管理的微观职能。国有资产统计、经济运行动态监测、综合评价主要是出资人统计国家掌握企业国有资产总量、结构、变动和收益等基本情况和对国有资本保值增值情况进行评

---

① 彭莉莎编：《企业统计、评价与诊断》，中国统计出版社，2002年版，第274页。

价的需要，可以视为企业国有资产基础管理的宏观职能。

企业国有资产微观基础管理的目标是实现国有资本保值增值，创造股东价值，企业国有资产宏观基础管理的目标是为国有资本战略布局的制定与决策提供基础信息与数据支持，两者结合共同为股东价值提升与国有资本战略布局合理化的实现提供基础支持（见图 6-3）。

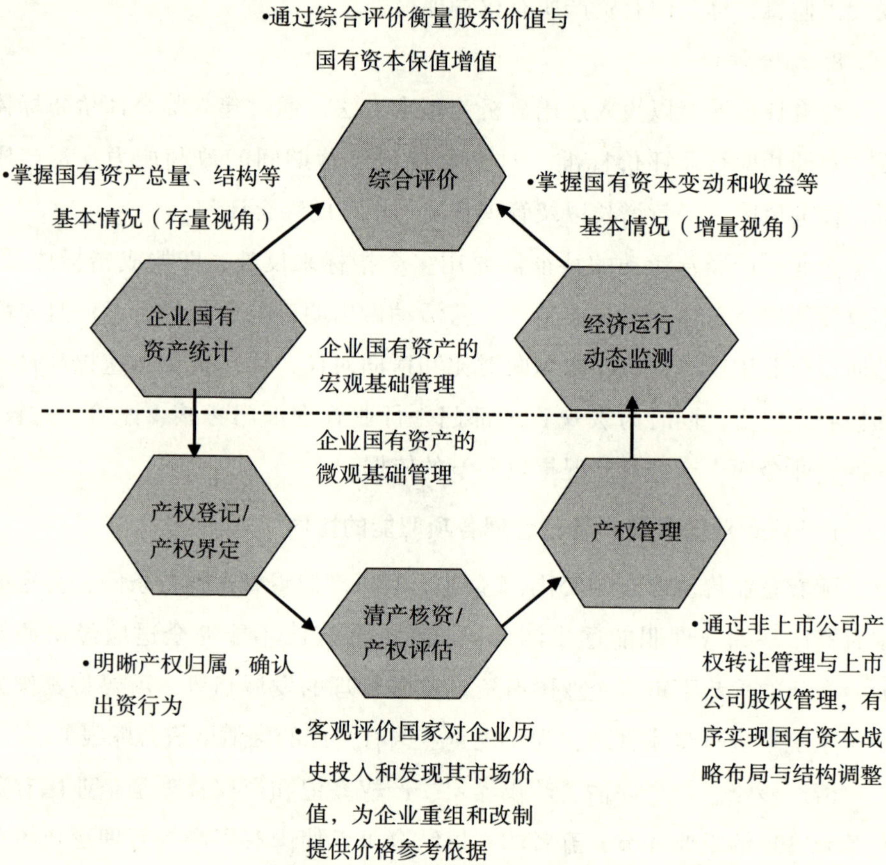

图 6-3　国有资产基础管理流程图

二、中央和地方企业国有资产基础管理制度建设和执行情况

（一）产权界定的制度建设和执行情况

1. 产权界定的制度建设情况

中央层面，关于产权界定制度建设的主要文件是《国有资产产权界定

和产权纠纷处理暂行办法》(国资法规发［1993］68 号)，其具体内容归纳见表 6-1。

表 6-1 (产权界定)：《国有资产产权界定和产权纠纷处理暂行办法》(国资法规发［1993］68 号) 内容

<table>
<tr><td rowspan="5">总　则</td><td>立法目的</td><td>维护权益、明确归属、促进市场经济发展</td></tr>
<tr><td>规制对象</td><td>国有资产[①]所有权、相关经营权、使用权等</td></tr>
<tr><td>适用范围</td><td>全部或部分占用国有资产单位</td></tr>
<tr><td>界定原则</td><td>谁投资、谁拥有产权</td></tr>
<tr><td>纠纷处理原则</td><td>实事求是、公正、公平</td></tr>
<tr><td>国有资产所有权界定</td><td colspan="2">区分产权归国家所有还是归其他主体所有</td></tr>
<tr><td rowspan="5">全民单位之间产权界定</td><td>管理原则</td><td>分级分工管理</td></tr>
<tr><td>全民单位的权利</td><td>使用权/经营权</td></tr>
<tr><td>联营权利归属</td><td>依联营合同划分</td></tr>
<tr><td>国家机关投资创办企业的产权界定</td><td>脱钩、国有资产管理部门会同有关部门委托有关机构管理</td></tr>
<tr><td>国家机关所属事业单位出资创办企业</td><td>产权归该单位拥有</td></tr>
<tr><td rowspan="3">产权界定的组织实施</td><td>主管单位</td><td>各级国有资产管理部门会同有关部门</td></tr>
<tr><td>进行界定的情形</td><td>与外方合资、合作的；实行股份制改造和与其他企业联营的；发生兼并、折卖等产权变动的；国家机关及其所属事业单位创办企业和其他经济实体的；国有资产管理部门认为需界定的其他情形</td></tr>
<tr><td>程序[②]</td><td>界定—认定—登记</td></tr>
<tr><td rowspan="2">产权纠纷处理程序</td><td>全民所有制单位间</td><td>协商—裁定</td></tr>
<tr><td>全民所有制单位与其他经济成分之间</td><td>协商—司法</td></tr>
</table>

（续表）

法律责任	违反本办法规定，导致国有资产流失	行政经济的处罚、刑事处罚
	主管机关工作人员违法导致国有资产流失	行政处分、刑事处罚
	应当界定未界定、作弊界定损害国有资产权益	通报批评、罚款等处罚；补办产权界定手续
	违反程序	行政、经济的处罚

注：①国家依法取得和认定的，或国家以各种形式对企业投资和投资收益、向行政事业单位拨款形成的资产。

②《上海市企业国有资产产权界定暂行办法》中规定了特殊程序，即占用企业因产权纠纷难以自行清理、界定时的企业国有资产产权界定程序。其程序是企业递交申请报告—市国资委委派中介查证、确认—登记。

地方层面，较有借鉴意义的规范性文件为1998年2月发布的《上海市企业国有资产产权界定暂行办法》（沪府发［1998］6号）以及2008年3月发布的《深圳市国有资产产权界定和产权纠纷处理办法》（深国资委［2008］49号）。

其中，沪府发［1998］6号文件对国资法规发［1993］68号文件有较多称谓的变化。如变“全民所有制企业”称谓为“国有企业”、变“集体所有制企业”为“集体企业”等。深国资委［2008］49号文件的可借鉴性主要表现在增加了承包经营企业、租赁经营企业等企业类型中企业国有资产界定的规定。具体比较情况见表6-2。

2. 产权界定的制度执行情况

产权界定作为一项阶段性的工作，主要在国有资产管理体制建立初期起到重要作用，主要依据国家国有资产管理局（以下简称国资局）发布的《国有资产产权界定和产权纠纷处理暂行办法》，《企业国有资产监督管理暂行条例》和国资委“三定”方案，随着国资改革的深入，该项工作近年较少开展。

表 6-2（产权界定）：沪府发［1998］6 号、深国资委［2008］49 号文件与国资法规发［1993］68 号文件比较

企业类型	上海（沪府发［1998］6 号）	深圳（深国资委［2008］49 号）
全民所有制企业	1. 变“全民所有制企业”称谓为“国有企业” 2. 增加“依法界定为国有资产的其他情形”一款	删除第 5 项、第 6 项
集体所有制企业	1. 改称“集体所有制企业”为“集体企业” 2. 将第 1 项、第 2 项合成“国家的投资及其收益形成的所有者权益” 3. 取消第 3 项。新设“1993 年 7 月 1 日后，未规定用途的以税还贷、税前还贷和各种减免税优惠形成的所有者权益中国家依国资比例享有部分” 4. 新设“国家和国有企业、事业单位为扶持集体经济发展或者安置人员就业而转让、拨给或者投入集体企业的资产低于原价值部分及其收益形成的所有者权益” 5. 新设“依法界定为国有资产的其他情形”一项	增加： 1. 供销、手工业、信用等合作社中由国家拨入的资本金 2. 集体企业和合作社无偿占用国有土地，应收取的土地费
股份制企业、联营企业	1. 改称第 1 项、第 2 项为“国有股” 2. 增加“享受本市税收返还等优惠政策的资金，已经形成的国有股”一项 3. 增加“依法界定为国有资产的其他情形”一项	无变化

（续表）

企业类型	上海（沪府发［1998］6号）	深圳（深国资委［2008］49号）
中外合资企业 中外合作企业	1. 将“中方”称谓改为“国有企业” 2. 优先运用“可分配利润及从税后利润中提取的各项基金约定分配比例” 3. 取消第4项、第5项 4. 增加“依法界定为国有资产的其他情形”一项	增加：1. 双方均未投资，以借贷资本形成的资产中，中方应追索原协议出资比例的资产产权。2. 中方实际投入而外方未投入，中方应追索合资企业的全部产权。3. 中方未投足而外方已投足资本，对资产增值部分中方应追索享受政策优惠产生的资产权益
承包经营企业、 租赁经营企业	无	增加：1. 除承包者按承包合同所得外，承包企业在承包期间所形成的资产 2. 除按法规和租赁合同的规定应属于承担者的资产外，均为国有资产
挂靠企业	无	增加：1. 自行投资注册的挂靠企业，国有企业的无形资产评估折价视为投资。2. 被挂靠国有企业投入注册资金的挂靠企业的全部资产。3. 没有任何投资的挂靠企业，国有企业的无形资产评估折价视为投资。4. 深圳市以外以深圳市市属国有企业名义注册的企业，依靠借贷资本经营积累形成的资产
其他	无	增加：注册为国有企业，而没有法律依据证明归集体、个人或外国政府、法人、公民所有的资产

国有资产产权界定工作，按照资产的现行分级分工管理关系，由各级国有资产管理部门会同有关部门进行。具体程序见图 6-4。[①]

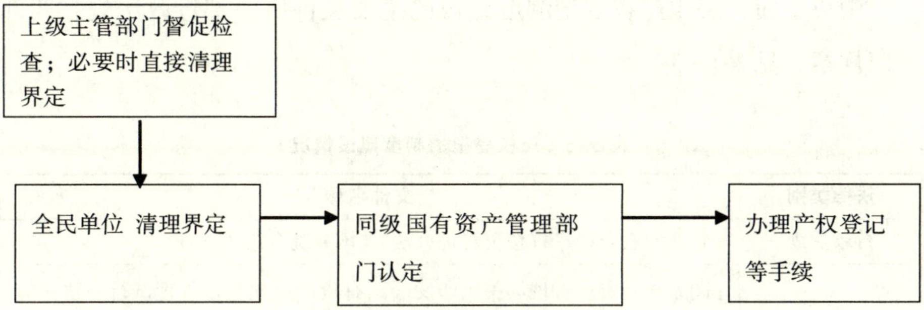

图 6-4 企业国有资产界定程序

实践中，在混合所有制情况下，曾发生过因国资委对产权纠纷进行界定，结果引发利益相关方起诉的事件。因此，当前界定工作主要是界定央企之间、地方国企之间的产权纠纷，除此之外的产权纠纷基本不做界定。

从操作层面看，中央和地方的产权界定工作均很少，而且都是被动界定、企业需要时来界定。而且，这种界定均局限于国有企业之间。

从法律制度的角度看，中央和地方的法律规范基本集中于划分国有企业和非国有企业范围上，关于国有企业之间产权界定的法律依据只有 1993 年《国有资产产权界定和产权纠纷处理暂行办法》(国资法规发［1993］68 号）的一些原则性规定。国资委界定国有企业内部产权归属关系缺乏具体的法律规范，国资法规发［1993］68 号文件难以为国有企业内部产权界定提供具体化的法律支撑，且关于企业类型的界定仍建立在所有制基础上，显得不合时宜。

---

① 全民单位的各项资产及对外投资，由全民单位首先进行清理和界定，其上级主管部门负责督促和检查。必要时也可以由上级主管部门或国有资产管理部门直接进行清理和界定；全民单位经清理、界定已清楚属于国有资产的部分，按财务隶属关系报同级国有资产管理部门认定；经认定的国有资产，须按规定办理产权登记等有关手续。

（二）产权登记的制度建设和执行情况

1. 产权登记的制度建设情况

中央层面，关于产权登记制度建设的主要文件有一部行政法规、四部部门规章，见表6-3。

表6-3　产权登记的制度建设情况

法律类别	文件名称
行政法规	《企业国有资产产权登记管理办法》(国务院令第192号)
部门规章	《国家国有资产管理局关于印发〈国有资产产权登记管理试行办法实施细则〉的通知》(国资综发［1992］26号)
	《国家国有资产管理局关于印发〈企业国有资产产权登记管理办法实施细则〉的通知》(国资产发［1996］31号)
	《企业国有资产产权登记管理办法实施细则》(财管字［2000］116号)
	《国务院国有资产监督管理委员会关于印发〈企业国有资产产权登记业务办理规则〉的通知》(国资发产权［2004］315号)

其中，《企业国有资产产权登记管理办法》构建了产权登记制度的主要框架。四个规章中，前两个是国资局分别于1992和1996年制定的，第三个是财政部2000年颁布的，第四个是国资委成立后，于2004年制定的。由于前三部文件的部分规定已无操作可能性且与实践不相符合①，按照“后法优于前法”的原则，我认为国资发产权［2004］315号文件更适当。此次《条例》制定应当明确国资委系统对企业国有资产进行登记的范畴，运用更高效力层级的《条例》明确登记的主管机构。

此外，1992年6月，财政部、国资局和国家外汇管理局联合发布的《国家国有资产管理局、财政部、国家外汇管理局关于印发〈境外国有资产产权登记管理暂行办法〉的通知》(国资境外发［1992］29号)、1996年9月《国家国有资产管理局关于印发〈境外国有资产产权登记管理暂行

① 如：1992年国资局文件将主管部门规定为“国家国有资产管理局”，并将专业银行总行、保险总公司、国家级非银行金融机构的登记工作划入该局；而财管字［2000］116号文件将财政部确定为国有资产产权登记机关，主管全国产权登记工作。

办法实施细则〉的通知》(国资企发［1996］114号）确定了境外企业国有资产登记制度。具体比较见表6-4。

表6-4 产权登记
国务院第192号令与国资境外发29号、国资企发114号主要内容比较

	国务院第192号令	国资境外发［1992］29号、国资企发［1996］114号
立法目的	加强管理，健全基础管理制度，防止国有资产流失	加强境外国有资产管理监督，维护国家合法权益
登记对象	占有国有资产的各类企业的资产、负债、所有者权益等产权状况	以国有资产向境外投资设立的企业中应属国有的各项资产
登记企业范围	国有企业、国有独资公司、持有国家股权的单位、以其他形式占有国有资产的企业	境内投资者在境外设立的具有法人资格的经济组织
登记证书性质	无	国家所有权法律凭证；境外机构合法占有、使用国有资产法律凭证
归属不清的处理	暂缓办理产权登记	无
主管单位	国有资产管理部门，或由其按照产权归属关系委托政府有关部门或者机构	各级国有资产管理部门按照统一政策、分级管理、分级登记的原则负责
登记内容	占有产权登记、变动产权登记①、注销产权登记②	立案③、占有、变动、注销产权登记、年度检查产权登记
法律责任	企业、国资管理部门工作人员行政责任、刑事责任	同左

注：①企业名称、住所或者法人改变的；国有资本占股本比例发生变化的；企业分立、合并或者改变经营形式的。

②解散、被依法撤销或者被依法宣告破产的；转让全部产权或者企业被划转的；其他。

③立案产权登记为备案登记，适用于新批准的境外投资项目。资产评估后，由投资单位或组建单位持经同级国有资产管理部门确认的评估证明到同级国有资产管理部门办理立案产权登记。

境外企业国有资产登记规定可借鉴的方面表现在：

第一，境外企业国有资产登记的对象限于国有资产，而国务院第192号令的登记对象是企业资产、负债、所有者权益等产权状况。这两者的范

畴不同，在制定《条例》时应当注意。

第二，境外登记制度中明确登记证书是“国家所有权法律凭证；境外机构合法占有、使用国有资产法律凭证”，即证权证书；而192号令没有关于登记证书法律性质的规定，此处可以借鉴。

地方层面，可借鉴的地方性规范文件为《北京市国资委关于印发〈北京市企业国有资产产权登记业务办理规则〉的通知》（京国资产权字［2005］78号）。其中，增加了应当办理产权登记企业及应当进行变动事项的明确列举，[①] 明确了区县登记主管部门。[②]

2. 产权登记的制度执行情况

中央层面，产权登记主要依据国务院1996年《企业国有资产产权登记管理办法》以及国资委发布的相关规范性文件。对占有登记、变更登记、注销登记三个环节进行管理。国务院国资委只直接登记中央企业，地方国资委登记地方企业汇总至国务院国资委。

登记流程为按企业级次逐级上报，由集团报国务院国资委审核，批复。国务院国资委直接登记中央企业，地方国资委登记地方企业，汇总至国务院国资委。

地方层面，产权登记方面较有代表性的主要为各直辖市：

（1）天津市国资委将国有绝对控股企业对外投资的也纳入了产权登记的范围，市政府出资的企业、法人单位所属企业，也需要进行产权登记。

（2）北京市国资委2005年下发的《北京市国有企业产权登记业务办理规则》按照分级管理，由市国资委和区国资分别负责本级政府的出资企业的登记工作。北京市国资委将境外国有企业的国有产权的登记作为一项工作重点，2009年制定下发了《北京市境外企业国有产权登记管理暂行办

---

① 第三条：下列企业应当按规定申办企业国有资产产权登记：（一）国有企业、国有独资公司；（二）国有企业及国有独资公司所投资设立的企业；（三）设置国有股权的有限责任公司和股份有限公司；（四）国有绝对控股的有限责任公司、股份有限公司再投资的企业；（五）其他形式占有国有资产的企业。第十二条，增加应当进行变动登记的一项：（三）企业国有资本额发生增减变动的。

② 第四条：未单独设立国有资产监督管理机构的区县，由本级政府指定的部门或机构负责产权登记工作。

法》。考虑境外企业的特殊因素，将试点范围控制在市国资委出资企业及其境内各级控股企业在境外登记注册的企业和其再投资（控股/参股）的企业，区县所属企业暂未纳入。截至2010年年底实行的是登记备案，发表不发证。本着境内与境外相衔接，国有产权关系与境外法律相结合的原则。参照境内的相关制度，包括占有、变动、注销和年检四部分内容。

（3）上海市国资委设计了网上产权事务管理系统，产权登记范围基本实现全覆盖，涵盖国有企业、国资企业、涉及国有股权的股份有限公司和有限责任公司、这些企业再投资设立的企业以及以其他形式占有国有资产的企业。

（三）非上市企业国有产权转让的制度建设和执行情况

1. 非上市企业国有产权转让的制度建设情况

第一，中央层面：

在中央层面，规范非上市企业国有产权转让的规范性文件主要有七件，共同构成了我国非上市企业国有产权转让的规范系统，对非上市企业国有产权转让的原则、方式、条件、批准程序、定价方式等多方面内容做出明确规定。详见表6-5。

表6-5 非上市企业国有产权转让中央规范性文件

法　律	《企业国有资产法》（主席令第5号　2009）
行政法规	《企业国有资产监督管理暂行条例》（国务院令第378号　2003）
部门规章	《企业国有产权转让管理暂行办法》（国务院国有资产监督管理委员会、财政部令第3号　2004）
	《企业国有产权向管理层转让暂行规定》（国资发产权［2005］78号　2005）
	《企业国有产权无偿划转管理暂行办法》（国资发产权［2005］239号　2005）
	《国务院国有资产监督管理委员会、财政部关于企业国有产权转让有关事项的通知》（国资发产权［2006］306号　2006）
	《国务院国有资产监督管理委员会关于中央企业国有产权协议转让有关事项的通知》（国资发产权［2010］11号　2010）

上述规范性文件的重要内容详见表6-6。

表 6-6 非上市企业国有产权转让情况

<table>
<tr><td>转让原则</td><td colspan="3">转让应当遵守国家法律、行政法规和政策规定，有利于国有经济布局和结构的战略性调整，促进国有资本优化配置，坚持公开、公平、公正的原则，保护国家和其他各方合法权益</td></tr>
<tr><td>转让方式</td><td>通过产权交易机构转让</td><td>协议转让</td><td>无偿划转</td></tr>
<tr><td rowspan="2">法律依据</td><td>《企业国有产权向管理层转让暂行规定》</td><td>国务院国资委《关于中央企业国有产权协议转让有关事项的通知》</td><td rowspan="2">《企业国有产权无偿划转管理暂行办法》</td></tr>
<tr><td colspan="2">《企业国有资产法》、《企业国有产权转让管理暂行办法》、《国务院国有资产监督管理委员会、财政部关于企业国有产权转让有关事项的通知》</td></tr>
<tr><td>适用范围</td><td>企业国有产权转让活动原则上应在依法设立的产权交易机构中公开进行</td><td>在企业内部实施资产重组；或结构调整中国家出资企业之间协议转让国有产权</td><td>各级人民政府授权其国资监管机构履行出资人职责的企业及其各级子企业的国有产权无偿划转</td></tr>
<tr><td>审批情形</td><td>国资委审批：1. 国有资产监督管理机构决定所出资企业国有产权转让；2. 重要子公司的重要转让事项须报同级国资委会签财政部门后批准
企业自行决定：所出资企业决定其子企业的国有产权转让</td><td>国务院国资委审批：中央企业之间、中央企业与地方国资委监管企业之间协议转让国有产权，转让事项由中央企业报国务院国资委批准后实施
地方国资委审批：地方企业国有资产协议转让由省级国资监管机构批准</td><td>国资委审批：1. 同一出资企业内部无偿划转的；2. 不同国资监管机构所出资企业之间无偿划转的，分别报同级国资监管机构批准；3. 实施政企分开的企业，由同级国资监管机构和主管部门分别批准；4. 下级政府国资监管机构所出资企业国有产权无偿划转上级的，由两级政府国资监管机构分别批准</td></tr>
</table>

（续表）

备案情形		抄送国资委：中央企业在本企业内部实施资产重组由中央企业负责批准，同时抄报国务院国资委	抄送国资委：企业国有产权在所出资企业内部无偿划转的，由所出资企业批准并抄报同级国资监管机构
管理对象	依法将国家对企业的出资所形成的权益转移给其他单位或者个人的行为	政府授权各级国有资产监督管理机构履行出资人职责企业的国有产权	企业国有产权在政府机构、事业单位、国有独资企业、国有独资公司之间的无偿转移活动
价格确定	国有资产转让应当以依法评估的、经履行出资人职责的机构认可或者由履行出资人职责的机构报经本级人民政府核准的价格为依据，合理确定最低转让价格。在产权交易过程中，当交易价格低于评估结果的90%时，应当暂停交易，在获得相关产权转让批准机构同意后方可继续进行	中央企业在本企业内部实施资产重组，转让方和受让方均为中央企业及其直接或间接全资拥有的境内子企业的，转让价格可以资产评估或审计报告确认的净资产值为基准确定，且不得低于经评估或审计的净资产值 转让方或受让方不属于中央企业及其直接或间接全资拥有的境内子企业的，转让价格须以资产评估报告确认的净资产值为基准确定	

非上市企业国有产权通过产权交易机构转让流程如图 6-5。

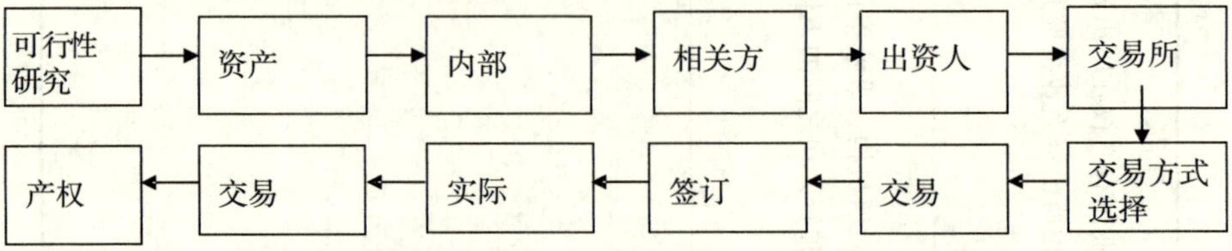

图 6-5　非上市企业国有产权通过产权交易机构转让流程图

非上市企业国有产权无偿划转的流程如图 6-6。

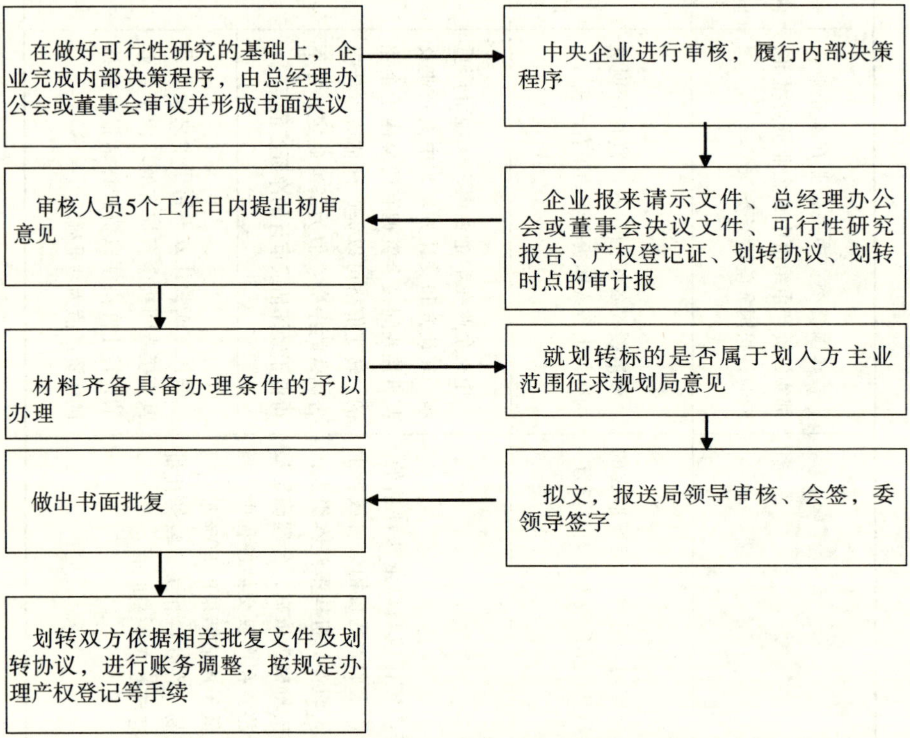

图 6-6　非上市企业国有产权无偿划转流程图

综合上述各文件，中央层面的非上市企业国有产权转让制度建设呈现出如下特点：

（1）更加强调产权的形成方式。

《企业国有产权转让管理暂行办法》第二条规定：国有资产监督管理

机构、持有国有资本的企业（以下统称转让方）将所持有的企业国有产权有偿转让给境内外法人、自然人或者其他组织（以下统称受让方）的活动适用本办法。

《企业国有资产法》第五十一条规定：本法所称国有资产转让，是指依法将国家对企业的出资所形成的权益转移给其他单位或者个人的行为；按照国家规定无偿划转国有资产的除外。

从“持有”到“出资所形成的”，措辞的变化反映出对企业产权界定方式的变化，强调了国家对企业的出资关系和管理方式的转变。

（2）继续推进转让方式的公开性和透明性。

《企业国有产权转让管理暂行办法》第四条规定：企业国有产权转让应当在依法设立的产权交易机构中公开进行，不受地区、行业、出资或者隶属关系的限制。《企业国有资产法》第五十四条规定，除按照国家规定可以直接协议转让的以外，国有资产转让应当在依法设立的产权交易场所公开进行。转让方应当如实披露有关信息，征集受让方；征集产生的受让方为两个以上的，转让应当采用公开竞价的交易方式。

显然，我国的法律在企业国有产权转让等价有偿和公开、公平、公正的原则方面是一脉相承的。通过交易机构转让不仅提高了产权转让的信息披露度，同时也为国有产权转让的定价机制提供了更为市场化的途径。国务院国资委从程序上确保国有产权流转的规范性，选择四家产权交易机构作为中央企业产权交易试点机构，对避免由于国有产权流转不规范带来的损失有重要意义。

（3）加强了对关联交易的限制。

《企业国有资产法》第四十三条把关联方定义为“本企业的董事、监事、高级管理人员及其近亲属，以及这些人员所有或者实际控制的企业”，明确了关联交易的含义；第四十五条详细规定了未经履行出资人职责的机构同意，国有独资企业、国有独资公司不得从事的行为，加强了对国有独资公司、企业的监管力度；第四十六条规定国有资本控股公司、国有资本参股公司与关联方的交易，依照《公司法》和有关行政法规以及公司章程的规定，由公司股东会、股东大会或者董事会决定，指明了关联交易的决定机构和适用的法律。

《企业国有产权向管理层转让暂行规定》第五条第（三）项不仅要求企业国有产权向管理层转让必须进入经国有资产监督管理机构选定的产权交易机构公开进行，而且要求对关键信息进行详尽披露，并规定产权转让公告中的受让条件不得含有为管理层设定的排他性条款，以及其他有利于管理层的安排。

（4）明晰了国有资产转让的价格形成机制。

从截至2010年年底来看，我国国有资产转让包含三种价格：清产核资基础上通过评估机构评估确定的最低价格（《企业国有产权转让管理暂行办法》第十三条、《企业国有资产法》第五十五条）、产权中心的公开交易价格（《企业国有产权转让管理暂行办法》第四条）和证券交易所的证券交易均价（《国有股东转让所持上市公司股份管理暂行办法》第六条）。

其定价依据由反映历史投入的净资产价格逐步向反映预期的市场价值转变，更加接近资产的真实价值，有利于国有资产的保值增值。

（5）加强对产权转让的过程监管，加强对地方产权转让的指导监督。

随着国资改革的深入与股份制的广泛应用，我国的国有资产流动性明显增强，对国有资产保护的重点不再局限于静态的界定和登记等监管层面，对国有资产流转过程中的动态监管逐步加强。通过交易所公开招拍挂等程序的管理，既可以避免由于人为因素，如行为不规范、不当行为或故意行为导致的国有资产的减少，也可以追述责任承担和责任追究问题，有利于企业国有资产保值增值。

《企业国有产权转让管理暂行办法》第七条仅对国有资产监督管理机构的监管权限做出一般性规定，而《地方国有资产监管工作指导监督暂行办法》(2006）第五条则明确规定国务院国资委对地方国资委对于地方国有资产转让的规范工作有指导、监督权。这表明中央高度注意产权转让行为，并要求国务院国资委在监管本级国家出资企业的基础上，也对地方国有资产转让进行指导、监督。

（6）建立了无偿划转制度。

《企业国有产权无偿划转管理暂行办法》的出台建立了国有产权无偿

划转制度，但并不适用于上市公司国有股权的无偿划转；《国有股东转让所持上市公司股份管理暂行办法》的出台建立了上市公司国有股份的无偿划转制度。两者的配合更能满足国有资本战略性重组与同一股东内部的股权调整的需要。

第二，地方层面：

地方的非上市公司企业国有产权转让方面的规范性文件既有自身制定的，也有转发、细化中央文件而形成的。数量众多，质量参差不齐。此处仅举在国有产权有偿转让和无偿划转方面有代表性的两例。

首先，在国有产权有偿转让方面，《北京市产权交易管理规定》较有代表性，其创新点有：

（1）增加了指导、协调机构。

《北京市产权交易管理规定》第六条规定市发展改革部门负责指导和协调本市产权交易的监督管理工作。市国有资产监督管理机构负责企业国有产权转让的监督管理工作。按照此规定，市发展改革部门对市企业国有产权转让的监管工作有指导、协调权。

（2）增加了申请中止交易的规定。

《中华人民共和国企业国有资产法》和《企业国有产权转让管理暂行办法》仅有关于应当终止交易的规定，但并无申请中止交易的规定。《北京市产权交易管理规定》第十三条规定了申请中止交易的情形，给了当事人主动自我保护的权利，避免因转让标的权属不清而陷入纠纷。

（3）增加了产权交易中的禁止行为的规定。

《北京市产权交易管理规定》第十五条规定了涉及产权交易机构的几种禁止行为，比如禁止在规定的产权交易机构之外进行转让、禁止扰乱交易秩序、禁止产权交易机构及其员工参与交易等。加强了对通过产权交易机构进行转让的规范，促进了企业国有产权交易更加公平、公正、公开。

（4）增加了委托交易的规定。

《北京市产权交易管理规定》第十八条规定了委托经纪机构代理进行产权交易的情形。

（5）建立产权交易违法行为记录系统。

《北京市产权交易管理规定》第二十六条规定了建立产权交易活动违法行为记录系统，应当算作地方制度执行上的创新之举。

总体而言，北京市的规定细化了交易程序，加强了对交易双方的保护。其次，在国有产权无偿划转方面，《上海市企业国有产权无偿划转暂行办法》较有代表性，其主要创新是扩大了适用范围，并对应地提出了审批和内部审议程序。

根据《企业国有产权无偿划转管理暂行办法》第三条的规定，该《办法》仅适用于国有资产监督管理机构履行出资人职责的企业及其各级子企业国有产权的无偿划转；而《上海市企业国有产权无偿划转暂行办法》第三条则把其适用范围扩大为市、区（县）国资监管机构出资监管单位以外的本市企业国有产权无偿划转，将非出资企业（如行政事业单位下属出资企业）统一纳入国资监管机构的管理范围。

对应的，《上海市企业国有产权无偿划转暂行办法》中增加了行政事业单位无偿转让的审批程序，对中央规范性文件进行了补充。如第十二条对企业国有产权在行政事业单位内部无偿划转、企业国有产权在行政事业单位和国资监管机构之间无偿划转两种情况做出了规定；第八条规范了无偿划转的内部审议程序，并特别分为“划转双方为公司、企业的”和“划转双方为行政机构或事业单位的”两种情形，后者在《企业国有产权无偿划转管理暂行办法》并未提及。内部审议的专门提出是国有资产管理体制深化的结果，反映地方政府按照政企分开、社会公共管理职能与国有资产出资人职能分开的原则，将企业国有资产的主体视为一级责任单位，不干预企业依法自主经营。

2. 非上市企业国有产权转让的制度执行情况

第一，中央层面：

非上市公司国有产权转让基本按照规范性文件的规定执行，在实际工作中也做出了一些政策性的行动，最主要的是推动建立全国性产权交易市场，选择北京、上海、天津和重庆四家产权交易机构作为中央企业产权交易试点机构，以防止交易不透明、不公开、不规范、不公正。非公开交易的弊端在于：一是交易信息不公开、不透明，在转让过程中容易出现暗箱操作、违规操作；二是在转让过程中协议定价，没有市场发现价格的机制，缺乏判断转让价格合理性的客观依据；三是大量的场外交易还容易产生地域和行业的人为分割，不利于企业国有资产的有序流转；四是缺乏统一的市场监督和制约机制，容易出现侵蚀国有权益的行为。

协议转让方面，国务院国资委的工作主要是规范所出资的国有独资中央企业内部协议划转，央企间的划转参照适用。

无偿划转方面，国务院国资委对无偿划转的管理范围包括央企之间的划转、央企与地方企业之间的划转、其他部门企业划转到国资委、不同地区（省级）之间无偿转让等，地区内部的无偿划转、各部门之间的无偿转让则不属国务院国资委管辖范围。

第二，地方层面：

（1）企业国有产权交易活动的监管权集中在省级国资监管部门。

（2）多数省份、直辖市都将产权交易机构的确定权放在了省、直辖市一级，要求企业国有资产的转让必须在这些符合条件的交易机构中进行。

（3）在中介机构的选择方面，多数省份、直辖市都采取了省级评定、各级选择的做法。由省级国资监管部门设立专家组，评审出合格的中介机构，形成备选库，省及以下级别的转让须通过招投标方式从备选库中选择合适的中介机构。

（4）跨地区产权交易所的建立有发展之势。2010 年 5 月 28 日，辽宁、吉林、黑龙江省、内蒙古自治区国资委、产权交易机构在沈阳共同签署了《东北四省区产权交易区域合作框架协议》、《东北四省区产权交易市场合作协议》，协议约定，四省区要共同建立东北统一产权交易共同市场、推动区域市场统一交易规则和信息发布、开展区域股权登记托管，希望成为继北京、上海、天津和重庆之后的第五家央企资产（产权）转让交易机构。

（四）上市公司国有股权管理的制度建设和执行情况

上市公司国有股权管理可以分为两个部分，其核心是上市公司国有股权转让，体系相对独立完整，作为第一部分；其他事项如质押、配股、增发、转持国有股充社保基金、上市公司国有股权标识、国有股东与上市公司资产重组、上市公司国有股东发行可交换公司债券作为第二部分。

1. 上市公司国有股权转让

(1) 上市公司国有股权转让的制度建设情况。

首先，从中央层面，上市公司国有股权转让方面的重要规范性文件如表6-7所示。

表6-7 上市公司国有股权转让中央规范性文件

法 律	《企业国有资产法》(主席令第5号 2009)
行政法规	《企业国有资产监督管理暂行条例》(国务院令第378号 2003)
部门规章	《企业国有产权向管理层转让暂行规定》(国资发产权［2005］78号 2005)
	《国务院国资委关于国有控股上市公司股权分置改革的指导意见》(国资发产权［2005］111号 2005)
	《国有单位受让上市公司股份管理暂行规定》(国资发产权［2007］109号 2007)
	《国有股东转让所持上市公司股份管理暂行办法》(国务院国有资产监督管理委员会、中国证券监督管理委员会令第19号 2007)
	《上市公司国有股东标识管理暂行规定》(国资发产权［2007］108号 2007)
	《国务院国有资产监督管理委员会关于规范国有股东与上市公司进行资产重组有关事项的通知》(国资发产权［2009］124号 2009)
	《国务院国有资产监督管理委员会关于规范上市公司国有股东发行可交换公司债券及国有控股上市公司发行证券有关事项的通知》(国资发产权［2009］125号 2009)

这些规范性文件构成了我国上市公司国有股权转让的规范体系，对上市公司国有股权转让的原则、方式、条件、批准程序、转让限制等多方面内容做出了明确规定。其中《国有股东转让所持上市公司股份管理暂行办法》因其颁布较晚，内容较新，范围较广而成为上市公司国有股权转让领域最为重要的规范性文件。

该文件的重要内容见表6-8。

表 6-8 《国有股东转让所持上市公司股份管理暂行办法》主要内容

转让原则	上市公司国有股权转让应坚持公开、公平、公正的原则，符合国家的有关法律、行政法规和规章制度的规定，符合国家或地区的产业政策及国有经济布局和结构战略性调整方向，有利于促进国有资产保值增值，有利于提高企业核心竞争力		
转让方式	通过证券交易机构转让	协议转让	无偿划转
法律依据	《国有股东转让所持上市公司股份管理暂行办法》		
适用范围	国有股东将其持有的上市公司股份通过证券交易系统转让的	国有股东将其持有的上市公司股份协议转让的	依法无偿划转给政府、事业单位、国有独资企业、国有独资公司持有的
审批情形	国有股东决定：1. 国有股东通过证券交易机构出售上市公司国有股份未达到一定比例的；2. 国有控股股东转让股份不涉及上市公司控制权的转移的 国务院国资委审批：其他情形将转让方案逐级报国务院国有资产监督管理机构审核批准后实施	国务院国有资产监督管理机构审核批准	国务院国有资产监督管理机构审核批准

（续表）

管理对象	持有上市公司股份的国有及国有控股企业、有关机构、部门、事业单位转让其所持上市公司国有股份的活动		
价格确定	国有股东转让上市公司股份的价格应根据证券市场上市公司股票的交易价格确定 国有股东采取大宗交易方式转让上市公司股份的，转让价格不得低于该上市公司股票当天交易的加权平均价格	国有股东转让上市公司股份的价格应根据证券市场上市公司股票的交易价格确定 1. 国有股东为实施资源整合或重组上市公司，并在其所持上市公司股份转让完成后全部回购上市公司主业资产的，股份转让价格由中介机构出具的估值报告确定 2. 国有及国有控股企业实施资源整合或资产重组，内部进行协议转让且上市公司权益国有权益并不因此减少的，股份转让价格应当根据上市公司股票的每股净资产值、净资产收益率、合理的市盈率等因素合理确定	
转让限制	权属关系不明确和存在质押、抵押、司法冻结等法律限制转让情况的股份不得转让		

相比于非上市企业国有产权，上市公司国有股权具有更强的流动性，因此，《国有股东转让所持上市公司股份管理暂行办法》特设了“间接转让”一章对上市公司国有股权转让所导致的公司经济性质或实际控制人变更的情况做出了特殊规定。详见表6-9。

表6-9 《国有股东转让所持上市公司股份管理暂行办法》中对“间接转让”的特殊规定

转让方式	间接转让
法律依据	《国有股东转让所持上市公司股份管理暂行办法》
适用范围	国有股东因产权转让或增资扩股等原因导致其经济性质或实际控制人发生变化的行为
审批情形	国务院国有资产监督管理机构审核批准
管理对象	持有上市公司股份的国有及国有控股企业、有关机构、部门、事业单位转让其所持上市公司国有股份的活动

综合上述各文件，中央层面的上市公司国有股权转让制度建设的趋势如下：

第一，监管方向的转变。

上市公司股权分置改革是一道分水岭，使我国股权转让从分置走向了流通。在此之后，《国有单位受让上市公司股份管理暂行规定》、《上市公司国有股东标识管理暂行规定》、《国有股东转让所持上市公司股份管理暂行办法》相继出台，标志着我国国有股权转让的监管方向从监管企业向监管股东的方向转变。

第二，交易方式的转变。

2007年以前，我国上市公司国有股权转让一般需要经过国资监管部门的批准方可进行。而根据《国有股东转让所持上市公司股份管理暂行办法》的规定，国家出资企业在选择交易方式上有了更大的灵活性，对通过证券交易机构非大宗出售的、不会导致上市公司控股权转移的国有股权转让交由企业股东内部决定。

第三，审批层级的转变方向。

在上市公司股权转让方面暂未设置国务院国资委和省级国资委分级审批制度。这主要是考虑到增强国有企业核心竞争力和稳定资本市场在短期内是重要工作，在指导、监督机制尚未健全的背景下完全放开对国有股权转让的审批存在一定风险，比如地方出于投资冲动大量减持国家持股的上市公司股权套得资金，给资本市场和地方政府投资带来隐患。

从长期来看中央政府和地方政府分别管理、责权利对等是趋势，待未来条件成熟时，我国对上市公司国有股权转让的审批将逐步过渡到国务院国资委和省国资委两级审批。

第四，具体制度的完善。

《国有股东转让所持上市公司股份管理暂行办法》第五章进一步规范了间接转让制度。

《企业国有产权向管理层转让暂行规定》进一步规范了“向管理层转让”的具体制度。

《企业国有产权转让管理暂行办法》第十一条确立了国有产权转让可行性报告的制度,《国有股东转让所持上市公司股份管理暂行办法》第十三条、第二十条和《国有单位受让上市公司股份管理暂行规定》第五条进一步完善了该制度。

《国有股东转让所持上市公司股份管理暂行办法》第四章进一步规范了上市公司国有股权的无偿划转制度。其次，从地方层面，上市公司国有股份转让制度是一个较新的领域。地方基本是在转发、执行中央的规范性文件。其中值得一提的是，深圳市国资委于2010年8月13日发布了《深圳市属国有创业投资企业转让所持创业企业股权管理暂行规定》对深圳市属国有创业投资企业转让所持创业企业股权管理做出了规范，属于对国家投资企业再投资的规定的一项细化，对国有企业持有投资类股权的退出进行了探讨。

（2）上市公司国有股权转让的制度执行情况。

首先，从中央层面，上市公司国有股权转让的审批监管权基本上集中在国务院国资委。考虑到上市公司股权流动性和市场化的程度大大高于其他形式的产权，无论是其涉及的主体数量还是其流动性的特点都意味着对其监管更加困难，同时考虑到我国截至2010年年底地方债务情况、资本市场有待稳定、地方上市公司股权管理方面的指导监督制度有待健全，因此没有把审核权下放给省级国资委，截至2010年年底仍由国务院国资委统筹相关的监管工作。

其次，从地方层面，地方的上市公司国有股权转让基本上是在转发、执行中央的规范性文件。一些省市，如辽宁省国资委发布了诸如《关于进一步加强上市公司国有股权管理有关问题的通知》(辽国资产权［2009］11号）等文件，提出“国有股东通过证券交易系统转让其持有的上市公司股份未达到需报国务院国资委审批的限制条件的（详见《国有股东转让所持上市公司股份管理暂行办法》第八条、第十条)，应将转让方案逐级报省国资委审核批准后实施”等制度，是对中央文件红线以内的补充界定。并未发现有创新性的做法。

2. 上市公司国有股权管理的其他内容

(1）上市公司国有股权管理其他内容的制度建设情况。

——发行、质押、配股、增发

专门规定上市公司国有股权发行、质押、配股、增发等事项的规范性文件截至2010年年底主要是《财政部关于股份有限公司国有股权管理工作有关问题的通知》(财管字［2000］200号)，其主要内容如表6-10所示。

表6-10 《财政部关于股份有限公司国有股权管理工作有关问题的通知》主要内容

有权部门	省级财政（国资）部门	财政部国有股权管理职能
工作职能划分	1. 省级财政（国资）部门批准以下事项： (1）地方国有资产占用单位设立公司和发行A股股票 (2）地方股东未全额认购或以非现金方式全额认购应配股份 (3）地方股东单位持有上市公司非发起人国有法人股及非上市公司国有股权发生直接或间接转让、划转 2. 地方股东持有上市公司非发起人国有法人股及非上市公司国有股权因司法冻结、担保等引起的股权变动及或有变动由省级财政（国资）部门备案	1. 中央股东单位的国有股权管理事宜由财政部批准 2. 地方股东单位涉及以下行为的，由省级财政（国资）部门审核后报财政部批准： (1）设立公司并发行外资股 (2）国家组织进行的国有股变现筹资、期权激励机制试点等工作 (3）上市公司国家股权、发起人国有法人股权发生直接或间接转让、划转 3. 上市公司国家股权、发起人国有法人股权因司法冻结、担保等引起的股权变动由省级财政（国资）部门审核后报财政部备案

（续表）

国有股权管理程序	经地方财政（国资）部门逐级审核后，报省级财政（国资）部门批准	1. 国有股权由地方单位持有的，由省级财政（国资）部门审核后报财政部批准 2. 国有股权由中央单位持有的，由中央单位审核后报财政部批准
报告与备案制度	1. 发行股票、增发股票或国有股股东与公司发生资产置换，国有股东应在此项工作完成后即将有关情况报财政（国资）部门备案 2. 省级财政（国资）部门在出具股权管理批复文件时须同时报财政部备案，并建立国有股权变动情况报告制度，每年分别向财政部报送两次（半年与年度情况）	
特殊情况	国有资产占用单位设立公司和发行A股股票涉及地方和中央单位共同持股的，按第一大股东归属确定管理权限	

其中的关于股票转让部分已经被前文提及的有关转让的文件所更新。——转持部分上市公司国有股充实社保基金

转持部分国有股充实社保基金的方面主要的规范性文件是《境内证券市场转持部分国有股充实全国社会保障基金实施办法》（财政部、国务院国有资产监督管理委员会、中国证券监督管理委员会、全国社会保障基金理事会公告2009年第63号 2009），主要内容概括如表6-11。

表6-11 《境内证券市场转持部分国有股充实全国社会保障基金实施办法》主要内容

含义	指股份有限公司首次公开发行股票并上市时，按实际发行股份数量的10%，将上市公司部分国有股转由全国社会保障基金理事会（以下简称社保基金会）持有国有股东持股数量少于应转持股份数量的，按实际持股数量转持

（续表）

义务承担人	股权分置改革新老划断后至办法颁布前IPO上市的股份有限公司，由经国资监管机构确认的上市前国有股东承担转持义务
	办法颁布后IPO上市的股份公司，由经国资监管机构确认的国有股东承担转持义务
	多元化企业由出资人按其持股比例履行转持义务
转持方式	一次或分次上缴资金、直接转持、其他方式
转持程序	1. 有权机关①核定国有股东身份及转持数量，出具公告或批复 2. 对转持股份进行变更登记，或把上缴资金上缴中央金库 3. 履行转持义务情况以及一般缴款书（复印件）等有关文件报国有资产监督管理机构备案，并抄送财政部和社保基金会
转持股份的管理和处置	1. 转由社保基金会持有的境内上市公司国有股，社保基金会承继原国有股东的禁售期义务 2. 股份转持给社保基金会和资金上缴中央金库后，相关国有单位核减国有权益，并做好相应国有资产产权变动登记工作 3. 财政部负责对转持国有股充实全国社保基金的财务管理实施监管 4. 社保基金会应设立专门账户用于接收转持股份

——上市公司国有股权标识管理

上市公司国有股权标识制度主要规定在《上市公司国有股东标识管理暂行规定》（国资发产权［2007］108号）中，其内容概括如表6-12。

① 根据《境内证券市场转持部分国有股充实全国社会保障基金实施办法》的规定，对于股权分置改革新老划断后至办法颁布前首次公开发行股票并上市的股份公司，国有资产监督管理机构根据现有资料对转持公司中的国有股东身份和转持股份数量进行核定。

表 6-12 《上市公司国有股东标识管理暂行规定》主要内容

适用范围	持有上市公司股份的国有及国有控股企业、机构、部门、事业单位等
标识人	本规定适用新上市的股份公司，标识人是国有资产监督管理机构
	对完成股权分置改革的上市公司以及股票发行实行新老划断后至本规定实施前新上市的股份公司，标识人是国务院国有资产监督管理委员会及中国证券监督管理委员会
	对未完成股权分置改革的上市公司，标识人是国资监管机构

——国有股东与上市公司资产重组

国有股东与上市公司资产重组问题主要规定在《国务院国有资产监督管理委员会关于规范国有股东与上市公司进行资产重组有关事项的通知》（国资发产权［2009］124 号）中。其主要内容如表 6-13。

表 6-13 《国务院国有资产监督管理委员会关于规范国有股东与上市公司进行资产重组有关事项的通知》内容

含义	国有股东或潜在国有股东向上市公司注入、购买或置换资产并涉及国有股东所持上市公司股份发生变化的情形
程序	可行性报告—内部决议—申请停牌同时报请国资机构预审核—国有股东批准—国资机构审核—实施重组
批准机关	央企报国务院国资委批准，地方企业报省级国资委批准
重组的保密要求	国有股东与上市公司就资产重组事项进行协商时，应当采取必要且充分的保密措施，制定严格的保密制度和责任追究制度。国有股东聘请中介机构的，应当与所聘请的中介机构签署保密协议
国有股东对企业的义务	国有股东与上市公司进行资产重组的相关事项在依法披露前，市场出现相关传闻，或上市公司证券及其衍生品种出现异常交易时，国有股东应当积极配合上市公司依法履行信息披露义务；必要时，应督促上市公司向证券交易所申请股票停牌
	如上市公司证券及其衍生品种价格明显异动，对本次资产重组产生重大影响的，国有股东应当调整资产重组方案，必要时应当中止本次重组事项，且国有股东在 3 个月内不得重新启动
违法责任	国有股东：整改；相关责任人：行政处分、民事赔偿、刑事责任
	社会中介机构：通报主管部门；三年内禁止从业
	国有资产监督管理机构工作人员：行政处分、刑事责任

——上市公司国有股东发行可交换公司债券

债券交换为股票时的定价方式：上市公司国有股东发行的可交换公司债券交换为上市公司每股股份的价格应不低于债券募集说明书公告日前1个交易日、前20个交易日、前30个交易日该上市公司股票均价中的最高者。

发行的审核机构：国有股东为中央单位的，由中央单位通过集团母公司报国务院国有资产监督管理机构审核；国有股东为地方单位的，由地方单位通过集团母公司报省级国有资产监督管理机构审核。

（2）上市公司国有股权管理其他内容的制度执行情况。

调研中了解到，截至2010年年底的执行实践中，《财政部关于股份有限公司国有股权管理工作有关问题的通知》中规定由财政部门行使的权利已经转移给了国资部门行使，可以做如下概括：中央企业国有股权的发行、质押、配股、增发必须经国务院国资委批准，地方企业国有股权质押、配股、增发必须经省国资委批准。

转持部分上市公司国有股充实社保基金与上市公司国有股权标识管理、国有股东与上市公司资产重组、上市公司国有股东发行可交换公司债券属于比较新的制度，执行中的问题也存在一定问题，如为避免向社保基金支付，部分地方国资委鼓励借壳上市的方式；标识管理对国家参股出资企业的认定问题等，但与基础管理条例联系不紧密，此处不再赘述。

（五）资产评估的制度建设和执行情况

1. 资产评估的制度建设情况

中央层面，规制资产评估最高位阶的是《企业国有资产法》，其规定比较原则化。搭建起国有资产评估制度最主要的法律文件是2005年8月国有资产监督管理委员会发布的《企业国有资产评估管理暂行办法》（国务院国有资产监督管理委员会令第12号）和2007年10月财政部发布《金融企业国有资产评估监督管理暂行办法》（财政部令第47号）。两者的比较见表6-14。

表 6-14 资产评估相关法律规定比较

	国务院国有资产监督管理委员会令第 12 号	财政部令第 47 号
立法目的	规范评估行为，维护出资人合法权益，促进企业国有产权有序流转，防止国有资产流失	加强监督管理，规范评估行为，维护国有资产所有者合法权益
适用范围	国有资产监督管理机构履行出资人职责的企业	依法设立并占有国有资产的金融企业、金融控股公司、担保公司
主管机关	各级国有资产监督管理机构	县级以上人民政府财政部门
评估制度	核准制和备案制	同左
应当评估	整体或者部分改建为有限公司或者股份公司；以非货币资产对外投资；合并、分立、破产、解散；非上市公司国有股东股权比例变动；产权转让；资产转让、置换；整体资产或者部分资产租赁给非国有单位；以非货币资产偿还债务；资产涉讼；收购非国有单位的资产；接受非国有单位以非货币资产出资；接受非国有单位以非货币资产抵债；法律、行政法规规定的其他需要进行资产评估的事项	变更“企业破产、解散”为“企业清算” 减少“整体资产或者部分资产租赁给非国有单位” 扩大“接受以非货币资产抵债”范围至所有企业类型 增加“资产拍卖” 增加“债权转股权的”；“债务重组的” 增加“接受非货币性资产抵押或者质押的” 增加“处置不良资产的”
可不评估	经批准资产实施无偿划转；国有独资企业与其下属独资企业（事业单位）之间或其下属独资企业（事业单位）之间的合并、资产（产权）置换和无偿划转	增加“发生多次同类型的经济行为时，同一资产在评估报告使用有效期内，并且资产、市场状况未发生重大变化的”一项 增加“上市公司可流通的股权转让”一项
委托主体	应当进行评估的，由产权持有单位委托	评估对象属于金融企业法人财产权或金融企业接受非国有资产的，由金融企业委托；评估对象属于金融企业出资人权利的，资产评估由金融企业出资人或者其上级单位委托。

（续表）

	国务院国有资产监督管理委员会令第 12 号	财政部令第 47 号
中介机构资质要求	近三年内没有违法、违规记录；资质适格；人员适格；无利益关系；未向同一经济行为提供审计业务服务	未规定
核准项目	经各级人民政府批准经济行为事项	经批准进行改组改制、拟上市、以非货币性资产与外商合资或合作经营的；县以上政府批准的其他涉及国有资产产权变动的
核准程序	企业上报—初审同意—核准申请—专家审核—核准/退回	企业申请—财政部门受理审查—专家评审—核准/不予核准
备案事项	经国资监管机构批准的事项；经国务院国资监管机构所出资企业及其各级子企业批准经济行为的事项	核准外其他事项
备案主体	国务院国有资产监督管理机构；中央企业	财政部；中央直接管理的金融企业
备案程序	企业报备—主管部门/企业备案（专家参与备案评审）	同左
有效期	一年	未规定
抽查内容	合规性；一致性；资料的真实性、合法性和完整性；评估机构资质和评估人员的执业资格；资产账面价值与评估结果的差异；实际成交价、披露程度与评估结果的差异；评估工作底稿；评估依据的合理性；其他有关情况	未规定
法律责任	企业、评估机构及主管部门人员的行政责任、刑事责任；经济行为无效	未规定“经济行为无效”的法律责任

财政部47号令对应当进行评估的范围的变动有借鉴价值。其中，资产拍卖、债权转股权的、债务重组的、接受非货币性资产抵押或者质押的等行为，非金融企业也可能发生，在制定《条例》时应考虑是否予以列举。

此外，其变更“企业破产、解散”为“企业清算”、扩大“接受以非货币资产抵债”范围至所有企业类型也有合理性。地方层面，可借鉴的规范性文件来自河南省、重庆市、上海市。其具体文件名称为：《河南省国有资产评估管理条例》、《重庆市国有资产监督管理委员会关于印发〈重庆市企业国有资产评估管理暂行办法〉的通知》、《重庆市企业国有资产评估项目备案管理办法》、《重庆市企业国有资产评估项目核准管理办法》、《上海市国有资产监督管理委员关于印发〈上海市国有资产评估项目核准备案实施细则〉的通知》、《上海市国资委关于印发〈上海市国有资产评估项目招投标操作意见（试行）〉的通知》。

这些文件对国资委12号令的变更主要表现在增加对应当进行资产评估事项的明确列举。制度创新主要体现在《河南省国有资产评估管理条例》中的奖励制度及上海市国资委创设的资产评估机构招标选任制度。

2. 资产评估的制度执行情况

首先，在中央层面，资产评估的对象是国资委履行出资人职责的中央企业，不包括其他各中央部委所属企业，中央国资委对地方企业指导、监督、检查。办理证书的义务人是股东，而不是标的公司。

核准及备案程序如图6-7、图6-8所示①。

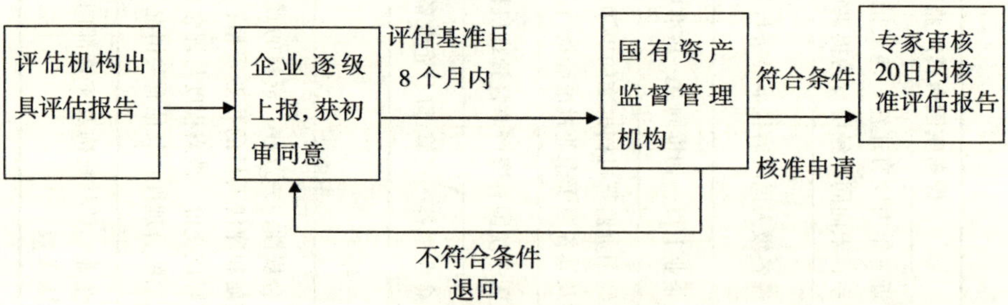

图6-7　资产评估项目核准程序流程图

① 《企业国有资产评估管理暂行办法》第十四条，第十七条关于资产评估项目的核准与备案的规定。

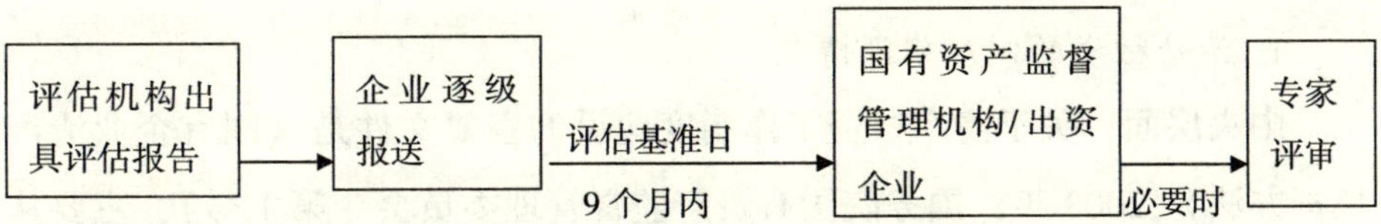

图 6-8　资产评估项目备案程序流程图

其次，在地方层面，天津市国资委对于其出资监管的企业，在评估的备案审核上有一些权力划分。对于建立了出资人制度的集团公司，其备案工作由集团公司负责。市国资委主要负责一些重大项目的审核。

山东省国资委与天津相类似，依照具体情况在省国资委和省管企业之间划分了事权。涉及出资人管理的重大事项的评估项目，由国资委核准；企业的实物资产的转让、租赁、抵押担保事项，由国资委备案；省管企业三级以下企业，涉及账面资产 5000 万以下的企业，备案权下放到省管企业。在具体实践工作中，对实施核准制的资产评估项目实行公开招标，中介机构由省国资委选聘。此外，资产评估实行补充报告制度。山东省国资委对中介机构审查报告审查后，对中介机构提出反馈，要求其就相关问题补充报告。经过补充报告符合要求的，按规定办理合同备案。

北京市国资委 2008 年出台了《北京市企业国有资产评估暂行办法》。该办法主要适用市国资委履行出资人的企业，政企尚未分开的单位所属企事业单位。同时，北京市国资委要求区县参照制定自己的细则。市区两级做评估监管时，依据项目金额对备案权进行了划分。截至 2010 年年底北京市国资委正在起草有关企业国有资产评审项目管理的暂行办法。该办法可进一步建立健全专家评审机制。对重点项目都要求专家评审，保证公正客观。

河南省国资委的工作创新体现在中介机构选任制度上。河南省国资委在全国范围内招聘评估机构，并组织评估小组审核参与招聘的 70 余家中介机构，从中选取了 40 余家机构形成了一个资产评估机构库，评估机构从库中选取。

（六）清产核资的制度建设和执行情况

1. 清产核资的制度建设情况

中央层面，关于清产核资工作制度建设的主要文件是《国有企业清产核资办法》(2003 年，国务院国有资产监督管理委员会令第 1 号)，主要从清产核资的开展条件、范围、工作内容、程序、组织、法律责任等六个方面构建出了清产核资的基本制度。其主要内容如表 6-15 所示。

表 6-15 《国有企业清产核资办法》(2003 年) 主要内容

法律依据	开展条件	监管主体	工作范围	工作内容
《国有企业清产核资办法》	机关机构主动要求（严重损失、账务异常等）；企业主动申请（分立、合并、重组等）	国资委监管中央企业；财政部监管金融企业、行政事业单位	企业总部及所属全部的子企业（含下属事业单位、分支机构、境外子企业等）	账务清理、资产清查、价值重估、损益认定、资金核实和完善制度

地方层面，清产核资基本沿用中央的规定，无特别创新。

2. 清产核资的制度执行情况

清产核资曾是 2003 年国资委成立后的首要工作，但截至 2010 年，大规模的清产核资已经结束。截至 2010 年年底，该项工作主要针对发生重组、合并、改制等特殊情况的企业展开。

实践中，除国资委主动要求企业进行以外，清产核资工作主要依据如图 6-9 所示流程开展。

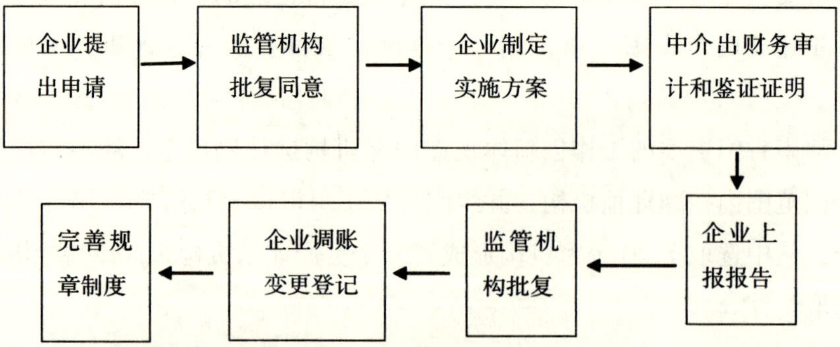

图 6-9 清产核资流程图

中央层面，近年来，国务院国资委平均每年完成十多件清产核资工作，因涉及的具体企业情况不同，清产核资金额差异较大。

截至2010年年底，国资委清产核资的对象限于由国资委履行出资人职责的央企。在国资委成立初期也曾依据教育部的申请针对大学高校开展过清产核资工作。但由于财政部表示反对，其后国资委不再接受针对行政事业单位的清产核资申请。

地方层面，进行清产核资的工作对象主要限于地方国资委出资的企业，基本情况与国务院国资委的大体相同。

（七）资产统计的制度建设和执行情况

1. 资产统计的制度建设情况

中央层面，关于资产统计工作制度建设的主要文件是《企业国有资产统计报告办法》(2004年，国务院国有资产监督管理委员会令第4号)。其主要从资产统计报告内容，编制范围，工作组织管理，报告编报规范以及法律责任等五个方面构建出了资产统计的基本制度。如表6-16所示。

表6-16　《企业国有资产统计报告办法》(2004年）主要内容

法律依据	开展条件	监管主体	工作范围	工作内容
《企业国有资产统计报告办法》	按月度、季度、年度分别上报	国资委监管中央企业；财政部监管金融企业、行政事业单位	企业总部及所属全部的子企业（含下属事业单位、分支机构、境外子企业等）	企业会计报表；国有资产营运分析报告

地方层面，在进行资产统计的过程中，依据国务院国资委的相关法律法规，结合自身特点，制定了更为细化的规范制度，基本没有创新突破。稍有不同的有两处：一是天津市国资委依据国务院国资委的报表，修订了自己的月度、年度报表的格式。将其他分为运行、资产、财务状况三大类，并相应增加了指标。二是北京市将综合评价工作分为经济效益基本评价和重点企业综合绩效评价。

2. 资产统计的制度执行情况

资产统计工作在国资局时期就已开展。国务院国资委成立之后，继续开展此项工作，其统计结果构成国家统计局负责的国民经济统计当中的重要组成部分。国务院国资委的企业国有资产统计范围包括国资委以及其他经政府授权的部门、机构履行出资人职责的各类国有及国有控股企业、国有参股企业。

中央层面，国务院国资委通过与财政部协调，联合下发每年度开展资产统计工作的通知。其中，对于央企，主要通过财务决算收集数据；对于其他中央部委下属企业和地方国资企业，国资委要求其他部委和地方国资委提供统计数据。为了避免要求企业重复填报数据，国资委的资产统计报表与财政部的财务决算报表保持一致，双方使用同一数据来源。

地方层面，依据国务院国资委的要求，地方国资委在资产统计工作方面，基本实现了对于企业国有资产的全面覆盖。

上海市国资委的国有资产统计范围不仅包括企业国有资产，还包括了行政机关和事业单位的国有资产①。天津市国资委的国有资产统计范围包括国有独资及国有控股企业、企业化管理的国有事业单位②。

（八）综合评价的制度建设和执行情况

1. 综合评价的制度建设情况

中央层面，关于综合评价工作制度建设的主要文件是《中央企业综合绩效评价管理暂行办法》(2006 年，国务院国有资产监督管理委员会令第 14 号)，其主要从评价分类，评价内容与评价指标，评价标准与评价方法，评价工作组织，评价结果与评价报告以及工作责任等六个方面构建出综合评价的基本制度。如表 6-17 所示。

---

① 参见《上海市国资委关于做好 2008 年度本市国有资产、集体资产统计报告工作的通知》。

② 参见《天津市企业国有资产统计报告制度》。

表 6-17 《中央企业综合绩效评价管理暂行办法》(2006 年) 主要内容

法律依据	开展条件	监管主体	工作范围	工作内容
《中央企业综合绩效评价管理暂行办法》	按企业负责人任职期间和会计年度分别开展	国务院国资委监管中央企业；财政部监管金融企业	国资委负责其履行出资人职责的企业；企业集团（总）公司负责其控股子企业	财务绩效定量评价和管理绩效定性评价

地方层面，在进行综合评价的过程中，依据国务院国资委的相关法律法规，结合自身特点，制定更为细化的规范制度，基本没有创新突破。

2. 综合评价的制度执行情况

综合绩效评价是国务院第五次清产核资结束后，原财政部评价处开发的针对国有资本运营质量进行监控的综合评价体系。国资委成立之后继续开展此项工作。其是国资委对企业财务状况评价的重要依据，并构成中央企业领导班子考核的重要指标之一。

中央层面，截至 2010 年年底，国务院国资委每年 4 月发布一套企业绩效评价标准，总共 130 余个行业。该标准体系为社会各界广泛运用，是各大银行进行客户资信评级的参照标准。

地方层面，综合评价工作情况与国务院国资委的基本相同。稍有不同的有两处：一是重庆市国资委自 2008 年以来对 28 户市属工商企业和 8 户市属金融企业的年度经营绩效进行了定量评价，建立了国资委评价市属企业和区县评价下属企业的两级绩效评价体系；二是北京市的综合评价工作分为经济绩效基本评价（财务决算后用软件自动生成）和选择重点企业进行综合绩效评价（包括定量和定性）。

截至 2010 年年底重点企业综合绩效评价和保值增值这两项指标在企业负责人任期考核之中运用，权重分别占考分的 20% 和 25%；而且绩效评价截至 2010 年年底已经纳入国有企业领导班子和企业负责人综合考核体系之中，占 20% 权重。

三、现行企业国有资产基础管理制度存在的问题

(一) 企业国有资产基础管理的边界有待明确

1. 地方金融企业产权管理的边界不清晰，严格分开不利监管

截至2010年年底，国有产权管理的主体是国资监管机构与财政部门，前者主要负责非金融类企业国有资产的监管，后者主要负责金融类企业国有资产、行政事业单位国有资产的监管。但这样划分在地方层面并不完备，地方金融企业和中央金融企业的形成方式不同：国有银行等金融企业的资本金主要是国家直接出资形成的、以国有独资公司形式成立的金融企业，而地方金融企业的资本金主要是地方国有企业直接出资形成的、以有限责任和股份有限公司形式成立的金融企业。地方金融企业的产权形成机制在企业，其产权管理的主要责任主体应当是金融企业的直接出资企业。

截至2010年年底财政部要求地方财政局对地方金融企业进行统一监管，给实践中带来一些问题。由于监管主体并非出资主体，沿用行政方式而非依据产权纽带对企业国有资产进行管理，容易带来工作中的偏差。首先，国资监管部门与财政部门之间的产权管理工作存在职责交叉，职责不清；其次，国有资产的基础管理工作被分散在多个部门，多头管理造成口径与数据不一致，使政府无法整体了解国有资产整体情况，同时可能给企业带来额外的负担；再次，各部门共同管理的部分，由于监管目标、监管手段不相同，缺乏对监管的整体效果评价，不利于掌握国有产权的相关情况，可能导致国有资产损失。

在混业经营已成为国际趋势的背景下，严格将金融与产业分开是不利于国有资本统一监管的，建议在地方国资基础监管工作中鼓励其“因地制宜”地进行符合地方现状的尝试。

2. 事业单位经营性资产沿用公益管理方式，不利于保值增值

随着改革的深入，部分事业单位不仅能够自负盈亏，还能取得盈利，在其改制或出资形成国有企业时，应统一纳入《企业国有资产法》的约束范围。但从截至2010年年底的情况看，事业单位改制或出资形成的企业国有资产尚无明确规定，暂由财政部门依据《事业单位国有资产管理暂行办法》进行管理。对于事业单位持有的企业国有资产，特别是上市公司属于

营利性质，其监管不应与公益性单位混同，如由财政部门继续负责对管理，容易带来政策目标的不一致。

上述问题的实质是产权管理等基础管理工作中各级国资委的法律地位问题。除各级国资委之外，若政府其他部门都可以被授权，日常工作就只能在出资人职责范围内进行，但这样不利于国有资产基础管理服务于国家掌握企业国有资产总量、结构、变动和收益等基本情况的需要，不符合建立全国统一的企业国有资产基础管理制度体系的要求。国有资产基础管理是国家作为企业国有资产出资人应掌握的必要信息、履行的必要管理，应当由国家授权的单一机构代表履行，以达到统筹考虑的效果。从政府出资人的角度，基础管理的边界与出资边界相等，但考虑到现实工作中各级政府通常将企业国有资产的基础管理授权给国资监管机构，某种意义上，可以认为国资监管机构基础管理的边界大于出资边界，不应在部门间条块分割，画地为牢。

（二）中央、省、市（地）国资管理层级之间关系有待清晰

1. 中央国资委与省级国资委应分级管理

2003 年 5 月颁布的《企业国有资产监督管理暂行条例》（国务院令第 378 号）中规定上级政府国有资产监督管理机构依法对下级政府的国有资产监督管理工作进行指导和监督，而《国资法》对此没有做出明确规定。各级国资委之间的关系却并未做出明确界定，这使国资委在进行基础管理时受到很大制约，也容易引发实践工作中的法律风险。中央国资委与地方国资委之间关系权责界面如何划分，管理层级（如股权转让和资产统计）如何界定则有待明确。

2. 省级国资委对地市级国资委的指导监督亟待加强

地方实践中，基层面临较繁重的基础管理工作，出现了产权管理在省级以下政府的监管虚化，考虑到基层由于人力、财力等原因对国有资产基础管理工作的难度，应由上级政府进行统一指导和监督。因此，上级国资委应通过规范意见对下级进行指导，对于地方国资管理，在出资权按各级政府进行划分的基础上，应将监督权上移，由省为主体来加强对市（地）级、县级政府国有资产监管工作的指导监督，以便进行宏观统筹。

2009年9月19日，国务院国资委发布了《关于进一步加强地方国有资产监管工作的若干意见》，其中亦提到“依据《条例》有关规定，省级国资委要结合本地实际，切实加强对市（地）级、县级人民政府国有资产监管工作的指导和监督。加强企业国有资产基础管理”。《若干意见》为加强国资委对地市级国资委的指导监督提供了政策指引，填补了《国资法》的不足。省国资委应加强对地市级国资委的指导监督。

（三）产权界定在实践中面临的问题

1. 产权界定缺乏依据，实践中存在法律风险

当前的产权登记和国资委成立之前在财政部门的国资管理及以前国家国有资产管理局的产权界定，性质完全不一样，前者发生在股份制普及、多元化企业成为趋势的背景下，后者发生在国有独资企业为主的背景下。

从中央和地方产权界定的实践来看，2010年产权界定的处理事件数量显著下降，部分省市连续数年未进行产权界定，产权界定普遍局限在国资委系统范围内，基本不做国资与非国资的产权界定。这主要是因为产权界定缺乏依据，传统的产权界定方式在实践中存在法律风险。

作为履行出资人职能的机构不便于开展产权界定工作。国资委作为所出资企业的出资人，在产权界定中其行为与出资企业具有一致性，界定不当易引起非国有产权的民事诉讼。另一方面，由于我国国有资产分级监管，国务院国资委可以作为地方国资委之间产权界定的仲裁者，但当发生中央企业与地方企业之间的产权界定时，会由于国务院国资委与中央企业的出资关系构成与前述类似的不公允问题。

2. 产权界定的外延有待明晰

产权界定的外延有待明晰，国资委对授权企业范围内的界定和管理只是履行出资人职能的工具和手段，对授权单位以外的任何其他单位都没有法律效力。除各级国资委之外，若政府其他部门都可以被授权，日常工作只能在政府授权的各出资人职责范围内进行，无法对省管企业进行统筹管理。因此，产权界定的外延亟待明确。

（四）产权登记在实践中面临的问题

1. 产权登记的权威性和约束力有待加强

在产权登记管理中，主要的问题是缺乏权威性和约束力。具体来看，国资监管机构主要依据2000年财政部《企业国有资产产权登记业务办理规则》和1992年国家国有资产管理局制定《国有资产产权登记管理试行办法实施细则》进行具体的产权登记管理，时间较早，并未根据现实情况进行调整，权威性弱。甚至有个别省国资委提出国资委不是行政部门，所以没有办理过登记业务。

国务院国资委和地方国资委普遍反映企业仅在需要使用产权证的时候才进行产权登记，产权登记覆盖面小，部分企业改制、产权变动、事业单位转企业没有及时办理登记，部分级别较低的企业甚至不进行登记，部分企业即使被要求办理产权证也不办理；部分企业产权变动很多次，但是只提供部分变动登记资料，上述问题的背后，反映出产权登记缺乏约束力。

2. 对多元化企业的产权登记亟待加强

随着市场的发育和国有企业改革的深化，资产的流动和联合，使国有企业产权结构多元化成为一种趋势。

截至2010年年底，产权登记要求到国有控股层面，但对国有控股的界定是国有绝对控股，对相对控股、对外再投资与集团内部合并持股达到控股（一致行动人）的情况未作登记。一些地方国有企业虽然其股份多元化，但很多是在企业改制过程中，通过集团内部相互持股所形成的，实质上还是国有或国有控股公司，这类在产权登记中未予以体现，国资委对多元化企业的产权登记亟待完善。

另外，传统的产权登记证书不能完全体现产权变动的延续性，这点对于多元化企业的产权变动更加明显，体现出一定的不适应性。

3. 境外经营性国有资产的产权管理亟待加强

国资委对所出资企业在境外成立企业的管理是产权管理的一大难点，由于这些公司之间产权链条较长，且其中有很多的交叉持股，并涉及很多不同国家的法律问题，单纯沿用传统的国家出资企业管理模式很难对这些企业进行有效监管。同时，由于境外企业股权比较分散，国有资本所占比例较少，公司人员多数都是外聘员工，变动非常大。这类境外企业和上级集团、一级企业并不熟悉，上述种种原因就造成境外资产监管非常困难，存在国有资产损失的隐患。

截至2010年年底，境外经营性国有资产的基础管理的薄弱在产权管理上尤为突出，主要体现在四方面：一是对境外企业国有资产产权的登记；二是对境外产权的评估，特别是对新型投资方式相关的产权评估，比如资产并购、信托投资、证券投资与风险投资方式；三是境外经营性国有资产产权变动与转让方面的管理；四是各省对境外经营性国有资产监管范围的规定并不统一，是否包括境内企业多层级之下的子公司设立的境外公司、境外企业再投资形成的产权以及省级以下国家出资企业的境外资产并无统一的做法，有待在《条例》中进一步明确。

4. 产权登记性质有待明晰，对非直接出资企业监管依据不足

部分省市在工商系统登记时，要以国资委的产权登记为依据。当对方当事人要求工商系统变更登记时，工商系统又要求国资委改变或收回产权。产权登记的性质是确权性质还是审批要件？这是一个值得研究的问题。如果是确权性质，则更加接近出资人的民事权利属性，那么对非出资的监管企业进行产权登记的依据不足；如果是审批要件，则更接近监管者的公共权力属性，但容易带来法律风险。

产权登记性质不明确带来的另一个问题是，如果将其界定为行政权力，则是否应符合政务公开的要求？但如果对国家出资企业的产权登记对社会进行公开，在一定程度上不符合企业在市场竞争中的灵活性要求。

（五）非上市企业国有产权转让在实践中面临的问题

1. 国有产权向管理层转让过程中信息披露有待完善

通过市场化方式，由市场主体或管理层受让国有产权，从理论上讲具有降低代理成本、防范道德风险、提高管理层的积极性和责任心等优点，也为我国企业改制提供了一条可选道路，有助于解决我国企业产权不清、政企不分的问题。但由于在实践中出现了大量的不规范操作，给国有资产带来了重大损失，因此截至2010年年底我国的立法中采取了严格限制的指导思想，其中一项是不得以信托方式融资受让，理由一是国有资产监管机

构难以了解受让人真实身份，难以实施有效监管；二是难以了解受让方的资金真实来源；三是隐藏了受让方的资信水平、资本实力、经营管理水平等，使转让方或国有资产监管部门很难了解和掌握受让方的真实情况和收购的真实意图，不利于企业长远发展；收购方的经济性质无法确定，国有资产监管机构难以界定转让后的产权性质，从而难以实施相应的监管。简言之，信息披露不充分是其中最大的难题。考虑到管理层融资困难的现状，可在放开信托融资的同时加强信息披露，避免管理层融资难而导致的暗箱操作、低价受让的同时，能够完善职业经理人市场，进而实现国有资本保值增值。

2. 非上市企业国有产权转让定价依据有待改进

企业国有产权转让与一般商品不同，产权转让涉及整个企业，而企业是个综合体，每一次交易都具有异质性（没有一个企业是相同的）。因此影响国有产权转让的价格因素要比一般商品的复杂得多，从经济层面上讲，资产评估的内容、方法、评估机构行为、资产专用性、买卖双方的交易地位和交易动机都可以影响资产定价，而从法律层面讲，法律体系的健全与否、法律制度的明确程度与可操作性都会影响企业国有产权转让的定价。

我国的实践中，截至 2010 年年底对于非上市企业的价值判断国有资产损失标准主要是转让价格是否符合净资产值。净资产值成为国有产权转让定价的价格底线，价格高于净资产就是保值增值，低于净资产转就构成国有资产损失。实际上这并未反映国有资本的营利能力与机会成本。

3. 非上市企业国有产权交易市场有待培育

进场交易具有有效地发现适格受让人、有效地发现转让价格、有助于解决有争议的国有产权转让问题、有利于减少行政不当干预、有助于广泛监督等优点。截至 2010 年年底，场内交易的作用尚没有得到充分发挥，原因是缺少统一的全国性交易市场，市场分割严重，规模狭小，既不能充分发挥信息优势，也不能有效对抗行政权力的干扰；并且以拍卖方式完成，成本相对较高。

因此，尽快扩大交易市场，鼓励地方市场联合，加快建设全国统一的交易市场。并且，出于对降低场内交易成本的考虑，应当加快网上交易市场的建设。力争建立起规则基本统一、信息联网披露、市场分级管理、过程集中监测、部门联合检查的全国性统一交易市场。

4. 非上市企业国有产权协议转让程序有待透明

我国立法鼓励进场交易，但由于行政干预的惯性力量、“内部人控制”的存在和产权交易市场狭窄等因素的存在，大量的非上市企业国有产权转让采取了协议转让的方式。由于协议转让的双方是直接接触，双边交易谈判，在非公开情况下进行，具体操作也因人而异，没有统一的规范，因此这种方式透明度低，信息传递机制不完善，容易导致国有资产在交易过程中流失。因此，转让方应该按照有关规定进行清产核资、财务审计和资产评估。以协议方式出售国有产权的，应当在产权转让前对转让情况进行公示，在转让后结果进行披露并说明理由，增强透明度。

5. 非上市企业国有产权无偿划转适用条件有待确定

企业国有产权无偿划转，是指企业国有产权在政府机构、事业单位、国有独资企业、国有独资公司之间的无偿转移。作为非上市企业国有产权转让的一种方式，具有非市场化、无对价的特点。从经济作用的角度说，它有助于劣势企业摆脱困境，降低兼并成本，壮大国企实力，具有不可替代性。但它同时引起了一些不可忽视的问题。其中三个问题比较突出：

首先，行政权力干涉的问题。

由于无偿划转的非市场化特点，其具体开展一般是在行政权力的主导下进行，行政权力执行者的视角、利益有别于市场交易主体，尤其在我国多年行政本位的历史条件下，行政权力主导有可能产生与市场价值相背离的情况，因此非上市企业国有产权转让格外需要监督。

其次，规避国有资产损失的问题。

一般认为，无偿划转是在国家资产系统范围内流动，因此不存在国有资产的流失问题。但正因如此，也就出现了标的价值评估上的缺失，就等于失去了划转合理性的衡量标准，也就损害了无偿划转在经济上的合理性。因此，无偿划转过程中应当将清产核资、资产评估作为前置程序，并借鉴上市公司信息披露的方式，出具可行性报告和盈利预测分析，对于事后不达标的，国资监管部门有权追溯相应责任。

再次，无偿划转适用条件的问题。

截至2010年年底，规范性文件仅仅指出无偿划转是一种特殊的非上市企业国有产权转让办法，对其适用条件则缺少明确的规定。这导致了无偿划转具有随意启动、盲目扩张、程序不规范的情况，存在系统内部参照的情况，与我国法律鼓励进场交易的精神相违背，因此出台相关文件严格限制无偿划转的适用极为紧迫。

（六）上市公司国有股权管理在实践中面临的问题

1. 上市公司国有股权转让的定价标准有待探索

国有股权在绝大多数上市公司中处于控股地位是我国股票市场的显著特征之一。从优化股权结构，实施国有控股上市公司的兼并重组以及实现国有资本保值增值等角度考虑，上市公司国有股权必须进行有序、规范的流动，而在国有股权的流动过程中，为保证国家利益不受侵害，国有股权出资人应该对所转让股权进行合理、科学的定价。截至2010年年底，依据证券市场均价的定价方式已相对成熟，国资监管机构可结合行业、公司规模、成长性、营利能力等因素，对国有股东的定价提供操作性指导意见，同时在《条例》中加强对中介机构的责任追究表述。

2. 上市公司国有股权转让信息披露范围有待扩大

信息披露是产权市场得以有效运作的核心要素，也是解决我国截至2010年年底产权转让诸多问题的重要途径。无论是非上市企业国有产权转让还是上市公司国有股权转让，国家一律鼓励进场交易，主要原因就是进场交易有助于信息披露的运作。而相比较而言，上市公司由于往往规模更大、涉及面更广，一旦在转让中出现舞弊行为，易导致严重的社会后果，因此，其国有股权转让更应当强调信息披露的完整性和全面性。然而，在规范上市公司国有股权转让最为系统的文件《国有股东转让所持上市公司股份管理暂行办法》中并没有详细提到信息披露所应当遵循的程序和包含的内容，相反，在“协议转让”一章中却规定了无须披露直接协议转让的六种情况。因此建议《条例》吸收《证券法》等法律法规的立法精神，对此问题作出详细规定。并且，还应当添加两个方面的内容：

第一，在信息披露之中加强对受让人条件的披露，并在此后的“说明理由”中对选择特定受让人的原因做出解释。

第二，加入证券交易机构在信息披露中的免责条款，即该机构仅对交易双方提供的材料做形式审查，材料的真实性、准确性和完整性由提供材料的交易人与其他中介机构承担。

3. 转持上市公司国有股权充实社保基金的配套法规有待细化

《境内证券市场转持部分国有股充实全国社会保障基金实施办法》的出台使得国有股权支持社保基金的办法从减持变为转持，一字之差，体现了管理层改革的新智慧、新思维，体现出政策主导下的多方面制度创新，这是管理部门立足于长远、在制度上进行的一个良性调整，实现了充实社保基金、提高即期消费等多赢的局面。但在操作中也遇到了一些问题，择要概述如下：

首先，影响国有股东的控股地位。

由社保基金转持国有股时，对一些国有股东相对控股的上市公司来说，国有股东控股权将受一定影响。另一方面，在实践中出现了为避免摊薄国有股权，地方国资委要求国家出资企业采用借壳而非IPO上市的方式，这与政策初衷并不一致，也是由于该项转持规定一刀切，未对不同行业、不同性质的国家出资企业进行细化考虑，未提出任何豁免措施导致的。

其次，产生社保基金证券抛售的危险。

社保基金证券投资原则上不能超过30%，此次国有股划转社保办法实施后，如果国有股发行频度过高，涉及较大转持的股份，会产生社保基金在持有股票的比例上会超过30%红线的问题。社保基金就有可能会在二级市场卖出股票，使整个资产组合中股票持有的比例不超过红线，进而给证券市场稳定带来一定影响。

再次，影响国有股东上市、发行股票的积极性。

转持首发股份10%的要求可能会降低含国有股的企业上市动力，也不排除国有股东为了避免大规模转持而在首次发行时减少发行规模，转而通过增资扩股或者其他形式筹集资金。

总体而言,《境内证券市场转持部分国有股充实全国社会保障基金实施办法》的大思路是正确的，但在操作细节方面有待配套文件的进一步规范。建议《条例》对社保基金的划转仅作原则性规定，为其提供依据，但不宜细化，为未来的改革留下空间。

4. 上市公司国有股权转让效力问题有待明确

国有资产的转让效力问题直接关乎转让的成败，决定产权的归属。如果缺乏有效的规定，将会出现权属不清，责任不明，乃至出现法律纠纷。《企业国有资产法》第七十二条规定:“在涉及关联方交易、国有资产转让等交易活动中，当事人恶意串通，损害国有资产权益的，该交易行为无效。”《企业国有产权转让管理暂行办法》第三十二条规定了八种可能被法院认定为无效的情形。而上市公司国有股权转让的规范性文件却没有提及这一问题。《企业国有资产法》的规定过于概括，而《企业国有产权转让管理暂行办法》的规定有违现行法律规定（根据《合同法》规定，只有法律和行政法规可成为认定合同无效的依据，部门规章无此权力)，上市公司国有股权转让在此问题上存在空白。在制定《条例》之际，应该在法律责任部分对非上市企业国有产权转让和上市公司国有股权转让的效力做出统一、细致的规定。并关注以下三个方面:

第一，除了有效、无效两种情形外，如何界定效力待定的情况;

第二，程序不合法，转让行为是否有效的情况;

第三，因转让方行为导致转让无效时，受让方享有何种救济权利。

（七）资产评估在实践中面临的问题

1. 国资监管机构在实际工作中职责定位不清

依据现行法律，国资部门对企业国有资产评估上的管理是通过程序性审核对评估项目进行核准或备案，评估报告的法律责任由签字的注册资产评估师及所在评估机构共同承担。但由于履行国有出资人职责的特殊身份，在实际操作中，国资部门往往难以把握管理尺度，越位、错位或缺位等问题时有发生。

2. 对中介机构和评估人员缺乏有效管理

截至2010年年底，国资部门不承担评估管理的行政职能，不直接管理中介机构和评估人员，只是通过对国有资产评估项目的管理，从评估报告使用者的角度对承接项目的中介机构和评估人员提出工作要求。由于管理方式的间接性，加上有时与相关专业管理部门沟通不够充分，国资部门往往缺乏对项目评估人员和机构执业质量的控制力度，进而影响到评估报告的客观公正性。并且由于对中介机构和评估人员没有直接的惩戒手段，对机构和个人的执业质量也没有统一的评价标准，这导致承接国有资产评估项目的机构始终存在良莠不齐的状况。

（八）清产核资在实践中面临的问题

1. 涵盖的范围不全面

清产核资的范围包括改制企业的固定资产、流动资产、无形资产和其他形态资产等。但是，由于企业国有资产总量大、范围广、形态多，在清产核资过程常常存在如下几种情况：一是对未入账的划拨土地使用权未纳入清产核资的范围；二是对关闭、停业等难以持续经营的企业没有进行清产核资；三是对无形资产的清产核资开展情况比较差。有些企业的土地使用权占总资产比例较大，有些难以持续经营的企业资产总量并不小，有些企业的品牌具有可观价值。而这些资产常在清产核资中被忽略。

2. 清产核资结果的运用不充分

清产核资是了解企业资产情况的重要手段之一，同时，清产核资也是发现企业基础管理问题的过程。但实践中，清产核资的结果并没有被充分运用，而是采取只要没有进入个人腰包就不追究责任的态度。这导致了清产核资的作用未完全发挥，国有资产损失会继续以同样或类似的方式重演，为保障国有资本安全造成重大隐患。

3. “完善制度”工作需细化

截至2010年年底的法律规定中提出了对于完善内部资产与财务管理办法，会计核算、内控机制、财务监督、审计制度，风险控制管理制度，财务信息披露制度等多方面制度建设的要求。但立法较为粗略，没有对于上述各项工作的具体要求、目标、程序及责任的规定，影响了实际的工作效果。

（九）资产统计在实践中面临的问题

1. 国有资产统计机构不健全，导致报表数字不真实、编报不及时

国有资产统计报表是总括反映一定时期内国有资产营运情况的基本文件。截至2010年年底，从报表数字方面看，部分地方的国有资产统计报表存在账实不相符、账证不相符、账表不相符的情形，甚至存在报告中的报表与文字之间不一致的情形；从报表上报的及时性上看，地方的国有资产统计部门存在不同程度的迟报现象。

2. 国资委对全国国有资产的统计全面，却未向社会发布

截至2010年年底，各个部门都在不同范围内开展国有资产统计工作，其中，包括财政部、国资委和其他部委，统计方法不一、口径不一，令政府出资人和公民难以获得统一标准的数据，企业国有资产作为一个统一整体，应该由一个合适的部门来统筹全国国有资产的统计工作并统一向社会发布，让全国人民了解国有资产的总体情况，这是满足公民知情权的要求，也是社会主义民主的体现。无论是从国务院在三定方案中赋予国资委的国有资产监督职能上考虑，还是从前期国有资产管理的经验上看，国资委都比其他部委更适合做全国国有资产的统计工作并向社会公开发布。

（十）综合评价在实践中面临的问题

1. 对企业的“社会贡献”考核不够

从世界大公司发展的轨迹来看，企业社会责任是企业发展过程中为取得可持续性发展，与政府、消费者、供应商等相关利益者之间进行的互利安排。在《中央企业综合绩效评价实施细则》（国资发评价［2006］157号文件）中，有一项企业管理绩效定性评价指标为“社会贡献”，其评价主要反映企业在资源节约、环境保护、吸纳就业、工资福利、安全生产、上缴税收、商业诚信、和谐社会建设等方面的贡献程度和社会责任的履行情况。虽然提出了社会贡献指标，但该指标在管理绩效中的权数仅为最小值8，核算成百分制仅占2.4分，对企业的社会责任和环境绩效的考核几乎被忽略。

2. 对企业的无形资产评价缺乏

传统的综合绩效评价主要以针对有形资产的各项指标评价为准，对有

形资产的评价一般都是依据具体的、历史的、静态的数据，虽然评价的结果比较直观，但是容易助长评价客体追逐短期利益的行为。并且，由于数据来源的局限性，导致评价结果和客观事实不相符合，使绩效评价失去其应该具有的价值。在知识经济时代，知识资本对企业的生存和发展起着至关重要的作用。评价企业是否具备独特的竞争优势，对其无形资产的评估十分重要，比如自创专利与非专利技术拥有项数是一个重要的标准，但这些专利与非专利技术在我国企业国有资产的绩效评价中往往被忽视。

3. 管理绩效定性评价开展滞后

管理绩效定性评价工作开展时间较短，且与财务绩效定量评价差异较大。截至2010年年底，法律对于管理绩效定性评价的规定较为粗略，给管理绩效定性评价工作的开展带来了很大困难。根据2010年调研情况，只有国务院国资委针对中央国企开展了管理绩效定性评价的探索性工作，各地国资委囿于制度、经验的缺失，实际工作当中大都搁置了综合评价中的此块工作，使得综合评价缺失重要指标，名不副实。

四、《企业国有资产基础管理条例》起草的有关建议

（一）立法依据

保护国有财产是我国宪法的基本原则①，宪法提出的保护国有财产需要通过基础管理制度来落实，可见《条例》起草的最高依据来自《宪法》。

《企业国有资产法》第九条规定：国家建立健全国有资产基础管理制度，具体办法按照国务院的规定制定。国务院前期关于国有资产基础管理的规定即《企业国有资产监督管理暂行条例》，该《暂行条例》第五章以专章形式对企业国有资产管理做出了规定，其中第三十条规定：国有资产监督管理机构依照国家有关规定，负责企业国有资产的产权界定、产权登记、资产评估监管、清产核资、资产统计、综合评价等基础管理工作。国

① 《宪法》第七条规定：国有经济，即社会主义全民所有制经济，是国民经济中的主导力量。国家保障国有经济的巩固和发展。第十二条规定：社会主义的公共财产神圣不可侵犯。国家保护社会主义的公共财产。禁止任何组织或者个人用任何手段侵占或者破坏国家的和集体的财产。

有资产监督管理机构协调其所出资企业之间的企业国有资产产权纠纷。可见,《条例》起草的直接依据来自《企业国有资产法》和《暂行条例》。

综上,《条例》的立法依据包括《宪法》第七条和第十二条、《企业国有资产法》第九条以及《暂行条例》第五章。

(二) 立法目的

国有资产是社会主义市场的物质基础，是完善和发展社会主义市场经济的源泉和保障。《企业国有资产法》是维护国有资产权益的重要法律保障，是国资委依法履行出资人职责的重要法律依据。但《企业国有资产法》对于企业国有资产基础管理的规定内容相对较少且抽象，欠缺可操作性。如何从法律的角度切实维护国有资产安全，防止国有资产损失，是《企业国有资产法》颁布之后的一个现实难题。

制定本《条例》的目的在于：首先，在总结国有资产基础管理实践经验的基础上，在行政法规层级对现行相关法律文件进行梳理、统一；其次，通过明确国有资产基础管理工作中相关各方的权利、义务，保障国有资产监管机构更好地履行出资人职责；最后，掌握全国企业国有资产的总体情况，动态维护企业国有资产安全、防止企业国有资产损失。

(三) 起草思路

2003 年 5 月的《企业国有资产监管管理暂行条例》以行政法规的形式，明确了企业国有资产管理体制的基本框架，规定了国有资产监督管理机构作为政府特设机构的性质和主要职责。在《暂行条例》颁布后的七年里，国家有关部委出台了有关产权界定、产权登记、产权转让、资产评估、清产核资、资产统计和综合评价等基础管理方面的一系列规章和规范性文件，初步建立了以《暂行条例》为核心的企业国有资产监督、管理和运行的行政法规体系。

《条例》的起草应从解决当前迫切需要解决的关键问题、社会普遍关注的突出问题出发；以维护国有资产安全、防止国有资产损失为目的，对现有的制度进行客观分析，取其精华，去其糟粕，构建相应的基础管理规范体系；本着面对现实、着眼当前、照顾长远的原则，对一些截至 2010 年年底争议较大、改革中还在探索的问题及尚需研究总结的经验做法，暂不做规定或只做原则性规定，为今后的制度完善留有空间。

基于此，企业国有资产基础管理应将对价值形态的管理作为重点，从对实物资产的管理方式向对股东价值的管理方式转型。形成企业国有资产管理的流程与链条，加强整体动态管理，衡量国有资本的保值增值情况，而非在某个环节进行静态管理。具体来看，在《条例》中可探讨如下思路：

1. 调整对象：企业国有资产

《企业国有资产法》中，对企业国有资产的定义前进了一大步，其调整对象主要是企业的权益性资产，即资本。《企业国有资产基础管理条例》作为《企业国有资产法》的下位法，其调整对象应当与后者尽量保持一致。《企业国有资产基础管理条例》应当坚持这一正确方向，以权益性资产为主，主要建立在财务与资本口径上对企业国有资产产权管理和统计评价。

建议在总则中明确以企业国有资产即国有资本为监管对象的指导思想。清产核资一章中涉及的有些实物性资产，可以在对应章节中做特别规定。

2. 调整范围：基础管理范围实现“全口径、全覆盖、国内外”

首先，境内企业国有资产“全口径、全覆盖”。

基础管理应覆盖所有企业国有资产，能够通过使国家出资人掌握企业国有资产总量、结构、变动和收益等基本情况，维护国有资本安全并实现保值增值。

例如，2009年9月，上海市国资委发布《关于对部分市属经营性国资实施委托监管的意见》，为经营性国资的委托监管提供了法律依据。理论上，上海市国资委通过对履行出资人职能的企业国有资产采取“出资监管为主、委托监管为辅”的监管方式，可以扩大经营性国有资产的监管范围。实践中，徐汇区国资委与区绿化市容局签订了《国资监管委托书》，2010年1月1日起，对绿化市容局下属6户企业实施委托监管。通过实施委托监管，徐汇区形成了“责任有主体，行为有规范，问责有对象”的国资监管模式，能有效推动资源按市场化原则优化配置，维护国资出资人权益。

《条例》可采用“出资监管为主、委托监管为辅”的思路，将企业国有资产统一纳入国资委基础管理的范围。

其次，探索境外企业国有资产的流程化管理。

截至2010年年底，境外企业国有资产的基础管理较为薄弱，主要体现在四方面，详见前文所述，因此《条例》应将境外企业国有资产的基础管理纳入条例约束范围，对国家出资形成的境外企业国有资产的管理参照对境内企业国有资产的方式进行。条件成熟时可颁布专门管理办法进行规范。

3. 主管部门：政府授权国资监管部门为基础管理的责任和权力部门

鉴于截至2010年年底的实际情况，各级人民政府可以授权国资监管机构以及其他部门、机构履行出资人职责。建议企业国有资产基础管理主体确定为代表本级人民政府履行出资人职责的国资监管机构以及其他部门、机构。所有由政府授权履行出资人职责的机构均应统一执行企业国有资产基础管理制度。各类履行出资人职责机构根据基础管理内容不同，分别实行核准、备案、报告等管理模式。比如，对涉及不同类型企业之间的国有产权转让采取登记备案制，对资产统计实行报告制等。

另一方面，考虑到建立全国统一的企业国有资产基础管理制度体系、进一步完善企业国有资产管理体制和制度的需要，应由政府授权国资监管部门作为企业国有资产基础管理的监管主体，并将基础管理资料汇总至国资监管机构。考虑到实际工作推行的可操作性，可比照《国资法》中出资人代表的概念，在《条例》中明确基础管理机构这一概念，国资部门是法定授权的基础管理机构，同时政府可授权其他部门履行各自出资边界范围内的基础管理职能，统一汇总给国资部门，并由国资部门上报国务院和全国人大。

4. 工作机制：自上向下布置任务，自下向上对任务负责

明确各级政府出资企业必须定期向履行出资人职责机构报送国有资产基础管理方面汇总资料，下级履行出资人职责机构定期向上级履行出资人

职责机构报送国有资产基础管理方面汇总资料。各级履行出资人职责机构定期向本级国资监管机构报送国有资产基础管理方面汇总资料，便于国资监管机构掌握全面情况。具体程序根据基础管理内容的不同，加以区别规定。同时明确国资监管机构对各履行出资人职责机构的指导与监督职责。

5. 管理目标：实现企业国有资产的微观与宏观基础管理职能

基础管理的范围主要包括产权管理与统计评价相关职能，前者侧重企业国有资产的微观基础管理，目标是实现股东价值；后者侧重企业国有资产的宏观基础管理，目标是为国有资本战略布局的实现提供基础信息支持，两者结合共同为股东价值提升与国有资本战略布局合理化的实现提供基础支持。

6. 法律协同：统筹现行规范，构建企业国有资产基础监管体系

《条例》的出台对于现行相关法律具有以下两点影响：

其一，《条例》将吸收《企业国有资产法》和《企业国有资产监管条例》中侧重基础管理方面的内容，进一步明确对企业国有资产基础管理的目标、范围、分工与责任等内容，从而完善国资监管体系；

其二，《条例》并非要取代所有现行国有资产基础管理条例方面的法律规范，而是会从相对更高的立法层级对理论和实践经验加以梳理、总结，形成体制性、框架性的指引规范，以此将分散的现行有效规范统筹到逻辑一致、联系紧密的体系之中。

（四）基本框架

《条例》作为落实《企业国有资产法》第九条的行政法规，可以分为八章，基本框架如下：

第一章为总则，主要规定制定《条例》的目的、基础管理的主管机关、基础管理的原则和范围。

第二章为企业国有资产产权登记，主要规定对国有资产产权的取得、变动、界定和注销进行登记的对象、内容、条件、程序、组织管理。

第三章为企业国有资产评估，主要规定国有资产评估的主体、客体、基准时点、标准、方法、程序、组织管理，并对应进行资产评估的情形、程序进行列举，对企业和中介机构的责任与义务进行明确。

第四章为企业国有资产产权管理。其中分三节，第一节为适用于非上市国有企业与上市公司国有股东的一般规定，第二节为非上市国有产权转让，主要规定企业国有资产产权转让的方式、程序、组织管理；第三节为上市公司国有股权管理，主要就上市公司股权转让的价格、批准程序、间接转让、受让上市公司股份、国有股东表示管理、上市公司运行情况信息报告、境内证券市场转持部分国有股充实社保基金等进行规范。

第五章为企业国有资产清产核资与统计。其中分两节，第一节为清产核资，主要规定对国有资产进行清产核资的范围、任务、目标、方式、程序、组织管理，并对社会中介机构与基础管理机构的权利与义务进行规范；第二节为国有资产统计，主要规定对国有资产运行状况进行统计、报告的类型、范围、形式、内容、方法、程序、组织管理。

第六章为国有资产综合评价与经济运行动态监测。其中分两节，第一节为综合评价，主要规定综合绩效评价的方法、指标与权重、标准选择、计分、程序、结果与报告、组织管理；第二节为经济运行动态监测，对财务快报制度、监测结果反馈制度、基础管理机构与企业的相关义务进行规范。

第七章为法律责任，主要规定违反基础管理规范应承担的法律后果。

第八章为附则，主要规定《条例》与其他企业国有资产基础管理制度的关系、《条例》的解释权以及生效日期。

（五）关于产权界定和产权登记的主要建议

1. 保留产权界定职能，可归入产权登记一章

在市场化和多元化推行的背景下，企业成为市场主体，国资委作为出资人，应采用市场方式对出资企业履行出资人职责，因此，不宜由国资委来进行产权界定，对于这类涉及全民利益的法规，由人大相关部门制定更为合适。但另一方面，产权界定可以作为国务院国资基础管理的一项职能，在满足一定条件下由国资管理机构或经政府授权的其他相关部门执行。所以，在本次条例制定中应当规定产权界定的基本原则和方法。

由于历史的原因，我国产权方面遗留的问题较多，国家集体和其他经济成分都与国有资产产权界定关系密切，使产权界定成为一项非常敏感、非常复杂、政策性极强的工作。因此，在国有资产产权界定中必须遵守一

定的原则，既要充分保护国有资产所有者的权益又要兼顾其他经济成分的合法经济利益，以调动各方面的积极性，保证我国产权制度改革的顺利进行。依据我国有关法律、法规和政策的规定，我国国有资产产权界定工作主要应当遵循以下主要原则：坚持国家所有，政府分级行使出资人权力的原则；谁投资、谁所有、谁受益的原则；保障经营者合法权益的原则；兼顾国家、企业和个人的原则；以事实为根据，以法律为准绳的原则。

产权界定与产权登记工作息息相关，且由于条例涉及的产权界定内容较少，故可将该内容列入产权登记一章。

2. 建立全国统一的产权登记制度，为国资监管提供基础支持

企业国有资产登记的多头管理现象，使得国家难以把握国有资产的整体情况。此次《条例》制定，应当统筹全局，国务院国资委牵头制定《条例》草案，站在加强全国企业国有资产基础管理的角度上，为了达成全国统一登记内容、登记形式从而使得国家能够更好把握企业国有资产情况的目的，以行政法规的形式对中央和地方的国有资产进行规定。

企业国有资产登记机关应当履行下列职责：依法确认企业产权归属关系；掌握国家授权投资的机构和企业国有资产占有、使用状况；监测企业国有产权变动状况；检查企业国有资产经营状况；监督企业出资行为；在产权登记汇总分析的基础上编报并向同级政府和上级国有资产管理部门呈送产权登记与产权变动状况分析报告。

产权界定的对象是国家出资企业，相比国有企业的概念，国家出资企业更加强调出资这一行为。因此，对于企业国有资产的产权界定，在《国资法》实施的背景下，应将重点放在出资行为的界定上，即由谁出资以及是否足额出资，而非产权归属的界定上。

国务院国有资产监督管理机构统管全国企业国有资产的产权登记工作。国务院国有资产管理部门根据工作需要，可以按照产权归属关系委托政府有关部门或者机构办理产权登记。受托部门应当定期将登记结果汇报至国务院国有资产监督管理部门。

第一，从法律依据上，《条例》应加强对产权登记环节管理的约束力，将占有、使用国有资产的所有企业都纳入《条例》管理，增强权威性和约

束力。

第二，政府授权履行出资人职责的机构进行国有资产基础性的管理工作。未授权且尚未纳入监管机构监管范围的企业国有资产基础性管理工作暂时由国资监管机构承担。

第三，产权登记的标准不应根据企业层级确定。只要对企业有控制力，就应进行产权登记。

第四，应在企业国有资产登记与法人企业工商登记管理两者间建立起互动互补的协同工作关系，将企业国有产权登记作为工商登记的前提，提高国有产权登记管理的有效性、权威性和实用性。

第五，年检制度是对企业国有资产运行情况进行把握的一个重要途径，持续运行中的企业登记证书内容将有变化，通过年检可以对这种变化进行确认。确认未经年检的登记证书无效，可以防止企业依据过期的证书进行经济活动，从而加强对交易相对人的保护。

第六，继续推动企业及时办理产权登记，将一级国家出资企业作为责任主体，并定期抽查。

最后，明确企业国有资产产权登记证书是国家对国有资产的所有权的法律凭证。通过强化不登记的法律责任，如追究相关责任人行政责任，或采用通告批评等方式进行处罚，来强化企业登记的积极性。

《条例》在控股的认定方面进行调整，应当在母公司拥有其过半数以上权益性资本的被投资企业基础上，将其他被母公司所控制的被投资企业也纳入登记范畴，对虽然占该单位注册资本总额不足50%，但具有实质控制权的，应当编制合并计算。

加快研发网络软件，提高产权登记的时效性，实现各个国资委之间、国资委与被监管单位、国资委与其他部门的产权信息共享；通过建立产权登记信息系统，增强对产权变动的追溯性，能更好适应多元化企业产权登记的复杂情形。

（六）关于非上市企业国有产权转让的主要建议

1. 规范审批和备案的对应情形，强化国资监管的程序管理

非上市企业国有产权转让的决策和批准主要规定在《企业国有资产

法》、《企业国有产权转让管理暂行办法》、《国务院国有资产监督管理委员会、财政部关于企业国有产权转让有关事项的通知》中。截至2010年年底主要集中于规范国资机构所出资企业及其子企业的企业国有资产转让。总的原则是谁出资，谁批准（决定）；总的趋势是进场转让从宽，协议转让和无偿划转从严。这一体系虽然比较细致地解决了企业国有产权转让的决策和批准问题，但也具有以下两个问题：

第一，采取的是针对不同转让方式分别规定的体例，没有统一表述，显得凌乱。

第二，仅仅规定了国资机构出资企业的产权转让问题，不足以体现《条例》对企业国有资产全盘监管的职能。

建议对非上市企业国有产权转让的决策和批准做如下规定：

国资监管部门是其所出资企业国有产权转让的批准机关。涉及中央企业国有资产转让的，由国务院国资委批准；其他企业国有资产的转让，由其出资机构批准，其中条件尚不成熟的，经国务院国资委批准，由其省级国资机构代行审批。

本《条例》效力范围内不属于国资部门出资的企业国有产权转让，由其主管部门依法批准，并报国资部门备案。

2. 加强对向管理层转让的监督，严防低价收购行为

鉴于我国管理层收购（MBO）过程中出现的种种问题，国务院国资委和财政部于2005年印发了《企业国有产权向管理层转让暂行规定》，并在2009年颁布的《企业国有资产法》中设置了“关联交易”一节，表明了对非上市企业国有产权向管理层转让问题的重视。概括而言，上述文件规定了企业国有产权向管理层转让的含义、转让限制、受让限制以及有利于公平竞争的条款。

在现实中，实现企业国有产权向管理层转让的途径并非仅有直接转让给管理层个人这一种，管理人的关系人、管理人所拥有和控制的企业都可以构成企业国有产权向管理层转让的受让人；此外，与管理人相关的其他企业或个人以优惠条件购得企业产权而后卖给企业管理人的情况也很常见。

为有效地防止管理层对非上市企业国有产权的不合理收购，建议在后续的细化配套文件中增加一项：企业国有产权转让给其他企业或个人后，三年内不得转让给原转让企业的管理层人员。

3. 确保非上市企业国有产权转让的定价程序科学合理

非上市企业国有产权转让标的价格有两种：一是评估价格，二是实现价格。为保护企业国有资产不致流失，在转让前都必须经有资质的中介机构进行资产评估，其得出的价格即为标的转让的底线价格；为实现企业国有资产的增值，又需要使转让标的在产权交易机构通过竞争或者协议谈判来确定合适的实现价格。依据《企业国有资产法》、《企业国有产权转让管理暂行办法》、《国务院国有资产监督管理委员会、财政部关于企业国有产权转让有关事项的通知》的规定，通过产权交易机构公开转让且征集产生的受让方为两个以上的，转让应当采用公开竞价的交易方式；对经公开征集只产生一个意向受让方而采取协议转让的，转让价格应按本次挂牌价格确定；且转让价格不得低于经资产评估后报经核准或者备案获准的价格。经公开征集没有产生意向受让方的，转让方可以根据标的企业情况确定新的挂牌价格并重新公告；如拟确定新的挂牌价格低于资产评估结果的90%，应当获得相关产权转让批准机构书面同意。

这些规定比较有效地保证了企业国有资本的保值增值，建议予以吸收。从价格形成的方式来看，产权交易市场拍卖要比招投标、挂牌定价更具有开放性，更能充分发挥市场竞争的特点，实现发现产权价格和受让人的功能。因此在有条件的情况下应当尽量实现拍卖定价。同时要注意避免对企业国有资本的变相折价行为，如《国务院国有资产监督管理委员会、财政部关于企业国有产权转让有关事项的通知》所规定的：企业国有产权转让中涉及的职工安置、社会保险等有关费用，不得在评估作价之前从拟转让的国有净资产中先行扣除，也不得从转让价款中进行抵扣；在产权交易市场中公开形成的企业国有产权转让价格，不得以任何付款方式为条件进行打折、优惠。

4. 鼓励进场交易，加强对其他转让方式的管理

截至2010年年底我国非上市企业国有产权转让的最主要方式是通过产

权交易机构进行转让，同时允许在特定条件下采用拍卖、招投标、协议转让、无偿划转的方式转让。对企业国有资产保值增值的目的而言，通过产权交易机构进行转让无疑是最为理想的方式。通过公开竞价，利用市场机制配置企业国有资产，有助于实现企业国有资产的应有价值，并提高经济效益，防止暗箱操作，体现公平竞争。但也存在不适用通过产权交易机构进行转让的各种情形，比如对于国民经济关键行业、领域中对受让方有特殊要求的，企业实施资产重组中将企业国有产权转让给所属控股企业的，或经公开征集只产生一个意向受让方的情况等。因此其他类型的转让方式也有其存在的必要，但应保证转让的公平、公正。

比如，采用拍卖、招投标方式转让的，必须符合《中华人民共和国拍卖法》、《中华人民共和国招投标法》的规定。

采用协议转让方式的，应当满足如下条件：

（1）仅适用于对国民经济关键行业、领域中对受让方有特殊要求的，企业实施资产重组中将企业国有产权转让给所属控股企业的，或经公开征集只产生一个意向受让方的国有产权转让；

（2）受让方在促进企业技术进步、产业升级等方面具有明显优势；

（3）标的企业属于国民经济关键行业、领域的，在协议转让企业部分国有产权后，仍应保持国有绝对控股地位；

（4）在所出资企业内部的资产重组中，拟直接采取协议方式转让国有产权的，转让方和受让方应为所出资企业或其全资、绝对控股企业。

采用无偿划转方式的，应当满足如下条件：

（1）仅适用于各级人民政府授权其国有资产监督管理机构履行出资人职责的企业及其各级子企业国有产权无偿划转；

（2）有利于优化产业结构和提高企业核心竞争力；

（3）划转双方协商一致；

（4）被划转企业国有产权的权属清晰。

5. 加强程序设计，确保非上市企业国有产权转让程序合理

截至2010年年底的非上市企业国有产权转让的程序大致可以分为形成转让意向—进行清产、评估—寻求缔约对象—缔约及批准—履约五部分。

其中对被转让资产的估值受让人的资质条件、转让人的信息披露等程序是消除市场信息不对称、决定企业国有产权转让成败的核心环节。

考虑到保护受让人、维护债权人和企业职工合法权益的需要，建议在以上五部分程序的基础上突出强调信息披露和制定债务处置方案、安置企业职工的重要性，将其作为非上市企业国有产权转让合法有效的要件：达不到以上三项工作法定要求的国有产权转让无效。

此外，无偿划转由于不存在价格形成环节，在程序上有一定的特殊性。建议《条例》对无偿划转程序的启动、过程和终止做出明确规定。

6. 加强信息披露，确保非上市企业国有产权转让信息透明

《企业国有产权转让管理暂行办法》第十四条规定了非上市企业国有产权转让信息披露的方式和内容。内容共包括七项，分别是转让标的的基本情况、转让标的企业的产权构成情况、产权转让行为的内部决策及批准情况、转让标的企业近期经审计的主要财务指标数据、转让标的企业资产评估核准或者备案情况、受让方应当具备的基本条件及其他需披露的事项。

在现实中，影响信息披露效果的因素往往是有关转让标的的基本情况、产权构成情况的信息不够充分翔实，标的与债权人的关系，职工未来的安置情况等信息不够完整。建议突出这两部分内容，将其作为信息披露的重要事项写入《条例》，加大信息披露的力度。同时明确赋予产权交易机构要求进场交易的非上市企业补充相关信息的权力。

（七）关于上市企业国有产权转让的主要建议

1. 进一步完善上市公司国有股权转让的价格制度

总体而言，国有股东转让上市公司股份的价格应根据证券市场上市公司股票的交易价格确定，并不得低于经批准机关认可的评估价格。

进场交易中，国有股东采取大宗交易方式转让上市公司股份的，转让价格不得低于该上市公司股票当天交易的加权平均价格。

协议转让中，国有股东为实施资源整合或重组上市公司，并在其所持上市公司股份转让完成后全部回购上市公司主业资产的，股份转让价格由中介机构出具的估值报告确定；国有及国有控股企业实施资源整合或资产

重组，内部进行协议转让且上市公司权益国有权益并不因此减少的，股份转让价格应当根据上市公司股票的每股净资产值、净资产收益率、合理的市盈率等因素合理确定。

2. 保留国务院国资委对上市公司国有股权转让的审批权

上市公司国有股权转让的审批依据转让方式的不同，也体现出进场交易从宽，协议转让与无偿划转从严的特点。在进场交易中，国有股东通过证券交易机构出售上市公司国有股份未达到一定比例与国有控股股东转让股份不涉及上市公司控制权的转移的两种情形可以由国有股东决定转让，其他情形由国务院国资委批准。而协议转让与无偿划转则一律由国务院国资委批准。

在股权转让方面暂不设置国务院国资委和省级国资委分级审批制度。这主要考虑到增强国有企业核心竞争力和稳定资本市场在短期内是重要工作，在指导、监督机制尚未健全的背景下完全放开对国有股权转让的审批存在一定风险。待未来条件成熟时，再将我国对上市公司国有股权转让的审批逐步过渡到国务院国资委和省国资委两级审批。

3. 加强对国有股东所持上市公司股份间接转让的监管

根据《国有股东转让所持上市公司股份管理暂行办法》的规定国有股东所持上市公司股份的间接转让是指国有股东因产权转让或增资扩股等原因导致其经济性质或实际控制人发生变化的行为。间接转让不是一种转让方式，而是出于对转让结果的考虑所做的规定。

从形式上看，它与非上市企业国有产权转让中的“非上市企业国有产权转让导致国有资本失去控股地位”相仿，但《国有股东转让所持上市公司股份管理暂行办法》并未对转让后可能产生的对公司职工的影响做出规定，仅仅规定了“应当充分考虑对上市公司的影响”，建议《条例》中有关间接转让的条款也能吸收非上市企业国有产权转让中涉及的职工劳动关系，职工工资、各项社会保险费以及其他有关费用，各项社会保险关系的接续等安置工作的规定。

另一方面，国有单位作为上市公司股份的受让方，应当同样按照公平、公正、公开的原则通过竞价或其他法定程序获得受让权。当转让方为国有企业时，作为受让方的国有单位同样必须符合转让方所提出的受让条件。维护股份市场公平、避免暗箱操作。

4. 规范国有股东行为，完善上市公司标识与运行情况报告制度

从理论上讲，国有股东与其他股东并无行为方式上的实质区别，无须特殊规范，但在实践中，由于国有股东在上市公司中往往处于控股地位，可以凭借其控制地位侵占中小股东的利益，因此有必要对其守法义务进行强调。建议在吸收《公司法》等现行法律文件之外强调政资分开、防止关联交易等内容。

国有控股上市公司运行情况信息报告具体可以参考《公司法》对于信息披露的规定及本《条例》其他部分（如资产统计、经济动态监测）等部分的规定。仅就报告主体，建议由上市公司直接向本级国资机构报告，并由国资机构逐级上报至国务院国资委备案。报告间隔可酌情规定，建议设立月报、季报和年报三种形式。

另一方面，建议《条例》对《上市公司国有股东标识管理暂行规定》的内容予以吸收。进一步落实上市公司国有股东标识管理工作，加强对变动中的上市公司股权追踪、统计。其基本内容可以概括为两部分，一是标识，二是备案审查。

5. 清理法规，统一上市公司国有股权管理的有效规定

从企业国有资产基础管理的定位和现行规范性文件的内容来看，上市公司国有股权管理除了转让之外，还应当包括上市公司国有股权的发行、转让、质押、配股、增发、转持国有股充社保基金、标识管理、国有股东与上市公司资产重组、上市公司国有股东发行可交换公司债券等内容，应当在《条例》中加以体现。

关于上市公司国有股权管理的其他内容，如发行、质押、配股、增发、转持部分国有股充实社保基金等主要规定在《财政部关于股份有限公司国有股权管理工作有关问题的通知》(2000)、《境内证券市场转持部分国有股充实全国社会保障基金实施办法》(2009）中。其中《境内证券市场转持部分国有股充实全国社会保障基金实施办法》制定时间较近，并且截至2010年年底可以满足《条例》的要求，而《财政部关于股份有限公司

国有股权管理工作有关问题的通知》制定于国资委系统建立前，其中的报告、批准机关主要是财政部门。建议《条例》在吸收该《通知》规定的基础上理顺管理关系，将相关权利正式授予国资机构。

6. 明确上市公司国有股权转让方式的适用条件和适用性

转让方式是上市公司国有股权的转让的主要内容，不同的转让方式对国有产权定价的影响方式不同，国家机关对不同转让方式的审批备案制度也不相同，因此有必要在《条例》中加以明确。

与非上市企业国有产权转让近似，《国有单位受让上市公司股份管理暂行规定》规定了通过证券交易机构转让、协议转让、无偿划转三种转让方式。

与非上市企业国有产权转让近似，上市公司国有股权同样强调进场交易的主体地位，其他转让方式作为其补充。但与非上市企业国有产权转让不同点在于：由于股权转让流动性更强，需要披露的信息更多，专业性更强，因此地方不得设立证券交易机构进行上市公司国有股权的转让。

由于通过证券交易机构竞价方式更有利于转让的公平透明，因此《条例》应当明确体现对进场交易的鼓励。一个办法就是限制其他转让方式的适用。

建议对协议转让的适用限定在对国民经济关键行业、领域中对受让方有特殊要求的，国有及国有控股企业为实施国有资源整合或资产重组在其内部进行协议转让的，或经公开征集只产生一个意向受让方的国有股权转让。避免协议转让成为“甩包袱”“给优惠”的渠道。

从《国有股东转让所持上市公司股份管理暂行办法》的规定来看，无偿划转这一转让方式的适用范围比非上市企业国有产权的无偿划转范围更不明确。建议对这一方式的具体适用条件做出严格规定。

7. 为国资监管机构直接或间接持有上市公司股权预留制度空间

实践证明，国资监管机构要想真正发挥其监管职能，就必须以出资人地位为基本出发点，只有在切实保障国资监管机构出资人权益的基础上，才能为其进一步开展基础管理工作创造条件。因此，《条例》在制定过程中，为国资监管机构将来直接或间接持有上市公司股权预留制度空间，将直接关系到国资监管机构的下一步发展方向，以及基础管理工作的继续完善和规范。

（八）关于资产评估的主要建议

1. 规定资产评估机构与评估人员的资质和义务

资产评估机构及工作人员的资质和能力决定了资产评估工作结果的科学性、准确性，在《条例》制定的过程中，应当对资产评估机构的资质和义务做出一般性规定，以划定参与资产评估工作的机构的最低标准，并明确基本义务。资产评估机构是社会服务性中介机构，实行自主经营、自负盈亏，独立承担法律责任。

加强对资产评估工作的合理性的社会监督，动员社会成员、知情人对资产评估过程中的违法行为进行检举揭发。仿照《河南省国有资产评估管理条例》第九条“国有资产评估活动中的违法行为，任何单位或个人有权检举、揭发和控告。经查证属实的，有关单位应当对检举、揭发和控告人给予奖励。”可探索建立检举揭发奖励制度。

2. 明确国资监管机构在实际工作中的职责定位

国资监管机构在资产评估工作中的职责主要有以下两个方面：

首先，严格控制国有资产评估备案权限。截至2010年年底国有资产经营责任制度尚未建立、配套规章制度尚不完善，国有资产评估项目的管理权限特别是地方各级国有资产评估项目的管理权限不宜简单下放给所出资资产经营公司和企业集团，而应由地方各级国有资产监督管理机构统一进行核准和备案。在具体工作中应按照号令的要求制定具体标准和操作规程对国有资产评估项目进行严格的实质性审核，同时加强对评估项目的跟踪指导和现场检查强化过程控制提高评估质量。

其次，加强对评估基准日选择的管理。在国有企业改制和产权转让过程中应当将评估基准日的选择作为改制工作中的一个重要环节进行审核。根据评估目的合理选择评估基准日。如果评估基准日与改制行为决策日相差过大或期间资产、市场状况发生变化应当考虑调整评估基准日，国有资产监督管理部门也应当要求评估委托方更改评估基准日。

(九) 关于清产核资的主要建议

1. 全面审核清产核资的范围

清产核资主要是查清和核实各企业的国有资产的实物数量，摸清家底。企业应对全部资产，无论形态如何，都应进行清查。应将划拨土地使用权以及商标、专利等无形资产纳入清产核资范围，不能遗漏关闭、停业等难以持续经营的企业。做到无论是账内外、库内外、单位内外资产，还是出租、出借、个人承包的资产都要彻底清查。全面清点财产数量，清账务、查资产、清收入、核支出，查清资产来源去向和管理情况，做到账务清楚，不重不漏，不留死角。

2. 充分运用清产核资的结果

清产核资结果，体现了企业国有资产的变化情况，反映了企业领导班子对资产的运营能力。对于债权债务进行逐笔核对，逐项核实；对于盘盈、盘亏资产应查明原因，落实责任。对于清产核资过程中发现的财务管理漏洞，要及时堵住。对于清产核资中发现的不认真履行职责的直接责任人和做出错误决策的决策者，应向有关部门如实反映，必要时将清产核资的结果与企业经营考核相结合、与领导班子的任用相结合。

3. 细化对于“完善制度”工作的规定

完善制度是清产核资工作的重要组成部分，也是其根本目的所在。清产核资的前期工作结束后，应当认真分析在资产及财务日常管理中存在的问题，提出相应整改措施，逐步健全和完善各项规章制度，巩固清产核资成果。此次制定《条例》的过程中，需要在总结以往经验的基础上，进一步细化相关规定。关键是需要在《基础管理条例》中明确基础管理机构的职责和清产核资企业的义务，并确立相应的违规追究制度。

(十) 关于资产统计的主要建议

1. 健全国有资产统计机构，提高报表数字准确性和上报及时性

建议在区县、地市、省直辖市各级政府设立与国务院国有资产监督管理委员会相对应的专司国有资产监督管理的机构，设置相应的职能部门，配备相应的工作人员，为科学编制国有资产统计报表创造较好的物质条

件。同时，在《条例》中明确数据统计的范围、质量和报送的程序、时间，合理分配基础管理部门与相关企业的职责、义务。从而保障工作人员在统计工作中做到认真核实、及时上报，账实相符、账证相符、账表相符，保障各国有资产统计部门正确、高效履行资产统计职责，促进企业国有资产统计工作的有序开展。

2. 由国资委统筹全国国有资产统计工作，定期向社会发布情况

为了让国资委真正履行好国有资产监督管理职责，掌握全国国有资产的运行情况，满足社会公众的知情权要求，建议在《条例》中做到：在中央和地方两个层面处理好部门间的协调分工；规定各类国有企业按“统一所有，分级管理”的原则向国务院国资委和地方国有资产监督管理部门上报有关报表的期限；规定地方国有资产监督管理部门向国务院国资委上报有关报表的期限，规定每年由国务院国资委统一向全社会发布企业国有资产基础管理工作的情况。

（十一）关于综合评价的主要建议

1. 加强社会责任和环境绩效考核力度

按照科学发展观的要求，企业在追求经济效益时应该注重社会、资源和环境的全面、协调、可持续发展。对企业社会责任、环境绩效的评价不足与在兼顾社会目标的前提下注重经济目标的国有企业发展目标并不相符。特别是在企业承担社会责任蔚然成风、全球对于环境问题日益重视的形势下，企业国有资产的绩效评价标准也要与时俱进。因此，建议增加综合社会贡献分值，加大社会责任和环境绩效考核力度。

2. 完善企业的无形资产评价体系

随着企业所面临的竞争环境日益复杂，重视有形资产的评价而忽视无形资产的评价已经不能满足企业发展的需求。知识经济是以知识与智力资源为基础的经济，缺乏对知识与智力资本方面的评价指标，不能不说是一大缺憾。在一些发展比较超前的企业中，企业的核心利润源和核心竞争力越来越多地体现为一些高价值的无形资产，既包括企业的外部价值链，如供应商、销售渠道、客户、战略联盟等，也包括企业内部的无形资产，如品牌、专利、商誉等。这些无形资产实质上就是企业内部知识的积累以及

智力资本的体现，健全绩效评价体系要求监管层在绩效评价中越来越关注企业创新、企业市场价值和品牌价值的评价，完善企业的无形资产评价体系。

3. 完善管理绩效定性评价制度

开展管理绩效定性评价工作的确存在一定困难，没有现行法律的详细规定，也缺少实际工作经验的支持。这需要在充分研究国内外先进理论的基础上，总结国务院国资委在此工作当中的已有经验，通过《条例》进一步完善管理绩效的指标构建和评价方法，形成一套切实有效、易于操作推广的管理绩效评价制度，使综合评价工作得以落实展开。

结语

《企业国有资产基础管理条例》的制定是国家掌握企业国有资产总量、结构、变动和收益情况的需要，是加强企业国有资产监管和维护企业国有资产安全的需要，也是建立全国统一的企业国有资产基础管理制度体系的需要。本文从我国中央及地方企业国有资产基础管理工作的现状出发，立足于十六大至2010年年底期间构建新国资体系的方针政策，广泛参考借鉴国内外有关专家学者的观点意见，通过对企业国有资产基础管理的制度建设及执行情况进行分析比较，指出了企业国有资产基础管理工作在体制架构、分工协作以及各项具体职能安排等方面的主要问题，并在结合《企业国有资产基础管理条例》起草工作的基础上提出了相应的建议。

基于多年研究基础及经验，本文认为《企业国有资产基础管理条例》的起草应从解决当前迫切需要解决的关键问题、社会普遍关注的突出问题出发；以维护国有资产安全、防止国有资产损失为目的，对现有的制度进行客观分析，去糟存精，构建相应的基础管理规范体系；本着面对现实、着眼当前、照顾长远的原则，对截至2010年年底争议较大、改革中还在探索的问题及尚需研究总结的经验做法，暂不做规定或只做原则性规定，为今后的制度完善留有空间。

因此，企业国有资产基础管理应将对价值形态的管理作为重点，从对实物资产的管理方式向对股东价值的管理方式转型。形成企业国有资产管理的流程与链条，加强整体动态管理，衡量国有资本的保值增值情况，而非在某个环节进行静态管理。具体而言，首先要明确以企业国有资产即国有资本为监管对象的指导思想，在覆盖范围方面应该做到“全口径、全覆盖、国内外”。考虑到建立全国统一的企业国有资产基础管理制度体系、进一步完善企业国有资产管理体制和制度的需要，应由政府授权国资监管部门作为企业国有资产基础管理的监管主体，授权其作为基础管理的责任和权力部门。同时建立起自上向下布置任务，自下向上对任务负责的工作机制，明确国资监管机构对各履行出资人职责机构的指导与监督职责。最终实现企业国有资产的微观与宏观基础管理职能的结合，共同为国有股东价值提升与国有资本战略布局合理化的实现提供基础支持。①

国有资本收益分享机制研究

背景介绍：2012 年，我接受国务院国资委收益局委托研究课题，课题名字虽然叫“国有资本收益分享”，但文中大量篇幅谈的是国有资本经营预算的问题，这缘于我一直认为国有资本收益局应该叫国有资本预算局，但由于财政部设立了预算局并拥有国有资本经营预算大权，国资委就只好叫收益局，因而本课题的名称也就变成了国有资本收益分享机制研究。本课题得到了刘德恒局长、李光林处长的大力支持，我的学生刘冰、曾斌、李征、赵晓丹对该文的写作亦有贡献。

一、探索国有资本收益分享机制的紧迫性及原则

（一）构建国有资本收益分享机制的紧迫性

近年来，围绕国有企业改革、国企分红等问题社会各界展开了激烈讨论，出现了不同的声音；如果不能对这些争议进行全面回应与澄清，将会

① 限于篇幅，此处省略参考文献。

阻碍国资改革的进一步深化。本文试图从构建国有资本收益分享机制为切入点，从国企改革和国有资本收益分享两个层面进行分析：

1. 国企改革层面

（1）将国企与民企对立，认为国企应退出一切竞争性行业。

目前，社会各界对国企是否应该涉足竞争性行业产生了争论，观点不一。有些学者认为国企应该退出竞争性行业。事实上，从我国国企改革的现状看，这种观点并不客观：

第一，国有企业公司化和股份化是我国现代企业制度的重要内容，而这一过程本身就是企业公众化的过程。忽视国企从国有独资向现代公司转化的基本事实，而简单地把民企和国企对立是不符合实际的。

第二，国有企业也是市场竞争中的平等主体，与一般民商事企业没有本质差别，只是股东的身份有所不同。在现代公司法人制度背景下，在形成企业法人财产权之后，股东只能按现代公司法的原则参与企业的管理和利润的分享。在这样的背景下，认为某类公司必须退出竞争领域的观点实际上是个伪命题。

国有经济是否部分退出，不能以其是否属于所谓的竞争性行业或领域为标准，而要坚持是否能够较快提高生产力、综合国力和生活水平，是否能够加强和巩固社会主义公有制的主体地位来判断。从某种意义上说，对某些具有战略意义的重要领域只能由国有独资企业来参与，例如航空航天等领域。

第三，在现阶段，国有企业是我国参与国际市场竞争的中坚力量，是国家总体实力的重要体现。如果盲目要求国企退出竞争性领域，只会削弱我国在国际竞争中的力量。

（2）片面认为国企是腐败的温床，将国企与民众对立。

在对国企的讨论中，还有一些学者将国企视为腐败的温床，将国有企业的经营者视为特殊利益集团，甚至将国有企业的员工也视为特殊的利益阶层。本文认为，国企的全面退出是不可行的，发展完善社会主义市场经济关键还是要坚持“两个毫不动摇”的方针，促进国民共进。对于这种愈演愈烈的仇视国企的民间情绪必须予以关注，并及时回应和澄清。

(3) 认为国企是中国经济发展的主要障碍，必须彻底私有化。

在国企相关问题的讨论中，还有一些学者的观点更为极端，将国企当成了中国经济发展的主要障碍，主张彻底地私有化。对国企发展和国资改革产生了一定影响。无论是从国外经验还是中国国情看，这种观点是极其错误的。尤其令人担忧的是关于国企私有化、明显否定中国30年来在国企改革和市场化方向上已获得重大进步的言论，无论是政界、学术界和理论界都应给予有力的回应。

把国有企业简单分到个人手中，表面看好像实现了社会公平，实际是把公有制变成了私有制，而且是个人私有制，其结局很可能产生严重腐败和加剧社会不公，使得财富通过各种渠道流到少数人手中，重蹈俄罗斯“休克疗法”的覆辙。

为此，我们应高度重视目前的这种将“国企私有化”的言论，应该用事实从正面的角度对我国30年改革成功的经验进行阐述，对上述理论加以澄清，让社会民众真切享受到国有资本收益带来的福利，从而对国企能有客观清醒的认识。

在这个意义上，国有资本收益分享机制的建立是关键和紧迫的，关乎国有企业下一步深化改革，也关乎中国以国有资本为主的市场经济健康发展与完善。

2. 国资收益分享操作层面

在国有资本收益分享操作层面上，在两个环节存在争论：一是国有资本收益收取比例；二是国有资本收益收取的主体。

(1) 国有资本收益收取比例的争论。

目前，部分观点认为“国有独资企业（集团公司）现有分红比例过低，主张提高国企分红比例”。主要理由如下：其一，参照一般上市公司平均40%的红利分派比例，国企5%~15%的比例太低；其二，其他国家国有企业上缴的红利一般为盈利的1/3至2/3，有的国家甚至高达80%~90%；第三，政府会变相地将国企上缴的红利以补贴的方式拨回，事实上国企上缴的红利为负。

然而，也有人认为国有独资企业（集团公司）分红比例不应过高，主要理由包括：其一，国有独资企业（集团公司）仍有一些改革的历史遗留问题需要解决；其二，国有独资企业（集团公司）不仅需要规划自身的发展，还担负着国家基础产业和支柱产业重任，需要的投资额巨大。

本文认为，国有独资企业（集团公司）分红比例应适度，详见本文第三章问题分析部分。

(2) 国有资本收益收取主体的争论。

部分观点认为："国资委作为政府的出资人代表，理应是国资收益的直接接收者，这不仅可以实现国有资产监管和国有资本经营预算权力的统一，还可以提高国有资本的运营效率。"

而也有观点认为："国企红利为公共所有，应归财政部纳入公共预算，国有企业的红利应该上缴给财政部，国资委的所有开支同其他中央政府部门一样，统一由财政预算拨款。"

本文认为，现行的国资预算制度安排是值得商榷的。财政部是政府行政部门，公共预算是解决国民保障问题，不能与国资预算混淆。从理顺国有资产管理体制的角度看，亟待探索构建国有资本收益分享机制，对政府的两种职能进行明确划分，调整主体，把国有资本经营预算与收益分享机制与国有资产管理部门结合起来，才是正确的选择。

（二）国有资本收益分享机制的基本原则

1. 国有资本收益分享应注重国有企业留存

一方面，国家上收红利和企业自身发展之间需要寻找平衡点，既要维持国家出资人的投资收益，实现社会职能，又不应妨碍企业自身的可持续发展。国有资本收益分享应考虑企业未来的投资计划和发展战略，企业需要因此而留存部分收益，用于再投资支出。如果国有企业本身都没有实现盈利，那么国有资本收益分享便无从谈起。

另一方面，国有独资企业（集团公司）目前仍面临较多困难，比如历史负担较重，承担了企业办社会、冗员安置、离退休人员负担等历史遗留问题，而这本应是国家和社会应承担解决的。此外，国有企业还担负着国家基础产业和支柱产业发展的重任，都需要大量资金的投入。因此，国有资本收益分享应注重国有企业留存，以促进国有企业做大做强，增强国有企业的积极性和发展后劲。

2. 国有资本收益分配比例应依行业不同而定

国有资本收益分享应按照国家的产业发展政策和宏观调控的需要，分不同行业设定国资收益分配比例。例如，资源性或垄断行业企业执行最高比例，一般竞争性行业企业执行中等比例，科研院所、军工企业等特殊行业企业可以执行最低比例，甚至暂免分红。同时还应建立收益分享调整机制，适时、适度调整分红水平。例如对于历史负担较重的国有独资企业（集团公司）可根据其具体情况适度减免国有收益上缴比例。

3. 国有资本收益分享应惠及民生

国有资本的本质属性是归全体公民所有的资产，是我国社会主义公有制的重要体现，在实现国有资产保值增值的基础上，更好地利用国有资本对国民财富、社会保障进行回馈，是国有资本运营的最终目标。

国有资本收益分享应围绕构建和谐社会、保障并不断提高民生水平这一核心，将一定比例的红利用于民生分配，让社会公众真切感受到其对国有资本收益的分享。首先，社会保障等项目的社会性支出应逐渐具体化。其次，国有资本收益用于社会性支出的比例及数额应逐年逐步增长，更好地惠及民生。最后，国有资本收益应在就业、保障房建设、治理环境污染、劳动安全卫生等民生领域投入，重点抓好就业和保障房建设工作。

二、完善国有资本收益分享机制的理论依据

（一）保持国有资本在现代大公司中的主导地位是战略举措

社会主义市场经济的实质是公有制和市场经济的结合，而股份公司则是实现公有制和市场经济结合的有效形式。发展社会主义市场经济需要保持国有资本在现代公司中的主导地位，这包含两方面的含义：

一方面，要保持国有资本在国民经济中的主导地位。国有经济和国有企业是国民经济的重要支柱，无论从保证中国在国际战略机遇期的国际竞争力还是从中国经济社会整体发展的稳定大局出发，都应在一个较长时期内继续保持国有资本在国民经济重要领域具有一定控制力。

另一方面，股份公司应成为公有制的主要实现形式。股份公司是社会

化大生产和市场经济相结合的产物，是未来社会发展方向。发展市场经济需要构建经济运行的微观载体，对国有企业进行股份制改造是构建微观载体的重要内容。十六届三中全会提出“要大力发展混合所有制经济，实现投资主体多元化，使股份制成为公有制的主要实现形式”。因此，保留国有资本在国民经济中的主导地位就表现为保持国有资本在现代股份公司中的主导地位。

保持国有资本在现代公司中的主导地位是中国改革的一项战略举措，而不仅仅是权宜之计。某些学者在妖魔化国企基础上提出的私有化国企政策将把中国改革引入“休克疗法”的误区。在保持国有资本主导地位基础上，探索国有资本向法人资本过渡的正确方式，大力发展现代股份公司，建立“监管统一、出资多元”的国资体系，才是未来改革的发展方向。国有资本的长期存在决定了建立国有资本收益分享机制的必要性，这也是本课题研究的现实基础和理论依据。

（二）政府所有者职能与公共管理者职能分开是收益分享的前提

在国有资产管理中，国资系统与财政部门的定位是不同的，国资系统作为一个整体应该履行国有资产所有者职能，财政部则应履行社会公共管理职能。前者是政，后者是资，二者必须分开。清晰界定国有资产管理中公共管理者和所有者各自的权利、义务、责任，对创新和发展国资管理体制十分必要，只有区分了这两种职能，才能明确国有企业出资人职能该由哪个部门行使，确定国有资本收益分享的对象和分享主体。而确定国有资本收益分享的对象和分享主体是研究收益分享的前提。

（三）国有资本经营预算与公共预算分开是收益分享的重要保障

国有资本经营预算是指国家以所有者身份依法取得国有资本收益并依据市场经济的一般准则和国有经济结构战略性调整考虑，投向关系国家安全和国民经济命脉关键行业的资本经营性预算。公共预算是指国家以社会管理者身份向社会各经济主体征收税收取得收益，主要用于社会公共支出。国资预算与公共预算区别如下：

在法律属性上：国资预算管理的是出资人以国有资本所有者身份对取

得的收益进行管理的活动，是行使“私权利”的行为，属民法调整范围；政府公共预算管理的对象是税收收入，是国家凭借“公权力”征收的，属公法调整范围。

在预算目标上：国资预算的目标是进行国有资本的宏观经营并取得宏观经济效益，追求国有资产的保值增值（偏重效率）和经济效益的最大化，其衡量标准是国有资本保值增值情况与战略布局状况。政府公共预算的目标侧重于实现最佳社会效益，满足社会公共需要，追求社会的福利目标（偏重公平），具有无偿性，其衡量标准是为全体公民提供公共产品与服务的水平高低。

在收入来源上：国家公共预算收入的主要来源是税收，国资预算收入的主要来源是国有资本收益。税收具有强制性、无偿性、普遍性等特点，而国有资本收益具有灵活性、波动性、非普遍性等特点。

在支出方向上：国资预算支出以资本性支出为主，通过资本金注入支持中央企业发展，明确国家的出资人地位，履行相应权利。而公共预算的支出以各类公共物品的提供为主，通过向全社会提供公共物品来满足社会公共需要，提高社会福利水平，履行国家作为社会管理者的职能。

由于国资预算与公共预算存在明显区别，应将其分开由不同部门编制，其中财政部只负责编制公共预算，国资预算的编制权应该划归国资委。国资预算是国家以国有资产所有者身份集中分配国有资产收益的重要工具，只有建立独立的国有资本经营预算，才能真正落实和保障国有资本收益分享。

（四）国有独资企业（集团公司）要向国有资本经营公司转型

目前我国大部分国有独资企业（集团公司）都是混合控股公司，将来趋势是逐渐演变成纯粹控股公司——资本经营公司，它的职能就是资本运作和外派董事，成为国资监管者和实体企业之间的桥梁。国有资本经营公司是独资形态的纯粹控股公司，主要是从事资本经营活动，自身并不直接从事商品或劳务经营活动。

相对于混合控股公司，纯粹控股公司具有以下优点：纯粹控股公司以资本经营为主，便于充分利用资产市场机制来优化资源配置；纯粹控股公司不存在混合控股公司中经常发生的母公司与子公司同业竞争的问题；纯粹控股公司对下属公司的管理干预较少，混合控股公司对下属企业的干预较多，这对管理众多企业的国有控股公司来说是不能胜任的。

国有资本经营公司作为国资监管体系的中间层，是国有资本收益的主要上缴主体，国有资本的收益分享主要指对国有独资企业（集团公司）收益的分享。至于国有资本经营公司对其下属子公司股利收入、股权转让收入以及清算收入的收取则属于国有资本经营公司收益的来源，不属于本课题重点研究范围。

（五）正确理解国有资本收益与国有资本收益分享的内涵

1. 国有资本收益的内涵

国有资本收益是指国家凭借所有者地位，以其持有的国有资本在国有独资企业，国有控股、参股企业中获取的资本收益。具体来说，国有资本收益可分为已分权益和未分权益两个部分。

已分权益是以股利或其他分配利润的形式分配给国家的收益。可分为两种情况：第一，就国有独资企业（集团公司）来说，国家的已分权益是通过国有独资企业（集团公司）获取的。企业将归属国家的国有资本收益上缴给国有独资企业（集团公司），再由国有独资企业（集团公司）按规定的比例上缴给国家。第二，对于国有控股、参股企业来说，国家的已分权益是由国家的有关部门按照《公司法》的规定直接从国有参股、控股企业获取的，该部分权益不是本报告的研究重点，本报告主要研究国家和国有独资企业（集团公司）之间就上缴的已分权益如何分享的问题。

未分权益是指由于企业经营发展的需要或法律规范等原因，没有分配给国有资本所有者而留存在企业的盈利，包括企业的公积金和未分配利润两个部分，其中公积金是有特定用途的累积盈余，未分配利润是没有指定用途的累积盈余。应当注意的是，未分权益中属于国家的收益部分也属于国有资本收益，只是未在当期分配给国家，而是用于支持企业的发展，参与下一年度的国有资本收益创造。

2. 国有资本收益分享的内涵

中央“十二五”规划首次提出“健全国有资本经营预算和收益分享制

度”，但并未给出国有资本收益分享的确切内涵。

2011 年《北京市关于构建国有资本收益分享机制的指导意见》率先提出了国有资本收益分享的内涵，认为国有资本收益分享一方面是指国有资本出资人与其他出资人就企业收益分配达成一致意见，并有效执行的过程；另一方面是指国有资本出资人适度集中国有资本收益，用于支持企业改革发展，推动国有经济布局和结构调整，推动产业结构优化升级，集中解决企业发展中的体制性、机制性问题，维护企业和社会和谐稳定。

本报告所研究的国有资本收益分享是指国家和国有独资企业（集团公司）对于企业上缴的已分权益如何收取及支出的过程，主要集中于国家和国有独资企业（集团公司）层面，具有以下两个特点：

（1）主体限定于国家和国有独资企业（集团公司）两方。上文已经指出，国有参股、控股企业的已分权益是按照《公司法》的规定，直接上缴给国家有关部门，因而并不存在分享的问题，只有企业上缴给国有独资企业（集团公司）的已分权益才存在分享的问题，分享主体也仅集中于国家和国有独资企业（集团公司）两方。

（2）应制定科学、合理的分配比例。在国家和国有独资企业（集团公司）之间关于国有资本收益如何分配的问题上，既要考虑到国家作为出资人的权益，也要考虑到企业自身发展的需要，因而制定科学、合理的分配比例就成为国有资本收益分享的题中之意。

就国有资本收益分享的内容来说，具体可以划分为直接分享和间接分享两个层次：

（1）直接分享是国有资本收益的一次分配，即上缴给国有独资企业（集团公司）的国有资本收益在国家与国有独资企业（集团公司）之间按照国家规定的比例进行的分配，包括国家收取的收益和国有独资企业（集团公司）自留的收益两部分。

（2）间接分享是国有资本收益的二次分配，是指国家收取的收益与国有独资企业（集团公司）的自留收益通过各自的支出实现的再次分配。其中国家收取的收益主要通过三种方式进行分享，包括用于支持国有企业改制、重组，自主创新，提高企业核心竞争力的资本性支出、用于弥补国有企业改革成本，解决历史遗留问题等的费用性支出以及用于社会保障等方面的其他支出。

企业的自留收益间接分享也主要包括三种方式：第一种是用于企业的自身扩大再生产，实现国有资产的增值；第二种是用于解决企业改制的历史遗留问题，比如企业办社会、职工安置等；第三种是用于企业履行社会责任，通过反哺社会实现国有资本收益的全民共享，如电力国企虽亏损依然坚持发电。

具体来说，国有资本收益分享可以用图 6-10 表示。

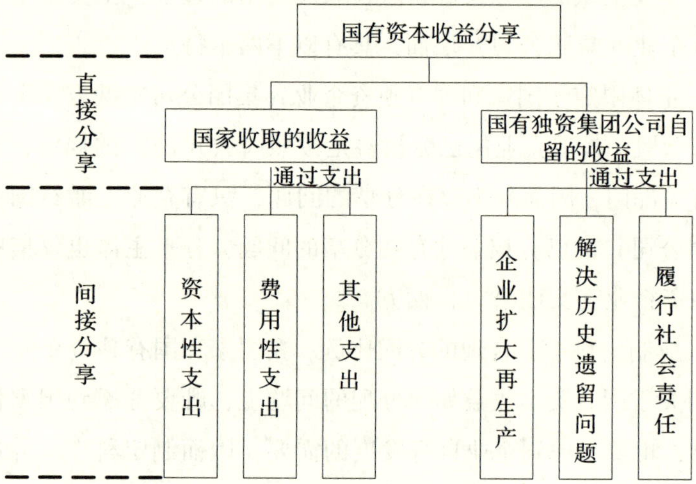

图 6-10 国有资本收益分享

三、国有资本收益分享的历史沿革和现状

（一）国有资本收益分配的历史沿革

我国国有企业国有资本收益分配制度先后经历了向国家上缴利润、以税代利和利税分开、国有资本收益分享三个阶段。

1. 国有企业向国家上缴利润（1949~1983 年）

（1）国企利润全额上缴（1949~1978 年）。

新中国成立后，我国进入计划经济时代，逐步形成高度集中的经济管理体制。国家对经济活动采取直接指令性的行政管理，政府作为经济运行中的核心主体，同时行使公共管理职能和国家财产所有者职能。国有企业实行统收统支，利润全额上缴国家，企业扩大再生产和弥补亏损需要的资金，由国家统一拨款。这种国企将利润上缴国家，再通过财政统一支出的方式，能够在建国初期统一配置资源，促进财政收入的增长和经济的复苏发展，对我国经济建设做出了历史性贡献，但由于国家对企业管得过严过死，使企业没有经营自主权，企业间缺乏竞争和创新机制，企业和职工失去了发展生产、改善经营管理的积极性。随着改革开放后计划经济体制被打破，统收统支也被新的利润分配机制取代。

（2）国企超额利润奖励留成（1978~1983 年）。

改革开放推行市场经济后，国家为改善企业经营管理、增加盈利，于 1978 年 11 月批准财政部《关于国营企业试行企业基金的规定》，提出国有企业试行企业基金制度，对于完成国家下达指标的企业，按工资总额的一定比例提取企业基金，用于发展农副业和提高职工福利等；企业的主管部门对于超过国家规定利润的企业分行业按照 5%、10%、15%分别提取企业基金，除用于职工福利外，还可进行生产技术研发。1979 年为扩大企业自主权，调动企业积极性，国务院颁发《国营工业企业利润留成试行办法》，对于部分盈利的国有企业试行利润留成制度，分为基数利润留成和增长利润留成，用于建立企业生产发展基金、职工福利基金和职工奖励基金，但全部提取的前提是企业完成国家规定的产量、质量、利润和供货合同等计划指标，因此是一种超额利润奖励的全额上缴形式。

2. 国企以税代利（1983~2007 年）

（1）国企利改税（1983~1988 年）。

1983 年 4 月国务院发出同意财政部《关于国营企业利改税试行办法》的通知，国有企业开始普遍推行“利改税”制度。“利改税”的核心是把国营企业向国家上缴的“利润”改为缴纳“税金”，将所得税引入国营企业利润分配领域。在经过一年多国企缴税交利的过渡阶段后，1984 年 10 月，全国普遍推行国有企业以税收的形式将收入上缴国家，国家与国有企业间的利润分配关系以税收的法律形式固定下来，沿袭了近 35 年的企业向国家上缴利润转变为国企以税代利，税后利润归企业自主使用，使国有企业逐步走上自主经营、自负盈亏的道路，这是中国体制上的重大转折点。然而，利改税仅使国家作为经济调控者全额征税，利和税混同，而国有企业的所有者——政府以出资人地位参与利润分配被忽视，此外，征收的税率也过高，最高达55%，这加重了国有企业的负担，在试行中效果并不好，经济出现了下滑的局面。

（2）推行承包经营责任制（1988~1994年）。

1988年，为扭转利改税后出现经济下滑的局面，国务院颁布了《全民所有制工业企业承包经营责任制暂行条例》，推行国有企业承包经营责任制。按照所有权与经营权分离与“包死基数、确保上缴、超额多留、欠收自补”的原则，采取“两保一挂”方式，签订承包合同，两保是保证完成承包基数、确保税利上缴和保证以自留资金完成国家确定的技术改造任务；一挂是指工资总额与企业经济效益挂钩，以此确定国家与企业的利润分配关系。但企业的承包经营责任制的实质是以承包上缴利润的方式取代向国有企业征收所得税甚至在利中包含了所得税，由于承包经营责任制依然没有触动税利不分的旧体制，对企业的激励效应递减，实质上的一户一率也使得企业不能公平竞争。因此，承包制被新的经营方式取代就成为必然。

（3）税利分开的探索（1994~2007年）。

1993年12月，国务院颁布《关于实行分税制财政管理体制的决定》，自1994始，国有企业统一按33%的税率交纳所得税，取消各种包税做法，并探索税利分开的国企利税上缴模式。但事实上，由于33%的税率仍然偏高，加上在这一期间国有企业经营普遍困难，利润水平较低，股份制也没有大面积推开，事实上国有独资企业（集团公司）的税后利润普遍没有上缴。

1994年3月《中华人民共和国预算法》通过，明确预算收入包括企业的所得税和国企上缴的国有资产收益。财政部、国资局、中国人民银行于9月共同发布《国有资产收益收取管理办法》，对国有资产收益进行了界定。

具体包括：国有企业应上缴国家的利润；股份有限公司中国家股应分得的股利；有限责任公司中国家作为出资者按照出资比例应分取的红利；各级政府授权的投资部门或机构以国有资产投资形成的收益应缴部分；国有企业、股份公司、有限公司持有的国家股股权转让收入等。

然而，由于当时我国社会保障制度并不健全，国企还承担了大量离退休职工费用、企业办社会等社会职能，加上大面积亏损，实际上无红可分，国家决定暂不向企业征收利润，国有资产收益的收取被搁置。

2003 年，国资委成立，股份制公司也飞速发展，国有企业的效益好转，开始向所属的国有独资企业（集团公司）上缴红利，但是国有独资企业（集团公司）多是 1993 年之前注册的国有企业改制而来，一直只交税不交利。

由于这不符合现代公司制度的要求，即国家以调控者身份获得税收，以所有者身份获得利润，因此面临着向国企收取收益、税利并存的变革。

3. 税利并存、上缴国有资本收益（2007 年至今）

2007 年 12 月，财政部与国资委共同发布《中央企业国有资本收益收取管理办法》，以“适度、从低”的原则规定中央国有企业分为三类上缴红利：第一类为烟草、石油石化、电力、电信、煤炭等具有资源型特征的，上缴比例为 10%；第二类为钢铁、运输、电子、贸易、施工等一般竞争性的，上缴比例为 5%；第三类为军工企业、转制科研院所企业，暂缓上缴，具体 3 年后再定。

这一阶段并没有停止企业向国家缴纳所得税，因此，国有资本收益在国家与企业间的分配由以税代利过渡到了税利并存的时期。2007 年，国有资本收益上缴试点企业仅为国资委监管企业。2008 年和 2009 年国资收益上缴主体分别增加了中国烟草总公司和中国邮政集团。由于大部分一级企业为国有独资企业，因此，国有资本收益上缴的主要形式是国有独资企业（集团公司）的税后利润。而国有控股和参股公司仅占很少的比例。

2008 年，新《中华人民共和国企业所得税法》企业所得税的税率从 33%降到 25%，国有企业的税收负担减轻，这为上缴国有资本收益清除了障碍，税利并存的国有资本收益分配机制把政府的税收和收取的红利不再混同，使得国家的社会管理职能和企业所有者职能分开，符合现代市场经济的发展方向。

2010 年 12 月财政部《关于完善中央国有资本经营预算有关事项的通知》明确从 2011 年起，扩大中央国有资本经营预算实施范围，将教育部、中国国际贸易促进委员会，国家广播电影电视总局，文化部，农业部所属企业以及中国出版集团公司和中国对外文化集团公司共 652 家一级企业纳入中央国有资本经营预算实施范围，这些企业 2012 年开始向国家上缴红利。

该《通知》还适当提高中央企业国有资本收益收取比例，由原先的三类调整为四类，前三类分别为企业税后利润的 15%、10%、5%，同时把免交国有资本收益的企业定为第四类。

2012 年 1 月，财政部继续发布《关于扩大中央国有资本经营预算实施范围有关事项的通知》，规定从 2012 年起，将工信部、体育总局、中央文资办履行出资人职责、卫生部、国资委所属部分企业、民航局直属共 301 家企业，纳入中央国有资本经营预算实施范围，两次扩容新纳入的国有独资企业按照中央国有资本收益收取政策第三类企业的标准上缴国有资本收益，为税后净利润的 5%。至此，中央共有 1072 家国有企业被纳入国有资本经营预算的范围中。

（二）国有资本收益分享现状

国有资本收益分享不是简单的国有资本收益上缴。在国有企业向国家上缴收益后，国家对收取的资本收益还要进行二次分配，使更多主体能共享国企经营成果。因此，从整体上看，国有资本收益分享可分为直接分享和间接分享。

国有资本收益直接分享即国有资本收益在国有资本出资人与国有企业之间按照规定的比例分配，包括国有资本收益收取和企业留存两个方面，其中国有资本收益构成了国有资本经营预算收入的来源之一，留在企业内部的收益则形成了企业留存。二者通过国家和企业对各自部分国有资本收益的支出实现。

1. 中央国有资本收益直接分享的现状

(1) 中央国有资本收益上缴的主体。

中央国有资本收益上缴主体为中央直接管理的一级企业，具体分为两类：一是国有独资企业（集团公司）等企业，二是国有控股和参股公司。

鉴于国有控股和参股公司该部分企业按照《公司法》同股同权将国家股分得的股利全部上缴，并且在国有资本收益中所占比重很小，因此不是本报告的重点，不做过多叙述。本课题的研究只是针对国有独资企业（集团公司等）。详见表6-18。

表6-18 2012年上缴国有资本收益的中央（一级）国有企业数量

管理部门	企业数量
国资委（监管）	117
国资委（所属）	55
教育部	508
工信部	81
农业部	2
卫生部	3
国家广播电影电视总局	1
国家体育总局	53
中国国际贸易促进委员会	27
中国民用航空局	1
中央文资办（出资人）	113
中国烟草总公司	1
中国邮政集团	1
总计	963

其中，中国烟草总公司由国家烟草专卖局领导，中国邮政集团由财政

部管理。55家国资委所属企业为国资委机关服务中心和直属事业单位等机构的下属企业。具体见表6-19。

表6-19 国资委所属企业一览表

国资委所属企业（55家）			
1	北京富商华物业管理有限责任公司	29	北京中纺达房地产经纪中心
2	北京商达服经贸有限公司	30	北京中金瀚商贸公司
3	北京康忻机票代理服务中心	31	北京中天京建物业管理有限公司
4	北京兴贸招待所	32	北京国佳建材招待所
5	北京日月明饺子屋	33	北京海淀国建建筑装饰工程队
6	北京益德宝洗衣有限公司	34	北京中企信通科技有限公司
7	北京中物娱乐城	35	北京众服信达物业服务有限责任公司
8	中物物业管理开发有限公司	36	华纺房地产开发公司
9	北京中恒房地产开发有限公司	37	企业技术进步杂志社
10	北京中工友联商务服务公司	38	北京金瀚物业管理公司
11	北京万方白云路招待所	39	北京和平里宾馆
12	北京万方北河沿招待所	40	北京海福湾大酒楼有限公司
13	北京三维机电产品销售中心	41	轻工招待所（中轻宾馆）
14	北京万方白云路西里招待所	42	北京紫霞企业管理咨询有限责任公司
15	北京同心物业管理有限公司	43	北京月坛宾馆
16	北京中工资产经营管理有限公司	44	北京内贸汽车维修中心
17	机械机关招待所	45	中工机电发展总公司
18	北京金基业工贸集团有限责任公司	46	北京中工虎峪酒店管理有限公司
19	北京康瑞普冶金设备有限公司	47	北京凯威特商贸公司
20	北京金色东方工业气体有限责任公司	48	北京国建塑钢有限责任公司
21	北京金苑恒通物业管理中心	49	北京海淀百万庄建材综合经营部
22	北京礼士宾馆	50	北京国经建科贸有限公司
23	北京金力达创业科技发展中心	51	中国经济贸易年鉴社
24	北京金盛苑服务中心	52	中博实业发展总公司
25	北京中亚远恒物业管理有限公司	53	中国经济图书进出口公司
26	北京国轻天地物业管理有限公司	54	中经录音录像中心
27	北京三乐物业管理公司	55	中国经济书店
28	北京新中纺物业管理有限公司		

注：(1) 由国资委监管的117家央企是中国行业的排头兵，也是本课题的研究重点，但由于已经被大家熟知，这里不做列举。(2) 本课题旨在让大家知晓这55家国资委所属企业，鉴于规模普遍较小，因此上缴比例很低，不是本课题探讨重点。(3) 鉴于国资委系统之外的许多

其他企业，一方面由事业单位转型而来，另一方面如邮政等都没有改革，仍由财政部主管，且这些企业的国有资本收益改革往往参照国资委系统的改革推进，因此不是本报告的重点，不在本报告探讨之列。

（2）中央国有资本收益收取的来源。

根据《中央国有资本收益收取管理暂行办法》的规定，中央国有资本收益收取的来源由两部分组成：一部分来自国有独资企业（集团公司等）的应交利润，另一部分来自国有控股和参股公司的股利收入，具体如下：

国有独资企业（集团公司等）应交利润是指按国家规定从国有独资企业（集团公司）的合并报表归属于母公司净利润中提取的部分。具体计算公式如下：

应交利润=（利润总额-所得税-少数股东收益-法定公积金）×应交比例

应交利润由四部分组成：企业自身的营业利润；来自于子公司的股利收入；国有产权、股权转让收入；企业清算收入。

其中，来自于子公司的股利收入计入母公司的合并利润报表，国有产权、股权转让收入和企业清算收入按实际取得数额由企业全额上缴。

（3）中央国有资本收益收取的比例。

按照《中央企业国有资本收益收取管理暂行办法》和《财政部关于完善中央国有资本经营预算有关事项的通知》等规定，中央国有独资企业（集团公司）等企业的税后利润收取比例分为四类：第一类为15%；第二类为10%；第三类为收取比例5%；第四类为政策性公司，免交国有资本收益。详见表6-20。

表6-20 中央企业国有资本收益上缴比例分类表

类别	企业类型	比例
第一类（资源垄断性）	烟草、石油石化、电信、煤炭、电网和部分电力央企	15%
第二类（一般竞争性）	钢铁、有色、运输、航空、房地产和部分电力央企	10%
第三类（特殊行业）	军工、科研院所、文化、教育、农业等部属央企	5%
第四类 政策性公司	中国储备粮总公司、中国储备棉总公司等	0%

注：（1）根据国务院相关负责人答记者问：上述三类国有独资企业在过去2006~2009年上缴

国有资本收益的基数平均为利润总额的45%。(2) 根据2012年财政部《关于扩大中央国有资本经营预算实施范围有关事项的通知》：符合小型微型企业规定标准的国有独资企业，应交利润不足10万元的，比照第四类政策性企业，免交当年应交利润。

(4) 2012年中央国有独资企业（集团公司）按行业上缴收益比重。

如表6-21所示，为2012年上缴收益比重。

表6-21 2012年中央国有独资企业上交收益比重

（单位：亿元）

企业类型	上交利润	占上交收益比重
第一类（资源垄断性行业）	653	79.4%
第二类（一般竞争性行业）	146	17.7%
第三类（特殊行业）	24	2.9%
总计	823	100%

注：根据财政部2012年中央国有资本经营收入预算，国有独资企业中第一类资源垄断型企业上缴的利润近占近80%，第三类企业不到3%，可见中央国有资本收益直接分享的主要部分为国有垄断企业创造的利润。

(5) 中央国有资本收益收取主体和程序。

a. 收取主体。

与国有资本收益收取主体相关的主体主要可分为两大类：收取主体与编制单位和组织主体与预算单位。

收取主体与编制单位。根据2007年《中央企业国有资本收益收取管理暂行办法》和《中央国有资本经营预算编报办法》的规定，财政部为中央国有资本收益收取的主体，也是国有资本经营预算编制主体。

组织主体与预算单位。目前，所有中央直管企业的财务隶属关系在财政部，资产关系由国资委、文资办、教育部等其他中央部门和单位管理，这些部门和单位是国有资本经营预算中收入和支出的预算单位，负责组织国有资本收益的上缴，直接交到财政部设立的账户。就央企来说，国资委是央企的组织主体。同时，国资委与其他单位一样都是中央一级预算单位。

b. 中央国有资本收益收取的程序如图6-11所示。

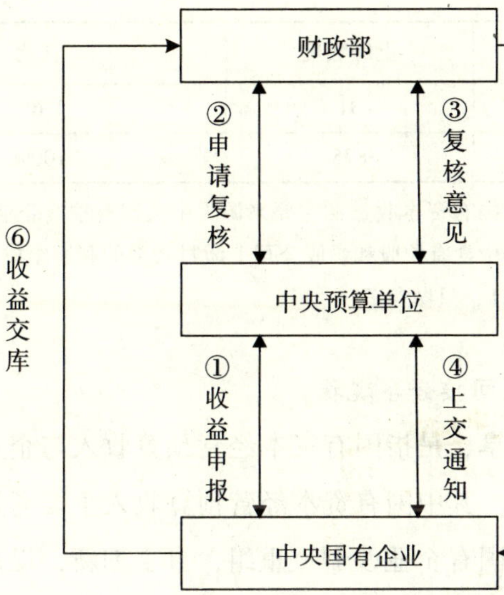

注：（1）中央预算单位，国资委等纳入国资预算的中央部门、单位。
（2）中国烟草总公司、中国邮政集团的国有资本收益直接上交财政部，不适用该程序。

图 6-11 中央国有资本收益收取程序图

（6）2012 年中央国有资本收益上缴规模。

2012 年中央国有资本经营收入预算 875 亿元，预计收取中央企业税后利润 823 亿元。具体来源如表 6-22。

表 6-22 中央国有资本收益上缴类型

（单位：亿元）

收益类型		上缴额度	占比
应交利润		823	94%
其中	烟草业	160	18%
	石油石化企业	279	32%
	电力企业	59	7%
	电信企业	99	11%
共计		597	68%
股利、股息收入		1	0.1%
国有股减持		20	2.3%

（续表）

收益类型	上缴额度	占比
上年结转（剩余收益）	31	3.6%
总计	875	100%

注：(1) 由上表可知，目前中央国有资本收益的主要来源为中央国有独资企业的应交利润，即本课题研究的重点。(2) 此表中含有控股和参股公司上缴财政部的利润组成，但鉴于数量很少，仅占 0.1%，因此忽略不计，只做参考。

2. 中央国有资本收益间接分享现状

国有资本收益间接分享，是指国有资本经营预算收入与企业留存通过预算支出实现的再次分配。其中国有资本经营预算收入主要通过三种方式进行分享，包括用于支持国有企业改制、重组，自主创新，提高企业核心竞争力的资本性支出、用于弥补国有企业改革成本，解决历史遗留问题等的费用性支出以及用于社会保障等方面的其他支出。

目前，国有资本收益间接分享的主要形式是国有资本经营预算支出。

（1）中央国有资本收益间接分享的主体。

截至 2012 年，纳入国有资本经营预算范围的中央国有企业有 1072 家，这些企业是中央国有资本经营预算支出的对象，即国有资本收益间接分享的主体。2012 年国有资本经营预算支出对象的企业如表 6-23 所示。

表 6-23 国有资本经营预算支出对象企业

管理部门	企业数量
国资委（监管）	117
国资委（所属）	55
教育部	623
工信部	81
农业部	2
卫生部	3
国家广播电影电视总局	1

（续表）

管理部门	企业数量
国家体育总局	53
中国国际贸易促进委员会	21
中国民用航空局	1
中央文资办（出资人）	113
中国烟草总公司	1
中国邮政集团	1
总计	1072

注：此表比上缴国有资本收益的企业数量多 109 家。

（2）中央国有资本收益间接分享的方式。

根据 2011 年《中央国有资本经营预算编报办法》，中央国有资本收益间接分享的支出类型包括资本性支出、费用性支出和其他支出三类，具体如表 6-24 所示。

表 6-24　中央企业国有资本收益间接分享支出类型

支出性质	支出用途
资本性支出	向新设企业注入国有资本金，向现有企业增加资本性投入，支持国有企业改制、重组，自主创新，提高企业核心竞争力；向公司制企业认购股权、股份等方面
费用性支出	主要弥补国有企业改革成本，解决历史遗留问题，重点解决困难企业职工养老保险，离退休职工医疗保险、特困企业职工生活补助，分离企业办社会职能、企业后勤服务社会化等涉及职工切身利益的问题，以及支持重点行业企业的节能减排
其他支出	用于社会保障等方面

2012 年中央国有资本收益各类间接分享规模如表 6-25 所示。

表 6-25 2012 年中央国有资本收益各类间接分享规模

（单位：亿元）

支出性质	用　途	数　额	占　比
资本性支出	根据国家产业发展规划，国有经济布局和结构调整规划，支持国有企业改制、重组，自主创新，提高企业核心竞争力	744.72	85%
费用性支出	弥补国有企业改革成本，解决历史遗留问题，重点解决困难企业职工养老保险、离退休职工医疗保险、特困企业职工生活补助，分离企业办社会职能、企业后勤服务社会化等涉及职工切身利益的问题，以及支持重点行业企业的节能减排	55.25	6%
其他支出	用于社会保障等方面	75.1	9%
总计		875.07	100%

注：(1) 2012 年用于企业自身经营和发展等资本性支出占比 85%，用于履行社会责任的费用性支出和社会保障支出等占国有资本收益上缴总额比例很小，国有资本收益对于民生和社会保障方面支出力度不足，过于偏重对企业的补贴。(2) 重资本性支出轻费用性支出的分配现状使得国资收益主要定位于调整国有资本在不同行业与企业之间的配置状况。

（3）中央国有资本收益间接分享的编制主体和程序。

根据 2011 年《中央国有资本经营预算编报办法》，财政部为中央国有资本收益间接分享预算编制的主管部门，负责编制中央国有资本经营预算支出草案；国资委以及其他纳入中央国有资本经营预算实施范围的中央部门和单位为中央预算单位，负责编制本单位所监管中央企业的国有资本经营预算支出建议草案。具体程序如图 6-12 所示。

（4）2012 年国有资本收益间接分享预计规模。

中央国有资本收益三类支出的规模为：2012 年中央国有资本经营预算支出安排 875 亿元。其中：资本性支出 744.72 亿元；费用性支出 55.25 亿元；其他支出 75.1 亿元。具体用途如表 6-26 所示。

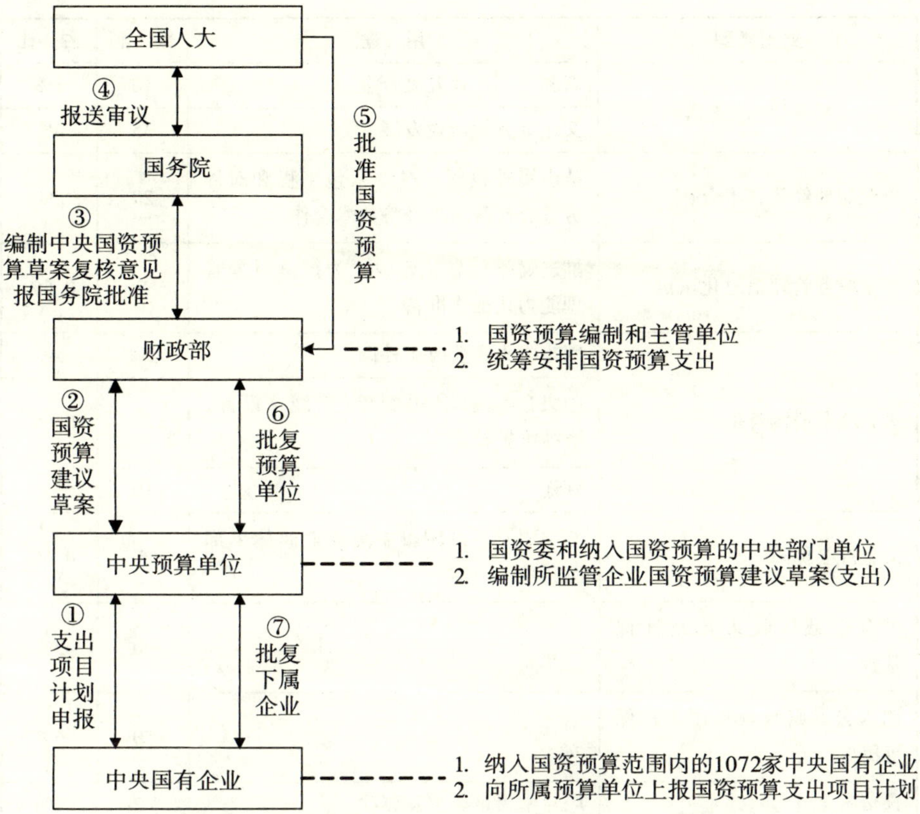

图 6-12 中央国有资本收益间接分享的编制主体和程序图

表 6-26 中央国有资本收益具体用途

（单位：亿元）

支出类型	用 途	数 额	占 比
央企兼并重组专项资金		80	9%
国有经济产业结构调整	股权、产业结构调整及产业升级	133	15%
央企重大科技创新项目	技术创新能力建设和重大技术研发	110	13%
央企重大节能减排项目		80	9%
中央企业境外投资	通过新设、并购等方式在境外设立非金融企业或取得既有非金融企业的所有权、控制权、经营管理权等权益行为	80	9%
央企安全生产保障能力建设		10	1%

（续表）

支出类型	用途	数额	占比
新兴产业发展	新疆兵团产业发展资金	10	1%
	文化等其他产业发展	35	4%
央企对外经济技术合作	从事境外投资、对外承包工程和对外劳务合作等对外经济技术合作	20	2%
央企财务管理信息化试点	推进财务信息化建设，为推进财务管理能力认证作准备	5	0.6%
央企改革脱困补助	困难中央企业改革补助	211	24%
	中央企业民口军品配套生产线（设备）维持维护补助	4	0.5%
	其他	10	1%
央企社会保障	专项用于补助困难中央企业离休干部医药费	5	0.6%
国有股减持收入补充社保基金		20	2%
调入公共财政预算用于社保等民生		50	6%
预留资金	应对中央企业突发事项	12	1%
总计		875	100%

按照财政支出的功能中央国有资本收益间接分享如表6-27所示。

表6-27 按财政支出功能的中央国有资本收益间接分享情况

（单位：亿元）

财政支出功能类型	数额	占比
资源勘探电力信息等事务	575	66%
商业服务业等事务	94	11%
交通运输	63	7%
转移性支出	50	6%
社会保障和就业	20	2%
农林水事务	2.9	0.3%

（续表）

财政支出功能类型	数　额	占　比
文化体育与传媒	0.04	0.005%
教育	0.2	0.02%
其他支出	70	8%
总计	约 875	100%

注：(1) 从以上二表可得，中央国有资本收益间接分享中，用于基础性产业的比重约占84%，社会保障和就业方面只占2%，文化、体育和教育的投资更少，共计不足1%，因此该支出结构严重失衡。(2) 从上表可以看出，国有资本收益的间接分享的现状，如何能够使国有资本收益的二次分配最大限度解决央企改制遗留负担、惠及民生，使全民共享央企发展成果是本课题研究的重点。

3. 地方国有资本收益分享现状——以广东省为例

2009年2月，广东省人民政府出台《广东省省级国有资本经营预算试行办法》，适用于省国资委直接履行出资人职责的国家出资企业（含监管企业和持股企业）以及其他省属国家出资企业（含省属地方金融企业）。广东省财政设立省国有资本收益专户，依法依规收取省级国有资本收益。

（1）广东省国有资本收益直接分享机制。

省级国有资本收益是省国资委以及其他履行出资人职责的机构（统称为省级国有资本经营预算单位，以下称省属预算单位）直接履行出资人职责的企业（即一级企业，下同）上缴的国有资本收益，具体收取范围和比例如表6-28所示。

表6-28　广东省国有资本收益直接分享范围和比例

收益类型	上缴范围	收取比例
利润收入（税后）	国有独资企业（母公司）	0~10%
股利、股息收入	国有控股、参股企业，原则上该收入可用于支持企业改革发展	100%
产权转让收入	国有独资和国有控股、参股（一级）企业国有股权转让净收入	100%

（续表）

收益类型	上缴范围	收取比例
清算收入	国有独资和国有控股、参股（一级）企业国有股权的清算收入	100%
其他收入	按省政府决定收缴	

注：（1）广东省国有资本收益收取的范围包含了国有金融企业。（2）对于国有独资企业利润的收取比例在0~10%之间，低于中央国有资本收益收取水平，而广东省属于经济发达的大省，该比例有偏低之嫌，因此，也说明地方国有资本收益的执行不论是理论上还是实践中存在与中央不一致之处。

（2）广东省国有资本收益间接分享机制。

根据国有资本经营需要以及产业发展规划、国有经济布局和结构调整以及国有企业发展要求，省级国有资本经营预算支出情况如表6-29所示。

表6-29　省级国有资本经营预算支出情况

支出类型	支出用途
资本性支出	包括向新设省属企业注入国有资本金，向现有省属企业增加资本金，向公司制企业认购股权（股份）等方面的支出
企业改革费用性支出	弥补省属企业改革成本、处理历史遗留问题等方面的费用性支出
国有资产监管费用支出	按国家和省政府的有关规定，用于监事会工作经费等国有资产日常监管费用的支出
其他支出	省政府统筹安排的其他支出，包括必要时用于社会保障等方面的支出

注：（1）广东省国有资本收益的间接分享与中央不同，支出类型中多出国有资产监管费用这一项，这也是本课题以广东作为地方国有资本收益分享现状的、典型代表的另一原因。（2）国有资本收益的间接分享中重视国资监管费用，给予国资委等监管机构额外的补贴，用来提高国有资本监管的水平，可以作为间接分享模式设计的重要考虑。

四、国有资本收益分享现存问题分析及对策

（一）国有资本收益分享现存问题分析

1. 国有资本收益的上缴主体概念含糊

从指责“国企不分红”到指责“国企红利上缴比例过低”，国有资本

收益上缴始终是社会焦点问题之一；但人们总是习惯于将“国企”作为一个笼统的概念使用，并未分清国有资本收益上缴的主体究竟是谁。

事实上，国有资本收益上缴主要是针对国有独资企业（集团公司）而言。在2007年之前，国有独资企业（集团公司）并不向国家上缴红利，但国有独资企业（集团公司）一直以国有股东的身份参与所属国企的分红。“国企不分红”的观点之所以出现，正是由于没有分清楚分红的主体和收益上缴的主体；国有企业一直在分红，国有独资企业（集团公司）作为股东也收取了分红，只不过国有独资企业（集团公司）并未向国家上缴资本收益，才使人们产生了“国企不分红”的错觉。

2007年国有资本经营预算制度开始试运行，并确定了国有资本收益收取的比例和范围；但是该收取比例也是仅针对国有独资企业（集团公司）。对国有控股和参股公司而言，国家仅需遵守《公司法》同股同权的原则参与分红即可，无须做出特别规定。

因此，在探讨国有资本收益上缴问题时，我们必须清楚地认识到，讨论针对的主体主要是国有独资企业（集团公司）。虽然国有控股和参股公司也上缴国有资本收益，但由于法律规定明确且上缴比例极小，无须作为讨论的重点。因此，在对国有资本收益分享机制的分析中，本文重在讨论国有独资企业（集团公司）的收益上缴问题，对国有控股和参股公司不再赘述。

2. “国有企业红利上缴”一词不准确

在目前的国有资本收益收取中，“国有企业红利上缴”一词被广泛使用。但事实上，“上缴”二字的使用并不准确，也折射出了我国目前国有资本收益收取的错误理念。

“上缴”一词的通常而言是指缴给上级，但是多用于税费的缴纳，富有一定的强制性和行政性色彩。我国之所以广泛使用“国有企业红利上缴”一词，在一定程度上是受到历史性因素的影响。我国国有企业的利润分配先后经历了全额上缴—利改税—国有资本经营预算等各个阶段；时至今日，虽然许多国有企业已经建立起代公司制度、转型为参与市场竞争的平等主体，但是人们对国企资本收益收取的认识理念依然没有完全脱离原有的窠臼，带有强烈的行政色彩。

事实上，国有资本收益与税收等国家财政收入具有本质区别：

首先，国有资本收益与税收收入属性不同。国有资本收益是国家作为出资人，与其他股东平等享受的股权收益，基于股权关系而产生，属私法调整范畴；而税收则是国家作为公共管理者强制收取的资金，基于行政管理关系产生、体现国家意志，属公法调整范畴。

其次，与税收的刚性、强制性不同，国有资本收益具有弹性。由于国有资本收益收取时国有独资公司可结合不同出资比例、不同行业特点制定收取比例，国有控股和参股公司则由股东共同决定分红比例、同股同权，因此具有弹性；而税收则一般是按规定的固定比例统一执行，具有刚性和强制性。

再次，国有资本收益收取仅针对国家出资企业，而税收则覆盖所有类型的企业。国有资本收益收取的对象是国家出资企业，它对民营企业、外资企业不具有同等效力；税收收入来源不仅包含国家出资企业，也包括民营、外资，具有普遍性。

因此，对国有资本收益收取而言，"国有企业红利上缴"一词模糊了国有资本收益与税收之间的差异，缺乏准确性；应使用"国有企业红利上缴"来替代。但考虑到目前"国有企业红利上缴"已被广泛使用，为便于大家理解，因此本报告在现状描述、问题及分析部分，仍使用"国有企业红利上缴"一词。

3. "国有企业红利上缴比例过低"的观点不客观

2010 年 12 月，财政部发布《关于完善中央国有资本经营预算有关事项的通知》，提高了国有资本经营预算的收取比例，将烟草、石油石化、电信、电力这样的垄断类央企上缴比例从 10%提高到 15%；一般性竞争领域的央企由 5%提至 10%。尽管如此，央企税后利润上缴比例依然被社会认为偏低；但事实上，这一观点并不客观。

首先，央企看似"财大气粗"，但"历史包袱"沉重。国资委统计数据显示：2005~2010 年，央企资产总额由 10.5 万亿元增长至 24.3 万亿元，年均增长 18.2%；实现净利润由 4643 亿元增加至 8490 亿元，年均增长

12.8%，至2010年，央企净资产总额已达到9.6万亿。正是这样的快速发展，给人们留下了央企“财大气粗”的印象。

但事实上，央企背负着沉重的“历史包袱”，且能够用来解决这一问题的资金十分有限。一方面，在转型、发展的过程中，几乎所有央企都存在厂办大集体职工安置、冗员安置、离退休人员安置等“历史包袱”；从目前来看，光是厂办大集体职工的安置费用，至少就需要1000亿。同时，央企的负债率也极高，目前，一般工业企业的平均负债率为50%，其中有50%以上的央企负债率超过65%，1/3的非工业央企负债率超过75%。由于近年来我国市场经济的特殊情况，像电力航空等企业的负债率甚至超过了80%。

另一方面，央企存留利润中能够用于解决“历史包袱”的资金十分有限。目前央企主要的盈利主体是各上市公司，但是解决历史问题的主体则是国有独资企业（集团公司），而国有资本收益收取的对象也是这些国有独资企业（集团公司）。在上市公司的实现利润中，25%以所得税的方式上缴，10%~15%提取公积金，还有近30%是以未分配利润形式留在上市公司中，真正可供分配的利润约30%左右，而其中少数股东还要分走10%左右，因此真正分到国有股东，即集团公司手上的只有实现利润的20%左右。在本就不多的国有资本收益上缴国家一部分后，剩余资金既要保障企业正常发展，又要抽调出资金解决历史遗留问题，难免捉襟见肘。

其次，人们对于国有资本收益收取的相关基本概念理解不准确。以2010年为例：2010年全国国有企业的利润总额为1.13万亿元，而国有资本收益收取的数额为440亿。正是这一看似悬殊的数据，使得人们普遍认为国有资本收益收取比例过低。

然而需要解释的两点是：第一，1.13万亿的利润总额不是税后利润，还需交纳所得税。第二，税后利润中，由于央企大部分资产都注入到上市公司，所以大多数利润均是由国有上市公司创造的。这部分利润首先要按照公司法规定提取公积金，其次还要对股东分红并且保留一定比例的未分配利润；在分红中，国有独资企业（集团公司）又只能按股份比例与其他少数股东依照同股同权的原则共同分享，因而能够得到的分红也是有限的。最终，能够汇集到国有独资企业（集团公司）中的净利润，才是国有资本收益收取的基数。如果以2010年为例，在1.13万亿元的央企利润总额中，归属于母公司的净利润仅为2000亿左右，440亿的上缴数额所占比例并不低。

正是因为这些基础概念没有解释清楚，导致了全社会对国企的怨恨，认为国企是“腐败和特殊利益集团”。必须清晰地认识到，1.13万亿与440亿这两个看似悬殊的数据实际上是不可比的，而基于这两个不可比的数字对国有资本收益收取比例加以指责也是毫无根据的。

第三，中国央企主要集中在关乎国计民生的重要产业和行业，战略地位重要，因此必须保留一定的发展实力和后劲。保持适当、合理的国有资本收益收取比例是优化企业资本结构、支持资本开支、促进中央企业可持续发展的重要手段。如果盲目地大幅度提高收益收取比例，只会影响企业自身的发展和持续盈利能力，也会影响国资的整体战略布局。因此，即便是提高国有资本收益收取比例，也应该是一个循序渐进的过程。

4. 缺乏对国有企业社会责任特殊性的认识

许多人认为，依照目前国有企业的红利上缴的比例，国有企业履行的社会责任微乎其微；这种理解是非常片面的。

企业社会责任，是指企业在创造利润、对股东承担法律责任的同时，还要承担对员工、消费者、社区和环境的责任。企业的社会责任要求企业必须超越把利润作为唯一目标的传统理念，强调要在生产过程中对人的价值的关注，强调对消费者、对环境、对社会的贡献。事实上，中国的国有企业在履行社会责任方面已经发挥了很大的作用，国有企业在承担着比民资、外资企业更多的社会责任，可从以下两个方面理解：

一方面，国有企业解决“历史包袱”问题正是其履行社会责任的重要体现。正如本文所述，目前国有企业面临着沉重的“历史包袱”，退休、下岗人员安置等一系列问题都尚未完全解决。另一方面，国企在保证市场稳定、保障民生方面同样发挥着重要的作用。以电力行业为例：目前，中国大部分的电力来自于用煤发电。煤价是随市场供需变化不断波动的，但是与之对应的电价却是由行政审批制定的。当电煤价格因运输成本增加等多种原因大幅上涨，电价却没有随之变动，以致发电成本的升高使发电企业普遍陷于亏损的境地。这种“市场煤”与“计划电”之间矛盾的不断加剧，最终使得发电企业不得不纷纷闲置产能，减少亏损。目前，中国电力行业几乎已经找不到外资和民资企业，而五大发电集团也一直承受着火电亏损的巨大压力，2011 年五大发电集团火电累计亏损高达 312 亿元。但为了维护稳定、保障民生，这些电力行业的国企即便亏损也一直坚持供电，这也是国有企业履行社会责任的最好例证之一。

5. “裁判员”收取国有资本所有者收益不顺

在我国的市场化改革中，政府具有经济调控者（裁判员）和政府所有者（教练员）的双重职能。

经济调控者的存在是市场经济的必然要求，任何市场经济的国家都需要维护市场秩序、保障公平公正的间接管理部门，这是由市场经济的共性决定的，它们相当于比赛场里的裁判员，如工商、税务、司法部门等。因此，政府的经济调控者职能即是“裁判员”的功能，它维持着市场经济的正常运转，制定并保障比赛规则被所有市场经济的微观载体所遵守，所有的竞争都是公平竞争，没有国家队、私人队与外国队的亲疏之分。

而政府所有者职能，是指政府对国有资产所有权的行使。相对于经济调控者的职能来说，政府所有者职能相当于一个国家队的“教练员”，“教练员”要对市场经济主体——运动员的活动进行监督和管理。政府的经济调控者和所有者职能由政府统一行使，但不能混为一谈。前者是行政管理职能，后者是资产管理职能，二者必须分离。

6. 央企整体上市会使国资收益收取机制失去意义

目前，大部分央企普遍将集团整体上市作为上市模式的选择，但这种做法对资本收益机制和国有独资企业（集团公司）进一步均造成一系列的影响：

首先，央企整体上市将使国有资本收益收取机制的构建失去意义。目前探讨国有资本收益收取的比例，主要针对的是国有独资企业（集团公司）；对于国有控股和参股公司，遵照《公司法》同股同权原则收取股利即可。如果央企推行整体上市，那么国有独资企业（集团公司）就将消失，取而代之的是国有控股或参股的上市公司。在这种情况下，国资管理部门也仅能作为一般的股东参与分红，与其他股东享受的权利没有任何区别，国有资本收益收取制度也就失去了存在的意义。

其次，央企整体上市还会对国有独资企业（集团公司）自身的发展壮大造成不利影响，影响国有资本收益的创造。一方面，国资委专注于做国家出资企业的出资人，会使全国国有资本统一监管者的主体缺位。建立在分散产权主体基础上的多部门出资人监管，不利于中央政府和地方政府对本级政府国有资本总量、结构、变动的掌握，无法在国家范围内国有资本进行统一战略规划布局、实施有进有退的结构调整。另一方面，国资委直接当上市公司股东，易产生法律诉讼、引发纠纷；而国资委特设机构的特点，也容易引发国际上对国企国家操纵和政府补贴的质疑。

因此，央企整体上市看似只是央企自身的战略选择，但却会使国有资本收益收取机制失去意义，并对国有资本战略布局产生负面影响。央企应尽快走出整体上市的误区，将中国国有资本的发展引导到合理的轨道中，也为国有资本收益分享机制的建立和运行创造有利条件。

（二）完善国有资本收益分享机制的对策建议

1. 把握好国有资本收益收取比例提高的度，扩大收取范围

国有资本收益的收取应正确处理好企业自身经营积累和国民经济持续发展需要的关系，既要考虑国家以出资人身份依法取得国有资本收益的权益，也要考虑企业可持续发展的需要。

目前，中央国有资本收益收取总额还相对较小，2011 年只有 765 亿。无论从比例上还是从现实社会舆论上，国有资本收益收取总额都有待提高。具体可考虑从提高现有企业收益收取比例和扩大收益收取主体范围两个角度实现：

首先，中央国有资本收益收取比例须提高，但应适度。这是因为一方面，央企利润总额是合并报表的利润总数，其中国有独资企业（集团公司）可支配的利润只占利润总额的 30%左右，总量较小。另一方面，央企面临着企业办社会、冗员安置、离退休人员负担等一系列的历史遗留问题，其历史负担较重。此外，央企还担负着国家基础产业和支柱产业发展

的重任，也需要大量的投入。因此如果过快提高央企国有资本收益收取比例，既不利于央企做强主业，也不利于其长远健康发展。

其次，重在扩大收取范围。目前在众多的央企中，只有 1072 家纳入了国有资本收益收取范围，交通和文化等领域的大多数中央企业均在收取范围之外，收取范围非常狭小。

特别指出的是，中国金融领域的中央企业均不在收取范围之内，而这些中央企业却因为占据垄断地位而获利丰厚。以五大国有商业银行为例，2011 年，国资委管理的中央企业实现净利润共计 9173 亿元，而五大国有商业银行的净利润就已达 6808 亿元，是中央国有资本收益 2011 年全年收入的 9 倍。如此丰厚的利润收入却处于中央国有资本收益收取范围之外，使得国有资本经营预算缺失了一大部分的收入来源。

综上所述，在我国现阶段情况下，增加国有资本收益应从收取比例和收取范围两方面着手，但鉴于我国央企“历史包袱”沉重等现状，收取比例应当适度，重在扩大收取范围。

2. 国有资本经营预算应由国资委编制

目前，中国的国有资本经营预算大权归属于财政部，由财政部预算司具体负责国有资本经营预算的编制工作。然而，国有资本经营预算与公共预算根本属性不同，由公共管理部门——财政部门掌握国有资本经营预算大权体制不顺，容易产生诸多问题，因而应当将国有资本经营预算大权归还给担任国家出资人职责的国资委。

首先，从科学分工角度看，出资主体和编制主体应统一。公共管理职能和所有制职能相分开是政府改革进步、市场经济体制日趋完善的重要标志，也是我国政府职能改革的路径。政府履行公共管理职能行使的是公共权力，政府公共预算的编制属公共权力范畴。国资委是国务院直属的正部级特设机构，代表国家履行出资人职能，行使着出资人的权利，包括收益权，国有资本经营预算编制、收取权是收益权的应有之义。不同部门履行不同职能，行使不同权力，相互间分工明确，减少交叉，权责明确，既是政府权力和职能划分越来越科学的表现，也是国家全面落实科学发展观的必然要求。

其次，从国际规范看，应由履行出资人职能的机构负责编制国资预算。世贸组织的《补贴与反补贴措施协定》将政府补贴分为禁止性补贴（红灯补贴）、可申诉补贴（黄灯补贴）和不可申诉补贴（绿灯补贴）三种。其中，可申诉补贴通常是指由政府或公共机构为了实现某一目标而对本国的产业（包括公司和生产企业）提供的财政资助。由财政等公共权力部门编制国资预算，将被国际认为属于禁止性的“非法补贴”。如果授权编制公共预算的部门同时编制营利性的国资预算，会遭受国内外舆论关于政府补贴、不公平竞争的压力，特别是在国有企业国际化过程中易被理解为国家行为。另一方面，公共权力部门将国资预算视为部门预算进行管理，混淆了国资监管机构本部门的预算和国资监管机构之下由各国家出资企业汇总的国资预算之间的差别。二者属性不同，前者是政府核定费用的部门办公经费，由国家财政支出；后者是需要由承担国有资本保值增值责任的出资人机构进行统筹考虑的经营性预算，将二者混同，沿用同样的管理方式管理不同的对象，在实践中会带来问题。

综上所述，应当将国有资本经营预算大权归属担任国家出资人职责的国资委，财政部作为公共管理部门，只负责公共预算，使我国的复式预算体系能够真正落实。

五、国有资本收益分享国际案例分析及经验借鉴

（一）国外国有资本收益分享案例分析

各国国有资本收益分享的差异主要取决于各国国有资本的经营管理模式，本章将对较为典型的法国和意大利两国进行分析，从国有资本分布概况、国有资本管理体制和国有资本分享机制三个角度分别进行阐述：

1. 法国

法国的国有资本实行以经济财政部为核心的公共财政管理模式，其国有资本收益在收支安排上统归经济财政部管理，在预算编制上分为国有股权转让收益和其他国有资本收益，分别归口经济财政部和独立于经济财政部的法国国家股权及转让委员会。

（1）法国国有资本分布概况。

法国是国有化程度较高的西方国家，国有资本比重较高且涉及领域众多。20 世纪 80 年代初，25% 的法国工业和几乎全部银行都为国家所有，法国工业总产值中国有大型企业集团产值约占 1/4，法国成为欧美发达国家中国有程度最高的国家。经过 1986、1993、1998 年三次大范围的国有股权转让运动，目前，法国仍保留 1600 多家国有企业，年营业额达 2500 亿欧元，主要分布在电力、能源、军工等国民经济重点行业，并占据主导地位，例如法国电力公司（EDF）、法国电信公司等。

法国国有企业主要分为三类：第一类是公益类国有企业，主要是从政府行政部门中分化出来并以企业形式运行的，涉及邮电、印刷、住宅信托、供水供热等领域；第二类是支柱型国有企业，主要涉及国有资源领域，包括煤炭、林业、发电、化工等；第三类为竞争型国有企业，股权比较多元化，多为国有控股、参股企业，政府不直接干预企业经营，但会派驻主要领导人并对资产出售进行审批。随着渐进的民营化，大多数过去存在于竞争领域的国有企业即第三类中的国家股权已经退出。

（2）法国国有资本管理体制。

第一，法国国有资本管理机构主要包括：

国家参股局，成立于 2003 年 7 月，隶属于法国经济财政部，是国有资产监管、运营的最主要机构，统一履行原先分散在各部门的国资管理职能：派出股东代表参与国有企业的重大战略决策，对国有企业的主业进行核定并监管规模，通过并购重组和上市实现国有企业的资本增值和股东多元化，对国有企业经营风险进行评估。既是保护国家财产利益的唯一负责者，又是国有企业稳定的和唯一的对话者。

国家审计法院与国家参股局，共同负责国有企业的产权与财务监管；对口行业行政主管部门，负责国有企业的行政管理。

第二，法国国有企业管理的突出特点：

一是计划合同制。自 20 世纪 80 年代开始采用，分为三个维度：首先是政府赋予企业投资领域内的发展目标；其次是企业在经营中设定的战略目标、投融资方案、研发计划、国际贸易政策、就业方案和员工技能培养等目标，部分国有企业甚至需要承担培育中小企业的特定任务；最后约定企业向国家出资人的回报，既包括税收，也包括分红。计划合同由多个部门联席制定，制定目标时会综合考虑企业面临的内外部情况，对未来做出预测。

二是分类管理。根据行业能否实现规模效益、是否为资本密集型企业、是否与民营企业竞争，法国将国有企业分为垄断型国企和竞争型国企两类。垄断性国企主要集中在能源、交通等基础产业和基础设施部门，政府管制较严，企业经营被限定在明确的目标约束范围之内，企业的资本开支规模、贷款规模、产品和服务定价的公允性以及工资总额的涨幅等都由政府决定；竞争型国企所处的行业中存在大量私有企业，面临较多的国内外竞争对手，政府对这类企业的管理不是直接控制，全面管制企业经营，而仅限于任命企业主要领导人和监督资产转让，以保证企业参与平等的市场竞争。

三是“三重监督”。经济财政部、对口行政主管部门和国家审计法院对国有企业进行“三重监督”：经济财政部可比作“内监”，借鉴大陆法系国家普遍采用的监事会制度，向企业派驻监察员，对其经营与财务状况履行监管职责，确保国家股东的权益；对口行政主管部门可比作“外监”，主要通过派驻特派员对企业的资本开支与重大技术投入进行全程监督，确保符合行业规范；国家审计法院主要审查企业财务账目是否合规。如此三管齐下，尽量确保企业从经营、财务到未来投资都被有序管控。三者中，经济财政部相对更为重要，与企业联系也更为紧密。

（3）法国国有资本收益分享机制。

法国国有资本收益分享机制的特点是不同于其他国有资本收益，国有股权转让收益由独立于经济财政部的法国国家股权及转让委员会编制预算。

a. 法国国有企业分红收益。

法国没有独立的国有资本经营预算，关于国有资本经营的收支，除国有股权转让的收支单独预算外，其余均纳入公共预算中。

一般预算是法国中央公共预算的主体部分，主要由税收和国有企业上缴经济财政部的利润分红构成。所有国企的重大决策，如投融资方案、股权转让、发行证券等，都需要经济财政部审批，特别重大的还要上报内阁。

法国政府对国有企业的分红政策取决于国有企业的“赢利能力、财务状况和董事会认为重要的其他事项”，税后利润向政府上缴的比例大约为50%，国有资本分红后的剩余利润全部留归企业支配，其中60%~70%的部分用作后备基金和发展基金，主要用于再投资和弥补亏损，其余用于职工奖励和福利。此外，凡涉及中央一级国有企业的投资计划、资本变动、股权安排、重大发行债券和股票的计划，都要报请经济财政部决策或由内阁会议决定。

b. 法国国有股权转让收益。

1986年，法国议会通过立法成立了法国国家股权及转让委员会，专门负责监督国有企业的私有化进程。该委员会的宗旨是维护国家利益，在国有股权转让过程中保护国有资产，保证公开选择购买方。该委员会由包括主席在内的7名正式成员组成，均由政府总理直接任命，成员具有经济、财政和法律方面资历及经验，每届任期五年，任期内无特殊原因不允许辞职。

成立这一机构的意义在于：一方面，该委员会的级别上升至国家机构层面，系独立机关，不隶属于经济财政部，不仅对转让价格下限有决定权，而且有单独立法权，并且“从财政部获得独立的预算”。另一方面，虽然转让收入要全部交到经济财政部由国家统一安排使用，但是国有股权转让预算从公共预算中独立出来，由该委员会编制。

目前，法国正在强化对国有股权转让收入的管理，逐步建立国有资本金经营预算，以全面反映经营性国有资本的收支。

2. 意大利

意大利国有资本实行以控股公司为中心的国家参股管理模式，由政府主管部门（经济财政部）设立的公司通过逐级参股方式管理国有资本，其国有资本收益统归经济财政部管理。

(1) 意大利国有资本分布概况。

意大利也是国有资本比重较高的西方国家，国有资本具有历史悠久、垄断程度高、涉及部门广、对经济和社会影响大等特点。20 世纪 70 年代，意大利国有资本基本上控制了国内电力、钢铁、石油、铁路、航运等基础工业和基础设施部门，20 世纪 80 年代中期，国家工业总产值中国有集团产值占 50%。目前，意大利国有资本主要分布于电力、石油、钢铁、铁路和航运等行业。

（2）意大利国有资本管理体制。

不同于其他的西方资本主义国家，意大利国有资本管理体制最突出的特点是实行国家参与制。

1956 年 12 月，意大利政府颁布了 1589 号法令，决定在政府内阁之下设立国家参与部，由它出资设立多家政府控股公司以逐级参股的方式统一管理国有企业，形成了一个“金字塔”形状的等级结构，顶端是政府主管部门，中间是数家巨大的国家持股公司，下边是次级持股公司和部门企业集团，然后是次级持股公司或部门集团所控制的诸多企业，最底层是基层企业，通过高度集中统一的管理方式实现国家对经济的影响和控制。尽管该部于 1993 年撤销，但形成的大批垄断程度高、涉及部门广、影响较大的国家参与制企业却保留了下来。

现在这些企业主要由经济财政部负责管理，通过指派股东代表或依据股权比例派出董事会和经理层成员行使出资人职责，并要求企业定期向经济财政部汇报企业战略计划，对比基准评价经营业绩，但不干预企业日常生产经营决策。政府管理具体体现为：要求定期向经济财政部汇报企业战略计划和执行计划，目的是监控经济结果和财务等有关数据；为实现企业战略目标，制定有效的管理制度；对比基准进行企业经营业绩评价。

（3）意大利国有资本收益分享机制。

根据这种国家参与制的制度框架，国有企业的利润按以下原则进行：

如果为国家独资企业，则每年税后利润的 35% 留归企业作为储备金（20%）和科研开发特别基金（15%），分别用于企业弥补亏损和支持发展；其余 65% 上缴经济财政部，当企业偶然遇到亏损且储备金不足以弥补时，经批准经济财政部可从上缴款中拨付部分款项弥补亏损。

如果为国家控股、参股企业，则按照同股同权原则，属于国有资本收益的部分仍旧按照上述原则逐级上缴。

(二) 对我国国有资本收益分享的启示

从两国的国有资本管理和收益分享的实践来看，对我国国有资本收益分享有以下启示：

1. 国资管理部门应成为国有资本收益管理主体

法国由于其历史形成的国有资本比重较高，对其国有资本收益分为分红收入和转让收入两部分来管理，对国有企业的分红收入统一由经济财政部管理，而对国有股权转让收入则由独立于经济财政部的法国国家股权及转让委员会统筹管理，由其专门负责监督国有企业的私有化进程。

我国国有资产比重较高，在未来有结构调整与战略布局的任务，可借鉴法国对转让收入的重视，进一步探讨未来国资预算转让收入的管理，由一个独立于公共财政的国家层面的主体进行国有资本收益预算编制，进而逐步把握国有资本战略布局和结构调整是十分必要的。

同时，我国的国资改革并不是简单私有化的过程，而是需要一个具有战略规划眼光，非公司股东层面的统一监管主体，来履行对全国营利性国有资本的统一战略规划布局、统一国资预算编制、统一产权管理与监督等重要职能，而这个主体只能是国资委。若是由其他机构担当这一任务，那么国资委就会局限于以公司法人为基础的出资人代表监管即“小国资监管”，最终守不住出资人地位。

2. 应建立有效的国有资本收益分享监督体制

法国国会通过调查和诉讼方式对国有企业进行监督，主要通过审核企业年度报告、法律执行情况和提起诉讼等方式来行使监控权，法律对诉讼提起条件、程序、诉讼和解等都有较为详细的规定，议会监控提高了监控权威性，国家对国有企业的监督主体集中、清晰，委托代理链较短，法律依据清楚。

但是在我国，关于国有资本收益分享机制仍然没有完善的法律法规予以支持，必须对国资收益分享的相关理论和实践进行进一步的探索，建立与分享机制配套的监督管理机制，确保国有资本收益分享的公平和规范。

3. 应注重中国国情与国际经验的结合

综合来看，国有资本收益分享制度是一个国家政治、经济体制等综合作用下的结果，有深刻的历史渊源和制度背景。从经济制度看，我国国有资本是国民经济的主导力量，比重与西方资本主义国家相比，无论从规模、数量上，还是从营利能力上，都具有更重要战略意义；从历史背景看，我国的国有企业从产生到发展都具有很鲜明的中国特色，这些都决定了在学习和借鉴国外的经验时，不能照搬照抄，要逐步探索出一套适应我国国情的行之有效的国有资本收益分享机制。

六、国有资本收益分享机制模式设计

正如前文所述，国有资本收益分享机制可分为直接分享与间接分享两个层次。直接分享主要解决国家出资人与国有独资企业（集团公司）之间的收益分配问题，主要通过国家出资人对国有资本收益的收取来实现；而间接分享则主要解决国家出资人与国有独资企业（集团公司）分别获得收益后的二次分配问题，主要通过国家层面对国有资本收益的支出与国有独资企业（集团公司）的自主支出来实现。因此，本文也将分直接分享模式与间接分享模式两部分来阐述国有资本收益分享机制的模式设计。

（一）直接分享模式设计

直接分享机制的模式设计重在确定国有资本收益收取主体、国有资本收益存留主体及收益收取比例等问题进行研究：

1. 国有资本收益收取主体为国资委

无论是从国资委的机构定位还是从管理体制的合理性看，国资委都应成为国有资本收益的收取主体。但从目前来看，国资委也存在着片面追求做淡马锡式出资人、政企分离不彻底等一系列的问题。因此，有必要通过国资体系内部对出资人权利和监管权力的重新梳理，构建有效的国有资本经营与监督体系，为国有资本收益的收取打下良好基础。

（1）组建国资委系统，构建三层次体系。[①]

（2）强化国资委收益局职能。

目前国资委主要由规划发展局、收益管理局等23个职能部门组成，如图6-13所示。

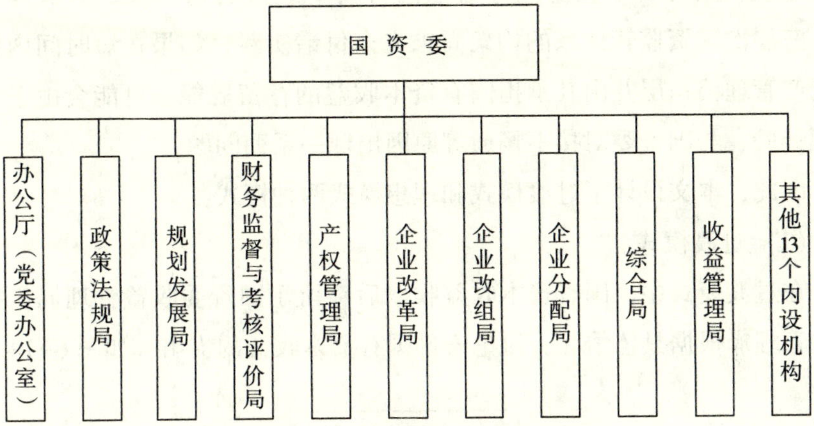

图6-13 国资委职能部门分布图

其中，收益管理局与国有资本收益分享机制关系最为密切。国资委收益管理局的主要职能包括：组织所监管企业上缴国有资本收益工作；承担拟订国有资本经营预算有关制度工作；承办国有资本经营预决算编制和执行有关工作；组织开展所监管企业负责人离任和任期经济责任审计工作等。

为适应国有资本经营预算划归国资委主管后工作的开展，国资委收益管理局职能应得到适度的加强。一方面，国有资本经营预算的编制、相关制度的拟定等工作应统一由国资委收益管理局负责，形成以收益管理局为主要力量、其他部门在相关领域配合的国有资本经营预算统一管理体制；另一方面，由于国有资本经营预算具有全局性，应注重国资委收益管理局与规划发展局之间的对接，通过两个司局及与其他司局的配合，加强国资布局规划的整体性，使国有资本经营预算有机地融入到国资管理的大体

---

① 详见本书第二章中的《中国国资改革总体方案设想》一文［四、（一）国资委系统概念的提出与国资管理的三层次构造］。

系中。

2. 国有资本收益存留模式设计

在三层次国资体系的架构中，直接代表国家履行出资人职责的是国有资本经营公司，国资委作为监管部门不直接履行出资人职责，因此，从理论上来说，国有资本收益应存留在国有资本经营公司一级。但从现状来看，三层次国资监管体系的构架尚未完全付诸实践，如果在短时间内构造出资产管理公司层并由其承担国有资本收益的存留职能，可能会由于缺少管理经验、与国资委对接不畅通等原因出现一系列问题。

因此，本文设计了过渡模式和理想模式两种模式：

(1) 过渡模式。

在过渡模式中，国有资本收益收取后存留于国资委收益管理局，并由收益管理局根据具体情况，讨论安排国有资本收益的支出，如图 6-14。

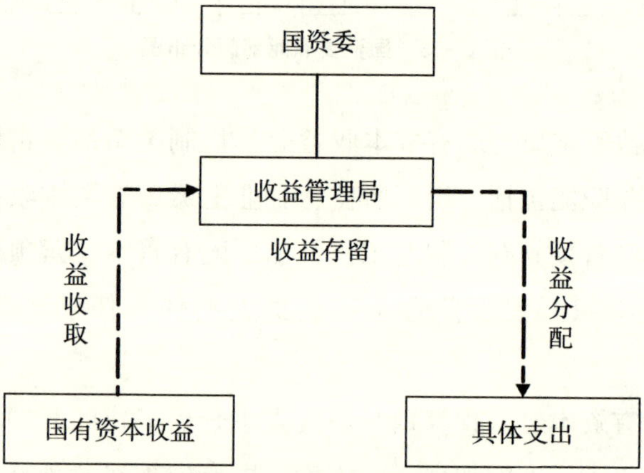

图 6-14 国有资本收益存留过渡模式图

(2) 理想模式。

在理想模式中，不再由国资委收益局直接负责国有资本收益的存留工作，而是由国有资产经营公司承担这一职责。国资委收益局主要负责确定国有资本收益收取的具体比例及支出分配方案，国有资产经营公司依照国资委收益局制订的方案具体执行，见图 6-15。

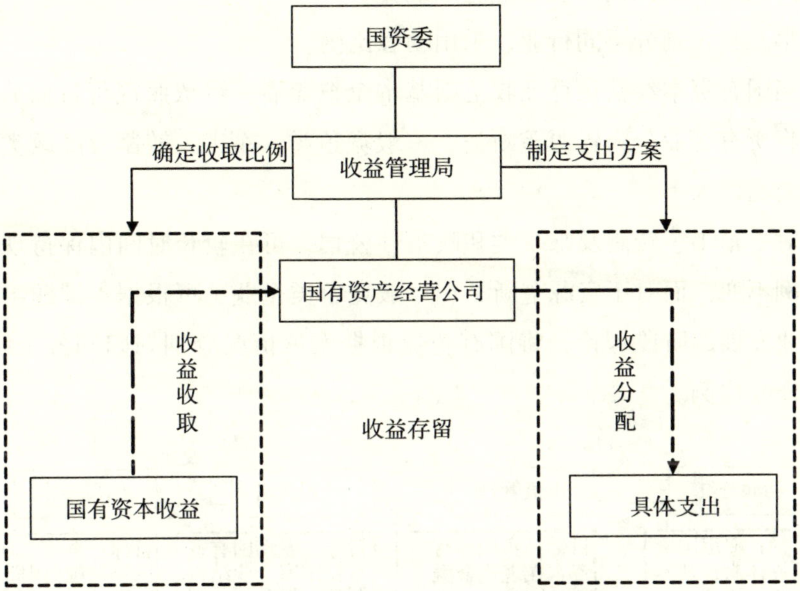

图 6-15　国有资本收益存留理想模式图

3. 构建国有资本收益收取比例的动态递进模式

国有资本收益收取比例也是国有资本收益分享机制中的关键性问题。虽然目前社会上大幅提高国有资本收益收取比例的呼声不绝于耳，但正如本报告上文所述，在现阶段，不宜将国有资本收取比例划定过高。因此，本报告提出，应根据企业发展阶段，构建国有资本收益收取比例的动态递进模式，可分为两步执行：

第一步：保持比例不变，扩大征收范围。

2011 年扩大征收范围后，国有资本经营预算的征收对象包括国资委监管中央企业，中国烟草总公司和中国邮政集团公司，教育部、中国国际贸易促进委员会所属企业，国家广播电影电视总局直属中国电影集团公司，文化部直属中国东方演艺集团公司、中国文化传媒集团公司、中国动漫集团公司，农业部直属黑龙江北大荒农垦集团公司、广东省农垦集团公司，以及中国出版集团公司和中国对外文化集团公司，但仍有金融类国企等一大批国有企业不在征收范围之列。因此，国有资本收益收取应首先做到征收范围上的全覆盖，在现有征收比例保持不变的基础上扩大征收范围，为下一步收益收取比例的动态递进做准备。

第二步：划分不同行业，采用动态比例。

当国有资本经营预算征收范围基本全覆盖后，可依照现行行业分类标准，将所有企业分为资源垄断类，一般竞争类，军工、转制及邮政类和政策性公司四大类。

对于军工、转制及邮政类和政策性公司，可在较长时间内保持现有征收比例不变；而对于资源垄断类和一般竞争类企业，可根据本课题组提出的企业发展四阶段理论，将国有企业根据发展情况分别划归到各个阶段，确定征收比例。

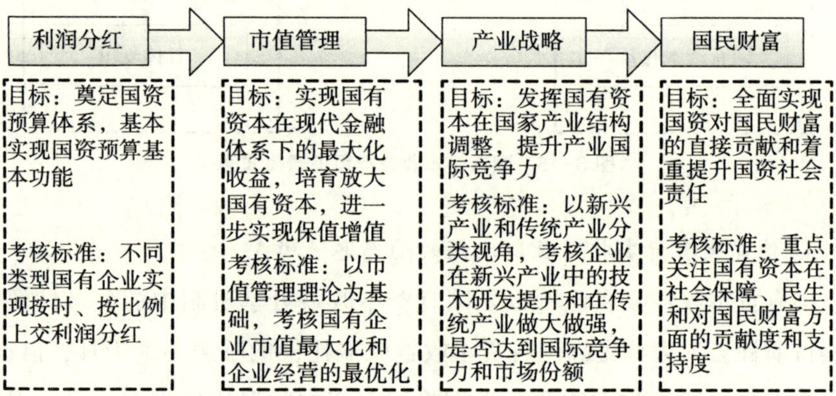

图 6-16　企业发展四阶段目标与考核标准示意图

为更好地执行这一制度，国资委可组建企业发展阶段考评专家组，该专家组成员为 9~11 名，由国资委相关部门领导及法律专家、财务专家等相关领域专业人士组成。考评专家组具体组成人员由候选人员随机抽取，每次考评后考评组即解散，下次考评必须重新组建专家组，每位专家连续参加考评的次数不得超过两次；若第三次仍被抽中，则从剩余候选人员中随机抽取一位代替。具体考评指标体系可由国资委会同相关部门和专家制定。

考评组的考评工作可分为常规考评和特别考评两类：常规考评每三年进行一次，从整体上对资源垄断类和一般竞争类国企所处阶段做出判断，划定征收比例范围，第一次考评后可暂按最低征收执行；特别考评每年进行一次，根据国有企业发展的现实情况，确定具体征收比例。

考评阶段划分和征收比例范围如下：

（1）起步期：利润分红阶段。

目前我国大多数国有企业依然处在该阶段。短期内，国有资本收益收取比例可以保持不变，即资源垄断类企业为15%，一般竞争类企业为10%。随着企业经营情况的变化，该比例可根据企业发展阶段考评专家组的考评意见进行调整，但资源垄断类行业最高不超过30%，一般竞争类行业最高不超过25%。

（2）发展壮大期：市值管理+产业战略阶段。

目前，对于我国少数一些行业龙头型国企已经进入了该阶段，但大多数企业还尚未进入该时期。对于处于该阶段的国企，国有资本收益收取比例可逐渐提高，并向普通上市公司的分红比例靠拢。

依照目前的惯例，上市公司的分红比例普遍在30%~50%之间，低于30%需说明原因，高于50%则可享受一系列的政策优惠。此阶段国有资本收益收取比例也可依照这一标准执行。对于资源垄断类国有企业，可按40%~50%执行，对于一般竞争类国有企业，可按30%~40%执行；具体执行比例可由企业发展阶段考评专家组根据考评结果决定。

（3）成熟期：国民财富阶段。

当国有企业进入国民财富阶段后，企业已经发展成熟，以践行社会责任、实现社会价值为主要目标。对于处于该阶段的国有企业，应划定较高的国有资本收取比例，一般应在50%以上。

对于资源垄断类国有企业，进入该阶段后可按60%~70%的比例上缴国有资本收益；对于一般竞争类国有企业，原则上上缴比例不超过60%，具体执行数额可由企业发展阶段考评专家小组根据考评结果决定。

4. 建立征收比例微调机制，支持企业履行社会责任

对于某些“历史包袱”特别沉重的国有独资企业（集团公司），可以允许其适度调整国有资本的收益上缴比例，以帮助这些企业尽快解决历史遗留问题。但享受该政策优惠的企业需提前将本企业具体情况上报国资委备案。

具体而言，若国有独资企业（集团公司）提留红利80%以上用于解决“历史包袱”问题，则可允许该公司暂时免交国有资本收益；若国有独资企业（集团公司）提留红利60%以上用于解决“历史包袱”问题，则可允许该公司减交50%的国有资本收益。

需强调的是：申请调低收益上缴比例的企业，需接受国资委特派调查组的调查；一旦发现有弄虚作假情况发生，企业需补交所有减免部分收益，且企业负责人也需接受处分。

（二）间接分享机制模式设计

1. 国家收取收益支出——强化资本性支出管理

目前，国有资本经营预算的支出主要可以分为资本性支出和费用性支出两大类，国家层面国有资本的间接分享可以借鉴该分类标准，但在具体制度上将进一步完善。由于费用性支出的方向已较为明确，因此本报告认为，应从以下两点入手，进一步强化对资本性支出的管理：

（1）成立投资评审委员会。

为了提高国有资本收益的使用效率，使资本性支出更具针对性，国资委可成立投资评审委员会，对申请国有资本收益投入的项目进行评审。

投资评审委员会有9~11人，由国资委内部人员、权威中介机构专业人士和专家组成。其中主任委员1人，由国资委负责收益管理的相关领导担任；专业人士主要包括财务专家、评估专家、企业管理专家和技术专家等。

投资评审委员会的主要职责权限为：根据国有经济战略布局和发展要求对备选企业进行评审，在国资战略规划委员会对预算年度和未来3~5年的国资战略进行规划的基础上，选拔符合国资战略的中央企业进行国资预算资本性支出。

专家评审委员会每年召开的定期会议应不少于两次，非定期会议若干次。通过定期的会议制度对提出注资需求的企业进行整体评估，对拟投资企业评分，具体次数结合实际情况制定。通过评审的预算支出交由国资委，由国资委统筹安排后列入中央企业国资预算支出建议草案。

（2）强化对资金使用方向的管理。

资本性支出资金应当有明确的使用方向，原则上应当用于企业主业，不应用于金融投资性行为。资本性支出总额和投资项目应当与中央企业现有生产经营规模、财务状况、技术水平和管理能力等相适应；募集资本金数额不超过实际需要量。企业应当按申请资本性支出文件中承诺的资金使用计划使用注入资金。公司董事会应制订详细的资金使用计划，保证注入资金只用于企业公布的投资项目，专款专用，做到资金使用的规范、公开和透明。投资项目应按公司董事会承诺的计划进度实施，并有相应的组织保障。

资本性支出投资项目涉及的市场环境发生重大变化、超过资金投资计划完成期限及资金实际使用金额未达到计划使用金额50%的，企业应当对该项目的可行性、预计收益等进行重新论证，决定是否继续实施该项目。

企业拟变更资金投资项目的，应当在董事会形成相关决议前上报国资委，资本金注入占该企业净资产超过10%的由国资委审批，低于10%的需备案。

提交文件应当包括：原项目基本情况及变更原因；新项目基本情况、可行性报告和风险提示；新项目投资计划；独立董事、监事会对变更资本性支出投资项目的意见；变更资本性支出投资项目尚需提交股东会审议的说明；国资委要求的其他内容。

2. 企业自留收益支出——备案管理为主

虽然国有独资企业（集团公司）对自留收益部分的分配也属于国有资本收益分享的组成部分，但由于该分配过程发生于企业内部，且资金的具体运用也归属于国有独资企业（集团公司）自主经营权的范畴，因此对该层面的国有资本收益分享管理应通过备案的方式，以间接管理为主。

具体而言，集团公司年分配和使用国有资本收益要进行战略规划、投资预算、风险控制、执行监督、绩效评价。加强对留存收益使用的管理，防止出现留存收益投资于低效、非主业项目等问题。各国有独资企业（集团公司）应当每年向国资委备案本企业分配和使用上年收益情况。备案内容包括：国有独资企业（集团公司）分配国有资本收益的决策情况、上年实现的留存收益的使用情况以及其他应当予以说明。

后记

从1979年开始，我国开始探索国有企业改革，最初是以经营权改革为突破口，实行放权让利，扩大企业的经营自主权，随后衍生到承包租赁，但这条路并未成功。直至20世纪90年代初期，我们终于开始研究国有企业的产权制度，研究所有制，提出了把股份制作为改革的方向，把国有独资企业演变成现代股份公司法人，形成以国有资本为主、与市场经济相适应的现代公众公司。从此，中国的国企与国资改革终于走上了正路。

自20世纪80年代中期开始，我就参与了中国国企的股份制改革。1992年，我指导设计了广西玉柴股份有限公司的股改方案，我用“老树发新芽”的理论，通过股份制和集团化同时构造的方式，使玉柴的股份制改革取得成功，也因而被媒体称为“中国国有企业股份制改革拓荒者”。从1992年起，经中信公司荣毅仁董事长批准，我组建并成为北京标准咨询有限公司的董事长，在以后的8年期间，我主持了中国铝业公司、国家电力公司、中国航空集团、海尔集团、海南航空、万向钱潮、李宁公司等270多家企业的股改融资上市、国企发展组织战略和经营战略的方案设计，因此也被媒体称为“企业股改第一人”。

我有幸全程参与中国的改革开放，伴随着中国企业的成长而逐渐成熟。我曾和中国证券市场研究设计中心（“联办”）的一位老朋友李青原共同畅想：45岁教书、50岁写书、60岁种树的人生理想。为了实现自己写书的梦想，我辞去了北京标准咨询公司董事长的职务，希望基于自己改革实践经验的积淀，整理总结中国36年改革的成功经验。

从目前来看，我正在一步一步兑现愿望，而这本《凤凰涅槃》的出版是继我在出版了刘纪鹏改革论著三部曲《大道无形》《路径选择》《大船掉头》之后的又一改革论著。《凤凰涅槃》收录了我多年来在国资改革上的学术著作及受托所作的国资改革方案，不仅是我二十年来国资改革理论研究和实践经验总结的结晶，也是我在履行个人人生目标规划中值得一提的成果。

特别需要指出的是，在这本书的写作过程中，我的学生们也与我教学相长，共同切磋，并对我的文稿做了系统整理和案例收集等大量基础工作。在这里我要感谢我的学生赵晓丹、孙航、韩卓然、刘作琼、冯娜，他们为本书的面世做出了重要贡献，在此一并向他们表示感谢。

最后，要感谢东方出版社的李烨、袁园女士，他们不仅对出版本书付出了很多艰辛的劳动，而且提出了很多中肯的修改意见。

刘纪鹏

2015 年 10 月 24 日

于北京朝阳幸福一村